यात्रा-वृत्तान्त

किन्नर देश में

किन्नर देश में

राहुल सांकृत्यायन

राधाकृष्ण प्रकाशन

पहला संस्करण 1948 में किताब महल, इलाहाबाद से प्रकाशित

ISBN : 978-81-978022-8-7

किन्नर देश में

पहला राधाकृष्ण संस्करण : 2024

मूल्य : ₹1295

प्रकाशक

राधाकृष्ण प्रकाशन प्राइवेट लिमिटेड
जी-17, जगतपुरी, दिल्ली-110 051
शाखाएँ : अशोक राजपथ, साइंस कॉलेज के सामने, पटना-800 006
पहली मंजिल, दरबारी बिल्डिंग, महात्मा गांधी मार्ग, प्रयागराज-211 001
1, अनमोल सोराबजी संतुक लेन, धोबी तलाव, मरीन लाइंस, मुम्बई-400 002
वेबसाइट : www.radhakrishnaprakashan.com
ई-मेल : info@radhakrishnaprakashan.com

मुद्रक

बी.के. ऑफसेट
नवीन शाहदरा, दिल्ली-110 032

KINNAR DESH MEIN
by Rahul Sankrityayan

किन्नर देश में

क्रम

प्राक्कथन : प्रथम संस्करण

'किन्नर-देश में' मई-अगस्त, 1948 की यात्रा का विवरण होने के साथ हिमालय के इस उपेक्षित भाग का परिचय-ग्रन्थ है। मैंने यहाँ नवीन भारत के नवनिर्माण की दृष्टि से वस्तुओं का वर्णन किया है। आरम्भ में ग्रन्थ लिखने का कोई विचार नहीं था। जो-जो बात आई, लिखता गया, वही सामग्री यहाँ इस ग्रन्थ के रूप में आप पा रहे हैं। हो सकता है कहीं-कहीं पुनरुक्ति हो, हो सकता है पूर्वापर को एक करके लिखने का गुण यहाँ न दिखलाई देता हो, किन्तु तो भी मैं समझता हूँ, हिमालय के इस अंचल के बारे में बहुत-सी ज्ञातव्य बातें यहाँ आई हैं। त्रुटियों के लिए मैं अपने को दोषी मानता हूँ; यदि यहाँ कुछ गुण हैं, तो उसके भागी मेरे वे मित्र हैं, जिनका नाम स्थान-स्थान पर इस पुस्तक में आया है।

प्रयाग **राहुल सांकृत्यायन**

3-11-48

दूसरा संस्करण

आठ वर्ष बाद यह दूसरा संस्करण निकल रहा है। उस समय यह हिमालय के एक अंचल का परिचय दे रहा था। इसके बाद दार्जिलिंग से चम्बा तक के हिमालय पर अनेक ग्रंथ लिखे, जिनमें कुछ छपे, कुछ फँसे और कुछ छप रहे हैं।

15-3-56 **राहुल सांकृत्यायन**
मसूरी

प्रवेशक

किन्नर या किंपुरुष देवयोनि हैं। उनके देश की यात्रा का अर्थ है, देवलोक में जाना। फिर पाठकों को मेरी इस यात्रा पर सन्देह हो सकता है। किन्तु साथ ही यह भी कहा जा सकता है कि जिस देश में कभी देवता रहते थे, वहाँ पीछे पिछड़े मनुष्य रहने लगे, और जो पिछड़े मनुष्यों का देश हो, वह फिर देवलोक बन जाए। किन्नर देश के बारे में मेरा यही विचार है। यदि भारत पीछे नहीं हटा, और पीछे हटना असम्भव है, क्योंकि वहाँ मृत्यु घात लगाए हुई है, तो वह किन्नर देश इस शताब्दी के अन्त में देवलोक बन के रहेगा।

किन्नर देश हिमाचल का एक रमणीय भाग है, जो तिब्बत (भोट) की सीमा पर सतलुज की उपत्यका में 70 मील लम्बा और प्राय: उतना ही चौड़ा बसा हुआ है। इसकी निम्नतम भूमि 5000 फुट से नीचे नहीं है और ऊँची बस्तियाँ 11000 फुट से भी ऊपर बसी हुई हैं। इसका थोड़ा ही सा भाग है, जहाँ मानसून के बादल खुलकर पैर रखने पाते हैं, नहीं तो अन्यत्र उन्हें फूँक-फूँककर पैर रखना पड़ता है। यदि मेघदूत के यक्ष के दूत को उसकी प्रेयसी के पास सन्देश ले जाना अवश्य ही पड़ा था, तो उसे इसी रास्ते जाना पड़ा होगा, और यदि मेघदूत के रसिक पाठकों को किसी कारण से इधर आना पड़े, तो उन्हें इधर के दृश्य को देखकर अपने श्रम के व्यर्थ जाने का पछतावा नहीं होगा। किन्तु अभी मैं अपने रसिक पाठकों को इधर का निमंत्रण नहीं दूँगा, नहीं तो वह रास्ते भर मुझे कोसेंगे और कुछ की प्रेयसियों को वर्षभोग्य शाप से भी मुक्ति नहीं मिलेगी और वह जीवन भर मुझे शाप देती रहेंगी। हाँ, ऐसा ही बीहड़ मार्ग कहीं-कहीं आ जाता है, जहाँ पैर काँपने लगता है और आँखें नीचे से ऊपर देखने की हिम्मत नहीं करतीं।

'किन्नर' शब्द ही बिगड़ कर आजकल कनौर बन गया। यहाँ पहुँचने के कई रास्ते थे। प्राचीन काल में सबसे प्रसिद्ध रास्ता देहरादून जिले में उस जगह से ऊपर चढ़ता था, जहाँ कालसी (खलतिका) नगरी थी, जिसके नीचे यमुना तट पर अब भी एक शिला पर अशोक के धर्मलेख खुदे हुए हैं। आज इस रास्ते नीचे के लोग यहाँ

नहीं आते, किन्तु कनौर के लोग कालसी को भूले नहीं हैं; अब भी जाड़ों में वह अपनी हजारों भेड़-बकरियों को लेकर वहाँ पहुँचते हैं। जाड़ों में किन्नर भूमि बर्फ से ढँक जाती है, उस समय कालसी की गर्म भूमि और उसके पहाड़ों की पत्तियाँ इनकी बड़ी सहायता करती हैं। यमुना और गंगा की ऊपरी पार्वत्य घाटियों से भी यहाँ पहुँचा जा सकता है, यद्यपि इन दुर्लंघ्य डाँड़ों को किन्नर लोग ही जाड़ा के लिए पार करते दिखलाई पड़ते हैं। यहाँ आने का प्रचलित मार्ग शिमला से कोटगढ़ हो सतलज उपत्यका से है।

रास्ते की जिन कठिनाइयों का मैंने ऊपर कुछ वर्णन किया, उसे देखते हुए मेरा इधर आना, विशेषकर दूसरी बार आना बुद्धिमानी का काम नहीं समझा जाएगा, किन्तु क्या करना है, इसे आदत से मजबूरी और भाग्य का फेर समझ लीजिए। हिमालय का आकर्षण और गर्मियों से बचना, दोनों खयाल सिर में चक्कर मार रहे थे, जबकि मैंने प्रयागराज के 103 डिग्री के तापमान से 3 मई को विदाई ली। सबेरे साढ़े आठ बजे गाड़ी चली और 29 घंटे बाद हम शिमला में थे। कितना अन्तर, कहाँ तीर्थराज के आवें की तपिश और कहाँ शिमला की शीतल मन्द समीर! किन्तु यह कितनों के भाग्य में बदी है? मेरे भाग्य में भी नहीं, जो दस दिन बाद ही शिमला छोड़ खतरे को मोल लेने के लिए आगे बढ़ना पड़ा।

शिमला में आतिथ्य के लिए ही श्री लाजपतराय नायर तथा उनकी योग्य बहिन तथा हिन्दी की उदीयमान लेखिका कुमारी रजनी नायर का कृतज्ञ होना है, बल्कि उन्होंने आगे की यात्रा के लिए परिचय और पत्र प्राप्त करने में बड़ी सहायता की। दूसरे व्यक्ति, जिनका मुझे कृतज्ञ होना चाहिए, वह हैं श्री एन. सी. मेहता, जिनकी कृपा का पात्र मुझे यहाँ पहली बार नहीं बनना था, मेरी तिब्बत की यात्राओं से भी उनकी दिलचस्पी रही। अबकी तो मैं उन्हीं के शासित हिमाचल प्रदेश में जा रहा था। उन्होंने मेरी यात्रा को सुकर बनाने का प्रयत्न किया, किन्तु सुखमय बनाने के लिए तो अभी और भारी श्रम और समय की आवश्यकता है।

वैसे शिमला में नारकंडा तक मोटरबस और फिर ठाणेदार-कोटगढ़ तक लारी चली आती है, किन्तु इस समय शिमला में पेट्रोल की कमी हो गई और नारकंडा से आगे पैदल चलना छोड़ दूसरा चारा नहीं रहा। पहाड़ों में प्राय: सभी जगह जहाँ बस-लारी नहीं मिलती, सामान लेकर चलने वाले आदमी के लिए कठिनाई आती है। 22 साल पहिले जब मैं पश्चिमी तिब्बत से इसी रास्ते लौट रहा था, तो नीचे नौला गाँव में तीन दिन बैठा रहना पड़ा। उस शतवार संशप्त गाँव में न रहने का ठौर मिल रहा था, न भार ढोकर 3 मील ऊपर पहुँचाने के लिए आदमी। अबकी बार नारकंडे में रहने को डाकबंगला तो मौजूद था, लेकिन ठहरने की नौबत नहीं आई। रामपुर हाईस्कूल के हेडमास्टर पंडित दौलतराम साथ थे, उन्होंने सामान के लिए खच्चर ढूँढ़ निकाला। यद्यपि पिछले सितम्बर से मैंने न हिलने-डोलने की कसम-सी

खाकर जीवन को डायबेटिस के हाथ में सौंप दिया, तो भी ठाणेदार तक पैदल चलने के लिए तैयार हो गया। डायबेटिस को मैंने निमंत्रित किया, यह अवशिष्ट जीवन में बहुत बार कहने का विषय है और मैं कहूँगा भी। यदि किसी ने सचमुच उसके बारे में पहले हृदयगत करा दिया होता, तो मेरे जैसे कितने ही बच जाते। यही तो हृदयगत कराना था कि पर्याप्त भोजन पाने वाले आदमी को कुछ शारीरिक श्रम, चाहे चलने-फिरने के रूप में ही हो, अत्यन्त आवश्यक है, नहीं तो उसका दंड है डायबेटिस—पेशाब में चीनी, जरा से घाव और फुन्सी का भी जहरबाद के रूप में परिणत होना...।

अभी तो हिमाचल प्रदेश का नाम भर उज्जीवित हुआ है और उसे रामपुर, जुव्वल आदि इक्कीस रियासतों को मिलाकर बनाया गया है। बिलासपुर जैसे कितने ही राजाओं को प्रजा की इच्छा के बिना ही अपनी अलग खिचड़ी पकाने को छोड़ दिया गया। भला 10, 11 लाख की आबादी का प्रान्त कैसे अपनी आर्थिक योजनाओं को ठीक से चला सकता है? हिमाचलवासियों को स्वयं इस भूल का सुधार करना होगा।

खैर, हिमाचल प्रदेश बनने का लाभ हमे इस यात्रा में हुआ है, इसे स्वीकार न करना कृतघ्नता होगी। हमने समझा था, ठाणेदार (कोटगढ़) तक बस-लारी पहुँचा ही देगी, इसलिए रामपुर से घोड़े नहीं मँगवाए थे, जिससे नारकंडे से पैदल ही चलना पड़ा। शिमला के दस दिन के निवास में मैं रोज मील-दो मील चलता-फिरता रहा, इसका एक फल तो हुआ कि चलने में मुझे हिचकिचाहट नहीं हुई। उधर पंडित दौलतराम आगे बढ़ गए थे, जिसमें घोड़ों को रामपुर लौट जाने से रोकें। मेरे साथ के लिए हरिद्वार के पंडा मिल गए जो इधर अपनी यजमानी में जा रहे थे। मोटर बस पर उन्हें चक्कर आने लगा था और मैं तो समझने लगा था कि साल-दो साल के तपेदिक के मरीज हैं, किन्तु तीन घंटे के विश्राम के बाद फिर उनका मुँह हरा हो गया। चलने में हम लोगों की गति 4 मील प्रति घंटा थी, किन्तु पहिले ही घंटे तक, दूसरे घंटे वह तीन पर उतर आई। कलई खुलने ही वाली थी कि साईस घोड़ा लिए चला आया और बाकी तीन मील की यात्रा पत-पानी से कट गई। ठाणेदार के डाकबँगले पर हम सूर्यास्त से पहिले ही पहुँच गए।

पंडा जी भोजन-छाजन के सुभीते के लिए पगडंडी से उसी शाम नौला पहुँच जाना चाहते थे। मैंने एवमस्तु कहा। हाँ, नौला वही गाँव है, जिसको मैं शतवार संशप्त कह चुका हूँ और पंडा जी उसी बनिया यजमान के घर बड़े चाव से जा रहे थे, जिसने 22 साल पहले न अपने मित्र के पत्र का खयाल किया, न मेरे परदेशी होने का ढोने वाले आदमी के प्रबन्ध की बात तो अलग, उसने बैठने तक के लिए जगह नहीं दी। दुनिया में ऐसे विरोधी समागम बहुत देखने को मिलते हैं। मुझे उस बनिये के व्यवहार से निराश होने की आवश्यकता नहीं थी, क्योंकि मानवता ने ऐसे

समय अनेक बार मेरी सहायता की है।

ठाणेदार से मैंने डाकबँगले तक ही सहायता की आशा की थी, किन्तु यहाँ पुराने परिचित डॉक्टर भगवान सिंह बौद्ध मिल गए और नया परिचय हुआ रायसाहब देवीदास से। नरम-गरम बिठुरे खाने में बहुत मधुर लगे।

रामपुर को

ठाणेदार से 14 मई को सबेरे 6 बजे ही चले। रायसाहब देवीदास तड़के ही परावठे और फल लाए; किंतु अब शरीर में पत्थर पचाने की शक्ति तो थी नहीं, एक समय जरा भी भोजन अधिक होने पर दूसरे समय हाथ समेटने की जरूरत पड़ती है। रास्ता 7 मील उतराई का था, जिसमें घोड़े पर चढ़ना न अपने आराम के लिए होता; न घोड़े के लिए। साढ़े नौ बजे नीचे नौला पहुँचे, किन्तु वहाँ ठहरने की जरूरत नहीं थी। अभी सवेरा ही था। हाँ, साहु गोपालचन्द की बनाई धर्मशाला देखकर उस दिवंगत आत्मा का 22 साल के पहिले का अपने साथ रूखा व्यवहार याद आ गया। पास का खड्ड—यहाँ खड्ड छोटी नदी को कहते हैं—पार हो रामपुर की तहसील में दाखिल हो गए।

अभी इधर की सीमाएँ ढलाई की घड़िया में पड़ी हैं। फरवरी (1948) में यही खड्ड शिमला जिला और बुशहर रियासत की सीमा रही, किन्तु अब खड्ड-पार हिमाचल प्रदेश है और नौला पूर्वी पंजाब में। धनुष की रेखा की भी अवहेलना करना रावण के लिए मुश्किल हुआ, तो बारहों मास बहती इस खड्ड की सीमा की अवहेलना कैसे की जा सकती थी? भारत सरकार ने यह तो निश्चय किया कि एक हिमाचल प्रदेश बनाया जाए; किन्तु यह निश्चय नहीं कर पाई कि उसकी सीमाएँ स्वाभाविक हो या अंग्रेजों के सूबों की भाँति मनमानी। अभी हिमाचल प्रदेश को मेढक-कुदान की भाँति अपनी सीमाएँ रखना पड़ रहा है। खड्ड के पश्चिम पूर्वी पंजाब, फिर हिमाचल प्रदेश में सम्मिलित हुई कितनी ही रियासतों का भूखंड, फिर बिलासपुर की पहाड़ी रियासत, जिसके राजा ने अपने को अलग रखना लाभदायक समझा, उसके बाद पंजाब के पहाड़ी जिला-अंश और फिर मंडी की रियासत हिमाचल प्रदेश में आ मिली। पश्चिम हिमाचल प्रदेश की सीमा की जो हालत है, वही बात पूर्व में टेहरी रियासत और कुमायूँ के जिलों के बारे में भी है। जान तो पड़ता है कि हिमाचल प्रदेश के बनने पर भी वह ऐसा ही छिन्न-विछिन्न रहेगा। राष्ट्र कर्णधार यद्यपि जनता का बल पाकर रियासतों को नये ढाँचे में ढाल रहे हैं, किन्तु

उनकी नजर राजाओं पर अधिक है, नहीं तो बिलासपुर के राजा की क्या मजाल थी, जो वह डेढ़ ईंट की मसीद अलग बनाता। खैर, राजा अमर नहीं, अमर जनता है।

खड्ड पार हो आधा घंटे में ही हम निरथ पहुँच गए, जो शिमला से साठवें मील पर है। सबेरे हम 7200 फुट की ऊँचाई पर थे, नौला खड्ड पर 2500 फुट पर, और अब 3600 फुट से ऊपर। प्रयाग की 110^0 की गर्मी को इतनी जल्दी तो भूला नहीं जा सकता था, किन्तु यहाँ वालों के लिए तो यह स्थान गर्म है। लोग ऐसी बात कर रहे थे, मानो यहाँ प्राण सुखाने वाली लू चल रही है। रामपुर 12 मील था, चलना घोड़े पर था, इसलिए कोई जल्दी नहीं पड़ी थी। दोपहर के विश्राम के लिए डाकबँगले में प्रबन्ध था। बाहर चलकर आते धूप और गर्मी लग रही थी, किन्तु बँगले के कमरे में घुसते ही शीतल जूड़ी छाया ने अपना असर किया। कुर्सी पर बैठे ही थे कि दो पुलिस कांस्टेबल सामने आएँ। दूसरा समय होता, तो रोमांच नहीं तो आश्चर्य होता। उन्होंने आकर बाकायदा सलामी दी और कहा—दीवान साहेब ने सेवा के लिए भेजा है। अभी हिमाचल सरकार ने अस्थायी तौर से रियासत को सँभालने के लिए मुख्य प्रबन्धाधिकारी (चीफ एक्जक्यूटिव अफसर) भेजा है, किन्तु लोगों को यह नाम लेना आसान नहीं है, इसलिए वह उसे पुराने ही नाम से पुकारते हैं। मैंने दीवान साहेब को धन्यवाद देते सिपाहियों के लिए कोई सेवा न होने पर खेद प्रकट किया।

यद्यपि साल के इस महीने में भी 3600 फुट के ऊपर कोई फल तैयार हो सकता है, किन्तु लोगों को फल की तभी याद आती है, जब उसका पैसा बनता हो; नहीं तो उन्हें फल की नहीं, अनाज की फिक्र होती है, जिसमें विटामिन भले ही कम हो, किन्तु कैलोरी शक्ति अधिक रहती है। हमारे पास रायसाहब का दिया पिछले साल का सेब था। खाने के बारे में पूछने पर मैंने छाछ लाने के लिए कह दिया। इस समय यही हल्का भोजन अधिक अनुकूल जान पड़ा। बँगले में शीशा लगी खिड़कियों के बाहर घनी जाली लगी देखकर कुछ अंकुश मालूम होता था और यह बात सारे तिब्बत-हिन्दुस्तान सड़क के डाकबँगलों में थी, किन्तु इसका लाभ तब मालूम हुआ, जब अगले महीनों से मक्खियों के झुंड के झुंड आक्रमण करने लगे। मैं अभी सेब छीलकर खाने में ही लगा था कि ज्वालापुर के पंडा जी आ पहुँचे। यह हमारी प्रतीक्षा नौला में कर रहे थे और उसी शतवार संशप्त घर में। उन्हें भी दो सेब देकर हाथ जोड़ लिया। पंडों से शिक्षित लोग बहुत चिढ़े रहते हैं, किन्तु मैं उन्हें इसका पात्र नहीं समझता, यद्यपि मुझे अपनी दीर्घकालीन यात्रा में उनके आतिथ्य का उतना लाभ उठाना नहीं पड़ा। एक दिन चर्चा चलने पर एक भद्र महिला ने कहा—"मट्टन (काश्मीर) के पंडों की भलमनसाहत की मैं अवश्य प्रशंसा करूँगी जो यात्रा को आराम देने में चौकस, किन्तु दक्षिणा के लिए जरा भी आग्रह नहीं करते, परन्तु यही बात गया के पंडों के बारे में नहीं कही जा सकती।"

हो सकता है, मट्टन के पंडे अधिक भद्र हों, किन्तु हर तीर्थ के पंडे यजमान को आराम से रखने की पूरी कोशिश करते हैं। सच तो यह है, यदि पंडों का हस्तावलम्ब न होता, तो काशी जैसे राँड़-साँड़-सीढ़ी-संन्यासी वाले तीर्थों में तो अपरिचित और अनुभवहीन यात्री की खैरियत न होती। यात्री की सेवा करने में कहीं के पंडे पीछे नहीं रहते, बाकी तो "सुर नर मुनि राब कै यह रीती। स्वारथ लाग करहि सब प्रीती।" आपका सेवक भी पेट बाँधकर सेवा नहीं करता, आप कैसे आशा कर सकते हैं कि पंडे मुँह बाँध कर निष्काम सेवा करेंगे? रही, गया जैसे पंडों की बात, तो वह सिर्फ तीर्थस्नान और देवदर्शन ही भर नहीं कराते, उनकी जिम्मेवारी इससे कहीं बड़ी है, उन्हें आप की हजारों पीढ़ियों—पुराण-पाषाण युग के उधर के भी पुरखों—को नरक से निकालना पड़ता है। फिर आप की जेब पर यदि कुछ करारा हाथ पड़ता है, तो इसके लिए खीझना नहीं चाहिए।

निरथ सतलुज के बाएँ तट पर है और शतद्रु यहा पश्चिमीवाहिनी है। मैं समझता हूँ, पश्चिमवाहिनी होना उत्तरवाहिनी से कम महत्व का नहीं। हमारी नर्मदा और ताप्ती भी पश्चिमवाहिनी हैं और शायद चिरकुमारिकाएँ भी हैं। हाँ, सतलुज के तट पर होने का यह अर्थ नहीं कि वह समीप है। उसकी तो घर्घर ध्वनि भी हमारे पास तक नहीं पहुँचती थी। निरथ नाम जब मेरे आँखों के सामने से गुजरा, तभी से उसकी विचित्रता पर दिल में तरह-तरह के तर्क-वितर्क हो रहे थे। निरथ या नृत्य का क्या अर्थ हो सकता है? "निरथ" सुरत से क्या बनने वाला है? शायद किसी और भाषा का शब्द होगा। क्या है, कोई साधारण गाँव के लिए इतनी माथापच्ची करने की क्या आवश्यकता? किन्तु 2-3 घंटे के विश्राम के बाद जब घोड़े पर सवार हो हम कुछ आगे बढ़े और पीछे मुड़ कर नजर दौड़ाई, तो देखा गाँव में एक मन्दिर है, जिसका दिखाई देता ऊपरी भाग गुप्तकालीन शिखर-सा है। ऊट-पटांग से मालूम होने वाले नामों में ऐसी बात कितनी ही बार देखी जाती है, किन्तु हमें इस पहाड़ में इसका सन्देह नहीं हुआ था। बिना किसी से पूछे-ताछे भी मेरा कान खड़ा हो गया और तब जब कि यह भी नहीं मालूम कर पाया था कि यह सूर्य का मन्दिर है। गुप्तकालीन शिखर के साथ सूर्य का मन्दिर! भला छठी-सातवीं सदी से पीछे का वह क्या हो सकता था। किन्तु मैं गाँव छोड़कर आगे चला आया था, सारे दल-बल को लौटाना पसन्द नहीं था। साथ ही लौट कर फिर तो इसी रास्ते आना था। हाँ, रामपुर में जब सूर्यमन्दिर होने का पता लगा, तो अधीरता बढ़ गई।

इधर के निवासी कनेतों को खश भी कहते हैं; खश, खछे और कश के शब्द शक से ही उलट पुलटकर बने हैं। सूर्य और सविता की पूजा भारत में पहिले भी थी, किन्तु सूर्य-प्रतिमा और सूर्य-मन्दिर का व्यापक प्रचार शकों ने ही भारत में आकर किया। क्या जाने यहाँ इस मन्दिर में भी पूर्ण या अपूर्ण (रूसी) बूटधारी सूर्य-प्रतिमा थी, देख लेना चाहिए था। कुछ मील बढ़ने पर अपनी भैंसों के रेवड़

को लिए मुस्लिम गूजर और गूजरियाँ मिलीं। जाड़ों को नीचे बिता कर अब यह घुमंतू महिषपाल हिमाचल की ऊपरी चरागाहों की ओर जा रहे थे। बातूनी साईस कह रहा था—हमने पहाड़ को बेमुसलमान करने का ठान लिया था। मुसलमान हैं ही कितने, किन्तु सब हिन्दू हो गए। गूजरों पर जोर पड़ा—"हिन्दू बनो, नहीं तो पाकिस्तान जाओ।" उन्होंने कहा—"हम पाकिस्तान को नहीं जानते, हमारी सारी पीढ़ियाँ यहीं ऊपर-नीचे घूमती बीत गईं। जो कहो, सो करेंगे।" सब हिन्दू हो गए। मुझे यह कहने का उत्साह नहीं हो रहा था कि अब भी तो उनकी पीढ़ियाँ मौजूद हैं। मैं सोच रहा था—ईसापूर्व दूसरी शताब्दी, आर्यों के सगे-सम्बन्धी घुमन्तू शकों के उर्दू गोबी से कारपथीय पर्वतमाला तक बिखरे थे। एकाएक हूणों का प्रहार। शकों के तम्बू और घोड़ों-भेड़ों के रेवड़ महान शकद्वीप के पूर्वीय भाग को शकों के लिए खाली करने लगे—वही लोग जिन्हें चीनियों ने पीले बाल, नीली आँखों वाले वानर जैसे लिखा। शक काफिला चला, मध्य एशिया से कोई कराकोरम के दुर्लंघ्य रास्तों को पार हुआ, कोई सीस्तान और बलोचिस्तान के बयाबानों को, आया भारत में। सर्दार राजा बन गए, मोग, कदफीसिस, कनिष्क, हुविष्क, वासुदेव—हाँ, वासुदेव! लेकिन अधिकांश पशुपाल अब भी पशु चराते रहे, आज तक चरा रहे हैं—गद्दी—चम्बा-मंडी-लाहुल की तरफ भेड़े चरा रहे हैं और गूजर बुशहर और टेहरी में भैंसें। गद्दियों पर जोर नहीं पड़ा, वह कनिष्क-पौत्र वासुदेव का अनुकरण करते हिन्दू हैं और गूजर जाड़ों में मैदान में उतरते रहे, जोर-दबाव पड़ा, उन्होंने दाढ़ी रख ली; किन्तु उनकी जीवन-धारा अब भी वहाँ मध्य एशिया के पार शकद्वीप-जैसी है। हाँ, उन्होंने अपने घोड़ों-भेड़ों को भैंसों से बदल लिया, जिससे अधिक घी, अधिक दूध, अधिक आहार और पैसा मिलता है। पंजाब की आग की लपट पहाड़ों में पहुँची—"हिन्दू बन जाओ, जीने के लिए हिन्दू बनना होगा।" "जो कहो वही, हम जीना चाहते हैं।" खैर, बात दूर तक नहीं गई, क्योंकि मैंने उनके सिर और दाढ़ी दोनों को उनके शरीर पर देखा। हिन्दुओं में हजारों दोष हैं, उत्तेजना और दबाव पड़ने पर क्षणिक पशुता के भी शिकार हो जाते हैं, किन्तु हैं वह शांतिप्रेमी, "जीओ और जीने दो" के मानने वाले, वैर से नहीं, अवैर से हृदय जीतने की विचार-परम्परा के मानने वाले, मानवता-प्रेमी।

तिब्बत-हिन्दुस्तान रोड पर हम जा रहे थे, चढ़ाई-उतराई कम करके मार्ग को स्थायित्व देने के लिए काफी प्रयत्न किया गया है। किन्तु मुझे महता जी के साथ उस दिन की बातें याद आती थीं। हिमालय को समृद्ध बनाने के लिए मेवों का देश बनाना है, उन मेवों का, जिनका उद्गम हमारे देश से अलग हो गया और जिनकी हमारे देश को बड़ी आवश्यकता है। किन्तु यह फल बकरियों और खच्चरों पर लादकर रेल तक पहुँचाने में मोती के मोल पड़ेंगे, उन्हें कौन खरीदेगा? इसलिए मोटर की सड़क बनानी होगी। "बहुत जल्द मैं चाहता हूँ, जीप का रास्ता निकाल दिया

जाए।" हाँ, जीप सर्वगमा, अप्रैल में मैं प्राचीन वैशाली के खेतों-खंडहरों, बाँधों पर उसी पर चढ़कर उछल-कूद आया था। किन्तु यह उत्तुंग पर्वत हैं, खेतों की मेड़ें या खाइयाँ नहीं हैं। इस सड़क को जीप के लिए बनानी होगी। चौड़ाई थोड़ी ही बढ़ानी पड़ेगी, कहीं चढ़ाई और ढलुआ करनी होगी, पुलों को कुछ और दृढ़ और चौड़ा करना होगा। बड़ी बात नहीं, किन्तु यह जो जगह-जगह कच्चे पहाड़ हैं; एक जोर की वर्षा हुई नहीं कि लगे टूटकर गिरने। पत्थर गिरने को रोकना कुछ आसान होता, किन्तु यहाँ तो अधिकतर मिट्टी धसककर आती है। तो भी यह मनुष्य की शक्ति के बाहर नहीं, अधिक खर्च करना पड़ेगा, बार-बार मरम्मत करनी पड़ेगी। मनुष्य का ही अपराध है, जो उसने इन पहाड़ों को वृक्ष-वनस्पति-विहीन बना दिया; वृक्षों की जड़ें धँसकर मिट्टी-पत्थर को थामने के लिए नहीं रह गईं। पुरानी भूलों पर पछताना व्यर्थ—"हेयं दुःखमनागतम्"। हिमालय को सड़कें देनी होंगी, तभी इसे मेवों का देश बनाया जा सकेगा, इसकी अपार खनिज-सम्पत्ति से लाभ उठाया जा सकेगा। भोले-भाले पहाड़ियों को विद्याविभव-सम्पन्न किया जा सकेगा।

इसी तरह के विचारों में डूबा मैं चल रहा था। एक बार घोड़ा बगल की चट्टान से टकराया—हल्के ही, हड्डी नहीं टूटी, किन्तु छिल गया। डायबेटिस के लिए यह भी कम नहीं और मैं हूँ अभी स्वतन्त्र हुए भारत का लेखक नागरिक। तुरन्त चलकर टिंकचर आइडिन लगाना होगा—सोचते आगे बढ़ रहा था कि देखा—बीस से साठ बरस के चार मर्द सड़क पर खड़े सतलुज-पार ध्यान से देख रहे हैं। उधर क्या है? इस प्रश्न का उत्तर तुरन्त किन्नरकंठियों की मधुर ध्वनि ने दिया। दो-तीन तरुणियाँ दुर्भर पर्वत-पार्श्व पर घास काट रही थीं, उनके कंठ से गीत की मधुर ध्वनि निकल रही थी। अभी मैं पास नहीं पहुँचा था, किन्नरकंठियाँ चुप हो गईं। फिर सड़क पर खड़े पुरुषों ने कान पर हाथ रख गीत के स्वर में उत्तर दिया। सतलुज कुछ नीचे थी, घर्घर ध्वनि मन्द थी, तो भी बाधक तो थी ही, किन्तु स्वर परले पार पहुँच रहा था जरूर। परले पार हँसिया घास पर चल रही थी, किन्तु इधर थे बाट के बटोही, कहीं जा रहे थे कि किन्नरियों की ध्वनि ने उन्हें खींच लिया, या शायद उन्होंने ही छेड़ दिया। अब रास्ता भूल गया। सोचते होंगे, समय अपना है, एक घंटा आगे नहीं घंटा पीछे पहुँच लेंगे। वह जीवन का रस ले रहे थे। क्या गा रहे थे, नहीं मालूम, किन्तु उसमें उन्हें रस आ रहा था, यह उनके चेहरों से पता लग रहा था। उनके चेहरे मैले और रक्तहीन, उनके वस्त्र गन्दे और फटे, उनका जीवन कितना नीरस होता, यदि जीवन में ऐसे कुछ क्षण भी नहीं होते। इन्हीं क्षणों को तो हमें बढ़ाना है, मनुष्य के सारे जीवन को रसपूर्ण करना है। किन्तु वह तभी हो सकता है, जब इस पर्वत-स्थली की काया पलट हो जाए। रत्नगर्भा वसुन्धरा अपने भीतर के रत्न को उगलने लगे।

अभी रामपुर नहीं आया था। बाईं ओर नदी के पास कुछ बाग और एक असाधारण-सा घर दिखाई पड़ा। साईस ने बतलाया, कुल्लू के सावकार ने कारखाना

बनाया है, तेल, चावल, आटे की कल बैठाई है। परले पार कुल्लू है। आर-पार जाने के लिए लोहे का तार और खटोला है, किन्तु परे पंजाब है और उरे हिमाचल प्रदेश। सावकार ने पास की खड्ड से एक नहरिया निकाली है—थोड़ी ही दूर से, खर्च भी अधिक नहीं, उसी पानी से बिजली और उसी से यह कारखाना चल रहा है। एक अल्प-साधन आदमी यहाँ बिजली के दीपक जलाने में समर्थ। यह सारी पर्वत-स्थली कब विद्युत्प्रदीपों से जगमगाएगी? कब मनुष्य सतलुज और उसकी खड्डों की अपार बिजली पर प्रभुत्व प्राप्त करेगा? आकाश की ओर निराशापूर्ण दृष्टि से देखना छोड़ इस अपार जलराशि को अपने खेतों की ओर मोड़ेगा? हाँ, आज वर्षा नहीं हो रही थी, खेतों में जौ-गेहूँ सूख रहे थे। बेबस आदमी खिन्न—मन हो आकाश की ओर देखता न, तो क्या करता?

बीच-बीच में साईस बातें करता चलता था। वैसे राज्य के अतिथि से बात करने का साहस नहीं होता, किन्तु मैंने उसे उत्साहित किया था। उसने सोचा होगा, बाबू भले आदमी हैं। कभी वह कोई दूसरी बात भी करता, किन्तु अधिकतर कह रहा था, दो मास पहिले के प्रजा-संघर्ष और उसमें अपनी कोली जाति की बहादुरी के कारनामे। कोली पहाड़ के सबसे अधिक मेहनती, सबसे अधिक सताये अछूत, चमार-जुलाहा (कोरी)—भंगी सब इकट्ठे। खेत उनमें किसी ही किसी के पास है, मरे ढोर के चमड़े भी मालिकों के पास माल के रूप में दाम पहुँचाना पड़ता है। बड़ी जाति वालों को घर छोड़ ओसारे की छाया तक उनका प्रवेश निषिद्ध है। साधारण पनघट से भी पानी लेने का उन्हें अधिकार नहीं। मेहनत-मजूरी से शिमला आदि में जाकर यदि कुछ पैसा कमाया, तो उन्हें कनेतों (उच्च जाति को) के मकानों की भाँति शिखरदार छत बनाने का हक नहीं। उसके कहने का भाव था—"क्या हम मनुष्य नहीं"। नई हवा दग्ध होने के लिए तैयार इन गन्दी झोपड़ियों तक पहुँच चुकी है। मार्च के संघर्ष के बारे में एक बार जो उनकी जीभ चल पड़ी, तो बार-बार मन में भय का संचार हो जाने पर भी उसके लिए जवान पर काबू करना और मेरे लिए उसे चुप रखना असंभव हो गया। घुमा-फिरा कर उसने वह सब बातें कह दीं, जो मुझे रामपुर में सरकारी पक्ष से मालूम हुईं। अन्तर यही था कि उसकी सहानुभूति प्रजा और नेता अणुलाल मास्टर की ओर थी, यद्यपि उसने सरकारी अफसरों पर दोष देने से बहुत बच-बचकर कहा, किन्तु सरकारी पक्ष ने अणुलाल और उनके सहायकों को निरा लुच्चा-लफंगा सिद्ध करना चाहा।

मैंने सोचा था, डाकबँगला रामपुर से परे होगा, किन्तु वह एकाएक सामने आ गया और राजधानी से प्राय: एक मील उरे ही। जब वहीं राज्य का डाकबँगला और अतिथिभवन भी हो, तो उसे सब तरह से सुन्दर और स्वच्छ बनाने का क्यों न प्रयत्न किया जाए। फलों-फूलों के बाग में सतलुज के किनारे यहाँ एक से अधिक बँगले हैं। बाग में कुछ उदासी-सी है, न फूलों की सुध लेने की फिक्र, न तरकारियों के

लगाने की ओर विशेष ध्यान। जगह सुन्दर, कमरे स्वच्छ और सजे। यहीं ठहरना होगा—सुनकर यद्यपि हम बँगले में गए, कैमरा कंधे से उतारकर रखा और कुर्सी पर बैठ भी गए; किन्तु रामपुर बस्ती को मील भर आगे देखकर मेरा मन विद्रोह करने लगा। आखिर मैं तपस्या करने थोड़ी ही आया था कि यहाँ तपोवन में एकांतवास करता। मुझे आवश्यकता थी जनसंपर्क की, यहाँ की स्थिति के बारे में अधिकाधिक जानने की कनौर के मार्ग और चिनी के निवास के बारे में पता लगाने की! चलकर यहाँ कितने आते, और वह भी कितनी देर ठहरते? मुझे यदि दिन भर नगर में ही घूमना था, तो यहाँ रात को सोने के लिए ठहरा था क्या?

इसी तरह के विचार मेरे दिल में आ रहे थे कि दीवान साहेब के आदमी ने आकर आतिथ्योपचार के प्रबन्ध के बारे में कहते हुए बतलाया—यदि आप चाहें तो दीवान साहेब का बँगला भी हाजिर है। अंधे को क्या चाहिए, दो आँखें। मैंने तुरन्त कहा—मुझे दीवान साहेब के साथ ही रहना पसन्द होगा, यदि उन्हें कष्ट न हो। आदमी ने बतलाया—उन्हें कष्ट नहीं, परिवार के लोग शिमला गए हुए हैं, वह अकेले उस बड़े मकान में हैं।

मैंने अपना संकोच हटाकर दूसरों को संकोच में भले ही डाला हो, किन्तु मेरा निश्चय ठीक था। दीवान साहेब सरदार बलदेव सिंह ने अपने उच्चतम अधिकारी हिमाचल प्रदेश के चीफ कमिश्नर श्री एन. सी. मेहता के पत्र में मेरे बारे में सारे विशेषण "तमप्" प्रत्यय में पढ़कर सोचा होगा, ऐसे व्यक्तियों को कैसे अपनी "कुटिया" में रखा जाए और किस तरह सेवा की जाए? आदमी से कुटिया की ओर निमंत्रण भेजकर वह पहिले पछताये तो जरूर होंगे, किन्तु चन्द ही मिनटों में उन्हें मालूम हो गया होगा कि उनका अतिथि उनके घर के व्यक्ति से अधिक भेद नहीं रखता। जरा ही देर में हम घुल-मिल गए। पहिले बाहरी बातें होती रहीं। सरदार बलदेव सिंह के बारे में पहिले ही इतना कह देना है कि वह बोलने-चालने, बर्ताव-व्यवहार सभी में बड़े ही भद्र पुरुष हैं। क्वेटा के रहने वाले, लाखों की पैतृक सम्पत्ति महल-मकान के रूप में और हजार रुपये वेतन की सरकारी नौकरी, सुखी परिवार, चैन में दिन बीत रहे थे। आई अगस्त (1947) की भयंकर आँधी, हो गया सारा स्वाहा, हाँ—सारा नहीं, परिवार की जान बच गई, सरकारी अफसर होने से पहिले ही विमानों में उड़कर निकल आए, किन्तु न वह महल, न वह मोटर, न वह निश्चिन्त जीवन। अब थे वह शरणार्थी। खैर, नौकरी मिल गई, पैर रखने के लिए जगह तो मिल गई। किन्तु वह जीवन भर रहे क्वेटा में, जो दुनिया के मधुरतम मेवों की खान, दुम्बे भेड़े के मांस का भंडार और यहाँ रामपुर में रोज छोड़ छठे-छमाहे भी मांस का पता नहीं, तरकारियों का अभाव, सिर्फ आलू और दाल। बार-बार कहते—मैं आपका कैसे स्वागत करूँ? स्वागत के लिए वस्तुओं की भी आवश्यकता होती है, विशेषकर गृहपति की दृष्टि से; किन्तु अतिथि के लिए उससे भी बढ़कर

चीज है गृहपति के सहृदय दिल की और वह सरदार जी के पास मौजूद था।

मैंने प्रयाग छोड़ने के बाद सिर्फ एक बार शिमला में इन्सोलिन की सुई लगाई थी, नहीं तो पान-मेलिट्स की गोलियों पर काम चल रहा था। किन्तु "रिपु-रुज-पावक-पाप, इनहिं न गनिये छोट करि।" इंजेक्शन का सारा सामान साथ चल रहा था, अब उसे लगाने की फिक्र हुई। मैं स्वयं लगाने की सोच रहा था, किन्तु मालूम हुआ, सरदार साहेब इस कला में निपुण हैं। उनके पिता डायबेटिस के रोगी थे, पितृ-सुश्रूषा में उन्होंने यह विद्या सीखी थी। सचमुच ही उनके सुई लगाने में पीड़ा का नाम भी नहीं था। उन्होंने सुई में दवा भरी और निश्चित स्थान पर खप से सुई मारी, सेकंड के हजारवें हिस्से में बेड़ा पार, मस्तिष्क तक सूचना भी न पहुँच पाई कि छुट्टी।

डॉक्टर, अध्यापक तथा दूसरे अधिकारियों से उसी शाम भेंट हो गई, किन्तु थका समझकर देर तक किसी ने बात करना पसन्द न किया। अधिक समय तक सरदार साहेब के साथ ही बातचीत होती रही और उनसे काफी जानकारी प्राप्त हुई।

रामपुर में

भारत में रामपुर अनगिनत हैं। रियासतों में युक्त प्रान्त में एक और भी रामपुर रियासत है, इसलिए बुशहर रियासत के खतम हो जाने पर भी इस नगर का परिचय रामपुर बुशहर नाम से दिया जाता रहेगा। रियासत बुशहर 3800 वर्गमील के क्षेत्रफल की एक बड़ी रियासत है, यद्यपि आबादी एक लाख बारह ही हजार। उसके दो-तिहाई भाग में चिनी तहसील है, जिसकी आबादी तो और भी कम, सिर्फ पैंतीस हजार के करीब। रामपुर पहिले ही से इस राजवंश की राजधानी नहीं था। पहिले कामरू, सराहन, कल्यानपुर में राजधानी रह चुकी थी। राजवंश ऐसा स्थान ढूँढ़ रहा था, जहाँ बर्फ और आँधी से रक्षा हो। सराहन के 6713 फुट की अपेक्षा रामपुर की 870 फुट की ऊँचाई इसे बर्फ से सुरक्षित रखती थी, साथ ही कहावत है, राजा ने यहाँ दीपक रखकर देखा, तो वह यहाँ सारी रात जलता रहा। इससे स्थान आँधी के भय से भी सुरक्षित मालूम हुआ और आज से दो सौ वर्ष से कुछ पहले रामपुर को राजधानी बनने का सौभाग्य प्राप्त हुआ। किन्तु निर्वात स्थान के लिए सँकरी उपत्यका ढूँढनी पड़ी, जिससे यहाँ नगर के लिए अधिक विस्तार का अवसर नहीं रहा। पहाड़ और सतलुज के बीच में बहुत थोड़ी सी जगह है, जो प्रायः भर चुकी है। राजधानी बनाने के समय लोगों की दृष्टि उतनी दूर तक नहीं जा सकी। पहिला महल एक छोटे से मन्दिर के रूप में आज मौजूद है, उसी के नाम से तो भविष्य को आँका होगा। अन्तिम राजा पदम सिंह बहुत कुछ पुराने ढंग के व्यक्ति थे। उनके बनवाए महल को भी भविष्य का मापदंड माना होता, तो ऐसे संकीर्ण स्थान में राजधानी न बनवाई गई होती। खैर, अब तो रामपुर बस गया है। राज्य गया, राजधानी गई, तो भी एक महत्वपूर्ण नगर तो यहाँ रहा होगा। महल, स्कूल, सरकारी इमारतों और जनता के घरों के रूप में जो सम्पत्ति यहाँ खड़ी हो गई, उसे तो अन्यत्र उठाकर नहीं ले जाया जा सकता।

दूसरे दिन (15 मई) सबेरे ही निश्चय कर लिया कि रास्ते की जानकारी तथा यात्रा के प्रबन्ध के लिए यहाँ दो दिन और ठहरना है। अगले दिन नगर देखने

निकला। 22 साल पहिले के देखे दृश्य का कोई हल्का-सा चित्र भी स्मृति-पटल पर अंकित न था। सरदार साहेब का बँगला एक छोर पर सड़क के ऊपर था। नीचे उतरने पर पहिले बौद्ध-मन्दिर मिला, जिसके पास पुराने राजमहल में देवमन्दिर है। बौद्ध मन्दिर में कन्जूर पुस्तक-संग्रह है और साथ ही अरबों मंत्रों से भरी ढोल की शकल की "मानी" जप करने की मशीन भी। पुजारी ने बड़े चाव से अपने मन्दिर को दिखलाया। दस कदम आगे बढ़ने पर सड़क की दूसरी ओर बालिका विद्यालय है, जिसमें कुछ कृश मलिनगात्रा बालिकाएँ वैसी ही अध्यापिकाओं के नीचे शिक्षा ग्रहण कर रही थीं। आगे सड़क से नीचे उतरकर गलियों में होते बाजार वाली सड़क पर गए। सड़क ही कहिए, वैसे इस सड़क ने कभी किसी पहिये वाली गाड़ी को नहीं देखा और आगे भी बिना आमूल परिवर्तन किये गाड़ी इधर से गुजर नहीं सकती। इसी सड़क के दोनों ओर दूकानें हैं—अधिकतर नीचे से लाए सौदे की दूकानें, कुछ तो खाली। शायद मौसिम पर कुछ दूकानें और जम जाती होंगी। पहाड़ में पत्थर की दीवारें होनी ही चाहिए, जंगल की लकड़ी सुलभ होने से उसका भी उपयोग होता है, किन्तु उतना नहीं, जितना ऊपर किन्नर देश में!

मैं बाजार से पहिले ऊपर (पूर्व) की ओर गया। छोर पर सीढ़ियों से रास्ता सतलुज तट पर जाता है, किन्तु वहाँ शतद्रु—शत-वेगवाली धारा में कौन स्नान करने की हिम्मत रखता होगा? नीचे वैष्णव का मठ मिला। कभी दरभंगा जिले का कोई निर्मोही साधु इधर आ निकला। "जहाँ बैठ गए, बैठ गए," और एक मन्दिर उठ खड़ा हुआ। कुंड छोटा-सा पहिले ही रहा होगा, उसे पक्का करके ऊपर मंडप भी खड़ा कर दिया। आजकल दो मूर्ति "साधु" निवास करते हैं। महंत मौजूद न थे, दूसरा एक अनपढ़ साधु वहाँ था जिसे अपने "करम-धरम" की बातें कम मालूम थीं। शायद दोनों ही पहाड़ के हैं, अतएव बाहर घूमे-फिरे कम अथवा साधुओं की भाषा में टकसाली कहलाने के हकदार नहीं हैं। "साधु जन रमते भले" का अर्थ सदा रमते न भी लें, तो भी एक बार "चारों खूँट" (सारे भारत) की परिक्रमा तो अवश्य हो जानी चाहिए।

पंडे साधारण यात्री का जितना उपकार करते हैं, उसे देखते मुझे वह बुरे नहीं लगते, उसी तरह साधुओं के मठ भी घुमक्कड़ों के बड़े काम के हैं, कम से कम सारे भारत की यात्रा तो आदमी इनके बल पर बिना पैसे-कौड़ी के कर सकता है और बौद्ध साधु हो, तो अधिकांश एशिया का द्वार खुला है, हाँ भाषा की कठिनाई के साथ।

मैंने सोचा था, कुछ मूर्तियों के दर्शन होंगे, साधु ने दर्शन कराना भी चाहा, किन्तु मैंने कहा—खंडित मूर्तियों के दर्शन से हमारे जैसों को पुण्य होता है, यदि खंडित मूर्ति हो तो दिखाओ। किन्तु रामपुर में कहाँ खंडित मूर्ति? यह तो दीपक जलने के भरोसे नया शहर बसा है। बाजार में लौटकर और आगे चला। रास्ते के लिए कुछ

चीजें खरीदनी थीं। सोच ही रहा था, कहाँ लिया जाए कि विद्याधर जी विद्यालंकार मिल गए। कल साधारण-सा परिचय हुआ था, आज विशेष क्या, रामपुर में सबसे अधिक सहायक वह सिद्ध हुए। पीछे एक और मित्र से पता लगा कि आगन्तुकों पर उनकी ऐसी कृपा होती ही रहती है। वह गुरुकुल काँगड़ी के स्नातक, आयुर्वेद के स्नातक हैं, किन्तु यहाँ वैद्य की नहीं, जंगल-विभाग की खजांचीगीरी करते हैं। कई सालों से यहीं हैं, वैसे रहने वाले अमृतसर के हैं। आटा, चावल, चीनी, मसाला आदि खरीदने का काम मैंने उनको दिया। आगे भोजन बनाने के लिए बर्तन-भाँड़े भी चाहिए। उन्हें खरीद लिया। फिर बाजार में चीजें देखने लगे। वैसे मुझे कुछ गर्म कम्बल जैसी चीज भी चाहिए थी, किन्तु मैं समझ रहा था, वह चीजें तो ऊपर से आती हैं, फिर यहाँ खरीदने की क्या जरूरत? किन्तु यह मेरी गलती थी। यद्यपि पट्टू, गुदमा, पट्टीकनम्, सुङ्नम् स्पू में बनते हैं, किन्तु उनकी बिक्री का स्थान रामपुर है, जहाँ साल में तीन बार (एक बार कार्तिक में) बड़े मेले लगते हैं। और प्रायः यहाँ चीजें उद्गम-स्थान से भी सस्ती मिलती हैं। जो चीजें नहीं बिक पातीं, उन्हें लोग यहीं रख जाते हैं। फिर पशमीने की चादरें तो रामपुर में ही बनती हैं, ऊपर तिब्बत से सिर्फ कच्ची पशम भर आती है। इधर पाँच साल से एक चाकू पल्ले पड़ा था, जो न तरकारी काटने के काम का था, न पेंसिल बनाने के, भलामानुस पिंड भी नहीं छोड़ रहा था कि दूसरा खरीदूँ। रूस, इंग्लैड सबसे होता वह इस यात्रा में कहीं खो गया। गए चाकू खरीदने। हाथरस का काठ की बेंटवाला चाकू जो कभी दो पैसे में बिकता था, उसका दाम 6 आना और दूसरा "असली रेती का चाकू" सवा रुपये का, जिसे पहिले चार आने में कोई नहीं पूछता। खैर, चौगुने दाम के तो अपने राम कायल हैं, रुपया खर्च करते समय हिसाब चार आने का ही लगाते हैं। किन्तु यहाँ अठगुने का मामला था, तो भी खरीदना तो था, फिर दाम दूम देखने की क्या आवश्यकता?

दिन सारा इधर-उधर घूमने और लोगों से पूछताछ करने में ही बीता। यह तो यहाँ तक ही पता लग गया कि 22 साल पहिले की स्मृति पर विश्वास नहीं करना चाहिए। चिनी तहसील के कई आदमी मिले। दिवंगत महाराज के निजी सचिव बाबू प्यारेलाल स्वयं उधर के ही हैं। पता लगा साग-सब्जी का समय अभी देर से आएगा, किन्तु सूखा मांस मिल जाएगा।। मैंने कहा—"जय हो किन्नर देश की"। किन्तु आगे मालूम हुआ, अब सूखे मांस के लिए वह पहिली-सी बात नहीं है। रास्ता के बारे में यहीं जो कुछ मालूम हो गया, उसी पर दिल कहने लगा, यदि चिनी को ग्रीष्म-निवास बनाना है, तो प्रतिवर्ष जाड़ों में नीचे उतरने का खयाल छोड़ना चाहिए।

शाम को हाई स्कूल में अध्यापक वर्ग ने चाय पार्टी दी, जिसमें राजधानी के सभी अधिकारी और गणमान्य सज्जनों से परिचय प्राप्त करने का अवसर मिला। आजकल के जमाने में थाल भरे लड्डुओं को देखना कहाँ मुयस्सर? किन्तु अब

भाग्य कहाँ, चीनी-मिठाई को तो ब्रह्मा ने हराम लिख दिया; चाय तक को फीका ही पिया। उस दिन राय कृष्णदास जी हमारे मित्र पंडित ब्रजमोहन व्यास की प्रशंसा करके कह रहे थे—उन्होंने डायबेटिस को दबोच रखा है। बनारस जाते हैं, तो क्या वहाँ की मिठाई छोड़ते हैं? बस अपने हाथ से इन्सोलिन की सुई कोंच के लड्डू-अमिरती पर हाथ साफ करने पर लगाते हैं। अपने राम को तो अभी इतनी हिम्मत नहीं और अपने से कोंचने का उतना अभ्यास भी नहीं, तो भी इसका यह अर्थ नहीं कि दूसरों को लड्डू खाते देख जीभ से पानी टपक रहा था, जीभ इतनी बेवकूफ नहीं है। अतिथि वर्ग के चायपान के बाद स्कूल के लड़कों को भी लड्डू मिले। ऐसे स्कूल अब कहाँ हैं? होते तो किसका दिल फिर से विद्यार्थी बनने का नहीं करता। अन्त में मुख्य अतिथि को भी भाषण करना जरूरी था। वह कोई संकट का सौदा तो नहीं है, आखिर कलम घिसने से पहिले ही जीभ चलाने की विद्या सीखी थी। लेकिन श्रोता पँचमेल थे। एक ओर कितने ही उच्च शिक्षा प्राप्त अधिकारी और अध्यापक थे और दूसरी ओर तीसरे-चौथे दर्जे तक के विद्यार्थी भी। किन के लिए क्या कहा जाए, इसी का बड़ा असमंजस था। सोचा-बच्चों के लिए मिठाई काफी है ही, औरों के लिए कुछ कहो। फिर भी कठिनाई दूर नहीं हुई। 18 अगस्त, 1947 के बाद देश दासता से मुक्त हो गया, राजा का भी राज्य गया और मार्च (1948) से अब हिमाचल प्रदेश में स्वतंत्र प्रजा का राज्य कायम हो गया। इस बात में सच्चाई है, इससे मैं इनकार नहीं करता, किन्तु यहाँ के लोगों को विश्वास हो तब ना। लोग तो नाम तक को भी बदला नहीं समझते और मुख्य प्रबन्धाधिकारी को "दीवान साहेब" कहते जा रहे हैं। साधारण जनता क्या समझेगी, जबकि सरकारी कर्मचारी भी नहीं समझते कि अब वह दूसरी तरह के अधिकारी हैं। तो भी कुछ अपना स्वप्न सुनाया। हिमाचल प्रदेश में ग्राम-ग्राम में स्कूल खुलेंगे। कोई अनपढ़ नहीं रहेगा। सारा पहाड़ मेवों से ढँक जाएगा। घर-घर बिजली जलेगी। भूगर्भ में छिपी धातुएँ बाहर आएँगी और देश मालामाल हो जाएगा। पर्वत-स्थली इधर से उधर दौड़ती मोटरों के भोंपू से गूँजती रहेगी और बीच-बीच में कुछ अपनी यात्रा की भी बातें।

अगले दिन 16 मई रविवार था, लेकिन हमारे लिए छुट्टी नहीं। कनौर पर कुछ अधिक लिखना है। बीच में इतिहास आकर उलझ पड़ेगा, यह तो उस समय खयाल में आया नहीं था, नहीं तो सरकारी पुराने कागज-पत्रों को उलटता। चलो जो भी सामने आए, देखते चलो।

सरदार साहब तोसाखाना दिखलाने ले चले। महाराजा पदम सिंह (मृत्यु 1947 ई.) के बनवाए नये महल के ही हातें में तोसाखाने के मकान हैं। महाराजा पुराने विचारों के आदमी थे। मैंने 1926 में उनसे बातचीत की थी। सीधे-सादे से आदमी। आश्चर्य है, कैसे उन्होंने नये ढंग का महल बनवाया। किन्तु तोसाखाना अब भी प्राचीन संस्कृति का रक्षक था। वही लकड़ी के बखार जैसी छोटी-छोटी अँधेरी कोठरियाँ,

वही पुराने ढंग के ताले। तोसाखाने में चाँदी के कुछ बर्तन—थाल, गड़वे, कटोरे, चँवर, मोर्छल, भाला, बल्लम, कुछ पुरानी साधारण-सी तलवारें, गद्दी और मसनद के जरी के खोल थे। नई सरकार चाहती है, बेच कर पैसा बनाए। विधवा राजमाता इसे अपमान की बात समझती हैं। हो सकता है, नया बनवाने पर इन चीजों पर अधिक रुपया खर्च हो, किन्तु नीलाम करने पर सरकार के पास चार-पाँच हजार से अधिक नहीं जा सकेगा। तोसाखाने के बड़े नाम से शायद ऊपर वाले समझते हैं, कौरव-पांडव वंश की राजगद्दी, सारे कलियुग भर हीरा-रतन जमा होता रहा, भला यहाँ की निधि का क्या ठिकाना? किन्तु निधि को देखकर तो मुझे खयाल आया—नाहक यह आग्रह है। यहाँ यदि कोई अधिक मूल्य की संपत्ति रही होगी, तो अब वह यहाँ नहीं है और कम से कम रानी को नहीं मिली।

दस-पाँच ऐतिहासिक संग्रहालय के उपयोग की चीजों को लेकर बाकी रानी का दे देनी चाहिए। तोसाखाने पर उधर यह हुक्म, दूसरी ओर राजा के खच्चरों-घोड़ों पर अलग निगाह। खच्चरों में जो अच्छे रहे, क्या वह हिमाचल सरकार के आने तक बचे रहे। अच्छे खच्चर पहिले चंपत हो चुके। राजमाता ने चाय के लिए बुलाया था। बेचारी बड़ी रानी थीं। महाराजा "वृद्धस्थ तरुणी भार्या प्राणेभ्योऽपि गरीयसी" के अनुसार छोटी रानी के वंश में थे, चंद्रवंश न सही, सूर्यवंश की भी तो यही परंपरा थी। उन्होंने जंगम संपत्ति को ही खुलकर छोटी रानी और उनके पुत्र को नहीं दिया, बल्कि शिमला आदि में जो अपना मकान था, उसका भी अधिकांश छोटे कुमार के नाम कर दिया। बड़ी रानी जीवन में उपेक्षिता रहीं। राजा ने यह भी तो नहीं सोचा था कि उनके आँख मूँदते साल भी नहीं बीतेगा कि अंग्रेजों का डंडा-कुंडा उठ जाएगा और बिसहर अपने बीसियों सूर्य-चंद्रवंशावतंसों के साथ मिटकर हिमाचल प्रदेश बन जाएगा। यदि सोचा होता, तो बड़े कुमार और उनकी माता को पदम सिंह ने भुलाया न होता। वह इतने कठोर न थे। सोचा था, बड़ा कुमार तो गद्दी का मालिक है, उसके लिए चिंता करने की क्या आवश्यकता? बेचारी राजमाता के आँसू निकल आए, तोसाखाना और खच्चरों की बातें करते। अभी तो कुछ नगदी रुपया था, जिसमें से बँटकर 20-30 हजार मिल गया था और किसी तरह काम चल रहा था, किन्तु वह कितने दिनों तक ठहरेगा? एक मृत कुमार की विधवा को दो सौ रुपया मासिक मिलता था, वह बन्द है। बनियों का उधार हो गया है, अब कोई कुछ उधार देने के लिए तैयार नहीं। बुरी दशा है। राजमाता के सामने उदाहरण मौजूद हैं, फिर क्यों न घबराहट हो—जब पास से रुपये खतम हो जाएँगे, तो यह आलीशान महल तो नहीं खिलाएगी। मैंने सान्त्वना दी—सरकार पेंशन (60 हजार) देगी, वह आपके और आपके पुत्र के लिए पर्याप्त होगी। सरदार साहेब ने भी ढाढ़स बँधाया। बेचारी नवशिक्षिता तो नहीं है, जो कायदे-कानून की बात जाने और अपने ही सोचकर धैर्य धरे। लड़का भी अभी 13-14 साल का बालक है। सौत

झगड़ा मोल लेने को तैयार। राज्य गया, किन्तु राजसी रहन-सहन दो मास में थोड़े ही बदल सकती है, इसीलिए खर्च का रास्ता वैसा ही। राजमाता जैसे व्यक्तियों के साथ सरकार को अधिक उदारता से बर्ताव करना चाहिए।

आज मार्च-क्रान्ति की बातें कुछ अधिक सुनने को मिलीं, जिनसे साईस की बातों की ही पुष्टि हुई। मैंने भी उस समय पत्रों में पढ़ा था—बुशहर की प्रजा ने विद्रोह कर दिया। राज की पुलिस ने दमन करके दबाना चाहा, किन्तु उसे मुँह की खानी पड़ी। गोलियों ने कोई सहायता नहीं की और सारी पुलिस उसके अफसर और बड़े अधिकारी प्रजा के हाथ में बन्दी हो गए। देहरी की प्रजा को भी इसी तरह स्वेच्छाचारी राजा का मान—मर्दन करते पढ़कर बड़ी प्रसन्नता हुई थी। बुशहर की खबर से तो मुझे खुशी हुई, क्योंकि मैं जानता था, बुशहर रियासतों के भीतर सबसे पिछड़ा इलाका है। किन्तु बात क्या थी? प्रजा ने राजा के विरुद्ध कहीं विद्रोह नहीं किया था। बात यह हुई। फरवरी (1948) में हिमाचल की रियासतों के राजा-प्रजा दिल्ली में जुटे। भारत सरकार की ओर से कहा गया—प्रजा और राजा दोनों की भलाई इसी में है कि हिमाचल की दर्जनों रियासतें मिलकर एक प्रांत का रूप ले लें। कितने ही राजाओं ने कुछ इधर-उधर किया—निरंकुशता का चसका बहुत बुरा होता है। किन्तु वह यह भी जानते थे कि अब उनकी पीठ पर उनके प्रतिपालक अंग्रेज नहीं हैं, प्रजा जरा भी ढील पाते ही भूखे भेड़िए की भाँति उन पर टूट पड़ेगी और अभी जो गुजारे के लिए मोटी रकम पेंशन में मिलनेवाली है, वह भी हवा हो जाएगी, इज्जत-सम्मान की बात तो दूर रही। आखिर अछता-पछता कर बहुतों ने भवितव्यता के सामने सिर नवाया। हिमाचल प्रदेश बनना पक्का हो गया। हाँ, बिलासपुर जैसे कुछ राजाओं को मनमानी तौर से अलग होने का मौका दिया गया, जो कि सर्वथा अनुचित था। हिमाचल एक भौगोलिक, सांस्कृतिक और आर्थिक इकाई है। प्रजा, की राय बिना जाने सिर्फ राजाओं की मर्जी पर इकाई को भंग करना न वर्तमान के लिए अच्छा है, न भविष्य के लिए। सरदार पटेल ने रियासतों के बारे में जो रुख लिया, उसका मैं प्रशंसक हूँ। अंग्रेजों की भारत छोड़ते समय जो चाल थी, उसे उन्होंने असफल करने में बहुत दूर तक सफलता प्राप्त की। किन्तु रियासतों के संघ या नये रूप की स्थापना में दूरदर्शिता से उतना काम नहीं लिया। यहाँ भी अंग्रेजों द्वारा बनाए जाते प्रान्तों के समय के इतिहास को दुहराया गया है, जिससे हमारे बूढ़े राजनीतिज्ञों का सिरदर्द भले ही कुछ कम हो, किन्तु आने वाली सन्तानों के रास्ते में कठिनाई उत्पन्न होगी। आखिर हिमाचल प्रदेश बनाना था, तो सारे स्वाभाविक हिमाचल प्रदेश को उसके भीतर आना चाहिए था। रियासतें तो सारी आनी ही चाहिए, साथ ही अल्मोड़ा, नैनीताल, गढ़वाल, शिमला तथा काँगड़े के सारे जिले और होशियारपुर-गुरुदासपुर जिलों के पहाड़ी भाग भी इसके अन्दर होने चाहिए।

खैर, हम बुशहर-क्रान्ति की बात कर रहे थे। क्रान्ति के नेता उस समय दिल्ली में

थे, जब कि वहाँ रियासतों को तोड़कर हिमाचल प्रदेश बनाना पक्का हो रहा था। अब न राजाओं के स्वेच्छाकारी शासन का सवाल था, न उससे लोहा लेने का। किन्तु प्रजा मंडल के कुछ नेता दौड़े-दौड़े रामपुर पहुँचे और महाक्रान्ति के लिए कटिबद्ध होकर। बुशहर में प्रजा का राज्य होना चाहिए, प्रजा का मंत्रिमंडल बनाना चाहिए—स्मरण रखिए, हिमाचल प्रदेश का नहीं केवल बुशहर का। आखिर टेहरी ने जिस तरह सफलता पाई, उसी तरह यहाँ भी हो सकता है। मास्टर अनुलाल स्कूल के अध्यापक हैं। बुशहर प्रजा-मंडल के एक नेता हैं। उनके मस्तिष्क में खयाल आया, जरूर अपना मंत्रिमंडल कायम करना चाहिए। राजधानी रामपुर में क्रान्ति के लिए सफलता का मौका न देख वह बीस मील और आगे सराहन पहुँचे। खूब जोशीले भाषण हुए—उलट दो राजा की नौकरशाही को, बनाओ अपना राज्य। राज्य के अधिकारी तो वही पुरानी टकसाल के चट्टे-बट्टे थे, जिन्दगी भर मुसाहिबी करके पलते रहे। यदि इससे कोई अधिक बात सीखी, तो यही कि जरा भी विरोधी आवाज निकले, तो उसे कुचल दो। उनको क्या पता कि भारत बदल गया है, शासन का पुराना ढंग सफल नहीं हो सकता। अनुलाल को दिल का बुखार निकाल लेने दो, लोगों को समझाओ कि राजा का राज्य अब नहीं रहा, अब है यहाँ हिमाचल प्रदेश, वैसे ही जैसे युक्त प्रदेश, बिहार, मध्य प्रदेश। यहाँ भी निर्वाचित मेम्बरों का मंत्रिमंडल बनकर रहेगा। इतनी मत्थापच्ची कौन करे? अनुलाल को पकड़ने के लिए पुलिस के जवान भेज दिये गए। अनुलाल गिरफ्तार हुए। उन्हें ले चले रामपुर की ओर। जनता में उत्तेजना फैली। गौरा गाँव पहुँचते-पहुँचते तीन चार सौ आदमी जमा हो गए। जनता ने अपने वीर को पुलिस के हाथ से छीन लिया। गिरफ्तार करने वाले स्वयं गिरफ्तार हो गए। खबर राजधानी में पहुँची। अगले दिन जज साहब, डी. एस. पी., ए. एस. पी., पुलिस दल के साथ पहुँच गए। लोग अपने नेता को देने को तैयार नहीं हुए, फिर क्या था, चलाओ गोली। गोली चली। कुछ लोग घायल हुए, मरा कोई नहीं। गोली खतम होने पर आई। अधिकारी वर्ग की सिट्टी गुम हुई। एक अधिकारी ने निकल कर लोगों से बात की और गोली-बन्दूक लोगों के हाथों में देकर सब वीरों ने आत्म समर्पण किया।

मास्टर अपने दल-बल के साथ पुलिस और अधिकारियों को बन्दी बनाए रामपुर की ओर चले। प्रजा का राज्य स्थापित हो गया, इसमें किसी को सन्देह था? कल के शासक और उनकी पुलिस तो आज बन्दी बनकर चल रही थी। नौ मील के रास्ते में सारा पहाड़ टूट पड़ा। बन्दी रामपुर में एक सराय में बन्द किये गए. राजधानी पर विद्रोहियों का अधिकार, "मास्टर अनुलाल की जै" होने लगी। मास्टर ने जनता को शान्त रखा; न बन्दियों पर मार पड़ी, न नगर में लूट-मार होने पाई, यद्यपि उत्तेजित अनभ्यस्त जनता के लिए यह बिलकुल अस्वाभाविक बात थी। शहर के बनिये-महाजन उन दिनों घबड़ाहट के मारे प्राण दिये देते थे। मास्टर अनुलाल को यदि विद्रोह का दोषी ठहराया जाता है, तो उन्हें इस सुरक्षा का श्रेय भी देना चाहिए।

किन्तु पुरानी नौकरशाही अपने पुराने मानसिक रोग से मुक्त कैसे हो सकती है?

रामपुर पर क्रान्तिकारियों के अधिकार, पुलिस और अफसरों के बन्दी होने की खबर सरकार के पास शिमला पहुँची। मुख्य प्रबन्धाधिकारी सरदार बलदेव सिंह पंजाबी हथियारबन्द पुलिस के साथ रामपुर की ओर चले। रामपुर पहुँचने से पहिले ही प्रजामंडल के सभापति पंडित सत्यदेवजी सरदार से मिले। उन्हें लौट जाने के लिए कहा, नहीं तो जनता किसी को जीता न छोड़ेगी। लेकिन पुलिस दल कहाँ रुकने वाला था? क्या बुशहर को भारत संघ से स्वतंत्र होने दिया जाता? जनता ने किसी को नहीं मारा, पुलिस को भी गोली चलाने की जरूरत नहीं पड़ी, यद्यपि मास्टर के आदमी इसे नहीं मानते। वह कहते हैं, पुलिस ने कई आदमियों को मारकर सतलुज में डाल दिया। उसने एक बछिया को भी मार दिया। तटस्थ आदमियों का कहना है, कोई आदमी-वादिमी नहीं मारा गया, बछिया हल्ला-गुल्ला में पत्थर के गिरने से मर गई। पाकिस्तान की पुलिस तो आई नहीं, फिर बछिया मारने पर कौन विश्वास करता? तो भी इस बात का विचार काफी किया गया।

मास्टर अनुलाल के बन्दी बन्धनमुक्त हुए और कल के विजेता बन्दीखाने में डाल दिये गए। मास्टर अनुलाल बुशहर के महामंत्री नहीं हो सके। वह पाँच दिनों के लिए इतिहास में बुशहर के राजा, अंतिम राजा हो सकते थे। लेकिन उनके मस्तिष्क की उर्वरता यहाँ खतम हो गई थी, अथवा अनुयायी वहाँ तक न जाते। विद्रोह के अपराध में सात साल की सजा उन्हें हुई, किन्तु पीछे छोड़ दिये गए। मास्टर ने जनता की सेवा की थी। तभी तो पहाड़ की सबसे पददलित कोली जाति भी उनके पक्ष में उठ खड़ी हुई। राजपूत कहलाने वाले बड़ी जाति वालों ने अपने जात-भाई को छुड़ाने की हिम्मत नहीं की। पुलिस का काम समाप्त हो गया था, किन्तु पुराने शासनशास्त्र में यह पाठ कहाँ पढ़ाया गया था? पुलिस को जगह-जगह अनेत फैलाने के लिए छोड़ दिया गया। लोगों पर अत्याचार हुए, खासकर कोलियों पर बहुत जुल्म हुए—भेड़-बकरियों के चट कर जाने का ही नहीं, स्त्रियों पर बलात्कार करने का भी दोषारोपण किया जाता है।

इस तरह बुशहर की 'क्रान्ति' दवा दी गई और 'प्रतिक्रांति' का पल्ला भारी रहा। यदि क्रांति सफल होती, तो कौन जानता है, तिब्बत के सीमांत पर भारत संघ से बाहर यह दूसरा राष्ट्र खड़ा होकर राष्ट्रसंघ की सदस्यता का उम्मीदवार न होता! आखिर रियासतों के मिटकर भारत-संघ का एक प्रदेश बन जाने पर इस 'क्रान्ति' और विद्रोह की आवश्यकता क्या थी? अलग राज्य का मंत्री और महामंत्री बनने के लिए बुशहर में ही यह पाप नहीं किया गया। टेहरी के मंत्रिगण भी आज इस बात का आग्रह कर रहे हैं कि उन्हें स्वतंत्र टेहरी का स्वतंत्र शासक रहने दिया जाए। किसी बड़े सूबे में नाथा गया, तो मंत्री-महामंत्री क्या, सभासचिव बनने की भी सम्भावना तो नहीं रह जाती।

किन्नर देश की ओर

17 मई को रामपुर से प्रस्थान किया। यद्यपि मेरे पास एक ही खच्चर का सामान था, किन्तु पहाड़ में अकेला खच्चर ले जाया नहीं जा सकता, इसलिए सामान के लिए दो खच्चर और सवारी के लिए एक घोड़े का प्रबन्ध किया गया था। यह कहने की आवश्यकता नहीं कि ठाणेदार से ही मैं सरकारी खच्चरों और घोड़ों का व्यवहार कर रहा था। भाड़े के भी इधर खच्चर चला करते हैं, किन्तु उनका मिलना कोई निश्चित नहीं रहता। वैसे सरकारी खच्चर पर जितना खर्च आता है, उससे अधिक भाड़े के खच्चरों पर नहीं आता। मैंने शाम को ही कह दिया था कि हमें बड़े सबेरे चलना है। सबेरे समय से थोड़ी देर बाद खच्चर रवाना हो सके। सरदार साहब से और विद्याधर जी से विदाई ली। थोड़ा आगे चलकर घोड़े पर सवार हुआ। थोड़ा ही आगे गए कि घोड़ा कुछ ठमकने लगा। समझा—शुरू है, आगे ठीक हो जाएगा। और चले, किन्तु वही रफ्तार। साथ चलने वाले लड़के से पूछा—घोड़े की पीठ तो कटी नहीं है? लड़के ने पहिले इधर-उधर करना चाहा, किन्तु जोर देने पर बोला— हाँ, पीठ कटी है। आखिर रियासती नौकर ठहरे। मेरे एक मित्र की सगी बहिन एक रियासत की विधवा रानी थीं। छोटे भाई के आने पर आवभगत क्यों न करतीं? चलते समय बहिन रानी ने भाई को मिठाई और दूसरी चीजों के साथ एक अच्छा साफा भी दिया। भला नौकर-चाकरों के रहते रानी साहब के भाई अपने हाथ से उन चीजों को कैसे उठाकर ले जाते। बाहर आकर जब गाड़ी में भेंट रखी गई, तो साफा नदारद। विदा होकर चले आए भाई, क्या फिर लौटकर साफे के उड़ने की बात कहने जाएँगे—राज्य के नौकरों को यह बात भलीभाँति ज्ञात थी। राज्य के अतिथियों को ऐसा अनुभव अक्सर प्राप्त होता है। खैर, मुझे तो घोड़ा भेंट में मिला नहीं था और न अस्तबल के खासादार को इससे विशेष लाभ हुआ होगा। शायद अच्छा घोड़ा पाने के लिए भी अस्तबल के बड़े साईस को पहिले से बखशीश देनी चाहिए थी, जिससे मैं अनभिज्ञ था। कटी पीठ के घोड़े पर मैं चार दिन पहाड़ों को पार करते चिनी कैसे पहुँच सकता था? पहुँच सकता, तो भी मेरे पास वह दिल न

था। मैंने घोड़े को लड़के के हवाले करके कहा—इसे तुरन्त अस्तबल में ले जाकर दूसरा घोड़ा बदल के ले आ; मैं गौरा में प्रतीक्षा करूँगा। वह 'हाँ' करके लौट गया। मैंने विश्वास किया कि घोड़ा अवश्य गौरा आ जाएगा। थोड़ा आगे एक कनौरा पुरुष मिला। मैंने सोचा, शायद लड़का डर के मारे अस्तबल वालों से बात न करे, इसलिए मैंने इस पुरुष से खास सेक्रेटरी बाबू प्यारेलाल जी के पास सन्देश भेजा।

नौ मील कोई बात नहीं। यद्यपि मैं इधर शरीर से निर्बल था और अभी पहाड़ की चढ़ाई-उतराई का अभ्यस्त भी न हो पाया था, तो भी घोड़ा आने के भरोसे बड़ी निश्चिन्तता से आगे चला। तीन साढ़े तीन घंटे में गौरा डाकबँगले में पहुँच गया। गौरा रामपुर से ढाई हजार फीट से अधिक, अर्थात समुद्रतल से 6518 फुट ऊँचा है, इसलिए रास्ते में चढ़ाई भी पड़ी। मुझे दोपहर को वहाँ विश्राम करना था। दो-तीन घंटे में घोड़े के भी आ जाने की पूरी उम्मीद थी। किन्तु घोड़ा कहाँ आने वाला था? आगे चिनी तक खच्चर के साथ जाने के लिए दौलतराम आ पहुँचे। घोड़े के बारे में पूछने पर बतलाया—हाँ, वह सही-सलामत अस्तबल में पहुँच गया। झुंझलाने से क्या लाभ, आखिर यह तो रियासती आतिथ्य का एक अभिन्न अंग है। तीन घंटे की प्रतीक्षा काफी थी। आगे अभी 12 मील चलना था और रास्ता और भी कड़ी चढ़ाई-उतराई का। गौरा में घोड़े की आशा नहीं थी। यही गौरा था, जहाँ के कोलियों ने मास्टर अनुलाल को छुड़ा लिया था और यही डाकबँगला था, जिसमें राज की पुलिस और अधिकारियों ने शरण ली थी, गोली चलाई थी और अन्त में आत्मसमर्पण किया था।

10 मील के रास्ते में उतराई या समतल पथ पर तो कुछ नहीं मालूम हुआ, हिम्मत भी करने की जरूरत नहीं पड़ी, किन्तु अन्तिम चार मील कड़ी चढ़ाई के थे। धूप भी तेज थी, ऊपर से डायबेटिस वाले आदमी का तालू वैसे ही सदा सूखा रहता है। मत पूछिए, अन्तिम चार मीलों ने मेरी क्या गत बना दी। बस यही समझिए,—'केनापि देवेन हृदिस्थितेन यथानियुक्तोस्मि तथा करोमि' वाली हालत थी। कष्ट असह्य था, किन्तु हिम्मत छोड़ने की बात न थी, जानता ही था, बिना सराहन पहुँचे शरण नहीं। रास्ते में बुशहरी नारियाँ डाँडे पर के किसी मेले से खूब बनी-ठनी लौट रही थीं, कोई गीत भी गा रही थीं, किन्तु यहाँ देखने-सुनने के लिए दिल कहाँ था? आगे तो चल रहा था, किन्तु हर पाव घटे पर जान पड़ता था, पैरों में नई पसेरी बाँधी जा रही है। क्या दिल मानने के लिए तैयार था कि आज 79वें मील पर (शिमला से) पहुँचेंगे। लेकिन आखिर 21 मील की यात्रा करके सूर्यास्त के समय सराहन के डाकबँगले पर पहुँच गया।

बँगला बन्द था। कोई मेला हो और पहाड़ी जवान वहाँ से अनुपस्थित हो, यह क्या कोई होनी बात है? मालूम हुआ—चौकीदार साहेब वहाँ गए हुए हैं, आज रात को शायद ही लौटें। मेला तो होता है किसी बड़े शक्तिशाली देवता का ही। किन्तु

उसमें डटकर शराब पीना, नाचना-गाना सबसे आवश्यक चीज है। आस-पास की सारी तरुण-सौन्दर्य राशि जहाँ राशिभूत होती है, फिर "वहाँ नहीं यहीं बैकुंठा" मानने वाले क्यों पिछड़ेंगे। खैर, भंगी अर्थात कोली बूढ़ा कुछ बीमार था, इसलिए वह मेला न जा सका था, नहीं तो उस थकावट में सात हजार फुट की रात को बाहर घास पर बैठना बहुत प्रिय नहीं लगता। बूढ़े ने कहीं से कुर्सी पैदा की। पूछताछ करने पर मेट (चारस) के पास चाभी निकल आई। अब चाहे चौकीदार रात भर मेला करता रहे, हमें परवाह नहीं थी। कुछ देर बाद दौलतराम भी खच्चरों को हाँके आ पहुँचे, किन्तु उनकी मनहूस सूरत देखकर हमारी अवस्था बेहतर नहीं हो सकती थी। जान पड़ता था, वह हमसे भी अधिक थके-माँदे हैं। उन्होंने जो भी खच्चरों के लिए दाने-चारे की फरमाइश की, देकर पिंड छुड़ाया—प्रति खच्चर प्रतिदिन दस रुपये से क्या कम खर्च था।

दोपहर को छाछ भर पिया था, इसलिए भूख तो लगनी ही ठहरी, किन्तु इस समय थोड़ा लेट जाने का खयाल था। नेगी ठाकरसेन का पत्र यहाँ के मिडिल स्कूल के मास्टर साहेब को मिल गया था और मास्टर सोहनलाल पता लगते ही आए—सराहन बस्ती कुछ फर्लांग ऊपर है। हम तो दौलतराम की रसोई में शामिल होना चाहते थे, किन्तु मास्टर जी ने घर से भोजन और दूध लाने का आग्रह किया। एवमस्तु! किन्तु हमें सबसे अधिक चिन्ता थी कल की यात्रा की, अगले दिन पैदल चलने की शक्ति नहीं थी। मास्टर साहब ने जितनी जल्दी घोड़ा मिल जाने की बात की, उस पर मेरा विश्वास नहीं हुआ—पहाड़ी लोग न करना जानते नहीं, किन्तु हर "हाँ" को पूरा करना उनकी शक्ति के बाहर है। फिर पूछने पर मास्टर सोहनलाल ने कहा—घोड़ा हमारे परिचित बनिये का है। मुझे 22 साल पहले नौला के बनिये के साथ का अनुभव याद आ गया, कहीं यहाँ भी वैसा ही न हो। दिल पत्थर करके सोचा—खैर, यहाँ सिर पर छत तो है, साफ-सुथरा, पी. डब्ल्यू. डी. का बँगला, पलंग, मेज, कुर्सी मौजूद है। सराहन में दूध, भोजन मिल जाएगा ही, हाँ खच्चरों को भी आदमी के साथ बीस-बाईस रुपये रोज खिलाने पड़ेंगे। किन्तु मैं आजकल के रुपयों को खर्च करते समय पहिले चार से भाग दे दिया करता हूँ, आखिर 1939 में चार आने की चीज का भी मूल्य तो आजकल एक रुपया है। खाना लाकर मास्टर जी ने कहा—बनिया घोड़ा दे देगा। क्यों नहीं देता? शायद उसका लड़का स्कूल में मास्टर जी के पास पढ़ता हो। और मास्टर जी के पास नेगी ठाकरसेन की महापंडित के बारे में जबर्दस्त चिट्ठी आई थी। मास्टर जी ने कहा—घोड़े का किराया नचार तक, अर्थात 23 मील के लिए 20 रुपया माँगता है। बीस यानी 5 रुपये, कोई परवाह नहीं। मैंने घोड़े को ठीक कर देने के लिए कहा।

सराहन ऐसा महत्वहीन स्थान नहीं है कि रात भर डाकबंगले में रहकर उससे छुट्टी ले ली जाए, लेकिन मुझे फिर इसी रास्ते लौटना था। सराहन का सतयुग

का इतिहास भी ढूँढ़ने पर मिल सकता है। द्वापर के अन्त में जब श्रीकृष्णचन्द्र आनन्दकन्द द्वारिका में वास कर रहे थे, तो इसका नाम शोणितपुर था। यही प्रचंड-भुजदंड वाणासुर की राजधानी थी। यहीं उसकी कन्या उषा ने चित्रलेखा के खींचे चित्रों से अपने स्वप्नाभिलषित प्रियतम अनुरुद्ध को पकड़ मँगवाया था। उसी अनुरुद्ध की अविच्छिन्न परम्परा पिछले महाराजा पदम सिंह और उनके वर्तमान चिरंजीवी वीरभद्र सिंह तक चली आई है। प्राचीन नाम शोणितपुर और वर्तमान नाम सराहन के महत्व के बारे में इससे बढ़कर और क्या कहा जा सकता है? और प्रमाण चाहिए, तो वह स्वयं सराहन नाम में दिया है, जो शोणितपुर से ही बिगड़ कर बना है। किस भाषातत्व या व्याकरण के अनुसार, यहाँ के पंडित प्रबर मूर्खजपाटानंद से पूछ लीजिए, जो यहाँ से थोड़ा ही नीचे के रावी गाँव में सतयुग की पोथी लेकर बैठे हुए हैं। इस पोथी को न इनकी हजार पीढ़ी पढ़ सकी और न वह खुद। बल्कि वह पोथी तह पर तह कपड़ों से लिपटी सारे कलियुग में भी न खुली और यदि रामजी की इच्छा होगी, तो आग-बाग लगने पर कोयला बनकर ही खुलेगी।

सराहन रामपुर से पहिले काफी समय तक बुशहर की राजधानी रहा, जो पीछे गर्मियों भर के लिए ही श्रीचरणों से पवित्र होता रहा। यहीं मैंने 1926 में महाराजा पदम सिंह के दर्शन किये थे। उस समय रामपुर से यहाँ तक टेलीफोन भी था। अब टेलीफोन खतम हो चुका है, रास्ते के खम्भे भी बहुत से लेट गए हैं। 21 मील लम्बा तार मुफ्त में लुट रहा है। अधिकारियों को पता नहीं है कि जल्दी ही उन्हें नचार तक टेलीफोन नहीं, तार पहुँचाना होगा, यदि हिमाचल सरकार के स्वप्न "सतलुज उपत्यका फलों की खान" को जागृति में परिणत करना है। राजा और उनकी ग्रीष्म की राजधानी न सही, सराहन अच्छा—बड़ा गाँव है और यहीं सारे बुशहर की अधीश्वरी भीमाकाली आपरूप निवास करती हैं। मुझे इन बुशहरियों पर झुंझलाहट आती है। हमारे देखते-देखते गढ़वाली आधे दर्जन नकली काशी, नकली प्रयाग, यहाँ तक कि नकली बद्रीनारायण भी बनवाकर मालामाल हो गए—"नकली बद्रीनारायण"। यह मैं गंगोत्तरी के पंडों के गुरु वैदिक जी की बात मानकर कहता हूँ, जिनका कहना था कि असली या आदि बदरी भीट देश में थोलिंग मठ में हैं, जिन्हें लामा लोग पूजते हैं। भीमाकाली के आद्या भगवती होने में संदेह नहीं। कहते हैं, उनके खजाने में राजा रामचन्द्र जी के रुपये-पैसे रक्खे हुए हैं, फिर तो त्रेता तक के लिए बात पक्की ठहरी। माई के दर्शन की लालसा तो है लौटते समय, लेकिन मुश्किल है कि माई का द्वार मेरे जैसे वज्र नास्तिक तो क्या, बुशहर राज्य के बाहर पैदा हुए निपट आस्तिक के लिए भी बन्द है। खैर, और नहीं तो लौटते समय चौखट का तो दर्शन हो जाएगा और अगस्त के सूर्यनारायण ने कृपा की, तो माई के मन्दिर के चित्र का दर्शन आर्यावर्त के पुण्यवान् प्राणियों को भी हो जाएगा। खजाने के रामचन्द्री रुपयों के दर्शन की लालसा तो किसी की भी पूरी न

होगी, क्योंकि अनुशाही प्रचार के अनुसार माई के खजाने को तोड़कर सरदार उसे न जाने कहाँ उठा ले गया।

*

मिति 18 मई दिन मंगल ईसवी साके 1948 का ब्रह्ममुहूर्त आया। मास्टर सोहनलाल कुछ प्रातराश लेकर पहुँचे और इस सन्देश के भी साथ, कि घोड़ा आ रहा है, आज ही उसे नचार से लौटा दीजिएगा। 23 मील पहाड़ी यात्रा थी, किन्तु कल तो मैं पैदल ही 21 मील चला आया था। मास्टर साहब के वर्णन से बनिये का घोड़ा राजा भोज के कल वाले कठघोड़े से कम तेज न था। जलपान किया। दौलतराम को ताकीद करके सबेरे ही रवाना कर दिया। शाम ही को उन्हें दिन की रोटी गाँठ बाँध लेने के लिए कह दिया था। अपनी रोटी तो आराम से मिल रही थी, चाहे आटा सेर—सवा सेर का ही हो, किन्तु रास्ते में कनक को पानी के बिना झुलसते देखकर चित्त खिन्न होता था। मेघ देवता प्रसन्न नहीं थे और सतलुज माई—नहीं बाबा सतलुज, क्योकि यहाँ वालों ने सतलुज का नाम समंदर रख छोड़ा है—मुफ्त ही इतनी बड़ी जलराशि बहाये लिए जा रही हैं। सूर्यनारायण उग आए। आसमान में बादल की कहीं एक फुटकी भी न थी। थोड़ी देर में घोड़ा भी आ पहुँचा। कादम्बरी में वर्णित इंद्रायुध से डील-डौल में क्या कम था? हाँ, पहाड़ी टाँघनों में अर्थात उसकी अपनी जाति में वह सबसे बड़ा घोड़ा था। कहते थे, उसे कोई सौदागर यारकंद से बेचने के लिए लाया। राजा पदम सिंह ने अपने लिए खरीदा था, जो पीछे की राजविराजी से होते अब वाणासुर की राजधानी के बनिये के हाथ में पड़ा; और, शायद कुछ समय बाद उसके भाग्य में लदनी बदी है। मुझे उसके भाग्य पर तरस आया। क्या जाने यारकंद में आए चंगेज खाँ के श्यामकर्ण घोड़े का वह वंशज हो और उसकी यह भवितव्यता।

यह कहना शायद भूल गया कि चौकीदार साहेब रात को ही सही-सलामत पहुँच गए थे। चलते समय डाकबँगले का रजिस्टर मँगाया। देखा—वह पी. डब्ल्यू. डी. का है। अपने राम 22 वर्ष पहिले की स्मृति पर समझते थे, तिब्बत-हिन्दुस्तान सड़क पर सारे बँगले वहाँ के जंगलों की तरह पंजाब के जंगल-विभाग के हैं और इसी विश्वास पर पंजाब के चीफ कंजर्वेटर साहेब से आज्ञापत्र भी लाए थे। रजिस्टर में पूछा गया था—आज्ञापत्र? पंजाब सरकार के एक विभाग का आज्ञापत्र तो था, किन्तु चाहिए प्रधान इंजीनियर का। जिस चौकीदार पर हम आते समय इतना बौखलाये थे, वह आज्ञापत्र दिखलाने के लिए कह सकता था और न देने पर अर्धचंद्र दे सकता था। किन्तु सौभाग्य से सरकारी कायदे-कानून जैसे निष्ठुर होते हैं, वैसे उसके यह साधारण सेवक नहीं हैं। समझ में नहीं आता, दस-पाँच दिन छोड़कर इन

बहुधन-सम्पादित बँगलों को साल भर बन्द रखने से सरकार ने क्या लाभ समझा है? सरकारी अफसरों को पहिले स्थान मिले ठीक, आज्ञापत्र पाने वालों को भी पहिले स्थान दिया जाए; किन्तु खाली बँगले को साधारण यात्री के लिए क्यों नहीं खोल दिया जाए? मैं डाकबँगलों को धर्मशाला बनाने की सिफारिश नहीं करता, बल्कि मैं तो कहूँगा, एक रुपया प्रतिदिन शुल्क बहुत कम है, उसे कम-से-कम दो या तीन कर देना चाहिए। बँगले और उसके असबाब इतने अच्छे हैं कि आदमी को तीन रुपया रोज देने में भी उज्र नहीं होना चाहिए। बस उक्त शुल्क के साथ खाली बँगले का दरवाजा सबके लिए खोल देना चाहिए। भला सोचने की बात है, यदि किन्नर की रम्य पर्वतस्थली में खाने-रहने का अच्छा प्रबन्ध हो, हजारों की संख्या में यात्री मैदान से यहाँ विचरने के लिए आएँ, तो इसमें यहाँ के निवासियों को लाभ है या नहीं? इंगलैंड, स्वीट्जरलैंड और दूसरे पश्चिमी देश करोड़ों रुपया विज्ञापन में खर्च कर सैलानियों को अपने यहाँ आकर जेब खाली करने का निमंत्रण देते हैं और यहाँ है एक सरकार, जो आने वाले को भी दुत्कारती है। खैर, हिमाचल सरकार की भूमि में दाल-भात में मूसलचन्द पंजाब सरकार का यह पी. डब्ल्यू. डी. पुराने अंग्रेज प्रभुओं के चरण चिह्न पर चल रहा था।

अब अपना जंगल, अपनी सड़क, अपना बँगला हिमाचल सरकार के हाथ में आएगा, फिर उसे चाहिए कि यात्रियों को आने के लिए अधिक-से-अधिक सुभीता दे। मैं तो यह भी आशा करता हूँ कि आगे चलकर हर बँगले के साथ रसोइया, चाय-टोस्ट और भोजन का भी प्रबन्ध हो और सौभाग्य से इस भूमि को यदि 'सूखा' न बनना पड़े, तो किन्नर देश को स्वयंप्रसूता उदुंबरवर्णा द्राक्षी मदिरा भी अतिथियों के लिए सुलभ होगी। उदुंबरवर्णा सुरा का नाम शास्त्रों में पढ़कर मुझे उसके प्रति बहुत सम्मान हुआ था और "शराब गुलँगू" और "ब्लडरेड वाइन" की सुन्दर ध्वनियों से वह और बढ़ा था। किन्नर में आकर पता लगा कि वहाँ श्वेत द्राक्षी मदिरा के सामने रक्ताभा को घटिया समझते हैं। किसी भी काले अंगूर के रस को कुछ समय खास तौर से रख छोड़ने पर वह उदुंबरवर्णा सुरा में परिणत हो जाता है, किन्तु महाश्वेता सुरा भाप से चुवाने पर बनती है, अतएव उसका दाम भी अधिक, मान भी अधिक है। किन्नर देश ने इधर कुछ सालों में द्राक्षी मदिरा बनाने में अधिक प्रगति की है। वैसे द्राक्षा (अंगूर) और मदिरा किन्नर के लिए नई चीज नहीं हैं। पिछली सदी में पोआडी (चिनी के पार) के जागीरदार ने अफसोस प्रकट किया था, "किन्नर लोग द्राक्षा के बाग की ओर से उदासीन हो रहे हैं, यहाँ बहुत तरह के अंगूर थे, किन्तु अब पोआडी में सिर्फ अठारह जाति के रह गए हैं।" नेगी सन्तोखदास (रोगी) ने यह कथा कहते हुए बतलाया, अब पोआडी में एक लता भी द्राक्षा की नहीं है।

किन्नर के मानसून-बाह्य इलाके में फलों के साथ द्राक्षा ने काफी प्रगति की और उसमें मदिरा का मुक्त मार्ग बड़ा सहायक हुआ है। पिछली बार 1926 में जब

मैं किन्नर से गुजरा था, उस समय महाराजा पदम सिंह ने अपने राज्य में मदिरा बन्द कर दी थी (शायद पीना नहीं, बनाना बन्द कर दिया था, जिसमें लोग सरकारी दूकानों से खरीद कर पीएँ); लेकिन कायदा चलने नहीं पाया। लोग चुपचाप बना कर पीते और राज को अँगूठा दिखला देते। पीछे युवराज के मुंडन-महोत्सव में राजा ने मदिरा के प्रतिरोध को बन्द कर दिया। बतलाने वालों ने गम्भीरता के साथ कहा—यहाँ के देवताओं ने भी बहुत जोर लगाया और राजा से कहा—"मदिरा बिना हमारा काम नहीं चलता।" उधर राजा करीब-करीब अपने परिवार का संहार करा चुका था। और कितने दिनों तक डटा रहता? फिर जिस तरह भगवान ईसा मसीह के नायब रोम के पापा, एकलिंग के नायब उदयपुर के राजा, उसी तरह तो भीमाकाली के नायब थे बुशहर के राजा। और भीमाकाली कम से कम द्वापर से कनौर के शिबू (लाल शराब) की आदि थी, रोगी से शिबू लाने के लिए एक परिवार को अब भी जागीर मिली हुई है।

पाठकों को मालूम हो कि यदि मार्ग का अच्छा प्रबन्ध और खाने-रहने के अच्छे स्थान बन जाएँ, तो भाग्यवानों को यहाँ "शिबू" उदुंवरवर्णा किन्नरी सुरा सुलभ रहेगी। सिर्फ खय्यामों की आवश्यकता है, साकी हजारों सुराही लिए यहाँ तैयार मिलेंगे। शम्पेन और बरांडी को मात करने वाली किन्नरी सुरा यहाँ मौजूद है। मैं उसके घर में पहुँच गया हूँ, किन्तु अभाग्य के लिए क्या किया जाए, पानी में "मीन प्यासी" कहना चाहिए। इस जन्म में तो ब्रह्मा ने सुरा चखना नहीं लिखा और अगले जन्म पर विश्वास नहीं। मैं न सही, दूसरों का ही रास्ता साफ हो। मैं चाहता हूँ, हिमाचल सरकार का संकल्प पूरा हो, नचार तक मोटर सड़क बन जाए और मेरा भी स्वप्न पूरा हो, पच्चीस मील की रोपवे (तारगाड़ी) चिनी तक लग जाए। फिर क्या जरूरत होगी बाहर करोड़ों रुपया भेजकर अंगूरी शराब मँगाने की जब कि किन्नरी सुरा सारे भारत के लिए सुलभ हो। यह तो मुझे विश्वास है कि चाहे सारा भारत "सूखा" बन जाए, किन्तु किन्नर के देवताओं से उत्प्रेरित यहाँ के मनुष्य किन्नर देश को उसी तरह सूखा नहीं होने देंगे जिस तरह उन्होंने पदम सिंह के कानून को ताक पर रख कर किया।

हाँ, तो हमें आगे चलना था और इन्द्रायुध भी आकर तैयार था, इसलिए पाठकों को भी प्रतीक्षा कराना अच्छा नहीं। इन्द्रायुध की प्रशंसा मैंने या मास्टर सोहनलाल ने गलत नहीं की। वह वस्तुतः सुन्दर, स्वस्थ और बड़े कद का घोड़ा था। घोड़े पर अच्छी चमड़े की काठी लगी हुई थी। वैसे घोड़े से मैं उतना डरता नहीं, किन्तु पहाड़ी सड़क पर अड़ियल घोड़े से पाला पड़ना अच्छा नहीं है। मैंने थोड़ी देर चढ़ने के बाद समझ लिया कि इन्द्रायुध लगाम क्या, हल्की छड़ी को भी बर्दाश्त कर लेता है; तीर की तरह तेज तो नहीं, किन्तु बहुत सुस्त भी नहीं चलता। घोड़े के साथ साईस भी था, जिसका इस बात पर बहुत जोर था कि वह बनिये का नहीं,

राजा का साईस है, किसी काम के लिए सराहन आया था, बनिये ने हाथ-पैर जोड़े, इसलिए साथ चल रहा है। वह समझता होगा, उड़ते पक्षी को यहाँ की बात क्या मालूम? मैं जानता था, राजा के विराज होने पर न जाने कितने घोड़े और साईस ही बेमालिक के नहीं हुए हैं, बल्कि भीमाकाली के प्रताप से जीने वाले सारे रावी गाँव के ब्राह्मणों में भी कुहराम मचा हुआ है। सरकार ने देवी के अस्सी हजार खर्च को घटाकर पन्द्रह हजार से कम कर दिया है। ब्राह्मण-देवता जरूर घर पर निराहार पुरश्चरण करते होंगे। उनके लिए इससे अच्छा तो फिरंगियों का राज्य था। अच्छा देवताओ! कोई परवाह नहीं, तुम्हारे पास कपड़े में लिपटी वह सतयुग की पोथी है। सुनते हैं—उसमें सोना नहीं पारस बनाने की विधि लिखी है।

सराहन पहाड़ पर ढलवाँ बसा हुआ है और काफी नीचे तक। यह राजधानी के लायक स्थान है, लेकिन राजा केहर सिंह को न जाने किसने भाँग खिला दी, जो राजधानी रामपुर ले गए। सराहन के बारे में और फिर कभी। डेढ़-दो मील चलने पर पर्वतवाही—जिसे यहाँ वाले धार कहते हैं—के पीछे पहुँचते ही सराहन आँख से ओझल हो गया, लेकिन अभी हम किन्नर देश में नहीं पहुँचे। अभी तीन-एक मील और चलना पड़ा। मान्योटी की धार (पर्वतवाही) आई। यहाँ से हम असली किन्नर-देश में प्रविष्ट हुए। स्त्रियाँ ऊर्ण सारी पहने थीं। हाँ, ऊर्ण सारी को ऊनी साड़ी न मान लीजिए, यह काफी लम्बा-चौड़ा-पतला कम्बल होता है, जिसे स्त्रियाँ दाहिना कंधा खोले काँटे से इस प्रकार पहिनती हैं कि सिर को छोड़कर सारा शरीर ढँक जाता है। यहाँ से नीचे के लोगों को किन्नर लोग कोची कहते हैं। कोची स्त्रियाँ सिर पर रूमाल बाँधती हैं, किन्तु किन्नरियाँ अपने पुरुषों की भाँति टोपी लगाती हैं, जिसके तीन भाग में उठे कनपटे जाड़ों में नीचे गिरकर कनटोप का काम देते हैं।

रास्ता तिब्बत-हिन्दुस्तान सड़क का था, किन्तु सड़क कैसी थी, इसे इसी से समझ लीजिए कि मैंने यहाँ चलकर तय कर लिया कि यदि चिनी को अपना गर्मियों का हेडक्वार्टर बनाना है, तो प्रतिवर्ष नीचे जाने का खयाल छोड़ना होगा। रास्ता बहुत परिश्रम से बनाया गया था, इसमें शक नहीं, किन्तु वह कितनी ही जगहों पर कठिन था। यहाँ पहाड़ अधिक वृक्षसंकुल थे। पहिले की स्मृति ने धोखा देकर समझा रखा था कि इस मोड़ के कनम् तक आदमी लगातार 'देवदार जूड़ी छाँह' में ही जा सकता है, किन्तु यह धारणा निराधार थी। कहीं-कहीं देवदार भी थे, मगर सभी जगह नहीं। चौरा के डाकबँगले से हमें कुछ लेना-देना न था। साईस के साथ हम आगे बढ़ते गए। बतलाया गया था, शोलडिङ् खड्ड के पार रास्ता बहुत बुरी तरह से टूटा हुआ है। मैंने समझा था, शायद वहाँ मुझे और घोड़े दोनों को टाँग कर पार करना होगा। रास्ता टूटा जरूर था, किन्तु लोगों ने खेत से अस्थायी मार्ग बना दिया था। हम आसानी से दूकान और सराय के पास पहुँच गए। सराय के धुपहले और शायद खटमल -पिस्सुओं से भरे बरांडे को न पसन्द कर मैंने दूकान की छाँह पसन्द की।

खच्चर और दौलतराम न जाने कितने पीछे छूटे थे, इसलिए उनके आ जाने पर ही आगे चलना था। बनिया बीमार था। दूकान में काफी आलू पड़े थे और गुड़ की भेलियों पर मक्खियाँ भिनभिना रही थीं। मेरे खाने, खरीदने की वहाँ कोई चीज न थी। पास के कटे खेत में अपनी रावटी डाले ग्यारह खम्पा पड़े थे। खम् तिब्बत में चीन की सीमा पर एक प्रदेश है। शायद इनके पूर्वजों में कुछ किसी समय खम् से खानाबदोशी करने इधर आए हों, किन्तु अब यह न भाषा ही में खम् के हैं, न वेशभूषा ही में! शायद इसीलिए इन्हें सिर्फ खम्पा (खम्वाला) न कह कर ग्यगर (भारत)-खम्पा कहते हैं। इन लोगों का कहीं घर नहीं है, किन्तु यह भिगमंगे नहीं हैं। इनका काम है छोटा-मोटा सौदा खरीदकर इधर से उधर बेचना। जाड़ों में ये मंडी, शिमला, हरिद्वार, दिल्ली तक पहुँचते हैं और गर्मियों में सतलुज और गंगा की घाटियों से पश्चिमी तिब्बत। यह तिब्बती प्रजा हैं या भारतीय, इसका ठीक से जवाब यह भी नहीं दे सकते। पास में खम्पा बच्चों को देखकर मैंने उनसे भोटिया भाषा में कुछ कहा, उनके कान खड़े हो गए और सयानों को मालूम हुआ। एक तरुण और उसकी माँ पास आई। मेरे जैसे वेशभूषा के आदमी को फर-फर ल्हासा की नागरिक भाषा में बात करते देख पहिले आश्चर्य हुआ। मैं बनिये के आदमी से पीने के लिए पानी माँग रहा था। तरुण ने कहा—मैं चाय लाता हूँ। उसे न जाने कैसे विश्वास हो गया कि मैं छुआछूत नहीं मानता हूँ। यद्यपि गर्मी में चलकर आने से मुझे ठंडा पानी अधिक पसंद था, किन्तु तरुण के सत्कार को ठुकरा नहीं सकता था। तरुण बहुत ही संस्कृत मालूम हुआ, कुछ पढ़ा भी था, भारत की राजनीतिक प्रगति की कुछ मोटी-मोटी बातें भी जानता था। सारनाथ, बोधगया भी एक से अधिक बार हो आया था। माँ चाय बनाने चली गई और मैं तरुण से बातचीत करने लगा। मेरी दृष्टि उसके स्वच्छ-स्वस्थ-प्रसन्न मुँह पर थी। कान और जीभ बात में लगे थे, लेकिन मन कभी-कभी अतीत की ओर चला जाता था। मेरे मन में कभी खयाल उठा था—इन्हीं की भाँति निर्द्वन्द्व हो गदहा, खच्चर और तंबू लिए एक देश से दूसरे देश में घूमूँ। काश, मैं बीस बरस का हो जाता, फिर इसी तरुण से कहता—लो दोस्त! अब मुझे भी अपने परिवार में शामिल कर लो, खाने के लिए ही नहीं, अपने साथ काम करने के लिए भी, अपने दुःख-सुख में शामिल होने के लिए भी। माँ में तो हकीकी साझीदार नहीं बन सकता, किन्तु पत्नी हमारी एक रहेगी और हम पश्चिमी तिब्बत से भारत तक ही नहीं विचरेंगे, बल्कि तिब्बत के महा-मैदान को पार करते सुदूरपूर्व खम् तक चलेंगे। रास्ते में दुर्गम पथ ही नहीं लाँघना पड़ेगा, बल्कि बन्दूकधारी अश्वारूढ़ डाकूओं से भी मुकाबला करना पड़ेगा, किन्तु मैं तुम्हारे साथ रहूँगा। किन्तु क्या पचपन साल से बीस साल के होने की औषधि दुनिया में प्राप्त हुई है?

अब खम्पा लोग ऊपर की ओर जा रहे थे। खानाबदोशी जीवन के बारे में पूछने पर तरुण ने कहा—जीवन तो कठिन है, किन्तु उसे छोड़ कर बसते नहीं बनता।

बसने पर आज की तरह की खान-पान की सामग्री जमा करना हमारे लिए सम्भव नहीं होगा। पश्चिमी तिब्बत में पहुँचते हैं, वहाँ यथेष्ट मांस, मक्खन सुलभ होता है। यहाँ भी आसपास के लोगों से अच्छा खाते हैं, अच्छा पहनते हैं, न ऊधो का लेना न माधो का देना। उसकी बात में सच्चाई थी, इससे कौन इनकार कर सकता था। चाङ्-थाङ् (तिब्बत के निर्जन बयाबान) में चीनी और सिग्रेट कहाँ और यहाँ के गाँवों में रोज-रोज मक्खन-मांस कहाँ? तरुण बुद्ध-धर्म का भक्त था, ब्राह्मणों के धर्म को सम्मान की दृष्टि से न देखता था और साथ ही न जाने कहाँ से कम्यूनिस्ट पार्टी का नाम भी जानता था। कांग्रेस की प्रशंसा करता था। कहता था, भोट में भी हाकिमों, जागीरदारों का जुल्म खतम होना चाहिए। हमारी बातचीत भोट भाषा में हो रही थी, जिसे उसकी माँ भी ध्यान से सुन रही थी। कनौरा दूकानदार चारपाई पर पड़ा हमारा मुँह देख रहा था और शायद एक भद्रवेषी (शुभ्र कुर्ता-धोतीधारी) पुरुष को भोटिया की चाय पीते आश्चर्य भी कर रहा था। आश्चर्य मेरे ही लिए, क्योंकि यद्यपि चिनी तहसील के बाहर के ये कनौरे ब्राह्मणों के जाल में फँस चुके हैं, किंतु लामा लोगों की मंत्र-शक्ति और सिद्धाई से लाभ उठाने से बाज नहीं आते। यह वस्तुतः रामखुदैया वाले लोग हैं।

दौलतराम कितनी ही देर बाद आए सिरदर्द लिए। उन्हें धीरे-धीरे शाम तक नचार तक पहुँचने के लिए कहकर हम आगे चले। अब चढ़ाई थी। धूप सीधे बाएँ से पड़ रही थी, जिससे आड़ करने के लिए वृक्षों की छाया नहीं थी, पहाड़ वनस्पतिविहीन न था। चढ़ाई नरम इसीलिए मालूम हो रही थी कि हम दूसरे की पीठ पर थे। चढ़ाई दो मील रही होगी या ज्यादा, उसे पूरा करने के बाद अब हम अवश्य देवदारुओं के सुन्दर वन में थे, सारे रास्ते का यह सुन्दरतम भाग था। सारा पर्वतगात्र तुंग सरल सदाहरित देवदारुओं से ढँका था। बीच-बीच में कुछ गाँव भी मिले। एक सड़क से नीचे पास ही था, जिसमें मन्दिर था। अठारह-बीस खूँद का मुङ्गरा गाँव यही है। इसी के पास किसी गुफा में वाणासुर की सुभार्या ने सात बहिन-भाइयों को जन्म दिया था, जिनमें एक यहीं का मेशु है। इसके दूसरे दो भाई भावा और चगाँव (ठोलङ्) के मेशू हैं और सबसे बड़ी बहिन चिनी के पास कोठी की देवी है, जो सबसे होशियार निकली, जिसने सभी भाई-बहिनों को चकमा देकर दाय-भाग का असली सार अपने हिस्से में कर लिया।

देवदारुओं के सघन वन में चलने में बड़ा आनन्द आ रहा था और घोड़े को मैं उसके मन से चलने दे रहा था।

23 मील की यात्रा पूरी करके साढ़े पाँच बजे हम नचार पहुँचे। नचार में पी. डब्ल्यू. डी. का बँगला नहीं, बल्कि जंगल विभाग का बँगला है। बँगला सड़क से कुछ ऊपर है। घूमकर वहाँ पहुँचे। सहायक कंजर्वेटर ढिलन महाशय के पास ऊपर से चिट्ठी आ गई थी, किन्तु उन्हें यह नहीं पता था कि मैं किस दिन पहुँच रहा हूँ।

बँगला बड़ा और दो-तल्ला था, किन्तु जान पड़ता था, एक से अधिक परिवार वहाँ रहता था, इसलिए भरा-भरा सा मालूम होता था। ढिलन साहब बड़े प्रेम से मिले। उनकी धर्मपत्नी ने भी नमस्ते करने में संकोच नहीं किया। अभी मुझे यह नहीं पता था कि ढिलन अपने कॉलेज (देहरादून) के सबसे मेधावी विद्यार्थी थे। बातचीत में यह तो मालूम हुआ कि वह अनुभव प्राप्त करने के लिए विदेश भी जा चुके हैं। पंजाबी जानकर मुझे कुछ खेद हुआ कि शायद उनका परिवार भी पंजाब के उन अभागे परिवारों में है, किन्तु ज्ञात हुआ, वह जलंधर के रहने वाले हैं। गर्मियों में उनका दफ्तर नचार में रहता और जाड़ों में नीचे फल्लोर में। चाय पीने के बाद वह हमें बाग में ले गए। अभी फलों के पकने में काफी देर थी, किन्तु गिलास (चेरी) ने हमें खाली लौटने नहीं दिया। गोभी और दूसरी तरकारियाँ लगी हुई थीं। कुछ महीने बाद यह फल-तरकारी-सम्पन्न निवास होगा, किन्तु अभी तो चीजों की कमी की शिकायत थी।

शाम हो रही थी और अभी दौलतराम का पता नहीं। मैंने दूसरा आदमी दौड़ाया। चिराग वाला जाने लगा, किन्तु दौलतराम का अब भी पता नहीं। क्या सिरदर्द ने बुखार का रास्ता तो नहीं ले लिया? क्या वह पौंडा के डाकबंगले में तो नहीं रह गया? घोड़े वाले को लौटाते समय मैंने दौलतराम को जल्दी आने की ताकीद तो कर दी थी। मेरे पास कपड़ा मामूली था, जो 7000 फुट की सर्द रात के लिए काफी नहीं था। ढिलन साहेब ने चादर दे दी, किन्तु मेरी चिन्ता बढ़ रही थी। तीसरे आदमी को रास्ता देखने के लिए भेजने की बात हो रही थी, उसी समय किसी ने आकर कहा, खच्चर काफी दिन से ऊपर उतरने की जगह पहुँच चुके हैं, खच्चर वाला रोटी बना रहा है। मैं नाहक डर और अपने को कोस रहा था—दौलतराम जरूर 105 डिग्री के बुखार में बेहोश होकर कहीं पड़ रहा और खच्चर मनमाने किसी ओर चले गए।

बँगला भरा हुआ था, इसलिए मुझे संकोच हो रहा था, मेरे आने में अवश्य दम्पति को कष्ट होगा। भोजनोपरान्त गृहपति ने संकोच करते हुए कहा, एक दूसरा क्वार्टर है, वहाँ रहने में तो कष्ट होगा। लालटेन लिए वह उस मकान में ले गए। यद्यपि वह डाकबँगले जैसा तो नहीं था, किन्तु काफी स्वच्छ था। नेवार का पलंग और मेज-कुर्सी भी थी। और क्या चाहिए? अभी तक ढिलन साहब से ही बात होती रही, किन्तु यहाँ बाबू अमीचन्द (पंगी बाबू) से भेंट हुई। उन्हें भी नेगी ठाकुरसेन का पत्र मिल चुका था। ढिलन साहब ने तो कल के लिए घोड़ा मिलने में भारी सन्देह प्रकट किया, लेकिन पंगी बाबू ने आशा दिलाई। मुझे कल के तीन मील चढ़ाई के रास्ते की चिन्ता थी, बाकी सात-आठ मील की कोई परवाह नहीं थी। अमीचन्द ने कहा, मैं स्वयं भी आपके साथ वाङ्तू के बँगले तक चलूँगा, सौभाग्य से सड़क के इंस्पेक्टर बाबू लक्ष्मीनन्द आज वहीं ठहरे हैं, उनका घोड़ा मिल जाएगा।

उड़नी की चढ़ाई की बात ने कुछ परेशानी पैदा कर दी थी, किन्तु पंगी बाबू ने उसे हटा दिया और मैं रात को इत्मीनान से सोया। देर तक दिमाग तरह-तरह के

ख्यालों में डूबा रहा। ढिलन साहेब ने बतलाया था—इधर भालू हैं, वह आदमी को कम, किन्तु गाय, भेड़, बकरी को मारकर खा जाते हैं। ज्यादातर काले भालू हैं, किन्तु ऊपरी कंडो में भूरे भालू भी सुने जाते हैं। मेरी धारणा थी कि सिर्फ ध्रुवकक्षीय सफेद भालू ही मछली खाते हैं, जिसे हमारे बंगाली भाई भी जलतरोई कहते हैं, नहीं तो बाकी भालू पक्के वैष्णव होते हैं। यह घोर जंगल है। यहाँ कहीं आसपास में यह परमशांत जन्तु रात को घूमता-फिरता तो नहीं; और यदि कहीं इस बँगलिया की झाँकी करने आ जाए। नचार जंगल के एक बड़े विभाग का केन्द्र है, इसलिए यहाँ इस तरह के दर्जनों क्वार्टर बने हैं, फिर जांबवान् हमारे ही कमरे को खास तौर से क्यों पसन्द करेंगे? अन्त में नींद आ गई, जांबवान् स्वप्न में भी नहीं आए।

19 मई को सबेरे ही उठे। शौच, मुँह धो-धाकर ढिलन साहब के यहाँ चाय पी। स्नान की बात मत पूछिए। सप्ताह में एक बार स्नान मैं यहाँ के लिए पर्याप्त समझता हूँ, नहीं तो हिमालय की पवित्र वायु का माहात्म्य ही क्या रहेगा? बाबू अमीचन्द के साथ नीचे उतरने लगे। नचार से तीन मील वाङ्तू के पुल तक उतराई ही उतराई। और उतराई भी कठिन है, जो इस वक्त तक बुरी नहीं थी, किन्तु लौटते समय चढ़ाई बनकर दाँत खट्टे करने लगेगी। थोड़ा ही उतरने पर अब पहाड़ भी नग्नप्राय, नदी पार तो और भी। डाकबंगला सतलुज के पुल से कुछ ऊपर है और उससे भी पहिले ही खड्ड (नदी) मिलीं जिसका पानी नचार से चिनी तक रोपवे (तारगाड़ी) होने के समय बिजली बनाने के लिए उपयोगी साबित होगा, यद्यपि हिमपात-क्षेत्र की सारी खड्डें जाड़ों में हिमानी टूटने का मार्ग बन जाती हैं, जिससे बचने के लिए पानी को बगल में ले जाकर वहाँ सुरक्षित जगह में पावरहौस (शक्तिभवन) बनाना होगा।

वाङ्तू बँगले पर कोई घंटे भर में पहुँच गए। अब आठ मील और रहते थे। सड़क इंस्पेक्टर बाबू लक्ष्मी मौजूद और घोड़े का मिलना भी निश्चित, इसलिए विश्राम करने के लिए काफी समय था। इंस्पेक्टर साहब ने खाने के लिए कहा, किन्तु अभी कल का ही भोजन पच नहीं पाया था। ठंडा पानी पीना चाहता था और यहाँ के चश्में के शीतल-मधुर जल को अमृत कहना अत्युक्ति न होगी। बँगले के आस-पास ऊँची-नीची जमीन है। उसमें से कुछ को फलों की बगिया और तरकारी की क्यारियों में परिणत किया जा सकता है, किन्तु उसके लिए शोक और उत्साह किसे? दो-तीन चूली (खूबानी) के दरख्त थे, जो अनाथ से मालूम होते थे।

चार घंटे के विश्राम के बाद चलने का निश्चय हुआ। बाबू लक्ष्मीनन्द साथ चले और बाबू अमीचन्द लौट गए। थोड़ी उतराई के बाद सतलुज की धार पर वाङ्तू का लोहे का पुल आया। अब तो रामपुर से तिब्बत की सीमा तक सतलुज पर कई लोहे के पुल बन चुके हैं, किन्तु अभी पिछली सदी के मध्य में भी उनका अभाव था। उस समय घास के रस्से के झूले हुआ करते थे, चार रस्सों के जोड़े जोड़े ऊपर-नीचे, उनके दोनों सिरों को रस्सों से नीचे के रस्सों से बाँधा गया होता

और फिर नीचे के दोनों रस्सों के बीच पतली पटरियों को रस्सों से फँसा रक्खा जाता था। आदमी के चलने पर यह रस्से हिलते थे। नीचे पैरों तले नदी का खौलता पानी चमकता था। खैर, आदमी तो वानरों की सन्तान हैं, बेचारी भेड़-बकरियों के लिए उन पर चलना बहुत कठिन था। वाङ्तू का पुल खूब दृढ़ लोहे का पुल है। यह न हिलता, न नीचे पाताल दिखलाई पड़ता।

पुल समुद्र तल से 5200 फुट पर है। आस-पास की अपेक्षा इसे गरम स्थान कह सकते हैं। पुल पार हो अब हमें सतलुज के दाहिने तट से चलना था। कुछ ही दूर आगे चलने पर बाईं ओर से भाबा की खड्ड गरजती हुई सतलुज में समा रही थी। इस खड्ड में दो-तीन गाँव हैं और इसके किनारे-किनारे आगे जोत टपकर स्पिती में पहुँचा जा सकता है। लोग आते-जाते भी रहते हैं, किन्तु स्पिती के लिए सड़क यहाँ से नहीं, भारत के अंतिम गाँव नम्या के पास से निकाली जा सकती है, जहाँ स्पिती नदी स्वयं आकर मिलती है। अभी हमें स्पिती से काम नहीं था, तो भी स्पिती को भुलाया नहीं जा सकता। सौ बरस पहिले स्पिती लद्दाख का भाग था—स्पिती वाले भोट भाषा बोलते हैं। लद्दाख को काश्मीर ने ले लिया, स्पिती किसी मालिक की खोज में थी। अंग्रेजों की कृपादृष्टि पड़ी, किन्तु इलाका छोटा, सर्दी कठोर, आमदनी नहीं के बराबर उसका शासन कैसे किया जाए? 1864 के आस-पास एक अंग्रेज अफसर भेजा गया इस धारणा के साथ, कि शासनयंत्र सबसे सस्ता होना चाहिए। अफसर ने लद्दाख के राजसेवकों में से एक को ब्रिटेन की ओर से शासक नियुक्त करने की सिफारिश की। तब से वही नोनोवंश स्पिती का बेताज का बादशाह है। कभी-कभी कुल्लू का असिस्टेंट कमिश्नर सैर-शिकार के लिए पहुँच जाता, नहीं तो स्पिती वाले अपने भाग्य पर छोड़ दिये गए थे। आज वह भारत के नक्शे के भीतर है, किन्तु स्पिती वालों के लिए कोई परिवर्तन नहीं; और, जब तक वह पंजाब के हाथ में है, तब तक कुछ होगा भी नहीं। वस्तुतः काँगड़े के लाहुल-स्पिती वाले तिब्बती भाषा-भाषी इलाकों की भलाई इसी में है कि उन्हें हिमाचल प्रदेश में मिला दिया जाए और कनौर के हर जैसे भोट-भाषा-भाषी इलाके की शिक्षा और संस्कृत सम्बन्धी योजना में सम्मिलित होने का अवसर दिया जाए।

भाबा-खड्ड को पुल से पार हो हम आगे बढ़े। आगे सतलुज एक विशाल पर्वत को तिरछे काटकर निकलती है, यद्यपि लाखों वर्ष संघर्ष करके पर्वत ने सतलुज से पराजय स्वीकार की, किन्तु समुद्र से आने वाले बादलों के रास्ते को रोकने के लिए वह अब भी काफी सबल है। यहाँ से नीचे तर इलाका है और ऊपर सूखा। जहाँ नीचे वर्षा डटकर होती है, वहाँ ऊपर 25 इंच और 15 इंच तक रह जाती है। बादलों का दल बड़े वेग से चलता है, किन्तु पर्वत-गात्र से टकराकर बहुतों को निष्फल-मनोरथ होना पड़ता है। पतले मार्ग से जो कुछ भीतर घुस पाते हैं, उनमें भी कितने ही आगे सतलुज की भूल-भुलैया छोड़ उसकी परिचारिका बस्पा का रास्ता लेते हैं।

इस प्रकार वर्षा के सम्बन्ध में बस्पा वाले चिनी से अधिक सौभाग्यशाली हैं, किन्तु साथ ही सूखे जलवायु के फल जितने अच्छे चिनी में होते हैं, उतने बस्पा में नहीं। अंगूर तो बस्पा में वर्षा के मारे फट जाता है, इसलिए लोग उसका बाग नहीं लगाते।

चार मील के करीब रास्ता सतलुज के पास-पास से चला और बहुत कुछ समतल-सा समझिए। नदी पार छोलटू का जंगलीय डाकबँगला दिखाई पड़ा। ढिलन साहब ने सिफारिश की थी, रात वहाँ बिताने की। वह गरम स्थान में है, इसलिए साग, तरकारियों और फल भी चिनी से और नचार से भी काफी पहिले तैयार हो जाते हैं। बँगले के घेरे में तरकारियों की क्यारियाँ भी दिखाई देती थीं, किन्तु कौन सड़क छोड़ पुल पार हो वहाँ जाए। अंत में हम टापरी (कुटिया) पर पहुँचे। यहाँ डाक ढोने वाले ठहरा करते हैं, दूसरे भी आवश्यकता पड़ने पर ठहर सकते हैं। तीन-चार कोठरियाँ हैं। वाङ्तू के इस पार वर्षा की कमी से जंगल की उतनी इफरात नहीं है। देवदारु भी यहाँ के उतने ऊँचे नहीं होते और बहुत रक्षा की अपेक्षा रखते हैं। तो भी काष्ठ दुर्लभ नहीं है, इसलिए टापरी बनाने में काठ की साखर्ची से काम लिया गया है। टापरी पहुँचने से पहिले ही इंस्पेक्टर सड़क में लगे अपने काम को देखने लगे और साईस के साथ मैं घोड़ी पर आगे चला। घोड़ी पतली-दुबली-सी मालूम हुई। डर लगने लगा, कहीं चढ़ाई में धोखा न दे। टापरी में साईस ने चिलम भरी। चौकीदार कनेत (राजपूत) था, इसलिए कोली उससे दूर से आग लेकर अलग ही चिलम पीने लगा। मैंने 26 महीने बाद सिगरेट का व्रत लंदन में तोड़ा था और फिर 6 महीने के बाद मध्य फरवरी से उसके पास नहीं फटकता था। सिगरेट अतिथि-सेवा का बहुत उपयोगी उपकरण है, किन्तु जो स्वयं नहीं पीता, वह सेवा करने के लिए ढोये उसे नहीं फिर सकता। यदि पीता होता, तो गन्दी टापरी में साईस के चिलम पीने के लिए रुकना नहीं पड़ता। मुझे कुछ प्यास लग आई थी, किन्तु मटमैले पानी का रंग देखते वह भाग गई।

अब यहाँ से प्राय: 3 मील चढ़ाई ही चढ़ाई थी। उड़नी में 7500 फुट पर पहुँचना था। सड़क घूम-घुमौआ थी, जिसके किनारे खेत भी आने लगे। यह चगाँव के खेत थे, जिसके पग्रामङ्, राजग्राम और ठोलङ् कई नाम हैं। यहाँ कहीं चाँदी की खान बतलाई जाती है, किन्तु न जाने किस युग से देवता ने बन्द कर रखा है। कुछ सफेद-सा पत्थर मेरे पास पीछे लाया गया, किन्तु उसमें भारीपन नहीं; यदि चाँदी होगी भी तो बहुत कम। पग्रामङ् खुद किन्नर देश के सात खुंदों (इलाकों) में एक है, राजग्राम इसे इसीलिए कहा गया कि पहिले यहाँ कोई राजा या ठाकुर रहता था। चगाँव चार गाँव का संक्षेप बतलाया जाता है। खेत वैसे बहुत दूर तक फैले हुए हैं, किन्तु पानी उनके लिए पर्याप्त नहीं हैं। पानी सारे ऊपरी किन्नर देश की समस्या है, जिसे हल करने के लिए बड़ी योजना और लाखों रुपयों की आवश्यकता है, जो दसगुना, बीसगुना होकर लौट आएगा, इसमें सन्देह नहीं, किन्तु ऐसी बहुधन-साध्य योजनाओं को हिमालय प्रदेश कैसे पूरा कर सकेगा, जबकि उसके शरीर के बड़े

भाग को काटकर उसे 10 लाख की आबादी का एक जिला रख दिया गया है।

घोड़ी दुबली-पतली जरूर थी, किन्तु उसके बारे में मेरी शंका निर्मूल साबित हुई। वह धीरे-धीरे, किन्तु दृढ़तापूर्वक ऊपर चढ़ती गई और शाम से बहुत पहिले 125वें मील पर उड़नी के डाकबँगले पर पहुँच गई। दौलतराम वाङ्‌तू में रुके नहीं थे, इसलिए वह पहिले ही वहाँ पहुँच चुके थे। पी. डब्ल्यू. डी. का डाकबँगला, दो अच्छे कमरे, सब तरह का आराम। पास तो जंगलात था, किन्तु ठहरे बिना चारा न था। सबेरे की चाय और वाङ्‌तू की एक गिलास लस्सी के बाद अब यहाँ भूख लग आए, तो आश्चर्य क्या? किन्तु वहाँ तैयार भोजन कहाँ था। मीठे बिस्कुट से परहेज और फीके से प्रेम नहीं। दो चम्मच लूकस फाँकने से क्या काम चलता? मेवों के देश में आ गए थे। सामने अंगूर की लता खड़ी थी। यद्यपि फलों के पकने में अभी देर थी, किन्तु सोचा कोई सूखा फल मिल जाएगा। ढूँढ़ने पर मेट ने न्योजा (चिलगोजा) लाकर दिया। न्योजा का वृक्ष देवदार जाति का है, किन्तु उसकी छाल सूखकर लिपटी रहने की जगह साँप की तरह बराबर केंचुल छोड़ती रहती है, जिससे उसका तना और शाखाएँ सफेद या हरी-सी बनी रहती हैं। इन पर ही मोरमुकुट या बड़े कमलगट्टे-सा नोकदार पाँच-छह अंगुल बड़ा फल लगता है। पक जाने पर फलों में से कमलगट्टे की तरह भीतर से पतले और लम्बे-लम्बे छिलकेदार दाने निकलते हैं। इन्हें भून लिया जाता है और छिलका निकालकर खाया जाता है। न्योजा में बादाम की तरह तेल भरा रहता है, खाने में भी अच्छा लगता है। किन्नर के गरीबों का यह एक बड़ा आधार है, यह कह तो सकते हैं, किन्तु अब महँगा होने से लोग इसे बेच डालने का अधिक ध्यान रखते हैं। न्योजा के वृक्ष हिमालय में सिर्फ इसी जगह होते हैं, पेशावर के उत्तर के पहाड़ों में न्योजा की दूसरी उद्‌गम-भूमि है। मान्य अतिथि के प्रति सम्मान प्रदर्शित करते लोग ऊर्णासूत्र में गुँथी न्योजा की माला गले में डालते हैं। न्योजा के गुण तो बहुत हैं, किन्तु उसके फलों को चुनने में आज तक न जाने कितने हजार आदमियों ने जान गँवाई होगी। वह बाग के वृक्ष नहीं, दूरारोह पर्वतों के स्वयंभू पादप हैं और आदमी चाहता है, किसी वृक्ष का फल छूटने न पाए। मेट ने न्योजा दिया। छीलकर खाया, चना छीलकर खाने जैसा समझिए, किन्तु वहाँ दूसरा काम क्या था? बँगले के चौकीदार का कहीं पता न था, आखिर वह गाँव का रहने वाला था, उसके और भी घर के काम थे। मेट ने चाय ही नहीं, रोटी भी बनाकर खिलाई। यहाँ दोनों खच्चरों पर छह रुपये घास के लगे; और आटा सवा रुपया सेर।

एक मिडिल तक पढ़े तरुण ने स्कूल और डाकखाना के अभाव की शिकायत की। दस मील की चढ़ाई-उतराई करके लड़के नदी पार किल्बा में पढ़ने नहीं जा सकते, चिनी और नचार और भी दूर हैं। मैंने लड़के को इसके लिए आवेदन-पत्र लिखवा दिया। हिमाचल प्रदेश में स्कूल और डाक को बहुत फैलाने की जरूरत है।

‘राजधानी’ चिनी को

सबेरे जलपान के बाद रवाना हुए। सबेरे गहरा जलपान अच्छा है, दिन भर की छुट्टी हो जाती है। आज चौदह मील जाना था। उड़नी से निकलते ही सड़क उतराई में चली। आगे यूला की खड्ड आई। यूला अच्छा-खासा गाँव ऊपर की ओर है और मीरू गाँव आगे सड़क से कुछ ऊपर। सड़क के पास जौ काटे जा रहे थे और ऊपर खेत हरे खड़े थे। रोज चार-पाँच मील पैदल चलने का कुछ व्रत-सा कर लिया, "दूध का जला छाछ फूँक-फूँक कर"। आखिर शारीरिक श्रम की अवहेलना करके ही तो डायबेटिस को बुलावा दिया था। सड़क से ऊपर ऊँचे देवदार दिखाई पड़ते थे। आगे सड़क रक्षित वनखंड में घुसी। जंगल-विभाग ने जरा परिश्रम किया था, बीज बो पौधे लगाए थे, तारों से घेर दिया था, जिसमें भेड़-बकरियाँ घुसकर नवजात पौधों को बर्बाद न कर दें। लोगों पर भी अंकुश रखा गया था, जिसका परिणाम था—यह लम्बा-चौड़ा काफी हरा-भरा जंगल, इस शुष्क भूमि में भी। वाङ्तू से इधर जंगलात विभाग। एक तरह जंगल व्यवसाय नहीं, जंगल रक्षा का काम करता है। किसानों को अपनी स्वतंत्रता में रुकावट कैसे पसन्द? अगर उनकी चलती, तो अब तक यह प्रदेश चटियल पड़ गया होता। जंगल विभाग की आरम्भिक रिपोर्टों से पता लगता है कि उस समय जंगल जलाकर खेत बनाने का रिवाज था—कुछ वर्ष खेती करके उसे छोड़ किसान दूसरा जंगल जलाकर खेत बनाते थे। यह ज्यादा नहीं, अस्सी बरस ही पहिले की बात है। आदमी भविष्य और अपनी संतानों की भी कम परवाह करता है।

इसी रक्षित वनखंड, एकाध और स्थानों और नचार के जंगल ने बाईस वर्ष पहिले स्मृति पर वह प्रभाव डाला था, जिससे मैं बराबर कहता फिरता रहा—हिमाचल की सर्वसुन्दरी भूमि कनौर है, हिमाचल की सबसे दीर्घ देवदारुस्थली यही सतलुज उपत्यका है। अभी जंगलों से बाहर नहीं गए थे कि भेंड़-बकरियों के पैर से लुढ़कते पत्थर आए। कल ही मालूम हुआ था कि रोगी से चार मील पहिले रास्ता बहुत टूटा हुआ है। मैं समझा था, यह भी शोलडिङ् की तरह ही खाली भड़काऊ बात

है। किन्तु यह खाली भड़काऊ बात नहीं थी। पिछले जाड़ों में हिमानी सड़क को बुरी तरह बहा ले गई और अब लोगों को टूटे नाले से बचने के लिए भेड़-बकरियों के पैरों से बने मार्ग पर सीधे ऊपर चढ़ना पड़ रहा था—हाँ, सीधे नाक के सीधे ऊपर की ओर चढ़ना। उतराई अच्छी होती है, किन्तु यदि बहुत सीधी होती है, तो हम मैदानियों की नानी मर जाती है। हमें आड़े पैर रख कर चलने की आदत नहीं, इसलिए फिसलकर नीचे लुढ़क पड़ने का डर रहता है। खड़ी चढ़ाई कठिन होती है, जो फेफड़े के लिए भले ही कड़वी हो, किन्तु पैर हमारे जमकर चल सकते हैं। यह खतरनाक जगह थी, इसमें संदेह नहीं। ठीकेदार नेगी संतोखदास का कहना था, रास्ते की जगह कच्ची है। जब तक कूल (नहरिया) का पानी डालकर वहाँ की मिट्टी बहा न दी जाए, तब तक वहाँ की सड़कें पक्की नहीं हो सकतीं। अर्थात लौटते समय तक सड़क के बनने की आशा कम ही है। खैर, किसी तरह "राम-राम" करके अब तक के इस सबसे कठिन रास्ते को पार किया। आगे उतराई पड़ती ही थी, फिर लौटकर बनी सड़क पर आना था, किन्तु वह उतनी कठिन और दूर तक न थी। उतराई की सड़क पर दूर निकल जाने पर देखा दौलतराम का कहीं पता नहीं। कहीं वह पीछे तो नहीं रह गया, कहीं कोई खच्चर तो नहीं लुढ़का, लुढ़कना अचरज की बात न थी। आगे कुछ लोग चाय बना रहे थे, मालूम हुआ अभी खच्चर-खुच्चर नहीं गया। रुके, कुछ देर बाद दौलतराम आते दिखाई पड़े। उनको सबेरे ही कह दिया था—सीधे चिनी में कलपा (जंगल विभाग) के बँगले में जाना।

अभी रोगी गाँव नहीं पहुँचे थे कि बाईं ओर विचित्र दृश्य दिखाई पड़ा। टीन की छत तोड़-मरोड़कर कहीं पड़ी हुई है, कहीं लकड़ी-पत्थर के ढेर। अब की साल असाधारण हिमपात हुआ। हिम ऊबड़-खाबड़ भूमि को समतल बना रद्दे पर रद्दा जमाता तो जाता है, किन्तु भार बहुत अधिक हो जाता है, नीचे आधार दृढ़ नहीं होता, ऊपर से सूर्यदेव की किरणें कलेजा छेदने लगती हैं, तो लाख-लाख मन की हिमानी नीचे की ओर खिसकने लगती है। फिर उसके रास्ते को कौन रोक सकता है? देवदारु के वृक्ष आए, हिमानी रौंदते आगे बढ़ी, गाँव आए, पस्त करती चली, बड़ी-बड़ी चट्टानों तक को कंदुक-सदृश उछालती बढ़ी, फिर पी. डब्ल्यू. डी. का मामूली बँगला उसके सामने क्या था? इंजीनियर की गुस्ताखी का दंड हिमानी ने बड़ी क्रूरता के साथ दिया था। गाँव बसते हैं सदियों के अनुभव के बाद, उसी जगह, जहाँ मालूम हो चुका है कि यहाँ हिमानी नहीं आती। हिमानी खड्डों और नालों में तो बराबर आती रहती है, वहाँ भला कौन मकान बनाने का दुस्साहस करेगा? इंजीनियर साहब ने खड्ड से परे देवदारु वन के बीच एक अच्छी-सी जमीन देखी। देखा वृक्ष भी काफी दिनों के हैं, अर्थात तीसों सालों से हिमानी इधर नहीं उतरी, बस वहाँ सुन्दर बँगला बना दिया। और आज यह दशा! यह बँगला बहुत दिनों पूर्व नहीं बना था। घोड़े का काम हो गया था, मैंने उसे यहाँ से लौटा दिया, वैसे आज

उसकी सवारी का बहुत कम काम रहा। टूटी सड़क की खड़ी चढ़ाई पर तो घोड़े पर चढ़ा नहीं जा सकता था।

एक बजे के करीब रोगी पहुँचे। रोगी अपने मेवा-बागों के लिए कनौर की रानी है और यहाँ के जेलदार नेगी संतोखदास फलों के विशेषज्ञ। इनका परिवार धनी और शिक्षा से परिचित है। इनके बड़े भाई शायद किन्नर के प्रथम ग्रेजुएट थे। यह स्वयं उर्दू पढ़े हुए हैं, किन्तु बहुत मेधावी और व्यवहार कुशल हैं। बरसों राजा पदम सिंह के ऊँचे दरबारी भी रहे हैं। अब तीन-चार ही मील जाना था, रास्ता भी अच्छा, इसलिए मुझे जल्दी नहीं थी। मैं नेगी का मकान पूछते वहाँ पहुँचा। स्त्रियाँ जो गाँव से बाहर नहीं गई हैं, वह किन्नर भाषा छोड़ हिन्दी नहीं समझतीं, उनकी भाषा हिन्दी से दूर की है। किन्तु कितनी ही स्त्रियाँ अपने पतियों या भाइयों के साथ भेड़-बकरियों को लिए जाड़ों में नीचे के पहाड़ों में हो आई हैं, वहाँ उन्हें पहाड़ी हिन्दी से वास्ता पड़ता है। ऐसी स्त्रियाँ कुछ हिन्दी समझ लेती हैं। पुरुष तो शायद ही कोई मिले, जो हिन्दी न समझ पाए।

नेगी संतोखदास का घर गाँव से नीचे ग्रामदेव नरेनस् (नारायण) के मन्दिर के पास है। मकान नहीं, बँगला कहना चाहिए। मकान तो थोड़ा हटकर एक बगल में है। नीचे का तल तो सामान्य है, किन्तु ऊपरी तल की दो कोठरियों के द्वारों और खिड़कियों में शीशे लगे हुए हैं। तिब्बती ढंग की चाय-चौकी और बैठने की गद्दी के साथ मेज, कुर्सी, पलंग और आलमारी भी है। इसीलिए इसे बँगला मानकर किसी मनचली कवयित्री ने संतोखदास के बँगले पर कविता भी बना डाली। यहाँ कविता कुछ आकर्षक और नवीनता लिए होनी चाहिए, फिर तो वह जंगल की आग की तरह यहाँ की स्वच्छन्द षोडशियों में फैल जाएगी। पता लगते ही नेगीजी आए। उनके पास भी नेगी ठाकुरसेन ने मेरे बारे में पत्र भेज दिया था और वह यह भी जानते थे कि मेरी थोक की थोक डाक चिनी डाकखानों में जमा हो रही है। बैठके में बैठाया। ग्रेजुएट दामाद को ब्याही लड़की को चाय और भोजन बनाने का आदेश दिया। फिर हमारी बात होनी शुरू हुई। शायद कनौर के बारे में ज्ञातव्य बातों का जितना ज्ञान उन्हें है, उतना और किसी को नहीं। मेवों पर भी उन्होंने बहुत तजुर्बा किया है और कई तरह के अंगूर लगाए हैं। दूसरे फलों पर भी तजुर्बा रखते हैं। अंगूरी शराब के लिए तो रोगी सारे बुशहर में प्रसिद्ध है, सराहन की भीमाकाली तो द्वापरान्त से उसकी कदरदान है और आशा है, यदि किसी की शनिदृष्टि न पड़ी, तो रोगी-लाछन-लालित शिबू (उदुंत्री मदिरा) और महाश्वेता उसी तरह सारे भारत में प्रसिद्ध होंगी, जिस तरह पाणिनि दादा के समय में कपिशा (काबुल) की कापिशेयी। बल्कि मैं तो कहूँगा, फ्रांस के शम्पेन गाँव की तरह 'रोगी' सर्वश्रेष्ठ द्राक्षी सुरा का दूसरा नाम हो जाएगा। पाठकों को भ्रम नहीं होना चाहिए कि इस प्रचार के लिए रोगी वालों ने मेरी कुछ भेंट-पूजा की है, यद्यपि मैं इससे इंकार नहीं

करता कि नेगी संतोखदास के आतिथ्य से मैं बहुत प्रभावित हुआ।

रोगी 'समन्दर' (सतलुज) से तीन हजार फीट से कम ऊपर नहीं है और यहाँ नीचे तक मेवों के बाग लगे हुए हैं। यहाँ के मेवों के बारे में लेक्चर देने की जरूरत नहीं, बस मेवों को सस्ते किराये पर रेल (शिमला) तक पहुँचाने का प्रबन्ध हो जाना चाहिए। आज खच्चर बीस रुपये मन किराया पर भी मुश्किल से मिलते हैं, फिर इतने महँगे फलों को नीचे कौन खरीदेगा? दूसरी जरूरत है, परीक्षण द्वारा अनुकूल जाति के फलों को तैयार करना। यहाँ के अंगूर बड़े होते हैं—काले, सफेद दोनों—मीठे होते हैं, रस भरे होते हैं, किन्तु गुद्दे से शून्य। यह खाने में अच्छे होते हैं, शर्बत, सिरके और मदिरा के भी उपयुक्त हैं; किन्तु इन्हें सुखाकर मुनक्का-किशमिश नहीं बनाया जा सकता, क्योंकि सूखने पर इनमें बीज और चमड़े-छिलके भर रह जाते हैं। काबुल-कंधार का कोई मेवा नहीं है, जिसे रोगी और उसके पड़ोसी गाँव नहीं पैदा कर सकते। यदि पास तक मोटर की सड़क पहुँच जाए, तो कनौर लाखों मन बढ़िया मेवा हर साल भारत के कोने-कोने में पहुँचायेगा। वह अपने 3000 वर्ग मील के पहाड़ों को नीचे से ऊपर तक बागों से ढाँक देगा।

नेगी संतोखदास—मालूम नहीं 'नेगी' किस भाषा का शब्द है। पश्चिमी हिमालय में तो प्राय: सर्वत्र यह 'बाबू साहेब' या 'राव साहेब' के अर्थ में सम्मान प्रदर्शित करने, बड़े खानदान को बतलाने के लिए प्रयुक्त होता है, किन्तु वहाँ भी उसके शब्दार्थ को कोई नहीं जानता। पूर्वी युक्त प्रान्त में 'नेगी' शब्द में कोई उतना सम्मान नहीं है। ब्याह और खुशी के अवसर पर जिन लोगों को कुछ पाने का हक होता है, उन्हें 'नेगी' या 'पवनी' कहते हैं। 'नेगी' में नाई, कुम्हार, बढ़ई से ले बहिन, बहनोई आदि सम्बन्धी तक आ जाते हैं। नेगियों के हक-पद को नेग (दक्षिणा) कहते हैं। लेकिन वहाँ भी 'नेग' किस धातु प्रत्यय से बना है, इसे काशी के महावैयाकरण भी नहीं बतला सकते। हाँ, तो नेगी संतोखदास बतला रहे थे, पिछले साल अक्टूबर में वर्षा और अबकी फरवरी में हिम इतना पड़ा कि सड़क क्या, खेत भी कितने ही धसक पड़े, जाड़े के पहिले की कोई फसल बर्बाद हो गई, आलू का बीज भी मिलना मुश्किल है। और इस वक्त वर्षा आने का नाम नहीं ले रही है, जिससे कीड़े बहुत बढ़ गए हैं। मैंने देखा, सचमुच यहाँ से चिनी और आगे तक के अखरोटों के नवकिसलयों को खाकर कीड़े साफ कर गए हैं। मैंने तो समझा कि अब के साल भर इन्हें नंगा ही रहना होगा, किन्तु महीने भर बाद देखा, फिर पत्ते आ रहे हैं और जून के अन्त तक कितने ही वृक्ष फिर से हरे पत्तों से ढँक गए थे। मैंने नेगीजी को ज्ञान देने के लिए चर्खे से ऊन कातने की बात बतलाई। उन्होंने लुधियाने के बने पैर से चलाए जाने वाले लोहे के चर्खे को लाकर रख दिया। कहते थे, आजकल दाम बहुत बढ़ गया है और मिलता भी नहीं। मैंने फलों को सुखाने की बात कहकर कुछ आगे बढ़ना चाहा। उन्होंने कहा, हम कुछ फल सुखाते तो जरूर हैं, किन्तु उन्हें

सिर्फ धूप के भरोसे। उन्होंने यह भी बतलाया कि कोटगढ़ में श्री सत्यानन्द स्टोक के यहाँ एक अमेरिकन मशीन देखी थी, जिसमें सेब जल्दी से छिलता, कटता और आँच के सहारे सूख भी जाता है। उसे मँगाने के लिए बहुत कोशिश की, किन्तु नहीं मिल सकी। नेगी से बात करने पर मैंने कई बातें उनसे सीखीं और हर मुलाकात में सीखीं, मुझे नहीं मालूम मैंने उन्हें क्या नई बात बतलाई।

मध्याह्न भोजन के बाद थोड़ी देर विश्राम किया। फिर नेगीजी पहुँचाने चले। गाँव के देवता (नरायन) के मन्दिर को दिखलाते हुए बोले—यहाँ पहिले हमारे बाप-दादों की बनवाई पांथशाला थी, देवता ने कहा कि 'हमें दे दो'। क्या करते, दे दिया और पांथशाला गाँव के बाहर बना दी। मैं समझता हूँ, देवता ने जगह माँग कर बुरा नहीं किया। अब पांथशाला सड़क पर है, जहाँ पथिकों को ठहरने का और सुभीता है, पानी भी पास में है। देवता वहाँ के मनुष्यों से बातचीत करते हैं, इस पर अन्यत्र कहेंगे।

गाँव के बाहर से नेगीजी लौट गए और मैं आगे चला। एक जगह यहाँ भी नाले में सड़क टूटी थी, किन्तु गलातोड़ चढ़ाई-उतराई नहीं थी। दो-ढाई मील जाने पर सामने चिनी गाँव दिखाई पड़ा, कोई अस्सी एक घरों का बड़ा गाँव। इसे तिब्बती लोग ग्यल्स (राजधानी) चिने कहते हैं, जो किसी पुराने काल की गूँज है—चिनी में तहसील तो 1895 ई. में बनी। सारे कनौर में ऐसा विस्तृत स्थान मिलना मुश्किल है। सतलुज-तट से लेकर 6 हजार फीट ऊपर तक और लम्बाई में चार-पाँच मील तक भूमि ढलुवाँ है, जहाँ खेत फैले हुए हैं। ऊपरी भाग में चूली (छोटी खूबानी) और बेमी (छोटा आड़ू) ही अधिक हैं, किन्तु गाँव के नीचे दूसरे फल भी हैं। इस गाँव की स्थिति ऐसी है कि किन्नर के हर अच्छे युग में इसे प्रधानता दी जाएगी। चिनी में 139वाँ मील पत्थर 9238 फुट पर लगा हुआ है। इतने ऊँचे और भी स्थान हैं, किन्तु चिनी उनकी अपेक्षा अधिक सर्द है, विशेषकर जाड़ों में। इसके दो कारण हैं, एक तो अधिक खुला स्थान होने से यहाँ हवा अधिक चलती है। दूसरे सामने 'कैलास' कि हिमाच्छादित शिखर-श्रेणियाँ हैं, जिनके बर्फ का स्पर्श पाकर हवा इस तरफ लौटती है।

कैलास के नाम से भ्रम में पड़ने की आवश्यकता नहीं। धर्मों और उनके पुजारियों के पेट में झूठ बहुत पचता है। लोगों ने यहाँ की एक चोटी का नाम कैलास मान लिया है। इतना ही नहीं, इस 'कैलास' की परिक्रमा की जाती है, यद्यपि उसका पीछे वाला रास्ता बहुत कठिन है। मैदानी भगत तो कभी उसके लिए हिम्मत भी नहीं कर सकते। इस श्रेणी की चोटियों में अपेक्षाकृत छोटी, किन्तु दूर एक चोटी है, जिसे खाली आँखों से देखने पर ऊपर पिंडी (शिवलिंग) जैसा पत्थर खड़ा दिखलाई पड़ता है। बस, अब इसके कैलास होने में क्या सन्देह हो सकता है? मैंने दूरबीन लगाकर देखा, तो वहाँ पत्थर चोटी के बीच में नहीं, बाहर की ओर आठ-दस हाथ

की पत्थर की आड़ी खड़ी पटिया मालूम हुई। यदि आदमी दूरबीन से पटिया की स्थिति और रूप को देख लेता, तो कभी कैलास के फेर में न पड़ता। भक्त लोग तो यह भी विश्वास करते हैं, यह 'शिवलिंग' दिन में कई रंग बदलता रहता है। यदि विन्ध्यवासिनी देवी दिन में तीन रूप बदलती हैं, तो उनके पति यहाँ कई रंग बदलें, तो क्या आश्चर्य?

पाँच बजे चिनी डाकघर में पहुँचे। डाकघर मिडिल स्कूल के पास ही है और स्कूल के ही एक अध्यापक बाबू नारायण सिंह डाकमुंशी भी हैं। चिट्ठियाँ और समाचार-पत्र काफी थे। लेकर आधे मील की और चढ़ाई-उतराई करते कलपा के डाकबंगले में पहुँचे। प्रधान वनपाल का आज्ञापत्र था, इसलिए मैं यहाँ ठहरने का पूरा अधिकारी था। बाईस साल पहिले तो बिना पत्र के भी यहाँ ठहर चुका था। बँगला प्रासाद-जैसा है, इसमें तीन बड़े-बड़े कमरे और दो स्नान-कोष्ठक हैं। दौलतराम पहिले ही पहुँच चुके थे। सामान उतार कर रखा जा चुका था। दौलतराम ने अगले दिन सबेरे ही जाने की इच्छा प्रकट की, उन्हें 44 रुपया इनाम और खच्चरों की खोराक के लिए दिये और सभी चीजों के सुरक्षित पहुँच जाने के लिए धन्यवाद भी। भोजन का प्रबंध चौकीदार के जिम्मे किया और उस दिन (20 मई को) बहुत रात तक पत्रों, समाचार-पत्रों के पारायण में बिताया, एक प्रूफ भी पटना, प्रयाग, शिमला भटकते यहाँ तक पहुँच गया था। यदि प्रेस ने प्रूफ के लौटने भर की प्रतीक्षा की होगी, तो उसका दिवाला ही निकला समझिए। खैर, हमने देखकर भेजते हुए अपना धरम पाला। सारी चिट्ठियों का जवाब देने के लिए तो एक लिपिक रखना चाहिए और साथ ही टिकट लिफाफे का काफी बजट भी। पहिले मैं प्रत्येक पत्र का उत्तर देना जरूरी समझता था, किन्तु अब यह शक्ति से बाहर की बात है, इसलिए परिमित संख्या में उत्तर देता हूँ। लिखने वाले नाराज हो सकते हैं, किन्तु नाराज होने के डर से आदमी शक्ति से बाहर काम कैसे अपने सिर पर ले सकता है?

डाकबँगला बहुत अच्छे स्थान पर देवदार की हरियाली के बीच है, साथ में सेब, नासपाती आदि फलों, तरकारियों और फूलों का बाग भी है। अगले दिन (21 मई) मुझसे एक मास पूर्व पहुँचे तरुण रेंजर देवदत्त शर्माजी भी मिलने आए। उसी दिन उनकी मिलनसारी का परिचय मिल गया और आगे तो चिनी निवास में उनसे और घनिष्ठता हो गई और कितनी ही बार उनकी नवविवाहिता पत्नी कृष्णा और बहिन के हाथों का स्वादिष्ट भोजन भी प्राप्त हुआ। मुझे चिनी में तीन मास रहना था। यद्यपि रहने की आज्ञा थी, तो भी मैं तीन मास तक बँगले को दखल करने के लिए तैयार न था, एक कमरे तक सीमित रहने पर भी आने-जाने वाले यात्रियों और मुझे भी तरद्दुद रहता! इसीलिए दूसरे दिन शाम को अस्पताल के ऊपर वाले बँगले को देख लेने पर मैंने तय कर लिया कि निवास वहीं होगा।

चिनी पहुँचने के दूसरे ही दिन लामा सोनम् ग्यंछो या साधु पुण्यसागर मेरे पास

पहुँच गए। आनन्द जी और दूसरे मित्रों ने मुझसे बहुत आग्रह किया था कि किसी को अपने साथ ले जाएँ, किन्तु मैंने पसन्द नहीं किया। मुझे लिपिक और पाचक की आवश्यकता होगी, यह मैं जानता था, किन्तु सोचता था, ऐसे व्यक्ति इधर भी मिल जाएँगे। मैदान का आदमी यहाँ के खान-पान और कष्टों को शायद पसन्द न करे। आने के दिन ही सूखा भेड़ का मांस आ पहुँचा और पीछे तो जहाँ-तहाँ से इतना आया कि मेरा दिल ऊब गया और खाना बन्द कर दिया। दूसरे दिन पुण्यसागर (पुराना नाम किम्मतराय) पहुँच गए। यदि मैं भाग्य-भगवान पर विश्वास करता, तो कह देता, उसी ने इस पुरुष को मेरे पास भेज दिया। उन्होंने सारी यात्रा के लिए मेरे भोजन-छाजन की चिन्ता को दूर कर दिया, पैसे-कौड़ी, चीज वस्त्र सभी से मैं बेपरवाह हो गया।

तीसरे दिन (22 मई) यहाँ के तहसीलदार बाबू मंगलरामजी मिलने आए। वह दौरे पर थे। यहाँ का तहसीलदार मालगुजारी ही नहीं वसूल करता, दीवानी, फौजदारी के मुकदमों को भी देखता है। दूर-दूर बसे किन्नर के गाँवों में घूम-घूम कर न्याय-वितरण करना ग्रामीणों पर अनुकम्पा करनी है, इसमें सन्देह नहीं। यद्यपि इससे भी अच्छा होगा, ऐसे मुकदमों का अधिकार ग्राम पंचायतों को दे दिया जाए। तहसीलदार साहब को मेरे बारे में सरकारी पत्र मिल चुका था, आने का पता मालूम होने पर वह नेकदिल दौरे को छोड़कर पहुँचे। मेरे सारे निवास-काल में उन्होंने बड़ा ध्यान रक्खा जिसके लिए शब्दों में कृतज्ञता प्रकट करना सम्भव नहीं होगा। रियासतें चाहे छोटी हों या बड़ी, राजा लोगों के और ठाठ-बाटों की भाँति विभागों और अधिकारियों के रखने में भी वह एक-दूसरे का कान काटती रही हैं। अस्सी-नब्बे हजार की अबादी के रामपुर राज्य में भी तीन-तीन तहसीलदारियाँ और तहसीलदार, सुपरिटेंडेंट पुलिस, सहायक सुपरिटेंडेंट, लघु जज, महा जज आदि अधिकारी वैसे ही भरे थे, जैसे किसी बड़ी रियासत या बीस लाख आबादी के जिले में। दूसरी रियासत में जो पदाधिकारी हैं, वह अपने में क्यों न हों? और जिसने राजा को खुश कर दिया, उसे कोई पद मिलना चाहिए, इन विचारों से रियासतों में आवश्यकता से अधिक पदाधिकारी भर दिये जाते—पदाधिकारियों में स्वभावतः अयोग्य या परिस्थिति के कारण अयोग्य व्यक्ति भी होते हैं और योग्य भी। हिमाचल प्रदेश बन जाने पर कैसे हो सकता है कि राजा साहब की सारी भर्ती जिन्दगी भर के लिए बहाल रखी जाए, इसलिए नौकरों की छँटाई स्वाभाविक थी। तहसीलदार साहब भी चिन्तित थे। मैं इसके सिवाय और क्या आश्वासन दे सकता था कि योग्य व्यक्तियों के छाँटे जाने का डर नहीं। साथ ही मैंने उन्हें बतलाया कि हिमाचल सरकार फलों की उपज बढ़ाने पर अपना सारा ध्यान लगा रही है और यहाँ की खनिज-सम्पत्ति को निकालकर जनता के जीवनतल को ऊँचा उठाना चाहती है। इस काम में आपको पूरी तत्परता दिखलानी चाहिए और अब तक उपजाए जाते मेवों और स्थान-स्थान पर प्राप्त खनिज धातु-पाषाणों

को जमा करवाकर उनके बारे में सरकार को सूचित करना चाहिए, जिसमें सरकार अपने काम में जल्दी आगे बढ़ सके। बाबू मंगलरामजी ने मेरी बात स्वीकार की और मेवों और धातु पाषाणों के नमूनों और आँकड़ों को बड़ी तत्परता से जमा कराया।

उसी दिन (22 मई) जाते समय उन्होंने थानेदार को ताकीद कर दी कि मेरा सामान नये बँगले में भेजने के लिए आदमी भेज दें। थानेदार ने दफादार को हुक्म दे दिया और वह हुक्म न जाने कितने रास्तों से होते ढोने वाले आदमियों तक पहुँचा या न पहुँचा। मैंने शाम नजदीक आती देखी और आदमियों का पता नहीं। चिन्ता हुई। किन्तु अब मैं बेहाथ-पैर का नहीं था, पुण्यसागर भी मेरे पास थे। वह स्कूल के पास के लामा मन्दिर में गए। बैशाखी पूर्णिमा की बुद्ध जयन्ती के लिए वहाँ जमा लोगों में से तीन-चार भिक्षुणियों को बुला लाए। वह बेचारी आज व्रत रखे हुए थीं। उन्होंने बौद्ध पंडित को उसके निवास-प्रवेश में सहायता देने को पुण्य का काम समझा और हमारा सामान शाम से पहिले ही तीन महीने के लिए निवास बनने वाले बँगले में पहुँच गया।

वर्तमान शताब्दी के आरम्भ में इस बँगले को ब्रूस्की नामक किसी जर्मन जाति के यूरोपीय पादरी ने बनवाया, सिर्फ अपने पैसे से ही नहीं, अपने श्रम से भी। धार्मिक संकीर्णता हमें इन धर्म प्रचारकों की अपूर्व सेवा, अद्भुत त्याग का मूल्य समझने नहीं देती। अस्सी बरस पहिले स्पू (यहाँ से 48 मील और ऊपर) में कुछ ऐसे ही त्यागी पादरियों ने अपना आश्रय बनाया था। वस्तुत: सेवा में दधीचि की भाँति उनमें से आधे दर्जनों ने अपनी अस्थियों को सदा के लिए उसी भूमि को उर्वर बनाने के वास्ते छोड़ दिया। स्पू के बाद वहीं के एक पादरी ब्रूस्की 1897 में आकर यहाँ सड़क के किनारे चिनी में इस स्थान को किसी जमींदार से खरीदा। सुन्दर बाग-बँगला (1900) और दूसरे घर बनाए, लड़कों के लिए स्कूल (1899-1907 ई.) खोला, लोगों में शिल्प का प्रचार किया। 13 वर्षों में इस भूमि को सुन्दर सुसज्जित बाग-बँगले के रूप में परिणत कर ब्रूस्की चला गया, उसकी बीवी ने भी रोते हुए स्थान को छोड़ा। पीछे पादरी पीटर ने सँभाला।

अन्त में (1912 में 9000) रुपये में मुक्तिसेना के हाथ में बेचकर मोरावियन मिशन को उठ जाना पड़ा। इसी समय एमर्सन (पीछे पंजाब गवर्नर) राज्य के प्रबन्धक हुए। उच्च अंग्रेजी अफसर सहायता दिलाने के लिए बड़े उत्सुक थे। मुक्तिसेना ने अस्पताल खोला, फिर राज की मासिक सहायता पर राज की ओर से मकान बनवाकर यहाँ एक अस्पताल खोल दिया गया, एक मुक्ति सैनिक एंग्लो-इंडियन डॉक्टर सेमुएल (बरफुट) और उनकी बीवी साल भर तक काम करती रहीं। मुक्तिसेना ने यहाँ ऊन कातने-बुनने का स्कूल भी खोला। कुछ सालों तक संस्था को चलाने की कोशिश की गई, किन्तु वह चल नहीं सकी। प्रथम विश्वयुद्ध ने यूरोप पर ऐसी आर्थिक तबाही डाल दी कि राजाओं के बटुवे छूछे पड़ गए और उनसे

पहिले की भाँति दान का स्रोत नहीं बहता था, जिसमें कि दुनिया के कोने-कोने में लगे ऐसे आश्रमों को शक्ति-जल मिल सके। उधर राज्य का प्रबन्ध राजा पदम सिंह ने सँभाल लिया, अंग्रेज प्रबन्धक चले गए। अन्त में (1919) मुक्तिसेना पाँच हजार रुपयों में बाग-बँगले को राज्य के हाथ में बेचकर चली गई। ब्रूस्की और पीटर की स्मृति लोगों के लिए बहुत मधुर रही। मुक्तिसैनिक बाकर, मोर्टिमोर ने भी तत्परता से काम किया, किन्तु मुक्तिसेना का बड़ा अवलम्ब था राज्य के अंग्रेज प्रबन्धक। एमर्सन और मिचलन को बेगार की लकड़ी और दूसरी चीजें खूब मिलतीं। जैसे ही वह सहायता बन्द हुई, उन्हें बेच-बाचकर हटना पड़ा। वस्तुतः यहाँ के काम का श्रेय ब्रूस्की और मोरावियन मिशन को है जो अंग्रेज नहीं, जर्मन थे। वह अंग्रेज अधिकारियों और सरकार की मदद से काम नहीं करते थे, बल्कि यूरोप से सहायता पाते थे। ब्रूस्की तो स्वयं धनाढ्य आदमी था।

ब्रूस्की सपत्नीक स्पू से आकर यहाँ दो-तीन साल तक तम्बू में रहा। फिर राजा शमशेर सिंह की सहायता से यह जमीन खरीदी, जो उस समय बहुत ऊबड़-खाबड़ थी। आज से 48 साल पहिले (1900) में यह बँगला बनकर तैयार हुआ, जिसमें बैठकर मैं इन पंक्तियों को लिख रहा हूँ। कितने प्रेम और श्रम से ब्रूस्की ने मिस्त्री कृपाराम को बतला-बतलाकर इस बँगले को तैयार किया होगा। यद्यपि 1919 के बाद इस बँगले की किसी ने उतनी परवाह नहीं की, बहुत से शीशे टूट चुके हैं, वार्निश और प्लास्तर की ओर ध्यान नहीं, भीतर दीवार की आलमारियाँ भर रह गई हैं, बाकी सामान सब विलीन हो चुके हैं। एक बड़ा यूरोपीय ढंग का चूल्हा (जिसमें पावरोटी, बिस्कुट तथा दूसरा भोजन बनता था—40) में नीलाम होकर एक किसान के घर में पड़ा हुआ है। बड़ा पियानो न जाने कहाँ गया? ईसा का मन्दिर बनाने के लिए जो पत्थर गढ़कर तैयार किये गए, उनसे तहसील बन गई। स्थान का वैभव कहाँ। जिसे ब्रूस्की दम्पति ने अपने स्निग्ध हाथों से धीरे-धीरे तैयार किया था और अपने पति से पीछे जिसे छोड़ते समय फ्राउ ब्रूस्की रो पड़ी थीं। ब्रूस्की ने हॉलैंड से सेब और नासपाती की पौध मँगाकर लगाई थी, जिनके फलों को वह नहीं, पीछे के लोगों ने खाया। ब्रूस्की के बनाए बँगले में मेरी तरह कितने ही पथिकों ने शरण पाई, और आशा है, हिमाचल सरकार की सम्पत्ति होकर अब इसकी उपेक्षा नहीं की जाएगी।

यहाँ अस्पताल की एक अच्छी इमारत है, किन्तु वर्षों से डॉक्टर नहीं। सारे चिनी की इतनी बड़ी तहसील के लिए डॉक्टर न हो, यह शरम की बात है। बूढ़े कम्पाउंडर ठाकुर सिंह किसी तरह गाड़ी चलाए जा रहे हैं। ठाकुर सिंह ने ब्रूस्की को देखा था। वह उनके स्कूल में पढ़े थे। मुक्तिसैनिक मोर्टीमोर ने डोरा डालकर उन्हें ईसाई बनाना चाहा और इसके लिए वह इन्हें शिमला ले गया। वहाँ मुक्तिसैनिक-सैनिकाओं ने झंडे-पताके से खूब स्वागत भी किया, किन्तु रास्ते में ठाकुर सिंह

को कोई गुरु मिल गया था, जिसने पाठ पढ़ा दिया। ठाकुर सिंह ने ईसाई बनने के बारे में कहे जाने पर कहा—मैं पिता का अकेला पुत्र हूँ, ईसाई बनने पर देश-जाति से निकाल दिया जाऊँगा, इसलिए दस हजार रुपया मिलना चाहिए; मुझे विलायत पढ़ने के लिए भेजना चाहिए और इन सुमुखी मिसों में से एक के साथ ब्याह करने का मौका मिलना चाहिए। मुक्तिसेना के यहाँ मुक्ति भले ही टके सेर हो, किन्तु यह शर्तें इतनी सस्ती नहीं थीं। ठाकुर सिंह से पादरी मोर्टीमोर नाराज हो गए। मुक्तिसेना यहाँ किसी को ईसाई बनाने में सफल नहीं हुई।

लेकिन ब्रूस्की और मोरावियन धर्म प्रचारकों से ढँढोरची मुक्तिसैनिकों की तुलना नहीं की जा सकती। यद्यपि मोरवियनों ने स्पू की भाँति यहाँ के सांस्कृतिक-आर्थिक जीवन में सहायता पहुँचाने का अवसर नहीं पाया, किन्तु उनकी स्मृतियों को भुलाना कृतघ्नता होगी। उन्होंने प्रयत्न किया और कम-से-कम ब्रूस्की के सेबों और नासपातियों (नाखों) से बहुतों ने अपने यहाँ कलमें लगाईं। पीटर का लगाया अति सुगन्धित शतपत्र गुलाब अब भी उपेक्षित रहते भी दर्शक को आकर्षित किये और उसके दिल में टीस पैदा किये बिना नहीं रहता। पीटर शायद वही बिशप पीटर होंगे, जिनके दर्शन और फ्राउ पीटर की केक खाने का मौका मुझे 1933 ई. में लेह (लद्दाख) में मिला था।

तारीफ तो यह कि यहाँ दो-दो माली भी हैं, तो भी बाग की इस तरह की उपेक्षा है। अस्पर्गस को माली ने खोदकर फेंक दिया और उस जगह फाफड़ा बोया। पीटर के शतदल गुलाब के थाले में न खुर्पी लगती है, न पानी की बाल्टी; यह देखकर सहृदय दर्शक का हृदय तिलमिला जाता है। गूजबरी के कुछ ही थाले रह गए हैं जिनमें भी घासें भरी हैं और न ध्यान देने पर एकाध बरस में उच्छिन्न होकर रहेंगी। हॉलैंड से मँगाकर लगाये सेबों और नाखों (नासपातियों) में वर्षों से थाले नहीं बने। वह प्रकृति की दया से खड़े हैं। ब्रूस्की ने बहुत-सी अंगूर की बेले लगाई थीं, सब उच्छिन्न हो गईं, सिर्फ एक घासों और गुलाबों की झाड़ी में बची हुई है। दूसरे कौन-कौन तरह के पौधे नष्ट कर दिये गए, मालूम नहीं। बाग और बँगले का एक तरह कोई सुध लेने वाला नहीं है। कितना ही स्थान खाली हैं, जिनमें घास भी नहीं उगाई जाती। बिल्ली के भाग्य से छींका टूट गया। किसी सेठ ने पिछले साल सन्तोजेन बनाने के लिए कोई बूटी लगाकर इसी बाग में तजब करना चाहा, गोया इतने अच्छे फूलों का तजुर्बा यहाँ के लिए पर्याप्त नहीं था। खैर, बूटी तो जमी नहीं, किन्तु पूछने पर माली कहता है, "क्या करें, साहूकार ने जो जमीन का ठीका ले लिया है।" आशा है, हिमाचल सरकार के राज में इस बाग की और अधोगति न होगी।

ब्रूस्की बँगला अब तीन मास के लिए मेरा निवास स्थान हुआ।

भोजन-छाजन

चिनी के इतिहास पर यहाँ नहीं लिखना है, वह प्रागैतिहासिक काल तक जा सकता है, किन्तु उसकी सामग्री सुलभ नहीं। हाँ, भूमि के अन्दर अब भी उसमें से कुछ सुरक्षित जरूर होगी। चिनी गाँव एक जगह बसा है, किन्तु उसके कितने ही कृषकों ने अपने-अपने घर अपने खेतों में बना लिए हैं। खेतों का सबसे बड़ा भूभाग जंगलों से अलग है और वहाँ चूली, बेमी, अखरोट के अतिरिक्त दूसरी तरह के जंगली वृक्ष नहीं हैं। अक्टूबर की वर्षा और फरवरी की हिमवृष्टि ने खेतों को तथा जमीन को जहाँ-तहाँ नुकसान भी पहुँचाया, किन्तु एक लाभ हुआ है, अबके कूलों में खूब पानी है, सिंचाई से लोग निश्चिन्त हैं, और पानी के लिए मार-पीट नहीं होती। पाँच-पाँच, छह-छह हजार फुट तक नीचे से ऊपर चले गए खेतों में पानी लगाने के लिए जो कठी (मशाल की लकड़ी) लिए रात-रात भर भूतों की भाँति घूमते दिखलाई पड़ते हैं, यह काम स्त्रियों का है। पुरुषों का काम है हल से खेत जोत देना, नहीं तो बाकी सारा खेती का काम स्त्रियाँ करती हैं। वृद्ध लिपिक धर्मानंद ने तीन स्त्रियाँ रखी हैं। उन्हें शराब पीकर निश्चिन्त विचरने की छुट्टी है, सारा घर का काम स्त्रियों ने सँभाल लिया है। हाँ, यहाँ पांडव विवाह-प्रथा है, सभी भाइयों की सम्मिलित पत्नी होती है, जो एक से अधिक भी हो सकती हैं। धर्मानंद के भाई होते, तो वह भी तीनों पत्नियों में सम्मिलित होते। स्त्रियाँ खेती-गृहस्थी के लिए कितनी उपयोगी हैं, इसके कहने की आवश्यकता नहीं। यह बात सिर्फ बुशहर ही नहीं, सारे पहाड़ में देखी जाती है।

खेतों में बने स्थायी घरों के अतिरिक्त किसानों ने फसल की रखवाली का काम करने के लिए मीलों दूर साधारण से छोटे-छोटे घर बना लिए हैं, जिन्हें "डोगरी" कहते हैं। कभी-कभी खेतों में काम करने वाली स्त्रियाँ इन्हीं डोगरियों में रह जाती हैं। कंडे (ऊपरी पर्वत भाग) की डोगरियाँ बहुत से प्रेम-गीतों का विषय बन गई हैं। अविवाहिता षोडशियों के लिए राधा-कृष्ण का सदेह अभिनय किन्नर समाज में बुरा नहीं समझा जाता।

चिनी गाँव एक पुराने दुर्ग के पास बसा है। दुर्ग भी आसपास की भूमि से कुछ

ऊँची एक पहाड़ी टेकरी पर था। इसका ध्वंस आग से हुआ था। मकान और दीवारों का अधिकांश भाग उस समय भी काष्ठ का रहा होगा। आग लगने पर खांडवदाह का दृश्य उपस्थित हुआ होगा। आज भी गढ़ में खोदने पर कोयला, जले पत्थर मिलते हैं। दुर्ग बहुत बड़ा नहीं था। उसके एक भाग को समतल करके वहाँ 1911 ई. में स्कूल बनाया गया, जिसमें आजकल आठवीं श्रेणी तक की पढ़ाई होती है। चिनी में हाई स्कूल की बड़ी आवश्यकता अब है। लड़कों को पढ़ने के लिए रामपुर जाना पड़ता है और बहुतों को अल्प सामर्थ्य के कारण निराश ही घर बैठ जाना पड़ता है। चिनी में दुर्ग का स्थान जाड़ों में और भी अधिक ठंडा हो जाता है, हवा का प्रचंड झोंका उसी पर पड़ता है। सोचा जा रहा है, स्कूल को कलपा के पास के जंगलों में आड़ की जगह ले जाया जाए, किन्तु यह सोच तब हुई थी, जब राजा का राज्य था और चिनी में मिडिल स्कूल से आगे का स्वप्न नहीं देखा जा सकता था। चिनी को हाई स्कूल की आवश्यकता है और उद्यान-विद्या तथा प्रयोग-उद्यान के साथ। पुरानी योजना में इसका सन्निवेश नहीं था।

चिनी गाँव में भी कनौर के और गाँवों की तरह कनेत (खश), बढ़ई और कोली रहते हैं। कनेत यहाँ के उच्च कुलीन हैं, जो अब अपने को राजपूत कहते हैं। बढ़ई, लोहार, सोनार, हज्जाम, पाषाण शिल्पी सभी का काम करते हैं। यह अर्ध-अछूत हैं, क्योंकि पानी न चलने पर भी इनकी चिलम चल जाती है। आर्थिक अवस्था इनकी कोलियों जैसी बुरी नहीं है। चिनी में बढ़इयों के पानी का चश्मा जहाँ कनेती चश्मे के पास है, वहाँ कोलियों का दूर है। तीनों के चश्मों के देखने से ही आप समझ सकते हैं। कोलियों का काम चमार, भंगी, मोची, धोबी, कोरी सभी का पेशा है। सबसे गन्दे और कड़े परिश्रम के काम इन्हें करने पड़ते हैं और सबसे गरीबी की जिन्दगी इन्हें बितानी पड़ती है। कनेत का चश्मा गढ़े पत्थर का बँधा हुआ कुंड-सा है, उससे नातिदूर लोहार का चश्मा भी कुछ उसी तरह का है, इसमें लोहार का स्वयं पथरकट होना भी सहायक हुआ। इन दोनों की परछाईं से दूर कोली का चश्मा जान पड़ता है। बरसात में भैंस के थान पर लकड़ी की टोटी लगा दी जाती है। हमारे भारत के सभी गाँवों के घर तो भगवान के सँवारे हुए हैं, किन्तु इधर पहाड़ों में वह उससे कुछ बढ़े ही हुए हैं। कोलियों की चमरौटी गन्दगी के बारे में मत पूछिए? मैं जब उनके घरों की ओर चला, तो साथ के आदमी ने रोकना चाहा—बहुत गन्दगी है, न जाइए। कोई कहता—"यह लोग बड़े गन्दे रहते हैं, हम तो उनका अछूतपन हटाना चाहते हैं, किन्तु गन्दगी छोड़ें तब तो।" गोया ब्रह्मा ने ही उन्हें जन्म से गन्दा बनाया है। उनके पास खेत नहीं होने दिया गया, शरीर की कठिन मेहनत के सिवा कोई जीवन का साधन नहीं रहने दिया, कमाकर यदि किसी ने चार पैसे पैदा कर लिया, तो भी वह ऊँची जाति वालों जैसा घर नहीं बना सकता, न अच्छे कपड़े पहिन सकता, उसे बड़ी जाति के घर को छूने तक की

इजाजत नहीं, न विद्या के पास फटकने का मौका। हर तरह से अपमानित-लांछित करके रखा गया, फिर यदि गन्दे रहते हैं, तो उन पर यह जबर्दस्ती लादी गन्दगी उनकी उसी स्थिति में बनाए रखने का कारण मानी जाने लगी। कैसा अच्छा न्याय, या अत्याचार कायम रखने का बहाना? कनौर के लिए इतना कहूँगा कि यहाँ का कोली-भंगी मेरा सामान उठाकर कलपा से यहाँ लाया, किन्तु इसे किसी ने बुरा नहीं माना। चिनी के कोलियों के घर और कूचे बहुत गन्दे हैं, इसमें आश्चर्य की क्या जरूरत? लेकिन क्या हिमाचल प्रदेश आगे भी उन्हें इसी स्थिति में रक्खेगा? यह मानव क्या आगे भी ऐसी नारकीय जिन्दगी बिताने के लिए मजबूर किये जाएँगे?

✶

किन्नर देवताओं का देश है, आलंकारिक नहीं सीधी भाषा में। देवता प्रकाश के प्राणी कहे गए हैं, किन्तु मैं समझता हूँ, वह घोर अंधकार के वासी हैं। जब तक मनुष्य के हृदय में घोर अज्ञान न हो, देव लोग वहाँ ठहरना नहीं चाहते। कल (23 मई) दो मील नीचे कोठी की देवी का मेला था। देवी-देवताओं के लिए हर महीने मेला या भोज होता रहता है। कहीं-कहीं तो मेले के समय देवता के भंडार से शराब की सदाव्रत भी दी जाती है। नहीं दी जाए, तो भी देवताओं का मेला शराब के बिना कैसे हो सकता है? देवताओं ने शराबबन्दी हटाने के लिए राजा को मजबूर किया, उसके कुल तक को नष्ट कर देना चाहा। मेले के दूसरे दिन एक आदमी को बुरी तरह शिर फुड़वाकर अस्पताल—बिना डॉक्टर के अस्पताल—में आए देखा। "डॉक्टर" ठाकुर सिंह ने बतलाया, हर मेले के दिन दो-चार की यही हालत होती है। देवता शराब और बलि बन्द करने की बात तक सुनने को तैयार नहीं। देवता यहाँ बात करते हैं या इशारे से अपना भाव प्रकट कर देते हैं। बात वह माली (ग्रोक्स) के मुँह से करते हैं। देवताओं की बातचीत की बात फिर कभी। मैंने सोचा, देवी को मनाने का कोई रास्ता निकालना चाहिए। पता लगा, देवी क्वारी है। उनका कोई दोस्त है, किन्तु वह पति के तौर पर नहीं। चिरकौमार्य क्रोध की मात्रा को बढ़ा देता है, इसलिए मैंने कोठी की देवी के ब्याह का प्रस्ताव किया। कुछ सज्जनों ने इस विचार को पसन्द भी किया।

डायबेटिस को दबोच रखने वाले मेरे मित्र पंडित ब्रजमोहन व्यास का बतलाया नुस्खा, रोज 4-5 मील टहलना है। मैंने 24 मई से उस पर अमल करना शुरू किया और अब नियम से सबेरे चाय पीने के बाद तिब्बत-हिन्दुस्तान सड़क पर यहाँ से 141वें मील तक जाने-आने लगा। नहीं कह सकता, अभी दुश्मन दबोचा गया या नहीं। दबोचे जाने का अर्थ है, पंक्रिया ग्रन्थि का फिर से काम करने लगना, जिससे जठराग्नि में फिर से तीव्रता आना। यद्यपि मूल-परीक्षा में शक्कर का पता नहीं

है, किन्तु हो सकता है, परीक्षा का मसाला (बेनडिक्सोलूशन) खराब हो गया हो, क्योंकि जठराग्नि की मंदता हटी नहीं है, बुद्ध के बतलाए नुस्खे 'भोजने मात्रज्ञता' को शब्दश: मानने पर ही काम चलता दिखलाई पड़ रहा है। सचमुच, 'ते हि नो दिवसा गता:' कहकर मुँह से हसरत-भरी आवाज निकलने लगती है। कहाँ पत्थर तक पेट में जाकर हजम हो जाता था और कहाँ एक ग्रास की कमी-बेशी में खट्टी-मीठी डकार आने लगती है। पहाड़ का पानी भारी होता है, इसमें संदेह नहीं। संकटमोचन वाले बाबा ने भी पते की बात कह रखी है, 'लागै अति पहाड़कर पानी', किन्तु यह पते की बात चित्रकूट और तराई के बरसाती पानी के लिए है! आखिर पहले भी तो पहाड़ का पानी बरसों पीते रहे और भूख लगती रही। खैर, पचपन साल का भी ध्यान रखना होगा।

और खाना? किन्नर देश विशेषकर वाङ्तू से ऊपर का भूभाग पानी के लिए ही सूखा देश नहीं है, बल्कि अन्न भी यहाँ अपर्याप्त होता है। बकरियों पर अन्न ढो-ढोकर नीचे से ऊपर लाना आज ही नहीं हो रहा है, बल्कि शायद सदियों से यहाँ के बोझा ढोने वाले पशु नीचे तिब्बती पशम और ऊन पहुँचा अनाज उठाए लौटते रहे। आजकल इसका अपवाद है, विलायती बड़ी मटर, जिसे यहाँ के गाँवों से लोग शिमला पहुँचाते हैं। कहते हैं, वहाँ इसका अच्छा दाम लगता है। अच्छा दाम नहीं लगता, तो 20 रुपया मन की ढुलाई वाले रास्ते वह शिमला कैसे पहुँचती? काश, यहाँ हरी मटर भी मिलती। मई-जून तो साग सब्जियों के अकाल का दिन रहा। ब्रूस्की के बाग में बत्थू बहुत उगे थे और बत्थू भी लाल कलंगी वाले बत्थू, किन्तु यहाँ के लोग उसे छूते तक नहीं। कहते हैं, इसके खाने से सूजाक हो जाता है। मैंने पुण्यसागर से कहा—'राम का नाम लो, तुम रोज उसे बनाया करो', किन्तु एक बार के कहने का प्रभाव दो-चार बार तक ही रहता। हालाँकि, कनौर लोग बत्थू का पूरा बायकॉट नहीं किये हुए हैं, नहीं तो यहाँ बत्थू बाकायदा खेतों में क्यों बोये जाते? मरस (लालसाग) के बड़े-बड़े पत्ते को देखकर मुँह से लार टपकती है, लेकिन ये लोग पत्तों के लिए उसे नहीं बोते, बोते हैं उसके दाने के लिए, जिसे रोटी और भात की शकल में खाते हैं। हरे मरसे की खेती भी इसीलिए करते हैं। इसका नाम उन्होंने बदलकर तुलसी रख दिया है। 'तुलसी महरानी, बिन्दा महरानी' गरीबों का आधार हैं। ऐसे कई नाम यहाँ उलट-पलट गए हैं, कई खाद्य वस्तुएँ अखाद्य और अखाद्य खाद्य हो गई हैं। फाफड व फाफडा (बकव्हीट) ओगला कहा जाता है और फाफडा उसी का छोटा भाई है। कोद्रा भी है, किन्तु वह हमारे यहाँ का कोदो नहीं, मँड़ुआ (रागी) है। गेहूँ, जौ, मटर जैसे हमारे परिचित अनाजों के अतिरिक्त यहाँ नंगा (बिना छिलके का) जौ भी होता है, किन्तु चिनी से दूर स्पू में। उसके लिए कुछ अधिक ऊँचाई या ठंड की जरूरत होती है। अनाजों की पर्याप्त किस्में यहाँ होती हैं। टहलते समय मक्का भी एक खेत में उगा देखा, अब (13 जुलाई) तो उसमें बालें भी फूटी

हैं, किन्तु पुण्यसागर का कहना था कि वह पूरा पकता नहीं। ब्रूस्की की लगाई तथा बचकर अब सिर्फ अकेली रह गई द्राक्षालता के बारे में तहसीलदार साहब की भी वही राय है। शायद मेरे रहने (8 अगस्त) तक कहीं अंगूर पक जाए, नहीं तो दूसरे तो मधुर मृद्वीका का आस्वादन लेंगे ही।

जहाँ तक साग-सब्जी का सवाल था, मई-जून में उनका बड़ा ठाला था। वैसे आने के दिन ही एक जाँघ भेड़ का सूखा मांस भगवान ने भेज दिया था। सूखे मांस से भंडार कभी खाली नहीं रहा। कभी-कभी तो इतना आ जाता कि लड़कों में बाँट देने के लिए पुण्यसागर को ताकीद करनी पड़ती। साल भर के सूखे चिमड़े मांस के लिए न मेरे पास, न पुण्यसागर के ही पास पाचन-शक्ति थी। पुण्यसागर चालीस साल से ऊपर के हो गए हैं। उन्हें दिमाग और धातु की निर्बलता की शिकायत है, तो भी चतुर गृहिणी की तरह वह हर चीज को जोगा के रखना चाहते हैं, 'कः काले फलदायकः।' मैं भी उनके काम में दखल नहीं देता, किन्तु पास की आलमारी में रखे पुराने मांस की गन्ध उतनी प्रिय नहीं लगती। जहाँ तक तेमन का सवाल था, तेमनराज मांस, बराबर अखुट रहा, किन्तु मूसा के अनुयायी तो भगवान के भेजे स्वर्गीय भोजन 'मन्ना' को भी बराबर खाते-खाते ऊब गए थे। कुछ दिनों के बाद नेगी सन्तोखदास ने आध मन आलू भेज दिया, जिसने पत रख ली। जब हम लोग दो सप्ताह की यात्रा पर गए, तो आलू आध-आध बित्ता के अंकुर दे चुके थे। हमने पुण्यार्थ या सदुपयोग के लिए उसमें से कुछ को लेकर एक क्यारी बो डाली। पीछे सड़क-इंस्पेक्टर श्री लक्ष्मीनन्द ने बतलाया, अंकुरों से स्वाद में कोई कमी नहीं आती। खैर, तब तक उरे परे से बहुतेरा साग आने लगा, कभी नेगी सन्तोखदास भेज देते, कभी यूला के नम्बरदार। रेंजर साहेब शर्माजी की कृपा से कई विटामिनों की खान हरे सागों और मटर की फलियों की कमी नहीं रही। मक्का वाले खेत में तो आजकल कद्दू (काशीफल) के स्वर्णिम-स्वर्णिम पुष्प भी खिले थे। एक दिन हमारे रास्ते में कद्दू की एक नरम-नरम लता पत्रसहित पड़ी थी। मैं भी बहुत हाँड़ियों का भात खाये हुए हूँ। बंगाली बंधुओं की भाँति चाहता था, लता को उठा लूँ, साग की कमी के कारण नहीं, बल्कि खाद्य के अपव्यय से द्रवित होकर; किन्तु पंचतंत्र के कपोतराज की भाँति पुण्यसागर ने कहा, 'यहाँ निर्जन वन में इसका उद्गम कहाँ', अर्थात कद्दू की लता का उद्गम स्थान तिब्बत-हिन्दुस्तान सड़क नहीं हो सकती, जरूर दाल में कुछ काला है। और सचमुच ही लता के पत्तों को सरकाने पर वहाँ और भी कुछ चीजें दिखलाई पड़ीं। पुण्यसागर ने कहा—यह देखिए भस्म की रोटी भी है। हाँ सचमुच भस्म की रोटी मँडुआ (रागी) के लिट्टी की तरह वहाँ रखी थी। यह भूत भगाने का अमोघ रामबाण है। मैं नहीं जानता—पुण्यसागर की क्या राय थी, किन्तु अपुन तो समझ रहे थे, भूत कभी ऐसा मूर्ख नहीं हो सकता कि भस्म की रोटी के पीछे घर वाली को छोड़कर तिब्बत-हिन्दुस्तान रोड पर मीलों दूर भूखों

मरने आए। पीछे पुण्यसागर भी मेरी राय से सहमत मालूम पड़े। दो सेर पक्का साग इस प्रकार अकारथ गया, मुझे तो सिर्फ इसका अफसोस था। बदबख्त लामा ने भस्म की रोटी पर देवदारु की हरी पत्तियों का प्रयोग क्यों नहीं बतला दिया? यदि भूत को भस्म की रोटी और अन्न की रोटी की पहिचान नहीं, तो उसे देवदारु और कद्दू के हरे पत्तों में क्या पहिचान होती?

मई-जून में चिनी में ही साग का ठाला क्यों होना चाहिए? आखिर बर्फ तो वहाँ अप्रैल में ही खतम हो जाती है। कितने ही साग और लाल मूलियाँ—जो बाईस दिन में तैयार हो जाती हैं—तो इतने समय में तैयार हो सकती हैं। 'यहाँ के लोगों को शौक नहीं' रेंजर साहेब थारा बेट्टा जीवे, आपकी बात बिलकुल ठीक, बेटा नहीं है, होगा। ब्याह के 7 महिने ही बाद किसको बेटा हुआ है। यहाँ वालों को क्या, भारत में कहीं के गाँव वालों को साग—तरकारियों का उतना शौक नहीं, यह कहते सिर्फ बंगभूमि का खयाल संकोच में डालता है। यहाँ वाले तो कोई अन्न पा जाएँ, तो उसी के लिए खुदा मियाँ का हजार शुक्रिया अदा करें। चूली को इन्हें प्रदान कर घटघट के वासी सिड़ी अविनाशी बहुत-बहुत शुक्रिया वसूल भी कर रहे हैं। फलों में चूली है, जो यहाँ हर गाँव में है। गरीब के खेत में भी दो-चार वृक्ष उसके जरूर खड़े रहते हैं। जाड़े का संबल जब खतम हो जाता है और किन्नर-दम्पति खाद्य के लिए तिलमिलाने लगते हैं, उस समय यही फलराज है, जो गज की टेर सुनने लाले भगवान की तरह सबसे पहिले उनके पास पहुँचता है। जून के अंत तक नीचे-नीचे (नेवल में) चूली के फल पककर सुनहले बनने लगते हैं। जितने दिन बीतते जाते हैं, वह पहाड़ पर नीचे से ऊपर की ओर धावा करने लगते हैं। चूली एक तरह की छोटी खूबानी है। पकने पर इसका स्वाद मीठा, किसी-किसी का कुछ कसैला भी होता है। इसकी गुठली बादाम की भाँति तेल से भरी होती है, किन्तु खाने में प्रायः कड़वी हुआ करती है। हाँ, तेल निकालने पर कड़वाहट नहीं रहती। उसे तो आप बादाम का तेल कह सकते हैं। चूली है भी बादाम की सहोदरा भगिनी। चूली जब कभी कच्ची होती है, तभी से लोग उस पर अपना दाँत साफ करने लगते हैं। सबकी बात मैं नहीं कहता, किन्तु हमारे चौके में तो जंगली पोदीने के साथ उसकी चटनी बराबर बनती रही। पककर पीली पड़ जाने पर तो गरीबों के घर में बधावा बजने लगता है। और मेरी यार फलती भी इतनी है कि तौबा, तौबा, लोग लुगाइयाँ टोकरे भर-भरकर पीठ पर ढोती रहती हैं और वह घटने का नाम नहीं लेती। आजकल सड़क पर टहलने के लिए जाते समय दो मील दूर नीचे की ओर तेलगी के घरों की छतों को पीला-पीला देखकर मैं पुण्यसागर से पूछने जा रहा था—तेलंगी देवता ने सुवर्ण की वर्षा तो नहीं की? किन्तु तुरन्त खयाल आ गया—चूली देवी जो किन्नर देश में पधारी हैं। वह चूली के फल छत पर सूखने के लिए फैलाये हुए थे। पुण्यसागर ने मुँह उदास करके कहा—हमारे यहाँ यह सुभीता नहीं, वहाँ वर्षा

बहुत होती रहती है। हमारे यहाँ लोग खाने से बची चूली को कहीं जमा कर देते हैं, कुछ दिनों में सड़ जाती है, फिर झरने पर ले जा कर उसे धो-धाकर गुठली अलग कर लेते हैं जिसका खाद्य तेल निकाला जाता है। यह पौष्टिक खाद्य का अपव्यय है। 'उसकी शराब क्यों नहीं निकालते कि अनाज बचता', इसका उत्तर उन्हें यह छोड़कर दूसरा नहीं सूझा कि खाद्य नहीं है, यहाँ ऊपरी किन्नर में पकी ताजी चूली पर लड़के-बच्चे दिन-रात लगे रहते हैं, हर समय के भोजन में उसकी सबसे अधिक मात्रा रहती है। मैंने भी दो-चार दिन परीक्षा करनी चाही, किन्तु फिर मन ऊब गया। अच्छा तो यह मेरी बात नहीं, किन्नर-किन्नरियों की बात है। रोज के खाने के अतिरिक्त मनों चूली घर की समतल मिट्टी की छतों पर डाल दी जाती है, जो कभी धूप में सूखती, कभी फुहार में तर होती, अन्त में सूख-साख के कुछ चिचुक जाती है, जिसे जमा करके लोग बखार भर लेते हैं। यह उनके जीवन का सबसे बड़ा संबल है। ताजा चूली को खाली खा सकते हैं, कुछ आटा-मीठा डालकर लपसी बना सकते हैं, किन्तु सूखी चूली उबालकर लपसी के रूप ही में अधिकतर खाई जाती है, वैसे कभी-कभी पथिक अपने इस पाथेय को किसी पत्थर के पास तोड़कर सूखे भी खाते देखे जाते हैं। कड़वी गुठली तो खाली नहीं खाई जा सकती, किन्तु किसी-किसी चूली की गुठली मीठी भी होती है। चूली इन पहाड़ों का प्राण है, इसमें किसको शक है और वह यहाँ की आदिवासिनी है, अरण्यका के तौर पर न सही, ग्राम्या के तौर पर ही सही।

चूली के आसपास अलूचा पकने लगता है, किन्तु यह शायद क्या, है ही विदेशी म्लेच्छ। होता मीठा है, किन्तु वह उतना उपकारी नहीं है, यद्यपि फलने में चूली से भी निर्लज्ज। चूली तो एकाध डाल नहीं, एकाध वृक्ष भी किसी-किसी साल छोड़ जाती है, किन्तु अलूचा एक डाल को भी नहीं। इसकी गुठली छोटी, शुष्क और तेलविहीन होती है। सुखाकर तो रख सकते हैं, किन्तु अभी यह उतनी संख्या में बागों में देखे नहीं जाते। गिलास (चेरी) पकने में चूली से पीछे नहीं है, किन्तु यह शुद्ध पश्चिमी म्लेच्छ फल है, जिसे तुरन्त ही खाकर खतम करना पड़ता है। इसे तो आप कहीं-कहीं विरले शौकीनों के ही बागों में देख सकते हैं। वैसे बादाम, आड़ू, अंगूर आदि दर्जन करीब और भी मेवे यहाँ होने लगे हैं और देवताओं के पूरे विरोध पर भी; किन्तु यहाँ समय नहीं, सभी फलों और उनके गुण-अवगुण को गिनाने का। अखरोट (अक्षोट) स्वदेशी मेवा है और 'सतयुग' में चूली के बाद यह सबसे अधिक लगाया भी जाता है। शायद इसका मूलस्थान भी हिमालय में ही कहीं रहा। सोवियत किर्गजिस्तान में तो अब भी उसका सैकड़ों मील का स्वाभाविक जंगल है, किन्तु अखरोट को यहाँ के लिए उतना उपकारी नहीं कह सकते। उसकी गुठली भर खाई जा सकती है। अखरोट की लकड़ी भारत की सबसे अच्छी लकड़ी है। उसे कीड़ा नहीं खाता, उस पर बहुत अच्छे बारीक बेल-बूटे बनाए जा सकते हैं,

वार्निश लगाए उसके सोफियाने फर्नीचर के सौन्दर्य के बारे में क्या कहना! किन्तु ये गुण किन्नर के गरीबों के किस काम के?

अक्षोट के बाद दूसरा स्वदेशी और चूली के बाद सबसे अधिक लोकप्रिय फल है—बेमी, आड़ू की परम सहोदरा भगिनी। यह जुलाई के अंत में पकती है। अभी पकी बेमी खाई नहीं, किन्तु कहते हैं, गीठी होती है। इसे सुखाकर रखते हैं, किन्तु बेमी का उपयोग चूली की भाँति खाद्य के तौर पर उतना नहीं होता, जितना तीर्थ सेवन के लिए। 'तीर्थ' पशुओं की भाषा में गंगा-यमुना या काशी-प्रयाग को कहते हैं। किन्तु वीर कौलों की भाषा में सुरा-सुन्दरी का यह पुल्लिंग नाम है, 'अनेक रूपरूपाय'। 'सवन' का अर्थ भाषा में है—चुवाना, भभका से अरक उतारना, वाष्प बनाकर फिर तरल रूप में परिणत करना। भगवती के सुपुत्र ब्रह्मचारी चैतन्य का कहना है, बेमी के 'तीर्थ' के सामने अंगूरी मदिरा कोई चीज नहीं। वह बहुत बड़ी औषधि भी है। बेमी-मदिरा की प्रशंसा करते वह थकते नहीं। जान पड़ता था, वह मेरा आजन्म व्रत तोड़वाना चाहते हैं। सुनते-सुनते मेरा कान पक गया, तो मैंने कल (12 जुलाई) उनसे कहा—"आप बेमी की प्रशंसा करके सारी दुनिया की राय को पलट नहीं सकते। पूरब पश्चिम-उत्तर-दक्खिन चारों खूँट पृथ्वी में अंगूरी मदिरा को ही सर्वश्रेष्ठ माना जाता है। हमारे पाणिनि बाबा ने कापिशेयी सुरा (काबुली अंगूरी मदिरा) को ही अपने सूत्रों में स्थान दिया है।" मैंने अपने तर्क से ब्रह्मचारी के मुँह को बन्द कर दिया जरूर, किन्तु उन्होंने मान लिया, यह बात नहीं है। अंगूरी मदिरा किन्नर में दुर्लभ नहीं और ब्रह्मचारी जैसे सिद्ध तीन वर्ष से बारह हजार फुट पर कुटी बना बारहों मास तपस्या करने वाले महापुरुषों के लिए तो वह परम सुलभ है, फिर उनका बेमी-पक्षपात निराधार नहीं हो सकता। आखिर जिसने न उसको, न इसको कभी ओठ से लगाया, उसे कुछ भी फैसला देने का क्या अधिकार है? हाँ, एक बात मैं अवश्य बेमी-प्रचार के पक्ष में कह सकता हूँ। उसके लोकप्रिय होने का अर्थ है, हजारों मन अनाज का सड़ाया जाना बन्द होना, जिसे और किसी तरह नहीं बचाया जा सकता। गांधी का गुर किन्नर में कुंठित हो जाएगा, यहाँ पान-प्रतिषेध का प्रयोग भारत में सबसे पीछे करना चाहिए यदि हिमालय सरकार अपने विधि-विधान की प्रतिष्ठा खोने पर उतारू न हो। 'समुन्दर' पार हिब्बा के एक भद्र जन ने 'आर्य सनातन-प्रजा-मंडल' के पिछले वर्ष के अधिवेशन के पास किये प्रस्ताव को दिखलाते हुए कहा—इससे देवताओं को भी कष्ट होगा। मैंने कहा—देवता लोग निश्चिन्त रहें, भारत के सभी कुओं में भाँग नहीं पड़ गई है, महामंत्री पन्त जैसे देवपुत्र भारत में पड़े हुए हैं जो अयोध्या, काशी आदि महातीर्थों के महात्माओं को वचन दे रहे हैं कि उनके अधिकार पर सरकार जरा भी रेफ नहीं आने देगी। इति बेमी महाकांड समाप्त।

आहार के प्रकरण में हम कहाँ से कहाँ चले गए, किन्तु बुद्ध ने कहा है—'सब्बे

सत्ता आहारट्ठितेका', अर्थात सारे प्राणियों की स्थिति आहार पर निर्भर है। फिर उसे छोटी-मोटी बात कैसे कहा जा सकता है? हम चाहते हैं, भारत के कोने-कोने से भद्र पुरुष और भद्र महिलाएँ किन्नर-देश में आएँ और अपनी जेब खाली करें, किन्तु बिना खान-पान की सुव्यवस्था के वह कैसे आएँगे। इसलिए आहार-प्रकरण को गौण नहीं बतलाया जा सकता। अन्न-आहार की कमी यहाँ अवश्य है, किन्तु पैसे वालों के लिए नहीं, रुपया-सवा रुपया सेर गेहूँ का आटा आसानी से मिल जाता है। सैलानी-सैलानियों को हिमाचल सरकार विज्ञापनबाजी से नहीं बुला सकती, वह तो तभी आएँगे, जब नचार तक मोटर आ जाए और आगे घोड़े की सवारी का स्थायी प्रबन्ध हो। फिर तो यहाँ के मेवे नीचे ढुलने लगेंगे और यहाँ अन्न की बाढ़ उमड़ आएगी। आप यह न डरें कि फिर यहाँ मेवे खाने को कहाँ मिलेंगे, अथवा फिर हम उसे घर बैठे ही क्यों न खा लेंगे? कुछ आलसी जरूर ऐसा सोचेंगे, किन्तु जानते हैं न, रानी ने भरथरी को जोगी बनने से रोकने के लिए घर ही गंगा मँगा देने की बात कही थी, जिस पर आज भी अमर भरथरी जोगी ने श्रीमुख से कहा था—'घर की गंगा गड़ही बरोबर'।

हमें पहिले कुछ आटे की कमी मालूम हुई, किन्तु 'अग्रसोची सदा सुखी।' हम रामपुर से बीस सेर आटा, बीस सेर चावल ले आए थे। जब दो खच्चर अवश्यमेव ले चलना था, तो कुछ और सामान न ले लेना क्या बुद्धिमानी होती? फिर हमने समझा पैसे की अपेक्षा अन्न आसानी से मिल सकता है। हमें वह करने की जरूरत नहीं पड़ी, नेगी बलवन्त सिंह की कृपा से आटा, तेल, घी सबका सुभीता रहा। चावल कुछ इधर-उधर भेंट में गया। अपुन तो डायबेटिस होने से खा नहीं सकते, पुण्यसागर भी उसकी ओर उपेक्षा ही से देख रहे हैं और तीन-चौथाई चावल, कहते हैं, अभी तक बचा हुआ है। वही हालत यहाँ लाई पाँच सेर चीनी की भी है। मैंने उन्हें सजग कर दिया है कि यहाँ से कोई खाद्य वस्तु लौटकर रामपुर नहीं जा सकती।

मैंने रामपुर में सरदार साहब के मुँह से डायबेटिस वालों के लिए मधु की छूट और दूसरे माहात्म्य बड़ी श्रद्धा से सुने थे। वहाँ मधु संचय करने की कोशिश की और श्री विद्याधर विद्यालंकार की कृपा से डेढ़ सेर पक्का शुद्ध मधु मिल भी गया। मैं रास्ते भर उसका सेवन करता रहा और यहाँ आकर तो राजापुर के राजवैद्य पंडित मोहनलाल पांडे की भेजी दवाओं के साथ और भी उसकी अनिवार्यता हो गई। मधु पर आड़ा हाथ पड़ने लगा, वह कितने दिनों टिकती। मैंने मधु-गवेषणा के लिए दोस्तों से कहा। कर्पूर श्वेत मधु की किन्नर-देश में बड़ी महिमा है। किन्तु मेरे दुर्भाग्य से पिछले जाड़ों में जो अति हिमपात हुआ था, उसने मधु मक्षिका-वंश पर आफत का पहाड़ ढा दिया, उनकी बड़ी संख्या नष्ट हो गई। सर्वथा वंशोच्छेद नहीं हुआ है, इसलिए आगे आने वाले मधु-प्रेमियों को निराश होने की आवश्यकता नहीं। अकाल वस्तुतः संकरवर्णा मधु का है, रक्ताभा या पांडुरवर्णा शहद का नहीं।

तीन साल पुरानी एक छँटाक श्वेत मधु डॉक्टर ठाकुर सिंह ने एक बार दी थी और एक बार तहसीलदार साहेब ने आध पाव कहीं से पैदा की थी। बस इतना ही भर, किन्तु पांडुरवर्णा शहद की तो कुछ ही दिनों में 'भरि भरि भार कहारन आना' वाली बात हो गई। फिर एक ओर बर्तन की कमी पड़ी और दूसरी ओर स्नेह की—आखिर 'अति सर्वत्र वर्जयेत्' कहा गया है। आगे मधु संचय रोक दिया गया। पीछे तो समस्या पैदा हुई, कहीं इस मधु को ढोकर रामपुर-शिमला-प्रयाग तो नहीं पहुँचना होगा। चीनी और गुण से भी सस्ती होने से इस मधु में सांकर्य-दोष की सम्भावना नहीं है, किन्तु स्थान छोड़ने पर स्नेह का बिरवा फिर पनपने लगेगा। मनसाराम कह रहे हैं—'इसमें न जाने कैसी गंध आती है; इसमें मक्खियों के शरीर का सत्त और मोम भी मिली हुई है।' कुछ सीमा तक मैं इससे सहमत हूँ।

किन्नर में मक्षिका पोषण सतजुगी ढंग से होता है। दीवारों में आधा भाग काष्ठ का होता है, इसी में सूक्ष्म छिद्र के साथ दरबा बना दिया जाता है। मक्खियाँ जाड़ों में दरबे के भीतर रहती हैं, फूल के मौसिम से बाहर भी छत्ता लगाती हैं। घर वाले साल में दो बार मधु संचय करते हैं। धुआँ देने से मक्खियाँ दरबे से चली जाती हैं। छत्ते को तोड़कर मधु निचोड़ लेते हैं, जिसमें मक्खियाँ चाहे न निचुड़ती हों, किन्तु उसमें अंडों और मोम की निचुड़ने की सम्भावना तो अवश्य है। खैर, कुछ भी हो, हम कौन से वैष्णव हैं, अकाबकासुर कौन अपने से छूटे हैं?

दूध-दही-मक्खन की समस्या यहाँ कठिन-सी मालूम हुई और अन्त तक रही। लोगों का इस तरफ ध्यान नहीं मालूम होता। चूली के तेल पर निर्वाह करते लोग कम-से-कम घी-मक्खन का प्रयोग करते हैं। भेड़-बकरी के दूध से अपुन कोसों भागते हैं, न भी भागते तो भी वह सुलभ न होता। छेरी-भेड़ी न देखीं, यहाँ की गाएँ देख लीं। होतीं तो सभी श्यामा, "जेहि जसु वेद-पुरानन गावा", लेकिन दूध सीप भर। रेंजर शर्माजी ने सत्तर-अस्सी में एक श्यामा खरीदी है, जो डेढ़ प्याला दूध देती है। वह मुझसे एक ही मास बाद पहुँचे हैं। नौकरों ने बतला दिया, यहाँ की गाएँ बस इतना ही दूध देती हैं। उन्होंने पियाला भर दूधवाली गाय खरीद ली। दूसरा नौकर उनसे सेर भर दूध देने वाली गाय की बात कर रहा था, किन्तु मुझे विश्वास नहीं पड़ता, यह मुट्ठी भर की कामधेन्वा इतनी उदार होगी। हाँ, याक (चमरी) साँड़ और गाय की संकरी नस्ल जरूर अधिक दूध देती है। एक बार दो-ढाई सेर दूध और मक्खन में हरियाणे की भैंस को मात करने वाली। किन्तु संकरी नस्ल—जोमो—की यहाँ बहुत कमी है। चमर के लिए यहाँ उपयुक्त ठंडी जगह भी नहीं है। तिब्बत से जब तब खरीदकर लोग लाते हैं, क्योंकि इन छेरी-भेड़ी जैसी गायों से हल जोतने लायक बैल प्राप्त करने का कोई दूसरा उपाय नहीं। लेकिन चमर को गर्मियों में ऊपरी कंडे की ही जरूरत नहीं पड़ती, बल्कि लम्बे बालों के काट देने पर भी उन्हें कीड़ों से बचाना पड़ता है। कहते हैं—कीड़े चमड़े के भीतर पड़ जाते

हैं। इस कठिन समस्या पर चिन्ता प्रकट करते शरङ् के महासिद्ध को कहा—कोई परवाह नहीं, बरेली के प्रयोग-प्रतिष्ठान में मैंने इन्हीं की तरह की मुट्ठी भर की पहाड़ी गायों को शाहीवाल के साँड़ से छह मास में अपने से दुगुनी बछिया पैदा करते देखा है। बस हिमाचल संस्कार की कृपादृष्टि चाहिए, यहाँ हवाई अड्डा बन जाना चाहिए, फिर हरियाणा और शाहीवाल के साँड़ बरेली में बैठे यहाँ की गायों को वीर्यदान देंगे और भारी दाम देकर मरने के लिए आने वाले चमरों की जरूरत नहीं होगी। वस्तुतः घी-दूध की समस्या गायों की कमी और उनकी निकृष्ट जाति के कारण है, जिसे विज्ञान हटा सकता है और विज्ञान को यहाँ आने से कौन रोक सकता है? हमें आगे फलों और द्राक्षी सुरा के साथ किन्नर में दूध और मधु की नदियाँ बहाने की आशा रखनी चाहिए।

किन्नर ठंडी जगह है। मई के अन्तिम सप्ताह में तो एक कम्बल में सर्दी नहीं समाती थी, अर्थात यहाँ प्रयाग के माघ-पूस जैसी सर्दी थी। मुझे "डॉक्टर" से पट्टू लेना पड़ा और कोली को नया पट्टू बुनने के लिए कहना पड़ा, किन्तु जून के अन्त में ऊपर की यात्रा से लौटने पर सर्दी एक कम्बल रह गई। मैंने रामपुर में पश्मीने की चादर, पट्टू, गुदमा नहीं लेना चाहा, सोचा इनके घर में तो जा ही रहा हूँ। यहाँ आने पर पता लगा, पश्मीना भले इधर से जाता हो, किन्तु उसका सूत और चादरें रामपुर में ही तैयार होती हैं। गुदमे, कनम् सुङ्नम् और स्पू में बनते हैं। पट्टू (ऊनी चादरें) यहाँ भी तैयार होती हैं; किन्तु यह सब चीजें 'लोई' के लिए तैयार करते हैं। लोई (मेला) रामपुर में साल में तीन बार होता है। जेठ की लोई सौर 25 बैसाख से शुरू होता है। इसके अतिरिक्त सौर कार्तिक और सौर पूस में दो लोइयाँ होती हैं। सबसे बड़ी लोई (मेला) कार्तिक में होती है, जिसके लिए किन्नर लोग महीनों से कपड़ा तैयार करते हैं। उस समय फसल कट गई रहती है, खेत खाली होते हैं, रास्ते में ऊपर न अभी बर्फ पड़ी रहती है, न निम्न पर्वत-स्थली में वर्षा का डर रहता है। इस लोई में किन्नर-किन्नरियाँ बड़ी संख्या में रामपुर पहुँचते हैं अपना माल बेचने के लिए और नीचे से आए माल को खरीदने के लिए। कहते थे, कभी-कभी गुदमा, पट्टू, पट्टी रामपुर में इतने सस्ते मिलते हैं, जितने सुङ्नम् और स्पू में भी नहीं। यह तो बाजार भाव पर निर्भर करता है, माल अधिक, खरीदार कम, और ऊपर से विक्रेता अपने माल को लादकर घर लौटने के लिए तैयार नहीं, फिर तो दाम गिरना जरूरी ठहरा। रामपुर में पश्मीने की चादर प्राप्य होने से मैंने श्रीविद्याधर को दो चादरों के लिए लिखा। साधारण मोटी एकपलिया साठ रुपये, बारीक एकपलिया नब्बे रुपये तक, दाम अधिक नहीं मालूम हुआ। लिख दिया पंडित दौलत रामजी के आते समय उनके हाथ से भेज दें। सर्दी अधिक होने के समय तो कोई नहीं आई। जुलाई में एक चादर विद्याधरजी ने भी डाक से भेज दी और दो पंडित दौलत रामजी ने भी। सोच रहा हूँ, क्या अब मुझे चादरों का व्यापार शुरू कर देना चाहिए। मैंने ही तो

दोनों मित्रों को दो चादरों के लिए लिखा था। इसी तरह की गलतियाँ और हुईं। मैं अपना पता—"डाकघर चिनी, द्वारा शिमला" लिखता रहा। यारों ने समझा—चिनी कहीं शिमले की ओर पास में है, एक से अधिक तार मेरे पास पहुँचे और कुछ तो किसी सभा सम्मेलन का सभापतित्व करने के लिए भी। उन्हें क्या पता कि मैं दुर्गम पहाड़ों को पार करते शिमला से 138वें मील पाँचवें फर्लांग पर बैठा हूँ। इतना ही नहीं, मैंने मुजफ्फरपुर (बिहार) बाबू दिग्विजय नारायण सिंह को लीचियाँ भेजने के लिए लिख दिया, सोचा डाक से सात-आठ दिन में आ जाएँगी। रामपुर तक रोज वहाँ से चिनी हर दूसरे दिन डाक आती है। आठ दिन में लीचियाँ खराब नहीं होंगी। मुझे क्या मालूम, चिट्ठी पहुँचने तक लीचियाँ खतम हो जाएँगी। दिग्विजय बाबू ने समझा, पूछा-पेखी करना खामख्वाह की बात है, तब तक कहीं मालदहा (लँगड़ा) का भी समय न चला जाए। उन्होंने झट टोकरी भरवा आठ रुपये किराया भी दे रेल से शिमला को पार्सल कर दिया और बिल्टी यहाँ मेरे पास भेज दी। बिल्टी मेरे पास सही-सलामत और शायद आठ दिन में पहुँच गई। और लँगड़ा? शिमला स्टेशन के पार्सल घर में। मैं तो बतेरा देवता-पित्तर मनाता रहा कि कोई चोरी कर ले, आखिर मुजफ्फरपुरी लँगड़े किसी के काम तो आ जाएँ? बिल्टी कुमारी रजनी नायर को भेज दी, यद्यपि डरते-डरते, कहीं वह न समझ लें कि सड़े लँगड़े को मेरे मत्थे थोपा गया। खैर, जहाँ समझने-समझाने की इतनी गलतियाँ हुईं, वहाँ एक और सही।

किन्नर के यात्रियों को खान-पान, गरम वस्त्र की चिन्ता नहीं करनी चाहिए। काम तो मेरा 1948 में भी चल गया, जबकि हिमाचल सरकार की स्थापना हुए चार महीने भी नहीं हुए, फिर आगे आने वालों के लिए क्या चिन्ता है। उनके लिए मैं भी चारों ओर दरवाजे खटखटा रहा हूँ। "उनके लिए" इसलिए कहता हूँ कि यद्यपि मैं अपने दोस्तों से कहकर आया था और साथ में कुछ रुपये भी लाया था कि साल में सात मास के लिए यहाँ अपना स्थायी वास बनाकर लौटूँगा। लेकिन रामपुर पहुँचते-पहुँचते मालूम हुआ, स्थायी वास तभी बनाया जा सकता है, जब साल-साल नीचे लौटने का इरादा छोड़ दिया जावे। यहाँ पहुँचने पर तो साफ दिखलाई देने लगा कि चिनी तब तक मेरा स्थायी निवास नहीं हो सकती, जब तक मोटर इसके एकाध दिन पास तक न आ जाए। "जो इच्छा करिहहु मन माहीं। हरि प्रसाद कछु दुर्लभ नाहीं।" हरि प्रताप नहीं, हिमाचल सरकार-प्रताप सही। अपुन तो फिर आने की बहुत आशा के साथ चिनी नहीं छोड़ेंगे, देखें आगे क्या होता है।

घुमक्कड़ों का समागम

मैं अपने को अवसर प्राप्त घुमक्कड़ कह सकता हूँ। 1907 ई. (14 साल की आयु) में घुमक्कड़ी अस्थायी थी, किन्तु 1907 में जो घुमक्कड़ी व्रत लिया, तो पाँच वर्ष जबर्दस्ती जेल में बन्द रहने के समय को छोड़ कर आज तक बराबर घुमक्कड़ी करता रहा। पाँच साल जबर्दस्ती बन्द रहने के भी गिने जाएँ, तो भी 34 साल घुमक्कड़ी-धर्म की सेवा की है, अब 56 साल लग जाने पर मुझे पेंशन लेने का पूरा अधिकार है। किन्तु जिसने एक बार घुमक्कड़-धर्म को अपना लिया, उसे पेंशन कहाँ, विश्राम कहाँ? आखिर में यह हड्डियाँ घुमक्कड़ी करते ही कहीं बिखर जाएँगी। मैं चाहता हूँ अपने देश के सभी तरुणों को घुमक्कड़ बना दूँ। मुझे जान पड़ता है, "अथातो घुमक्कड़ जिज्ञासा" कहते घुमक्कड़-शास्त्र मुझे लिखना ही पड़ेगा। अब भी मेरी यात्राओं को पढ़कर कितने ही माता-पिताओं को अपने सपूतों से वंचित होना पड़ा होगा, किन्तु अब तो मैं खुले आम घुमक्कड़-धर्म का प्रचार करना चाहता हूँ और हजारों माता-पिताओं का शाप और आँसुओं की वर्षा या आँधी अपने ऊपर लेना चाहता हूँ। घुमक्कड़—धर्म मुझे प्राणों से प्यारा है। भला उसका प्रचार करना मेरा सबसे बड़ा कर्तव्य क्यों नहीं होगा? मैं समझता हूँ—जातियों के उत्थान में घुमक्कड़ों का सबसे बड़ा हाथ है; हमारे स्वतंत्र देश को भी यदि महान बनना है, तो उसे हजारों घुमक्कड़ पैदा करने होंगे। हाँ, जैसे-तैसे घुमक्कड़ों से इस महान उद्‌देश्य की पूर्ति होना मैं नहीं मानता और न हर घूमने वाले याचक या अयाचक को मैं घुमक्कड़ कहता हूँ। घुमक्कड़ बनने के लिए कुछ साधनों की आवश्यकता है, उन साधनों को प्राप्त कर लेने पर ही आदमी घुमक्कड़ बनने का अधिकारी बन सकता है, वह निशित छुरे की धार पर चल सकता है। खैर, साधन, अधिकार, उद्‌देश्य घुमक्कड़-शास्त्र की बातें हैं, जिन पर मैं यहाँ लेखनी नहीं चला रहा हूँ; उन्हें मैं फिर लिखूँगा और आशा है नातिचिरेण। संक्षेप में यही कह सकता हूँ कि सच्चा घुमक्कड़ सर्वसाधन-सम्पन्न हो अपनी तपश्चर्या से लेखक, कवि या चित्रकार के रूप में अपनी सेवाएँ मानव समाज के

सामने उपस्थित करता है। सच्चा घुमक्कड़ धर्म, जाति, देशकाल सारी सीमाओं से मुक्त होता है, वह सच्चे अर्थों में मानवता-प्रेमी का उपासक होता है। वह दुनिया से लेता कम और देता अधिक है।

एक घुमक्कड़ किसी दूसरे घुमक्कड़ से जब मिलता है, तो उसमें उसी मात्रा में आत्मीयता बढ़ी दीख पड़ती है, जितनी मात्रा में कि घुमक्कड़ी साधना में वह ऊपर पहुँच चुका है। कोई-कोई घुमक्कड़ी—धर्म की साधना "स्वांतः सुखाय" करते हैं, किन्तु मैं उन्हें निम्न श्रेणी का घुमक्कड़ कहता हूँ। इसका यह अर्थ नहीं कि मैं उनकी कठिन यात्राओं और दुर्भर तपश्चर्याओं को हेय दृष्टि से देखता हूँ। वह अपने मूक आचरण या वार्तालाप से नये घुमक्कड़ों के लिए क्षेत्र पैदा करते हैं; आखिर अनपढ़ नाना ने अपनी यात्रा कथाओं से ही मेरे हृदय में घुमक्कड़ी का अंकुर पैदा किया, जिसमें कितने ही अपठित या अल्पपठित घुमक्कड़ों ने जलसिंचन किया। इस यात्रा में भी मुझे कुछ घुमक्कड़ मिले, जिनका परिचय पाठकों से कराये बिना मैं आगे नहीं बढ़ सकता। एक-एक घुमक्कड़ के परिचय के लिए एक-एक पोथी चाहिए, जिसके लिए न मेरे पास अवसर है, न मैंने उतनी सामग्री एकत्रित की है। जिन घुमक्कड़ों के बारे में मैं यहाँ लिखने जा रहा हूँ, उनका श्रेणी-विभाजन नहीं करना चाहता, उसे पाठक खुद कर लें।

अम्दो घुमक्कड़

अम्दो ल्हासा से उत्तर दो मास के रास्ते पर कोकोनोर और कान्सू प्रदेश में एक इलाका है। अम्दो-जाति यद्यपि भाषा और जाति से तिब्बती जाति का ही अंग है, किन्तु वह तिब्बती लोगों से बहुत पहिले सभ्यता में दाखिल हुई। उसकी मुख्य भूमि पीत-नदी (ह्वाङ्हो) के बड़े चौकोर चक्कर से पश्चिम थी, जिसे चीनी लोग हिया या हसिया कहते। इनकी राजधानी एक बार तुङ्ह्वान् (आधुनिक निहिया) रही। पूर्वी चिन् वंश (317-420 ई.) ने तंगूतों (अम्दुओं) के राज्य को खतम कर दिया और फिर वहाँ पर किवुग् वंश राज्य करने लगा। इसी समय 399 ई. में महान चीनी पर्यटक फाहियान अपनी भारत-यात्रा में इधर से गुजरा। तंगूत फिर पाँचवीं सदी में स्वतंत्र हो गए। ग्यारहवीं सदी (1043 ई.) में चेन-युयेन इनका सम्राट था। बारहवीं सदी के अन्त में तंगूत राज्य कंसू, शान्सी और ओर्दुस् (ह्वाङ्हो वक्रता के पास) के उत्तरी नगरों तक फैला था। तंगूतों ने चिंगिस हान् का जबर्दस्त मुकाबिला किया, जिसके प्रतिशोध में चिंगिस ने बहुत क्रूरतापूर्वक इनका दमन किया। पुरानी राजधानी तुङ्ह्वान से रूसी शोधकों को कितने ही बौद्ध ग्रन्थ और तंगूतों की लिखित सामग्री मिली है। यही पुराने तंगूत या "हिया" आज आम्दों के नाम से प्रसिद्ध हैं। चौदहवीं-पन्द्रहवीं सदी में इस जाति ने चोङ्खप्पा सुमतिज्ञ जैसे महान विद्वान और

सुधारक को जन्म दिया। आज तिब्बत में उसी के अनुयायी (गेलुक्रपा) धर्म और शासन के नायक हैं।

यद्यपि तिब्बत में डेपुङ्, सेरागन्दन और टशील्हुन्पो जैसे महान विद्यापीठ हैं, जिनमें से प्रत्येक में तीन हजार से सात हजार तक भिक्षु रहते हैं, किन्तु वह विद्या में अम्दों के जोनी तथा कंबुम् के विहारों का मुकाबिला नहीं कर सकते। मेरी चारों तिब्बत यात्राओं के सुपरिचित डेपुङ् (ल्हासा) के गेशे-शेरब और टशील्हुन्पो के सम्लोगेशे विद्वत्ता में अद्वितीय थे और विद्वता के लिए ही उन्हें मध्य तिब्बत में लाकर रखा गया था। मेरी दो तिब्बत यात्राओं के साथी गेशे गेंदुन्छेम फेलू (संघधर्मवर्धन) एक सर्वतोमुखी प्रतिभा के आदर्शवादी स्वतन्त्रचेता विद्वान थे—या हैं, कहूँ। वह तर्क और दर्शन के विद्वान तो थे ही, साथ ही तिब्बती साहित्य का उनका ज्ञान बहुत व्यापक था। वह एक अच्छे चित्रकार और उससे भी बड़े कवि थे। भारत में बारह-तेरह साल रहने के बाद जब वह स्वदेश लौट रहे थे, तो उन्हें उनके स्वतन्त्र विचारों के लिए पकड़कर जेल में डाल दिया गया, जहाँ दो साल से यह अद्भुत प्रतिभाशाली पुरुष सड़ रहा है। यह कोई आकस्मिक बात नहीं थी कि तिब्बत की यात्रा में मेरी जिन पंडितों से घनिष्ठता हुई, वह या तो अम्दो (तँगूत) थे या मंगोल ।

अम्दो लामा, जिनसे चिनी में आकर मुलाकात हुई, उसी पुरातन तंगूत जाति के हैं। वह अस्पताल की एक कोठरी में ठहरे हुए थे। अस्पताल कई सालों से बिना डॉक्टर का है। कम्पाउंडर हर किसी से झगड़ा मोल लेने को तैयार नहीं, इसलिए अस्पताल छात्रावास का भी और धर्मशाला का भी काम देता है। उसका आँगन गदहों और घोड़ों के बाँधने का स्थान है। इसी अस्पताली सराय में अम्दो घुमक्कड़ आकर ठहरे। उन्हें किसी से मेरा पता लगा, आए मिलने। अम्दो छोड़े उन्हें बीस साल के करीब हो गए। कुछ साल ल्हासा के पास के मठ में पढ़ते रहे, किन्तु उसमें उनका मन नहीं लगा। फिर खङ्रिम्पीछे (हिमवन्त महाराज, कैलास) के दर्शन के लिए आए। वहाँ किसी हठ योगी लामा ने उन्हें अपनी तरफ खींचा और छह-सात साल से वह इधर ही विचर रहे हैं। अभी रवाल्सर (मंडी) तीर्थ का दर्शन करके लौट रहे थे। कुछ ग्यग्र् खम्पा रास्ते में मिले, जिन्हें सामान दे आगे बढ़ आए। खम्पा की स्त्री प्रसव के बाद बीमार पड़ गई, जिससे वह समय पर नहीं पहुँच सके। मुझे नहीं बतलाया, किन्तु पुण्यसागर से कुछ अन्न उधार माँगा। मैंने सुना, तो उन्हें मुक्तहस्त हो सहायता करने के लिए कह दिया। लेकिन दूसरे दिन खम्पा लोग आ गए, अम्दो घुमक्कड़ बचे चावल को लौटाना नहीं भूले, उधार के लौटाने की बात को मैंने स्वीकार नहीं किया।

कहाँ है ह्वाङ्हों (पीत नदी), कहाँ कोकोनोर (नील-सरोवर) और कान्सू? और यह व्यक्ति हमारी भाषा भी नहीं जानता, किन्तु भारत के बहुत से भागों में घूम आया है, सिंहल (लंका) भी हो आया है और अब बर्मा जाने की बात कर रहा था। उसके

लिए पृथ्वी का चारों खूँट जगोरी में है। दूसरे दिन हम टहलते समय अम्दो घुमक्कड़ के यजमान के डेरे पर गए। देखा, हमारा पूर्वपरिचित खम्पा तरुण भी वहीं है। वह भला बिना चाय पिलाए कैसे छोड़ता? अम्दो परिव्राजक प्रसूता के लिए पाठ कर रहे थे। अपनी व्यवहार-बुद्धि से कुछ दवा और रोगोपचार की बात भी बतला रहे थे। वह अपने देशभाई गेशे धर्मवर्धन को पहिले ही से जानते थे। बतलाया, तिब्बत में आजकल अन्धाधुन्ध चल रही है। मानसरोवर में डाकुओं ने अड्डा जमा लिया है। ल्हासा में मठ के गुंडों का राज्य है। सेरा के एक मंगोल (निश्चय ही मेरे मित्र गेशे तन्दर) शांत रहने के लिए कहने पर उनके क्रोध के शिकार हुए। भोट-रीजेंट रेडिङ्लामा को भी उन्होंने मार डाला। गेशे धर्मवर्धन यह कहने के लिए जेल में डाल दिये गए कि वह यहाँ भी शासन में प्रजाहित सामने होने की बात करते थे। फिर उन्होंने भारत में युद्ध, लद्दाख पर संकट ही नहीं, बर्मा, लंका और जापान तक की बातें पूछीं। यद्यपि वह आदर्श श्रेणी के घुमक्कड़ नहीं हैं, अर्थात अपने अनुभव और अपनी आँखों से देखी बातों को दूसरों को साक्षात्कार नहीं करा सकते, किन्तु उनके साहस और कष्ट-सहिष्णु जीवन की कौन दाद नहीं देगा?

मंगोल घुमक्कड़

बाह्य मंगोलिया (राजधानी उर्गा, आधुनिक उलानबातोर) के निवासियों को खलखा मंगोल कहते हैं। मंगोलिया सोवियत संघ के भीतर नहीं है, किन्तु उसने सोवियत आर्थिक-राजनीतिक व्यवस्था को स्थानीय परिवर्तन के साथ स्वीकार किया है। 1918-20 ई. से ही वहाँ नये समाज की रचना होने लगी। लेकिन उससे पहिले ही हमारे घुमक्कड़ अपने देश को छोड़ चुके थे। सुदूर मंगोलिया से छह महीने की कठिन यात्रा, मरुभूमि तथा हिमाच्छादित पर्वतों का उल्लंघन, डाकुओं के संघर्ष से गुजरकर मध्य तिब्बत में पहुँचना ठट्ठा नहीं है। इसलिए बाह्य मंगोलिया, बुर्यत मंगोलिया (बैकाल सरोवर) और खैलर (अन्तर मंगोलिया) तथा अस्त्राखान से जो मंगोल भिक्षु ल्हासा पहुँचते, वह अधिकांश लगन वाले विद्यार्थी साबित होते। हमारे घुमक्कड़ उनके अपवाद थे और हमारी प्रथम यात्रा से साथी मंगोल सुमतिप्रज्ञ की भाँति निरक्षर भट्टाचार्य न होते भी विद्या से रुचि नहीं रखते थे। वर्षों ल्हासा की गुम्पा (मठ) में रह तीन साल ग्यांची के पास किसी जगह एकांत ध्यान में बिताया। अब मंगोलिया लौटने की न संभावना है, न इच्छा ही, इसलिए वह विचरते हुए जीवन बिता देने का निश्चय रखते हैं। भारत के बौद्ध तीर्थों का यह पहिला भ्रमण है, किन्तु इसे आरम्भ ही समझिए। तिब्बत से लोग भी गर्मियों में भारत में रहने से घबड़ाते हैं, फिर सिवेरिया के अंचल में बसी मंगोलिया के निवासियों के बारे में क्या कहना है? जाड़ों में घूमते वह अमृतसर पहुँचे, उस समय वहाँ मारकाट चल रही

थी। मारकाट वालों ने तो उन्हें नहीं पूछा, इनका चेहरा और लाल वस्त्र इस बात के प्रमाण थे कि वह रामखुदैया से दूर हैं। हाँ, पुलिस ने जरूर गिरफ्तार करके दो-तीन दिन बन्द रक्खा, समझा रूसी वोलशेविक हैं। रंग ज्यादा साफ और अधिक लाल था, लेकिन मंगोल आँखें और श्मश्रुहीन मुँह कहीं छिपे रह सकते हैं? दो-तीन दिन बाद पुलिस ने छोड़ दिया। इतने पर भी उनकी सहानुभूति पाकिस्तान के साथ नहीं है, क्योंकि भारत उनकी धर्मभूमि है, उससे मंगोलिया का सांस्कृतिक सम्बन्ध है।

उनसे ल्हासा के अपने मित्रों के बारे में भी कितनी ही बातें मालूम हुईं। मेरे मित्र गेशे तन्दर उनके देशभाई थे। वह पहिली ही यात्रा से मेरे मित्र बन गए थे। वह भी इन्हीं की भाँति खलखा भूमि (बाह्य मंगोलिया) को क्रान्ति से पहिले छोड़कर तिब्बत चले आए थे। पहिले हर साल मंगोल सार्थ तीर्थयात्रा करने ल्हासा आता। उनके हाथ सगे-सम्बन्धी सोना भेजते, जिससे मठों के मंगोल विद्यार्थी सुखपूर्वक विद्याध्ययन करते। क्रान्ति के बाद वह आमदनी बन्द हो गई, किन्तु मंगोल मेहनती विद्यार्थी थे, इसलिए सहायता मिल जाती थी। गेशे तन्दर रेडिङ् लामा (पीछे भोट के रीजेंट) के उस समय भी गुरु थे। सरकारी परीक्षा में उस साल के 16 "ल्हा-रम्पा" (डॉक्टर) उपाधि प्राप्त करने वालों में वह सर्वप्रथम आए थे। सबसे अन्तिम बार वह मुझसे 1938 में मेरी चतुर्थ तिब्बत यात्रा के समय मिले थे। वह उस समय मंचूरिया से लौटकर फिर तिब्बत जा रहे थे, कलकत्ता कर्लिपो के रास्ते। वह राजनीतिक व्यक्ति नहीं थे, विद्या-व्यसन ही उनके जीवन का ध्येय था, तो भी उनके हृदय में अपनी मातृभूमि का प्रेम था और नवीन मंगोलिया के वह प्रशंसक थे। इसलिए लामाओं के बीस बरस के विरोधी प्रोपेगंडा के बाद भी वह स्वदेश लौटना चाहते थे। मंचूरिया और मंगोलिया की सीमा पर पहुँचे भी, किन्तु उसके पार जाना उन्हें सम्भव नहीं मालूम हुआ। यदि नवीन मंगोलिया के प्रति सहानुभूति का जरा भी संकेत पाते, तो जापानी उन्हें अपनी जेल में रख देते और जापान से जरा-सा भी सम्पर्क सिद्ध होने पर मंगोल भी उसी तरह स्वागत करते। बेचारे हताश होकर लौट रहे थे। खलखा भूमि के देखने की सम्भावना नहीं थी। शेष जीवन तिब्बत में ही बीतने को था। नौ साल से अधिक नहीं हुआ। वह इधर मेरा महाविहार के एक खन्पो (आचार्य) बना दिये गए थे। यह बड़े सम्मान का पद था। सेरा के पाँच हजार भिक्षुओं के चार प्रधान आचार्यों में एक का पद प्राप्त करना भारी गौरव की बात थी। लेकिन साथ ही यह सेरा के लिए भी गौरव की बात थी, जो उसे गेशे तन्दर जैसा आचार्य मिला था। किन्तु अब तिब्बत के यह विहार विद्या और विद्वानों के निवास स्थान नहीं, गुंडों के डेरे बन गए हैं। वहाँ विद्याव्यसनियों का नहीं, रक्तपाणि राक्षसों का बोलबाला है। रेडिङ लामा रीजेंट होकर सबको प्रसन्न कैसे कर सकते थे? उन्होंने इनके हाथ अपने प्राण खोये। गुंडों को शांत करने का विफल प्रयत्न करते गेशे तन्दर ने भी अपनी भविष्य की उमंगों को सदा के लिए कुर्बान किया।

मंगोल घुमक्कड़ से यह भी मालूम हुआ कि गेशे धर्मवर्धन को इसलिए पकड़ा गया कि उन्होंने मंगोलिया की आधुनिक व्यवस्था की प्रशंसा की। गेशे धर्मवर्धन ने "धर्म्मपद" ही नहीं, "गीता" और "अभिज्ञानशाकुन्तल" का सुन्दर पद्यबद्ध अनुवाद किया है। इस पुरुष से तिब्बती साहित्य को बहुत आशा थी, किन्तु आज वह ल्हासा में बन्द है। मंगोल घुमक्कड़ के कथनानुसार उन्हें जेल में नहीं, नगर में बन्द रखा गया है। उन्होंने बतलाया कि रेडिङ की हत्या के बाद डेपुङ् का कोई बूढ़ा रीजेंट बनाया गया है, जिसके बाद कुन्देलिङ् लामा के रीजेंट होने की सम्भावना है। ल्हासा में बहुत से लामा और विद्वान तलवार के घाट उतारे गए हैं, बहुत से गद्दीधारी लामा गले में काठ मारे बन्दी का जीवन बिता रहे हैं। यह सब है प्रभुता के लिए। दलाई लामा अभी 14 साल का बच्चा है; अभी उससे प्रभुताकांक्षियों को भय नहीं है। किन्तु क्या तिब्बत ऐसे ही रहेगा? तिब्बत के भाग्य का फैसला चीन की रणभूमि में हो रहा है।

ब्रह्मचारी चैतन्य

जब मैंने ब्रह्मचारी के साहस का बखान किया, तो रेंजर शर्मा ने कहा—क्या वही जो पंगी में एक स्त्री के पीछे पागल हो गया। मैंने कहा—आप तो सनातनी हैं, पागल क्या ब्रह्मा और शिवजी नहीं हुए? संस्कृत की सूक्ति है—

विश्वामित्रपराशरप्रभृतयो वाताम्बुपर्णाशना:,
तेऽपिस्त्रीमुखपंकजं सुललितं दृष्ट्वैव मोहंगता:।
शाल्यन्नं सघृतं पयोदधियुतं ये भुंजते मानवा:
तेषांमिन्द्रियनिग्रहो यदि भवेद् विन्ध्यस्तरेत् सागरम्॥

(विश्वामित्र, पराशर आदि जो हवा-पानी-पत्ता खाने वाले थे, वह भी स्त्री के सुललित मुखपंकज को देखकर मुग्ध हो गए। फिर जो आदमी घी-दूध-दही सहित शाली के भात खाते हैं, यदि उनकी इन्द्रियों का निग्रह हो जाए, तो कहना चाहिए, विंध्यपर्वत समुद्र में तैर रहा है।

यह कहते हुए मैंने बतलाया, उक्त दोष के होते भी यात्री के साहस की महिमा नहीं घट सकती।

ब्रह्मचारी परमानन्द चैतन्य का जन्म अल्मोड़ा जिले में कहीं पर आज से 40 वर्ष पहिले हुआ था और उनकी आधी आयु घुमक्कड़ी में बीत चुकी है। उन्होंने अपना भ्रमणक्षेत्र काश्मीर, लद्दाख, मानसरोवर, नेपाल लेते सारे हिमालय को बनाया और कठिन से कठिन रास्तों को चाल डाला। कह रहे थे, 15-16 साल पहिले मैं जुब्बल के पहाड़ों में घूम रहा था। एक दूकानदार ने बड़ी खातिर की।

भोजन कराने के लिए उसकी तरुणी कन्या ने हाथ-मुँह धुलाया, साथ बैठी। उसकी माँ ने हम दोनों को साथ बैठाकर भोजन कराया। रात में एक कोठरी में रख दिया। मैंने संयम किया। दूसरे दिन गृहपति ने घर-जमाई बनने का प्रस्ताव किया। इनकार करने पर रोक रक्खा। फिर आकर अपना निश्चय बतलाऊँगा—यह कहकर चला आया। यह पथ की प्रथम बाधा थी। ब्रह्मचारी ने अधिक समय चम्बा, कुल्लू, जुब्बल जैसे खुले यौन-सम्बन्ध के प्रदेश में ही बिताया है। उच्च श्रेणी के घुमक्कड़ों के लिए और योग्यताओं के साथ "चौरी नारी-मिच्छा और घुमक्कड़-इच्छा" इस ब्रह्मवाक्य का पालन करना आवश्यक है—"नारी" से बन्धन बनने वाली नारी का अभिप्राय है। किन्तु ब्रह्मचारी से यह आशा नहीं की जा सकती कि वह इस वाक्य का पालन करेगा। उनका ब्रह्मचर्य का ढोंग भी उनके दो घंटे की समाधि लगाने की बात जैसा ही यात्रा के संबल का एक अंग है। वह अपने कथनानुसार एक बार मूत्रकृच्छ्र के शिकार हो चुके हैं, हाँ अधिक योगाभ्यास के कारण। यह कोई आश्चर्य की बात नहीं, उनकी विचरण-भूमि ही ऐसी है, जहाँ मूत्रकृच्छ्र उपदंश का आँकड़ा 75 सैकड़ा से कम कोई ही कोई बतलाता है। इसमें इन लोगों का दोष नहीं, दोष है अधिक सभ्य कहलाए जाने वाले नीचे के लोगों और गोरों का, जिन्होंने इनकी सामाजिक स्वच्छन्दता का अनुचित लाभ उठाया। अपने यहाँ तो यौन प्रतिबन्ध के मारे वेश्यावृत्ति मात्र ही यौन-सदाचार-पालन का एक मात्र साधन बना दिया गया और वेश्या रतिजरोग का खुला प्रसाद अपने भक्तों को बाँटती हैं। उसी को लेकर हमारे भाई पहाड़ों में पहुँचे और यहाँ के मुक्त सम्बन्ध के वातावरण में उनका लगाया बिरवा एक से दो, दो से चार, चार से सोलह होते आज सारे पहाड़ में फैल गया है। अब आप ही बतलाइए, गरीब पहाड़ियों को आज इस दशा में पहुँचा देने का दोष किस पर है? इसका परिणाम पागलपन और कोढ़ का भयंकर प्रहार हो रहा है, जिसका साकार रूप ऋषीकेश-लछमन झूला की सड़क तथा सपाटू में पड़े कोढ़ी-कोढ़िनों की पल्टन के रूप में दिखलाई दे रहा है। घुमक्कड़ बनने की आकांक्षा रखने वालों के मार्ग में यह बड़ा खतरा है। सरकार के लिए रतिजरोग कितनी बड़ी समस्या है, इसे स्वयं समझिए। यद्यपि पेंसलिन और दूसरी ऐसी रामबाण औषधियाँ निकल आई हैं जिनके चन्द इन्जेक्शन मूत्रकच्छ्र को चुटकी बजाते-बजाते भगा देते हैं, किन्तु एक हिमाचल को रतिजरोग-निर्मुक्त करने के लिए करोड़ों डॉलरों की दवाइयाँ चाहिए, यह डॉलर कहाँ से आएँगे?

ब्रह्मचारी काश्मीर से नेपाल तक के पहाड़ों को अंगुल-अंगुल छाने हुए हैं, यह कहना अतिशयोक्ति नहीं है और ऐसे रास्तों से जिन्हें देखकर हमारे अधिकांश पाठकों का शरीर सिहरने लगेगा। काश्मीर से लद्दाख होते मानसरोवर पहुँचना और सो भी परम बेसरोसामानी के साथ, ऐसी-वैसी बात नहीं है। अजपथों से जा-जाकर पहाड़ों पर के सरोवरों और ग्लेशियरों में पांडवों के तपस्यास्थल और नये तीर्थों का

आविष्कार करना भी आसान काम नहीं है। वह यूला-खड्ड (नदी) के ऊपर के डाँड़े पर के सरोवरों और पांडवों की तपस्या की बातें कर रहे थे। वहाँ एक कुंड में ब्रह्मा, विष्णु, महेश की मूर्तियाँ हैं। मैंने समझ लिया, यदि इनकी बात सच्ची हो और उनकी सत्तर-प्रतिशत बातों को मैं ऐसे ही काट देता हूँ, तो वहाँ अवलोकितेश्वर-मंजुश्री वज्रपाणि की त्रिमूर्ति होगी। मानसरोवर के रास्तो की एक पुरानी गुम्बा में उक्त तीनों मूर्तियाँ राम, लक्ष्मण, सीता के रूप में मजे से मानी जा रही हैं। यह मालूम है, भक्त भाव-प्रधान होते हैं, उन्हें लिंगभेद करने की फुर्सत कहाँ? मैंने कहा—इन छोटे सरोवरों के तीर्थ प्रचलित नहीं होंगे, मानसरोवर काफी है। यदि आविष्कार करना ही है, तो जाओ लाहुल (कुल्लू) के परले पार लद्दाख के रास्ते पर। वहाँ एक नये पर्वत की जड़ से मोटी-मोटी सहस्त्र धाराएँ निकल रही हैं, जिनको हिन्दू आसानी से तीर्थ मान सकते हैं; यद्यपि वहाँ पहुँचने के लिए कुल्लू से दो जबर्दस्त जोतें पार करनी पड़ेंगी जिनमें एक के पास का पर्वत तो जान पड़ता है, विशाल कछुए की तरह सरक रहा है और हर समय उस पर से पत्थर गिरते रहते हैं। किन्तु इस कठिनाई को हमारी विमान कम्पनियों के स्वामी धर्मात्मा सेठ हल कर सकते हैं। वहाँ फोलक-डंडा में काफी मैदानी जगह है, वहाँ थोड़े से परिश्रम से छोटे पत्थरों को हटाकर हवाई मैदान बनाया जा सकता है। बल्कि आजकल तो शायद हमारे सैनिक विमान उसी आकाश से हर रोज जा रहे हैं। ब्रह्मचारी नेरी बात को इतना ध्यान से सुन रहे थे, मानो वह कल ही वहाँ जाकर किसी तीर्थराज का झंडा गाड़ देंगे। मैंने एक बार उस अनाम-तीर्थ का महातम एक सिख तीर्थयात्री को भी बतलाया था, जो गंगोत्री की ओर गुरु गोविन्द सिंह की तपोभूमि को ढूँढ़ रहे थे। कहीं ब्रह्मचारी के जाने से पहिले ही फोलक-डंडा का अनाम तीर्थ गोविन्द-तीर्थ न बन जाए?

ब्रह्मचारी के नेपाली गुरु चम्बा में रहते हैं, जहाँ उनकी सिद्धाई की बड़ी ख्याति है। चम्बा तो उनके लिए घर-सा ही ठहरा। "पर्यटन् विविधान् लोकान्" तीन वर्ष पहिले वह किन्नर देश में पहुँचे। लद्दाख, स्पिती, मानसरोवर की अनेक यात्राओं के सम्पर्क से वह तिब्बती भाषा का कामचलाऊ ज्ञान रखते हैं। उनके प्रतिद्वन्दी घुमक्कड़ मोने—रौला के पास वह ज्ञान नहीं है। साथ ही शक्ति-उपासक होने से बौद्ध लामाओं के प्रति ब्रह्मचारी बहुत उदार हैं और लोगों को भक्त आचारी वैष्णव बनाने की नहीं, अभेद—बुद्धि की शिक्षा देते हैं। माई के प्रसाद (मदिरा) के माई की भाँति ही अनन्य भक्त हैं और दिन में जितनी बार मिल जाए, "अधिकस्याधिकं फलं" मानते हैं। किन्तु मांस से वैसा ही सख्त परहेज रखते हैं, जैसा माई के सामने साष्टांग दंडवत करने वाले कितने ही गुजराती-मारवाड़ी सेठ। कहते हैं, "शुद्धि (मांस) सेवन करने पर माई हाथ से काटे बकरे का मांस माँगेंगी, अभी नारियल या कुष्मांड की बलि देकर छुट्टी ले लेता हूँ।"

मैं ब्रह्मचारी की इस बात पर विश्वास करता हूँ। ब्रह्मचारी की आयु चालीस

के आसपास है, शिर पर सैलाक्त दीर्घ केश और मुँह पर लम्बी दाढ़ी रखते हैं। दोनों में अभी सफेदी का स्पर्श नहीं हुआ है। तीन वर्ष पहिले कैलास से बिचरते वह यहाँ से छ मील आगे पंगी गाँव में पहुँच गये। दो-चार दिन ठहरे। लोगों में श्रद्धा देखी। निश्चय किया, यहीं योग-समाधि लगानी चाहिए। जानते थे, तिब्बत के लामा तीन साल और कोई कोई तो जन्म भर के लिए गुफा में बन्द हो जाते हैं। भक्त लोग उनके खानपान को एक छिद्र से रख आया करते हैं। ब्रह्मचारी ने तीन साल की प्रतिज्ञा ली। पंगी में सड़क 8950 फीट की ऊँचाई पर है। ब्रह्मचारी मे उससे भी तीन हजार फीट ऊपर के स्थान को चुना, जहाँ पहुँचने से पहिले वृक्षकटिबन्ध समाप्त हो जाता है। भक्तों ने वहाँ उनके लिए सात कोठरियों का घर बना दिया। ऋषिकुल तैयार हो गया—ब्रह्मचारी ने यही नाम अपने समाधि-मन्दिर को दे रखा है। उस स्थान पर बर्फ की बात क्या पूछनी? चार-पाँच मास तो ऋषिकुल बर्फ से ढँका रहता है। लेकिन योगी को चिन्ता करने की आवश्यकता नहीं। ऋषिकुल में लकड़ियों का गंज ही नहीं, खान-पान (हाँ, पान जरूरी ठहरा, क्योंकि एक बार भी पान न मिलने पर ब्रह्मचारी का पेट दर्द करने लगता है) से भंडार हर वक्त भरा रहता है। पंगी में तपस्या-समाधि शुरू हुई। दो साल होते-होते इन्द्र का आसन डगमगाने लगा। वह अपनी आदत से मजबूर था। जो हथियार उसने विश्वामित्र और दूसरे महर्षियों पर प्रयुक्त किया, उसी को उसने ब्रह्मचारी पर छोड़ा। यह कठिन नहीं था। ब्रह्मचारी ने लामाओं की तरह एक छिद्र छोड़कर अपनी गुफा का द्वार बन्द नहीं कर लिया था। भक्तजन सत्संग के लिए आया ही करते थे और अक्सर माई का प्रसाद लेकर आते। भक्तिनों का प्रवेश भी अबाध था, बल्कि ब्रह्मचारी के प्रतिद्वन्द्वी मोने-रौला के कथनानुसार तो वह छोकरियों के गाने पर हारमोनियम बजाया करते थे। खैर, इन्हीं छोकरियों में एक इन्द्र के हाथ का हथियार बनी। ब्रह्मचारी पुराने ऋषियों के पदचिह्न पर चलने के लिए मजबूर हो गए। 'अहं भैरवः त्वं भैरवी' हो गया। भैरवी हफ्ता-दस दिन ऋषिकुल में अहोरात्र रह गई। ब्रह्मचारी ने समझा, लोग इसे सिद्धाई का एक अंश समझकर चुप हो जाएँगे, किन्तु यह उनकी गलती थी।

ब्रह्मचारी कोठी की चंडिका माई के अनन्य भक्त थे, वहाँ आते-जाते रहते थे। कानाफूसी होने लगी। एक दिन सभा जुटी, वहाँ ब्रह्मचारी भ थे, लड़की का बाप भी था और दूसरे लोग भी। प्रसंग छिड़ा, बाप ने भरी स । में कहा—"मैं अपनी लड़की को ब्रह्मचारी को देता हूँ।" कन्यादान मिल गया। ब्रह्मचारी फूले नहीं समाये, किन्तु पिता को यह अधिकार नहीं था। लड़की का दान एक बार वह दूसरे के हाथ में कर चुका था और किन्नरों की प्रथा के अनुसार नगद गिनवाकर। पहिले दामाद ने लड़की पाने की कोशिश की। मामला आगे बढ़ते देख पिता को भी अकल आई, किन्तु अब लड़की नहीं मानती थी, वह ऋषि के चरणों की दासी बन गई थी। ऋषि ने उसका ज्ञाननेत्र खोल दिया था। मामला अदालत में पहुँचा।

ऋषि तहसीलदार की अदालत में गए, मोने-रौला के अनुसार हथकड़ी डालकर पकड़ मँगाया गया। खैर, किन्नरों की प्रथा के अनुसार धनी के लगे धन (बीस रुपये) देकर उन्हें छुट्टी मिल गई।

अब भी पंगी के सारे भगत ऋषिकुल से बागी नहीं हो गए हैं, विवेकी पुरुष हर जगह होते हैं, किन्तु ब्रह्मचारी का मन उचट गया है। आज ऋषिकुल सूना है। महीने भर के भीतर ही उन्होंने भैरवी को पितृकुल में भेज दिया। 30-31 मई को वह मुझसे मिले। उसी समय तीर्थ- आविष्कार की बात उन्होंने की। 11 जुलाई को फिर आए। कह रहे थे—"पांडव तीर्थ या मन्दिर बनाने का प्रबन्ध कर आया हूँ। आजकल आदमी नहीं मिल रहे हैं। अब कैलास की परिक्रमा करने जा रहा हूँ।" सच्चे कैलास की नहीं, झूठे की जो मेरे कमरे की खिड़की से इस समय भी दिखलाई दे रहा है। परिक्रमा में कम से कम एक चौथाई मार्ग तो अवश्य बकरियों को ही पसन्द आ सकता है। परिक्रमा के लिए जाते वह यहाँ से फिर पंगी गए। मैं उनसे यह कहना भूल गया—"मंगोल घुमक्कड़ की भाँति तुम भी अपनी भैरवी को साथ ले जाओ।" कहता भी तो मजाक के तौर पर ही, क्योंकि किसी को घुमक्कड़-पथ से च्युत करना बड़ा पाप है। मंगोल घुमक्कड़ शक्ति-सम्पन्न हो गया है, किन्तु यदि घुमक्कड़ी दिव्यांश का अणुमात्र भी उसके भीतर है, तो उसे "त्यक्त्वा चान्द्रायणं चरेत्" का पाबन्द होना होगा।

मोने-रौला

मोने-रौला यह उनका नाम नहीं है, लेकिन यहाँ के लोगों ने उसे यही नाम दे रखा है। वस्पा उपत्यका के ऐतिहासिक ग्राम कामरू को किन्नर भाषा में मोने कहते हैं और रौला साधु-फकीर को; इस तरह निवास-स्थल के कारण उनका यह नाम पड़ा। मोने-रौला का घर का नाम था रविलाल। उनका जन्म 1906 के आस-पास नेपाल के पूर्वी भाग दार्जिलिंग के पास धनकुटा जिले में हुआ। 21 साल तक घर में रहे "ओनामासीधं। बाप पढ़े ना हम।" घर में खेती-पथारी का काम था। फिर परदेश जाने का विचार हुआ। गाँव के लोग बर्मा में नौकरी करते थे। मोने-रौला भी चल पड़े। बर्मा में साल भर नौकरी करते रहे। मालूम हुआ, शान-रियासत में रतन निकलता है। कुछ देशभाइयों के साथ वहाँ पहुँच गए। वहाँ रियासत की ओर से जमीन खोदने के लिए इस शर्त पर मिल जाती थी कि रतन का दशांश राजा को दो। बहुत लोग भाग्य-परीक्षा कर रहे थे। मोने-रौला के कथनानुसार उनके सामने एक आदमी को 90 लाख का नीलम मिला, एक आदमी ने पन्द्रह हजार का रतन पाया, किन्तु पैसा हाथ में आते ही डाकू मारकर उसे छीन ले गए। ऐसे खून आम थे। कुछ लोग खोदकर भाग्य-परीक्षा करते, कुछ छुरा-तलवार चलाकर। मोने-रौला

और उसके साथी परीक्षा में असफल रहे, किन्तु पाँच मास में असफलता स्वीकार कर लेना क्या पुरुष का काम है? शायद उसी समय हो गए खून ने हिम्मत पस्त कर दी। बहुमूल्य धातु-पत्थरों की खानों में सारे संसार में यही सनातन धर्म मालूम होता है। अमेरिका की कैलिफोर्नियाँ, आस्ट्रेलिया की विक्टोरिया की सोने की खानों की भी यही बात है। दूर क्यों जाइए, हिमाचल प्रदेश के पड़ोस में जम्मू-काश्मीर की नीलम की खानों में भी ऐसा ही खतरा कुछ उलटे रूप में देखा जाता है।

वहाँ नीलम की खानों से नातिदूर कूट का जंगल भी है। कूट सुगन्धित द्रव्य है जिसके एक भार का सौ-सवा सौ रुपया धरा समझिए। आस-पास के पहाड़ी लोग नीलम की लूट करने जाया करते थे और शायद अब भी जाते हैं। नीलम हाथ लगा तो हजारों का वारा-न्यारा, नहीं तो कूट चुराकर सौ-सवा सौ बना लेना मामूली बात थी। हमारे दोस्त पुण्यसागर चम्बा में पाँच साल तक धुनी रमाए रहे और हर साल नीलम-लूट के लिए जाया करते, किन्तु हाथ आता कूट। नीलम के लुटेरे लाहुल और चम्बा के अप्रचलित दुर्गम मार्गों से खान के पास पहुँचते, कहीं जंगल में पाँच-पाँच, सात-सात मिलकर डेरा डालते, रात को नीलम खान पर पहुँचते। नीलम खान पर कहाँ पहुँचते? वहाँ तो काश्मीर सरकार की ओर से सशस्त्र पहरा पड़ता। कुत्ते भी इसी काम के लिए रक्खे हुए थे। खान खोदकर फेंके पत्थर और मिट्टी की ढेर जो खान से सैकड़ों गज नीचे तक पड़ी रहती थी, बस इसी को टटोलना नीलम-चोरों का काम था। क्या हरज था, यदि काश्मीर सरकार शान-रियासत की भाँति दस सैकड़ा पर लोगों को भाग्य परीक्षा की आज्ञा दे देती। नीलम-चोरी के शहीद अनगिनत बतलाए जाते हैं। पुण्यसागर तो सही-सलामत बच आए। कुत्तों के पीछा करने पर उन्हें भागना पड़ा। श्यासी खड्ड के एक भूतपूर्व नीलम-चोर आज भी काने के रूप में मौजूद हैं।

मोने-रौला साधारण व्यक्ति नहीं थे, जो नौकरी करते एक-एक रुपया बटोरते रहते। उनके पास जब दो, ढाई सौ रुपया हो गया, तो उन्होंने मोनेवा से मनीपुर के रास्ते लौटना चाहा—यह एक बार बर्मा के दक्षिणी छोर पर पहुँचकर सिंहापुर जाने में असफल होने के बाद। मनीपुर के लिए पगडंडी का रास्ता पकड़ना मौत को सिर पर बुलाना था। लेकिन मोने-रौला ने 1928 में वही रास्ता लिया। कहीं-कहीं रौला को नरभक्षक नागों के देश में दिन में जंगल में सोना और रात को चलना पड़ा। अन्त में एक दिन वह मनीपुर पहुँच ही गए। बिना पास के मनीपुर पहुँचना भी अपराध था। रौला सीधे जाकर मन्त्री के पास हाजिर हो गए। मन्त्री दार्जिलिंग के रहने वाले थे, उन्होंने उन्हें नौकर रखवा दिया। रौला गोरखा सिपाहियों की रोटी बनाने लगे, किन्तु थोड़े ही समय बाद उन्हें पेट की भारी बीमारी लगी। लोग निराश हो गए। सूबेदार ने पास के ढाई सौ रुपयों को किसके पास भेजने के बारे में पूछा, रौला ने कहा—मेरे शरीर को ब्रह्मपुत्र में प्रवाहित कर देना और रुपयों को दान-पुण्य

में लगा देना। रौला को अभी अक्षर से भेंट नहीं थी, धरम आस-पास से सीखे हुए ढंग पर सीमित था। लेकिन रौला मरे नहीं, ब्रह्मपुत्र में डुबकी लगाते ही चंगा होने लगे। उनकी श्रद्धा तीर्थों पर बढ़ी। वह डेढ़ साल मनीपुर में रहे।

"होनहार बिरवान के होत चिकने पात", रौला में धीरे-धीरे घुमक्कड़ी का बीज अंकुरित होने लगा। सात साल उन्होंने कभी नौकरी करने, कभी घूमने में लगाया। माँगने की उनको आदत नहीं थी, अब भी आदत नहीं है। रौला के प्रतिद्वन्द्वी पंगी ब्रह्मचारी का कहना है, वह पत्थर में से पैसा निकालना जानता है। रौला ने भी स्वीकार किया कि एक बार महाराज पदम सिंह ने बारह सौ रुपये दिये थे। शायद रौला की माँगने की आदत न होने का अर्थ है, अपने खाने-पीने के लिए माँगना, स्कूलों के लिए चन्दा माँगने से इनकार नहीं हैं। माँगने की आदत न होने से एक बार रौला ने अपने प्राणों को संकट में डाल दिया। एक बार वह द्रविड़ देश में घूम रहे थे। पास का पैसा चुक गया। चार दिन भूखे रहने पर रौला भीख माँगने गए। घरों से दुत्कार मिली—'इल्ले, पो' नहीं है, जा। रौला ने मरने का संकल्प कर लिया और किसी ब्राह्मण के घर के पास पड़ रहे। ब्राह्मण ने रौला की अवस्था देखकर हाल पूछा, किन्तु एक-दूसरे की बात नहीं समझते थे। अन्त में गाँव का मुसलमान बुलाया गया। उधर के मुसलमान हिन्दी समझते हैं। ब्राह्मण सुनकर रो पड़ा। वह वैष्णव नहीं शैव था, इसलिए रौला जैसा आचारी वैष्णव उसके हाथ का भोजन खा नहीं सकता था। ब्राह्मण ने सामग्री दी। रौला ने बनाया। ब्राह्मण ने चलते समय आठ आना पैसा भी दिया, जो महीने की यात्रा के बाद पच्चीस-तीस रुपये पर पहुँच गया।

खैर, हम कह रहे थे, रौला सात साल तक नौकरी करते घुमक्कड़ी करते रहे। जब सौ-डेढ़ सौ रुपये हो जाते, तो वह नौकरी को धता बता देते। रौला ने बर्मा, मनीपुर में नौकरी की, बालसोर (उड़ीसा), दिल्ली में नौकरी की। हरिद्वार के पास किसी पंजाबी स्वामी की गाएँ भी चराईं। रौला ने साधु बनने या गुरु करने में जल्दी न की। उन्हें मालूम था 'पानी पीजे छान के, गुरु कीजे जान के।' काशी, अयोध्या, ऋषिकेश, हरिद्वार सब जगह से बिना चेला हुए, अछूते बच निकलना पहाड़ी के जीवट की बात थी।

बद्रीनाथ-गंगोतरी की यात्रा में रौला ने रामेश्वर के लिए गंगाजली भरी और पैदल ही बनारस, गया, कलकत्ता की बादशाही सड़क पर गए। फिर जगन्नाथपुरी होते बेजवाड़ा (विजयवाड़ा), मद्रास होते रामेश्वर पहुँच शंकर पर गंगाजल चढ़ाया। उसी यात्रा में किसी बैरागी वैष्णव ने रौला से पानी में से तेल निकलने की बात कही। मालूम हुआ, तोताद्रि में भगवान के अभिषेक का वह जल है, जिसमें तेल होना ही चाहिए, क्योंकि लक्ष्मीनाथ बिना तेल लगाए नहीं रह सकते। खैर, पानी से आपरूप तेल न निकलने का अफसोस नहीं हुआ। वह रामानुजी वैष्णवों के शंकराचार्य तोताद्रिपीठ के शिष्य हो गए, नाम पड़ा रंगरामानुजदास। घुमक्कड़ी मंत्र

के तो वह रजिस्टर्ड स्नातक थे ही, किन्तु धर्म की दृष्टि से उनका सारा करम-धरम बिना रजिस्ट्री का मनमुखी हो रहा था, क्योंकि उनके लिए किसी रजिस्टर्ड धर्म का सदस्य होना अत्यावश्यक है। मेरी दृष्टि में रौला ने जिस रजिस्टर्ड धर्म की दीक्षा ली, वह घुमक्कड़ी जीवन के सर्वथा प्रतिकूल है। यह बात अपने तजुर्बे से कहता हूँ, क्योंकि मैंने भी कुछ मासों तक उस धर्म में रह कर देख लिया। घुमक्कड़ को हिन्दुओं के जैसे धर्म को फूटी आँखों भी नहीं देखना चाहिए। जहाँ हाथ से छूने से नहीं, आँख से देख देने से छूत लग जाती, ऐसे धर्म का घुमक्कड़ निर्वाह कैसे कर सकता है? इसीलिए इन आचारियों में तेली के कोल्हू वाले ही अत्यन्त निकृष्ट श्रेणी के घुमक्कड़ निकले। पंडित श्रीनारायण चतुर्वेदी जी, आशा है, मेरी इस स्पष्टवादिता के लिए क्षमा करेंगे। वैसे वैरागी धर्म भी घुमक्कड़ी के उतना अनुकूल नहीं है, तो भी 'परमहंस', 'मधुकरी बाबा' नाम लगाकर काम कुछ चल जाता है, किन्तु वह 'आसेतोः आहिमद्रेः' तक ही। हिमालय में भी नेपाल में चावल के ऊपर अंडा रखा देखकर धर्म-संकट उपस्थित हो जाता है। आप पूछेंगे, घुमक्कड़ों के लिए सबसे खरा धर्म कौन है? मैं कहूँगा, जहाँ तक हिन्दू-धर्म के भीतर रहने का सवाल है, वह है संन्यासी का, लेकिन दंडी पाखंडी नहीं, निर्द्वन्द्व स्वच्छन्द अवधूत सर्ववर्णासंगम गिरिपुरी भारती आदि दस नामी और उदासीन भी। और इनके भीतर भी हीरा धर्म है शक्तिकुल-सम्मत धर्म, जिनमें भारत के सारे साधु-अखाड़ों, मठों का द्वार खुला रहते भी बहुत दूर तक स्वतंत्रता रहती है, क्योंकि सर्वदर्शन-प्रतिष्ठापनाचार्य श्री 1008 भगवत्पाद शंकराचार्य का श्रीमुखवचन है 'न वर्णा न वर्णाश्रमाचारधर्माः।' और यदि सचमुच घुमक्कड़ी के पूर्ण अनुकूल धर्म स्वीकार करना चाहते हैं, तो वह है बौद्धधर्म, जो देश-काल-व्यक्ति के विविध पारतंत्र्य से मुक्त कर देता है, साथ ही विश्व के बहुत बड़े भाग में अदृष्ट परिचितों को भारी संख्या भी प्रदान करता है।

रौला ने एक सौ ग्यारह नम्बर वाले घर में भी सबसे निकृष्ट कोठरी का बाना लगाकर भूल की, इसमें सन्देह नहीं; किन्तु घुमक्कड़ हर परिस्थिति में अपने लिए रास्ता निकाल लेता है। यह सर्ववादिसम्मत सिद्धान्त है। चुनांचे रौला को किसी के हाथ का भोजन पाने में कोई ऐतराज नहीं। रौला ने एक से अधिक बार सेतुबन्ध तक की यात्रा की। पूर्व में सदिया-परशुराम कुंड से द्वारिका तक ही पहुँच पाए, अर्थात भारत सीमा पार नहीं कर सके। हिमालय में पैदा हुए, पले रौला का उसके प्रति खास आकर्षण है। चेला होकर रौला साल भर तोताद्रि में गुरु के मठ में कैंकर्य करते रहे। यहीं अक्षर से परिचय हुआ। सिर्फ एक सौ ग्यारह लगा लेने भर से तो काम नहीं चल सकता, कुछ पाठ-पूजा भी आवश्यक है। रौला ने अक्षर पढ़े और लगे गीता, रामायण, सुखसागर, प्रेमसागर पर हाथ साफ करने। गीता-सहस्रनाम का पाठ तो खैर, वह पुण्यार्थ करते हैं, किन्तु वर्षों ' करते-करते अभ्यास के' अब वह भाखा-ग्रन्थ समझ लेते हैं, हिन्दी खूब बोल लेते हैं। अंधों को देखना हो कि कैसे

हिन्दी भारत की राष्ट्रभाषा है, तो रौला को देख लें। नेपाल के एक पहाड़ी कोने में पैदा हुए रौला ने अब इतनी योग्यता प्राप्त कर ली है कि वह 'स्वान्तः सुखाय रौला रघुनाथ गाथा' ही नहीं पढ लेते, बल्किं मोने (कामरू) में शिष्य-शिष्याओं को 'सुखसागर', 'प्रेमसागर' का पाठ भी पढ़ाते हैं।

एक साल एक जगह टिक जाना रौला के लिए बहुत था। 1935 में रौला द्रविड़ देश से उत्तर की ओर चले, फिर बदरीनारायण, मानसरोवर होते नेपाल, काठमांड्, आगे पूर्व में जनकपुर निकल गए। वहाँ से फिर लौटे तो मुक्तिनारायण (नेपाल तिब्बत-सीमा) पहुँचे। अगले साल (1937) गंगोत्री होते मानसरोवर दूसरी बार गए और उधर से लौटकर किन्नर देश जा निकले। तब से किन्नर रौला के घुमक्कड़ी-क्षेत्र की केन्द्र-भूमि बन गया; और जैसा कि आरम्भ में मैंने लिखा, उनका नाम ही मोने-रौला पड़ गया। वह चार साल लगातार किन्नर भूमि में रह गए। यहा रौला को पहाड़ के डांडी के फाँदने के साथ-साथ एक और व्यसन लग गया, वह था गाँवों के लड़कों के लिए स्कूल खोलना। रौला ने कामरू, मोरङ्, ग्याबुंग, हंगो आदि में स्कूल खोले। कहीं अध्यापक नहीं मिला, तो खुद पढ़ाने लग गए। यहाँ कुछ वर्षों से रियासत ने हिन्दी को राजभाषा मान ली थी, नहीं तो उर्दू के जमाने में रौला का काम आसान न होता। आज हिमालय सरकार के दुबारा हिन्दी को राजभाषा घोषित कर देने पर भी चिनी की तहसील और थाने के सारे काम उर्दू में ही हो रहे हैं, स्कूल में भी दूसरी श्रेणी से उर्दू अनिवार्य पढ़ाई जाती है, हालाँकि कनौर बालकों को अपने अधकचरे उर्दू-ज्ञान के उपयोग का कभी मौका नहीं मिलेगा। रौला के स्कूल खोलने का ढंग है—चन्दे से रुपया जमाकर छह मास का वेतन दे अध्यापक को बैठा देना, फिर जंगल विभाग से पेड़ माँग, कभी खुद भी पीठ पर पत्थर उठा स्कूल का मकान उठाने में लग जाना। गाँव में अदूरदर्शी भले ही अधिक हों, किन्तु बेशर्म इतने अधिक नहीं होते कि वह साधु को अपने गाँव के लिए इतना काम करते देख आँख मूँदकर चल देते। छह-छह, आठ-आठ महीने में रौला ने कई स्कूल स्वीकृत करवा लिए। रौला पहिले सिर्फ दूधाधारी थे। शायद इसमें छूतछात वाला खयाल भी काम कर रहा था। महाराज पदम सिंह अपने पास बुलवाकर अन्न-भोजन करने पर राजी किया। अपने कथनानुसार पिछले साल निमोनिया में मरणासन्न हो जाने पर रौला ने दूसरों के हाथ का भोजन खाना शुरू किया। चार साल तक किन्नर में रहकर वह हरिद्वार के मेले में गए (1941), फिर जगन्नाथ तक जा पलट कर हरिद्वार, लाहौर और बदरीनारायण जा पहुँचे (1942)। वहाँ से थोड़ा नीचे उतर नीतीघाटी की ओर तपोवन (तातपानी) में एक वर्ष तक तप करते रहे। फिर वहाँ से मानसरोवर (1943) लौटकर शिप्की होते सराहन पहुँचे। मोरङ् के लोगों को रौला के आने का पता लगा। वह दौड़े-दौड़े सराहन पहुँचे। उन्हें स्कूल चाहिए था। रौला ने जाकर वहाँ स्कूल खोल दिया और छह मास बाद उसे स्वीकृत भी करवा दिया।

1945 में रौला फिर निकले और अबके बम्बई होते त्रिवांकुर तक का धावा मारा। लौटते पर हंगो (1946), ग्याबोङ् (1947) में भी अपनी ओर से स्कूल खोलकर मंजूर कराए। रौला किन्नर देश में स्कूल खोलने वाला बाबा के तौर पर प्रसिद्ध हो गए हैं।

रौला ने पाँच बार मानसरोवर की यात्रा की है। दो बार और भी गए, किन्तु बीमारी के कारण वहाँ तक नहीं पहुँच सके। पाँचों बार वह अपनी पीठ पर गुड़-सत्तू-चाय बाँधकर गए, भोटिया लोगों के हाथ का अन्न-जल न ग्रहण कर अपना सत्तू-चाय घोलते गए और आए। कितनी ही बार निर्जन बयाबान में अकेले चले। एक बार रास्ता भूल गए भटकते रहे। अन्त में समझ लिया, अब मरने के अतिरिक्त कोई चारा नहीं। मौत से डरना रौला के शास्त्र में नहीं लिखा है, लेकिन साहस छोड़ने को भी वह ठीक नहीं समझते। वह एक पहाड़ पर चढ़ गए। वहाँ से कोई मनुष्यावास दिखाई पड़ा। वह वहाँ पहुँचे। मानसरोवर का इलाका इधर कितने ही सालों से डाकुओं द्वारा उत्पीड़ित हो रहा है। रौला को एक से अधिक बार उनसे मिलने का मौका मिला। एक बार वह मानसरोवर की परिक्रमा में जा रहे थे। देखा, एक वैरागी को डाकुओं ने कन्धे से कमर तक काटकर दोटूक कर दिया है और दूसरा सिसककर दम तोड़ रहा है। रौला के पहुँचते ही डाकू उस पर टूट पड़े। रौला ने अपना सारा सामान उनके सामने पटक दिया और इशारे से कहा—'लो, ले लो।' डाकुओं ने सत्तू और पट्टू (ऊनी चादर) भर देख उसे छोड़ दिया। आगे दूसरे डाकुओं ने घेरा। उन्हें उसने इशारे से बतलाया—'पीछे डाकुओं ने सब छीन लिया।' और गर्दन को सामने झुकाकर संकेत किया 'लो काट लो।' डाकुओं ने छोड़ दिया। लुट जाने पर भी रौला की लँगोटी में सौ रुपये बँधे थे।

रौला का देवताओं से भी कभी-कभी साक्षात्कार हुआ है। एक बार वह हनुमान जी को सिद्ध कर रहे थे। हाथी के सूँड़ और पैर की भाँति लाल-लाल हाथ-पैर प्रकट होने लगे; रौला डर गए। मानसरोवर यात्रा में राह भूल अकेले वह एक गुफा में ठिठरे पड़े थे। चारों ओर से निराश थे। समझते थे, भूख या डाकू काम तमाम कर देंगे। इसी समय आवाज आई—'घबड़ाओ नहीं, कोई अनिष्ट नहीं होगा।' रौला इधर-उधर देखने लगे, किन्तु वहाँ कोई नहीं दिखलाई पड़ा। यहाँ मानसरोवर में कौन हिन्दी में बोल रहा है! भय दूर होने की जगह और बढ़ने लगा, जिस पर फिर वही आवाज आई। इसी तरह एक बार और रौला निराश हो डाकुओं से भरे मानसरोवर के मैदान में एक जगह पड़े थे। रात की चाँदनी थी। इसी समय एक आदमी उनके पास आकर खड़ा हो गया। रौला ने 'कौन है' कहकर पुकारा, किन्तु कोई जवाब नहीं। रौला सोच रहे थे, मारना चाहता है तो मार ले, इस तरह भय पैदा करने का क्या काम? लेकिन तीसरी बार पुकारने पर मूर्ति एक ओर चली गई।

मोने (कामरू) में रौला ने अनेक दैवी चमत्कार देखे। उनका कहना है, इस

उपत्यका में देवता और भूत बहुत रहते हैं। पिछले साल एक साधारण अनपढ़ लड़की पर देवता आया। दोनों हाथों की मध्यमा अँगुलियों को केश से बाँध देने और मिर्च-पाखाने का धुआँ देने की तैयारी करने पर देवता बोलने के लिए तैयार हो गया। हाँ, पहिले उसने अँगुली बाँधते समय बड़ी आपत्ति की। देवता शुद्ध हिन्दी फरफर बोल रहा था, हालाँकि तरुणी हिन्दी बिलकुल नहीं जानती थी। यही नहीं, उसने कांग्रेस के नेताओं के नाम बतलाए और यह भी कि अमुक दिन अंग्रेजों का राज्य उठ जाएगा। सभी बातें सच निकलीं। किन्नर देश ऐसी भूमि है, जहाँ आकर सभी व्यक्ति देवविश्वासी होकर लौटते हैं। छोड़ दीजिए मेरे जैसे अभागों को, जो कहते हैं—मैं तो तब विश्वास करूँ, जब देवता चिनी के ठाकर की तलवार-बर्तन-अँगूठी या कोई ऐसी जगह बतला दे, जहाँ से प्राप्त वस्तुओं से तत्कालीन इतिहास पर प्रकाश पड़े, अथवा कोई लुप्त संस्कृत ग्रन्थ बोल कर लिखा दे, किन्तु हो ऐसा ग्रन्थ जिसका अनुवाद भोट भाषा में मौजूद है। मोने-रौला ने देश में भी देवताओं की करामातें देखी हैं, किन्तु उनको बस्पा-उपत्यका में देवता बहुत दिखलाई पड़ते हैं। रौला लड़कों-लड़कियों के स्कूल खोलने ही से संतुष्ट नहीं हैं, बल्कि सनातन वैष्णव धर्म के प्रचार में वह सतत प्रयत्नशील रहते हैं, इसके लिए तरुण-तरुणियों को प्रेमसागर, सुखसागर पढ़ाया करते हैं, कीर्तन के वह बड़े प्रचारक हैं और एक बार तो डर लगा, कहीं वह कीर्तनवाला रौला न बन जाएँ। एक बार अपनी गुफा में पढ़ रहे थे कि एकाएक एक षोडशी अचेत होकर गिर पड़ी। रौला घबड़ा गए—हे भगवान! यह क्या बला आई। मालूम हुआ षोडशी पर देवता आ गया—षोडशियों और प्रौढ़ाओं तक ही देवता अपने अवतरण को सीमित रखते हैं। खैर, दोनों हाथों की मध्यमा अँगुलियाँ बाँधी गईं। गन्दा-कड़वा धुआँ देने की तैयारी की गई। 'मार के मारे भूत पराये' भूत ने बोलना शुरू किया। रौला ने हनुमान जी को आधी दूर तक ही सिद्ध करके छोड़ दिया, नहीं तो बस्पा वाले लोग-लुगाइयों का वह दूसरी तरह भी बहुत उपकार कर सकते थे।

रौला एक साहसी यात्री हैं। अपने पुरुषार्थ से उन्होंने किन्नर वालों का उपकार किया है। शिक्षा की कमी अवश्य उनके जौहर को पूरी तौर से खुलने नहीं देती।

जंगी तक

13 जून को अभी चिनी पहुँचे चौबीस ही दिन हुए थे कि ऊपर चलने का निश्चय करना पड़ा। यद्यपि अभी यहाँ वर्षा में भीगने का डर नहीं है, तो भी वर्षा में पहिले ही तिब्बत की सीमा तक हो आने की आवश्यकता थी। सोचा, जब जाना ही है, तो हो आना चाहिए। तहसीलदार साहब यात्रा का प्रबन्ध करने के बाद भी ध्यान रखते रहे कि कष्ट न हो। वैसे वह भी उधर ही जा रहे थे, किन्तु उन्हें अपना सरकारी काम करते जाना था, इसलिए उनका और घुमक्कड़ का क्या साथ? मेरे साथ थे पुण्यसागर। एक वैद्य ने बहुत जोर देकर कहा था—"हम आपकी सेवा में चलेंगे" किन्तु जो चौबीसों घंटे नशे में चूर रहे, उसे अपनी बात पूरी करने का ध्यान कहाँ से रहेगा?

यद्यपि एक दिन पूर्व ही घोड़ा अगले पड़ाव के लिए मँगा लिया गया था, किन्तु अगला पड़ाव 6 मील आगे पंगी तक का ही है और मुझे पाँच मील रोज तो टहलना ठहरा। मैंने घोड़े को नहीं लिया। सामान दो भरियों (बेगारू) पर भेजा और हम दोनों चल पड़े। एक तरह कह सकते हैं, आध मील पहिले आध मील पीछे छोड़कर सारा मार्ग देवदार वन से होकर जाता है। चलते-चलते गाँव के नातिदूर हम पंगी खड्ड में पहुँचे। यहाँ कुछ दूर उतराई है। पास ही पास दो खड्डों का संगम है, जिनमें दूसरे के पुल को हिमानी बहा ले गई। अस्थायी पुल बन गया है। हिमानी प्रवाह लाखों टन बर्फ का कारवाँ होता है, जो महादानव की भाँति जोर से गर्जना करते चलता है। उसके मार्ग में वृक्ष चर-चर टूटते, शिलाएँ तड़-तड़ फूटतीं, भीषण कांड की दूर तक सूचना देती हैं। उससे भी जबर्दस्त होता है, हिमानी-पात के आगे-आगे चलता झंझावात, जो मन-दस मन की चीजों को फूँक से तिनके की भाँति उड़ाता चलता है। मत किसी का घर, किसी का गाँव हिमानी के मार्ग में पड़े। आम तौर से हिमानी के अपने निश्चित मार्ग होते हैं, अर्थात बड़े-बड़े नाले और खड्ड, जिनके खोदने में हिमानी का भी काफी हाथ होता है। जिस साल हिमवृष्टि अधिक होती है, पहाड़ों से टूटे लाखों-करोड़ों टन के बर्फ का काफिला मनमाना रास्ता बना लेता है।

कितनों ही पर भयानक आफत आ जाती है। यदि कहीं सोये में काफिला आ पड़ा, तो लोगों को भागने की भी फुर्सत नहीं मिलती। पिछले साल कई बड़े-बड़े ग्लेशियर और कुछ तो नई जगहों पर आए। पंगी खड्ड का हिम- प्रवाह था तो भारी, किन्तु खड्ड भी बहुत चौड़ी है। उसे बस सड़क के पुल और कुछ पनचक्कियों (घराटों) को ही ध्वंस करने का मौका मिला। अब घराटों में कितने ही तैयार होकर चल रहे हैं। एक लोहार परिवार अपना घराट बनाने में लगा था। काम अभी शुरू ही हुआ था, किन्तु लौटते समय वह करीब तैयार हो चुका था। लोहार भ्रातृद्वय, सम्मिलित पत्नी, एक सयानी लड़की और एक लड़का, जान पड़ता था, घर सूना करके चले आए थे। साथ ही सोनारी के सारे हथियार हथभाथी आदि भी मौजूद थे। हमने थोड़ी देर वहाँ विश्राम किया, छोटे भाई को कान की चाँदी की बालियाँ बनाते देखा। यहाँ कानों में दस-दस बीस-बीस बालियों का गुच्छा लटकाया जाता है। कान भला क्या उन्हें सँभाल सकता, बालियाँ सूत में पिरोई बालों के सहारे लटकती रहती हैं।

खड्ड पार कर चढ़ाई थी। पंगी के सारे घर एक ही जगह नहीं हैं। डाक-बँगला अगले टोले के ऊपर है—बँगला क्या प्रासाद कहना चाहिए। चार बहुत ही बड़े-बड़े कमरे हैं और देवदार की धरन इतनी मोटी हैं, जिनसे जान पड़ता है, बनाने वालों ने हजार वर्ष का खयाल करके इसे बनाया है। बने भी आधी शताब्दी हो गई। बँगला साफ-सुथरा है। आसपास समतल भूमि भी पर्याप्त है। बूढ़े चौकीदार को दो पीढ़ी हो गए चौकीदारी करते। भूमि इसी के बाप की थी। सरकार ने जमीन खरीदनी चाही। खेत वाले ने कहा—मैं दाम नहीं लूँगा, बस चौकीदारी हमारे घर में आनुवंशिक रहे। 30-32 रुपये मासिक घर बैठे कम नहीं हैं और फिर काम भी रोज-रोज नहीं, महीने में कहीं दो-एक भूले-भटके मुसाफिर आ जाते हैं। हाँ, जिस समय हिमाचल प्रदेश के इस अंचल में मेवों की उपज प्रधान हो जाएगी और उनके यातायात के लिए आवश्यक मोटर सड़क भी नजदीक तक चली आएगी, तो इधर सैलानी नर-नारी बहुतायत से आने लगेंगे। उस समय इस बँगले का सदुपयोग हो सकेगा। चाय-टोस्ट-आमलेट का कलेवा, फिर भोजन और ब्यालू का जब पूरा प्रबन्ध हो जाएगा, तो इस 8950 फुट की ऊँचाई के स्वच्छ वायुमंडल को कौन जल्दी छोड़ना चाहेगा।

पी. डब्ल्यू. डी. के इन्जीनियर साहब अभी ऊपर गए थे। उन्हें पहुँचाने के लिए अपने हल्के की सीमा पर यहाँ तक आए सड़क इन्सपेक्टर बाबू लक्ष्मीनन्द अभी यहीं ठहरे थे। चौकीदार ने दौड़-धूपकर कहीं से खट्टा मट्ठा पैदा किया। भोजन की इच्छा नहीं थी, फलों के पकने में काफी देर थी। बेगारू यहाँ बदले गए। अगले पड़ाव के लिए गदहा मिल गया, इसलिए बेगारू की आवश्यकता नहीं रही। प्रति बेगारू को प्रतिमील दो आना मजूरी मिली है, जो आजकल महँगाई के दिनों में पर्याप्त नहीं कही जा सकती, उसे तीन आना प्रति मील कर देना चाहिए।

लेकिन "बेगारू" नाम बहुत खटकता है, इसमें कुछ परवशता भी अवश्य छिपी है, किन्तु इस प्रथा के हटाने पर यात्रियों को इधर तभी बुलाया जा सकता है जबकि पी. डब्ल्यू. डी. इस काम के लिए स्थायी नौकर रखे, जैसे कि डाक-विभाग ने रख रक्खे हैं। इसके लिए स्थायी कुलियों की आवश्यकता होगी। बेगारू यहाँ अधिकतर स्त्रियाँ होती हैं। सभी कामों में आप यहाँ स्त्रियों को ही जुटी पाएगी। खेत में पुरुषों का काम है हल चला देना भर, नहीं तो कुदाल का काम स्त्रियाँ करती हैं, निकाई, कटाई, ढुलाई सभी उन्हीं के जिम्मे है। सभी भाइयों की सम्मिलित पत्नी होती है, इसका यह अर्थ नहीं कि यहाँ बहुपत्निता नहीं है। एक से अधिक पत्नियाँ बहुत लोगों ने रक्खी हैं। पति लोग कहते हैं—क्या करें, घर का काम नहीं चलता। डॉक्टर ठाकुर सिंह की दो ही पत्नियाँ हैं। एक पत्नी घर पर रहती है और दूसरी अस्पताल पर साथ में। अस्पताल वाली पत्नी ने दो जुड़वा कन्याएँ जना। कह रहे थे—इनमें से एक लड़का होता! यह घर का काम क्या करेंगी? उनका यह कहना गलत था। किन्नर में पुरुष स्त्री के बराबर काम कहीं नहीं करता। सारी गिरस्थी स्त्री पर रहती है। धरमानन्द पहिले तहसील में लिपिक (मुहर्रिर) थे, अब बहुत बूढ़े हैं। शरीर में हड्डियाँ-हड्डियाँ हैं, बदन का कपड़ा फट जाने तक धोया नहीं जाता और वही अवस्था हाथ-मुँह की है। भला उन्हें देखकर कोई विश्वास भी कर सकता है कि "धरमानन्द की तीन मेहरी। एक कूटे एक पीसे एक भाँग रगरी।" भाँग तो नहीं रगड़ी जाती, किन्तु दोपहर बाद धरमानन्द शायद कभी ही नशे में झूमते न मिलें। नीचे गाँव से लेकर तीन मील ऊपर कंडे तक के खेतों का सारा काम बीवियाँ करती हैं। तब भी डॉक्टर ठाकुर सिंह को शिकायत! हाँ लड़कियों के दूसरे घर में जाने का डर है, किन्तु उसकी भी दवा अपने हाथ में है, भिक्षुणी (चोमो) बना दो, और हर घर में एकाध भिक्षुणी देखी जाती हैं। लड़के और क्या पुरुषार्थ करेंगे?

हम चलने को हुए। मेट ने कहा—"घोड़ा आ गया है, किन्तु उसका किराया? लामा करमापा ने रारङ् तक का पाँच रुपया दिया था, आपके लिए एक रुपया छोड़ देंगे, चार रुपया दे दें।" 23 मील का बीस रुपया मैं एक बार दे चुका हूँ, इसलिए साढ़े सात मील का चार रुपया बहुत बात नहीं थी, किन्तु उसके एहसान जताने का ढंग मुझे बुरा लगा। मैंने कहा—"मुझे घोड़ा नहीं चाहिए।" सुन लिया था, रास्ता बहुत कठिन नहीं है। चले आगे। रास्ता अन्त के दो मील को छोड़ अच्छा रहा।

रारङ् पहुँचते-पहुँचते बहुत थक गए। रारङ् गाँव 8900 फुट की ऊँचाई पर शिमला से 152वें मील पर है। गाँव कुछ साल पहिले जल गया। अब फिर बसा है। कई मकान तो दूर से देखने पर महाप्रासाद जैसे जान पड़ते। चिनी की भाँति यहाँ भी पड़ाव नहीं है, न डाक-बँगला ही। ठहरने के लिए जंगल विभाग या पी. डब्ल्यू. डी. के साधारण घर हैं। हमारा सामान और साथ चलने वाला तहसील का चपरासी पहिले ही जंगलात के घर में पहुँच चुके थे, यद्यपि पी. डब्ल्यू. डी. के

कमरे उससे अधिक नये और साफ थे। शाम आ चुकी थी और हवा चल रही थी जिससे सर्दी अधिक मालूम होती थी। रारङ् में हवा की, खासकर जाड़ों में, आम शिकायत रहती है। जंगल विभाग कुछ अधिक ध्यान रखता होगा, यह आशा थी, किन्तु घर की एक धरन किसी समय भी किसी यात्री के सिर पर गिर सकती है। मालूम होता है, जब तक धरन गिर नहीं जाएगी, तब तक मरम्मत करने का नाम नहीं लिया जाएगा। आखिर भारतीय परिपाटी भी यही तो है!

सरकारी या सरकार-सहायता प्राप्त यात्रियों के आराम के लिए कनौर में, और शायद सारे बुशहर में रिवाज है कि उनके आते ही मेट (चारस) खाद्य-लकड़ी-पानी का प्रबन्ध करे, गाँव वाले बारी-बारी से एक आदमी को चौका पानी करने के लिए दें। यह सब सेवा अनिच्छापूर्वक ली जाती है, जो बिहार की जमींदारियों के रिवाज की याद दिलाती है। यह रिवाज तोड़ने होंगे और जितनी जल्दी टूट जाएँ, उतना ही अच्छा। यद्यपि ऐसा होने पर कनौर में यात्रा करना और कठिन हो जाएगा। किन्तु लोगों के कष्टों का भी हमें ध्यान देना ही होगा। कुछ अफसर तो अपने साथ बहुत-सा सामान मांस, फल रखने की जालीदार संदूकें और सारा घर लेकर चलते हैं, जिसके लिए पन्द्रह-बीस बेगारू लेने पड़ते हैं। बेगारू का तीन आने प्रति मील तो जरूर हो जाना चाहिए, जिससे लोग अनावश्यक सामान को साथ न ले चलें।

पुण्यसागर साथ थे, वह आवश्यकताओं के बारे में जानते थे और खाना ठीक समय पर तैयार कर देते थे। बेगारू के बारे में मैंने कह दिया था—हिसाब से पारिश्रमिक दिया करो और फुटकर पैसा लौटाया मत करो।

रारङ् पुराना गाँव है, भोटभाषी इसे "शा" के नाम से पुकारते हैं। यहाँ के हर गाँव के ऐसे दो-दो, तीन-तीन नाम होते हैं और अंग्रेजी नक्शे तथा कागज पत्र में बिगड़ कर सबसे अवांछहीन नाम लिखे मिलते हैं। भौगोलिक स्थानों के वही नाम स्वीकार किये जाने चाहिए, जो स्थानीय भाषा के हों। दूसरी जगह के रहने वालों को क्या अधिकार है कि नामों को बदल दें। यहाँ किन्नर-देश के मुद्रित नामों को उनके स्थानीय नामों से मिलाकर देखिए (स्थानों के तिब्बती नाम भी ऐतिहासिक महत्व के हैं, इसलिए हम यहाँ उन्हें भी दे रहे हैं)—

लिखित नाम	हमस्कद	तिब्बतीय	स्थानीय
रंगोरी	रङ्गोर		(हमस्कद जैसा)
सुङ्रा	ग्रोस्नम्		"
पौंडा	पावङ्		"
कंगोस	को-ग्रोस्नम्		"
निचार	नल्चे		"
पानवी	पानङ्	पानङ	"

भावा	वङ्पो		(हमस्कद जैसा)
कटगाँव	ग्रामङ्		"
क्रवा	क्रबे		"
शङ्-गो	शाङो		"
रोक्-चङ्	रोक्टङ्		"
काच्रङ्	काटङ्		"
कम्बा	चि-कम्बा		"
गरसू	गर्-शू		"
कम्बा	ते-कम्बा		"
रुपी	रुग्पी		"
सुरु	स्पुरा		"
ख्योंचा	ख्युवा		"
कूट	कूटङ्		"
क्याउ	क्यावे		"
गांन्वी	गन्-थिङ्		"
फंचा	फांचे		"
रमनी	म्लेयम्	मिलम्	"
जानी	याना		"
पूनङ्	पुनङ्		"
किल्बा	किल्बा	किलिम् पक्	"
कनई	कोने	कोने	"
सपनी	दा-पङ्	दापङ्	"
बटोरी	व-टो-रिङ्	व-टो-रिङ्	"
ब्रुये	ब्रु-अंङ्	ब्रु-अङ्	"
शोअङ्	शोअङ्	शोअङ्ग	"
चान्सू	चा-सङ्	चा-सङ्	"
कामरू	मोने	स्मोन्	"
सङ्ला	सङ्-ला	सङ्-ला	"
बट्सेरी	बट्-से-रिङ्		"
रकूचम्	रक्-छम्	रक्छम्	"
मेबर	मे-बर्	मे-बँर्	"
बारङ्	बारङ्	बा-रङ्	"
प्वारी	पोर्	पोर्	"
पूर्बणी	पुन्-नम्	पुन्-नम्	"

रिस्-पा	रिस्-पा	रिब्-दङ्	(हमस्कद जैसा)
ठंगी	ठ-ङे	शाङ्	"
मोरङ्	स्गि-नम्		"
पू	स्पू	स्पू	पुरिङ् (कनम्)
खबू-नम्या।	खब्नम्-ग्या	खब्-नम्या	(हमस्कद जैसा)
ग्याबङ्	ग्याबुङ्	ग्याबुङ्	"
तलिङ्-रूश्-कोलङ्	"		"
सुन्नम्	सुन्नम्	सुङ्-नम्	सुन्नम्
रोपा	"	रो-पा	(हमस्कद जैसा)
श्यासू	श्यासो	श्यप्-पा	"
लब्रङ्	लब्-रङ्	क्यूप-पा	"
कनम्	क-नम्	क-नम्	"
स्पिलो		पिल्-पा	"
लिप्पा	लित्पा	लिद्	लितिङ्
असरङ्	असरङ्	अ-छ-रङ्	(हमस्कद जैसा)
जंगी	जंङ्	ग्यङ्-पा	जङ्-रम्
अक्पा	अक्पा	अक्पा	अक्पा
रारङ्	रारङ्	शा	(हमस्कद जैसा)
पंगी	पङ्	पङ्	"
तेलंगी		तेले	'हम्कद् वत्'
कोठी	कोश्-टिङ्-पे		(हमस्कद जैसा)
ख्वांगी	ख्वङ्		"
दुनी	दुने		"
चिनी	चिने	ग्यल्-स-चिने	"
ख्वारंगी	ख्वारिङ्		"
रोगी	रोगे		"
यूला	यूला		"
मीरु	मिर्-थिङ् (मि-थिङ्)	"	"
उदुनी	उरने (उरा)	तिब्बतीय	स्थानीय
चगाँव	ठो-लङ्	"	"

पुराना गाँव होने पर भी रारङ् में कोई पुरानी चीज देखने में नहीं आती। लोग पुराने चिह्नों के बारे में पूछने पर गाँव के नीचे एक पत्थर को बतलाते हैं। सतलुज पार रिब्बा में महान भाषान्तरकार रिन-छेन्-जङ्-पो (रत्नभद्र, ग्यारहवीं सदी) ने

एक सुन्दर विहार बनाया। गाँव वालों के मन में पाप बसा और सोचा यदि यह भिक्षु जीवित रहा, तो और ऐसे विहार बनाएगा, इसलिए इसका काम यहीं तमाम कर देना चाहिए। रत्नभद्र को मालूम हो गया, हथियार लाने का बहाना करके वह छत पर पहुँच गया और वहाँ से जो छलाँग मारी, तो सतलज इस पार रारङ् में जा कूदा। आज भी उस पत्थर पर महान भाषान्तरकार के गिरने की जगह गड्ढा बना है। भला इससे बढ़कर उक्त घटना के ऐतिहासिक होने का क्या प्रमाण चाहिए।

गाँव में दो सिद्ध रहते हैं, जिनमें छोटा तो मिलने नहीं आया, किन्तु बड़े बड़े प्रेम से मिलने आए। वह कई साल तक तिब्बत के खम् प्रदेश में रह योग-समाधि, तंत्र-मंत्र सीखते रहे। लौटकर अपने गाँव में आए। महासिद्ध संस्कृत शिक्षित आदमी मालूम हुए। उनका कहना था कि यहाँ के लोग बौद्ध धर्म का नाम भी नहीं जानते थे, मेरे दादा ने आकर यहाँ धर्म की स्थापना की। यह धारणा भ्रान्त है। यद्यपि इसमें सन्देह नहीं कि उनके दादा गाँव में गुरु की तरह माने जाते थे। दूसरे दिन गाँव में गए। तीन पीढ़ी पहले सारा गाँव आग से जल गया था और उसे फिर से बसाया गया। उसी समय विहार (बौद्ध-मन्दिर) का भी पुनर्निर्माण हुआ।

प्रस्थान करते समय सोचा, जरा गाँव के देवता के मन्दिर को भी देख लें। देवता का मन्दिर भी आग की लपट से नहीं बच सका था, फिर ऐसे देवता के प्रति क्या श्रद्धा हो सकती थी? देवता के हाते में जब घूम रहा था, उसी समय पैर जरा औघट पड़ा और कोई नस तिर्छी हो गई। चलने में दर्द होने लगा। देवता जरूर मुस्करा रहा होगा—लो और देवताओं में श्रद्धाहीन बनो। किन्तु जब कोई कच्चा गोइयाँ हो, तब न बात में आवे। हाँ, पहिले रास्ता समतल-सा जानकर मेरा विचार हुआ था, पैदल ही जंगी जाने का, किन्तु अब असमंजस में पड़ गया। कहीं रास्ते में ही नाव न डूबने लगे। इसी बीच तहसीलदार साहब का पत्र आ गया। उन्होंने पंगी में आकर मेरे पैदल जाने की खबर सुनी, नम्बरदार के नाम ताकीदी पत्र लिखा। बूढ़ा नम्बरदार अच्छा आदमी था। उसका घोड़ा भी अच्छा था, उधर देवता ने पैर को बेकार-सा बना ही दिया था, लाचार घोड़ा लेना पड़ा।

आज की यात्रा सिर्फ सात मील की थी। रास्ते के अधिकांश भाग में देवदार और उससे भी अधिक न्योजा के वृक्ष थे। फसल और बाग अच्छे थे। दो-तीन मील जाने पर रास्ते से डेढ़ मील नीचे अक्पा गाँव दिखाई पड़ा। अकूपा की करुण कहानी मैं पहिले ही सुन चुका था। रास्ते में अपनी आँखों देखा—बाग के वृक्ष सूख चुके हैं, खेत परती पड़े हैं। अक्पा का जलस्त्रोत सूख गया है। घर अब भी भव्य अट्टालिका से दीखते थे। लोग भी सूत भर धार से शाम-सबेरे आने वाले जल से तथा अपनी भेड़-बकरियों की लदाई पर पूर्वजों का घर छोड़ना नहीं चाहते, किन्तु कितने दिनों तक?

रास्ता पहाड़ के ऊपरी भाग से चल रहा था, किन्तु इतना समतल था कि कहीं

घोड़े से उतरना नहीं पड़ा। आगे सतलुज एकदम बाईं ओर घूम गई है, यहाँ सड़क भी एक पहाड़ी वाली (धार) को पार करती है। फिर जंगी तक न्योजों-देवदारों की शीतल-स्निग्ध छाया है। डाक-बँगला भी देवदार वृक्षों से ढँका है। बँगला अच्छा है, किन्तु अब वह शिकारी साहबों का नहीं रहा, इसलिए उपेक्षा से देखा जाने लगा है। यदि ध्यान नहीं दिया गया, तो कुछ सालों में खराब हो जाएगा। बँगले के साथ के मकान अभी गिरने लगे हैं। असबाब तो प्राय: सारे बँगलों में नष्ट-भ्रष्ट हो रहे हैं। यद्यपि चौकीदारों की माकूल तनख्वाह है, किन्तु उन्हें अपने घर के काम से ही जान पड़ता है फुर्सत नहीं। हम दोपहर को पहुँचे थे। चपरासी इन्तजाम करने के लिए पहिले ही आया था। किन्तु मालूम हुआ, वह बेगारूओं को लिए दिये जंगलात के क्वार्टर में चला गया है। पुण्यसागर ने दौड़-धूप की। चौकीदार आया और बँगला खुला।

चौकीदार वैसे होशियार तथा अच्छा आदमी है। उसे किसी तरह भनक लग गई कि मैं किन्नर देश की अभिवृद्धि चाहता हूँ और ऊपर सरकार को इसके बारे में लिख भी रहा हूँ। उसने हर चीज को दिखलाना चाहा। शाम को इसके लिए जंगी गाँव में जाना पड़ा। जंगी की भूमि बहुत उर्वर है। वहाँ जितने खेत और बाग हैं, उनसे कई गुने और अधिक तैयार हो सकते हैं यदि पानी की कमी दूर हो जाए। 1918-19 ई. में यहाँ भूकम्प आया, जिससे एक बड़ा चश्मा लुप्त हो गया और पानी बहुत कम रह गया। कितने ही खेत छोड़ देने पड़े। इस साल तो पिछले जाड़े की अतिहिमवृष्टि से चश्मे का पानी कुछ अधिक आ रहा है, नहीं तो गाँव वालों की विपता और बढ़ी होती। लेकिन अब की साल की भाँति 45 फीट बर्फ हर साल थोड़े ही पड़ती रहेगी। चौकीदार कहता था—"हमारी जमीन बहुत अच्छी। सारा पर्वत-गात्र देवदार-न्योजा के जंगल से ढँका है। यहाँ कभी हिमानी (ग्लेशियर) नहीं आती, लेकिन पानी के लिए क्या किया जाए?" पानी बिना अक्पा उजड़ रहा है, रारङ् और जंगी की अवस्था वहाँ तक नहीं पहुँची है, किन्तु कष्ट बहुत है। मैंने गाँव में कई घरों को खाली देखा। कुछ तो गिर रहे हैं, उनकी धरनें नंगी लटक रही हैं। देवता का सुन्दर मन्दिर कितने ही वर्षों पूर्व बहुत साध से बनवाया गया था, किन्तु अब उससे उदासी बरस रही थी। दो-तिहाई कोली गाँव छोड़कर भाग गए। कनेतों के भी दर्जन से ऊपर परिवार कुल्लू, चम्बा, टिहरी, जम्मू में चले गए। यह वह स्थान है, जहाँ के अखरोट, खूबानी, चूली, बेमी, नाशपाती, सेब, अंगूर, अलूचा आदि फल बहुत मीठे होते हैं और आज से दस-बीस गुने अधिक पैदा किये जा सकते हैं। कभी यहाँ के लोग अपने यहाँ के अंगूरों को लेकर चिनी में अनाज बदलने के लिए जाया करते थे। मैंने अब भी बागों में अंगूरी बेलें देखीं।" देवता क्यों नहीं कुछ करता"—पूछने पर चौकीदार ने कहा—वह असमर्थ है। चौकीदार के कथनानुसार लिप्पा की खड्ड से नहर लाई जा सकती है, जिससे अक्पा का भी उद्धार किया

जा सकता है, रारङ् की भी समृद्धि बढ़ाई जा सकती है। किन्तु यह छोटा काम नहीं है, जिसे कि गाँव वाले कर सकें।

जंगी सतलुज से काफी ऊँचाई पर है। वहाँ से सामने नदी पार मोरङ् गाँव और उसके नीचे वहाँ का दुर्ग है। कह रहे थे, इसे पांडवों ने बनाया। वह "समन्दर" की धार को फेर देना चाहते थे, किन्तु सफल नहीं हुए। पहाड़ों से आए गहरे नाले को एक टेकरी को घेरते देखकर यह कल्पना उठी होगी। लकड़ी-पत्थर का "पांडवों का किला" इसी टेकरी पर बना है।

जंगी ग्राम अवश्य पुराना होगा, किन्तु कोई पुरातन सामग्री नहीं मिलती। कुछ दूर एक निर्जन-सी गुफा में मिट्टी के बने छोटे-छोटे पूजा स्तूप मिले हैं। चौकीदार ने ऐसे चार पूजामंडल दिखलाये जिनमें दो में कुटिलाक्षर में लेख था—एक धारणी और दूसरा "ये धर्मा हेतु प्रभाव...।" दो में भोटिया अक्षर थे, जिनमें एक में भोटाक्षर में "ये धर्मा..." था। जान पड़ता है, वहाँ पास में कोई बौद्ध विहार था। कुटिलाक्षर ग्यारहवीं सदी में व्यवहृत होता था, अतः इन पूजा-मंडलों का साँचा कम से कम ग्यारहवीं सदी में बनाया गया होगा। इन पुरातन गाँवों के गर्भ में न जाने क्या-क्या सामग्री छिपी हुई है। किन्तु, उनकी प्राप्ति और सुरक्षा तो तभी हो सकती है, जब यहाँ लक्ष्मी और सरस्वती का निवास हो।

प्रागैतिहासिक समाधियाँ

सबेरे दूध-रोटी खाकर पड़ाव छोड़ने का अब नियम-सा बन गया था। यद्यपि ज्योतिषियों के अनुसार यात्रा पर दूध वर्जित है। आज तो हम तिब्बत-हिन्दुस्तान सड़क छोड़ बीहड़ पगडंडी पकड़ने जा रहे थे। तीन मील तक सड़क से जाकर लिप्पा खड्ड की उतराई से पहिले ही रास्ता बाएँ से ऊपर की ओर चला। यहाँ वाले इसे रास्ता भले ही कहें, हम तो पगडंडी भी नहीं कह सकते, यह सीधा अजपथ था। घोड़ी भलेमानस मिली थी। चढ़ाई का श्रम मालूम नहीं हो रहा था, किन्तु कितनी ही जगह लोगों के कहते रहने पर भी मैं उतर जाता; सोचता, दिल के दर्द से पैर का दर्द बेहतर है। सचमुच सीधी चढ़ाई कहीं-कहीं शिला पर थी, जिससे घोड़ी का पैर जरा-सा चूका, तो हड्डी-गोड्डी का पता न रहता। सो तो कोई बात नहीं, किन्तु जो कहीं जिन्दगी भर के लिए लुंज-अपाहिज बन के रहना पड़ता तो? सचमुच इधर आने के लिए पछता रहा था, किन्तु "अब पछताये होत क्या जब चिड़ियाँ चुग गईं खेत।" बाईस साल पहिले लद्दाख से लौटते समय सुङ्नम् और फिर कनम् में किसी ने लिप्पा के जोतिसी देवाराम से भेंट करने के लिए कहा था, किन्तु रास्ते के बारे में जो ज्ञान प्राप्त हुआ, उसके कारण मैंने लिप्पा जाने का नाम नहीं लिया, हालाँकि हेमिस लामा ने जोतिसी के लिए अच्छा परिचय-पत्र दिया था और उस समय तिब्बत और बौद्ध धर्म के बारे में मेरे पास जो ज्ञान था, लामा देवाराम से मिलने पर मुझे बहुत लाभ होता। सोचने लगा, शायद उस समय मैं आज से अधिक बुद्धिमान था। मैं इस दुस्साहस के लिए किसी को दोषी नहीं ठहरा सकता था, क्योंकि मैंने स्वयं यह आफत मोल ली थी। कहावत सुनी थी, प्रसव के समय हर एक स्त्री फिर संतान न पैदा करने की शपथ खाती है, किन्तु फिर उसी संकट को निमंत्रित करती है। आदमी दूसरे के तजुर्बे से लाभ नहीं उठाता और स्वयं भी फिर-फिर तजुर्बा करना चाहता है।

मैंने पछताते हुए उस दिन की दैनंदिनी में लिखा था—"इधर कोई पुरानी चीज की आशा न थी, न मिली," किन्तु दूसरे ही दिन (16 जून) "न मिली" लिखना

गलत साबित हुआ। दो मील या अधिक चलने के बाद उतराई आई। रास्ता एक पानी की धार की ओर मुड़ा। यहाँ जंगी वालों के खेत थे। पानी का सुभीता हो और खेत की सीढ़ियाँ बन सकती हों, तो कौन पहाड़ी किसान जमीन को छोड़ सकता है? कुछ किसान आकर खेत बोने की तैयारी कर रहे थे। वहाँ देर से बर्फ पिघलती है और ओगला या फाफड़ा की एक फसल ही हो सकती है। पिछले साल की अतिवृष्टि और अतिहिमपात ने खेतों को कहीं-कहीं धसका दिया था, जिसके लिए किसानों को "सीढ़ियाँ" फिर से बाँधनी पड़ रही थीं। बर्फ-प्रवाह ने कहीं-कहीं वृक्षों को तोड़कर धकेल दिया था। किसान देवदार की लकड़ियों को खेतों में जला रहे थे। हम लोग जरा देर के लिए देवदार की छाया में सुस्ताने लगे। बर्फ का पिघला पानी बहुत शीतल था, किन्तु यहाँ कुछ गर्मी भी मालूम हो रही थी। ग्लुकोस की थोड़ी फंकी मारकर दो कटोरी जल पिया। आगे घोड़ी की जरूरत न समझ लौटा दिया, जरूरत पड़ने पर लिप्पा के एक तरुण की घोड़ी साथ चल रही थी। रास्ता अधिकतर उतराई का रहा, पर कठिनाई में कोई अंतर नहीं। आगे एक सूखी खड्ड मिली। पिछले जाड़े के हिम ने इस रास्ते में रेला किया था और उसने देवदार के बड़े वृक्षों की कैसी गत बनाई थी, उसे देखकर ही विश्वास किया जा सकता था। बहुत कम लेटकर अपनी जगह पर थे, नहीं तो कितने ही उखड़कर घसिटते हुए कहीं से कहीं पहुँच गए थे। वैसे होता, तो वृक्षों के लिए जंगल-विभाग से चिरौरी-विनती करनी पड़ती, किन्तु गिरे सूखे वृक्ष गाँव वालों के होते हैं। इतने वृक्ष गिरे थे कि सारा लिप्पा ढो नहीं सकता था। कम साधन वाले लोगों ने तो एक-एक, दो-दो वृक्षों पर ही संतोष कर लिया, किन्तु कनौर के सबसे धनी जेलदार बंशीलाल ने दर्जनों वृक्षों को अपने हाथ में किया था।

अन्त में एक पर्वत-वाही को पार करते ही लिप्पा सामने दिखाई पड़ा। लेकिन उतराई यहाँ सीधी थी। एक बड़ी, फिर छोटी नदी पारकर गाँव में पहुँचना था। यद्यपि एक नहीं, दो-दो चपरासी एक दिन आगे से पहुँचे हुए थे, किन्तु किसी को अकल नहीं आई कि आगे आकर ठहरने के स्थान की सूचना देता। यह आवश्यक था, क्योंकि जहाँ खड़े होकर हम लिप्पा महागाँव की झाँकी कर रहे थे, उससे दस ही कदम उतर कर बाईं ओर जंगलात की कुटिया का रास्ता था। खटमल-पिस्सू से मुक्त यह स्थान अधिक अनुकूल था। पर, यहाँ ठहरने के लिए हमें गाँव से फिर लौटकर चढ़ाई चढ़ के आना पड़ता।

हम लोग कुछ देर ठमके, फिर पुण्यसागर पता लेने नीचे की ओर जाने लगे। मालूम हुआ लामा सोनम्, डुब्ग्या एक आदमी के साथ गाँव से निकलकर हमारे रास्ते की ओर लपके आ रहे हैं। साधारण बुद्धि ने बतला दिया कि हमारे रहने का प्रबंध गाँव में हुआ है और वह हमारी अगवानी के लिए आ रहे हैं। हम भी उतरने लगे। बड़ी धारा पर एक अच्छा पुल है। उसे पारकर सराय के मकान के सामने से

स्तूप के द्वार के भीतर से पार हो छोटी धारा को पार हुए। छोटी धारा पर कितनी ही पनचक्कियाँ लगी हुई हैं। लामा सोनम् डुब्ग्या पहिले ही पुल के पास पहुँच गए थे। दूसरी धारा पार करते ही लिप्पा के खेत और गाँव शुरू होते हैं। हमारे ठहरने का प्रबन्ध गुम्बा (विहार) में हुआ था और वह आधे पहाड़ की ऊँचाई पर थी। यदि पैदल चलकर वहाँ आतिथ्य स्वीकार करना होता, तो निश्चय ही बहुत मधुर नहीं लगता। ऊपर जाने के लिए घोड़े को सामने रखते लामा ने कहा—जरा चढ़ाई है, घोड़े पर चलें। इससे अच्छी बात क्या हो सकती थी? लिप्पा में पानी की इफ्रात है, कम से कम इस महीने या इस वर्ष में तो जरूर; क्योंकि पिछले साल मेघदेवता बहुत उदार रहे। बाहर तो नहीं, किन्तु गाँव के भीतर घुस कर जब ऊपर की ओर बढ़ने लगे, तो सोचता था, घोड़ी लुढ़क कर सवार को लिए नीचे क्यों नहीं जाती। किन्तु, यहाँ के बच्चों की भाँति बछेड़े भी तो इन्हीं रास्तों पर खेला करते हैं। लिप्पा वाले मानो गौरीशंकर-अभियान के लिए अपने बच्चों को तैयार किया करते हैं, नहीं तो इतनी खड़ी पगडंडियाँ नहीं रखते। खैर, आसपास घर थे, घोड़ों के पैरों पर भी मेरा विश्वास बढ़ता जा रहा था, इसलिए ठेठ गुम्बा के द्वार तक मैं सवार होकर पहुँचा। गुम्बा को लामा देवाराम ने बनवाया, पिता-पुत्र ने मिलकर उसे पूर्णता को पहुँचाया। देवाराम का नाम सारे तिब्बत में मशहूर है। सोनम् डुब्ग्या का जन्म हुआ, स्त्री मर गई, तो देवाराम विरागी हो तिब्बत भाग गए। वहाँ कई साल रहे। उन्होंने जोतिस की पढ़ाई खास तौर से की। घर लौटे, किन्तु फिर ब्याह नहीं किया। तिब्बत में पहिले भी पंचांग बना करते थे। ल्हासा का राजजोतिसी एक ओर पंचांग के एक-एक पृष्ठ को तैयार करता, दूसरी ओर बढ़ई उसे अखरोट की लकड़ी पर उलटा खोदता जाता। पंचांग खोद कर तैयार हो जाने पर लकड़ी से जितनी कापियाँ छापनी होतीं, छाप ली जातीं। खोदी लकड़ी एक साल काम आती। यदि साठ वर्ष तक प्रतीक्षा करने को मिलता, तो जरूर उससे फिर काम लिया जा सकता, किन्तु वहाँ पर पीढ़ी-दर-पीढ़ी के जोतिसी कहाँ हैं। देवाराम ने सोचा, क्यों न मैं एक पंचांग निकालूँ। उन्होंने अपने समय के काशी के लिथो में छपे पंचांगों को देखा था। उन्होंने नया भोटिया पंचांग तैयार कर लिथो में छपाना शुरू किया। ल्हासा के छपे पंचांग में लगता था हाथ का बना महँगा कागज, लकड़ी पर खुदा महँगा ब्लॉक और लिथो था सस्ता। हाँ, देवाराम अपनी इच्छानुसारी संख्या में पंचांगों को जब चाहें, तब नहीं छाप सकते थे। उन्हें दिल्ली या किसी दूसरे शहर के प्रेस में एक ही बार पूरी संख्या में छपवाना पड़ता था, चाहे उनमें कुछ न भी बिकें। किन्तु साथ ही उनका पंचांग सस्ता था। वह आधे दाम पर ल्हासा वाले पंचांग से कहीं अधिक अच्छा पंचांग देने लगे। प्रचार बहुत जल्द बढ़ गया। असल में ग्राहकों की दिक्कत नहीं थी, दिक्कत थी उनके पास पहुँचाने की, क्योंकि भोट देश में डाकघर दो ही चार जगह हैं और वह भी विश्वसनीय नहीं। देवाराम ने अपने आदमियों द्वारा सिलीगोड़ी-कलिम्पोङ्

होते पंचांगों को ल्हासा, टशीलुन्यो, ग्यांची आदि में पहुँचाया। उन्होंने काफी पैसा कमाया। आज उन्हें मरे कई साल हो गए, किन्तु उनका पंचांग अब भी उनके लड़के सोनम् डुबग्या निकाल रहे हैं। पहिले पंचांग का दाम बारह आना था; अब दो रुपया हो गया है। बनारस में इनसे कहीं बड़े पंचांग तिहाई दाम पर मिलते हैं। लोग इतने छोटे तथा महँगे पंचांग को क्यों खरीदते हैं? किन्तु तिब्बत में प्रतियोगिता तब न हो जब कि कोई देवाराम पंचांग निकाले। इन साल भी चार हजार प्रतियाँ छापी गईं, लामा को बेचने का तरद्दुद नहीं है, किसी दूसरे आदमी ने सारी प्रतियों के बेचने का ठीका ले लिया है।

देवाराम जोतिसी थे, लामा (धर्मगुरु) भी थे। उन्होंने पैसा भी खूब कमाया, किन्तु उन्हें पैसा बटोरने का लोभ नहीं था। उन्होंने गुम्बा बनाना शुरू किया, किन्तु उसे अपने जीवन में नहीं पूरा कर सके। पुत्र चाहे पिता की योग्यता न रखता हो, किन्तु पिता के आरंभ किये काम को पूरा करने या जारी रखने के लिए उतनी योग्यता की आवश्यकता भी नहीं है। हाँ, उनमें श्रद्धा वैसी ही है। यद्यपि भोट भाषा-भाषी हैं, न पढ़ने के लिए भोट देश गए, किन्तु वह भोट भाषा खूब जानते हैं। पिता ने आधे गाँव के ऊपर जमीन बराबर करके गुम्बा बनाना शुरू किया। गुम्बा में परिक्रमा के साथ दो बड़े-बड़े जुड़वा मन्दिर हैं, जिनमें एक बुद्ध शाक्य मुनि का और दूसरा आगे आने वाले बुद्ध मैत्रेय का है। मैत्रेय के मन्दिर के भीतर ही भारतीय ग्रन्थों के दोनों विशाल संग्रहों—कंजूर, तंजूर—के रखने के लिए सुन्दर पुस्तकाधानियाँ रखी गई हैं। कंजूर आ चुका है, वह नरथङ् के पुराने ब्लॉक का दु:पाठ्य नहीं, बल्कि ल्हासा का नया सुपाठ्य है। ल्हासा से भारतीय रेलों द्वारा शिमला और वहाँ से ढाई-ढाई सेर की 103 पोथियों को यहाँ लाने में काफी श्रम और धन व्यय हुआ होगा। तंजूर में 235 पोथियाँ हैं। उसके लिए 5 हजार खर्च हो चुका है और वह चीन सीमा पर अवस्थित तेर्गी गुम्बा से मध्य-तिब्बत पहुँच चुका है, लेकिन लिप्पा पहुँचने में अभी और समय और धन लगेगा। यदि सस्ता चाहते, तो आसानी से नरथने का कंजूर-तंजूर मँगा लेते, लेकिन वह सिर्फ पूजा करने भर के लिए होते, उन्हें पढ़ा नहीं जा सकता था, इसलिए समझदार पिता-पुत्रों ने दोनों संग्रहों के सर्वश्रेष्ठ छापे मँगवाए। वैसे ल्हासा का नया कंजूर सुपाठ्य और अधिक सुन्दर भी है।

मैं गलती में पड़ गया और जल्दी के कारण पहिली यात्रा में ल्हासा से लौटते समय नरथङ् के कंजूर-तंजूर को साथ लाया। पछता रहा था और सोच रहा था, कैसे तेर्गी के कंजूर-तंजूर को लाया जाए। दूसरी यात्रा में तेर्गी का कंजूर मिल गया। मैंने आव देखा न ताव, ल्हासा में उधार रुपया लेकर उसे खरीद लिया। पटना पहुँचने पर बहुतेरी कोशिश की, युनिवर्सिटी वालों से गिड़गिड़ाया, अधिकारियों के पास मेरे मित्र जायसवाल जी ने भी कोशिश की, किन्तु डेढ़ हजार रुपये न मिले। "धोबी बसि के का करै दीगंवर के गाँव"—अंत में मैंने कलकत्ता विश्वविद्यालय

को लिखा। रतन को कौन पारखी छोड़ता है। वहाँ से दौड़े-दौड़े डॉक्टर प्रबोधचन्द्र बागची आए। खैर, उसके कलकत्ता पहुँच जाने से मुझे अफसोस नहीं हुआ, वहाँ उसके उपयोग करने वाले तो हैं। किसी समय विद्यालयों में शिरोमणि हमारे नालन्दा-विक्रमशिला के विहार आज कहाँ हैं? तिब्बत से लाई पुस्तकों में नरथङ् का कंजूर-तंजूर ही सालों तक विहार-अनुसंधान-सभा (पटना) में पड़ा रहा। अन्त में उसी तरह उतावलेपन के साथ रंगून विश्वविद्यालय में शीघ्र कंजूर-तंजूर मँगा देने के लिए कहा। मैंने लिख दिया—यहाँ तैयार है, किन्तु यदि सुपाठ्य चाहते हैं, तो कुछ समय प्रतीक्षा कीजिए। तुरन्त भेज देने का आग्रह हुआ। मेरी तो बला टली। अफसोस यही हो रहा था कि क्यों न कुछ साल पहिले यह बात हुई। खैर, रुपये आ गए। कुछ ही समय बाद ल्हासा का नया कंजूर बनकर तैयार हुआ। मैंने तुरन्त मँगा लिया। फिर कुछ वर्षों की प्रतीक्षा के बाद तेर्गी का तंजूर भी मिल गया। दोनों महान संग्रह—जिनमें साढ़े पाँच हजार से अधिक भारतीय ग्रन्थों के अनुवाद हैं और पचानवे सैकड़ा ऐसे ग्रन्थ हैं, जिनके मूल भारतीय भाषा से लुप्त हो चुके हैं—अब पटना जायसवाल प्रतिष्ठान में मौजूद हैं। हाँ, अभी पटना ने इनके उपयोग करने वाले विद्वानों को नहीं पैदा किया, न प्रयत्न किया। लामा देवाराम के पुत्र ने भी मेरे जैसे दोनों संग्रहों का प्रबन्ध किया है।

गुम्बा में मुझे मैत्रेयनाथ के मन्दिर में ठहराया गया। मन्दिर काफी लम्बा-चौड़ा है और उसे चित्रित करने और सजाने में काफी कलात्मक सुरुचि का परिचय दिया गया है। मूर्तियाँ, आलमारियाँ सुन्दर हैं, भित्तिचित्र बनवाने में कला और परंपरा का बहुत ध्यान रक्खा गया है। इसके लिए वह स्वयं सारनाथ (बनारस) गए। वहाँ मूलगंधकुटी में बड़े परिश्रम से बनाए जापानी चित्रकारों के भित्तिचित्र को देखा, उनकी तस्वीरें प्राप्त कीं। फिर लौट कर लद्दाख के एक कुशल चित्रकार से उन्हें चित्रित कराया। तिब्बती कला अब बहुत रूढ़िग्रस्त हो गई है, किन्तु इस चित्रकार ने काफी सफलतापूर्वक सारनाथ के चित्रों को अंकित किया है। दिन भर तो मुझे अच्छा ही अच्छा लगा, किन्तु रात को जब पिस्सुओं ने शरीर में आग लगानी शुरू की, तो नींद कहाँ? अभी अगले दिन भी यहाँ से आसन हटाना मेरे हाथ में न था। लामा ने मध्याह्न भोजन अपने घर में ले जाकर कराया, जो गुम्बा से और ऊपर था। लामा की दो स्त्रियाँ हैं, संख्या बहुत अधिक नहीं है। जब पहिली से पुत्र-लाभ नहीं हुआ, तो दूसरी को ब्याहा, लामा देवाराम का वंश तो आगे चलाना था। सोनम् डुबग्या साठ से ऊपर के हैं, उनका लड़का चिनी में मिडिल में पढ़ रहा है।

खाना खा ही चुका था कि बाजे की आवाज और गीत का स्वर कानों में आया। पूछने पर मालूम हुआ, आज कंजूर की शोभायात्रा है। छत पर से झाँका, तो देखा, गाँव की परिक्रमा कर रहे हैं। सनातन धर्म और आर्यसमाज के प्रचार के यौवन के समय वेदभगवान की सवारी निकलती थी, किन्तु उस समय भी इतनी

श्रद्धा नहीं देखी थी कि लोग अपनी-अपनी पीठ पर एक-एक वेद लादे नगर-यात्रा कर रहे हों। और यहाँ कंजूर की एक-एक पोथी देवदार की मोटी दुहरी पट्टिकाओं में बँधी तीन पंसेरी से क्या कम होगी। लोग उसे उठाए चल रहे थे। इस शोभायात्रा को इसलिए किया जा रहा था कि गाँव में रात-विरात घुस आई अलाय-बलाय भाग जाए। महाक्रान्ति से पूर्व रूस में भी बाइबिल की शोभायात्रा निकाली जाती थी, जब ग्रामीण देखते थे कि मेघ पानी देने में हीला-हवाला कर रहे हैं। बुखारा में जब बोलशेविकों का भारी खतरा हो गया, तो मुल्ला लोगों ने "सही बुखरी" (इस्लामिक स्मृति) को पीठ पर लादकर नगर परिक्रमा की। समझा गया कि इसके बाद नगर पर आक्रमण करने वाले लाल नास्तिकों के गोली-गोलों और उससे भी शक्तिशाली वजन-गोलों का कोई असर नहीं होगा।

मैं कोठे से जल्दी-जल्दी उतर कर नीचे आया, क्योंकि यात्रा को नजदीक से देखना चाहता था। गुम्बा में पहुँचते-पहुँचते वहाँ से बहुत से आदमी बाहर निकल चुके थे, किन्तु अब भी वहाँ दस-बीस मौजूद थे। अधिकांश तरुण-तरुणियाँ थीं, शायद उन्हीं में श्रद्धा अधिक थी। पीठ पर बोझा लिए गाते-बजाते चलना ऐसी सीधी चढ़ाई वाले रास्ते में उन्हीं के बूते की बात थी। सब खूब बने-ठने थे, मेला था। एकाध प्रौढ़वयस्क स्त्री शमलानुमा पुरानी टोपी पहिने थी। शमले वाले पुरुष भी एकाध दिखाई पड़े। सभी स्त्री-पुरुषों के सिर पर टोपीनुमा उलटा कनटोप था जिसकी मेखला में लाल मखमल चमक रहा था। सभी की टोपियों के उलटे कनपटों में सफेद फूलों के गुच्छे भी लटके हुए थे। किन्नर-किन्नरियाँ फूल के बड़े शौकीन होते हैं। फूल मौजूद हो और फूलों का गुच्छा उनकी टोपियों में न लगे, यह हो नहीं सकता। मेरे कहने पर लोग रुक गए। मैंने शोभायात्रियों के फोटो लिए। मालूम हुआ, मेला थोड़ी देर में कंजूर देवालय पर लगेगा। वैसे कंजूर तो इस गुम्बा में भी था, किन्तु पुराना कंजूर-ल्हाखङ् नीचे गाँव से बाहर था। यह अच्छा ही किया था, नहीं तो छह साल पहिले जब गाँव में आग लगी, तो कंजूर-ल्हाखङ् स्वाहा हो गया होता। कंजूर की पोथियाँ भूतों-प्रेतों को गाँव से भले ही भगा सकती हों, किन्तु वह आग से अपनी रक्षा नहीं कर सकतीं।

शाम को कंजूर-ल्हाखङ् की ओर चले। दो जगह गाँव की "सड़क" सीधे पाताल का रास्ता थी। एक जगह तो मैंने हिम्मत से काम लिया, किन्तु दूसरी जगह लाज शरम छोड़ पैरों की मदद के लिए हाथों को भी जमीन पर पहुँचाया। अब मालूम हुआ, अजपथ के अभियानिक कहाँ तैयार किये जाते हैं। इन लोगों में शिक्षा हो, संस्कृति पूरी मात्रा से सन्निविष्ट हो, जीवन की निश्चिन्तता हो, फिर एक नहीं सौ एवरेस्ट-विजय की जयमाला हमारे देश के गले में पड़ी रखी समझो। कंजूर-ल्हाखङ् की सारी छत सजे-धजे नर-नारियों से भरी थी, बाहर बगल के आँगन में ढाई हाथ ऊँची बेंचों के ऊपर 103 पवित्र पोथियों की छल्ली सजाई थी। अभी उसके एक

कोने में दस-एक तरुण नाच रहे थे, वह कुछ गा भी रहे थे। पास में बैठी बढ़इनें डफको और कोली ढोल और मुँह के बाजों को बजा रहे थे। नाच जमी नहीं थी। खैर, मेरे विचार से तो वह अन्त तक नहीं जमी। यदि किन्नर लोगों का यही नाच है जिसे मैंने देखा, तो कहना पड़ेगा, उनमें नृत्यकला का कभी प्रवेश हुआ ही नहीं। जान पड़ता था, तरुण डर रहे थे कि कहीं पेट का पानी न हिल जाए। नृत्य का अर्थ है, कलापूर्ण व्यायाम—कठिन व्यायाम, और यहाँ व्यायाम कहाँ था? थोड़ी देर तक खड़ा होकर देखता रहा, आग्रह हुआ मैं चलकर छत पर कुर्सी के ऊपर बैठूं।

जरूर मैं कुछ देर से पहुँचा और यज्ञारंभ को नहीं देख सका। कंजूर-ल्हाखङ् का देवालय हो या कोई ल्हाखङ्, और उसमें कोई जमीन-जायदाद न हो, यह कैसे हो सकता है, क्योंकि ल्हाखङ् के साल में पर्वदिन आते हैं, उस समय भक्तों में प्रसाद बाँटना पड़ता है। नीचे की तरह किन्नर के देवता सिर्फ "ल" अक्षर नहीं जानते, उनके कोश में "द" अक्षर भी है, तभी तो पर्वदिन में घर के भीतर किसी का रह जाना मुश्किल है। कुछ लोग प्रसाद बाँट रहे थे—प्रसाद था सत्तू का आध-आध पाव का लड्डू (गोला), कलछी भर-भर मदिरा। मदिरा काफी कड़ी जान पड़ती थी, क्योंकि सभी की आँखे लाल थीं। यही बात स्त्रियों के बारे में नहीं कही जा सकती थी। अधिकांश पुरुष इधर-उधर चलते लुढ़क पड़ते थे, जमीन तिर्छा दीवार-सी खड़ी थी, बेकाबू गिरते नहीं तो क्या करते? स्त्रियाँ, जान पड़ता है, चरणामृत भर पान करती थीं, उन्होंने अपनी शालीनता की बड़ी कठोरता के साथ रक्षा की। अपवाद थीं बाजा बजाने वाली कुछ बाढ़िने (बढ़इनें), किन्तु वह भी लुढ़क कर लोगों को हँसने का मौका नहीं दे रही थीं।

लोगों ने बाल-बच्चों के साथ घर से निकल आने में भूल नहीं की थी, क्योंकि इधर के भोले-भाले लोगों में यदि किसी के घर में चोर घुसता, तो भी उसे घर में एक सूत भी जेवर हाथ न आता। सभी स्त्रियाँ चाँदी के जेवरों से लदी थीं। कानों में पाव-पाव भर चाँदी की बालियों के गुच्छक, कंठ में जंजीरें और मालाएँ, बाएँ कन्धे के नीचे दोरु (पहाड़ी ऊनी साड़ी) को समेट कर बाँधने वाले हथेली भर के मयूर-चित्रक शोभा दे रहे थे। पीठ पर पतली रस्सी की तरह बँटे केशों के लम्बे फूँदने पेंडुली के पास तक लटक रहे थे। फुंदने अधिकतर लाल सूत के थे, किन्तु कुच में चाँदी के घुँघरू बाँधे हुए थे। साड़ी का चुनाव किन्नरियाँ मध्य-देशिकाओं की भाँति आगे नहीं, पीछे रखती हैं और कोली साड़ी के इस छोर को बुनने में अपनी सारी कला और सारे रंग को खर्च कर देते हैं। छत पर बहुत सी सम्भ्रान्त कुलीन महिलाएँ भी थीं। जेलदार के घर की महिलाएँ चाँदी की बालियों के गुच्छकों की जगह एक-एक कान में आठ-दस शुद्ध सोने की बालियाँ पहने हुए थीं, उनका गला भी सफेद नहीं, पीला था और नाक का एक नथुना चवन्नी भर चौड़े गोल स्वर्ण-भूषण से ढँका था। साथ ही उनकी नाक में तोले भर की झुलनी भी लटक

रही थी या नहीं, इसे नहीं कह सकता। सोने के आभूषणों से ही तो धन-सम्पत्ति का पता लग सकता है। दुनिया में कौन-सा ऐसा देश है, जहाँ इसका प्रदर्शन न किया जाता हो। जेलदार की महिलाओं में औरों से कुछ और भी भेद थे। मृत जेलदार और उनके भी पिता के समय से वह अपने लिए अकिन्नर-भाषी कनेतों की लड़कियाँ लिया करते थे। मूलतः तो सारा हिमालय किन्नरों का देश था। अब भी वहाँ के निवासियों में पर्याप्त किन्नर-रक्त है, चाहे वह भाषा कोई भी बोलते हों। हाँ, हम जितना भोट-सीमान्त के नजदीक पहुँचते जाते हैं, आँखों और चेहरों पर भोट-रक्त अधिक उछलता दिखलाई पड़ता है। कनम् के नम्बरदार ने कहा था—किन्नरों के भोटिया या कोची (पहाड़ी हिन्दी भाषा-भाषी) के साथ ब्याह से हुई सन्तान बहुत सुन्दर होती है। मुझे इसका कोई ज्वलन्त उदाहरण नहीं दीख पड़ा। हाँ, जेलदार की स्त्रियों में और पुरुषों के मुख पर दूर से भी मंगोल मुखमुद्रा की छाप नहीं थी, हालाँकि यहाँ मंगोल आँख की हल्की रेखा रखने वाले दर्जनों नर-नारी मौजूद थे। लिप्पा-खड्ड (किरङ्-खड्ड) लिप्पा-गंगा कहना चाहिए—ऊपर चार दिन के रास्ते से आती है, जिससे आगे जोत टपकर आप स्पिती पहुँच सकते हैं, जहाँ शुद्ध भोट भाषा-भाषी लोग रहते हैं।

लोग बड़े ध्यान से नाच देख रहे थे, यह नहीं कहा जा सकता। यद्यपि मैं जरूर अपने सामने की हर चीज को ध्यान से देख रहा था। एक जगह दो-तीन स्त्रियाँ डफ पीट रही थीं। उनके पास एक दर्जन आरक्तमुख तरुण बड़े इत्मीनान से छोटे चक्कर में नाच नहीं, टहल रहे थे। पोथियों की छल्ली की दूसरी ओर लामा सोनम् डुब्ग्या निम्न आसन पर बैठे कंजूर की एक पोथी रखे बैठे थे और नर-नारी, बाल-वृद्ध उनके सामने जा थाली में पैसा डाले या बिना डाले सिर नवाते। लामा उनके सिर से कंजूर की पोथी छुवा देते। छत पर बोतलें खनक रही थीं। कितने लोग सिर्फ प्रसाद की मदिरा से संतुष्ट नहीं थे, वह उनके गले को भी सींचने के लिए पर्याप्त नहीं थी। मदिरा बनाने और पीने की यहाँ छूट है।

1921 में जब प्रथम स्वराज की गूंज भारत के कोने-कोने में हुई थी, उस समय गाजीपुर में एक कस्बे सैदपुर के मठ के महात्मा ने आँगन में गाँजा लगा रखा था। कहते थे—"महात्मा जी ने सरकारी दूकान से खरीद कर पीने को मना कर दिया है, इसीलिए अपने राम ने यहीं शकर की बूटी लगा रखी है।" बस यहाँ भी समझिये, वही महात्मा जी के प्रथम संदेश की गूँज आज अट्ठाईस साल बाद भी आ रही है। हाँ, यह जंगी और नीचे की भाँति द्राक्षावलय-भूमि नहीं है, इसीलिए न अंगूरी लाल शिबू बन सकती है, न ही उसकी चुवाई सुरा। किन्तु उससे कोई फर्क नहीं आता, जब कि यहाँ के स्थानीय और परस्थानीय पारखियों के अनुसार बेमी (छोटे आड़ू) की सुरा अंगूरी का भी मुँह मारती है। कुछ भद्रजन मुझसे जरा चलने का आग्रह कर रहे थे, किन्तु मुझे पिंड छुड़ाने में दिक्कत नहीं हुई। हाँ, पुण्यसागर के

पीछे लोग बहुत पड़े, प्रसाद जो था—किस भगवान का? भगवान का कंजूर—बुद्ध के वचन—का प्रसाद! तौबा तौबा!! बुद्ध वचन ने तो बल्कि सर्वभक्षी होने पर भी सुरा-मेरय मद्यपान से सदा के लिए विरत रहने में मेरी बड़ी सहायता की। किन्तु मैं उन मुल्कों में नहीं हूँ कि जो पराई संपत्ति को देखकर ईर्ष्या के मारे जला-भुना करते हैं। मालूम नहीं, पुण्यसागर ने चरणामृत की घूँट लेकर पुण्यार्जन किया या नहीं। हाँ, वह महीने भर से प्रतिदिन दो घंटे मेरे नास्तिक वचनों को सुन जरूर रहे थे, किंतु साथ ही उनका शाम- सबेरे घंटों मंत्र गुनगुनाना कम नहीं हुआ, इसलिए मुझे संदेह था कि उन पर वचनों का कोई असर हुआ। न असर हुआ हो, तो मुझे उसका जरा भी पछतावा नहीं होगा, क्योंकि मैं आर्यमहोपदेशक पंडित भड़ाम सिंह नहीं हूँ!

नशे ने और असर किया। अखाड़े के तरुणों की संख्या बढ़ी। स्थान अपर्याप्त हो चला। सूर्य भी अस्त-अंचल के पीछे काफी नीचे चले गए, किन्तु अभी घंटे भर अंधेरे का डर नहीं था और यहाँ अंधकार से कोई नहीं डरता था। मैं अपने स्थान से आधी रात के करीब तक गीत वाद्य के स्वर को सुनता रहा। जब और नमस्कार करने वाले नहीं रहे, तो लामा आसन से उठे। कंजूर-ल्हाखङ् को काफी पैसे चढ़ गए थे। पुण्यसागर दौड़े लामा की थाली के पास। उन्हें दस रुपये के नोटों के फुटकर रुपये और रेचकियाँ चाहिए थीं। लामा के उठते ही नर-नारियों ने पोथियों को उठा-उठाकर मन्दिर के भीतर पहुँचाना शुरू किया। दस मिनट में वहाँ न पोथियाँ थीं, न बेंचें। अखाड़ा बिलकुल साफ था। मदमत्त हाथी की भाँति झूमते तरुण और बाल तथा प्रौढ़ भी पाँती में शामिल होने लगे। तरुणियाँ, प्रौढ़ाएँ भी आगे बढ़ रही थीं और नर-नारियों की मंडलिका (वृत्त) बढ़ती जा रही थी। बाजे अब मंडलिका के बीच में आकर कुछ अधिक तत्परता से, किन्तु एक ही तान में बज रहे थे। मंडलिका में आधी दर्जन भिक्षुणियाँ (चोमो) भी शामिल थीं। मंडलिका (कायङ्) या गोल पंक्ति स्त्री-पुरुषों की एक थी। हाँ, स्त्रियाँ उसके एक भाग में थीं और पुरुष दूसरे भाग में। मंडलिका में आने वाले नर-नारियों ने हाथों को एक-दूसरे के हाथों में दे रखा था। नवागन्तुक भी आकर हाथ छुड़ा अपना हाथ थमा वहाँ शामिल हो जाते। बाजा अब जरूर कुछ जोर से बज रहा था, किन्तु मैं जैसे खुलकर होते नृत्य के देखने की प्रतीक्षा कर रहा था, उसका वहाँ कहीं पता न था। लोग हाथों में हाथ दिये आगे-पीछे टहल रहे थे। कुछ तरुणों ने जेलदार की पत्नी को भी साग्रह नृत्य का निमंत्रण दिया, किन्तु न जाने क्यों उन्होंने उसे स्वीकार नहीं किया। मेरी उपस्थिति तो वहाँ बाधक नहीं थी? मैं सुरा में तो सम्मिलित नहीं हो सकता था, क्योंकि उसका अविरोधी—जहाँ तक मितपान का सम्बन्ध है—होते हुए भी, मैं अपने आजीवन मद्यपान-विरति के रेकॉर्ड को कायम रखना चाहता हूँ, उसी तरह जैसे मेरे मित्र भदन्त आनन्द अपनी आजीवन घासाहारिता को; किन्तु, यदि कहीं नृत्य जानता होता, जिसका कि मुझे अफसोस रहेगा, तो मैं अखाड़े में कूदने से बाज न आता

और बीच में रोक कर भी अहीर-नृत्य के दो हाथ दिखा के रहता। तरुण पाठकों से, जिनमें घुमक्कड़ी का बीज गर्भित है, मेरा आग्रह है कि वह नृत्य सीखना न भूलें, नहीं तो पर्यटन के आधे रस से वंचित होकर वह आजीवन मेरी भाँति पछताते रहेंगे।

यहाँ की नृत्यकला के चरम रूप को देख लिया। अस्त-अंचल के पीछे धधकती आग की लाली का अब पता नहीं था, चारों ओर अंधकार अपने राज्य का विस्तार करने में लगा था। मैंने पुण्यसागर से कहा—"चलो, रोटी-पानी भी देखना है।" सुफल सत्य के उपलक्ष्य में होता महोत्सव भी आधी रात जाते-जाते समाप्त हुआ। अबके ग्रामवासियों को अपने नृत्योत्सव में अधिक आनन्द आया होगा, इसमें सन्देह नहीं, क्योंकि इधर दो-तीन वर्षों से वृष्टि और हिमपात कम हो रहा था, जिससे छोटी खड्ड (नदी) का पानी जल्दी सूख जाता था। पानी के अभाव में चूलियों (खूबानियों) के कितने ही वृक्ष सूख चले थे। अबकी साल की सुवृष्टि और सुपात के कारण अब वृक्ष फिर हरे हो चले थे, फिर लोगों का हृदय क्यों न हरा होता?

यद्यपि लिप्पा के साधारण परिदर्शन से अधिक की आशा न थी, किन्तु मुझे यहाँ से कनम् जाते समय आई पगडंडी से भी कठोर मार्ग से जाना था, इसीलिए एक दिन और जान बचे, वही गनीमत सोचकर एक दिन और यहीं रहने का निश्चय किया।

✶

अगला दिन (16 जून) बहुत महत्वपूर्ण दिवस सिद्ध हुआ। उसी दिन मुझे किन्नर देश में प्राग् बौद्ध या प्राग् भोटकालीन मृतक समाधियाँ मिलीं, जिनका कुछ वर्णन दूसरे प्रकरण में आया है। मुझे ऐसी समाधियों के कन्नौर में होने के बारे में कहीं पढ़ने का मौका नहीं मिला था। मैं समझता हूँ, किसी दूसरे गवेषक ने भी इनके होने का पता नहीं दिया है। दूसरे दिन दोपहर को लामा से गुम्बा के बारे में बात हो रही थी। लामा ने कहा—'मेरा सम्बन्धी भाई ऊपर—गाँव के सबसे ऊपरी घर के पास—गुम्बा बनाने के लिए भूमि तैयार कर रहा था। वहाँ हड्डियाँ निकल आईं।' मेरे कान खड़े हो गए—कैसी हड्डियाँ? "यहाँ ख-छे रोम्खङ् (मुसलमान कब्रें) निकला करती हैं।" यहाँ ख-छे (मुसलमान) कहाँ? हड्डियों के साथ बर्तन तो नहीं निकलते—मैंने पूछा, "हड्डियों के साथ बर्तन जरूर निकलते हैं।" तो मुसलमान कब्र हर्गिज नहीं। मेरे कहने पर लामा ने आँखदेखी स्त्री को बुला दिया। बर्तन कई मिले, 20, 25 वर्ष की बात है। उसे सारी बातें नहीं याद थीं। मैंने हाल में निकली मृतक-समाधि के बारे में पूछा। मालूम हुआ, एक आदमी के खेत में कुछ साल पहिले कंकाल निकला था। उसके खेत पर पहुँचे, तो पास के खेत में उससे भी पीछे की कब्र निकली मालूम हुई। खेत के मालिक पंजीराम ने पाँच-छह साल पहिले सारे निचले गाँव के जल जाने पर अपने खेत में घर बनाना शुरू किया।

वहाँ एक बड़ी मृतक समाधि निकल आई। कुदाल साथ लिए मुझे घर में स्थान देखने के लिए आग्रह करते देख पंजीराम डरे, कहीं उनके धर में कुदाल न चलने लगे। उन्होंने खेत के ऊपरी भाग को—जिसके पास हम खड़े थे—दिखलाते हुए कहा—एक मास पहिले यहाँ खेत की मेड़ (दीवार) ठीक करते समय कब्र निकली थी। वहाँ खुदाई हुई। हड्डी निकली भी। पंजीराम ने पैसे का आगम देख एक काँसे का कटोरा, मिट्टी का एक मद्यकुलुप भी इसी कब्र से निकला बतलाते दे दिया। हड्डी ऊपर के कूल के पानी के पड़ने से सड़ गई थी, इसलिए उसे लाया नहीं जा सकता। आधी खोपड़ी से पता लगा, खोपड़ी दीर्घ-कपाल है, आजकल के किन्नर गोल-कपाल और मध्य-कपाल होते हैं, जिसका अर्थ है भोट (मंगोलिया) रक्त का अधिक सम्मिश्रण। मालूम हुआ, उस समय लिप्पा के लोगों में मंगोल-रक्त का सम्मिश्रण नहीं हुआ था, अर्थात ईसा की सातवीं सदी के उत्तरार्ध में भोट-साम्राज्य के पश्चिम में विस्तार के आरम्भ या पहिले की समाधि थी। मुर्दे के साथ भोजन और मद्य रखने से यह भी स्पष्ट है कि इन लोगों पर अभी बौद्धधर्म या नव्य हिन्दू-धर्म के कर्म-सिद्धान्त का प्रभाव नहीं पड़ा था।

ऐसी समाधियाँ कनम्, स्पू और भोट-सीमा पर अवस्थित नम्या गाँव तक ही नहीं, बल्कि सुङ्नम्, पंगी और कामरू (वस्पा उपत्यका) तक मिलती हैं। सुङ्नम् के जेलदार तोद्याराम ने बतलाया कि वहाँ किसी-किसी कंकाल के साथ आभूषण भी मिलते हैं। समाधियों में मिट्टी के बर्तन अधिक मिलते हैं, क्योंकि अधिकांश मुर्दे गरीबों के होते हैं। पंजीराम ने यद्यपि छोटी कब्र से निकले कहकर दोनों बर्तन दिये थे, किन्तु मुझे सन्देह है कि इस साधारण-सी कब्र में काँसे का इतना सुन्दर बड़ा कटोरा मिला। उससे दस गज हट कर एक बड़ी कब्र में, जिसमें नीचे उतरने के लिए चार-पाँच पत्थर की खुड्डियाँ लगी हों—कुछ भी न निकले। दूसरे दिन जेलदार वंशीलाल ने कहा—मैं खुद कब्र देखने गया था, उसमें चीजें जरूर निकली थीं। मैं समझता हूँ, यह कटोरा बड़ी कब्र का है। और चीजें क्या मिलीं, इसे पंजीराम जानें। सम्भव है, उन चीजों को पंजीराम ने लोहार को देकर गलवा दिया। अस्तु, किसी सामन्त-सरदार की समाधि मिलने पर उसमें आभूषण, सिक्का जैसी चीजें भी मिलेंगी, जिनसे उस समय के इतिहास पर और रोशनी पड़ सकेगी।

लिप्पा को यहाँ वाले लिथ और भोट भाषा में लिद कहते हैं। यह प्राचीन बस्ती है। आज का गाँव एक खड़ी ढलान वाले पहाड़ की जड़ से ऊपर तक बसा है। आज वहाँ घरों की संख्या सौ से कम है। पुराने समय आबादी और अधिक थी। सारे लिप्पा (किरङ्) खड्ड के किनारे के पहाड़ों पर पत्थरों की बहुत चुनाई पाई जाती है, जो किसी समय खेत थे। नंगे पहाड़ों पर देवदार वृक्षों की पुरानी जड़ें मिलती हैं, अर्थात तब यह नंगे पहाड़ वृक्षों से ढँके थे। खड्ड पर पनचक्की के पत्थर के चक्के भी दूर-दूर तक मिलते हैं। गाँव से पश्चिम छोटी खड्ड पारकर

बड़ी खड्ड के बाएँ तट की पहाड़ी पर एक दुर्ग था, जो आग से जल गया। आग तो किन्नर की बस्तियों का अभिशाप है। लकड़ी का हद से ज्यादा उपयोग, सो भी देवदार की लकड़ी का; जो जरा-सी भी आग लगने पर घी चुपड़े काष्ठ की तरह जलती है। पर्वतस्थ ध्वस्त दुर्ग की भूमि की खुदाई में जरूर पुरानी चीजें मिलेंगी। यद्यपि लोग कहते हैं कि यह किला स्पिती वाले डाकुओं से रक्षा करने के लिए बना था, जिसका अर्थ है सौ-दो सौ वर्ष ही पहिले की बात है; किन्तु मैं नहीं समझता, मृतक-समाधियों के समय वहाँ शत्रुओं से रक्षा पाने के लिए किला न रहा होगा। लिप्पा आज भले ही सड़क से दूर एक कोने में पड़ा गाँव है, किन्तु यह अवस्था सौ साल से पुरानी नहीं है। तिब्बत-हिन्दुस्तान सड़क बनाने से पूर्व तिब्बत से आने वाला व्यापार-पंथ कनम् से यहाँ होते असरङ् के डाँडे को पार कर चिनी और आगे जाता था। इसलिए उस समय यह एक महत्वपूर्ण स्थान था। लिप्पा खड्ड के ऊपर की ओर चलकर डाँडे को पार करके आदमी स्पिती पहुँचता है, जहाँ के डाकुओं की बातें अब भी लोगों को याद हैं। यहाँ से चार-पाँच मील पर अवस्थित असरङ् गाँव के लोग मूलतः स्पिती के बतलाए जाते हैं, खाली जगह देखकर वह लिप्पा वालों से भूमि ले यहाँ बस गए। लिप्पा से तीन-चार दिन में आदमी स्पिती पहुँच सकता है। लिप्पा से एक रास्ता सीधा सुङ्नम् जाता है, जिससे एक दिन में वहाँ पहुँच सकते हैं, किन्तु रास्ता बहुत कठिन और सीधी चढ़ाई का है।

जेलदार बंशीलाल बीमार थे, इसलिए मिलने न आ सके थे। पहिले ही दिन शाम को उन्होंने भोजन के लिए निमंत्रण दिया था। मैंने प्रस्थान के दिन आने के लिए कहला भेजा था। चलने के दिन (17 जून) सामान बेगारू पर भेज पुण्यसागर के साथ मैं जेलदार के घर पहुँचा। गाँव में आग इन्हीं के घर से लगी थी। कोठे पर देव मन्दिर था। पुजारी जोकठी (दीप-काष्ठ) बालकर मन्दिर में गया था। जोकठी को वहीं फेंक कर वह नीचे जा सो रहा। आधी रात को होश आया, तो वह दौड़ा-दौड़ा ऊपर पहुँचा। भीतर धुआँ भर गया था। पुजारी ने दरवाजा खोल दिया। बाहर हवा तेज थी, खोलने के साथ ही वह जोर से भीतर घुसी। पचासों वर्ष से सूखा देवदार काष्ठ प्रज्वलित हो उठा। पुश्तों के धनी जेलदार का घर ही नहीं, बल्कि सारा निचला गाँव जलकर भस्म हो गया। नेपाल तराई के गाँवों में इस तरह बहुधा आग लग जाया करती है। वहाँ के मकान ज्यादातर फूस के हुआ करते हैं। पुराने समय में जंगलों की अधिकता से नीचे के नगर और गाँव अधिकांश लकड़ी के हुआ करते। पाटलीपुत्र (पटना) के लिए बुद्ध ने कहा था, उनके तीन शत्रु होंगे—आग, पानी और आपसी फूट। राजगृह नगर में तो आग की बला इतनी बढ़ी हुई थी कि राजा ने नियम बना दिया—जिसके घर में अर्थात जिसकी असावधानी से आग पहिले शुरू होगी, उसे नगर से निकल पर्वत-प्राकार के बाहर दक्खिन ओर जाकर बसना होगा। संयोग से आग राजमहल में ही पहिले लगी। नियम-पालन करते राजा

ने बाहर निकल कर अपना नया महल और दुर्ग बनाया, जो पीछे नये राजगृह के नाम से दूसरा शहर बस गया। जेलदार के यहाँ वैसा कोई नियम नहीं था। जलकर खाक हो जाने पर लोगों ने फिर अपनी पुरानी जगहों पर घर बना लिया। लकड़ी मुफ्त और इफ़रात से मौजूद थी, सिर्फ श्रम की आवश्यकता थी। चार-पाँच वर्ष के भीतर ही सारे घर बन गए। जेलदार का मकान दूर से आलीशान मालूम होता है, यद्यपि वही बात भीतर से नहीं देखी जाती, किन्तु उसे खराब नहीं कह सकते। खर की छतें बहुत ऊँची नहीं हैं, खिड़कियाँ कम और छोटी हैं, वही बात कोठरियों की भी है। किन्तु यह भी स्मरण रखना चाहिए कि 9 हजार फुट की सर्दी और हवा के जाड़ों में उन्हें मुकाबिला करना पड़ता है।

जेलदार हमें ऊपरी कोठे के बैठके पर ले गए। यह बैठके का बैठका और देवालय का देवालय है। सजावट तिब्बती ढंग की और बैठने के लिए मोटे गद्दे और सामने चाय के प्याले आदि के रखने के लिए सुचित्रित छोटी चौकियाँ (चोकचिताँ) रखी थीं। गद्दी के आसन पर चीनी ढंग का तिब्बत में बना नफीस कालीन बिछा था। बैठकर बात होने लगी और नमक-मक्खन में बनी पौष्टिक तिब्बती चाय आ पहुँची। चीनी सुन्दर प्याला भी तिब्बती ढंग से गंगा-जमुनी बैठकी और ढक्कन के साथ था। कह चुका हूँ, जेलदार बंसीलाल का घर सारे किन्नर का सबसे धनी कुल है। इसका परिचय पौन-पौन हाथ ऊँची चाँदी की मूर्तियाँ, सुनहरे छत्रों, चाँदी की डेढ़ हाथ ऊँची मानी (मंत्र जाप के यंत्र) से मिल रहा था। उनकी माँ और स्त्री के कान और कंठ सोने से पीले थे। मन्दिर की सब पुरानी चीजें नहीं हैं, क्योंकि जलते घर से बहुत कम सामान निकाल पाए थे। उनका खानदान पुराना है। मैंने पुराने कागज-पत्र देखना चाहा, किन्तु वह सब आग में दग्ध हो गए थे।

जेलदार बिना भोजन कराए कहाँ जाने देने वाले थे, यद्यपि मैं चाय में सने सत्तू की दो-तीन पिंडियों को खाकर चलने की सोच रहा था, किन्तु उधर पूड़ी, हलवा, तरकारी बन रही थी। बंसीलाल जी माँ की ओर से पहाड़ी हिन्दी भाषा-भाषी क्षेत्र के हैं। उनकी पत्नी भी किन्नरी नहीं, कोची हैं। इसका प्रभाव भोजन के ऊपर भी था। चीनी के लिए अभिशप्त होने पर भी मैं हलवे को अछूता नहीं छोड़ सकता था। बंसीलाल तीन भाई हैं, चौथा पहिले मर गया। स्वयं सातवें दर्जे तक पढ़े हैं, मँझला आठवें दर्जे तक, सबसे छोटा नवीं श्रेणी में रामपुर में पढ़ रहा है। अभी तीनों भाइयों को कोई पुत्र नहीं है। सबका पांडव विवाह है, इसे कहने की आवश्यकता नहीं। यदि यह प्रथा घर ने मानी न होती, तो इतनी पीढ़ियों तक खेत-धन-मकान बँटकर यह भी साधारण किसान रह गए होते।

तिब्बती सीमांत की ओर

घड़ी तो शिमला बनने गई थी, इसलिए ठीक-ठीक नहीं कह सकता, शायद जेलदार के घर से निकलते-निकलते नौ बज गया था। अब फिर अजपथ सामने था और आए रास्ते से अधिक लम्बा, अधिक ऊँचा। "न आए से भय खाओ, सामने आए का साहस के साथ मुकाबिला करो" सिद्धान्त को मानते हुए मैं घोड़े पर सवार हुआ। घोड़ा भलेमानस था, अजपथ में जैसे-तैसे घोड़े पर सवारी नहीं की जा सकती। यदि कमजोर हुआ और बैठने लगा, तो वहाँ बैठने की जगह नहीं, वह फुटबॉल की भाँति केवल लुढ़क भर सकता है। यदि सबल और चपल हुआ, तो भी खैरियत नहीं। घोड़ा दोनों नहीं था। यहाँ से घोड़े वाले के अतिरिक्त और भी आदमी साथ जा रहे थे। रास्ता लिप्पा-गंगा (किरङ्-खुड्ड) के बाएँ, किन्तु तट से दूर और ऊपर की ओर जा रहा था। कुछ मील चल कर रास्ते में लिप्पा वालों की खेती पड़ी। कुछ फसल हरी और कुछ बोई जा रही थी। वही सर्वव्यापिका चूली के और कुछ दूसरे फलवृक्ष भी थे। किन्तु, यहाँ फलों पर अधिक ध्यान नहीं था। ध्यान तो कहीं भी अधिक नहीं था। किन्नर भूमि प्रकृति की ओर से मेवों की भूमि बनाई गयी है। अल्प प्रयास से क्वेटा-काबुल के सारे फल यहाँ लग जाते हैं, इसलिए लगा दिये जाते हैं। किन्नर लोग सुरा देवी के अनन्य उपासक हैं और यह कहना पड़ेगा कि सुरा बनाने में नित नये तजुर्बे करने में भी लासानी।

तजुर्बे के लिए पूर्ण स्वतन्त्रता देकर सरकार भी कम श्रेय भागी नहीं है। किन्नर ने सारे अन्नों और फलों की सुरा भभके से खींचकर देखी है। फल पानी में डालकर रख दिये जाते हैं। जब खमीर उठकर उबलने लगता है, तो चखकर देखते हैं कि नशा आया या नहीं, फिर भभके से भाप बनाकर उसका अर्क खींच लेते हैं। यह बत्ती में डुबो कर जलाने से जलने लगता है। डॉक्टर ठाकुर सिंह बातूनी माली की शिकायत कर रहे थे—वही माली जिसे देखकर पता नहीं लगता कि वह कार्यारूढ़ माली है या पेंशन प्राप्त। ठाकुर सिंह के पास परारसाल के दो-ढाई मन सूखे सेब, नाशपाती अब भी मौजूद है जिनका उपयोग सुरा बनाने में ही होता है। उन्होंने घड़ा बैठा रखा

था। उफान आने पर उक्त माली को चखने के लिए दिया। माली उन आदमियों में है, जिसका नशा ठिलिया में नहीं, अपने पेट में रहता है; कह दिया—खूब नशा है, खूब स्वाद है। ठाकुर सिंह वैसे तो नियम से प्रति सायं सुराभगवती का सेवन करते हैं और "मोरी" की शराब पूरी एक बोतल भी अपर्याप्त होती है, किन्तु चूक गए। माली की बात पर विश्वास कर के भभका लगा दिया। सुरा आसूत हो गई, चखा तो मालूम हुआ, पूरी तैयार नहीं है। होशियार भी कभी-कभी धोखा खा जाते हैं। खैर, किन्नरों के सुरा के तजुर्बे में चार-पाँच ही साल पूर्व बेमी (छोटा आड़ू) शामिल हुई और आज यहाँ के पारखी उसे शराबों की रानी कहते हैं। बेमी का सम्मान अब बहुत बढ़ चला है। चूली (खूबानी) की सुरा का तजुर्बा उससे पीछे हुआ है वह भी सफल, यद्यपि गुण में वह सबसे पीछे है। अब तो किन्नर कह रहे हैं कि घरू-जंगली सभी किस्म के फलों की शराब निकाली जा सकती हैं, फल सिर्फ जहरीला नहीं होना चाहिए। मैंने तो कहा—फल और अनाज को तो तुम ले ही चुके, न्योजा और देवदार के काष्ठों पर भी क्यों न तजुर्बा कर डालो—काष्ठ को छोटा-छोटा काटकर या आरे के चीरे चूरन को पानी में डाल खमीर तैयार करो और फिर भभके से खींच लो। देखें, बीज तो डाल दिया है, क्या जाने अंकुर निकल आए। मेरे इस नुस्खे का यही अर्थ है कि हजारों मन अनाज और मेवा इस तरह बच पाए तो अच्छा।

इस रास्ते कनम् आठ-नौ मील से अधिक दूर नहीं है, किन्तु कान में तो लड़कपन की कहावत गूँज रही थी—'बरस दिन के रास्ते जाना, छह महीने के रास्ते नहीं'। रास्ते में कई स्थानों पर अनगढ़ पत्थरों की सीढ़ियाँ थीं, जहाँ प्राय: मैं घोड़ी से उतर जाता, यद्यपि साथी कह रहे थे—कोई हर्ज नहीं। मैं चढ़ाई में भी काफी पैदल चला, तो भी घोड़ी ने बड़ी सहायता की। अन्त में जोत पर पहुँचे, जो ग्यारह हजार फुट से कम न होगी। वहाँ से दूसरी ओर नीचे दूर लब्रङ् और कनम् दिखलाई दे रहे थे। इधर पर्वत गात्र पर देवदारु-जातीय वृक्ष अधिक थे। जरा देर विश्राम करके फिर चले। अब घोड़ी का काम नहीं था, किन्तु आदमी लब्रङ् से लौटने वाले थे। मनोरम देवदारु-स्थली थी, किंतु पानी की बूँद भी कहीं दिखलाई नहीं पड़ती थी। कुछ महीने पूर्व वहाँ से आए गए पथिकों के जलाए चूल्हों के कोयले और राख पड़ी थी। उस वक्त यहाँ की बर्फ पिघल रही होगी और पानी सुलभ रहा होगा। जूड़ी छाँह में बस पानी की ही लालसा थी, किंतु उसके लिए काफी उतरना पड़ा, तब तक वृक्ष लुप्त हो चुके थे। खड्ड में जाकर पीने के लिए पानी मिला। इससे पूर्व ही हिमानी-प्रपात की ध्वंस-लीला की साखी बहुत से टूटे-उखड़े गिरे वृक्ष दे रहे थे। आगे लब्रङ् का सतमहला दुर्ग आया।

लब्रङ् का शब्दार्थ है लामामहल या राजमहल, किन्तु यहाँ यह नाम दुर्ग का नहीं, गाँव का है। लामामहल या लामा का प्रसिद्ध मठ यहाँ कभी रहा हो, इसका तो पता नहीं; हाँ, यह दुर्ग अवश्य राजमहल होने का सबूत देता है। दुर्ग ऊँचा काफी

है, किन्तु उसकी लम्बाई-चौड़ाई बीस-पच्चीस हाथ से अधिक नहीं है। इसकी दीवारें गढ़े पत्थरों और देवदारु के सुघड़ बल्लों से चिनी गई हैं। हर तीन-चार पत्थर की पटियों के बाद लकड़ी है। दीवारों में कुछ-कुछ दूर पर सातों खंडों में छोटे-छोटे जुड़वा काष्ठ छिद्र (जोड़े गवाक्ष) हैं, जिनसे दुर्गस्थ आदमी तीर या पत्थर फेंकते रहे होंगे। लोग यह नहीं बतला सकते कि दुर्ग को किसने बनाया। इस बात में यहाँ के लोगों की स्मृति बहुत दुर्बल है। बूढ़े कहते हैं—राजा का है, अर्थात रामपुर के राजा का; राज्य की ओर से जो इसकी मरम्मत होती आ रही है। अब वह भी बन्द है और सातवाँ तल ढंढ-मंड होने लगा है। पूछने पर बतलाया गया, ऊपर थुनथुन् ग्यल्पो देवता रहता है, किन्तु उसकी मूर्ति आदि नहीं है। दुर्ग के उपयोग के बारे में कहा जाता है, जब भोटिया लुटेरे आते, तो लोग घरों को छोड़ दुर्ग में बन्द हो जाते और भीतर से तीर और पत्थर छोड़ते। यह अविश्वास की बात नहीं है। भोटिया लुटेरे की बात ही क्यों, उस समय किन्नर लुटेरों की भी कमी नहीं थी। नाको (हङ्रङ्) का एक आदमी तिब्बत की लूट से ही धनी हो गया था, उसे मरे अधिक दिन नहीं हुए। वह किन्नर तरुणों को अभियान के लिए भर्ती करता, उन्हें हथियार, खर्च-बर्च देता, फिर बदले में लूट कर लाए माल में से घर बैठे एक-चौथाई बँटा लेता। वैसा ही तिब्बत और स्पिती वाले भी करते होंगे।

मुझे तो जान पड़ता है, यह दुर्ग 'ठाकरस्' के जमाने की यादगार है। यदि यह वही मूल इमारत नहीं, तो उसी का संस्कृत रूप है। फिर वही प्रश्न—'ठाकरस्' के वंशज अब कहाँ हैं? हर जगह पुराने राजवंशों की दरिद्र संतानें देखी जाती हैं, यहाँ ही क्यों उनका अत्यन्ताभाव? लाहुल (कुल्लू) में ठाकरों के वंशज मौजूद हैं, आज भी वह ठाकर कहे जाते हैं, फिर किन्नर ही में इसका अपवाद क्यों? चाहे लब्रङ् में ठाकरवंश न हो, किन्तु उससे दो-ढाई मील नीचे स्पीलों में अब भी एक ठाकर परिवार है। सुन्नम् जेलदार तोब्ग्याराम के कथनानुसार, वर्तमान परिवार ठाकर वंशज नहीं, बल्कि ठाकर के घर का वासी है। जो हो, वर्तमान परिवार से पूर्व वहाँ ठाकर के होने का तो पता लगता है, किन्तु चिनी, तङ्लिङ्, चगाव आदि में ठाकरों का नाम तक नहीं मिलता।

लब्रङ् के सबसे पुराने खानदान के बारे में पूछने पर ओमङ्सिङ् परिवार का पता लगा, जो निस्संतान हो गया है। किन्नर में हर घर का नाम होता है, वैसे ही जैसे तिब्बत में, किन्तु कितनी ही बार लोगों ने बहुपतिकता धर्म का प्रत्याख्यान किया, जिससे उस घर से हुए कई गृहों का नाम एक मिलता है। दुर्ग के पास ग्रामदेवता का पत्थर का मन्दिर है। किन्नर में देवताओं के मन्दिर अधिकांश काष्ठ की छत और काष्ठ मिश्रित दीवार वाले होते हैं, यहाँ का देवता सक्कंशू इसका अपवाद रखता है। मन्दिर से नीचे के मकान में एक तरुण था, जिसे चिनी पोशाक पहिना दी जाती, तो कोई उसे पहचान न पाता। उसे इशारे से पास आने के लिए कहा। तरुण मैट्रिक

तक पढ़ा था। उसने बुलाने पर बुरा नहीं माना, मैं भी क्षमा-प्रार्थी हुआ। उसने भी लब्रङ् के इतिहास पर कोई प्रकाश नहीं डाला। लब्रङ् गाँव बड़ा है। साठ कनैत, दस कोली और पाँच लोहार परिवार रहते हैं। काफी खेत हैं, किन्तु सबके पास नहीं; कोली-बढ़ई अधिकतर हाथ की मेहनत पर गुजारा करते हैं। दूसरों की भी समृद्धि खेती के अतिरिक्त भोट के व्यापार पर है। इनकी भेड़-बकरियाँ चारे की कमी के कारण जाड़े में नीचे चली जाती हैं—कनौर की एक लाख भेड़-बकरियों में दो-तिहाई की यही हालत है। तरुण की शिक्षा का भी उपयोग बस गर्मियों में तिब्बत में व्यापार और जाड़ों में नीचे भेड़-बकरी की चराई में होता है। एक दिन कनम् का एक तरुण चिनी में रास्ते में मिला था। वह मैट्रिक पास, ट्रेनिंग पास, पोस्टमास्टरी का काम सीखे था, किंतु नौकरी छोड़ अब अपनी भेड़ों के साथ रहता था। कहता था—"22 रुपया मास में कैसे गुजर-बसर हो। मैंने कहा, मुझे अपने गाँव के स्कूल में रख दो कि मैं कुछ घर का भी काम करके गुजारा कर सकूँ, किन्तु उसे भी स्वीकार नहीं किया गया। लाचार हो इस्तीफा देना पड़ा।" ऐसे तरुणों ने शिक्षा प्राप्त कर अपना और अपने देश का क्या उपकार किया? किन्तु इसके लिए उनको दोषी नहीं ठहराया जा सकता, आखिर पेट बाँधकर कौन काम कर सकता है?

दुर्ग से नीचे गाँव में गए। चश्मे के नीचे कुंड और ऊपर गणेश जी महाराज की मूर्ति अंकित देखी। ब्राह्मण-धर्म का लामा-धर्म को पछाड़ने का प्रयास! आगे खेतों के किनारे-किनारे उतरते हुए फिर हिन्दुस्तान-तिब्बत सड़क पर पहुँच गए जो कनम् खड्ड में ऊपर की ओर जा रही थी। खड्ड का पुल गिर-सा रहा था, इसलिए उसकी बगल में अस्थायी पुल बना दिया गया था। पुल पार कर हम कनम् की सीमा में खेतों के किनारे-किनारे कुछ दूर चढ़कर गाँव से पहिले ही पी.डब्ल्यू.डी. डाकबँगले में पहुँच गए। चपरासी पहिले ही पहुँच चुका था। बँगले के चौकीदार हैं गाँव के नम्बरदार और कनौर के बड़े धनिकों में से एक। उनके बड़े भाई सड़क-इन्सपेक्टर बाबू बेलीराम से 1926 में मेरा परिचय हुआ था। बेलीराम की मृत्यु कई साल पहिले हो गई। उनके भाई नम्बरदार घर में थे। उनका लड़का बँगले में मिला और मेरे आते ही बँगले में ठहरने का पास माँगा। कही चुका हूँ, "सारे बँगले जंगल विभाग के हैं," मुझे यह भ्रम हो गया था और पंजाब की पी.डब्ल्यू.डी. से पास नहीं लिया। मैंने कहा—पास नहीं है। न जाने क्यों तरुण चौकीदार-पुत्र ने बँगला खोलने में रुकावट नहीं पैदा की। कनम् महत्वपूर्ण स्थान है। मैंने उसे अच्छी तरह देखने का काम लौटते समय के लिए रखा, इसलिए उसके बारे में कुछ और लिखना भी तब तक के लिए स्थगित करता हूँ।

18 जून को दिन चढ़ आने पर हम आगे चले। कनम् सतलज की धारा से बहुत ऊपर बसा है और सड़क उससे भी ऊपर होकर जाती है। कितनी ही दूर तक सड़क और ऊपर की ओर चली, यद्यपि इसके लिए श्यासो खड्ड में उसे बहुत

उतराई पार करनी पड़ी। बीच के एक सूखे नाले में सड़क के लिए ठोस जमीन पाने के लिए ऐसे करना जरूरी था। नाले से आगे रास्ता अच्छा रहा! श्यासो पुल पर पहुँचने से पहिले दो मील घूम-घुमौआ उतराई के थे। धूप तेज थी। कनम् 9470 फीट ऊँचाई पर है और उतराई से पहिले की सड़क अधिकतर 10,000 फीट पर जाती है। धूप असह्य मालूम हो रही थी, मैं पछता रहा था, क्यों हैट साथ लाकर शिमला छोड़ आया।

पिछली यात्रा में श्यासो खड्ड से आगे तिब्बत-हिन्दुस्तान सड़क नहीं गई थी। खड्ड का नया लोहे का पुल भी पीछे बना। आगे स्पू और नम्या तक सड़क 1927 में बनी। किन्तु अभी हमें स्पू की ओर जाना नहीं था। मैं तो पहिले स्पू और नम्या ही जाना चाहता था, किन्तु पुण्यसागर ने कह दिया, "स्पू के लिए बेगारू और घोड़ा सीधे नहीं मिलेगा," यद्यपि यह बात गलत थी। कहने पर वह मिल सकते थे। यदि मैं उस दिन स्पू की ओर चला गया होता, तो लौटती बार सुङ्नम् जरूर जाता। खैर, हम पुल पार हो ऊपर की ओर मुड़े। अब सड़क नहीं, ग्रामीण रास्ता था। जाड़ों की बर्फ रास्तों को खराब कर देती है। यहाँ के लोगों के लिए तो कोई खास नहीं, वह तो ऐसे रास्ते को दुर्गम नहीं कहते, जहाँ बकरी का बच्चा चला जाता है। भाग्य कह लीजिए या तहसीलदार साहेब का तुरन्त होने वाला दौरा कारण था जिससे दो-तीन गाँवों के नर-नारी—अधिकतर नारियाँ—सड़क बनाने में लगे थे। पत्थर नीचे लुढ़काए जा रहे थे और रास्ते को पाट-पूट कर हाथ भर चौड़ा बनाया जा रहा था। ऊपर श्यासो तक रास्ता ठीक हो चुका था। हमें दो ही एक फर्लांग बिना बने रास्ते से चलना पड़ा। आगे दो मील श्यासो गाँव में पहुँचने तक चढ़ाई ही चढ़ाई थी, किन्तु भयंकर नहीं। वैसे कनम् के बाद ही से पहाड़ों से वृक्ष लुप्त होने लगे थे, किन्तु यहाँ तो नग्नता का राज्य—तिब्बत का दृश्य—था। हाँ, परले पार के पर्वत पर कहीं-कहीं ऊपर की ओर पद्म, न्योजा या देवदारु के कृशगात्र वृक्ष दिखलाई पड़ते थे। आधे से अधिक मार्ग को पैदल पारकर घोड़े पर सवार हो दोपहर होते-होते हम श्यासो गाँव में पहुँचे।

लकड़ी की कमी का प्रभाव घरों पर दिखाई पड़ रहा था। वहाँ लकड़ियों की जगह अधिकतर अनगढ़ पत्थर दिखलाई पड़ रहे थे। तहसीली चपरासी पिछले ही दिन यहाँ पहुँच चुका था। वह बीस बरस का होने पर भी 14 बरस का छोकरा मालूम होता था, उसके रहने न रहने से कोई अन्तर नहीं पड़ता था।

जब सड़क स्पू नम्या नहीं गई थी, तो यहाँ डाकबँगला था। बँगले का सामान—लकड़ी और दरवाजे-खिड़कियाँ उठ कर नम्या चली गईं, किन्तु दो-तीन कोठरियों का एक घर अब भी मौजूद है। उसकी अवस्था देखने से जान पड़ता है, उसे गिरने के लिए छोड़ दिया गया है। जाड़ों में लोग अपनी भेड़-बकरियाँ उसके भीतर बाँधते हैं, चारों ओर गंदगी का राज्य, वर्षों से मरम्मत नहीं हुई। आखिर ऐसी

इमारत बनवाने में चार-पाँच हजार रुपया खर्च होगा। कई समृद्ध गाँवों का रास्ता इधर से जाता है, जिसमें सुङ्नम् अपने गुदमों, पटुओं और पट्टियों के लिए ही नहीं, अंगूरों के लिए भी सदियों से प्रसिद्ध रहा और आगे हिमाचल के फल प्रधान होने पर यहाँ के उद्योग परायण लोगों की मेहनत से वह फिर महत्वपूर्ण स्थान ग्रहण करेगा। फिर ऐसे सरकारी मकान की उपयोगिता से कौन इनकारी हो सकता है? श्यासो चाहे दस ही घरों का गाँव हो, किन्तु है तो गाँव, जिसे अनिवार्य शिक्षा के समय स्कूल की आवश्यकता होगी, फिर इस बने घर की उपेक्षा क्यों?

हम गाँव से बाहर उक्त मकान के पास कूल (कुल्या) के किनारे छाया में बैठ गए। बेगारू पहिले चले आए थे। घोड़ा और बेगारू यहाँ से लौटने वाले थे। मालूम हुआ, ऊपर से आया घोड़ा तैयार है और बेगारू भी। मिलने वाले घोड़े का गुण मालूम हो गया होता, तो चार मील और कनम् वाले घोड़े को ले जाकर हम सुङ्नम् पहुँच जाते, किन्तु जान पड़ता है, सुङ्नम् के लोग जितना मेरे आने के लिए उत्सुक थे, वहाँ का देवता उतना ही बाधा के लिए उतारू था। बेगारों को मजूरी दी गई। बेगारू अधिकतर कोली होते हैं, यद्यपि इसका यह अर्थ नहीं कि कनेत बेगार नहीं करते। वह होती भी हैं अधिकतर स्त्रियाँ। दोनों बेगारू कोली थे, एक षोडशी और एक पुरुष। किन्नरियों का कंठ चाहे जितना सुन्दर-मधुर हो, किन्तु यहाँ सौन्दर्य की बहुत कमी है और यहाँ थी, एक कोली (अछूत) दुहिता, जिसे मैं सारे किन्नर की जनपद-कल्याणी कह सकता था, उसका रंग गोरा, नाक उन्नत, चेहरा संतुलित, आँखें बड़ी, ओठ पतले थे। ऐसे ही रत्नों के लिए ब्राह्मण महर्षियों ने फतवा दिया था—"स्त्रीरत्नं दुष्कुलादपि"।

बेगारू गए हमारे लिए छाछ आया। गर्मी में वह और मधुर लगा। थोड़ी देर बाद हम सुङ्नम् की ओर चले। सुङ्नम चार ही मील था, सोचा दो घंटे में वहाँ होंगे। गाँव के पास की छोटी खड्ड के पार हुए। चढ़ाई शुरू हुई। घोड़ा लाया गया। पहिले-पहिल उस पर चढ़ना था, इसलिए अच्छी जगह में ही चढ़ना मैंने पसंद किया। पीठ पर सवार होते ही घोड़ा कूदने लगा। भला ऐसे घोड़े पर बिना मरम्मत किये रास्ते में चढ़ना क्या आत्म-हत्या से कम था? लोगों ने घोड़े को पकड़ा और मैं सही-सलामत नीचे उतर आया। तय किया, पैदल चलने का। चढ़ाई ही चढ़ाई और कठिन सीधी-सी चढ़ाई, धूप सामने की, थकावट अलग। ऊपर से लौटते समय सीधी उतराई का ख्याल, सबने मिल कर दिमाग में खिचड़ी पकानी शुरू की—सुङ्नम् में क्या धरा है, एक बार तो तुम वहाँ हो भी आए हो, व्यर्थ की बला मोल लेनी कहाँ की बुद्धिमानी? एक मील तक खिचड़ी पकती रही। बेगारू आगे बढ़ते जा रहे थे, निर्णय देर तक रोका नहीं जा सकता था। पुण्यसागर बहुत दूर नहीं थे, उन्हें पुकार कर कहा—"सुङ्नम् यात्रा स्थगित, बेगारूओं को श्यासो लौटने के लिए कहो, एक बात।" मैं पीछे लौट पड़ा।

रास्ता कठिन जरूर था, किन्तु लिप्पा के आगे-पीछे का रास्ता भी इससे अच्छा न था। यदि कई कारण एकत्रित न हो गए होते, तो सुङ्नम् पहुँच जाता। खैर, अब तो लौट पड़ा था। गाँव के पास पहुँचकर प्रतीक्षा करने लगा। साथ वाले भी आ गए। श्यासो-बिस्ट (श्यासो-वजीर) का घर बड़ा था, उसकी छत भी चौड़ी थी। मैंने वहाँ डेरा देना पसन्द किया, किन्तु तब तक चपरासी और गाँव के मेट (चारसू) ने एक कुटिया में ले जाकर डेरा गिरा दिया। श्यासो दस घर का छोटा गाँव ही नहीं है, बल्कि उसकी सूरत से दरिद्रता बरसती है, जिसका मलिनता से चोली-दामन का साथ है। मलिनता तो खैर उतनी असह्य वस्तु नहीं थी, आखिर मैं कई बार तिब्बत की मार खा चुका हूँ, किन्तु मलिनता जहाँ हो, हो नहीं सकता वहाँ पिस्सू खटमल प्रचुर परिमाण में न हों। दोनों की मार को अपुन आज तक बर्दाश्त नहीं कर सके—कायरता कह लीजिए। जितने साथी थे, जान पड़ता है, सभी पिस्सू खटमल जाति के दलाल थे। मैंने पुण्यसागर से कहा—बिस्ट की छत के पास डेरा लगवाओ, जिसमें दुश्मनों के आक्रमण के समय रात को छत पर भागा जा सके।

श्यासो

श्यासो-बिस्ट अभी बीस साल पहिले तक बहुत धनाढ्य परिवार था। किसी समय नन्ताराम के पुत्र इन्दरदास का जमाना चमका हुआ था। वह पढ़े-लिखे होशियार आदमी थे। पढ़े-लिखे का अर्थ अंग्रेजी-फारसी पढ़ा-लिखा नहीं समझिए। सौ साल पहिले मामूली टॉकरी (गुप्त लिपि से निकली पहाड़ों की पुरानी लिपि) लिख-पढ़ लेना भी विद्या का ओर समझा जाता था। उस समय बुशहर-राज्य के हर इलाके में बिस्ट या वजीर होते थे, जिनका वचन वहाँ के लोगों के लिए कानून था। आमदनी का क्या पूछना है? ऊपर से तिब्बत का व्यापार भी था। इन्दरदास ने खूब सम्पत्ति पैदा की, श्यासो खड्ड के गाँवों में ही नहीं, डाँडे पर हङ्रङ् में भी। सुङ्नम् से और ऊपर ग्याबोङ् गाँव में तो रामपुर के तत्कालीन राजप्रासाद को भी मात करने वाला मकान बनवाया—वहाँ देवदारों का दु:ख नहीं है। इन्दरदास का समय बहुत ऐश-जैश में बीता, राज दरबार में सम्मान और प्रजा में रोब था। उनके पुत्र चरनदास ने घर की लक्ष्मी को अक्षुण्ण रखा, यद्यपि बेताज की बादशाही का जमाना अब लद चुका था, चिनी की तहसीलदारी ने बिस्ट और 'मुखियों' के अधिकार छीन लिये थे। चरनदास के चार पुत्र हुए, जिनमें दो मर चुके हैं, दो पागल हैं; संसारचंद ग्याबोङ् के 'महल' में रहता है और अमरनाथ अपनी माँ और सम्मिलित पत्नी के साथ यहाँ श्यासो में बाप-दादों के घर में।

यद्यपि श्यासो में लकड़ी का ठाला है, किन्तु इन्दरदास के जमाने का मकान है, इसलिए काफी बड़ा है। हवेली के पास कई बखार, बाहरी कोठरियाँ भी हैं। छत

के पास उसी के समतल तीन कोठरियों वाले बाहिर घर के ओसारे में हमने आसन लगवाया। यद्यपि श्रीहीन घर में आगंतुकों के अधिकतर ठहरने की संभावना नहीं थी जिसका अर्थ था पिस्सुओं-खटमलों की भी कम संभावना; क्योंकि वह यहाँ उपवास पर तो रह नहीं सकते थे। तो भी हमने मौका आ जाने पर छत पर भाग निकलने की सोचकर वहाँ डेरा दिया था 'अग्रसोची सदा सुखी!' पुण्यसागर खाना बनाने में लगे। दिन काफी था। मैं छत पर गया। देखा चरनदास-पुत्र बिस्ट अमरनाथ नीचे दुतल्ले के आँगन में खड़े हैं। बात से जान पड़ा, कुछ पढ़े-लिखे आदमी हैं। नीचे उतरे, बिस्ट का पारिवारिक मन्दिर देखना था—पुराने खानदानों में पुरानी चीजें जमा हो जाती हैं, उन्हें देखने के खयाल से। बिस्ट ने द्वार खोल दिया। मिट्टी-पीतल के देवी-देवताओं से कोठरी भरी पड़ी थी और तेल-मैल-गन्दगी का कोई ठिकाना नहीं। कुछ तिब्बती पुस्तकें भी थीं। किन्तु कोई महत्व रखने वाली चीज हमें दिखलाई नहीं पड़ी। अमरनाथ में उस समय झल्लापन (पागलपन) नहीं था, प्रकृतिस्थ की तरह बात कर रहे थे। हाँ, कभी-कभी बेपरवाही की हँसी हँस देते थे, जो अधिकतर अपने दुर्दिनों की बातचीत के समय ही। कह रहे थे—मेरा भाई ग्याबोड् में 'झल्ला' हो गया है। सबसे झगड़ता है। मेरे से भी झगड़ता है। यहाँ नहीं आता, न स्त्री (दोनों की सम्मिलित पत्नी) को ही मानता है। नौकर भी कोई उसके पास नहीं टिकता। खाना? अपने बनाता है। (अमरनाथ सब से छोटे 48 साल के हैं, संसारचंद पचपन के करीब हैं)। खेत परती पड़े हैं, बड़े-बड़े खेत हैं। लोगों को जोतने नहीं देता। झल्ला है ना, समझाने से भी नहीं समझता। कहता है—जोतने वाले कब्जा कर लेंगे। चूलियों के वृक्ष सूख रहे हैं। महल (जिसे इन्दरदास ने राजा की देई—कन्या-ब्याह कर लाने के लिए बनाया था) जाड़ों में छत से बर्फ न फेंकने और वर्षा में मिट्टी न डालने से टूट रहा है। दीवार मजबूत है, इसलिए अभी टिका हुआ है।

अमरनाथ अपनी बात भी बतला रहे थे। जमीन तो काफी है, किन्तु जोतने-बोने देना नहीं चाहते। दूर की जमीनों पर पटवारी को दे-दिवा कर लोगों ने कब्जा भी कर लिया है। यद्यपि अमरनाथ कभी-कभी प्रकृतिस्थ भी हो जाते हैं और पत्नी तथा माता तो सर्वथा प्रकृतिस्थ हैं, तो भी साधनों के अभाव से घर यहाँ भी बेमरम्मत है। गाँव की खड्ड में इस साल बहुत हिमवृष्टि से काफी बाढ़ आई थी। पिछले कई सालों से हिम और वर्षा के कम पड़ने से पानी सूख जाता, जिससे खेती नष्ट हो जाती रही। कितने फलदार वृक्ष भी सूख गए। पत्नी और माता यहाँ देखभाल करके किसी तरह गुजारा भर का अनाज जमा कर लेती हैं। इस परिवार को गुजारा भर ही तो चाहिए। उसके आगे-पीछे है कौन? पत्नी पचास के करीब पहुँच गई है। पागलों के परिवार में सन्तान न हो, यही अच्छा। पागलों की संख्या बढ़ाने से क्या लाभ? इन्दरदास के वंश का चिराग बुझने वाला है, उसके लिए शोक और संवेदना प्रकट करने की आवश्यकता नहीं; किन्तु इन जीवित प्राणियों के प्रति सहानुभूति हो

आनी स्वाभाविक है। अमरनाथ जाड़े में पास के खड्ड में होकर जाते ग्लेशियर की निष्ठुरता के बारे में कहते हुए हँस पड़े—'इसे क्या मजा मिलता है, जो छत पर के तीन स्तूपों को धकेल कर गिरा देता है।' छत पर आ जाता है क्या?—'नहीं, छत पर नहीं आता, आता तो घर थोड़े ही बचता।' ग्लेशियर हहास बाँध कर चलता है, उसके आगे-आगे प्रचंड हवा चलती है। उसने इस साल छत के (पूजा) स्तूपों को गिरा दिया। बिस्ट-परिवार की सहयोगिनी एक गूँगी (लाटी) बहिरी है, जो कुरूपता की प्रतियोगिता में शायद सारे किन्नर देश में प्रथम आएगी, किन्तु वह इस अस्तोन्मुख परिवार के लिए भारी अवलम्ब है। वह रहने वाली डाँडे पार हङ्रङ् की है, किन्तु कई सालों से इस परिवार की बन गई है। मोटा-झोटा खाना, फटा-पुराना कपड़ा। बस और क्या चाहिए? आयु उसकी भी बिस्ट-पत्नी के समान है।

भारत का सीमांती गाँव

शाम को ही मालूम हो गया था, बारी का हफ्ता बीत गया। कल के लिए बेगारू यहाँ से नहीं, सुङ्नम् और आगे से आवेंगे। चार-पाँच मील दूर के बेगारू और घोड़े की आशा दोपहर के पहिले क्या पूरी हो सकती थी। मैंने बहुत जोर लगाया कि इसी गाँव के बेगारू चले चलें, आखिर कल भी तो वह सुङ्नम् जा रहे थे? किन्तु नियम-निर्मुक्त होके बेगार कौन करने के लिए तैयार? वस्तुतः इसे बेगार भी नहीं कहा जा सकता था, क्योंकि दस मील स्पू तक पहुँचने के लिए उन्हें सवा-सवा रुपये मजूरी मिलती। बेगार की प्रतीक्षा में दोपहर तक यहाँ ठहर कर फिर धूप में दस मील दौड़ने के लिए मैं तैयार नहीं था। 19 जून को सबेरे ही मैं चल पड़ा। पुण्यसागर और चपरासी को कह दिया कि बेगारू के आने पर रवाना होवें, घोड़ा आए, तो यहीं से लौटा दें। सुङ्नम्-निवासी जेलदार तोब्ग्याराम मिलने पर अफसोस प्रकट करते हुए कह रहे थे कि हम लोग बड़ी लालसा से प्रतीक्षा कर रहे थे। तोब्ग्याराम 26 साल पहिले सुङ्नम् डाँडे के पार अपनी खेती (हङ्गो) में मुझे मिले थे। मैं तो भूल गया था, किन्तु उन्हें याद था।

सबेरे के समय ठंडे-ठंडे में मैं नीचे उतरने लगा। श्यासो-पुल तक पहुँचने में देर नहीं लगी। अब 1927 में बनी सड़क पर चल रहा था। तिब्बत-हिन्दुस्तान सड़क का सब से पिछला भाग होने से इंजीनियर लाला रामचंद्र ने इसे बहुत कौशल से बनाया, चढ़ाई-उतराई को बहुत अधिक होने नहीं दिया। सड़क नदी से बहुत ऊँचे उठने नहीं पाती। कुछ दूर जाने पर सड़क रेगिस्तान के एक क्षुद्र खंड से जाती दिखलाई पड़ी। मैंने समझा, बालू ऊपर के पहाड़ से गिरा होगा, किन्तु पीछे मालूम हुआ, यह पवन देवता का काम है, जो लाख मन बालू कहीं से उठाकर यहाँ ला धरते हैं। बालू हटाया जाता है और वह फिर से यहाँ धर दिया जाता है। और आगे बढ़ने पर पी. डब्ल्यू. डी. के एस. डी. ओ. (उपविभागीय अधिकारी) इंजीनियर कपूर साहेब सदल-बल आ रहे थे। इनके साथ ओवर्सियर, सड़क-इंसपेक्टर के अतिरिक्त एक, दो और भद्र पुरुष थे। बेगारू बीस से क्या कम होंगे। चिनी में सड़क पर उनसे

भेंट हो चुकी थी। नम्या तक अपने वार्षिक दौरे को पूरा करके वह वापस लौट रहे थे। साहेब-सलामी, कुशल-प्रश्न हुआ। कनम् के चौकीदार की बात याद करके कहा—मैं पी. डब्ल्यू. डी. का पास नहीं ला सका। उन्होंने कहा—पास तो मुख्य कार्यकारी इंजीनियर देते हैं, किन्तु मैं बंगाल के चौकीदार को कह दूँगा।

आगे चलने पर जाड़ों में लुढ़क कर आई लाखों मन की हिमानी रास्ते में मिली। मिट्टी मिली बर्फ पर पत्थरों के टुकड़े पड़े थे, जिस पर आदमियों और पशुओं ने रास्ता बनाया था। नीचे गलित जल बह रहा था, किन्तु सारी हिमराशि को गलने के लिए अभी कई हफ्ते चाहिए थे। कुछ ही दिनों पहिले यह हिमानी कई पशुओं की बलि ले चुकी है। एक खच्चर तो उसी आदमी का मरा, ज़िसने लौटती बार मेरे लिए कनम् तक का किराया किया था। ऐसे स्थानों के लिए रास्ता तुरन्त बनाने को स्थायी मजूर हैं, किन्तु वह हर समय ऐसे खतरे की जगह भी मौजूद नहीं रहते। हिमानी के किनारे गल कर हर रोज छोरों पर तीन-चार हाथ सीधे खड़े हो जाते हैं, जिन्हें ढलवाँ करने की जरूरत होती है। कभी किनारे बाहर से दृढ़, किन्तु भीतर से गल कर पोले हो गए रहते हैं। ऐसे ही समय बेचारे खच्चर वाले ने अपने एक खच्चर—चार-पाँच सौ रुपये के माल—को खोया। ऐसी हिमानी आदमी के लिए खतरनाक है, न जाने कहाँ वह गलकर पोली हो गई हो और आप के पैर पड़ते ही वह लिए-दिए चार पोरिसा नीचे ले जाए। फिर तब तक के लिए हिम-समाधि, जब तक हिमानी गल कर आपके शव को पथिकों के देखने लायक न बना दे।

खतरा तो जीवन में पग-पग पर है ही, किन्तु यहाँ तो एक पूरा काफिला आधा ही घंटा पहिले यहाँ से गुजरा था। मैं अकेले रास्ता नाप रहा था और साथ ही पास के नंगे रंग-बिरंगे पहाड़ों और उनके भिन्न-भिन्न कोण पर पड़े स्तरों को देखते मन में अफसोस कर रहा था—यहाँ विश्व के इतिहास की पोथी खुली है, लेकिन मेरे लिए 'अंधे के सामने रोना'। पोथी में कुछ नाम मैंने जरूर पढ़े थे, किन्तु सोदाहरण परिचय के बिना साइंस की पोथी का पाठ किस काम का? सोच रहा था—पर्यटक के लिए भूगर्भ शास्त्र का साधारण परिचय अत्यावश्यक है। 'विद्या अनन्त है, जीवन सान्त'—इसे मैं उचित बहाना नहीं मानता। स्पू अभी पहाड़ी की आड़ में था। सड़क समन्दर (सतलुज)—तट छोड़कर बाईं ओर मुड़ी। युगों पूर्व, जब अभी मानव का पृथ्वी पर कहीं पता नहीं था, तब यहाँ ग्लेशियर रहा होगा—सदा चलता ग्लेशियर, उसने लाखों वर्ष में खोद कर इस पहाड़ी भूमि के दो पार्श्वों को खड्डों में परिणत कर उसे पर्वत श्रेणी से अलग-सा कर दिया। मैं नीचे की चौड़ी-गहरी सूखी खड्ड में अरबों छोटे-बड़े पाषाण खंडों को देखते चल रहा था। वहाँ एक आदमी सीधे उतरता नदी-तट के पास खेतों की ओर जा रहा था, दूसरी ओर एक लोमड़ी शंकित-चकित निरुद्देश्य -सी कावा काटती जा रही थी। लोमड़ी—मुलायम-मूल्यवान् खालवाली लोमड़ी।

चक्कर काटती, किन्तु समतल पर चलती सड़क ने पहाड़ी और पर्वत-श्रेणी के मिलन स्थान पर पहुँचाया। वहाँ पाषाणपुंज और झंडियों का होना आवश्यक था, क्योंकि यह पर्वत स्कंध पर सड़क का सबसे ऊँचा स्थान था। यहाँ खड़े होकर मैंने स्पू को देखा। वहाँ पहुँचने में दो मील के करीब और रास्ता नापना पड़ा, कुछ चढ़ाई के साथ भी। दोपहर के करीब मैं डाकबँगले में पहुँचा। रास्ते भर आज मेघों ने छाया कर रखी थी।

स्पू (खुन्नू-फुग्)—स्पू विशाल गाँव है। सबसे विशेषता यह है कि यहीं से भोट भाषा शुरू होती है, यद्यपि ऊपरी कनौर के लोगों और यहाँ वालों के चेहरे में जमीन-आसमान का भेद नहीं है। वस्तुतः यह भी उसी प्राचीन किन्नर (शू) वंश के हैं। भोट प्रभाव और रक्त की अधिकता से इन्होंने सदियों पूर्व किन्नर-भाषा बिलकुल छोड़ दी। यहाँ भी भोट साम्राज्य-विस्तार के पूर्व लोग वैसे ही अपने मुर्दों को आहार और मद्य के साथ कब्रों में गाड़ते थे, जैसे किन्नर देश के अन्य स्थानों में। भोट भाषा का इतना जबर्दस्त प्रभाव यहाँ आकर बसने वाले कोलियों और लोहारों पर भी पड़ा। कनौर में अन्यत्र से आकर पीढ़ियों में बस गए तथा पाँच या दस सैकड़े की संख्या में होने पर भी ये लोग घर में अपनी भाषा बोलते हैं, जो कि हिन्दी की बहिन है। किन्तु यहाँ के कोली दूसरों की भाँति भोट भाषा बोलते हैं, यद्यपि उनके चेहरे पर शायद ही कभी भोट-मुखमुद्रा की छाप देखी जाती है। यहाँ मेरे लिए भाषा की समस्या हल हो गई थी। जहाँ दूसरी जगह पढ़े-लिखे या नीचे गए व्यक्तियों से ही मैं बातचीत कर सकता था, स्त्रियों-बच्चों से बोलने पर तो दुभाषिया के बिना काम नहीं चल सकता था, वहाँ स्पू में किसी से दिल खोलकर भोट-भाषा में बात करना आसान था। पुरुष पोशाक में सनातनधर्मी नहीं हुआ करते, किन्तु स्त्रियाँ अवश्य प्राचीनता-पक्षपातिनी होती हैं। यहाँ की स्त्रियों की पोशाक किन्नरियों से सर्वथा भिन्न है। यह दोड़ू (पहाड़ी साड़ी) की जगह लम्बा कुर्ता और पायजामा पहिनती हैं, टोपी भी इनकी उलटे कनटोप की नहीं, बल्कि सीधे तौर से गोल होती है, कान के पास लटकता कर्णाभरण भी भिन्न प्रकार का होता है। टोपी और प्राचीन आभरण तो पूरी तौर से अब कुछ वृद्धाओं से ही पाया जाता है।

बँगले पर पहुँचने पर सबसे पहिले चौकीदार को पैदा करना था। सौभाग्य से इंजीनियर महाशय का दल आज ही गया था, इसलिए चमड़े वाली आराम कुर्सी बरांडे में पड़ी थी, बैठने की दिक्कत न थीं। भूख अवश्य मालूम हो रही थी, किन्तु उसके लिए पुण्यसागर के आने तक की प्रतीक्षा करनी थी। बँगला चूलियों के बाग में बना है, किन्तु चूलियाँ खट्टी और कच्ची थी। स्पू 9200 फुट की ऊँचाई पर बसा है, अर्थात उतनी ही ऊँचाई पर जितनी कि चिनी, किन्तु कहते हैं, यह चिनी से गरम है। यहाँ हवा कम चलती अथवा चिनी के पास के सदा हिमाच्छादित शिखरों जैसे पर्वत का अभाव यहाँ की सर्दी को कम करता है। इधर-उधर घूमकर देखने पर

कोई आदमी मिला, जिसे मैंने चौकीदार को बुलाने के लिए भेज दिया और स्वयं एक-दो कच्ची चूलियों से मुँह खट्टा करके कुर्सी पर बैठ गया।

स्पू का डाकबँगला 1913 में बना था, अर्थात उस समय, जबकि अभी यहाँ तक सड़क आने में 14 वर्ष की देर थी। बँगले से 35-36 वर्ष पहिले यहाँ मोरावियन मिशन के रेस्लप्-दम्पति पहुँच गए थे। यही दोनों यहाँ नहीं मरे, बल्कि आधे दर्जन दूसरे यूरोपीय मिशनरी भी यहीं मरे। उनकी अस्तंगत-सी समाधियों के गोथिक अक्षरवाले पत्थर अब भी घर के हाते में दिखलाई पड़ते हैं, लेकिन वह अब गाँव के नम्बरदार की संपत्ति है। न जाने कब यह उत्कीर्ण पाषाण उसी तरह लुप्त हो जाएँगे, जिस तरह कि कभी यहाँ खड़ा गिरजा। क्या मोरावियन मिशनरियों की चौमुखी सेवाओं का यही प्रतिफल होना चाहिए कि उनका कोई पदचिह्न तक यहाँ न रहने पावे। उन्होंने यहाँ स्कूल खोला था, जिसमें पढ़े कुछ व्यक्ति अब भी यहाँ मौजूद हैं—यहाँ का चौकीदार नम्यल छेरिङ एक है। वह शिक्षा के साथ बहुत कर्तव्य-परायण व्यक्ति हैं। बहुत कम डाकबँगले इतनी अच्छी हालत में दिखलाई पड़ते हैं। मिशन 1913 तक रहा, तब तक यहाँ डाकघर भी रहा और उन्हीं की उपस्थिति ने बल्कि यहाँ डाकबँगला बनवाने की प्रेरणा दी। वहाँ के मिशनरी जर्मन थे, आज भी लोगों के पास उनकी कोई-कोई पुस्तकें मौजूद हैं। पादरी मार्क्स एक कुशल बढ़ई थे। उन्होंने बहुत से आदमियों को बढ़ई का काम सिखलाया।

चौकीदार नम्यल छेरिङ् ने कृतज्ञता प्रदर्शन करते हुए कहा—उनकी कृपा से हमारे गाँव में बढ़ई का काम जानने वालों की कमी नहीं है। उन्होंने स्वेटर और मोजा बनाना सिखलाया, जो आज भी चल रहा है। उन्होंने ही सेब-नाशपाती आदि फलों के बाग लगाए। यद्यपि मेवा बागों को लोगों ने और आगे नहीं बढ़ाया, किन्तु अब भी उनके लगाये वृक्ष यहाँ मौजूद हैं, विशेषकर मार्क्स के बनाए विशाल बँगले के आँगन के सेब बहुत स्वादिष्ट बतलाए जाते हैं। मार्क्स का बँगला राज्य की संपत्ति है, अर्थात हिमाचल-सरकार उसकी मालिक है, किन्तु वह बहुत ही उपेक्षित अवस्था में है और अपनी सुपुष्ट स्थूल धरनों तथा सुदृढ़ दीवारों के भरोसे खड़ा है। किबाड़ों और खिड़कियों के शीशे अधिकांश टूट चुके हैं। फर्श पर बिछे चौकोर पत्थर भी उखड़ने लगे हैं। मार्क्स के बँगले के बड़े-बड़े कमरों में एक मिडिल स्कूल खोला जा सकता है, जिसकी अदूर भविष्य में आवश्यकता पड़ेगी, किन्तु तब तक शायद यह बंगला नष्टप्राय हो जाएगा और फिर सरकार बीस हजार लगाकर भी ऐसा बँगला नहीं बना सकेगी। कृतज्ञता और कृतवेदिता मानव के उत्तम गुण हैं। मोरावियन मिशनरियों ने बहुत प्रेम से इस पिछड़े हुए गाँव में दो पीढ़ी तक काम किया, इसलिए उनकी मधुर स्मृति को कायम रखना भी हमारा कर्तव्य है। सोचिए तो, सुदूर जर्मनी से ये लोग यहाँ आकर अपना सारा जीवन दे, रेत पर पदचिह्न की भाँति मिट गए।

चौकीदार नम्यल छेरिङ् के आने में थोड़ी ही देर हुई। उन्होंने छाछ भी पैदा

किया और फिर और चीजों को जुटाने में लग गए। मेट आया और ठाडू (बेगार नौकर) ले आया। हलमंदी (कोली मुखिया) ईंधन का प्रबन्ध करने गए—हलमंदी नेत्रहीन था, किन्तु रास्ते पर अन्दाज से चल-फिर सकता था। उसके भाई श्री थरछिन् को पादरियों ने पढ़ाकर योग्य बनाया और वह आज कई वर्षों से भोट भाषा का एक मात्र समाचारपत्र कलिम्पोङ् निकाल रहे हैं।

जान पड़ता है, श्यासो में बेगारू उतनी देर करके नहीं आए। उनसे सामान उठवाकर चपरासी को साथ छोड़ पुण्यसागर जल्दी-जल्दी चल पड़े और मेरे स्पू पहुँचने से ढाई-तीन घंटे बाद आ पहुँचे। नम्यल छेरिङ्—विजय दीर्घायु—चपरासी का पूरा नाम था, जिसे संक्षिप्त करके हम विजय या नम्यल कह सकते हैं। विजय की मातृभाषा भोटिया है, अतः भोटिया तो पढ़-लिख सकते ही हैं, साथ ही वह उर्दू भी जानते हैं। साठ से ऊपर की अवस्था होने से वह उर्दू के युग में पैदा हुए थे। वह बौद्ध ही नहीं, बौद्धलामा भी हैं। डुक्पा सम्प्रदाय वाले गृहस्थ लामा को भिक्षु लामा से कम नहीं मानते। यही नहीं, उनके चोटी के लामा भी रिग्-जिन-मा (विद्याधरी) या छग्-ग्या-छेन्-मो (महामुद्रा) के रूप में स्त्रीरत्न को परिग्रह-सिद्धि के लिए अनिवार्य समझते हैं। पाठक इसे भोटियों की घृणित प्रथा न समझ लें, इसलिए यह कह देना आवश्यक है कि इसकी बुनियाद भारत में सरहपा (आठवीं सदी), शबरपा, घंटापा, जलधरपा (आदिनाथ), मीनपा, गोरखपा आदि चौरासी सिद्धों ने रखी, जो सभी स्थायी या अस्थायी रूप में "महामुद्रा" के उपासक थे। यह कहने की आवश्यकता नहीं कि महामुद्रा का माहात्म्य शाक्त हिन्दुओं में भी कम नहीं है। विजय स्पू के शिक्षित और बहुश्रुत व्यक्ति हैं। उन्होंने अपने केशों को सचमुच धूप में नहीं सुखाये—वस्तुतः उनके बाल अभी बहुत थोड़े ही सफेद हैं, जो मंगोल रक्त की अधिकता के परिचायक हैं। उनका बचपन मोरावियन पादरियों के ओज के जमाने में बीता। उस वक्त तो अवश्य ही उन्हें इन छीपा (नास्तिकों) की बहुत-सी बातें बुरी लगती रही होंगी, बल्कि अब भी वह विचार सर्वथा बदले नहीं हैं। वह जानते थे कि मैं बौद्ध हूँ; इसलिए पहिले बड़े उत्साह से कह रहे थे—पादरियों ने कुछ कोली-लोहार घर ईसाई बना लिए थे, जिन्हें हमने फिर बौद्ध बना लिया और उनको उनकी जाति में मिला दिया। एक वालती जाति का मुसलमान ईसाई हो गया था, उसकी जाति का कोई न होने से वह अब भी अलग है, किन्तु रखता है हमारे ही विचारों को। जब उन्हें यह मालूम हुआ कि मैं पक्षपातांध बौद्ध नहीं हूँ, मैं मोरावियन पादरियों के शिक्षा-ज्ञान-शिल्प-प्रसार कार्य का प्रशंसक हूँ, तो उन्होंने कहने के ढंग को बदल दिया और कभी-कभी तो वह भी उनके कार्यों और तपस्याओं पर विचार करते आर्द्र हो जाते।

हम लोग दो घंटा दिन रहते ही गाँव की कुछ दर्शनीय चीजों को देखने निकले। लोचवा-ल्हाखङ् नजदीक ही था। लोचवा—भाषान्तरकार—से अभिप्राय महान

भाषान्तकार रत्नभद्र (रिन्-छेन्-जङ्-पो, ग्यारहवीं सदी) से है। इस ल्हाखङ् (मन्दिर) को उसी का बनवाया बतलाया जाता है। मूर्तियाँ पुरानी हैं, इसमें संदेह नहीं। लोचवा की जन्मभूमि शिप्की के पास यहाँ से दो दिन के ही रास्ते पर है। उसका निवास अधिकतर थो-लिङ् और स्पू-रङ् में रहा, जो भी तिब्बत के इसी अंचल में हैं। लोचवा का कार्यक्षेत्र भी इधर ही रहा। स्पू एक महत्वपूर्ण स्थान है। इसे भोट के लोग कभी-कभी खुन्नू-फुग्—कन्नौर का अंचल या मुख—भी कहते हैं। यहाँ से लोचवा कई बार गुजरा—काश्मीर पढ़ने इसी रास्ते गया होगा, लौटा भी इसी रास्ते, दुबारा काश्मीर यात्रा भी इसी रास्ते हुई होगी। इसीलिए यहाँ लोचवा ने मन्दिर बनवा दिया हो, या लोगों के बनवाए मन्दिर की प्रतिष्ठा कर दी हो, यह अविश्वसनीय नहीं है। मन्दिर छोटा-सा है, दीवारों और छतों को तो हर्गिज लोचवा-कालीन नहीं कहा जा सकता। मन्दिर में अपने दोनों प्रधान शिष्यों सारिपुत्र और मौद्गल्यायन के साथ शाक्य मुनि की मृत्तिका-मूर्ति है। थोड़ा नीचे हटकर रखे बोधिसत्त्व अवलोकितेश्वर (मिट्टी) और सामने दूसरी ओर एक काष्ठ की बोधिसत्त्व मूर्ति है। अवलोकितेश्वर को लोगों ने माँ तारा बना रखा है। मैंने कहा—देखो, यह स्पष्ट अवलोकितेश्वरी मूर्ति है, इसमें स्तन नहीं, और बाएँ वक्षस्थल पर मृगलांछन है। विजय ने देखकर तुरन्त स्वीकार किया—मृगमुख अवलोकितेश्वर का लांछन जो वहाँ मौजूद था। अष्टसाहस्रिका प्रज्ञापारमिता (भोट भाषा) की एक हस्तलिखित प्रति भी यहाँ है जिसके पहिले के पृष्ठों में कई चित्र अंकित थे, जिनमें कुछ भारतीय कलम के मालूम होते हैं। उसके लिए ग्यारहवीं-बारहवीं सदी के होने की आवश्यकता नहीं, इधर के पहाड़ों में भारतीय कलम बहुत पीछे तक प्रचलित रही।

मोरावियन मिशन के घरों और अवशेषों को देखते गाँव के फोरङ् गङ्-खा टोले (मुख्य ग्राम) से बाहर खेतों में निकले। वहाँ समतल भूमि पर मन्दिर देखकर पूछा। मालूम हुआ, यहाँ दोङ्जुर अर्थात करोड़ों मंत्रों से भरी घुमाने वाली ढोल है। मानी या दोङ्जुर की प्रथा तिब्बत में पन्द्रहवीं सदी के बाद आरम्भ हुई और यहाँ तो और भी पीछे; किन्तु समतल भूमि और केन्द्रीय स्थान पर इस मन्दिर की स्थिति कह रही थी कि यहाँ पहिले भी जरूर पुराना मन्दिर रहा होगा। "नहीं, नया है" कहकर मना करते रहने पर भी मैं मन्दिर में गया। गर्भ-मन्दिर में एक बड़ी मानी थी, जिसे श्री थर्छिन् के बड़े भाई बड़ी भक्ति से घुमा रहे थे। कह रहे थे—बूढ़ा हुआ, आँखें चली गईं, अब इसी तरह कुछ धर्म करके दिन बिता रहा हूँ। विजय लामा ने कहा—"कहा न, यहाँ सिर्फ मानी है"। मुझे अब भी विश्वास नहीं हुआ। मैं मानी के पीछे गया। वहाँ दो बोधिसत्त्व मूर्तियाँ थीं। रिक्त स्थान भी था, जहाँ तीसरी भी मूर्ति रही होगी। मूर्ति की बनावट पुरानी थी। मूलतः यह मन्दिर बोधिसत्त्व शाक्यमुनि का था अथवा रिग-सुम्-गोन्पा (बोधिसत्त्वत्रय अवलोकितेश्वर, मंजुश्री और वज्रपाणि) का। पीछे मानी का मूल्य लामाओं के बाजार में बढ़ा (आखिर यहाँ

एक बार ढोल घुमाने से उसमें लिखकर रखे अरबों मंत्रों के जाप का पुण्य हो जाता है), इसलिए मूल प्रतिमाओं को पीछे डालकर आगे बड़ी मानी खड़ी कर दी गई। विजय को जरूर विश्वास हुआ होगा कि उन्होंने अपना बाल धूप में ही सुखाये हैं, क्योंकि वह भी लोकधारणा के शिकार होकर इसी गाँव में साठ साल के रहते भी न लोचवा-ल्हाखङ् के अवलोकितेश्वर को पहचान सके, न दोङ्जुर ल्हाखङ् की मूल मूर्तियों का पता पा सके थे। यहाँ की मूर्तियाँ पुरानी हैं, पर कला की दृष्टि से उत्कृष्ट नहीं हैं।

स्पू को ग्यारहवीं सदी तक पहुँचाने के लिए दोनों ल्हाखङ् पर्याप्त हैं। किन्तु स्पू उससे भी पुराना है—यहाँ भी लिप्पा की भाँति बर्तनों वाली मृतक-समाधियाँ बहुत जगह निकलती हैं। अकस्मात् खोदाई करते समय निकलने वाली कब्रों को फरमाइशी तौर से निकला नहीं जा सकता। बहुत पूछ-ताछ करने पर एक दूसरे डुक्पा लामा ने कब्र से निकले एक मिट्टी के बर्तन को लाकर रख दिया। वह बनावट से लिप्पा-जैसा सुन्दर नहीं है।

अगले दिन (20 जून) को गाँव के कुछ और स्थानों में घूमने का निश्चय हुआ। स्पू गाँव कई टोलों में बसा हुआ है। डाकबँगले के ऊपर चोमोलिङ् (भट्टारिका या रानी द्वीप) है। सबसे ऊपर पहाड़ी पर सन्-तन् लिङ् है, जहाँ डुक्पा गुम्बा है। मुख्य ग्राम फोरङ् गङ्-खा है। उससे नीचे दोङ्जुर मन्दिर से आगे वर-छो है और सबसे नीचे वाला टोला स्तोद्-छो। इनके अतिरिक्त एक टोला खड्ड के पार डाकबँगले आने वाली सड़क के नीचे है। हम पहिले सन्-तन्-लिङ् (समाधि-द्वीप) में गए। यहाँ डुक्पा सम्प्रदाय की पुरानी गुम्बा बतलाई गई थी, इसलिए पुरानी चीज देखने के प्रलोभन में गए। अब यह गुम्बा (मठ) नहीं, घर है। पिछले साधु ने ब्याह कर लिया, उसके कच्चे-बच्चे अब यहाँ रहते हैं। मठों के साधुओं (हिन्दू, बौद्ध, ईसाई चाहे कोई भी धर्म के हों) के आचरण यौन सम्बन्ध-नियंत्रण के कारण जितने कुत्सित होते हैं, उसे देखकर खयाल आता है, परिव्राजकता के साथ यौन स्वतंत्रता दे दी जाए; किन्तु जब ऐसा होने से बच्चे-कच्चे वाले मठों की दुर्दशा देखने में आती है, तो वह ओषधि आकर्षक नहीं मालूम होती। तिब्बत ने तो रालुङ् (ग्याची-ल्हासा मार्ग के पास) मठ में यौन-स्वातंत्र्य का प्रयोग करके देख लिया, वह सफल नहीं रहा। रालुङ् के परिव्राजक को स्वतंत्रता मिली। संतान पैदा होने लगी। प्रत्येक लड़का परिव्राजक और प्रत्येक लड़की परिव्राजिका बना दी जाने लगी। संख्या बढ़ते-बढ़ते इन परिव्राजिकाओं का एक गाँव बस गया। मठ की संपत्ति—खेत-जीविका के लिए अपर्याप्त हो गए। साधारण गृहस्थों के लिए रालुङ् का आकर्षण घट गया और पूजा की आमदनी बन्द हो गई। हाँ यौन-स्वातंत्र्य के साथ रालुङ् वालों ने यदि संतान-निग्रह का अनिवार्य नियम बनाया होता, तो उनकी संपत्ति अपर्याप्त न होने पाती और न ही पूजा की आमदनी बन्द होती।

हम डुक्पा-गुम्बा में पहुँचे। घर में लड़के-बच्चे थे, छत पर एक कोठरी थी, यही मन्दिर का काम दे रही थी। मन्दिर या गुम्बा के नवीन होने का यह अर्थ नहीं कि मूर्तियाँ भी नवीन हों। यहाँ कुछ मूर्तियाँ नातिनवीन, नातिप्राचीन थीं। ऐसी पीतल की दो मूर्तियाँ-गोम्बो (देवता), गोम्बो ल्हर्जे (मिला-रेस्पा की शिष्या)—और लकड़ी की बुद्ध और दूसरी दो मूर्तियों के फोटो लिये। खच्चर पर चढ़ी एक लकड़ी की पल्दन-ल्हामो की मूर्ति भी अच्छी थी। गुम्बा से उतर कर खेतों में होते गाँव में पहुँचे। पट्टियों और बनियानों के बारे में कहने पर कितनी ही दिखाई गईं। पादरियों की सिखायी स्त्रियों ने बनियान बुनने को आगे बढ़ाया है। यह उनके लिए आसान है। यहाँ के लोगों को चलते-चलते सूत कातने का अभ्यास तो पहिले ही से था, अब वह चलते-चलते बनियान भी बुन लेती हैं।

गाँव से निकल दोङ्-जुर मन्दिर होते वर्-छो टोले में गए। यहाँ भूतपूर्व नंबरदार देवीचन्द का घर है। रुपये के बारे में गोलमाल करने के इल्जाम में नंबरदारी से अलग कर दिये गए हैं। आदमी समझदार हैं। उन्होंने बतलाया था कि उनके पास पुरानी मूर्तियाँ और पुस्तकें हैं। मैं देखना चाहता था, यद्यपि उनकी शत-प्रतिशत बात पर विश्वास करना संभव नहीं था। तूची के साथ वह पश्चिमी तिब्बत में घूमे थे। कह रहे थे—तूची को वहाँ बहुत से प्राचीन हस्तलिखित ग्रन्थ मिले थे, जिनके चित्रों को निकालकर भार कम करने के खयाल से उन्होंने ग्रन्थों को जला दिया। मुझे इस बात पर विश्वास नहीं होता था, चाहे ग्रन्थ कितना ही सुलभ हो, किन्तु प्राचीन प्रति का मूल्य अपना अलग होता है। देवीचन्द मुझे ढूँढ़ने बँगले गए हुए थे, इसलिए उनकी चीजें नहीं देख सका। उनके घर के पास ही बस्ती के बीच एक खाली जगह थी, जहाँ कभी दोन्-डुब-फोटाङ् (सिद्धार्थ-प्रासाद) नाम का दोतल्ला दुर्ग था। इमारत पुरानी थी, मरम्मत करानी पड़ती थी। किसी तहसीलदार ने कुछ साल पहिले उसे तुड़वाकर उसके पत्थरों से फोरङ् गङ्-खा में एक पांथशाला बनवा दी।

गाँव के लोगों से बात करने का यहाँ खुला अवसर था। स्त्री-पुरुष किसी के साथ बात करने में भाषा की कठिनाई नहीं थी। हम यहाँ भारत के सबसे पिछड़े पहाड़ी भाग में थे। यहाँ के लोगों को अभी पता नहीं कि अब अँगरेजों का राज्य नहीं रहा। उनके लिए रामपुर का राजा भी अभी ज्यों का त्यों है—बूढ़ा राजा मर गया, नया राजा लड़का है। हिमालय प्रदेश का इन्हें क्या पता? वह पूछते—जब अँगरेज का राज्य नहीं है, तो अँगरेज राजा की तस्वीर नोट पर क्यों है? नोट से उन्हें हर वक्त काम पड़ता है, इसलिए वह जार्ज-बादशाह की तस्वीर देखते रहते हैं। यह भ्रम तो चिनी के पढ़े-लिखे लिपिकों (क्लर्कों) को भी हो गया, जब ऊपर से बादशाह के जन्मदिवस को मनाने की हिदायत आई। वस्तुतः इंगलैंड का बादशाह हिन्दुस्तान के लिए इंगलैंड के शासन का प्रतीक है, इस भाव को बारीक व्याख्याओं से नहीं

हटाया जा सकता। यहाँ चार-पाँच दिन के रास्ते पर गन्तोक में गर्मियों में भारत सरकार का व्यापार दूत जाया करता है, जिसे "ब्रिटिश ट्रेड एजंट" कहा जाता रहा। विजय उसे आज भी उसी नाम से पुकारते हैं।

मिशनरियों के रहने के समय यहाँ डाकघर था। उन्होंने स्कूल भी खोला था जिसका मकान अब भी मौजूद है। उनके जाने पर दोनों बन्द हो गए। कुछ साल हुए रियासत ने स्कूल फिर से खोला, किन्तु विद्यार्थियों की संख्या कम होने की शिकायत पर उसे तोड़ दिया गया। आज हजार के करीब की बस्ती में कोई स्कूल नहीं। लड़के क्यों कम हुए, इस पर विचार नहीं किया गया और स्कूल झट से तोड़ दिया गया। यहाँ के लोगों की भाषा भोटिया (तिब्बती) है, जिसमें हिन्दी के शब्द नहीं हैं। शुरू ही से हिन्दी आरंभ करने पर उनके लिए बड़ी कठिनाई हो जाती है, ऊपर से पिछड़ेपन के कारण यह लोग विद्या के महत्व को नहीं समझते। जब तक इन बातों का ध्यान नहीं रखा जाएगा, स्कूल यहाँ सफल नहीं हो सकते। यहाँ के स्कूलों की पहिली दोनों श्रेणियों में केवल तिब्बती भाषा में पढ़ाई होनी चाहिए। धर्म के खयाल से (हनुमान चालीसा की तरह की पुस्तकें यह लोग भी भोट भाषा में भूत भगाने या पुण्य कमाने के लिए पढ़ते हैं।) यह तिब्बती पढ़ना चाहेंगे, अपनी भाषा होने से सरलता के कारण भी वह पहिले दो साल की सबसे कड़ी मञ्जिल को पार कर जाएँगे। फिर तीसरी श्रेणी में आप तिब्बत भाषा के साथ हिन्दी रख दीजिए, काम बन जाएगा। मैंने चीफ कमिश्नर (श्री एन. सी. मेहता) को इसके बारे में लिखा था और उन्होंने इसके औचित्य को स्वीकार किया, किन्तु अभी न जाने कब यहाँ स्कूल खुलेगा।

यहाँ के स्कूल तोड़कर हङ्गो में ले गए। वह भी तिब्बती भाषाभाषी इलाके (हङ्रङ्) में है। इन्स्पेक्टर साहब कह रहे थे, वहाँ वाले स्कूल नहीं चाहते। फिर लड़के कहाँ से आएँगे। तोड़ दीजिए उसे भी। वह पढ़ने की कठिनाई या अपनी बेवकूफी से स्कूल नहीं चाहते और शूवा वाले अपने मतलब से चाहते हैं कि ख-बा (भोटिये) अनपढ़ मूर्खजपाट बने रहें। हङ्रङ् का इलाका स्पू—नम्या और सुङ्नम् के पहाड़ों के उस पार स्पिती तक फैला हुआ है। यही नहीं, स्पू-नम्या से हङ्रङ् स्पिती होते लाहुल, लद्दाख और जांस्कर तक का सारा भूभाग तिब्बत-भाषाभाषी है, जिसमें जांस्कर और लद्दाख तो काश्मीर के अंदर हैं और उनकी समस्या दूसरी है। किन्तु बाकी को पंजाब और हिमाचल में बाँटने का क्या मतलब? खैर, अभी हङ्रङ् की बात कह रहा था। भाषा में स्पू और हङ्रङ् एक हैं, किन्तु स्पू वालों को आधी शताब्दी तक मोरावियन मिशनरियों के संपर्क में आने का मौका मिला, फिर यह तिब्बत के वणिक्-पथ पर है, इस तरह यहाँ के लोग उतने पिछड़े नहीं, जितने कि हङ्रङ् वाले।

हङ्रङ् के गाँव बिलकुल अलग-अलग हैं। वहाँ अज्ञान और भोलापन बहुत है।

टीका रघुनाथ सिंह ने 1887 ई. में बुशहर राज्य की सर्वे कराई। देखा—यदि हङ्रङ् वालों की रक्षा नहीं की गई, तो शूवा वाले (सुङ्नम्-लिप्पा आदि के किन्नर) उनके सारे खेतों को खरीद लेंगे। इन लोगों का तरीका था कर्जा देना—विशेषकर अनाज के रूप में—और उसका हर साल डेवढ़ा-सवाई करके मूल बनाते आगे बढ़ाना, फिर खेत खरीद लेना। खेत खरीदने का यही सबूत था कि ऋणी अपने महाजन के सिर में तेल लगा दे। टीका रघुनाथ ने कानून बना दिया कि सर्वे के बाद से हङ्रङ् में खेतों की बिक्री नहीं हो सकती। आज आधी सदी हो गई इस नियम को बने, किन्तु इससे वस्तुतः हङ्रङ् वालों की विपदा नहीं टली। हाँ, शूवा वाले खेत खरीद नहीं सके, किन्तु सारे अच्छे-अच्छे खेत बन्धक के रूप में अब शूवा वालों के हाथों में हैं। वह खेत रेहन लिखवाकर अनाज का मनहुँडा करके उन्हीं को जोतने को दे देते हैं। जहाँ किन्नर के दूसरे भागों में प्रति (कच्चा) बीघा मनहुँडा दो मन होता है, वहाँ हङ्रङ् वाले अपने महाजन को 6 मन बीघा देते हैं। शूवा के महाजन तिब्बत के व्यापारी भी हैं। वह इस अनाज में से कुछ तिब्बत में ऊन खरीदने के लिए ले जाते हैं—पहाड़ के परले पार तिब्बत है और कुछ वह यहीं डेवढ़ा-सवाई पर दे देते हैं। पिछले पचास साल के कागजों को लेकर देखा जाए, तो मालूम पड़ेगा, किस तरह इन महाजनों ने हङ्रङ् वालों को लूटा है। रेहन का यहाँ दस्तावेज नहीं होता, उसे तहसीलदार ऋणी से पूछकर कागज पर लिख देते हैं। हङ्रङ् वाले नये भी खेत बनाते रहे हैं, किन्तु अन्त में सबको महाजन के हाथ में रेहन करने के सिवाय चारा नहीं। कर्ज पर जीना, फिर भविष्य अंधकारपूर्ण नहीं होगा, तो क्या होगा? हिमाचल प्रदेश बन गया है, इसका पता हङ्रङ् वालों को नहीं है? हाँ, उनके महाजन अभी से ऊपर कोशिश लगा रहे हैं कि हङ्रङ् में भी जमीन की बिक्री का अधिकार होना चाहिए, क्योंकि वह तो अब रियासत नहीं, भारत का अभिन्न अंग है। ये खून चूसने वाले महाजन एक ओर तो हिमाचल सरकार पर प्रभाव डाल रहे हैं—धन ही नहीं, उनमें शिक्षा भी अधिक है, इसलिए हर जगह पहुँच सकते हैं। दूसरी ओर वह चाहते हैं कि हङ्रङ् के एक ही गाँव हङ्गो में जो स्कूल है, वह भी टूट जाए, जिसमें उनके भुक्कड़ दास खुलकर साँस न लेने पावें। शूवा के सूदखोरों के सहभागी कुछ हङ्रङि्ये भी हैं। क्या भारत में प्रजा के राज्य का यही अर्थ होता है, जो हङ्रङ् में देखा जा रहा है?

भारत के अत्यन्त पिछड़े इस इलाके के लिए करना क्या चाहिए? शिक्षा के बारे में मैं कह—चुका निम्न प्रारम्भिक शिक्षा केवल भोटिया भाषा में हो, ऊपर हिन्दी भी सम्मिलित कर दी जाए। सरकार को जान लेना चाहिए कि महाजन हङ्रङ् में शिक्षा-प्रसार को सफल नहीं होने देंगे और इसीलिए महाजनों के पिछुओं को हङ्रङ् में अध्यापक नहीं बनना चाहिए। तिब्बती भाषा की पाठ्य-पुस्तकों की कोई कठिनाई नहीं है! मेरी बनाई वर्णमाला और चार पाठ्य-पुस्तकें तथा व्याकरण लद्दाख में

पढ़ायी जाती हैं, उनसे यहाँ भी काम लिया जा सकता है, या उसी ढंग पर दूसरी पुस्तकें तैयार की जा सकती हैं।

दूसरी समस्या खेत-बन्धकी की है। इसके लिए सरकार को एक ऐसे विशेष अधिकारी को जाँच करने के लिए नियुक्त करना चाहिए, जिस पर महाजन प्रभाव न डाल सकें। पहिले वह रामपुर में जा पिछले पचास साल के कागजों को देखकर कर्ज की रकम और वृद्धि के आँकड़े जमा करे। फिर हङ्रङ् में जाकर लोगों से पूछ-पूछ कर पता लगाए कि कर्ज किस तरह बढ़ा और कैसे-कैसे खेत लोगों के हाथ से निकलते गए। तहसीलदार मंगतरामजी कह रहे थे, उनकी अवस्था देखकर दया आती है, भूमि अनाज के लिए अत्यन्त उर्वर है, किन्तु वह भूखे पेट, फटे चीथड़ों में घूमते-फिरते हैं, इसे भी वह महाजन की दया समझते हैं। अन्त में इस खूनचुसाई का अन्त करना ही होगा, जिसके लिए बेहतर है कि दस साल पहिले के बन्धकों को उनको आज तक मिल चुके धन में चुकता समझ लिया जाए, किन्तु हङ्रङ् नहीं, हिमाचल के दूसरे इलाकों के मनहुँडे दर पर, सो भी सफल होने पर ही। सरकार को इस ओर शीघ्र पग उठाना चाहिए, नहीं तो बाहर की हवा उधर भी लगेगी और वही झगड़े यहाँ भी पैदा होंगे, जो पास में विदेशी राज्य (तिब्बत) होने से बहुत क्रूर रूप धारण करेंगे।

बाहर की हवा नहीं, भीतर की हवा भी जल्दी असर करेगी। दो मास पहिले 21 साल से अधिक आयु वाले स्त्री-पुरुषों का नाम लिखकर मतदाता सूची तैयार करने के लिए ऊपर से हुकुम आया था। तहसीलदार को एक-दो बातें साफ मालूम नहीं हुईं। आखिर रियासत में निर्वाचन और मतदाता की बात कौन समझता है? खास करके अपराध के कारण मताधिकार से वंचित होने की बात उन्हें नहीं समझ में आई। उन्होंने रामपुर लिखा, किन्तु वहाँ से कोई उत्तर ही नहीं आया, अस्पष्ट शब्दावली के स्पष्ट करने की बात तो अलग। उन्होंने फिर और फिर लिखा, किन्तु कोई जवाब नहीं। आज्ञा में लिखा था, हर पक्ष में सूची बनाने की प्रगति की सूचना देते रहो। मैंने एक दिन पूछा—आपके यहाँ मतदाता सूची बन रही है या नहीं? उन्होंने सारी बात बतलाई। मैंने कहा—आप की चिट्ठियाँ रामपुर में सड़ती होंगी, क्योंकि उनके लिए भी यह "कानूनी प्वाइन्ट" समझना महाकठिन होगा। उधर हिमाचल सरकार समझती होगी कि सब जगह सूची बन रही है। निश्चित तिथि के करीब पूछा जाएगा। रामपुर वाले आज्ञा भेज देने की बात कह के छुट्टी ले लेंगे। आप नाहक अयोग्य साबित होंगे। अपराध के कारण मताधिकार से वंचित करने का काम न्यायालय का है। आप के यहाँ न किसी को मताधिकार था, न किसी को न्यायालय ने उससे वंचित किया। आप हर गाँव में अगले साल 21 वर्ष से अधिक के होने वाले स्त्री-पुरुषों की सूची बनवा डालिये, बस पागल और उन आदमियों का नाम न लिखवाइए, जो गाँव के निवासी नहीं हैं। खैर, दो मास तक तहसील में

सड़ने के बाद आज्ञापत्र कार्यरूप में परिणत होने के लिए पटवारियों और नम्बरदारों के पास भेजा गया। अब चिनगारी खुली हवा में आई, देखिए क्या गुल खिलता है? कहीं-कहीं लालबुझक्कड़ और कहीं-कहीं खूनचूसक समझाएँगे—हुम्! 21 साल से बेशी के पुरुष? पलटन में भरती करके लड़ाई पर भेजने के लिए। और 21 साल से अधिक की स्त्रियाँ? "उन्हें भी छीन ले जाएँगे, हमारे यहाँ लड़की 50) रुपये में बिकती (ब्याही जाती) है, उसके सौ तो नीचे जाने पर आसानी से लग सकते हैं।" फिर कोलाहल और देवताओं के पास त्राहि-त्राहि। किन्तु जनतंत्री भारत तो डरकर इसे छोड़ नहीं सकता। समझना ही पड़ेगा कि अब शासक भगवान की ओर से हमारे ऊपर शासन करने के लिए नहीं आएँगे। पंचायती राज्य के शासक पंच होते हैं, जिन्हें बनाना जनता का काम है। लोगों को पंच चुनना है, इसलिए यह सूची-बंधन। सहस्राब्दियों से बन्द अँधेरी कोठरियों को प्रकाश के आने में कौन रोक सकता है? फिर वह अपने खूनचूसकों को समझेंगे और उनके बोझ को सहन नहीं कर सकेंगे। इसलिए बेहतर यही है कि पीढ़ियों के पाप को तुरंत काट दिया जाए।

✶

नम्या—पहिले तो जान पड़ता था, शायद भारत के अंतिम गाँव नम्या में जाने का मौका न मिले। घोड़ा मिलने में भी दिक्कत हो रही थी, किन्तु हमारे संकल्प में तहसीलदार साहेब का पत्र सहायक हो गया। उन्होंने नंबरदार को घोड़े का प्रबंध करने की ताकीद की थी। तहसीलदार साहेब ने अपने तजुर्बेकार बूढ़े चपरासी देबूराम को भेजा, साथ ही में डाक भी आई। डाक में प्रत्येक पत्र का उत्तर देना कहाँ संभव है और हिंदी भाषाभाषी का पत्र यदि अँगरेजी में आया, तो मेरा काम आसान हो जाता है, मैं उत्तर देने से बच जाता हूँ।

अगले दिन (28 जून) को हमने नम्या का रास्ता लिया। नम्या यहाँ से आट मील (शिमला से 194 वें मील) पर है। डेढ़ मील बँगले वाली सड़क से होकर हम फिर मुख्य सड़क पर आ गए। पहाड़ वही नंगे मादरजाद, हाँ "समन्दर" के परले पार कहीं एकाध पद्मवृक्ष कृशगात्र से दिखाई पड़ते थे। ढाई-तीन मील तक रास्ता अधिकतर नीचे की ओर चला। आगे 165 फुट लम्बा लोहे का झूला पुल मिला। पुलपार डुबलिङ् (सिद्ध द्वीप) गाँव के खेत थे, यद्यपि गाँव वहाँ से काफी ऊपर है। डुब्लिङ् से और (नदी के बहाव की ओर) हटकर डब्लिङ् गाँव है, इसलिए साधारण तौर से लोग इसे डब्लिङ्-डुबलिङ् कह दिया करते हैं। नम्या में डुबलिङ् के किसी उपासक (भगत) के लिए लिखी गई एक पुस्तक देखी, जिसमें सतलुज के लिए लङ्-छेन-छू, अर्थात गज (मुख) नदी लिखा था। ऋषियों के भूगोल के अनुसार गंधमादन और हिमवान पर्वतों के बीच अनवतप्तसर (मानसरोवर) है, जिसके चारों

ओर चार प्रकार के मुख हैं, जिनमें से गंगा गोमुख से निकलती है, गजमुख से भी एक नदी निकलती है, जो यही सतलुज है।

पुल के आगे कुछ दूर तक साधारण रास्ता है, फिर अधिकतर चढ़ाई आती है, जिसका अंत उस मोड़ पर होता है, जहाँ पहुँचने पर खब् गाँव दिखलाई पड़ता है। खब् से मील-डेढ़ मील पर नाम्या आता है। नदी इस पार के चारों गाँव छोटे-छोटे हैं। डुब्लिङ्-डब्लिङ् 25 घर, खब् 8 घर, नम्या 30 घर और नम्या से पार टशीगङ् 9 घर का। नम्या असाधारण हरा-भरा गाँव जान पड़ा। यह इसके खेतों की उर्वरता, नंगे जवों के बड़े-बड़े पौधों से मालूम हो रही थी। डाकबँगला तो चूली-अखरोट के वृक्षों से छिपा हुआ है। स्पू भी नंगे पहाड़ों के बीच खेतों और बागों का हरा-भरा गाँव है, किन्तु नम्या जैसी हरियाली वहाँ नहीं मालूम हुई। हरियाली और साफ बँगले ने इतना आकृष्ट कर लिया कि दिल चाहता था, दो-चार दिन यहीं रहा जाए। दूध, आटा मिलने में कोई दिक्कत नहीं थी, साग-फल अभी दुर्लभ थे। नम्या 9800 फुट की ऊँचाई पर बसा है, इसलिए यह न समझिए कि वहाँ चूली-अखरोट छोड़ और फल नहीं मिलेंगे। नम्या में बादाम 1, अखरोट 12, चूली 300, आड़ू 9, बेमी 17, पालू 8 के अतिरिक्त अंगूर की भी 22 बेलें हैं; यदि सितम्बर में आप पहुँचें, तो फलों का दु:ख नहीं रहेगा। डब्लिङ् में भी 6 अंगूर और 10 आड़ू के वृक्ष हैं। हाँ, ये गाँव मोरावियन मिशन के केन्द्र स्पू के समान फलों के बारे में सौभाग्यवान नहीं हैं, जहाँ कि साधारण फलों के अतिरिक्त आड़ू 31, सेब 24, नाशपाती 10, अंगूर 28 और आलूचा के 18 वृक्ष हैं। आज यहाँ के मेवों के बाहर जाने का कोई रास्ता नहीं। नम्या से शिमला भेजने पर रुपया सेर भाड़ा लग जाएगा। जब हम यहाँ आधुनिक यातायात का विकास कर देंगे, तो नम्या तक की भूमि मेवों की खान बन जाएगी।

खब् के सामने परले पार से एक नदी आकर सतलुज में मिलती है। यही स्पिती नदी है। वैसे स्पिती पहुँचने के कई रास्ते हैं, लद्दाख से रुपशू होकर एक, मनाली (कुल्लू) से दो जोतों को पारकर दूसरा, बाङ्तू से भावाजोत पारकर तीसरा, लिप्पा खड्ड से जोत पार हो चौथा, श्यासो खड्डू से जोत पार हो पाँचवाँ। किन्तु यह स्पिती नदी ही है, जिसके किनारे बिना जोत पार किए स्पिती पहुँचा जा सकता है। रास्ता साल के अधिकांश भाग में खुला भी रह सकता है, लेकिन तब, जब कि मुँह पर के खड़े पहाड़ों को बारूद से तोड़कर सड़क बना दी जाए। इसे बनाना ही पड़ेगा, इसके बिना हङ्रङ् इलाके का यातायात ठीक नहीं हो सकता। हङ्रङ् के अंतिम गाँव सुमरा के परले पार तो स्पिती का पहला गाँव है। आजकल हङ्रङ् जाने के लिए सुङ्नम् से जोत पारकर हङ्गो पहुँचा जाता है, नहीं तो रास्ता यहीं नम्या से है। नम्या से दो मील (शिमला से 196वें मील) पर भारत-तिब्बत की सीमा एक सूखा नाला है। तिब्बत के व्यापारियों के लाभ के लिए शिप्की तक (7, 8 मील

और आगे) सड़क बना दी गई है। सीमा से इधर ही पुल से सतलुज पार हो नम्या से तीन मील पर टशीगङ् है। टशीगङ् की सीधी चढ़ाई ही मैदानी आदमी की हिम्मत तोड़ देगी और यदि मालूम हो कि आगे महापर्वत पार करके ही हङ्रङ् के प्रथम गाँव नाको में पहुँचा जा सकता है, तो किसको आगे बढ़ने की हिम्मत होगी? मैं 22 साल पहिले ऊपर से आ रहा था, तो भी जब नाको के नीचे लोहे के अकेले तार पर रस्सी के सहारे स्पिती नदी पार करने के लिए कहा गया, तो प्राण निकलने लगे थे, किन्तु क्या करता? पीछे लद्दाख लौटकर भारत आना आसान न था। कहा जाता है, एक बार स्पिती तक सड़क बनाने के लिए कोई योजना भी बनी थी।

नम्या के खेत और बाग खड्ड के इस पार हैं और गाँव उस पार। गाँव के नजदीक बहुत कम खेत हैं, इसीलिए नंगे पहाड़ों की जड़ में वह बड़ा सूखा-सा मालूम होता है। किन्तु, लोगों ने शताब्दियों के तजुर्बे से देख लिया है कि वह स्थान हिमानी-पात से सुरक्षित है। शताब्दियों नहीं, सहस्राब्दियों का तजुर्बा कहना चाहिए, क्योंकि लिप्पा-कनम् आदि की भाँति यहाँ भी बर्तन वाली कब्रें मिलती हैं।

भोजन और विश्राम के बाद बूढ़े चौकीदार के साथ हम गाँव चले। रास्ते में ही बालकों की पलटन मिली। न जाने वह किस तरह कूच कर रही थी। स्वतंत्र भारत के अंतिम गाँव के तरुणतम नागरिकों के फोटो लेने के लोभ को मैं संवरण नहीं कर सका। फिर हम गाँव में गए। आग की बला ने इस गाँव को भी न छोड़ा, हालाँकि नंगे पहाड़ों के कारण यहाँ लकड़ी के उपयोग में उतनी उदारता नहीं दिखलाई जा सकती। आठ-नौ साल की बात है। उस समय सोवियत किर्गिजिस्तान के रक्तचूसक और उनके लग्गू-भग्गू सोवियत शासन के उन्मूलन के लिए अंतिम शक्ति लगा, इस्लामिक जेहाद के नाम पर हजारों स्त्री-बच्चों के खून से हाथ रँग, सैकड़ों गाँव को जलाकर अशरण हो भागे और बेरास्ते के रास्तों से चीनी-तुर्किस्तान होते तिब्बत में घुसे। उन्होंने तिब्बत के कई गाँवों को लूटा, कई प्राचीन मठों को जलाकर क्षार किया, फिर वह शिप्की की ओर बढ़ने लगे। नये हथियारों से लैस इन "कजाकों" का मुकाबला निर्धन ग्रामीण कैसे करते? लामा की सरकार दूर ल्हासा में थी, जहाँ दूत दौड़ाने के लिए भी दो मास की जरूरत थी। तिब्बत के इलाके के भी बहुत से नर-नारी भाग कर नम्या में आए हुए थे—आखिर वे एक खून, एक धर्म के भाई थे। कजाकों को इस दुर्गम रास्ते से आना कठिन मालूम हुआ। आखिर नहीं आए और लद्दाख की ओर मुड़ गए। वहाँ काश्मीर की सेना को हथियार दे शरण-भिक्षा माँगी। कुछ दिनों काश्मीर में रह अन्त में हजारा जिला में बसकर अब पाकिस्तान के नागरिक बन गए। उनकी संख्या हजार से अधिक थी।

कजाकों के प्रहार से तो नम्या बच गया, किन्तु उसी समय किसी की असावधानी से आग लग गई। यहाँ के पवन का क्या पूछना? जब चलता है, तो उनचासों भाइयों के साथ। नम्या के सारे घर उसके बाद के बने हैं। उस समय

हमारी सरकार के पुनर्वास-विभाग की तरह दफ्तर से दफ्तर कागज दौड़ाने में दिन नहीं बिता सकते थे। जाड़ा सिर पर, 10 हजार फुट की सर्दी और बर्फ को वह उसी तरह सहकर जीते नहीं बच सकते थे, जिस तरह हमारे शरणार्थी आज की बरसात में बिता रहे हैं। ऐसे खांडवदाहों में न जाने कितनी पुस्तकें, कितनी मूर्तियाँ, कितने चित्रपट कितने बार भस्मसात हुए होंगे। एक घर की देवकोठरी में कुछ मूर्तियाँ और पुस्तकें देखने को मिलीं। चौकीदार ने मृतक समाधियों और उनके बरतनों की बात बतलाई, तो हम भाग्य-परीक्षा के लिए गाँव के ऊपरी कोने पर सड़क से कुछ ऊपर गए, किन्तु खाली हाथ लौटे। रात को शान्त बँगले में पिस्सू खटमल-रहित चारपाई पर सोये- सोये मैं सोच रहा था—ईसा की सातवीं सदी का मध्य (640-50 ई.) प्रथम भोट सम्राट स्रोङ्चन-गम्बो की खूँखार बर्बर घुमंतुओं की सेना पहुँची शिप्की के पार। नम्या का यह तिब्बती नाम न रहा होगा। इस गाँव के वासी घबड़ा गए होंगे। उस समय उनके भाई-बन्द शिप्की पार रहे होंगे—अभी वहाँ तिब्बती भाषा नहीं पहुँची थी। उन्होंने भी सुना होगा कि कैसे दानवों से पाला पड़ने वाला है। किन्तु साथ ही पीछे आने वाले चिंगित्हानकी की भाँति स्रोङ्चन भी संदेश पहुँचाता रहा होगा—"आज्ञा स्वीकार करने वाले को अभयदान"। मालूम नहीं, प्राचीन नम्या वालों ने भागना पसन्द किया, या आज्ञा स्वीकार करना। खैर, कभी तो आज्ञा स्वीकार करनी ही पड़ी होगी, क्योंकि इन ठंडे पहाड़ों के लोग नीचे की गर्मी से घबराते थे और स्रोङ्चन की सेना ने गिलगित तक के सारे हिमालय को जीत लिया था। फिर जगह-जगह सैनिक चौकियाँ और अपत्नीक भोट-सैनिक के लिए स्त्रियों की माँग, फिर बौद्ध देवताओं और धर्म के प्रचार के लिए भोट-भिक्षु आए। शताब्दियाँ बीत गईं, नम्या का पुराना क्या नाम था, यह भी भूल गया। कब्र में सोने वाले आपस में जो भाषा बोलते थे, वह भी अब यहाँ नहीं रही। अब वह अपने को भोट भाषा बोलते, भोट-धर्म मानते पाते हैं। क्या यह बात सिर्फ नम्या में ही हुई? सारी दुनिया में मानव जाति का यही इतिहास है। वह स्थावर वनस्पति नहीं, जंगम प्राणी है। घूमना उसका धर्म रहा। जिसने इस धर्म को छोड़ा, वह कूप-मंडूक बना और भवितव्यता के सामने सिर झुका दास या ध्वस्त हुआ।

भारत के अन्तिम गाँव को देख चुका, उसकी हरियाली तिब्बत से आने वालों के दिल में अवश्य कौतूहल पैदा करेगी। जब वह डाकबंगले को देखेंगे, तो समझेंगे कि आदमी के रहने के लिए कैसा स्थान होना चाहिए। किन्तु भारतीय नागरिकों के घर को देखकर समझ जाएँगे, यह बँगला तो फिरंगियों ने बनवाया था, इसमें भारत का क्या है? हमें इस गाँव को बदलना है, सीमान्त के इलाके हङ्रङ् को बदलना है। यहाँ अज्ञान है, किन्तु जाति-भेद, छुआछूत का भयंकर कोढ़ नहीं है। इनका धर्म भी अपने असली रूप में उच्चतम आचार और दर्शन का प्रतिपादक है। ज्ञानमय प्रदीप के जलाने की आवश्यकता है। मैंने बड़ी-बड़ी आशाएँ बाँधी थीं, सोचा था,

स्वतंत्र भारत का यह पहिला वर्ष है, इसमें अवश्य इस अंधकूप की ओर ध्यान दिया जाएगा। स्कूल-इंस्पेक्टर ने बतलाया, चिनी तहसील में सिर्फ एक स्कूल खोला जाएगा और दह उधर रिब्बा में रहेगा। हङ्‌रङ्‌ में हङ्‌गो का टिमटिमाता स्कूल डगमगा रहा है। स्वतंत्रता की उषा में ही हङ्‌रङ्‌ में अंधेर-घुप तो नहीं हो जाएगा? मैंने सोचा, उपेक्षित हिमाचल के इस इलाके में कम-से-कम पाँच स्कूल और तीन डाकखाने तो तुरन्त खुलें (1) नम्या (30 घर), खब् (8 घर) टशीगङ्‌ (9 घर), डब्‌लिङ्‌-डुब्‌लिङ्‌ (25 घर) के लिए एक स्कूल। डाकघर नम्या में, जहाँ से पश्चिमी तिब्बत वाले भी ल्हासा के लिए अपनी डाक भेजा करेंगे। (2) नाको और मन्‌लिङ्‌ के 100 घरों के लिए नाको में एक स्कूल और एक डाकघर। (3) चाङों (100 घर), शेलकर (15 घर) और सुम्‌रा (35 घर) के लिए एक स्कूल और डाकघर; यहाँ से स्पिती का प्रथम गाँव लारी 20 मील पर है। यह डाकघर स्पिती के सबसे नजदीक और सुगम होगा। (4) हङ्‌गो में स्कूल है ही, जो अपने 20 घरों के अतिरिक्त लिए के 20 तथा चूलिङ्‌ के 10 घरों के लिए भी काम दे सकता है। (5) स्पू में फिर स्कूल और डाकघर खोलने की आवश्यकता है।

23 जून को नौ बजे मैं लौटकर स्पू पहुँच गया। घोड़े का उपयोग केवल नदी पार होकर ही किया। पुण्यसागर और बेगारू पीछे आए। 23, 24 जून को स्पू में ही बिताने का निश्चय हुआ। स्पू में वर्षा सिर्फ 15 इंच होती है, किन्तु जगह आकर्षक मालूम हुई। लौटने के दिन मंगोल घुमक्कड़ से बात हुई। वह किसी के घर में पूजा-पाठ करते थे। जीविका का कोई रास्ता तो होना चाहिए। 30 साल देश छोड़े हुआ। डेपुङ्‌ (ल्हासा) में तेईस-चौबीस साल बिताकर पाँच-छह साल से सिद्धचर्या में लगे हैं। उनसे ल्हासा के मित्रों के बारे में मालूम हुआ। गेशे तन्दर की हत्या की खबर सुनकर चित्त बहुत खिन्न हुआ। घुमक्कड़ अकेले सिद्धचर्या नहीं कर रहे हैं, बल्कि उनके साथ योगिनी भी है, यह पुण्यसागर ने पीछे बतलाया। भारत की गर्मी का प्रसाद अब की ही बार मिल गया था और दोनों का सारा शरीर फुंसियों से भर गया था, तो भी वह अभी भारत जाने का इरादा रखते हैं।

देवता से बातचीत

स्पू से 25 जून को प्रस्थान किया। 16 मील का रास्ता था। वैसे बेगार पर चलते तो श्यासो-खड्ड पर उसे बदलना पड़ता। स्पू के खच्चर वाले ने फी घोड़ा पाँच रुपया प्रति पड़ाव तथा बैठने की आधी मजूरी माँगी, जो बिलकुल वाजिब थी। मैं तो सोच रहा था, यदि लौटते समय मिलता, तो ठाणेदार तक ले चलता। श्यासो के पुल तक पैदल ही आया। रास्ते का ग्लेशियर कुछ गला था, किन्तु अब भी बहुत था। सड़क वाले मजूर वहाँ मौजूद थे, नहीं तो हमारे खच्चर वाले को एक खच्चर या घोड़ा इस साल और बलि देनी पड़ती। इधर धूप तेज मिली, शरीर जल रहा था। जब कनम् डाकबँगले पर पहुँचे, तो जान पड़ता था—लू में से आ रहे हैं। लेकिन यहाँ लू कहाँ? वस्तुत: नंगे सिर ने काम बिगाड़ दिया था। यहाँ पहुँचने के बाद बूँदाबाँदी होने लगी, व्रर्षा नहीं; वर्षा तो चिनी में ही देखने को मिली। उस दिन बेलीराम के भाई नंबरदार अमरजीत से—जो बँगले के चौकीदार भी हैं—बातचीत होती रही, और कहीं न जा सके। अगला सारा दिन कनम् देखने के लिए था।

ग्रोस्नम्, कनम्, सुङ्नम्, पुन्नम् (पूर्वणी), स्गि=नम् (मोरङ्) जैसे गाँवों के नामों के अन्त में "नम्" का आना कोई विशेष अर्थ रखता है, किन्तु हम्-स्कद् (शू भाषा) में "नम्" का अर्थ है बासी या खराब हुआ, जिसका अर्थ नहीं बैठता। कनम् के बारे में कहा जाता है, यहाँ गाँव बसते समय पत्थर पर 'क' अक्षर लिखा मिला; इसलिए इसका नाम कनम् पड़ा। "नम्" का अर्थ पुरानी शू भाषा में गाँव मालूम होता है और "क" का भी कोई अर्थ रहा होगा (क=तुम, करऽ=लाओ, कोर्=खोदो)। यह ध्यान देने की बात है कि 'नम्'-अन्त वाले सभी गाँव बहुत पुराने हैं। हम अन्यत्र लिख चुके हैं कि यहाँ एक खेत बनाते समय 30 साल पहिले 'ख-छे-रीग्खङ' (कब्रें) मिली थीं, जिनमें कंकालों के साथ मिट्टी के बर्तन भी थे। लड़ाई से पहिले सड़क को नई जगह से घुमाया गया, उस वक्त वहाँ कई 'रीग्खङ्' (शवगृह) निकली थीं, परन्तु कंकालों और बर्तनों को रखने की ओर किसी का ध्यान न गया। यदि सड़क-निरीक्षक अपने बलती मुसलमान मजदूरों से भी पूछ लेते, तो मालूम हो जाता

कि मुसलमान कब्रें इस तरह खान-पान के साथ नहीं बनाई जातीं। उन खोपड़ियों और बर्तनों की किन्नर-इतिहास को जानने के लिए कितनी जरूरत है, इसे कहने की आवश्यकता नहीं। मुश्किल है कि काफी खोदाई करने पर कब्रें इच्छानुसार निकाली नहीं जा सकतीं, क्योंकि उनका एक स्थान नियत नहीं है। अस्तु, इसमें सन्देह नहीं कि प्राक्तिब्बतीय प्राग्बौद्धकालीन (सातवीं सदी से पूर्व) भी कनम् में आदमियों की बस्ती थी और उस समय भी कनम् से लड़ के डाँडे होकर लिप्पा जाने वाला यही मार्ग था, जहाँ पहाड़ों के डाँडों से आकर सुङ्नम् का मार्ग भी मिल जाता था और फिर वहाँ से एक मार्ग चिनी होते सतलुज के किनारे-किनारे निर्मन्ड होकर कुलूत (कुल्लू), चम्बा (ऊपरी चन्द्रभागा) होते काश्मीर जाता, दूसरा नचार, सुङ्रा हो सराहन के आगे की खड्ड से दारनघाटा हो, अथवा नोगडी (रामपुर से आगे) की खड्ड से सतलुज जल-विभाजक डाँडे को पार हो, जमुना की शाखा नदियों पब्बर और टोंस के साथ होता एक और डाँडा लाँघते सैया होते कालसी की मंडी में पहुँच जाता था। बस्पा-उपत्यका वाले भी सीधे एक जोत पारकर टोंस में पहुँचते थे। इस प्रकार पश्चिमी तिब्बत से काश्मीर और 'मध्यमंडल' के रास्ते कनम् से गुजरते थे। अब भी कनम् बहुत बड़ा गाँव है, उसकी हजार के करीब आबादी है।

26 जून को हम—मैं और पुण्यसागर—गाँव में चले। बँगले के पास ही ऊपर से जाने वाली कूल गाँव में गई है। उसके साथ कुछ दूर जाकर हम नीचे उतर पड़े। पहिले कंजूर-ल्हाखङ् और ग्राम देवता ढब्ला को देखना था, तब लब्रङ् और ख-छे-ल्हाखङ् गुम्बा को। कंजूर-ल्हाखङ् गाँव से नीचे खेतों में बना है। किसने बनवाया, इसका न कोई पत्थर वहाँ लगा है, न ही किसी को याद है। कहने वालों की बात मानें, तो वह सतयुग से इधर का क्या होगा। किन्तु कंजूर की जो 103 और तंजूर की 235 पोथियाँ यहाँ रखी हैं, वह नरथङ् (मध्य-तिब्बत) की छपी हैं और यह छापे लकड़ी में उस समय खोदे जा रहे थे, जब शाहजहाँ आगरे के किले में औरंगजेब की कैद भोग रहा था। आज भी दायक के वंशज हैं, उन्हीं के हाथ में प्रबन्ध है। दायक ने जहाँ मन्दिर बनवाया, मध्य-तिब्बत से छपवा कर कंजूर को तिब्बत के भीतर ही भीतर होते तीन-चार मास में मँगवाया, वहाँ अपना एक बड़ा खेत—जो शायद गाँव का भी सबसे बड़ा खेत है—भी दान चढ़ा दिया। खेत की आमदनी से पुजारी और साल में एक बार 103 पोथियों के पाठ करने वाले लामाओं को भोजन-दक्षिणा दी जाती है। चिनी के बाद यहीं कनम् में एक प्राइमरी स्कूल है। स्कूल का घर बनाने में भला पुण्य कहाँ कि उसको कोई अकेले या चन्दा करके बनवाए? स्कूल इसी मन्दिर (पुस्तकालय) के बरांडे जैसे घर में लगता है। तहसीलदार या दूसरे किसी अफसर के आने पर उसे खाली करना पड़ता है। अफसरों की गाँव में यही टिकान जो ठहरी। अध्यापक मकान का रोना रो रहे थे। लड़के बाहर धूप में जमीन पर बैठकर पढ़ रहे थे।

आगे हम छोटे से टोले में गए जहाँ गाँव के प्रतापी देवता—ढब्ला—का मन्दिर है। गाँव वाले तो उसे किन्नर देश के सबसे बड़े तीन-चार देवताओं में मानते हैं। चिनी वालों का ऐसा खयाल नहीं है। वह पास के गाँव लब्रङ् के देवता शक्कंशू को बड़ा मानते हैं। ढब्लस् धनी देवता हैं, इसका पता तो उसके मन्दिर की टीन छत दे रही थी। कथा है, ढब्लस् दूसरे देवताओं की भाँति देशी टके सेर देवता नहीं हैं। वह लामाओं के देश ठेठ तिब्बत में अन्सरक् नाम से प्रसिद्ध थे। अपने शुभ कर्मों से सुखावती निर्वाण-भूमि में बुलाए जा रहे थे, किन्तु उन्होंने परानुग्रह-कांक्षया जाने से इनकार कर दिया। फिर कौन स्थान कार्यक्षेत्र हो सकता है, यह देखते हुए उन्होंने दिव्यचक्षु से किन्नर देश के कनम् ग्राम को अपने योग्य समझा और गिद्ध का रूप लेकर उड़ते हुए यहाँ पहुँचे। लड़के तिनके का पूला बनाकर उनसे खेल करते थे। किसी ने उठाना चाहा, तिनके का मुट्ठा न उठा। फिर 'भूप सहस दस एकहिं बारा। लगे उठावन टरइ न टारा।' सारा गाँव थक गया। फिर उन्होंने 'छेड़' (देवता बुला) कर पूछा, तो जान पड़ा, यह तो आपरूप देवता हैं।

ढब्ला—जिसे शू भाषा में ढब्बलस् भी कहते हैं—का शब्दार्थ है भिक्षुगुरु। ढब्ला साधारण नहीं, धर्म के देवता (छोस्-ल्ह) धर्मपाल हैं। यह गृहस्थ नहीं, भिक्षु हैं। बौद्ध हैं, इसलिए बलि-बकरे के पास नहीं जाते। बुद्ध पूजा लामाओं के सत्कार में खुलकर पैसा खर्च करते हैं। दूसरे देवताओं की भाँति कंजूस नहीं हैं। मैं ढब्ला के दर्शनार्थ आया था, किन्तु ढब्ला पाँच दिन पहिले ऊपर सुर्फुग् मठ के वार्षिकोत्सव में पधारे थे, फिर वहाँ से लौटकर अब ख-छे-ल्ह-खङ् में विराजमान थे। मेरा सौभाग्य था, जो कहीं दूर दुर्गम स्थान में नहीं बैठ गए। हाँ, देवताओं का क्या ठिकाना—'हजरते दाग जहाँ बैठ गए बैठ गए।'

हम वहाँ से निकल कर बेलीराम की ससुराल के घर पर पहुँचे। पिछली बार देखा था—उस समय वह विशाल घर था। अपने समय में यह परिवार (दोंडुब्) कन्नौर का सबसे धनी घर था। इस परिवार के कई आदमी शिक्षित भी हुए। बाहर से अँगरेजी पढ़कर आए, किन्तु पुरुष तरुण कुछ ही वर्षों में मर गए। अब घर में स्त्रियाँ रह गईं, जिनमें एक प्रौढ़ा बेटी भिक्षुणी और घर की मालकिन है, दूसरी बेलीराम भ्रातृपुंज की पत्नी, उसी का लड़का अब इस घर का भी स्वामी है। कुछ साल पहिले आग लग जाने से घर जल गया था। थोड़ा-सा घर बन गया है, बाकी पड़ा घर अभी तीन-चार हाथ ही उठ पाया है। लोहार दीवार के लिए पत्थर गढ़ रहे थे। जुड़ाई करने वाले पत्थर और लकड़ी मिलाकर जुड़ाई कर रहे थे। काफी बड़ा महल- जैसा मकान बन रहा है। खैरियत हुई जो मकान अलग-अलग था, नहीं तो सारा गाँव जल जाता।

हम लब्रङ् में गए जो वहाँ से नाति दूर था। रास्ते में कोलियों के कुछ दरिद्र से घर मिले, जिनमें से एक में पिछली बार बैठकर मैंने जूते की मरम्मत कराई थी।

लब्रङ् पहुँचते-पहुँचते नम्बरदार अगरजीत (बेलीराम के भाई) भी आ गए। लब्रङ् ब्ल-ब्रङ्-ब्ल-म-फो-ब्रङ् का संक्षेप है, जिसका अर्थ है—गुरु का प्रसाद। यह कन्नौर के सबसे बड़े अवतारी लामा लोछेन-रिम्पोछे का निवास स्थान है। लो-छेन् या महाभाषान्तरकार में सैकड़ों भारतीय ग्रन्थों के अनुवादक रिन्छेन् जङ्-पो या रत्नभद्र अभिप्रेत हैं जिनका जन्म दसवीं सदी के अन्त में हुआ था। चार-पाँच शताब्दियों तक तो महाभाषान्तरकार निर्वाण प्राप्त हो लुप्त रहे, फिर तिब्बत में अवतारों की बाढ़ आई और उनका भी अवतार पैदा कर लिया गया। तब से अब अवतार बराबर हो रहे हैं। नये अवतार को मैंने टशील्हुन्पो (तिब्बत) में दो बार देखा था, तब वह मरियल से दस-बारह वर्ष के लड़के थे। अब तो बाईस-तेईस के हो गए होंगे। मालूम नहीं, इन्होंने भी अवतारी लामाओं की परम्परा का पालन करते हुए परममूढ़ाचार्य की उपाधि स्वीकार की है, या कुछ पढ़ा-लिखा है। किन्नर, स्पिती और तिब्बत में इनके कई मठ और बहुत सी सम्पत्ति है। माँ के गर्भ से बाहर होते ही भगत लोग दंडवत् करने लगते हैं, फिर पढ़ने-लिखने का क्या लाभ? पिछली बार (1926 ई.) मैं इसी लब्रङ् की कोठरी में ठहरा था। उस सम लब्रङ् (गुरुप्रसाद) ढोर बाँधने, साग या घास सुखाने का काम देता था। नीचे का तल तो अब भी बदस्तूर साबित है, किन्तु ऊपर कुछ व्यवस्था अवश्य है—व्यवस्था का अर्थ गन्दगी की कमी हर्गिज नहीं, आखिर यहाँ के लामा लोग शिक्षा के साथ सफाई भी तो तिब्बत से सीख कर आते हैं। व्यवस्था कैसे हो, 22 साल पहिले लामा मर चुका था और अभी अवतार पैदा नहीं हुआ था। लब्रङ् छोटा-सा मकान है, यहाँ कोई पुरानी चीज नहीं है।

हम ख-छे-ल्ह-खङ् गए जो गाँव के ऊपरी भाग में है। यही यहाँ का मुख्य मठ है। ख-छे ल्ह-खङ् का अर्थ मुसलमान-मन्दिर (मस्जिद) और काश्मीरी मन्दिर दोनों होता है। यहाँ के किसी लालबुझक्कड़ ने कह दिया—मस्जिद की जगह पर बनने से इसका यह नाम पड़ा। बस वही बात दोहराई जाती है। इस इलाके पर न कभी मुसलमानों की चढ़ाई हुई, न यहाँ उनका शासन सीधे तौर से रहा, न यहाँ मुसलमान कभी आकर बसे, या यहाँ वाले मुसलमान बनकर रहे। फिर मस्जिद कहाँ से होगी? हाँ, काश्मीरी मन्दिर की पूरी सम्भावना है। महाभाषान्तरकार रत्नभद्र ने वर्षों काश्मीर में रह संस्कृत पढ़ी। वह गूगे से इसी रास्ते काश्मीर गए। कनम् उनकी विचरण-भूमि में था, इसलिए हो सकता है, उन्होंने यहाँ काश्मीरी ढंग का काश्मीरी कला से सज्जित विहार बनवाया, जिससे यह नाम पड़ा। यह भी हो सकता है कि भारत के अन्तिम संघराज काश्मीर के महापंडित शाक्य श्रीभद्र भारत से भागकर तिब्बत में 10 वर्ष रह जब 1213 ई. में अपनी जन्मभूमि को लौट रहे थे, तो वह कनम् होकर गुजरे और यहाँ उन्होंने एक विहार बनवाया। शाक्य श्रीभद्र भोट में ख-छे-पण छेन्—काश्मीर के महापंडित के नाम से प्रसिद्ध हैं, इसलिए उनके बनवाये विहार को ख-छे-ल्ह-खङ् भी कहा जा सकता है। तीसरी व्याख्या यह भी हो

सकती है कि किसी काश्मीरी ने यहाँ विहार बनवाया। मुसलमानों को भोट वालों ने काश्मीरियों के रूप में ही पहिले-पहिल देखा, इसलिए उन्होंने देश का नाम धर्म को दे दिया, जैसे आज भी उत्तरी भारत के कितने ही गाँव वाले 'तुर्क' शब्द मुसलमान का पर्याय समझते हैं, हालाँकि तुर्क जाति का नाम है, जिनमें अधिकांश छठी सदी में बौद्ध थे। ल्हासा के मेरे परिचित गुरालमान कादिर भाई ने एक बार बड़े गर्व से कहा था—हमारा एक आदमी ख-छे-पण्-छेन् के नाम से बौद्धों का बड़ा गुरु हो गुजरा है। मैंने उन्हें समझाया कि पहिले ख-छे से मुसलमान नहीं, काश्मीरी समझा जाता था। हाँ, तुम्हारे पिता काश्मीरी थे और शाक्य श्रीभद्र भी, इस प्रकार वह तुम्हारे पितृवंश के थे, इसमें संदेह नहीं। यह तो हुई ख-छे-ल्ह-खङ् की व्याख्या। मन्दिर अवश्य सात-आठ सदियों से पहिले बना था, किन्तु आज जो विहार खड़ा है, वह केवल उस पुराने विहार के स्थान पर खड़ा है, वहाँ कोई पुरानी चीज नहीं है। सबसे पीछे आज से पन्द्रह-बीस साल पहिले टोमो (चुम्बी) गेशे लामा ने इस मन्दिर को फिर से बनवाया और अपने मठ के नक्शे को देखकर, जिसका अर्थ है, उन्होंने पुराने नक्शे की भी इतिश्री कर डाली।

इस विहार के सबसे अन्तिम संस्कारक या निर्माता टोमो गेशे कलिम्पोङ् से ल्हासा जाने के रास्ते में पड़ने वाली टोमो (चुम्बी) उपत्यका के रहने वाले एक व्यवहार कुशल लामा थे—अवतारी नहीं थे, किन्तु अब उनका अवतार बन गया है। टोमी में रहते ही उनकी ख्याति हो गई थी। तिब्बत के नाम से थ्योसोफी और यौगिक चमत्कार की दूकान चलाने वाले कुछ यूरोपीय भी उनको गुरु मानने लगे थे। गेशे किन्नर देश में आए। साधारण जनता की तो बात क्या, महाराज पदमसिंह की भी श्रद्धा उनमें बढ़ी। महाराजा के परिवार में एकाध की मृत्यु हो चुकी थी, डॉक्टर तपेदिक बतलाते थे और गुनी लोग ब्रह्मराक्षस का दोष। ब्राह्मणों की मंत्र-विद्या कुंठित साबित हुई। महाराजा लामा गुरुओं की शरण में पहुँचे। टोमो गेशे के तंत्र-मंत्र का असर हुआ। ब्रह्मराक्षस राजमहल छोड़ गया, हाँ अस्थायी तौर से ही। गेशे के कहने पर महाराजा ने कंजूर-तंजूर भी तिब्बत से मँगवा लिये और शायद राजमहल में रखने के लिए, जिसमें ब्रह्मराक्षस को फिर उधर झाँकने की हिम्मत न हो। कंजूर-तंजूर के आ जाने पर तो ब्रह्मराक्षस इतना कचकचा कर पड़ा कि वंश ही को निर्वंश कर डाला। ब्राह्मणों ने कहा—लामाओं की पोथी मँगवाओ। कंजूर-तंजूर को हटाकर लामा-मन्दिर में भेज दिया गया, जहाँ वह अब भी है। यह है सुनी-सुनाई टोमो गेशे की कथा। जहाँ तक रामपुर के राजा का सम्बन्ध है, यह सभी जानते हैं कि रामपुर राजवंश तपेदिक की बलि चढ़ा, खुद पदमसिंह भी उसी से मरे। मेरे मित्र कह रहे थे, राजमहल यक्ष्मा के कीड़ों से भरा पड़ा है। वह तो चिनी में भी कई पत्र मुझे लिख चुके कि मैं ब्रोस्की बँगले में न ठहरूँ। वह समझते थे, यहाँ कई राजवंशिक बीमारी की अवस्था में रह चुके हैं। किन्तु इसका यहाँ के

पुराने निवासियों को कोई पता नहीं, और इसीलिए मैं भी यहाँ निश्चिंत ठहरा हुआ हूँ।

टोमो गेशे की कीर्ति किन्नर बौद्धों में बहुत फैली। उनके इशारे पर इतना धन जमा हो गया कि ख-छे-ल्हा-खङ् फिर से बन गया। जिस समय टोमो गेशे कनम् में थे, उसी समय एक सिंहल गेलोङ् (सिहल भिक्षु) यहाँ आया, किन्तु वह भिक्षु क्या बाकायदा छोटा साधु भी नहीं था। हाँ, टुंडा जरनैल बहुत-सी हाँडियों का भात खाये हुए था और शकुन तथा परचित्त ज्ञान की अद्भुत शक्ति का धनी बना हुआ था। नम्बरदार अमरजीत भी कह रहे थे, उसकी बतलाई बातें बहुत सच निकलती थीं। टुंडा जरनैल तीसरी यात्रा में मुझे तिब्बत में मिला था। वह बड़ा साहसी घुमक्कड़ था, इसमें संदेह नहीं। वहीं उसने अपनी किन्नर-यात्रा की कई मनोरंजक घटनाएँ सुनाईं। उसे अपनी सिद्धाई का रोब मुझ पर डालना नहीं था, इसलिए अपने हथकंडों को भी बतला रहा था, जिसे साधारण सूझ और व्यवहार-कौशल समझ लीजिए। सिंहला-गेलोङ् कुछ दिनों गेशे के साथ रहा, किन्तु एक जंगल में दो सिंह, एक म्यान में दो तलवार कहीं रही हैं? वह यहाँ से उठकर खड्ड पार के गाँव लब्रङ् में जा डटा। उसके चमत्कार से लोग प्रभावित होने लगे। उसका बनवाया स्तूप वहाँ आज भी मौजूद है। खड्ड आर-पार के दोनों सिद्धों में प्रतिद्वंद्विता छिड़ गई। बिहार की बात है, एक सिद्ध सबेरे के समय चबूतरे पर बैठे दातवन कर रहे थे। दूसरा सिद्ध अपनी दिव्य शक्ति का परिचय देने बाघ पर चढ़कर मिलने आया। दातवन करने वाला सिद्ध समझ गया—यह लोगों को दिखलाना चाहता है कि मैं बड़ा सिद्ध हूँ। फिर क्या, दातवन वाले सिद्ध ने चबूतरे से कहा—'चल, तू भी सिद्ध के स्वागत के लिए।' और चबूतरा सचमुच चला। बाघ वाला सिद्ध साष्टांग दंडवत् करते जमीन पर गिर पड़ा। लेकिन यहाँ किन्नर में खड्ड के आर-पार के सिद्धों को वह नौबत नहीं आई। सिंहला गेलोङ् अपने भविष्य कथन में बाजी मारे जा रहा था, किन्तु वह अकेला था, उसके पास जमात न थी। बिना जमात करामात कहाँ? उस समय और शायद आज भी लब के देवता शक्कंशू और कनम् के देवता ढब्ला में बड़ी अनबन थी। बस एक-दूसरे से गुत्थंगुत्था नहीं करते थे, बाकी सब कुछ हो जाता था। सिंहला-गेलोङ् की सिद्धाई को शक्कंशू मान गया था और ढब्ला के मन में भी भय-संचार होने लगा था। सिंहला गेलोङ् ने एक दिन दोनों देवताओं को फटकारते हुए कहा—'तुम लोग अपने को देवता कहते हो। लोगों की पूजा खाते हो, लोगों को रास्ता बतलाने का दम भरते हो, और तुम स्वयं आपस में लड़ते हो। शाक्य मुनि की क्या यही शिक्षा है?' शक्कंशू तो गिड़गिड़ाने लगा—मैं तैयार हूँ, जो गेलोङ् लामा कहेंगे, वही करूँगा। देवताओं से बातचीत लुक-छिपकर थोड़े ही होती है। ब्रोक्स् (देववाहक) के मुँह से हुई, देवता के सिरश्चालन के संकेत से हुई, तो भी सुनने वाले तो थे ही। बात किसी तरह टोमो गेशे के पास पहुँच गई। टोमो गेशे ने सोचा—यदि सिंहला-गेलोङ् ने इन दोनों देवताओं में मेल करा दिया, तो

उसकी सिद्धाई मुझसे बढ़-चढ़कर समझी जाएगी। उन्होंने जल्दी-जल्दी ढब्ला से बात की और उसे तीन मास के लिए छम् (ध्यान) में ले गए। ढब्ला तीन मास के लिए छम् में चला गया, अब उतने दिनों उसके साथ बातचीत नहीं हो सकती थी। सिंहला-गेलोङ् की सुलह कराने की बात खटाई में ही रह गई।

खैर, नम्बरदार अगरजीत के साथ हम ख-छे-ल्ह-खङ् में पहुँचे। आँगन की तीन तरफ दोतल्ला कोठरियाँ थीं और चौथी तरफ मन्दिर के प्रबन्धक की कोठरी उन्हीं कोठरियों में थी। सूचना पाते ही वह आए और उन्होंने हाथ जोड़कर नमस्कार किया। बीस साल टशील्हुन्पो मठ में रहे थे। भोटिया सामन्ती वर्ग के शालीन संभाषण में बड़े ही चतुर थे। मन्दिर खोल दिया गया था। वहाँ छोटे आसन पहिले ही बिछे थे। इन्हीं पर बैठकर भिक्षु लोग पूजा-पाठ करते हैं। यहीं भोज के समय संघ भी बैठता। एक ऊँचे आसन पर मुझे बैठाया गया। मक्खन-सोडा-नमक मिली चाय और गंगा-जमुनी बैठकी पर रखा नफीस चीनी प्याला भी आ गया। फिर घंटे भर के लिए तो हम तिब्बत में पहुँच गए।

का-छेन् (महामात्य) हिन्दी नहीं बोल सकते थे और मैं किन्नर भाषा नहीं जानता था। दोनों में तिब्बती चलने लगी। भारत के एक कोने किन्नर ही नहीं, यदि सुदूर मंगोलिया में भी मुझे जाना पड़े, तो इसी तरह तिब्बती भाषा सहायक हो सकती है। ख-छे-ल्हा-खङ्-लो-छेन् रिम्पो छे की गुम्बा है और का-छन् लामा की ओर से प्रबन्धक हैं। प्रथम लो-छेन-रिम्पो छे यद्यपि गेलुक्पा सम्प्रदाय की स्थापना से चार सदी पहिले पैदा हुए थे, किन्तु पीछे उनकी गुम्बाएँ (मठ) और अवतार गेलुक्पा हो गए। गेलुक्पा का अर्थ ही है "भिक्षु-मार्गी", फिर यहाँ भिक्षुओं की प्रधानता होनी ही चाहिए। का-छेन् भिक्षु हैं। थोड़ी देर बाद एक और "भिक्षु" आ गए। हम दोनों ने एक-दूसरे को पहिचान लिया। 1929 ई. में जब मैं पहिली बार तिब्बत गया, तभी मेरी इनसे मुलाकात हुई थी, दूसरी यात्रा में भी कितनी ही बार भेंट हुई। पहिली बार तो डेपुङ् में मेरे लिए कोठी दिलाने में इन्होंने बड़ी सहायता की, यद्यपि दूसरे कारणों से मैं डेपुङ् गुम्बा में ठहर नहीं सका। सुखराम, यही उनका नाम था, तब अभी पढ़ाई शुरू ही किये हुए थे और अब वह गेशे सुखे—पंडित सुखे थे। दो-चार ही साल हुए, वह देश लौटे। मैंने उनके ज्येष्ठ साथी के बारे में पूछा। उन्होंने कहा—गेशे कल्जङ् (कैसङ्) अब "छोग-रम्पा" हो गए। छोग-रम्पा विद्या की आचार्य-जैसी सर्वश्रेष्ठ उपाधि है। किन्तु यह सरकार की ओर से नहीं, महागुम्पा डेपुङ् की ओर से दी जाती है, जिसमें सात हजार भिक्षु निवास करते हैं। इसे भोट देश की नालंदा समझिए "ल्हा-रम्पा" (आचार्य) की उपाधि भोट सरकार देती है और कड़ी परीक्षाओं के बाद। उसका सम्मान सर्वोपरि है। मालूम हुआ, ग्याबोङ् के एक भिक्षु ल्हा-रम्पा भी हैं। वह कुछ साल पहिले जन्म-भूमि आए थे, किन्तु फिर भोट लौट गए। यहाँ रहकर क्या करते? पढ़ाने के लिए विद्यार्थी कहाँ मिलते?

फिर तो सारा पढ़ा-पढ़ाया धर्मकीर्ति, चंद्रकीर्ति, वसुबन्धु, असंग और गुणप्रभ का दर्शन भूलकर ही रहता न?

गेशे सुखे अब घरबारी हो गए हैं; स्वेच्छा से नहीं, बलात्। नजर लड़ गई किसी तरुण भिक्षुणी पर, सन्तान-निग्रह हो नहीं सका, फिर दूसरा रास्ता क्या था? अब तो उन्हें किन्नर में रहने पर घर-गिरस्थी चलाना ही होगा। और उनकी बीस साल की पढ़ी विद्या? यदि वह रारङ् के सिद्ध का पथ स्वीकार करें, तो थोड़ा-बहुत काम दे; किन्तु वह धर्मकीर्ति के तर्क को वर्षों पढ़ते रहे, जिसने चौदह शताब्दियों पूर्व कहा था—

वेदप्रामाण्यं कस्यचित् कर्तृवादः, स्नाने धर्मेच्छा जातिवादावलेपः।
संतापारम्भः पापहानाय चेति, ध्वस्तज्ञानां पंच लिंगानि जाड्ये॥

(प्र. वार्तिक)

अर्थात (1) वेद (या किसी ग्रन्थ) को (सर्वोपरि) प्रमाण मानना; (2) किसी को (जगत् का) कर्ता कहना; (3) (गंगा आदि तीर्थों के) स्नान में धर्म चाहना; (4) (ऊँच-नीच) जाति के विचार का अभिमान और (5) पाप मिटाने के लिए (भूख-उपवास से शरीर को) सन्ताप देना, ये पाँचों बुद्धि मारे (आदमियों) की जड़ता के लक्षण हैं।

पुराने मित्र से इतने दिनों बाद मिलने पर बड़ी प्रसन्नता हुई। उसी समय मेरे दिल में प्रश्न आया—नेगी लामा जैसे भोट भाषा के अद्वितीय विद्वान तथा गेशे सुखे, छोग् रम्पा, कल्-जङ् और ग्याबोङ्गल्हा-रम्पा की किन्नर अर्थात भारत को आवश्यकता नहीं है? उन्होंने सारा जीवन लगाकर भारत की अद्वितीय प्रतिभाओं के ग्रन्थों का अध्ययन किया, उन प्रतिभाओं का जिनके बिना काशी में पढ़ाये जाते सारे शास्त्र अधूरे हैं और जिनके अधिकांश ग्रन्थ मूलतः संस्कृत में होने पर भी अब संस्कृत से सर्वथा लुप्त हो चुके हैं। उन्हें तिब्बती अनुवाद में ही पढ़ा जा सकता है जब तक कि उन्हें फिर से संस्कृत या हिन्दी में अनूदित नहीं कर दिया जाता। जिस तरह भारतीय चित्रकला के विकास को समझा नहीं जा सकता यदि आप अजन्ता के अमर चित्रकारों की कृतियों को छोड़ दें। भारत की मूर्तिकला का ज्ञान आप का अपूर्ण रहेगा, यदि आप साँची, भरहुत, धान्यकटक (अमरावती) के मूर्तिशिल्पियों को पास न आने दे; उसी तरह दिङ्नाग-धर्मकीर्ति-नागार्जुन-चंद्रकीर्ति-असंग वसुबन्धु के गंभीर विचारों के परिचय बिना भारतीय मस्तिष्क की सर्वोच्च उड़ान को आप नहीं जान सकेंगे। याद रखें, यूरोप के सर्वश्रेष्ठ भारतीय दर्शन के पंडित और संस्कृतज्ञ आचार्य श्वेर्वात्स्की धर्मकीर्ति को भारत का कांट कहे थे और मैं उन्हें कान्ट और हेगेल सम्मिलित। औंधी खोपड़ियों को कौन इसे समझाए? काशी की संस्कृत-परीक्षा में जब इन आचार्यों के उपलभ्य ग्रन्थ रखे गए, तो कूप मंडूकों ने बावेला मचा दिया। कांग्रेस के मंत्रिपद को छोड़ते ही उनकी बन आई और परीक्षा से उन ग्रन्थों

को निकलवा दिया। वह फिर तब तक परीक्षा में सम्मिलित नहीं किये गए जब तक युक्त प्रान्त के शिक्षा विभाग की बागडोर सम्पूर्णानन्द जी के हाथ में नहीं आ गई। सम्पूर्णानन्द को भारतीय प्रतिभा का साक्षात् परिचय है, इसलिए वह इन प्रतिभाओं के मूल्य को समझते ही नहीं, अनुभव करते हैं, किन्तु क्या वह वही आशा किसी ऐरे गैरे-नत्थू-खैरे से कर सकते हैं? क्षमा कीजिये, आज हमारे भारत संघ का शिक्षा विभाग ऐसे ही हाथों में है। अपने विषय का सबसे अयोग्य आदमी हमारा शिक्षा मंत्री बनाया गया है। खान अब्दुल गफ्फार खाँ ने जब सुना कि बौद्ध विचारधारा के दो अद्वितीय दार्शनिक असंग और वसुबंधु पठानबन्धु थे, तो वह उछल पड़े। कहा—उनके ग्रन्थों को हमारी भाषा में आना चाहिए, उनकी जीवनी पर प्रकाश डालिये। मैंने उस समय इतना ही कहा—दोनों का जन्म-स्थान पेशावर (पुरुषपुर) था, एक बौद्धों का प्लातोन् है और दूसरा अरिस्तातिल्। देश की शिक्षा और संस्कृति के अध्ययन तथा प्रचार की गम्भीर जिम्मेवारी क्या मौलाना आजाद के कन्धों पर रखने लायक है? वह अरबी मद्रसा के अव्वल मुदर्रिस हो सकते हैं, सफल मुदर्रिस भी हो सकते हैं, अरबी और इस्लामिक शिक्षा-क्रम की योजना बनाने में सहायक हो सकते हैं और मैं यह भी मानता हूँ कि भारतीय शिक्षा-क्रम में उसके लिए स्थान रहेगा। किन्तु वह सम्पूर्ण भारतीय शिक्षा और संस्कृति के अध्ययन का एक बहुत छोटा-सा अंग होगा, उतना ही जितना मोहनजोदरो से आज तक के काल में अकबर और औरंगजेब तक का समय। जिस आदमी के मस्तिष्क में हमारी पचास शताब्दी तक व्याप्त सांस्कृतिक परम्परा का नहीं के बराबर ज्ञान है, क्या वही हमारा सबसे योग्य शिक्षा मन्त्री हो सकता है? आप कहेंगे, उनके सहायक डॉक्टर ताराचन्द जो हैं। क्षमा कीजिये, यहाँ "दैव मिलाई जोड़ी है।" डॉक्टर ताराचन्द भी साठ शताब्दियों में उन्हीं डेढ शताब्दियों के पंडित हैं। किन्नर से बहक कर मैं आजाद और ताराचन्द पर पहुँच गया।

किन्नर में आज ऐसे विद्वान हैं और होते रहे हैं, जिन्होंने एक जीवन लगाकर उन अगाध पांडित्यपूर्ण ग्रन्थों को पढ़ा है, जिनका ज्ञान भारतीय विचारधारा के इतिहास को जानने के लिए आवश्यक है, जिसका अधिकांश संस्कृत से लुप्त और तिब्बती अनुवाद ही में प्राप्य है। क्या मेरा या किसी भी भारत की प्रतिभा से प्रेम करने वाले भारतीय का कर्तव्य नहीं कि सरकार को कहे : किन्नर में एक ऐसा सरकारी विद्यापीठ स्थापित किया जाए, जहाँ संस्कृत के साथ तिब्बती भाषा में प्राप्य इन ग्रन्थों का उच्च अध्ययन हो, जिससे समय पाकर लुप्त ग्रन्थ फिर हमारी भाषा में आवें और भारतीय विद्वानों में उनका पठन-पाठन होकर उनकी एकांगिता दूर हो। साथ ही ऐसे पंडित पैदा हों, जिनकी हमें अपने दौत्य सम्बन्ध के लिए तिब्बत, चीन, मंगोलिया, कोरिया ही नहीं, जापान, सारे सुदूर पूर्व में आवश्यकता होगी, क्योंकि वह बौद्ध साहित्य, दर्शन और इतिहास के पूरे पंडित होंगे। ऐसा विद्यापीठ

हमारे भोट भाषा-भाषा भूभाग (कनौर, स्पिती, लाहुल, जांस्कर और लद्दाख) ही नहीं, गढ़वाल, अल्मोड़ा के उत्तरी अंचल तथा शिकम् (दार्जिलिंग) के लिए भी योग्य शिक्षक और प्रबन्धक देगा।

कहिये किसे इन बातों को समझाया जाए? मौलाना आजाद और डॉक्टर ताराचन्द को? वह हिन्दी-उर्दू की सहायता का बँटवारा भले कर सकते हैं—यदि हिन्दी के लिए पाँच लाख एकमुश्त दान दिया जाए, तो न्याय यह कहता है कि उर्दू को भी पाँच लाख मिले। यदि हिन्दी को चालीस हजार वार्षिक सहायता दी जाए, तो उर्दू को भी उतनी मिलनी चाहिए, यदि हिन्दी-साहित्य-सम्मेलन के भवन के लिए दिल्ली में दस एकड़ जमीन दी जाए, तो उर्दू को भी उससे एक अंगुल कम नहीं दी जानी चाहिए। यह है साठ और डेढ शताब्दियों की धारा की प्रतिनिधि इन दोनों भाषाओं के बारे में उनके उज्ज्वल न्याय का ढंग! क्या इस पर शिक्षा विभाग के बारे में नहीं कहना होगा—"बूड़ा वंश कबीर का उपजा पूत कमाल।"

हिमाचल प्रदेश के लिए तो अभी खंड-विखंड रखने की नीति मालूम होती है। 9 लाख 36 हजार आबादी (10,600 वर्गमील, 84 लाख 58 हजार वार्षिक आय) की 21 छोटी-छोटी रियासतें इकट्ठा करके हिमाचल का एक छोटा-सा पुतला खड़ा कर दिया गया है। सारा हिमाचल काली (नेपाल सीमा) से चन्द्रभागा तक जब अखंड हो जाएगा, तब रोना रोने की जरूरत नहीं होगी। जब सारा हिमाचल मेवा बागों, पनबिजली स्टेशनों, धातु और उनके कारखानों से भर जाएगा, तो हिमालय के सपूत अपने इन सांस्कृतिक भार को भी सहर्ष उठा लेंगे। किन्तु, इस समय कहने पर तो यही उपदेश दिया जाएगा—"भारत सरकार के पास विनती कीजिए"। भारत सरकार के कर्णधार "भारत के आविष्कारक" नेहरू जी तो शिक्षा विभाग की ओर ही जाने का संकेत करेंगे और आगे वही गति होगी, जो भैंस के सामने वीणा बजाने वाले की। मेरी इन पंक्तियों से यदि किसी का दिल दुखता हो, तो उसे यह भी समझना चाहिए कि यह भी पंक्तियाँ नहीं, एक दुःखी दिल की आह है। चाहे आज कुछ भी हो, किन्तु मुझे विश्वास है, हिमाचल और भारत अपने कर्तव्य को भूल नहीं सकते।

*

बात के अन्त में ढब्ला देवता के बारे में पूछने पर मालूम हुआ, वह छत पर विराज रहे हैं। हम उठकर छत पर गए। धूप थी, किन्तु ढब्ला तपस्वी हैं, उनके लिए धूप-छाँह सब एक ही है। नम्बरदार से कल ही ढब्ला से वार्तालाप करने की सलाह हो चुकी थी। ढब्ला के तीन-तीन ग्रोक्ष (मुखरूपी मनुष्य) हैं, किन्तु एक दिवंगत, एक बालक और एक शिमले की सैर पर। खैर, किन्नर के देवता अग्रसोची होते हैं। वह सिर्फ ग्रोक्ष पर ही निर्भर नहीं करते। ग्रोक्ष न होने पर वह गूँगे की भाँति इशारे से बात

करते हैं—अगल-बगल में सिर डुलाने का अर्थ है—"नहीं", प्रश्नकर्ता की ओर सिर झुकाने का अर्थ है "हाँ", ऊपर-नीचे कूदने का अर्थ है—"बहुत प्रसन्नता के साथ", हाँ, प्रश्नकर्ता की ओर से दूसरी तरफ सिर झुकाने का अर्थ है "अरुचि या मुँह मोड़ना।" संकेत स्पष्ट हैं, गूँगे या मौनधारी भी ऐसा ही करते हैं।

किन्नर के सभी देवताओं की भाँति ढब्ला की भी कोई ख़ास मूर्ति नहीं है। एक चौकोर लकड़ी का ढाँचा है, जिसका ऊपरी भाग कुछ गोल-सा है। सारा ढाँचा रेशमी कपड़ों से ढँका है। इसी गोलाई पर चारों ओर पाँच या छह चाँदी के चेहरे लगे हैं और ऊपर से हाथ भर के बिखरे चमरी के रँगे बाल हैं। ढाँचे के भीतर से आर-पार दो भोजपत्र के लचीले पतले लट्ठे लगे हैं, जिनके सिरों पर शुद्ध चाँदी के व्याघ्रमुख पहनाये हुए हैं। दोनों लट्ठों के सिरों को आपस में बाँध दिया गया है। दो आदमियों ने दोनों छोरों में सिर डाल लट्ठों को कन्धे पर रख देवता को उठाया। दूसरे दो आदमियों ने दोनों बगल में खड़े हो देवता को सँभाला। कन्धे पर उठाते ही लचीले लट्ठे हिले, जिसके साथ देवता में स्फूर्ति आई। ऊपर की ओर उठने पर डेढ़ हाथ व्यास के सिर के बिखरे बाल ऊपर-नीचे उड़ने लगे।

ढब्ला तिब्बत से आए हैं, इसलिए वह तिब्बती भाषा भी समझते थे, किन्तु मैंने सीधे बात करना पसन्द नहीं किया—कहीं सम्मान प्रदर्शन में भूल न हो जाए और मुफ्त में देवता के कोप का भाजन होना पड़े। मैंने नम्बरदार अगरजीत को अपना दुभाषिया बनाया। ढब्ला से बातचीत किन्नर की और पाँच बोलियों को छोड़ वहाँ की सर्वाधिक प्रचलित अर्थात राष्ट्रभाषा हम-स्कद् में ही की जाती है, मैंने सोचा—ढब्ला यहाँ जैसे सर्वाधिक प्रचलित हम्-स्कद् के पक्षपाती हैं, कनम् की स्थानीय बोली के नहीं; वैसे ही वह सारे भारत के लिए सर्वाधिक प्रचलित हिन्दी के राष्ट्रभाषा होने का पक्षपाती छोड़ कुछ नहीं हो सकते। बल्कि नम्बरदार अगरजीत ने मुझसे हिन्दी में पूछने के लिए कहा, किन्तु आदाब-अलकाब की गलती होने के डर से मैंने नम्बरदार को ही प्रश्नकर्ता बनाया। मैं देवताओं के सामने स्वार्थ की बात चलाना नहीं पसन्द करता और न कोई वैसा प्रश्न रखने वाला था। कोठी (चिनी) की देवी चंडिका के चिरकौमार्य और उसके कारण क्रोधाधिक्य और उसी की वजह से हर मेले में दो-चार की सिर-फुटौवल, खून-खराबी। मैं चाहता था यह रुके। साथ ही लोगों ने बतलाया—चंडिका माँस-शराब बहुत खाती-पीती है। शराब से मैं परिचित नहीं हूँ, किन्तु माँस से तो मुझे भी परहेज नहीं है, परन्तु मैं यह नहीं चाहूँगा कि उसके लिए मेरा घर रक्त पंकिल हो। सबकी दवा मुझे एक ही समझ में आई कि देवी का ब्याह करा दिया जाए। फिर चंडिका, सारे किन्नर की सबसे बड़ी देवी, जैसे-तैसे देवता से तो ब्याह नहीं कर सकती, वर भी वधू के योग्य होना चाहिए। और ढब्ला से बढ़कर योग्य वर कौन हो सकता था, जो बहुत बड़ा देवता होते भी बहुत नम्र, शांत और धर्मात्मा है।

देवता हिल रहा था, पास खड़ा आदमी निरन्तर घंटी बजा रहा था। अब मेरे शब्दों को और परिष्कृत भाषा में करके प्रश्नकर्ता (नम्बरदार) ने हाथ जोड़ कर कहना शुरू किया :

—डंबर साहेब! आपकी सेवा में काशी के महापंडित राहुल जी नम्रतापूर्वक विनती करना चाहते हैं, गुस्ताखी माफ हो।

सिर ऊपर-नीचे उठा, अर्थात "हाँ, कहें।"

—कोठी की देवी बहुत मनमानी अनीति करती है। बुद्ध के धर्म की अवहेलना करती है। बहुत क्रोध में रहती है। इसकी वजह से खून-खराबी होती रहती है। कनौर के सारे देवता भगवान बुद्ध के उपदेश को मानते हैं, किन्तु कोठी की देवी इनकार करती है। देवी जब तक क्वारी रहेगी, तब तक ऐसा ही होता रहेगा। इसलिए उसका ब्याह हो जाना चाहिए।

ढब्ला ऊपर-नीचे खूब उछला, फिर उसने प्रश्नकर्ता की ओर अपना सिर झुका दिया, अर्थात "महापंडित बहुत ठीक कहते हैं, कोठी की देवी का ब्याह हो जाना चाहिए।"

—कोठी की देवी बड़ी देवी है, डंबर साहेब! वह साधारण देवता से ब्याह करना कब पसन्द करेगी?

सिर ऊपर-नीचे हिलकर प्रश्नकर्ता की ओर झुका, अर्थात "हाँ, कैसे पसन्द करेगी?"

—डंबर साहेब! आप सोने की मक्खी की भाँति अमर हैं, हम घास की भाँति जनमते-मरते हैं। गुस्ताखी माफ करें।

सिर-ऊपर नीचे फिर प्रश्नकर्ता की ओर—"हाँ, ठीक है।"

—डंबर साहेब! आप परोपकार के लिए, शाक्य मुनि के धर्म की सेवा.के लिए हमारे देश में विराज रहे हैं।

...—"हाँ, हाँ ठीक है।"

—डंबर साहेब! धर्म के काम में आप सदा तत्पर रहते हैं। अधर्मी को अधर्म के पथ से हटाना धर्म का काम है।

...—"हाँ, ठीक, बहुत ठीक।"

—आप जैसे बड़े देवता के साथ ही ब्याह करना कोठी की देवी पसन्द करेगी, आप जैसे देवता ही उस चिरकुमारी चंडी पर नियंत्रण कर सकेगा।...

सिर बड़े जोरों से अगल-बगल में डोला, जान पड़ा था, देवता गुस्से में आकर कहीं नीचे न कूद पड़े। बगल में खड़े दोनों आदमियों ने उसे सँभाल लिया। इसका अर्थ हुआ—"क्रोध के साथ नहीं, मैं नहीं ब्याह करूँगा।"

—डंबर साहेब! क्षमा-क्षमा! महापंडित नहीं जानते आप भिक्षु हैं, आप ब्याह नहीं करेंगे। भूल को क्षमा करें।

—"कोई बात नहीं, क्षमा कर दिया।"

—कोठी की देवी का ब्याह हो जाना चाहिए, यह तो आपने भी पसन्द किया।

...—"हाँ, हाँ"

—तो किसके साथ ब्याह हो? शक्कंशू के साथ?

...—"नहीं, वह छोटा देवता है।"

—जंगी के देवता के साथ?

...—"नहीं, छोटा देवता है।"

—रोगी के नारायण, चिनी के नारायण, उरनी के नारायण के साथ?

...—नहीं वह छोटे देवता हैं और देवी के सम्बन्धी (भांजे) हैं।

—सुङ्रा के महेशू, भावा के महेशू, चगाँव के महेशू के साथ?

जोर से सिर अगल-बगल में हिला—"नहीं, नहीं, क्या कह रहे हो. वह देवी के सगे भाई वाणासुर के लड़के हैं।"

—ख्वांगी, दुनी, पंगी, रारङ् के देवता?

—"नहीं, नहीं।"

प्रश्नकर्ता एकदम नदी कूदकर बसपा उपत्यका में पहुँच गया—डंबर साहेब! और कामरू के बदरीनाथ के साथ कैसा रहेगा?

खूब उछल-उछल कर सिर प्रश्नकर्ता की ओर झुक गया—"बहुत ठीक जोड़ी रहेगी। वह भी राज्य के माफीदार और देवी भी माफीदार।"

—डंबर साहेब! तो सरकार की राय है न, कि कोठी देवी का ब्याह बदरीनाथ से हो जाए?

उछल-उछलकर सिर प्रश्नकर्ता की ओर झुका—"जरूर हो जाना चाहिए। शादी होगी।"

—पंडित राहुल जी ने अनुचित बात तो नहीं की?

...—"नहीं, नहीं। ब्याह हो जाना चाहिए।"

—पंडित जी क्षमा माँगते हैं, आपको इतना कष्ट दिया, डंबर साहेब!

...—"नहीं, नहीं, मुझे कोई कष्ट नहीं हुआ।"

—और कोई आज्ञा है पंडित जी को, कि बात समाप्त कर दें?

...—"कोई आज्ञा नहीं।" बात समाप्त हो गई।

—ताबेदार को कुछ हुकुम देना है?

...—"हाँ, हाँ, काम है, जरूरी काम है।"

—भंडार का, आपके भंडार का काम है?

—"हाँ, जरूरी काम है, बहुत जरूरी।"

—हिसाब-किताब देखने का काम ना?

...—"हाँ, हाँ, दो-दो साल से हिसाब नहीं देखा गया। तुम उसके जिम्मेवार

हो, हिसाब को तन्देही से देखो।"

ढब्ला के साथ वार्तालाप समाप्त हुआ। हम बँगले की ओर चले। रास्ते में भिक्षुणियों का मठ मिला। वैसे भिक्षुणियाँ अधिकतर अपने घरों में रहती हैं, किन्तु पूजा-पाठ के लिये वह यहाँ आतीं, कुछ अपनी महन्तानी के साथ यहाँ भी रहती हैं। भिक्षुणियाँ आम किन्नरियों की भाँति बड़ी मेहनती होती हैं। घर की खेती-बाड़ी को सँभाले रहती हैं। सिर्फ खाने-पीने पर मर-मर के काम करने वाली इतनी सस्ती दासी कहाँ मिलेगी, इसीलिए यदि वह चाहें, तो अपने श्रम से अच्छा मठ और मन्दिर कायम कर सकती हैं। जंगी में उन्होंने बहुत अच्छा मन्दिर अभी-अभी बनाया है।

नंबरदार अगरजीत देवता से ससम्मान वार्तालाप करने के अभ्यस्त हैं। वही ढब्ला के प्रबंधक हैं, इसलिए उन्हें बराबर हिसाब-किताब या दूसरे मामलों में देवता से सलाह लेनी पड़ती है। ढब्ला उत्सव का बहुत प्रेमी है। तिब्बत में भी भोटिया साहित्य के महान विद्वान के तौर पर प्रख्यात लामा तन्-जिन्-ग्यल्-छन् (सुङ्नम् नेगी लामा) कनम् में पधारे। ढब्ला बाजा गाजा के साथ स्वागत के लिए गए। वह भोज-भाज, उपवन-यात्रा आदि के भी बड़े शौकीन हैं। प्रबन्धक यदि खर्च अधिक होने की ओर संकेत करता है, तो वह नाराज हो जाता है, मैंने पूछा—देवता पर आप का कैसा विश्वास है?

—कभी कभी नहीं भी विश्वास हो जाता है, किन्तु सोचते हैं, सारे लोग विश्वास कर रहे हैं। फिर झूठ के साथ-साथ कोई-कोई बात सच भी निकल आती है। यदि देवता की बात काटते हैं, तो वह धमकी देता है—"फिर हम गुप्त हो जाएँगे।" इसका भी डर लगता है, पूर्वजों के समय से चला आया देवता लुप्त हो जाए, यह ठीक नहीं।

सचमुच यदि किन्नर के देवता गुप्त हो जाएँ, तो यहाँ के सामाजिक जीवन में इतना बड़ा स्थान रिक्त हो जाएगा कि लोगों को जीवन बहुत रूखा लगने लगेगा। देवता का मतलब यहाँ है—हर दूसरे-तीसरे मास नियमित भोज, गाना-नाचना। देवता का अर्थ है—समय-समय पर छोटे-बड़े महोत्सव। इन सभी में नर-नारी सामूहिक रूप से सम्मिलित होते हैं। यहाँ सिनेमा नहीं है, मनोविनोद के दूसरे साधन नहीं हैं, फिर देवताओं के इस उपयोग को आप हटा कैसे सकते हैं।

चिनी वापस

चिनी छोड़े दो सप्ताह हो गए थे, यद्यपि डाक स्पू तक बराबर मिलती जाती रही, किन्तु कुछ चिट्ठियों का जवाब देना था, आए पार्सलों को भी देखना था और लौटते समय उसी रास्ते देखने की कोई नई चीज नहीं थी, इसलिए सोचा—दो दिन में चिनी पहुँच जाना चाहिए। यदि विश्राम करने के दिनों को छोड़ दें, तो नम्म्या से चार दिन में मैं चिनी पहुँचा, रामपुर से चार दिन में चिनी पहुँचा और शिमला से दो दिन में रामपुर, अर्थात शिमला से 196 मील पर अवस्थित तिब्बती सीमांत पर दस दिन में आदमी पहुँच सकता है और बिना अपने को अधिक कष्ट दिये। यदि पंजाब के प्रधान इंजीनियर का आज्ञापत्र हो, तो हर दस-बारह मील पर डाकबंगले हैं, जिनमें आराम से ठहरते यात्रा की जा सकती है। हाँ, जो सवारी के भरोसे यात्रा करना चाहते हैं, उन्हें निराश होना पड़ेगा। बेहतर यही है कि कम से कम सामान (जिसमें उत्तरी भारत के सर्दी के कपड़े तथा चाय-चीनी-मसाला तो रखना ही होगा) के साथ दो आदमी में एक भारवाहक शिमला से ही लेकर यात्रा शुरू करे। मुझे विश्वास है, हिमाचल सरकार मेवा-बागों के लिए बनी इस भूमि का पूरा विकास करेगी, मोटर की सड़क नजदीक तक आ जाएगी, लोगों को आकर्षित करने के लिए यात्रियों के आराम का अधिक प्रबन्ध करेगी, फिर खाते-पीते सैलानियों के लिए किन्नर भूमि स्वर्ग बन जाएगी।

27 जून (रविवार) को जलपान के बाद हम रवाना हुए। बेगारू पहिले चल चुके थे और चपरासी को तो कल ही जंगी भेज दिया था, जिसमें हमारे पहुँचते ही घोड़ा और बेगारू तैयार मिलें। दो मील घोड़े पर चढ़ने के बाद लिप्पा खड्ड से पहिले ही उतराई शुरू हो गई। पैदल चले। चढ़ाई में घोड़े पर चढ़ना चाहा, तो खूसट रिकाब टूटकर अलग गिर गई। घोड़े को आगे ले जाना बेकार था। खैर, चलने का अभ्यास हो गया था और दोपहर से पूर्व हम जंगी पहुँच गए। वहाँ सब सामान तैयार करके चपरासी रारङ् चला गया था। हम भी रवाना हुए और घोड़ा पर सवार होते वक्त ज्ञान पड़ा, रारङ् तक आराम से चलेंगे, किन्तु दो मील ही

आगे बढ़े थे कि घोड़ा बार-बार बैठने की कोशिश करने लगा। सड़क थी, इसलिए लुढ़कने का डर नहीं था, किन्तु ऐसे घोड़े से छह मील की अगली मंजिल कैसे मारी जा सकती थी? उतर पड़े और रारङ् पैदल ही पहुँचना पड़ा। कहीं घोड़े की पीठ कटी, कहीं घोड़ा कूदने वाला, कहीं रिकाब या जीन टूटकर गिरने वाली, कहीं घोड़ा चलने से अधिक लेटने में होशियार, घोड़े पर कनौर की यात्रा करने वालों के लिए क्या-क्या आफत? जान पड़ता है, घोड़ा तौर से बेगारू धर्म का पालन करते हैं, या इसे उनकी तोताचश्मी कह लीजिए।

अभी काफी दिन था, जब हम रारङ् पहुँच गए। यदि पहिले से प्रबन्ध कर लिया गया होता, तो आज ही हम पंगी पहुँच जाते। मैं तो ऐसा न करने के लिए पछता रहा था। यहाँ फिर उसी जंगलात की कुटिया में ठहरना पड़ा और अबकी यहाँ सहस्त्रस्सहस्त्र मक्खियाँ धावा बोल रही थीं। पंगी में डाकबँगला था और हर बँगले की भाँति वहाँ मक्खियों को रोकने के लिए जालियाँ लगी थीं। बँगले की विशालता और स्वच्छता को देखकर मैं मुग्ध हो गया था। यहाँ नई डाक मिली, जिसमें मेहता जी की भी चिट्ठी थी। उन्होंने मेरे सुझावों के बारे में लिखा था, "...हम सारे हिमाचल में फल-उत्पादन के विस्तृत आयोजन में लग चुके हैं। हाँ, यातायात की समस्या सबसे आवश्यक है और हमने उसे अपने हाथ में ले लिया है। क्रय-विक्रय और शीघ्र यातायात के लिए हमें एक सहकारी (कोऑपरेटिव) संगठन तैयार करना है। कुछ विशेष महत्व के स्कूलों में मालियों, विद्यार्थियों की शिक्षा के लिए क्लासों तथा छोटे उद्यानों का प्रबन्ध करना भी विचाराधीन है।

जहाँ तक चिनी तहसील में डॉक्टर भेजने की बात है, इसके बारे में मैं कुछ तुरंत करने की कोशिश करूँगा। और हिन्दी? वह तो हमारे प्रान्त की (राज) भाषा बनाई जा चुकी है। कुछ इलाकों में तिब्बती भाषा पढ़ाने का आपका सुझाव बहुत लाभदायक है और मैं उसे हाथ में ले रहा हूँ। यदि आप वहाँ कामचलाऊ तिब्बती जानने वाले अध्यापक पाएँ, तो कृपया उनके नाम से मुझे सूचित करें। हम उन्हें तिब्बती सिखलाने के लिए खुशी से थोड़ा-सा पारिश्रमिक देंगे। संस्कृत की पढ़ाई भी विचाराधीन है।

आप को यह जानकर प्रसन्नता होगी कि बुशहर और पास-पड़ोस की भूमि को मिलाकर हमने "महास्" के नाम से एक जिला बना दिया है। हम आशा रखते हैं कि नीतिचिरेण हम बुशहर में एक फल-अनुसंधान स्टेशन स्थापित कर सकेंगे।

मैं यह जानने के लिए उत्सुक हूँ कि इस विशेष इलाके में यात्रा करते समय आप को कोई पुरातात्विक सामग्री दिखलाई पड़ी?..."

पत्र पाकर मुझे प्रसन्नता होनी ही चाहिए, मेरे सुझाव बहरे कानों में नहीं पड़े। पत्र का उत्तर मैंने दो दिन बाद (29 जून को) चिनी से भेजा, जो प्राय: निम्न शब्दों में था :

"—सोलह दिनों की यात्रा करके तिब्बत-सीमान्त पर भारत के अन्तिम गाँव

नम्या को देखकर कल ही लौटा।

तिब्बती-संस्कृत-अध्ययन की योजना पर पीछे लिखने का इरादा रखता हूँ, इस समय कुछ अत्यावश्यक बातों को ही लिखूँगा—

(1) रारङ्, अक्पा और जंगी तीनों गाँव पानी के अभाव से 'त्राहि-त्राहि' पुकार रहे हैं। अक्पा को तो उजड़कर भाग जाना चाहिए। पाँच-छह साल से वहाँ के खेत परती पड़े हैं। अखरोट, चूली (छोटी खूबानी) और बेमी (छोटे आड़ू) के वृक्ष सूख चुके हैं। पीने के पानी की यह हालत है कि शाम-सबेरे सूत जैसी पतली चश्मे की धारा अवलंब है। लोग अपनी भेड़-बकरियों की माल-ढुलाई या दूर जगह में थोड़े बच गए खेतों के भरोसे बुरी तरह दिन बिता रहे हैं। पूर्वजों के समय के घर हैं, इसलिए उन्हें छोड़ना नहीं चाहते। रारङ् और जंगी में पानी का इतना अभाव तो नहीं है, किन्तु उसकी बहुत कमी हो गई है। ये तीनों गाँव शिमला से 152-157वें मील के बीच हैं। जंगी से तीन मील आगे और रारङ् से चार मील पीछे दो बड़ी धारें बहकर सतलुज में गिर रही हैं। डाइनामाइट, सीमेंट और कुशल इंजीनियर का जहाँ काम हो, वहाँ बेचारे गाँव वालों के हाथ क्या कर सकते हैं? आप गज की पुकार की भाँति इन गाँवों के आर्तनाद को सुन इंजीनियर भेजकर इनका उद्धार कीजिए। लोग शरीर से मेहनत करने को तैयार हैं। यदि नहर बन गई, तो यह लोग अपने खेतों और बागों को तिगुना-चौगुना कर सकते हैं।

(2) कनम् (170वाँ मील) और सुङ्नम् से आगे तिब्बती भाषा-भाषी हङ्रङ् इलाका है। यहाँ के स्पू (186 मील) गाँव में 70 साल पहिले मोरावियन मिशन ने काम आरंभ किया था और वह प्रथम विश्वयुद्ध के आरंभ तक काम करते रहे। उन्होंने वहाँ स्कूल खोला, फल लगाने और ऊन बुनाई का काम सिखलाया, डाकघर खुलवाया। उनके जाने के बाद डाकघर बन्द, स्कूल भी अब नहीं। सौ घरों के विशाल गाँव में पूर्णतया अंधकार का राज्य है। सारे हङ्रङ् इलाके में सिर्फ एक स्कूल हङ्गो में है। यहाँ के निम्न गाँवों में तुरंत स्कूल खोलने की आवश्यकता है—स्पू, नम्या, नाको चाङो और लियो। कनौर (चिंनी तहसील) पिछड़ा भू-भाग है और उसमें भी सबसे पिछड़ा है यह हङ्रङ् का इलाका। यहाँ हिन्दी के स्कूल तुरंत सफल नहीं हो सकते, इसलिए आवश्यक है कि यहाँ के स्कूलों में पहिले की दो श्रेणियों में तिब्बती भाषा पढ़ाई जाए, फिर साथ हिंदी भी। तभी विद्यार्थी फँसाए जा सकते हैं। स्पू के स्कूल को पीछे मिडिल कर देना होगा। वहाँ पादरियों का बनाया एक सुन्दर बँगला है, जो अब सरकार की सम्पत्ति है। बँगले की ओर शीघ्र ध्यान देना चाहिए, नहीं तो बर्बाद हो जाएगा।...

(3) हिंदी हिमाचल प्रदेश की राजभाषा है, किन्तु यहाँ के तहसीलदार मुकदमें और दूसरे कारबार उर्दू में करते हैं, यद्यपि वह अच्छी तरह लिख सकते हैं। जान पड़ता है, उनके पास हिन्दी के बारे में कोई सूचना नहीं आई है। इसी तरह यहाँ के स्कूल में

दूसरे दर्जे से उर्दू अनिवार्यरूपेण पढ़ाई जा रही है। इस बेचारे विद्यार्थियों के उर्दू किस काम आएगी? यहाँ तो हिन्दी के बाद अंग्रेजी भाषा के अतिरिक्त यदि किसी की इच्छा हो, तो उसे तिब्बती पढ़ने का अवसर देना चाहिए।...तिब्बती प्राइमर और चार रीडर लद्दाख (काश्मीर) में पढ़ाये जा रहे हैं, उन्हें यहाँ भी काम में लाया जा सकता है।

(4) यहाँ के लोगों को बहुत कम मालूम है कि देश में कितना परिवर्तन हो गया है। हिमाचल सरकार को हिन्दी में एक "हिमाचल" पत्र निकालना चाहिए और... सचित्र सस्ते दामों में हर जगह पहुँचाना चाहिए। पत्र पहिले मासिक निकले, फिर साप्ताहिक कर दिया जाए। इन पर्वतीय लोगों का कला के प्रति स्वाभाविक प्रेम है। अनपढ़ चित्रों से बहुत सी बातें समझ जाएँगे। पत्र की एक प्रति प्रत्येक गाँव में अवश्य जानी चाहिए। इनके लिए आप को डाक विभाग का भी कान गरम करना होगा, जिसमें वह डाकघर खोलने में अधिक उदारता दिखलाए (आखिर प्रचार भी सरकार का मुख्य कर्तव्य है)। चिनी तहसील के निम्न गाँवों में डाकघर खुलने चाहिए (पोस्ट मास्टर का काम स्कूल के अध्यापक कर लेंगे)—उड़नी, जंगी, कनम्, सुङ्नम, स्पू, नम्म्या, नाको, चाङो, नेसङ्, रिब्बा और कामरू।

(5) यहाँ पुरातन सामग्री बहुत कम रह गई है। प्रोफेसर तूची की भाँति कितने ही दूसरे लोग यहाँ आ चुके हैं, ऊपर से यहाँ के काठ के घरों में अनेकों बार आग लग चुकी है। कला की दृष्टि से तो नहीं, किन्तु पुरातत्व की दृष्टि से एक महत्वपूर्ण चीज प्राप्त हुई है, वह है प्राक्तिब्बतीय या प्राग्बौद्ध मृतक समाधियाँ। इन्हें लोग गलती से ख-छे रोम्खङ् (मुसलमानी कब्र) कहते हैं, इसीलिए जान पड़ता है, इनका महत्व नहीं समझा गया। समय-समय पर घरों के बनाते और खेतों सड़कों को खोदते वक्त जब कोई कब्र निकली, तो लोगों ने खोपड़ी के साथ मिट्टी के बर्तनों को भी फेंक दिया। ऐसी कब्रें लिप्पा, कनम्, स्पू और नम्म्या तक मिली हैं।...मुझे लिप्पा में काँसे का एक पूर्ण अर्धगोल बड़ा कटोरा तथा मिट्टी का एक टोटीदार मद्यकुतुप मिला।

आप के पत्र में "महासू" जिले का नाम पढ़ने से पहिले ही मैं यहाँ की भाषा को शू भाषा कहने लगा था। शू भाषा संस्कृत और तिब्बती (भोट) भाषा से भिन्न है, जिसमें "शू" शब्द का अर्थ देवता है। शू कोई प्रागार्यकालीन जाति थी, जिसका सम्मिश्रण आर्य जाति से हुआ और अंत में (ईसा की सातवीं सदी में) तिब्बतियों से संगत हुई। आज की भाँति अशोक के समय भी यहाँ के भेड़-बकरी वाले जाड़ों में कालसी (देहरादून) जाया करते थे। संभव है, उस समय की भी कोई सामग्री भूमि के भीतर से निकले। इसलिए हिमाचल सरकार को सूचना निकालकर प्रत्येक स्कूल अध्यापक और नंबरदार के पास भेज देना चाहिए कि ऐसी सामग्री सुरक्षित तौर से तहसीलदार के पास पहुँचा दी जाए और तहसीलदार को आदेश हो कि उसे अधिक दाम पर खरीद लें।

(6) सेब, अंगूर, नाशपाती, आलूबुखारा, आलूचा, पिस्ता, बादाम, आड़ू, अखरोट, बेमी, खूबानी, सर्दा, खरबूजा आदि फल यहाँ पैदा होते हैं, जिनमें से बहुतों के नमूनों के साथ यहाँ के उद्यान व्यवसाय पर तहसीलदार साहब से अलग नोट लिखवाकर भेजवा रहा हूँ। वस्पा उपत्यका के किसी चश्मे में मिट्टी के तेल की गंध आती बतलाई जाती है, किसी जगह सीसे के धातु पाषाण मिलते हैं। अबरख और कोई धातु-पाषाण यहाँ से कुछ मील पर पूर्वणी में मिलते हैं। इनका नमूना मैं अगली डाक से आपके पास भेज रहा हूँ।...यहाँ के लिए विशेषज्ञ भूगर्भशास्त्री चाहिए।..."

✶

रारङ् की उस कुटिया में बैठे मैं समाचार पत्र पढ़ने और मक्खियों के भगाने में लगा था, उसी समय मेरा ध्यान नीचे दो सौ गज के फासले पर जलते अंगारपुंज और एकत्रित जनसमूह पर पड़ा। मालूम हुआ—रारङ् देवता आया हुआ है। वहाँ उसके लिए भोज की तैयारी हो रही है। मेरे जिज्ञासा करने पर मेट ने कहा—मैं भोज का नमूना लाए देता हूँ। वह वहाँ से थाली भरवाकर लाया, जिसमें थे (1) घी में पका गुड़ का हलवा, (2) चूली के तेल में पकी मोटी पूड़ियाँ (पोले या बिठूरे), (3-4) मक्खन सहित सत्तू का गोला, (5) फाफड़ (ओगले) का चीला। यहाँ का भी देवता बुद्ध धर्म को मानता है, इसीलिए शायद माँस नहीं था।

चिनी आने के समय से ही चूलियाँ (छोटी खूबानी) फली देख रहा था। अब तक उन्हें जब-तब पोदीने के साथ चटनी के लिए इस्तेमाल करता रहा, किन्तु आज पहिली बार यहाँ पकी चूलियाँ खाने को मिलीं। बहुत मीठी थीं, अथवा नव फल था, इसलिए वैसा मालूम हुआ। अभी गाँव से तीन हजार फुट नीचे नदी के तटभाग पर चूलियाँ पक रही थीं, क्योंकि वह स्थान अधिक गर्म था। फल और अनाज के पकने का समय क्रमशः नीचे से ऊपर की ओर बढ़ता है।

अगले दिन (28 जून) सबेरे चाय पीकर मैं चल पड़ा। घोड़े और बेगारू के लिए प्रतीक्षा करने की जगह कुछ चंक्रमण ही किया जाए। सारी उतराई पारकर रास्ते पर बीरी वृक्ष के नीचे के चश्मे के पास बैठ गया। एक स्त्री पेट के दर्द से कराह रही थी। मेरा एङ्डरू साल्ट तो बेगारूओं के पास था और वह अभी जल्दी आने वाले नहीं थे। स्त्री भेड़-बकरियों के साथ नीचे कई जाड़ों में गई थी, इसलिए टूटी-फूटी हिन्दी बोल लेती थी। दूर देखा—घोड़ा लिए कोई जल्दी-जल्दी चला आ रहा है। सवार हो नौ बजे से पहिले ही पंगी पहुँच गया। पंगी का पुराना मेट मौजूद था। "घोड़ा नहीं, आदमी नहीं" कह रहा था। अब तो 6 मील की बात थी और खड्ड में हल्की चढ़ाई डेढ़ मील से अधिक नहीं थी। मैं क्यों परवाह करने लगा? थोड़ी देर विश्राम करने के बाद चल पड़ा। पंगी (कोजंग) गंगा में पहुँचते-पहुँचते देखा, मेट भी घोड़ा पकड़े

पहुँच रहा है। अब भी कह रहा था—घोड़ा लौटाने वाला नहीं आया, क्या करूँगा मैं ही चला चलूँगा। किन्तु वहाँ से कोली को चिनी जाना था, इसलिए मेट को आने की जरूरत नहीं पड़ी। मैं दोपहर होने से पहिले ही बँगले पर पहुँच गया।

चिट्ठियाँ और समाचार-पत्र तो बराबर मेरे पास पहुँचते रहे, किन्तु मैंने पार्सलों को यहीं रख छोड़ने के लिए कह रखा था। वह कई थे। श्रीनिवास जी ने मेरी उपलभ्य सारी पुस्तकों और मसाले की बोतल के साथ चाय, साबुन, माँस-मछली के टिन भेज दिये थे। माँस के टिन को खरीदते समय देख भी नहीं लिया क्या। खैर, यहाँ सर्वभक्षी जो ठहरे, इसलिए दोनों टीन अकारथ नहीं गए। 30, 32 पुस्तकें (अपनी) मँगवा कर पछता रहा था, क्योंकि यहाँ के लोगों अर्थात अध्यापकों में अध्ययन का कोई शौक न था। मैं उन्हें स्कूल को मुफ्त देना चाहता था, किंतु पुस्तक का दान भी तो वहाँ देना चाहिए, जहाँ उसका सदुपयोग हो। उन पुस्तकों को यदि किसी ने पढ़ा, तो रेंजर पंडित देवदत्त शर्मा और उनकी बहिन तथा पत्नी ने। रामपुर में अवश्य पुस्तकों के प्रेमी हैं, किन्तु दस-पन्द्रह सेर की पुस्तकों को बरसात में फिर सँभालकर रामपुर ले जाने की समस्या है, जिसे अभी (22 जुलाई) तक मैं हल नहीं कर सका। श्रीनिवास के अतिरिक्त 'कमलेश जी' (पद्मसिंह शर्मा, आगरा) ने भी डेढ़ सेर के करीब मसाला भेज दिया। मैंने पाव-डेढ़-पाव के लिए लिखा था और वह समझे होंगे, मैं अब हिमाचल में गोड़ तोड़कर जम गया हूँ। ऊपर की सारी यात्रा मैंने बिना घड़ी के की। घड़ी बिगड़ गई थी, उसे शिमला कुमारी रजनी के पास भेज दिया था। जब-तब आँख कलाई पर पहुँच जाती थी और फिर कहावत याद आ जाती थी—'एक पूत को पूत न कहो।' लेकिन आदमी घड़ियों की दूकान भी तो लिए घूम नहीं सकता। हाँ, इन दिनों आनन्द जी के पास निरन्तर घड़ी की जोड़ी को देखकर मुझे उनकी होशियारी की दाद दोनी पड़ रही थी। युगों से घड़ी लिए घूमने के बाद सचमुच समय के बारे में अँधेरे में रहना अच्छा नहीं मालूम होता।

चिनी में 16 दिन बाद लौटने पर कोई बहुत परिवर्तन नहीं मालूम होता था। डॉक्टर ठाकुर सिंह अब भी उसी तरह दिन में प्रसन्नमुख और शाम के बाद शराब में डूब कर गम गलत कर रहे थे। हरे खेतों में से कितने ही कट गए थे। हवा चलने पर भी अब सर्दी नहीं मालूम होती थी। दिन को मक्खियों और रात को पिस्सुओं के प्रहार से दिल परेशान हो रहा था। हाँ, अब साग और फल (खूबानी) के भंडार भरपूर रहने लगा। यह भी एक नई बात हुई। वस्तुतः यदि इस मेवों के देश में मेवों और साग तरकारियों की बहार लूटनी हो, तो यहाँ अगस्त के शुरू से आकर अक्टूबर तक रहना चाहिए। अपुन कहाँ इतने भाग्यशाली हैं। अगस्त के शुरू में ही यहाँ से कूच करना है और यद्यपि यहाँ आए थे सदा के लिए चिनी को ग्रीष्म निवास बनाने और लौटते समय विश्वास नहीं कि चिनी को फिर देखने का अवसर मिलेगा।

फिर चिनी में

पहिले सोचा था, जुलाई के अन्त तक चलकर कोटगढ़ में अगस्त भर रहा जाए। इसके लिए ऊपर जाते समय डॉक्टर भगवान सिंह को पत्र भी लिख चुका था और उनकी प्रेरणा पर श्रीमती अमीरचन्द ने एक मास के लिए अपना बँगला भी देना स्वीकार कर लिया था। किन्तु, फिर विचार बदलना पड़ा, जिसके कारण रास्ते की वर्षा, वहाँ करने के काम का प्रस्तुत न होना था। चिनी में और ठहरकर मैंने अपने समय को बर्बाद भी नहीं किया। बोल के लिखाने से मन थोड़ा आलसी हो गया था। मैंने उसे साम-दाम-दंड-विभेद से काम करने के लिए तैयार किया और उसका फल है यह 'किन्नर देश'। इसका श्रेय सत्यार्थी जी को भी न देना कृतघ्नता होगी। उनके पास यात्रा की प्रथम मंजिल ऊपर जाने से पहिले ही भेज दी थी, लौटने पर उनका तार मिला, देखकर हँसी आई। शिमला से 139 मील दूर इस जगह के लिए शिमला में तार भेजने से क्या लाभ? समझा होगा, चिनी शिमला के आसपास ही कोई जगह होगी। उनके आग्रह को मैंने स्वीकार कर दिमाग में पकते किन्नर-इतिहास पर सिंहावलोकन कर डाला। लिखने में ही इतनी कठिनाई हो, तो उसकी कॉपी कौन रखे। लेख भेजे तीसरा सप्ताह बीत रहा है, किन्तु अभी न डाकघर ने रसीद भेजी और न सत्यार्थी ही ने। डाकघरों ने तो अब लौटती रसीद का भेजना अनावश्यक मान लिया है। मैं समझता हूँ, औरों का भी अनुभव ऐसा ही होगा। सत्यार्थी जी ने भी लेख नहीं पाया क्या? अथवा दो, एक-दूसरे लेखों की भाँति यह भी मृत्यु-भवन की सैर करने गया (पीछे प्राप्ति-पत्र मिल गया) सत्यार्थी जी के लिए तो खत लिखते समय मन ने कहा, फिर किन्नर पर एक छोटी-सी पुस्तक ही क्यों न लिख दी जाए, यात्रा सफल और सुफल हो जाएगी। मन के मुँह से बस बात निकल जाने की देर थी, जीभ पकड़ ली गई और रविवार छोड़ प्रतिदिन सोलह पृष्ठ लिखने का व्रत बँध गया।

चिनी लौटकर देखना आवश्यक था कि मूत्र में चीनी है या नहीं। दो बार परीक्षा करने पर अभाव निकला। क्या सचमुच मूजी डायबेटिस भाग गया? फूलकर कुप्पा

होने का मन नहीं करता। वैसे शरीर का परिवर्तन स्वास्थ्य की ओर मालूम होता है। हेडमास्टर साहेब (पंडित दौलतराम जी) ने दो मास बाद देखा, तो उन्होंने भी स्वास्थ्य सुधार का साक्ष्य दिया। हाँ, पाचन शक्ति अवश्य कोमल हो गई है। यदि 'भोजने मात्रज्ञता' सूत्र की जौ भर भी अवहेलना होती है, तो पेट हड़ताल करने की धमकी देने लगता है।

हाँ, चिनी लौटकर एक और परिवर्तन देखने में आया और वह घर के अन्दर। चूहों के डर के मारे पुण्यसागर आलू और प्याज को आलमारी के भीतर बन्द करके गए थे, आने पर उनकी खेती लहलहा रही थी। आलू सारे पौन-पौन बित्ते तक अंकुरित हो गए। प्याज में कुछ ही सती-साध्वी निकली। आलुओं की तरकारी बनाते भी सवाल हुआ, इन सारे अंकुरित आलुओं का क्या किया जाए? दस सेर से अधिक ही थे। सोच रहे थे, कहीं दुःस्वादु न हो जाएँ, इसलिए उनमें से कुछ को लेकर आधी क्यारी बो दी। पुण्यसागर आश्चर्य करने लगे—क्या यहाँ खाने के लिए बैठेंगे? मैंने कहा—सारा काम अपने ही खाने के लिए नहीं करता। जैसे हम दूसरों के काम से लाभ उठाते हैं, वैसे ही हमारे काम से यदि दूसरे लाभ उठाएँ, तो क्या हरज? प्याज की हमने पाँच ही सात गाँठें बो दीं। बीज बँधने की प्रतीक्षा करने की आवश्यकता नहीं, जैसे ही पत्तियाँ चार-पाँच अंगुल की होतीं, पुण्यसागर उन्हें नोचकर चटनी में डाल देते। पहिले चटनी में चूली ही का प्रवेश था, अब सेब भी शामिल हो गया। हाँ, अभी सेब कच्चा ही है, यद्यपि उसकी लाली और शोख हो गई है। यहाँ आने से पहिले रामपुर में ही पता लग गया कि कनौर में मधु खूब होती है और मधु से चीनी के महँगी होने के कारण मिलने का डर नहीं। मधु डायबेटिस में हानिकारक नहीं, यह भी फतवा रामपुर में मिल चुका था, इसलिए मैंने यहाँ आते ही मधु-भक्षण और मधु संचय में तत्परता दिखलानी शुरू की। चन्द ही दिनों में मालूम हो गया, सफेद मधु नहीं मिल सकती। उसकी ऋतु नहीं, लाल मिल सकती है। 'उपवास करन्ते सत्तू' मानकर उसी का संचय शुरू किया। हफ्ते-दो हफ्ते में तीन सेर जमा हो गया था। इधर मधु-भक्षण से अब ऊब गया। उत्तरापथ से लौटने पर मधु की समस्या सामने आई, क्या इसे समेट कर साथ ले चलना होगा। दिमाग पर समस्या का हथौड़ा पड़ता है, तो बात सूझ ही जाती है। सुना, ओगले (फाफड़े) के आटे का चीला (चिल्टा) बहुत अच्छा बनता है और खमीर के बिना तुरन्त घोला, तवे पर रखा, फिर उतार कर खाते गए। नमकीन चीलों से मीठे चीलों के प्रति मेरा पहिले ही से पक्षपात था और रूस में रहते समय यह जानकर बड़ी प्रसन्नता हुई कि वहाँ मीठे चीलों का बोलबाला है। सतजुग में रूसियों को चीनी और गुड़ का क्या पता था? चुकन्दर की चीनी तो सौ-डेढ़ सौ वर्ष की चीज है, जो रूस में और पीछे शुरू हुई। तो पहिले वहाँ चीले कैसे खाये जाते थे? चीले ही क्यों हर एक मीठे भक्ष्य के लिए वहाँ मधु का उपयोग होता था—"मधुवाता ऋतायते,

मधुक्षरंति सिंघव:" की ही कामना थी। मैंने पुण्यसागर से कहा—"मधु-समस्या हल हो गई।" उन्होंने चकित होकर पूछा—" कैसे?" मैंने कहा—डटकर रोज शाम को मधुमिश्रित चीले बनाते जाओ। परिणाम यह हुआ कि प्रस्थान के 16 दिन रहते ही मधु स्रोत सूख गया।

चिनी में परिचय तो बहुतों से हुआ, किन्तु घनिष्ठता बहुत कम से बढ़ी। दोष दोनों ओर से हो सकता है। सबसे नजदीक के तो हैं डॉक्टर ठाकुर सिंह। ठाकुर सिंह कुशल कम्पाउंडर हैं, लोगों ने उन्हें ऑनरेरी डॉक्टर की उपाधि दे रखी है और वस्तुतः वह कई सालों से उसी पद पर काम भी कर रहे हैं, जब से चिनी का अस्पताल डॉक्टर विरहित हुआ। उनके दो रूप हैं एक सूर्योदय के बाद; दूसरा, सूर्योदय के पूर्व। शाम को नित्य नियम से वह सुरा देवी का सेवन करते हैं, यद्यपि कभी-कभी जीभ बेकाबू हो जाती है, किन्तु हाथ-पैर को बेकाबू होते मैंने नहीं देखा। जीभ बेकाबू होने पर भी वह धर्म और सुरा के गुणगान पर लग जाती है। उनका विचार है, ऋषि-महर्षि जिस सोमरस का पान करते थे, वह सुरा ही है। ठाकुर सिंह सुरा के अनन्य भक्त होते भी दर्जन साल से ऊपर हो गए, जब से उन्होंने माँस को नहीं छुआ। ठाकुर सिंह के हमपियाले हमनिवाले कई हैं, जिनमें धर्मानन्द से थोड़ा-बहुत मेरा भी परिचय हो गया है। हमारी बातचीत अधिकतर दोपहर के आसपास होती रही है, जबकि वह प्रकृतिस्थ रहते हैं। उमर साठ से ऊपर की होगी। पहिले तहसील में लिपिक थे, अब पेंशन पाते हैं। कहते थे—मैं कभी-कभी जब कोई मित्र आग्रह कर देता है, तो पी लेता हूँ। मैंने कहा—मात्रा से क्यों नहीं पीते? बोले—'उस समय हाथ रोकना मुश्किल हो जाता है।' और हाथ न रोकने का फल दो-तीन दिन पहिले देखने में आया। किसी दोस्त के यहाँ पान-गोष्ठी करके आ रहे थे। ऊँची-नीची जमीन में पैरों ने जवाब दे दिया। गिर पड़े, कनपटी पत्थर से टकराई खून बहने लगा। खैरियत हुई, यातायात के रास्ते पर गिरे और किसी की नजर पड़ गई। ठाकुर सिंह दोस्तों को लेकर पहुँचे। उठा लाए, कुछ उपचार करने के बाद होश हुआ। पुण्यसागर पूछ रहे थे, किसी पुस्तक का नाम बतलावें, जिसमें मद्य के दोष लिखे हों। मैंने कहा—"किताबें मिल सकती हैं, लेकिन किताबों और उपदेशों ने लोगों से शराब नहीं छुड़ाई है। यहाँ किन्नर में हर महीने हर गाँव में मद्यपान के लिए कठोर दंड लोगों को मिलते रहते हैं—सिर फूटते हैं, लोग मरणासन्न हो जाते हैं। इससे बढ़कर कोई क्या उपदेश देगा?"

पंडित देवदत्त शर्मा (अमृतसरी) तरुण रेंजर मुझसे एक मास पूर्व अपनी नवविवाहिता पत्नी और बहिन के साथ यहाँ पहुँचे। देहरादून कॉलेज से आए बहुत समय नहीं हुआ। मेहनती हैं। कठिन पर्वतों को छानने में यहाँ वालों से जरा भी पीछे रहने वाले नहीं। कर्तव्य के पाबन्द और अपने निम्न कर्मचारियों को भी पाबन्द रखना चाहते हैं, डर है कहीं यह महँगा सौदा न हो जाए—विशेष कर

वनरक्षकों, वनकों को अनुचित पैसा लेने से रोकना। पंजाब के हिन्दुओं ने हिन्दी का पठन-पाठन अपनी माँ-बहिनों को सौंपकर छुट्टी ले ली, किन्तु अब पूर्वी पंजाब सरकार ने हिन्दी, गुरुमुखी को राजभाषा बना दिया। औरों की भाँति शर्मा जी भी मजबूर हुए कि हिन्दी पढ़ें। महीने-दो महीने में सरकार परीक्षा लेने जा रही है। उन्होंने काफी उन्नति कर ली है। उनकी बहिन और पत्नी तो मेरी मँगाई पुस्तकों का खुलकर उपयोग करती हैं। शर्मा जी को भी आदत लग गई और उन्हें नगद लाभ भी मिल रहा है। शर्मा जी हैं बड़े मिलनसार, या हम दोनों को यहाँ आपस में मिलने से मिलनसारी का प्रमाण-पत्र नहीं दिया जा सकता, इस झारखंड में एक तरह के संस्कृत तथा शिक्षा के तल वाले मिल भी नहीं सकते। वैसे शर्मा जी कभी-कभी आ जाते हैं और 'किन्नर देश' से कोई अंश सुनते भी। मैं रविवार की छुट्टी की शाम को उनके घर का रास्ता ले लेता हूँ। मुझे उनकी बहिन और पत्नी पर तरस आता है। कहाँ से इस जंगल में पहुँच गईं, जहाँ पर्दा न रखने पर भी कहीं आने-जाने, मिलने-जुलने का अवसर नहीं, चूल्हाशास्त्र का अध्ययन करो, या पुस्तक मिल गई तो उसके पन्ने उलटो।

नेगी ठाकुरसेन के भतीजे तरुण बलवन्ती सिंह यहाँ की एक मात्र दूकान के संचालक हैं। मेरे यहाँ पहुँचने के दिन से ही उन्होंने हर तरह से मेरी सहायता करने का प्रयत्न किया और दुर्लभ खाद्य सामग्री प्रस्तुत की। उनमें दोष यही है कि यहाँ के दूसरे शिक्षितों की भाँति मैट्रिक पासकर उन्होंने पुस्तकों से वैर कर लिया।

स्कूल के मास्टर बाबू बिहारीलाल, बाबू रामजीदास, बाबू नारायण सिंह, बाबू प्रियभारत सभी सज्जन हैं जहाँ तक मेरा सम्बन्ध है, किन्तु जिज्ञासा और पुस्तक-प्रेम किसे कहते हैं, इसे न जानने में हर एक एक-दूसरे का कान काटता है। इसका यह अर्थ नहीं कि किन्नर की मिट्टी में ही ऐसी तासीर है। मैंने युक्तप्रान्त और बिहार के अध्यापकों में भी ऐसा बहुत देखा है। 1943 में हम निजामाबाद (आजमगढ़) के मिडिल स्कूल में गए, उसी स्कूल में जहाँ से मैंने मिडिल पास किया था। मेरे साथ नागार्जुन जी थे, उन्होंने अपने किसी प्रसंग में हेडमास्टर से राहुल सांकृत्यायन के बारे में पूछ लिया। वह क्या जवाब देते। उन्होंने यह नाम कभी नहीं सुना था। नागार्जुन जी को अचरज हुआ, मुझे अचरज नहीं हुआ। सिर्फ यह मालूम हुआ कि 1909 से 1943 के बीच इन ग्रामीण स्कूलों में कोई परिवर्तन नहीं हुआ।

किन्तु अब मतदाताओं की सूची तैयार हो रही है। अब सतलुज उसी चाल से नहीं चलती रहेगी, जैसे सहस्राब्दियों से चलती रही। पटवारी रेल से सैकड़ों मील दूर दुर्गम हिमाचल के गाँवों में घूमकर नाम लिख रहे हैं। लोग चकित हैं, किसी अज्ञात अनिष्ट की सम्भावना देख रहे हैं—क्यों 21 साल से अधिक के पुरुषों का

नाम लिख रहे हैं? लड़ाई पर भेजेंगे क्या? किन्तु साठ साल के बूढ़ों का नाम क्यों लिख रहे हैं? और 21 साल से ज्यादा की स्त्रियों का नाम क्यों लिखा जा रहा है? क्यों, उन्हें पकड़-पकड़ कर नीचे तो नहीं ले जाएँगे? क्या जाने कहीं स्त्रियों का अकाल पड़ा हो? दाम भी देंगे या मुफ्त ही? 'आजकल अब माँ-बाप पहिले की भाँति बीस-तीस पर लड़की का सौदा नहीं करते।' 'खान्दानी घर की लड़की दो-तीन सौ से कम पर नहीं मिलती। वैसे तो कभी बिना पैसे की भी चली आती हैं'—धर्मानन्द ने कहा था। लेकिन यदि स्त्रियों को बाहर ले जाना है, तो तरुणियों का काम होगा; सत्तरी-बहत्तरी बूढ़ियों के नाम लिखने का अर्थ क्या? आज (22 जुलाई) एक वृद्ध ने दो घंटे सिर खपाया। उसे समझाया—राजा गया, अंग्रेज गए, पंचायती राज्य कायम हुआ, किन्तु नौकरों के राज्य को पंचायती राज्य नहीं कहा जा सकता। पंचायती राज्य के पंच को 21 वर्ष से अधिक वाले सारे नर-नारी चुनेंगे, इसीलिए यह लिखाई हो रही है। दुहराते रहकर कहने पर बूढ़ों को बात समझ में आई और अच्छी तरह।

✶

वर्षा यहाँ कम होती है, किन्तु कुछ तो होती ही है। उसी के भरोसे लोगों की खेती होती है। बादल तो जून समाप्त होने के दिन भी कुछ तैरते से दिखाई पड़े और "वृथा वर्षा समुद्रेषु" के अनुसार कभी-कभी सामने की कैलास श्रेणी की चोटियों (रल्-डङ्; जेपङ्-रङ्, हा-रङ्) पर बरस भी जाते, किन्तु उसकी आवश्यकता तो खेतों को होती है, जहाँ फाफड़ और ओगला सूख रहे हैं। खास कर कंडे (पर्वत के ऊपरी भाग) की खेती तो मेघदेवता के भरोसे ही होती है, वहाँ कूलों का पानी नहीं पहुँच सकता। वैसे जून के अन्त तक जौ, गेहूँ, मटर कट चुके। मद्रास के चावलों की भाँति, जान पड़ता है, उनकी कोई ऋतु नहीं होगी—जाड़ों को छोड़कर, क्योंकि अगस्त के आरम्भ में भी कहीं-कहीं गेहूँ, जौ खड़े थे। फसल में अनहोनी चीज मक्की भी दिखाई पड़ी, किन्तु सिर्फ एक खेत में। कहते हैं जाड़ा के पड़ने तक मुश्किल से ही वह पक पाती है, किन्तु होला तो खाया जा सकता है। आज (31 जुलाई) मोटी बालों को देखकर मुँह में पानी भर आया। अभी भुट्टे खाने लायक दो सप्ताह बाद होंगे। यह सुनने में आश्चर्य की बात होगी कि कनौर में कुछ ही साल पहिले तक आलू सिर्फ घरों के पास ही थोड़ा-थोड़ा बोया जाता था। दूर के खेतों में चोर का डर था, इसलिए लोग नहीं बोना चाहते थे। अब वह बात हट गई है, गाँवों से दूर कंडों पर भी आलू के खेत लहलहाते हैं। आलू जैसी सर्वव्यापक फसल कौन है? और ब्रह्म जिस तरह नरक छोड़ सब जगह बतलाया जाता है, उसी तरह यह नीचे की पानी जमा रहने वाली भूमि को छोड़ सभी जगह होता है। पैदावार की

दर में तो दुनिया में कोई फसल उसे मात नहीं कर सकती। अफसोस यही है कि आज के कनौर-यात्रियों को आलू के लिए आधे अगस्त तक प्रतीक्षा करनी पड़ेगी, चिनी में रहने पर तो दो सप्ताह शायद। सैर-सपाटा करने वाले यात्री जब इधर अधिक आने लगेंगे, तो जून में तैयार होने वाले आलू-गोभी भी बोये जाएँगे। फसल को दो-चार सप्ताह पहिले तैयार करना अब कौन मुश्किल बात है? अभी वस्पा उपत्यका के एक सज्जन से बात हो रही थी। वह कह रहे थे—हमारे यहाँ खेत भी बड़े-बड़े हैं और पानी भी काफी (25 इंच) बरसता है, लेकिन कोशिश करने पर भी धान नहीं होता, बालें फूट आती हैं, किन्तु दाना नहीं पड़ता। मैंने कहा - इसका अर्थ है दाना पड़ने के समय तक तापमान गिर जाता है और गर्मी के अभाव में बाल छूछी रह जाती है। खैर, वैज्ञानिक ढंग से संस्कृत (उष्णीकृत) बीज तो अभी हमारे कृषि-कॉलेजों में पढ़ने की चीज हैं, किन्तु आप एक काम कर सकते हैं, कम- से-कम परीक्षार्थ। लकड़ी की द्रोणी में मिट्टी पानी डालकर मई में ही बीज बो दें। धान का बीज बहुत घना बोया जाता है। दिन में द्रोणी को उठाकर धूप में रख दीजिए और रात को चूल्हे वाले घर के भीतर। पौधा दिन में सूर्य के प्रकाश में ही वायुमंडल से भोजन ग्रहण करता है, रात को बाहर उसे कोई लेना-देना नहीं। जून में बीज को खेत में रोप दीजिए। देखिए तो। वह बड़े प्रसन्न हुए और कहने लगे, हम मूली को इसी तरह लगाया करते हैं। मैंने कहा—देहरादून (बदरीपुर) की बासमती से दूसरे नम्बर पर रामजवान धान पर परीक्षा कीजिए। यदि सफलता हुई, तो बहुत अच्छी श्रेणी का चावल होगा और बड़ी मटर (कलाय) की भाँति इसकी भी शिमले तक माँग होगी।

4 जुलाई को जब कुछ फुहार सी आई, तो कनौरी किसानों के दिल हरे हो गए। यहाँ के देवता भी अपनी करामात घोषित करने की सोचने लगे। कनौरी देवता कच्चे गोइयाँ नहीं हैं। वह जो कुछ बोलते हैं, संध्या-भाषा में बोलते हैं, जिसमें शब्दों के दो-दो नहीं, चार-चार अर्थ हो सकें। आखिर भारी प्रतीक्षा के बाद 9 जुलाई को वर्षा हुई, लेकिन ओरी चूने भर नहीं, सिर्फ धरती का ओठ भिगोने भर, क्योंकि यहाँ की छतें साधारणतया ब्रज-कोसल की भाँति कच्ची मिट्टी की होती हैं। इतनी वर्षा से यहाँ की भूमि का क्या होगा? दूसरे दिन क्या, उसी शाम को सड़क पर धूल दिखाई पड़ी। मेघों को लुभा कर लोगों का दिल दुखाने में भी मजा आता है। यहाँ मेरे वासस्थान से जिस तरह वह सतलुज की धार के ऊपर-ऊपर तैरते जा रहे थे और जिस तरह सफेद बादलों के बीच से सूर्यकिरण, प्रतिबिम्बित हिमाच्छादित शिखर झाँक रहे थे, उन्हें देखने और वर्णन करने के लिए तो किसी कवि के नेत्र और हृदय की आवश्यकता थी। वह भी यहाँ के कृषकों की त्राहि-त्राहि में अपनी सरस्वती को मुखरित कर सकता, इसमें सन्देह है। यहाँ बँगले के जंगले से सप्तरश्मि-रंजित हिमशिखरों को देखने की कहाँ फुर्सत थी? मक्खियाँ एक ओर से आक्रमण कर

रही थीं और श्वेत पक्षधारी क्षुद्र मच्छर दूसरी ओर से अपनी पैनी सूइयाँ चुभा रहे थे। हिमालय के ये क्षुद्र मच्छर सचमुच ही आदमी को विह्वल कर देते हैं। आदमी को एक बात से सन्तोष होता है, इनमें बुद्धि बहुत कम होती है और सूई चुभाकर वहीं आसन जमा लेते हैं, जिससे यदि कलम की चाल मन्द होने का भय न हो, तो अपने सताने वाले को आप आसानी से यमलोक पहुँचा सकते हैं। इन रक्तचूसक कीटों में सबसे बुरे हैं पिस्सू, जो काटते हैं बहुत जोर से—जान पड़ता है किसी ने चिंगारी लगा दी और हाथ भी नहीं आते, हाथ के उस जगह पहुँचते-पहुँचते नौ-दो ग्यारह। मच्छर, मक्खी से चादर ओढ़कर आप अपने को बचा सकते हैं, खटमल से भी थोड़ा-बहुत बचाव हो सकता है, किन्तु पिस्सुओं से बचने का कोई उपाय नहीं। किसी ने तो खटमल को ही हिन्दुओं की त्रिमूर्ती को परास्त करने वाला बतलाते हुए कहा—

क्षीराब्धौ हरिः शेते हरः शेते हिमालये।
ब्रह्मा च पंकजे शेते, मन्ये मत्कुणशंकया॥

मैं समझता हूँ, त्रिमूर्ति-विजेता मत्कुण (खटमल) नहीं, पिस्सू हैं। आज वह अपराजेय नहीं है, किन्तु उसके लिए घर को बराबर धोते, साफ करते रहना पड़ेगा, फिर भी अपने परिधानों में सैकड़ों पिस्सू लेकर घूमने वाले मेहमानों को घर में आने से आप कैसे रोक सकते हैं? मैं जूओं से अपने को निश्चित समझे बैठा था, क्योंकि हर रविवार तीन बार साबुन लगाकर गर्म जल से नहाना और कपड़ों को साबुन से धुलवा डालना, उनसे रक्षा पाने के लिए पर्याप्त था। किन्तु एक दिन एक श्वेतांग जूँ को पिस्सू समझ कर पकड़ ही लिया। कितने भाई कहेंगे, रोज-रोज नहा लेते। रोज नहाना कठिन नहीं, ईंधन की कमी नहीं, पुण्यसागर जी को जल गर्म करने में आलस्य नहीं और पादरी ब्रोस्की ने अपने बँगले में एक छोटा स्नान कोष्ठक भी बना छोड़ा है। किन्तु यहाँ के तापमान में रोज-रोज नहाना समय की अपव्यय ही नहीं, बेकार भी मालूम होता है। सूर्य भगवान के दिन को तीन बार साबुन लगाकर गर्म जल से स्नान करने पर सात दिन तक तो शरीर पर मैल की तह जमने का डर नहीं और बिना साबुन नहाने का मैं पक्षपाती नहीं हूँ। यदि कोई रोज-रोज नहाने की सार्थकता के लिए साबुन न लगाये, तो मुझे उसकी बुद्धिमानी पर सन्देह होगा। हाँ, पुण्य कमाने वालों की बात मैं नहीं करता। अपना तो शास्त्र है—गर्म मुल्क में रोज-रोज नहाना, हो सके तो तैरने के लिए नदी मिलने पर गर्मी में दो बार भी नहाना, किन्तु हिमाचल जैसे बर्फानी देश में नहाने का यह आग्रह, जहाँ धर्मराज युधिष्ठिर के राजसूय के प्रधान ऋत्विज धौम्य भी वर्षों नहाने का नाम नहीं लेते थे और जिनके बालों, देह और कपड़ों की असह्य गन्दगी को देखकर एक बार युधिष्ठिर-दूत भ्रम में पड़ गया था, अपनी आँखों या युधिष्ठिर की बुद्धि पर। वैसे नित्य नहाने वाले को

मैं पाप का भागी नहीं बनाता। अड़तीस साल पहिले केदारनाथ में बाबा धर्मदास ने जो शिक्षा दी थी, "बच्चा! यहाँ रोज स्नान करने की आवश्यकता नहीं, कैलास की हवा स्नान करने का काम देती है।" अपने राम ने तो उसे इतनी कड़ी गाँठ से बाँधा कि आज भी वह मन से नहीं उतरती।

हाँ, तो वह जूँ कहाँ से आई? पता लगा, कपड़ा धोने वाले सज्जन के पास उसकी कमी नहीं थी।

अन्त में वर्षा की प्यास जाकर 20 जुलाई को बुझी। पहली रात और सारे दिन, फिर दूसरी रात भी वर्षा होती रही और ओरीचुवान। पहले दिन तो हमने वर्षा से टहलने का व्रत तोड़ दिया। शिमला छोड़ने के बाद से ही यह व्रत ले लिया कि रोज पाँच मील पैदल चला जाए। आदमी ठोकर खाकर सीखता है, यद्यपि उसमें बुद्धिमानी नहीं है। जैसे आज जीवन के लिए कुछ शारीरिक श्रम की अनिवार्यता का अनुभव हो रहा है, यदि कहीं एक साल पहिले उसे समझा होता, तो डायबेटिस से पाला न पड़ता। "बुद्धिजीवियो! सावधान, शरीर चलाना बेगार काम नहीं है।" हाँ, तो वर्षा जब दूसरे दिन भी होती देखी, तो व्रत का स्थगित रखना पसन्द नहीं किया और बरसाती पहिने पुण्यसागर के साथ टहलने निकल पड़े। पीछे तो देखा, वर्षा बराबर व्रत तोड़ना चाहती, किन्तु यहाँ विश्वामित्र का तो व्रत था नहीं। और अब (31 जुलाई को) तो वर्षा से यहाँ के किसान भी ऊब गए हैं, यद्यपि बन्द कराने के लिए वह अपने देवताओं को मेघदेवता के पास भेजने के लिए तैयार नहीं—क्या जाने वर्षा महीनों के लिए न रुक जाए। किसानों की मेघदेवता के विरुद्ध शिकायत बजा है, यह तो मैं एक तटस्थ व्यक्ति के तौर पर कह सकता हूँ। यह चूलियों (खूबानियों) के पकने का समय है और चूलियाँ कनौर वालों के लिए सब कुछ हैं। जून के अन्त में पकने लगती हैं और पहाड़ की ऊँचाई के अनुसार अगस्त के आरम्भ तक पकती चली जाती हैं। उनका सुनहला और किसी-किसी का सेंदुरिया रंग देखने में बहुत सुन्दर और खाने में भी मधुर—खासकर फसल के पहिले हफ्ते में—मालूम होता है। फसल के समय लोग डटकर खाते हैं, पथिकों को पाथेय ले जाने की आवश्यकता नहीं। है भी बहुत, लोगों ने यद्यपि हाल की गिनती में 89,900 वृक्ष चूली के लिखाए, लेकिन सभी ने कम-कम करके अपने वृक्षों को बताया। डरने लगे, कहीं टैक्स बढ़ाने का तो यह डौल नहीं। बुशहर में तो नहीं, किन्तु दूसरी पहाड़ी रियासतों में वृक्षों को गिनकर लगाया जा रहा है, फिर वृक्षों की गिनती से सन्देह होना वाजिब ही ठहरा। फलदार वृक्षों की गिनती मैंने तहसीलदार साहेब से कहकर करवाई, जिसमें वृक्षों की संख्या देखकर सरकार प्रभावित हो और फलोत्पादन की वृद्धि के लिए बड़ा और तेज कदम उठाए। लोगों ने वृक्षों की संख्या आधा करके बतलाई, तो भी देखिए उन वृक्षों की संख्या कितनी है, जिनके फलों को खरीदने के लिए हमें हर

साल पाकिस्तान को हजारों गाँठें कपड़े और लाखों मन चीनी आदि देना पड़ेगा। चिनी तहसील में उनकी संख्या है—

अंगूर	सेब	नाशपाती		आड़ू
9,811	10,185	1,257		2,623
आलूचा	खूबानी	बादाम	पिस्ता	अखरोट
7,072	739	451	99	11,929

यह तो वह फल हैं, जो नचार तक मोटर आने की प्रतीक्षा कर रहे हैं, जो सड़क तैयार होते ही हमारे नगरों में पट जाएँगे। यही नहीं, सड़क बनते ही दस साल के भीतर वृक्षों के संख्या दसगुनी हो जाएँगी। आज इन फलों की फसल के समय कोई कदर नहीं। मेरे टहलने के रास्ते पर कभी किसी ने एक दूकान बनाई और वृक्षों के साथ कुछ सेब के वृक्ष लगा दिये, अच्छी जाति के बड़े-बड़े सेब। किन्तु आज सेबों की कोई खोज खबर लेने वाला नहीं। दस मन से क्या कम सेब होते, किन्तु लड़कों ने नीचे की डालियों को साफ कर दिया। इनकी हमारे नगरों को बड़ी आवश्यकता है और जिनकी यह कदर है। इनके अतिरिक्त दूसरे फल हैं—चूली (89,900), बेमी (15,129), बेसर (652), पालू (12,997) और बरजाई (512)। बेमी (छोटा आड़ू) है जिनके कारण कनौर वालों को अपने अंगूर नीचे भेजने में जरा भी पछतावा नहीं होगा। बेमी का शराब शुरू हुए अभी थोड़ा ही समय हुआ है। किन्तु अभी से पंगी ब्रह्मचारी जैसों ने प्रोपेगंडा शुरू कर दिया है—"अंगूरी शराब, इसके सामने कुछ भी नहीं।"

मैं कह रहा था चूली की बात, जिसकी संख्या दो लाख से कम नहीं होगी, अर्थात प्रत्येक किन्नर पर पाँच-पाँच पेड़। और चूली फलने में बड़ी बेशरम है। प्रति वृक्ष 7-8 मन फल से क्या कम होता होगा? चूली फल से ही चटनी का काम देती है, जिसके लिए किन्नरों को कोई प्रेम नहीं। किन्तु हमारे सैलानी उतने अरसिक नहीं हो सकते। पकने के समय तो 'त्वमेव माता च पिता' है ही, फिर सुखा कर वह साल भर लोगों का पोषण करती है। सूखी चूली की लपसी मिल सके, तो थोड़ा आटा मिलाकर, अधिकांश किन्नरों का आहार है। यह वर्षा उसी चूली पर हाथ साफ कर रही है। छतें सुनहली चूलियों से बसन्ती बनी हैं, कितने ही खेतों को भी उन्होंने सुनहला कर रखा है। जुलाई मास का यह एक सुन्दर दृश्य है, जो दर्शक का ध्यान अपनी ओर आकर्षित किये बिना नहीं रहेगा। किन्तु यह वर्षा सारा गुड़-गोबर कर रही है। चूलियाँ सूख नहीं पा रही हैं, कुछ दिन और ऐसा ही रहा, तो वह सूर्यकिरणों से वंचित हो सड़ जाएँगी। फिर साल भर की जीविका? यह है लोगों के मन में भारी चिन्ता का कारण। आदमी ने अल्पवृष्टि वाले शुष्क प्रदेश में अपना निवास बनाया, वहाँ की कितनी ही असुविधाओं को अपनी सुविधा में परिणत कर दिया। अब जब उसमें व्यतिक्रम होने लगता है, तो उसका सारा जीविकोपार्जन

का ढाँचा टूटने लगता है। हे मेघदेवता! यदि तुम्हारे में जरा भी हृदय है, तो अपने बालगोपालों की रक्षा करो।

★

आजकल ब्लेड के जमाने में हजामत कोई समस्या नहीं, तो भी छठ-छमाहे नाई का मुँह देखना ही पड़ता है। जहाँ तक मुँह के बालों का सम्बन्ध है, वह तो बीसों सालों से अपने ही हाथों बनते हैं। जब से सुना कि अतप्त छुरा भयंकर बीमारियों का एक शरीर से दूसरे शरीर में इंजेक्शन देता रहता है, तब से और जी घबराता है। इन पहाड़ों में और भी भय के कारण हैं। मैं देख रहा था, पुण्यसागर और उनके दोस्त मुफ्ती की तनख्वाह लेने वाले माली—जहाँ तक इस अभागे बाग का सम्बन्ध है—कमलानन्द की दाढ़ी हर दसवें-पन्द्रहवें साफ हो जाती है। हज्जाम जरूर कोई था। मैंने अध्यापकी छोड़ दूकानदारी पर जुटे तरुण नेगी बलवन्त सिंह से पूछा। उन्होंने कहा—हजामत! हमारे हेडमास्टर साहेब बहुत अच्छी बनाते हैं। मैंने कहा—यदि कष्ट न हो तो रविवार के लिए कहना। पहिले से तय नहीं करा लिया था, किन्तु उस दिन पुण्यसागर से कह दिया—आज स्नान मध्याह्न में होगा। बिना स्नान-पूजा किये अन्न न ग्रहण करने का कभी व्रत था। किन्तु अब तो "निस्त्रैगुण्ये पथि विचरतः को विधिः को निषेधः", शंकराचार्य थारा बेट्टा जीवे बड़े मौके पर काम आते हो। टहल कर आए, तो मास्टर बिहारीलाल बँगले पर मौजूद और सारे हथियारों के साथ लैस। छूत का भी डर नहीं। हेडमास्टर साहेब हजामत का व्यवसाय नहीं करते कि उनका छूरा हर किसी के सिर पर घूमता रहे। जहाँ उसका जरा भी सन्देह रहता है, मैं कैंची का काम करता हूँ। मास्टर साहेब ने मशीन से बाल काटा। मैंने पूछा—शान धराने के लिए क्या करते हैं? कहा—ऐसे तो उसकी महीनों नहीं, वर्षों आवश्यकता नहीं पड़ती, क्योंकि मैं अपने हथियारों को किसी दूसरे के हाथ में नहीं देता। मैंने कहा—"लेखनी पुस्तकी नारी परहस्तगता गता" में एक यह भी जोड़ना चाहिए था। मास्टर साहेब को जरूरत पड़ने पर अपने हथियार रामपुर भेजने पड़ते हैं। उन्होंने सारा काम चुस्ती और सफाई से किया। विश्वास नहीं रह गया, नहीं तो कहता "पुरविले जनम का हव्वास।"

समस्याएँ इस तरह हल हुआ करती हैं, व्यक्ति ही की नहीं, समाज की भी। पहाड़ में वैसे भी कम जातियाँ हैं और किन्नर में तो जमा-पूँजी दो ही जाति—कनैत और दागी कनैत, छूत और दागी अछूत कनैत लिखने में डर लगता है, कोई मित्र नाराज न हो जाएँ, क्योंकि अब क्या पिछले राजा पदम सिंह के समय से और उनकी आज्ञा से सारे कनैत अपने को राजपूत लिखाते हैं। कामरू के कनैत ठाकुर से राजपूत राजा वने वंश के अन्तिम प्रतिनिधि ने अपने भाइयों को भी खींचकर अपनी पंक्ति में बैठा दिया—दाता उनकी आत्मा को शान्ति दे। दागी में फिर दो

भेद हैं—लोहार और कोली। हिंदू जति की तो यही विशेषता है कि चाहे कितने ही लांछित स्थान पर रखा गया हो, किन्तु तुम्हें कोई असन्तोष न होगा, यदि तुम्हारे से भी नीचे की सीढ़ी पर किसी को बैठा रखा गया हो। लोहार के लिए किन्नर भाषा में 'डोमङ्' शब्द आता है जो 'डोम' का ही रूप है। यद्यपि बढ़ई को 'डोमङ्' नहीं 'औरस्' कहा जाता है, किन्तु दोनों की रोटी-बेटी एक हैं, अर्थात वही कहीं बढ़ई, कहीं लोहार, कहीं सोनार, कहीं ठठेरे, कहीं पथेरे के रूप में दिखलाई पड़ते हैं। यही नहीं, बाजा बजाने का काम भी दागी लोग करते हैं और बढ़इनें तो संगीत-कला की आचार्या समझी जाती हैं। अभी कल ही (30 जुलाई) कोठी की प्रख्यात गायिका हिरुपोती ("पोती तो वती" है, किन्तु बहुत कोशिश करने पर भी नहीं समझ सका "हिरु" का क्या अर्थ होता है) गीत सुनाने आई थी। किन्नरकंठियाँ प्राचीन काल से अपने सुकंठ के लिए विख्यात हैं और अभी भी उन्होंने अपनी उस प्रतिष्ठा को कायम रखा है। मुझे अफसोस है, मैंने हिरुपोती को गाने का मौका न देकर उसे संतुष्ट नहीं किया। लेकिन मुझे गीत सुनना नहीं लिखना था, जिसमें वह पाठकों के सामने भी पहुँच सके। इसलिए यदि यहाँ कुछ भूल-चूक हुई होगी, तो उसमें पाठक भी सहभागी हैं। कलाकार हिरुपोती बढ़ई कुल की है। उसकी दो नानें (फूफी) बनाछो और खइछो (जीवित तीन-बीस दस साल) विख्यात जन-कवयित्रियाँ रही हैं, इसलिए किन्नर के बढ़ई को सिर्फ विश्वकर्मा कहकर टाल न दीजिए।

और कोली? सबसे अन्तिम सीढ़ी, सबसे निकृष्ट कामों के धनी और सबसे अधिक दाने-दाने के लिए मुहताज। यही वहाँ के चमार, मोची, भंगी, जुलाहे, धुनिये, धोबी और सब कुछ हैं। मतलब, जात न होने से काम नहीं रुकता। कुछ छोटे-छोटे कामों के लिए दागी मौजूद हैं। बाकी कामों को कनैत लोग आपस में ही बाँट लेते हैं। कुर्मी काछी (कोइरी), भड़भूँजा, काँदू, माली, पटवा आदि के सारे काम किसी की बपौती नहीं हैं। जिसकी जो मर्जी हो, सो करे। मास्टर बिहारीलाल के हाथ की सफाई देखकर कभी मुझे तेहरान याद आता था, जहाँ साधारण सरतराश (शाब्दिक अर्थ सिरश्छेदक) एक हजामत का डेढ़ रुपया ले लेता था, या लंदन जहाँ एक हजाम दिन भर में मजे में 25 रुपये पॉकिट में रख सकता था। याद नहीं, मैंने मास्टर साहेब से यह बात कही या नहीं। खैर, यह बात तो अपने घुमक्कड़शास्त्र में लिखने जा रहा हूँ। घुमक्कड़ी धर्म को छोड़े बिना चलते-चलते सम्मानपूर्वक रोजी पैदा करने का यह अच्छा मार्ग है, जिसे हर एक भावी घुमक्कड़ को पहिले ही से सीख रखना चाहिए—सिर्फ दाढ़ी-मूँछ बनाई ही नहीं पूरी सरतराशी। इसका यह अर्थ नहीं कि मैं हजाम को मिलने वाले पारिश्रमिक का ध्यान रखके यह सब सोच रहा था। मास्टर साहेब अवैतनिक हजाम हैं। इस काम में उन्हें पुण्य भले ही मिल जाता हो, पैसे का वहाँ सवाल

नहीं। और पुण्यार्जन का उन्हें काफी अवसर मिल जाता होगा, क्योंकि वह अपने हथियार को दूसरे के हाथ में देते नहीं।

आत्म-विस्तार बड़े घाटे की चीज है, इसलिए "काजी जी दुबले शहर के अंदेशे में"। काजी के इस काम को उपहासास्पद समझा जाता है। यहाँ, इतने दूर के स्थान में संसार की आँधी-बयार के आने का कहाँ मौका? किन्तु दो-दो दैनिक और हर डाक से आने वाले दस-दस पन्द्रह-पन्द्रह पत्र आखिर ले क्या आते? हाँ, ठीक है आँधी-बयार ही नहीं लाते थे, यदि वही लाते, तो डाक का रास्ता तोड़ देना असम्भव नहीं। मनुष्य अपने व्यक्तित्व को जितना ही फैलाता है, बाहरी घात-प्रतिघात और वृत्त प्रवृत्ति का उतना ही अधिक प्रभाव उसके ऊपर होता है। यह पोस्ट या पत्रायन व्यवस्था हर्ष और विषाद दोनों को सुलभ करती है। हर्ष की बात का प्रभाव उतना स्थायी नहीं होता, जितना विषाद की बात का। खैर, उन हर्ष-विषाद की बातों को मैं गिनने नहीं जा रहा हूँ, प्रथम तो वह मेरे पास देर तक ठहरना नहीं चाहते और चाहें भी तो वहाँ गीतायोग नहीं, घुमक्कड़-योग उन्हें ठहरने नहीं देता।

इधर आत्म-विस्तार या "दुबले शहर के अंदेशे" का परिणाम यह हुआ कि ईंजानिब चाहते हैं, हिमाचल—विशेषकर किन्नर देश की सारी समस्याओं को ऊपर निकाल लाये। बात असम्भव है। इसके लिए कोई सर्वज्ञ पैदा होना चाहिए, जिसका दावा बहुतों ने किया है, किन्तु हुआ आज तक कोई नहीं। तो आत्म-विस्तार की सनक ने फलोत्पादन-विस्तार पर कलम उठाने के लिए मजबूर किया। अपने तो अपने तहसीलदार मंगतराम जी जैसे भलेमानुस को भी कष्ट में डाला और उन्होंने खामख्वाह की तनख्वाह खाने वाले पटवारियों को लगाकर चिनी तहसील के पेड़ों को गिनवाया। एक आदमी की सनक ने कितनों को परेशान किया! यहीं तक नहीं, गिनती हो जाने के दिन से तो कितने पेड़ वालों की नींद हराम हो गई। "टिक्कस तो लगेगा ही, क्या जाने चार आना पेड़ लगता है, या आठ आना।" पेड़-गणना से मालूम हुआ—कौन-कौन इलाका आज भी मेवों का केन्द्र है? अगली तालिका में अधिक पेड़ वाले गाँवों को ही दिया गया है और प्रतिशत सारी तहसील का है।

तालिका (पृष्ठ 163) से मालूम पड़ता है कि सतलुज के दाहिने तट पर रोगी से तेलंगी, और बाएँ बारङ् से मोरङ् तक का भूभाग मेवों के केन्द्र हैं, जो दोनों ही नदी के आमने-सामने हैं। इस मेवा जार को ऊपर की ओर आगे नम्म्या (सीमांत तक) बढ़ाया जा सकता है, क्योंकि सतलुज रोगी से हमारी सीमा तक साढ़े पाँच से साढ़े सात हजार फुट पर ही बहती है। साढ़े पाँच से नौ हजार फुट ऊँचाई की भूमि उन सारे मेवों को पैदा कर सकती है, जो क्वेटा, काबुल, ईरान और मध्य एशिया में होते हैं और स्वाद में भी उनसे कम नहीं। मैं समझता था, शायद

अंगूर	सेब	नाशपाती	आड़ू	आलूचा	खूबानी	बादाम	पिस्ता	अखरोट
1. कोठी 1600	कोठी 400		राङ 417	कोठी 5000	रिब्बा 166	मोरङ 73	सुङ्नम् 5	कामरू 1363
2. रोगी 934	तेलंगी 3000	तेलंगी 200	रिब्बा 369	तेलंगी 500	कोठी 150	रिव्वा 71	रोया 3	सङ्ला 1177
3. तेलंगी 500	पूर्वणी 62	ख्वांगी 100	कोटी 300	पूर्वणी 291	चगाँव 119	पूर्वणी 39	मारङ 2	रिब्बा 1050
4. रिव्वा 348	रिब्बा 547	चिनी 76	पूर्वणी 229	दुनी 223	मारङ् 58	कोठी 38	ग्याबो 1/11%	चिनी 698
5. ख्वांगी 300	ख्वांगी 500	दुनी 63	तेलंगी 200	ख्वांगी 200	ख्वांगी 50	तेलगी 35		रारङ् 618
6. रारङ् 223	चिनी 266	पूर्वणी 44	मोरङ् 162	रिब्बा 170	पूर्वणी 46	ख्वांगी 16		कोठी 500
7. पूर्वणी 159	पंगी 200	पंगी 40	खारी 144	चिनी 88	तेलंगी 40	सुङ्नम् 13		तेलंगी 400
8. चिनी 143	रोगी 197		ख्वांगी 100	रोगी 65/6536		2850/93%		पूर्वंणी 317
9. अकूपा 73	मोरङ् 166		मीरू 93	92%				प्वारी 372
10. सुङ्तम् 60	दुनी 154		दुनी 68					
11. दुनी 44	कामरू 128		रोगी 61					
12. रिप्पा 42	भावा 122		अक्पा 51					
13. मोरङ् 39	रारङ् 114		पंगी 40					
14. वारी 38	बारङ्103/9123		स्किब्बा 40/2244					
15. म्प 25	89%		85%					ख्वांगी 200/8665
16. जंगी 26								72%
17. किल्वा 26								
18. ख्वारंगी 26								
19. स्किब्बा 23								
20. नम्या 24652								

सदा के लिए हमें पाकिस्तान की ओर मुँह ताकना पड़ेगा, किन्तु मालूम हुआ, यहाँ सर्दा भी पैदा करके देख लिया गया है (मैंने छोल्टू में खाया भी)। साधारण खरबुजे तो मिश्री के टुकड़े होते हैं। आलूबुखारा होता ही है। आड़ू तो एक दिन ऐसा मीठा आया था कि मैं व्याकुल होकर पूछता रहा, वह कहाँ का था। शायद किसी देवता ने उसे भेज दिया था, क्योंकि आड़ू पकने में अभी देर थी। जंगली खट्टा अनार यहाँ होता है, फिर तापमान और अल्प वृष्टि की अनुकूलता होने से कोई कारण नहीं कि यहाँ बेदाना अनार न पैदा हो—तेलंगी में बेदाना अंगूर किसमिस भी पैदा होता है।*

फलों के बारे में इतना ही कहना है कि आज की मौजूदा अंगूर-लताएँ ही 15000 मन अंगूर और सेब के पेड़ 40 हजार मन सेब पैदा कर सकते हैं, जिनका परिणाम नचार तक मोटर पहुँचते ही दस गुना (डेढ़ लाख मन अंगूर और चार लाख सेब) हो जाएगा और जिस समय नचार से चिनी तक रोपवे (रस्सा गाड़ी) बन जाएगा, उस समय तो श्रेष्ठ मेवों के पैदा करने में कनौर एशिया में अद्वितीय हो जाएगा। सतलुज और उसकी शाखाओं के तट से 9000 फुट ऊँचाई तक की दोनों तरफ की तटभूमि 100 मील लम्बी, पाँच से आठ मील तक चौड़ी है। पाँच मील चौड़ाई भी मान लें, तो 500 वर्ग मील भूमि है, जिसमें से 200 वर्ग मील अनुपयुक्त मानने पर 300 वर्ग मील काम की है। इस सारी भूमि को मेवों के बाग से ढाँका जाना मोटर और रोपवे पर निर्भर करता है। इन पर, पनबिजली स्टेशन और कुछ बड़ी कूलों पर पचास लाख से अधिक रुपये की जरूरत नहीं होगी, फिर दस-पन्द्रह लाख मन मेवे हर साल कनौर से लेते जाइए।

यातायात की बात करते समय वैज्ञानिक यातायात को नहीं भूलना चाहिए। चिनी गाँव से आध मील पर सड़क से थोड़ा नीचे "कत्था-लोट" मैदान है, जो आदर्श हवाई अड्डा बन सकता है और बहुत थोड़े से परिश्रम से। वैसे वस्पा उपत्यका में भी ऐसे स्थान हैं, किन्तु वह मानसून-प्रभाव क्षेत्र से शून्य नहीं हैं, जिससे अच्छे किस्म के मेवों की वहाँ अधिक संभावना नहीं है। वहाँ अंगूर तो होता है, किन्तु फल फट जाते हैं—अधिक वर्षा, अधिक रस। हवाई अड्डे की बात मानसरोवर यात्रा के लिए नहीं कह रहा हूँ—यह मालूम है न कि मानसरोवर

* कनौर में ऊँचाई के अनुसार फल आगे पीछे पकते हैं। फल के शौकीन सैलानियों के उनके पकने का समय याद रखना चाहिए : अंगूर अगस्त-सितम्बर, सेब अगस्त-सितम्बर, नाशपाती (नाख)—सितम्बर, आड़ू—अगस्त-सितम्बर, आलूचा—जुलाई-अगस्त, खूबानी—जुलाई-अगस्त, बादाम—सितम्बर, पिस्ता—सितम्बर, अखरोट—सितम्बर, चूली—जून-जुलाई, बेमी—अगस्त-अक्टूबर, बोसर (छोटी नाशपाती)—सितम्बर, पालू (छोटा सेब)—सितम्बर-अक्टूबर, बेरजाई (मीठी गुठली की चूली)—जुलाई, न्योजा (चिलगोजा)—सितम्बर-अक्टूबर।

से (रणह्द होकर) निकलने वाली एक मात्र बड़ी नदी यह सतलुज है और यहाँ से मानसरोवर विमान आसानी से पहुँच सकता है। किन्तु तिब्बत के लामा और देवता उसके लिए आज्ञा देंगे तब ना। खैर, तिब्बत के लामा और देवता अमर होकर नहीं आए हैं, उनका भी जमाना लद चुका है यदि चाङ् कैशक को याङ्सी के उत्तर के चीन से सम्बन्ध तोड़ना पड़ा, जिसके लक्षण स्पष्ट दिखाई दे रहे हैं, तो तिब्बत को चीनी कम्यूनिस्टों के प्रभाव में जाने से कोई नहीं रोक सकता। ब्रिटेन का न इसमें स्वार्थ है, न शक्ति है, न सम्भव है कि रूस के बढ़ते प्रभाव को देखकर जिस तरह कर्जन ने तिब्बत में सैनिक "मिशन" भेजा था, उसी तरह वह नया मिशन भेजे। भारतीय पूँजीपतियों को चिन्ता जरूर हो सकती है, किन्तु हमें आशा नहीं कि वर्तमान भारत सरकार भी अपने उत्तरीय शक्तिशाली पड़ोसी (कोरिया के सीमांत से लद्दाख तक विस्तृत) में खामख्वाह झगड़ा मोल लेगी। नवीन उत्तरीय राष्ट्र हमारे रास्ते में रोड़ा अटकाएगा, इसकी सम्भावना नहीं। आशा तो है कि वह हमारे कैलास-मानसरोवर यात्रियों के लिए वैमानिक यात्रा का प्रबन्ध खुशी से कर देगा। काल्पा-लोट का हवाई अड्डा सामरिक महत्व भी रख सकता, किन्तु उसकी उपयोगिता यहाँ के आर्थिक विकास के लिए भी बहुत है। यहाँ की गाएँ बहुत छोटी, बड़ी बकरी से थोड़ी बड़ी होती हैं जो यहाँ के घास-चारे के देखते ठीक ही हैं, किन्तु भावी किन्नरों को अधिक घी-दूध की आवश्यकता होगी। पाव भर देने वाली कामधेन्वा नहीं, पाँच सेर दूध देने वाली गायों की आवश्यकता होगी। हमारे विमान बरेली या दूसरे पशुजाति-विकास प्रतिष्ठानों से बड़ी जाति के साँड़ों का वीर्य नलियों में लेकर दो घंटे में यहाँ पहुँचा सकते हैं और कृत्रिम गर्भाधान द्वारा यहाँ की गायों की जातियों में सुधार नहीं, क्रान्ति पैदा की जा सकती है। इन दुर्गम पहाड़ों में हवाई खर्च अपेक्षाकृत कम पड़ेगा, इसलिए तीन घंटे के भीतर चिनी से युक्त प्रान्त के किसी भी नगर में ताजे अंगूरों सेबों, आल-बुखारों का आना नागरिकों के लिए कम प्रसन्नता की बात न होगी। फिर सौ रुपये के किराये में उड़कर काशी से किन्नर पहुँच जाना यात्रा प्रेमियों को भी कम आकर्षक न होगा। वह विमान मार्ग को बदरीनाथ के ऊपर से रखवा सकते हैं और विमान पर से हिमाचल के इन महान देवताओं को प्रणाम या पुष्प माला चढ़ा सकते हैं। भोट-सीमा से 56 मील पर (विमान से बल्कि चालीस से भी कम) अवस्थित भारत का यह हवाई अड्डा महत्वपूर्ण होगा, इसमें संदेह नहीं। यह भी स्मरण रहना चाहिए कि यदि अंग्रेज-अमेरिकी साम्राज्यवादियों की मन की रही और काश्मीर को बँटना पड़ा, तो लद्दाख का प्रदेश अवश्य ही भारत संघ में रहेगा। काश्मीर के पश्चिमी भाग के हाथों में न रहने पर लद्दाख का काश्मीर से जाने वाला मार्ग हमारे लिए बन्द हो जाएगा। उस समय लद्दाख पहुँचने के दो ही रास्ते रह जाएँगे : एक कुल्लू से लाहुल हो, जिसमें चार विकट जोतें पार

करनी पड़ेंगी, अथवा सतलुज की शाखा स्पिती नदी से स्पिती जा लद्दाख को, इसी पर जिसमें "कल्पा लौट" पड़ेगा।

मेवों के सिवाय किन्नर में धातुओं की भी बहुत सम्भावना है। वाङ्तू से मोरङ् तक अब भी न्यारिये सतलुज के बालू को धोकर सोना निकालते हैं। सोने का धातुपाषाण भारतीय सीमा के भीतर हो, यह असम्भव नहीं है। चगाँव में चाँदी की खान में काम होता था, यह भी कथा प्रचलित है। ऊपरी वस्पा के पथ से छित्कुल गाँव के पास कितने ही खनिज पदार्थों की सम्भावना है और शायद मिट्टी का तेल भी। वहाँ से लाया काला चूर्ण तो आग पर हरे रंग की लौ फेंककर जलता और थोड़ी देर में आग बुझा देता है। उसमें गंधक की गंध असह्य हो उठती है। धातुपाषाण मेरे पास आए हैं, जिनमें से एक पर निकेल होने का सन्देह है। सीसे का धातुपाषाण बहुत अच्छा यूला से मिला है।

वस्पा-उपत्यका और उसके निवासियों का भाग्य भी पलटने वाला है। सतलुज-उपत्यका मेवों और सोने को ही नहीं और भी कितनी ही धातुओं को देने वाली है। पूर्वणी अंगूर में सातवाँ, सेब में तीसरा, नाशपाती में छठा, आड़ू में चौथा, आलूचा में तीसरा, खूबानी में छठा अखरोट में जहाँ नवाँ स्थान रखती है, वहाँ उसके पास ही रंगीन अबरख और धातु (शायद निकेल) की भी खान है। सतलुज पार हो लिप्पा (किरङ) खड्ड में असरङ् के ऊपर हल्के हरे रंग का चिकना पत्थर मिलता है, जिसे लगाकर लोग पशुओं की आँखों के जाला-फूली को चंगा करते हैं। श्यासो खड्ड में ऊपर बढ़िये, अंतिम गाँव रोपा मिलेगा। जेलदार तोब्ग्याराम परिश्रम करके वहाँ से ताँबे की "मिट्टी" लाए। उनका कहना है, सौ साल पहले सराहन के पास के किसी गाँव का एक ठठेरा आया। उसने खान से तीन मील नीचे ताँबा पिघलाने के काम के लिए झोंपड़े बनवाए। कई साल तक वहीं से ताँबा निकालकर ठठेरा बर्तन बनाता रहा है। उस समय के बने बर्तन अब भी उधर कितने ही घरों में मौजूद हैं। इन ताँबे के टूटे बर्तनों को आसानी से गलाया जा सकता है, इसीलिए आजकल के कनौरी बर्तन बनाने वाले उसे बहुत चाहते हैं। जेलदार तोब्ग्याराम को ताँबे की कोशिश में मिट्टी के लिए आया देखकर गाँव वालों ने उन्हें बहुत समझाया कि यह काम मत करो, बुरा होगा, देवता की नाराजी से खान बन्द हुई है, तुम्हारा अनिष्ट हो जाएगा। नीचे के आदमी आकर यहाँ मर जाएँगे, फिर हम अपनी चूलियों को भी न खाने पाएँगे। अंग्रेजों ने जानने की बहुत कोशिश की, किन्तु हमने पता लगने नहीं दिया, इत्यादि। किन्तु तोब्ग्याराम पढ़े-लिखे आदमी हैं, जानते हैं, अब ताँबा अंग्रेजों के लिए नहीं, अपने लोगों के लाभ के लिए निकाला जाएगा। लोगों के लाभ में भाँजी मारने वाला देवता कौन है? जेलदार के कथनानुसार खान पर बहुत से पत्थर गिरे हुए हैं, किन्तु कुछ परिश्रम से उसे साफ किया जा सकता है। जो "मिट्टी" उन्होंने लगाकर दी है, वह काफी

भारी है। रोपा के आसपास ताँबे की मैल बहुत मिलती है, इसलिए ताँबे की खान के होने में संदेह नहीं। सम्भव है, सराहन-गौरा के बीच के गाँव वाले ठठेरे के आने से पहिले भी यहाँ ताँबा निकाला जाता रहा हो, किन्तु निकाला जाता था लकड़ी के कोयले की सहायता से।

किन्नर में ताँबा, सुरमा, चाँदी, सीसा, मिट्टी के तेल, निकेल, जस्ता, गंधक के पाए जाने की सम्भावना में क्या सन्देह?

कोठी देवी महातम

कोठी की देवी का चंडिका नाम मैंने पहिले ही सुन रखा था और यह भी जानता था कि वह किन्नर की सबसे जागता देवी हैं। देवताओं का दास मैं भले ही न होऊँ, किन्तु देवताओं, विशेषकर उनकी कथाओं का प्रेमी तो मैं जरूर हूँ। यह हो नहीं सकता था कि दो मील पर रहते भी मैं चंडिका से भेंट किए बिना किन्नर देश से विदा हो जाऊँ। कोठी की यात्रा और देवी से भेंट की बात कहने से पहिले देवी के परिचयार्थ चन्द पंक्तियाँ लिख देना जरूरी समझता हूँ। हो सकता है, कहीं पुनरुक्ति हो, किन्तु देवताओं की कथा में वैसा होना अनिवार्य है, क्योंकि महातम तथा "कोथा" (कथा) सभी श्रुति-रूप में हैं और श्रुतियों की अनेक शाखाएँ हुआ ही करती हैं।

देवी का जन्म और बाल्यकाल—चंडिका नाम होने से आप कोठी की देवी को "अपर्णा, पार्वती, दुर्गा, मृडानी, चंडिकाम्बिका" न समझ लीजिए और न इन्हें पर्वत में जन्म लेने से शिव की प्रिया समझने की गलती कीजिए। सारे हिन्दू जानते हैं कि लक्ष्मी पुंश्चली होती हैं, किन्तु पार्वती सदा सती बनी रहती हैं और चंडिका का अवैध सम्बन्ध किसी व्यक्ति से है, जो सदा उसके साथ-साथ रहता है। सारांश यह है कि इस पार्वती को गौरा पार्वती से मिलाने पर आपको सारी भागवत—बोपदेव की नकली भागवत नहीं, असली भागवत अर्थात देवी भागवत—पर हड़ताल फेरनी पड़ेगी।

कोठी की देवी चंडिका जन्म सुङ्रा (ग्रोस्नम्) के पास की ग्वारवाङ् नामक गुफा में अतिपुरातन काल में हुआ। उनकी सौभाग्यवती माता असुरराज-दुहिता असुराज-महिषी की कोख छह और सन्तानों से पवित्र हुई। सातों संतानों में 4 बहिनें और तीन भाई थे! बहिनों में तीन अन्तर्धान अर्थात काल-कवलित हो गईं और निष्ठुर जगत ने अपने स्वभाव के अनुसार उनका नाम तक भुला दिया। समय पाकर तीनों भाई सयाने हुए। बेटी का तो उत्तराधिकार होता नहीं, इसलिए बड़ी बहिन क्या दावा करती? पिता के सुरलोक सिधारने पर खटपट शुरू हुई। तीनों भाइयों के नाम थे : महेसू—जिसे महेसुर और महेश्वर भी पंडिताई छाँटने वाले कह देते हैं। हम उन्हें अभी पहाड़ी रीति के अनुसार बड्डा, माहिला और काँछा कहेंगे। तीनों के झगड़ों ने

उग्र रूप लिया, आखिर जाति भी तो सुंद-उपसुंद की थी। किन्तु बीच में कोई मोहिनी नहीं थी। इन झगड़े को वस्तुत: पत्नियों के कारण नहीं कहा जा सकता, क्योंकि तीनों महेसुओं की तब क्या अब तक कोई वैध पत्नी नहीं है। बड़ी बहिन ने देखा, यह तो वाणासुर का वंश उच्छिन्न होना चाहता है—कितने ही श्रुतिधरों का कहना है, पिता का नाम वाम था, जो कृष्ण का समधी भी था। यहाँ एक ऐतिहासिक महत्व की बात हाथ लगी, जिसके बल पर हम कह सकते हैं कि देवी का जन्म कलियुग के पहिले द्वापर के बिलकुल अन्त में हुआ था, अर्थात पाँच हजार से कुछ ही वर्ष पहिले। देवी ने भाइयों को समझाया—वंशनाश मत करो। हाल में हुए कौरव-पांडव की कलह से सबक लो। भाइयों को कुछ होश आया और बोले—तो बहिन! तू ही पंच बन जा और जायदाद का बँटवारा कर दे। बहिन ने कष्ट को स्वीकार किया।

भावा के ऊपर घास के मैदान में अब भी वह चट्टान मौजूद है, जिस पर बैठकर देवी ने भाइयों का बँटवारा किया था। स्थान पहिले से ही निश्चित था, देवी पहिले ही पहुँच गई। शायद समय भी पहिले निश्चित हो गया था, जो गोधूली के आसपास का था—शायद इसलिए कहता हूँ कि यह मेरी उड़ान है, श्रुतिधर ने इसे नहीं बतलाया। मेरी उड़ान का कारण यह है कि आगे जो घटना घटित हुई, वह इसी समय सम्भव है। तीनों असुरपुत्र मदिरा के चषक पर चषक उड़ेल कर रक्ताक्ष, घूर्णितसिर हो गए। झुट-पुटे के कारण आसपास की चीजें उन्हें दिखलाई नहीं पड़ती थीं। तीनों भाइयों ने वन्दना की। देवी ने आसन से बिना उठे ही कुछ मुस्करा कर, कुछ अपने मधुर किन्नर कंठ से उन्हें मुग्ध कर दिया। तीनों भाई पास में बैठ गए। देवी ने पिता के राज्य को हाथ में लिया और उसके तीन टुकड़े कर पीठस्थान, अर्थात सातों बहिन-भाइयों का जन्म-स्थान (नचार-सुङ्रा वाले इलाके को जो काफी कलियुग बीत जाने पर अठारह-बीस के नाम से प्रसिद्ध हुआ) बड़े भाई को दे दिया, जिसे उसकी राजधानी के नाम पर तब से सुरा-महेसू या ग्रोस्नम्-महेसू कहा जाने लगा। माहिला के हिस्से में भावा खड्ड का इलाका आया और भावा-महेसू कहा जाने लगा। कांछा को राजग्राम का इलाका मिला, जिसकी राजधानी चगाँव या ठोलङ् के नाम पर उसे वहाँ का महेसू कहा जाने लगा। तीनों भाई बड़े प्रसन्न हुए। यहाँ यह कह देना चाहिए कि सुङ्रा महेसू का राज्य मानसून इलाके की घने देवदार वन वाली भूमि में था, बाकी दोनों भाई मानसून वंचित नग्न प्राय: पर्वतों के स्वामी बने। उनकी प्रसन्नता को सुरा-सुन्दरी ने और बढ़ा दिया। वह बहुत-बहुत धन्यवाद देते, गिरते-पड़ते अपने निवास को गए। देवी अपने आसन से तब तक न उठी, जब तक कि तीनों भाई आँखों से ओझल नहीं हो गए। फिर उसने अपनी चोरी से कोई चीज निकाली और चुपके से उसे अपने दोड़ू (पहाड़ी ऊनी साड़ी) के भीतर छाती के पास छिपा उड़कर गायब हो गई। उड़कर गायब होना जरूरी था, क्योंकि पैदल दौड़ती, तो उसे माहिला और कांछा के राज्य से गुजरना पड़ता, जहाँ बहुत

खतरा था। देवी की उड़ान चट्टान से सीधे उत्तर भावा-जोत के ऊपर से आजकल के स्पिती इलाके पर से पूर्वाभिमुख होकर जरा दक्षिण मुड़ एक बड़े डाँडे को पार कर श्यासू खड्ड के उपरले अन्तिम ग्राम रोपा को हुई।

देवी ने वहाँ बहुत समय निवास नहीं किया, क्योंकि चोटी में छिपाई चीज को सँभालना था और वह चीज थी माती-शोवाल्यङ् या संक्षिप्त नाम शोवा। रोगी से पंगी खड्ड तक का चीनी वाला इलाका इसी नाम से पुकारा जाता है। देवी के जन्म से युगों पूर्व से तब तक यही इलाका द्राक्षी मदिरा के लिए प्रसिद्ध रहा है। आज श्वेतांग म्लेच्छों के राज्य के समय लाए सेब, आलूचा, नाशपाती का भी वही गढ़ है। इसी इलाके को देवी ने बाप की जायदाद बाँटते समय अपनी चोटी के भीतर छिपा लिया था और बाँटने के लिए गोधूलि का समय निश्चित किया था। तब तो देवी पर भाइयों को धोखा देने का भारी अपराध लगता है। इसमें क्या संदेह? इसीलिए तो कोठी देवी सारे किन्नर देश में "बड़ी चालाक" (बुरे अर्थों में) कही जाती है। एक सज्जन ने इस बात को यह कहकर झुठलाने की कोशिश की कि तेलंगी का देवता थानिक अपने इलाके को देवी के हाथ में सौंपकर अन्तर्धान हो गया। स्पष्ट शब्दों में कहिए तो, थानिक ने आत्महत्या कर ली। आत्महत्या करना उन देवताओं के लिए आसान नहीं है, जिन पर आयु का प्रभाव ही नहीं पड़ता। फिर समाधान यही हो सकता है कि निराश प्रेमी हो उसे ऐसा करना पड़ा, या शोवा को ऐंठने के लिए ऐसा किया गया। यह तो और भी भयंकर लांछन देवी पर आवेगा। यह बात सोलहों आना झूठी है। बात वही सच है, जो पहिले कही गई।

यहाँ की बात यहीं छोड़कर जरा हम देवलोक से नरलोक में आएँ। यह स्मरण रखना चाहिए कि आज के किन्नर की भाँति उस समय भी देवलोक और नरलोक की कोई सीमा निर्धारित नहीं थी। बँटवारे के समय के आसपास ही चिनी में एमर्स दसराम नाम का एक ठकरस् (ठाकर, छोटा राजा) रहता था। ठाकरानी गर्भवती हुई। झूठ की कमाई खाने वाले और कभी-कभी सच्ची अटकल लगा देने वाले जोतिसियों ने कहा—"पुत्र होगा, तो कल्याण होगा; पुत्री हुई, तो महाअनिष्ट घटित हो सकता है।" संयोग कहिए, हो गई पुत्री। ठाकर घबड़ाया और उसने पैदा होते ही बच्ची को सात पोरिसा जमीन के नीचे गाड़ दिया। देवी तो दो ही मील पर रहती थी, उसे मालूम हो गया। वह झट से जमीन में सुरंग खोदकर लड़की को अपने साथ ले गई। ठाकर की पुत्री आज भी देवी के विमान में सामने वाले मुख के नीचे चाँदी के पत्तर की मूर्ति के रूप में विद्यमान है, विश्वास न हो तो आकर अपनी आँखों से देख लें। देवी को पिता की नृशंसता से पुत्री को बचा लेने भर से ही सन्तोष नहीं हुआ। उसे ठाकरस् पर भारी क्रोध आया—देवी के स्वभाव से कहा जा सकता है कि इस सारे कार्य में परोपकार-बुद्धि ही नहीं काम कर रही थी, बल्कि वह ठाकर को हटाकर शोवा को अपने लिए अकंटक बनाना चाहती थी—स्मरण रखना चाहिए,

देवी उदुंबर (लाल) वर्णा द्राक्षी सुरा की बड़ी प्रेमी है और इस सुरा के लिए शोवा आज भी प्रसिद्ध है। कुछ मामूली कहा-सुनी, दूतों के यातायात और माँग के बाद देवी ने ठाकर को अल्टीमेटम दे दिया, जिससे बचने की शर्त यदि आत्महत्या नहीं, तो उससे कुछ ही कम रही होगी। ठाकर आन पर मरने वाला पुरुष था। उसने भी देवता को प्रसन्न करके वरदान पाया था—वरदान देखने से जान पड़ता है, उसके दाता पार्वती द्वितीया के पति भँगेड़ी शंकर ही रहे होंगे। अल्टीमेटम या अंतिमेत्थम् का समय बीत गया। देवी चढ़ दौड़ी। खबर पाकर ठाकर भी गढ़ से उतर आया और दुर्ग से डेढ़-दो फर्लांग पर, जहाँ आजकल पनचक्की चल रही है, दोनों की मुठभेड़ हो गई। अवश्य देवी साक्षात् दुर्गा बन गई थी। उसके धनुष से छूटते वाण पार्थ-शर को झूठा बना रहे थे, उसकी तलवार चलाने की फुर्ती बतला रही थी कि उसके हाथ संध्या को तुंबाफेरी में ही चुस्त न थे। उधर दसराम ठाकर भी कच्चा गोइयाँ न था। उसने भी वाण पर वाण, खड्ग पर खड्ग, शूल पर शूल चला देवी को छट्ठी का दूध याद करा दिया। देती पसीने-पसीने हो गई थी, उसका सारा दोड़ू वर्षा से भीगा जैसा मालूम होता था, किन्तु अभी देवी को चिन्ता नहीं हुई थी। उसने लपक कर असि चलाई और दसराम का सिर भुट्टे की भाँति जाकर जमीन पर पड़ा। देवी की बाँछें खिल गईं। उसी समय किसी के ठठाकर हँसने का शब्द सुनाई दिया। देवी ने गिरे सिर पर से नजर हटाकर उधर देखा, वहाँ दसराम सही-सलामत मौजूद था। जमीन पर गिरे प्रहरणों को उठाकर देवी पर वह प्रहार करना चाहता था कि देवी ने सजग होकर ताबड़-तोड़ वाण चला उसे बेशर कर दिया और फिर बाणों से दसराम के शरीर को छलनी करते, हाथ की सफाई दिखलाते हुए दूसरी बार सिर को काट कर गिरा दिया। लेकिन फिर वही बात। सिर काट कर गिराना, ठठाकर हँसते नये सिर का दसराम के धड़ पर आ जाना और फिर युद्ध। आखिर बल की भी कोई सीमा होती है, चाहे वह देवी के शरीर का ही क्यों न हो। देवी की हिम्मत टूटने लगी—यह स्त्री-जाति के अपमान की बात नहीं। दसराम पुरुष देवता को भी नाकों चने चबवा सकता था। देवी के हाथ-पैर फूल चले। समीप था कि वह दसराम के हाथ कि चिरबंदिनी हो जाए। फिर वह उसके साथ कैसा बर्ताव करता, कौन जाने? कथा तो है, दसराम के शरीर में राक्षस की आत्मा बसती थी। खैर, अगम अँधेरा दिखलाई पड़ने लगा। उसी समय देवी के मस्तिष्क में बिजली-सी चमकी। उसने प्राणों के डर से दूर खड़े होकर तमाशा देखते ख्वांगी के देवता मरकारिङ् से कहा—"कायर, क्या तमाशा देख रहा है, इसी हिम्मत पर कायङ् (नृत्यचक्र) में हर समय मेरा हाथ लेना चाहता था। जा, जल्दी दौड़कर मेरे भाइयों को खबर दे।"

तीनों महेसू उस समय शोवा के सबसे नजदीक वाले भाई की राजधानी चगाँव (ठोलङ्) में सलाह कर रहे थे। उस दिन गोधूली को तो उन्हें बहिन की चालाकी नहीं मालूम हुई, दूसरे दिन जब सबेरे उठे, नशा उतर गया, तब उन्हें मालूम हुआ

कि बहिन ने ठग लिया और ठगा भी वह इलाका, जो तीनों भाइयों को सबसे प्रिय था। अब शिम्बू (अंगूरी लाल मदिरा) कहाँ से मिलेगी? चगाँव में तीन भाइयों की कमिटी इसलिए हो रही थी कि कैसे शिम्बू के उद्‌गम स्थान शोवा को चालाक चंडिका से छीना जाए। ये लोग इसी परिणाम पर पहुँचे कि बिना चंडिका को अन्तर्धान कराए काम नहीं चलेगा। अभी अन्तिम फैसला नहीं हुआ था कि ख्वांगी देवता हाँफते-हाँफते मीटिंग के स्थान चगाँव महेसू के बैठके में पहुँचा। तीनों भाई मरकारिङ् की यह अवस्था देखकर एक ही साथ बोल उठे—"मरकारू! कहो, खैरियत तो है? क्यों घबड़ाये मालूम होते हो? क्या खबर है?" मरकारिङ् ने इशारे से कहा, "जरा दम ले लेने दो।" चगाँव महेसू ने झट से शिम्बू के अन्तिम कुतुप को चषक में खाली करके मरकारिङ् के हाथ में दिया। मरकारिङ् ने हाथ में ले उसे एक साँस में मुँह में उड़ेलकर जीभ से ओठ चाटते हुए कहा—"खबर? बहुत बुरी। तुम्हारी बहिन दसराम ठाकरस् के हाथ में पड़ने ही वाली है। ठाकरस् से घमासान लड़ाई हो रही है। चंडिका सात बार सिर काट चुकी, किन्तु ठाकरस् के धड़ पर नया सिर जम जाता है...।"

बात पूरी समाप्त न होने पाई थी कि चगाँव—महेसू उठ खड़ा हुआ और बोला—"भाइयो! परनाम, मैं तो चला।" "कहाँ चले," दोनों ने हक्का-बक्का होकर पूछा। "चला बहिन को बचाने।" दोनों भाइयों ने छोटे को बहुत समझाया—"जाने दो, मरने दो। कहाँ हम उसे मारने की तदबीर सोच रहे थे। कहाँ वह अपने-आप मारी जा रही है। इससे अच्छी बात हमारे लिए क्या हो सकती है।" किन्तु, कांछा ने एक न सुनी और बोला—"मैं तुम्हारे-जैसा नीच नहीं हूँ। हमने एक ही माता के स्तन पिये हैं। अपनी सहोदरा को इस तरह खतरे में पड़ी देखकर मेरी गैरत नहीं कहती कि मैं उसे अधम दसराम के हाथों मरने या बन्दी बनने दूँ।" पकड़ने पर भी कांछा हाथ छुड़ाकर चल दिया। माहिला ने जेठ से कहा—"मैंने कहा न, इसे उस राँड़ ने शिम्बू देने की लालच दे रखी है।"

देवी के नृत्यसहभागी मरकारिङ् के साथ दौड़ता-भागता कांछा महेसू चिनी में किले के नीचे उस जगह पहुँचा, जहाँ दसराम और देवी जूझ रहे थे। देवी हाँफ रही थी, तब भी कभी इधर, कभी उधर झपट्टा मार रही थी। उसके बिखरे हुए बैंगनी बाल हवा में उड़ रहे थे। उसकी नाक की नथ भी पीपल के पत्ते की भाँति हिल रही थी। देखने ही से कांछा को मालूम हो गया कि चंडिका और देर तक अपने पैरों पर खड़ी नहीं रह सकती। उसने ध्यान से देखा, तो मालूम हुआ, दसराम के सिर पर एक भौंरा उड़ रहा है। उसे रहस्य मालूम हो गया। उसने चिल्लाकर कहा—"बहिन, सिर के ऊपर देख।" चंडिका ने भँवरे को उड़ते देखा और एक तीर से उसे धराशायी कर दिया, दूसरे क्षण दसराम का सिर भी धरती पर लोटने लगा और उसके साथ ही उसका धड़ धम से गिर कर छटपटाने लगा। रक्तरंजितगात्रा चंडिका दौड़कर भाई के

गले से लिपट गईं। उसकी आँखों से हर्षाश्रु वह चले। दसराम की पुत्री—जो शत्रु से जा मिली थी—के मुँह से करुणा बरस रही थी। उसकी इच्छा होती थी कि जमीन पर लोटते बाप के सिर को उठाकर गोद में ले ले। लेकिन वह चंडिका के क्रोध को भी जानती थी—निस्सन्देह वह दानवी देवी उस मानवी को कच्चा खा जाती।

यह है संक्षेप में कोठी की देवी का जीवन-वृत। आज सारा किन्नर देवी से थर-थर काँपता है, मानव ही नहीं देवता भी। किन्नर के बहुतेरे गाँवों को तो उसने अपने भाई-भांजों से भर रखा है, यह आपको खइछो के गीत "पतिष्टोङ्" से मालूम होगा। चंडिका के सामने पत्ता भी नहीं हिल सकता। वहा जहाँ डपटकर कहती है—"जैसे मैंने सात खूँदों और अठारह गढ़ों को भून कर रख दिया, वैसे ही दशा तुम्हारी करूँगी" तो लोगों की सिट्टी गुम हो जाती है। दूसरे देवताओं को चाँदी भी मुश्किल से मयस्सर होती है और चंडिका सोने से लदी रहती है। वह किन्नर की सबसे धनी देवता है। रोपा में उसका महल (मन्दिर) बना ही है, शोवा के केन्द्र कोठी में तो उसका स्थायी निवास ही ठहरा। इसके बाद भी उसके सैर-सपाटे हुआ करते हैं। कभी-कभी व दसराम के गढ़ पर आकर शिम्बू पीती अपने शत्रु के कलेजे पर कोदो दलती है। कभी काश्मीर के दुर्ग पर जाकर मेला लगाती है। आजकल (जुलाई 1948 ई.) इधर भेड़-बकरियों में महामारी फैली हुई है। मानव के लिए जब अस्पताल रहते भी वर्षों से यहाँ डॉक्टर का पता नहीं, तो "पशुचिकीछा" की बात कौन करे? छोटे-मोटे देवताओं से जब बात नहीं हल होती, तो लोग कोठी देवी के पास पहुँचते हैं। "माता-साब ने" अभी हुक्म दिया है—मैं सारी बीमारी एकदम दूर कर दूँगी, किन्तु काश्मीर के किले पर ले चलकर मेरी पूजा का प्रबन्ध करो। पूजा सामग्री के बारे में पूछने पर मालूम हुआ कि आटा, गुड़, सुरा आदि के अतिरिक्त कुछ बीस बकरे और कुछ वट्टी (दो सेरी) मक्खन चाहिए। भला देवी की बात कौन खाली जाने दे सकता? सात अगस्त को काश्मीर में भारी मेला लगा। मास्टर नारायन सिंह ने यह खबर सुनाते हुए कहा—पूजा तो होगी, इतने खाडू (भेड़ें), बकरे और इतना मक्खन खर्च हो जाएगा।

मैंने कहा—अर्थात माँस-मक्खन सतलुज में फेंक दिया जाएगा?

—सतलुज में नहीं फेंका जाएगा, लेकिन...

—लेकिन क्या? क्या उसमें से बहुत-सा भाग गरीबों के मुँह में प्रसाद के रूप में नहीं जाएगा?

—जाएगा तो?

—और खाडू मक्खन अधिकतर धनियों के घरों से आएँगे। उन्हें गरीब भी खा लें, तो क्या बुरा?

इसी समय वहाँ बैठे कविराज और संगीतचार्य मास्टर प्रियभारत बोल उठे—मास्टर रामजीदास को बलि बहुत बुरी लगती है।

लेकिन देवी तो—मैंने कहा—मास्टर रामजीदास के हाथ से बलि लेने का आग्रह नहीं करती। जो लोग भेड़-बकरे मारा करते हैं, मारेंगे, इसमें मेरे और बाबू रामजीदास के बाप का क्या बिगड़ता है? रामजीदास तो भगत आदमी हैं, माँस नहीं खाते। मैं तो सर्वभक्षी हूँ, किन्तु मुझे भी यदि कोई बकरा मार कर खाने के लिए कहे, तो हाथ नहीं उठा सकता।

मास्टर भारत ने फिर कहा—लेकिन मास्टर रामजीदास तो हिंसा के सख्त विरोधी हैं।

—क्या लाठी के हाथों हिंसा बन्द करना अपना फर्ज समझते हैं? यह तो और बड़ी हिंसा होगी। हाँ, व्यर्थ की हिंसा न करने से भी काम चलने पर हिंसा को मैं भी नहीं पसन्द करता। लेकिन, इन्हीं कनौर के बन्दरों को ही ले लो, इनकी हिंसा करना क्या ठीक नहीं है?

प्रियभारत—नहीं जी, मास्टर रामजीदास तो नहीं पसन्द करेंगे।

—पसन्द करने का अर्थ है, यदि अपने हाथ से करना, तो मैं उसकी बात नहीं करता, किन्तु ऐसे हाथ बहुत हैं, जिन्हें कुछ रुपये दे दिए जाएँ, तो वानरयज्ञ सफल हो जाएगा।

—वानरयज्ञ!

—हाँ, वानरयज्ञ करना होगा, यदि कनौर को बड़े पैमाने पर मेवों के उद्यान के रूप में परिणत करना है।

पाठकों की जानकारी के लिए कह देना है कि उन्नीसवीं शताब्दी के आरम्भ से पहिले दूसरे जानवर भले ही रहे हों, लेकिन यहाँ हनुमान-हनुमानियों का पता नहीं था। ये लालमुँहे गर्म मुल्क के प्राणी आज ग्यारह-ग्यारह, बारह-बारह हजार फुट पर ऊल रहे हैं। जहाँ तक वृक्ष उगते हैं, वहाँ तक की जमीन पर इन्होंने दावा कर रखा है। सतलुज के लोहे के पुल ने तो उनका रास्ता और भी साफ कर दिया है। अब तो वे सुङ्नम् तक फैल गए हैं। जेलदार तोब्ग्याराम से मालूम हुआ, उनके यहाँ अंगूर की बागवानी करनी या बढ़ानी लोगों ने छोड़ दी, इस ललमुँही पल्टन के मारे। रोगी-निवासी नेगी संतोखदास ने भी अब की बार हाथ-पैर ढीला कर रखा है। सारे भारत का स्वार्थ और दिलचस्पी इस बात में है कि कनौर मेवों का देश बने। तो क्या मास्टर रामजीदास की अहिंसा का खयाल करके हम हनुमान सेना को अपना मेवा-उद्यान ध्वंस करने का काम सौंपने जा रहे हैं? और फिर यह हनुमान-सेना कैसी, जो कनौर में वर्षों से रहकर जनम ले और बढ़ कर भी वहाँ के किसी सामाजिक नियम को अपनाने के लिए तैयार नहीं। किन्नर लोगों ने पहाड़ की कठिनाई, अन्न की कम उत्पत्ति का खयाल करके बहुपति-विवाह की प्रथा चलाई। इसके कारण बहुत-सी स्त्रियाँ कुमारी, जोमो या निस्सन्तानी जरूर रह जातीं, किन्तु जनवृद्धि पर अंकुश होने से पृथ्वी का भार बढ़कर दरिद्रता और बढ़ने नहीं पाती।

किन्तु हनुमान सेना के कोश में अंकुश-मंकुश का कहीं नाम नहीं है; जिस भद्रमुखी को देखो, एक-एक बच्चा पीठ पर लादे इस डाल से उस डाल पर फुदकती दीख पड़ती है। सन्तान-निग्रह की बात तो अलग, यहाँ तो सन्तान-उत्पत्ति की प्रतियोगिता चल रही है। पचास-साठ साल के भीतर ही कुछ दर्जन आगंतुकों ने बढ़कर आज किन्नर के मनुष्यों की संख्या पूरी कर दी है। कुछ साल और चुपचाप बैठिए और देखिए, एक-एक नरपुत्र पर चार-चार वानर हो जाते हैं। क्या पूर्वजों ने इसी के लिए किन्नर के पर्वतों को खूँखार प्राणियों से छीन कर अपनी बस्ती बसाई थी कि अन्त में हनुमान-सेना आकर उसे शान्तिमय तरीके से दखल कर ले। मैंने जोर देते हुए कहा—मैं तो भाई, ऐसी अहिंसा को मानव की आत्महत्या कहता हूँ। जंगलों में कोई हिंसक जन्तु भी नहीं रह गए कि वह इक्के-दुक्के वानर-पुत्रों को दबोच कर संख्या कम करें। किन्नर के काले भालुओं ने माँस खाना तो सीख लिया है, किन्तु वह भी अपने दाँत भेड़-बकरियाँ और निरीह गायों पर ही साफ करते हैं।

—हाँ, इनकी संख्या कम करने वाले तो कोई जानवर नहीं हैं, कभी-कभी कुत्ते किसी को पकड़ कर कलेऊ कर पाते हैं—बाबू नारायन सिंह ने कहा—वह कहीं हजार में एक, क्योंकि यह चालाक चतुष्पाद वृक्षों को छोड़ नंगे पहाड़ों की ओर बढ़ते ही नहीं और वृक्षों पर इनकी सरबर कौन कर सकता है?

—कुत्ते भी जाड़ों में एक-दो को पकड़ पाते हैं—कवि ने कहा—क्योंकि ताजा बर्फ में वानर दौड़ नहीं पाते, उनके पैर धँस जाते हैं।

—यह अभी नौसिखिये नए आए हुए हैं। बर्फ में रहना और जीना तो सीख गए ना, फिर बर्फ में दौड़ना भी सीख जाएँगे। इनकी संख्या-वृद्धि बिना वानरयज्ञ के रोकी नहीं जा सकती।

सचमुच मैं तो मेहता साहेब को लिखूँगा—जन्मेजय ने सर्पयज्ञ करके पितृऋण से उऋण होना चाहा, जिसमें कपट ऋषि के रूप में सर्पिणीपुत्र आरतीक ने आकर विघ्न डाला। लेकिन, आप जन्मेजय परीक्षित से अधिक शक्तिशाली हैं, क्योंकि आपको जनकल्याण करना है। आप वानरयज्ञ प्रारंभ करके जरूर पुण्य के भागी हूजिये। यदि उनका गुजराती पुलपुला हृदय नहीं तैयार हुआ, तो भी निराश होने की बात नहीं, साल बाद आने वाले जन-निर्वाचित हिमाचल-पुत्र मंत्रियों से पूरी आशा की जा सकती है कि वह इस महान यज्ञ का सम्पादन कर किन्नर का उद्धार करेंगे। बस, साठ हजार रुपयों की आवश्यकता है, प्रति वानरी चार, प्रति वानर दो रुपये।

—वानरी के लिए दूने क्यों?—किसी ने पूछ दिया।

—भाई, सारे वानर खतम कर दिये जाएँ और एक वानर तथा वानरिया बच जाए, तो द्वार बन्द नहीं कर सकते। चन्द ही सालों में वृद्धि की गति पूर्ववत हो जाएगी, चाहे यह रामजी के सेनापति हनुमान के वंशज हो, किन्तु न इन्होंने रामजी का व्रत स्वीकार किया, न हनुमान जी का। यदि एक छोड़ सारी वानरियों को खतम

कर दिया जाए और वानर सभी रहें, तो संख्या पूर्ति में पीढ़ियाँ लगेंगी।

मेरे श्रोता इस युक्ति से संतुष्ट मालूम हुए और वानरों के आतंक से मुक्त भले दिनों की आशा करने लगे। सौभाग्यवश वहाँ हनुमान दासों का पता नहीं है और न आगे ज्यादा आशा है, हालाँकि मोने-रौला तिनफटाका लगाए कामरू में जमा है और जब तब कीर्तन करा देता है, किन्तु अभी मोनेरौला की सात पीढ़ियाँ कोशिश करते मर जाएँ, तब भी वह किन्नरों को हनुमान-भक्त नहीं बना सकतीं। मुझे यही अफसोस है कि किन्नर कुर्गवासियों की भाँति हनुमान-भक्षक नहीं हैं, नहीं तो एक पंथ दो काज होता। तो भी गोली गंठे तथा शिम्बू का थोड़ा उदारतापूर्वक प्रबन्ध हो जाए, तो काफी माई के लाल मिल जाएँगे, जो वानरयज्ञ में आगे बढ़-बढ़कर हाथ बटाएँगे और कुछ ही वर्षों में यह सुन्दर देश वानर-कंटक से अकंटक हो जाएगा। मेरे पूछने पर यह भी मालूम हुआ कि कोली लोगों को चमड़ा निकालने में कोई उज्र नहीं होगा, क्योंकि मिल जाने पर नीचे वाले कोली कलमुँहों का फलाहार कर लेते हैं। फिर क्या, रोमहीन घुटा-घुटाया वानर-चर्म दस्ताने के रूप में लंदन और पेरिस की सुन्दरियों को भी मुग्ध कर सकता है।

इति कोठी देवी महातम समापत।

देवी के चरणों में

आखिर 23 जुलाई शुक्रवार का शुभ दिन आया, जब कि सबेरे ही सबेरे मैंने देवी के चरणों में पहुँचने का निश्चय पुण्यसागर को सुनाया। पहिले दिन इसलिए निश्चित कर सकता था कि मैं फोटो लेना चाहता था, लेकिन कैमरा गले में डालकर बँगले के बाहर हुआ नहीं कि सूर्य को बादलों ने ढाँक लिया। पुण्यसागर निराश हो गए। सबेरे की चहलकदमी के अन्त में पुण्य-यात्रा का निश्चय था। रास्ते में पुण्यसागर कह रहे थे अब कैसे कोठी जाएँगे? धूप के बिना सचमुच फोटो नहीं लिया जा सकता था। मैंने कल्पा के पास बादलों का रुख देखकर ताड़ लिया, यह किसकी कारस्तानी है। सतलुज की ओर से अर्थात कोठी की ओर से—बादल ठीक उसी तरह फेंके जा रहे थे, जैसे जाड़ों में लड़के मुँह से भाप छोड़ कर खेला करते हैं। किन्तु, यहाँ लड़कों का मासूम खेल नहीं, बल्कि देवी चंडिका तुली हुई थी मुझे पूर्णतया असफल करने के लिए। मैंने पुण्यसागर से कह दिया—यदि देवी का हठ है, तो मेरी भी जिद है, हर रोज कैमरा लटकाए आऊँगा, अभी पूरे दो सप्ताह रहने हैं। देखें तो, देवी कितने दिनों तक दो-दो घंटे मुँह से बादल छोड़ती रहती है। आखिर मुँह कभी तो थकेगा, उसी समय बंदा कोठी जा धमकेगा। मैं अपनी बात पुण्यसागर के कान में नहीं कह रहा था, आस-पास के देवदारु के जंगल में कोई देवी का गण हमारी बात सुन रहा था। उसने सारी खबर देवी को कह सुनाई। देवी ने हठ छोड़ दिया और जब ढाई मील जा लौटकर कल्पा पहुँचा, तो सूर्य फिर देवी के फैलाए मेघजाल से बाहर आ चुके थे। तरुण रेंजर पंडित देवदत्त शर्मा से पहिले ही सलाह हो चुकी थी कि एक दिन देवी के पास चलना है।

मैं चाय पीकर गया—चाय तो खैर मैं फीकी, सिर्फ काढ़ा पीता हूँ, किन्तु उसके साथ पुण्यसागर की कृपा से फाफड़ के दो मधुमय चीले मिल जाया करते हैं। लेकिन शर्मा जी भी चाय पर डटने जा रहे थे और ननद-भाभी सावित्री देवी-कृष्णदेवी पाकशाला में अपने शास्त्र का कौशल दिखलाने में लगी थीं। मुझे भी कुछ नाश्ता करने का आग्रह हुआ। मैं "अधिकस्याधिकं फलं" मानने वाला तो अब

नहीं रह गया हूँ, किन्तु सोचा (देवी दरबार में) जाना है, दो परावठियाँ और भीतर रख ली जाएँ, तो काम आएँगी। परावठियों की मधुरता क्या कहना है? स्त्रियों को भगवान ने जिस काम के लिए अपने चारों हाथों से बनाया, यदि वह उसी काम में लग जाएँ, तो बस वही पारस वाली बात है—छुआ नहीं और लोहा भी सोना। मेरे ऐसे कहने से पुण्यसागर को रुष्ट होने की जरूरत नहीं, मैं उनके बनाए भोजन की निन्दा नहीं करता।

खैर, चायपान के बाद पाँच-सात गूजबरियाँ भी खाईं। हम दोनों कोठी की ओर चले। रास्ता उतराई ही उतराई, अभी तो कुछ नहीं, किन्तु लौटते वक्त के खयाल से दिल कुछ उतना प्रसन्न नहीं था। मैंने देवी की चालाकी की बात सुनाई, तो शर्मा जी बोले—यदि वहाँ पहुँचने पर उसने फिर मेघजाल फैला दिया? मैंने कहा—"तब मैं अपनी पुस्तक में लिख दूँगा, कोठी देवी जैसी कुरूपा देवी सारे किन्नर में नहीं हैं, बस स्त्रियों में कुरूपा-शिरोमणि श्यासो के बिस्ट की गूँगी नौकरानी देखी और देवियों में कोठी की देवी।" मैं फुसफुसाकर नहीं कह रहा था, इतने ऊँचे स्वर में बोल रहा था कि आसपास के वान (लोक) वृक्ष और उनकी आड़ में जहाँ-तहाँ छिपे देवी के गण भी सुन लें। मुझे पूरा विश्वास था कि देवी पूरी तौर से सजग हैं। खैर, देवी "चालाक" ठहरी, समझ गई, यदि इस निठुर नास्तिक ने कहीं लिख मारा, तो उसकी पुस्तक तो चारों खूँट में फैल जाएगी और मैं यहाँ बैठी रहूँगी। दुनिया समझेगी, कोठी की चंडिका सचमुच कुरूपा है। उसने फिर बादल फैलाने का नाम नहीं लिया। फैलाती भी तो मैं लेखक के धर्म को छोड़ वैयक्तिक वैमनस्य के कारण अपनी सरस्वती को असत्यपथ पर न चलाता। देवी का चेहरा और नुकीली नाक तो सुन्दर है ही, उसके बाएँ नथने की नथ पर तो मैं दिलोजान से फिदा हो गया।

रास्ते में कुछ दूर तक तो हम देवदारु और न्योजा के जंगल में उतरते गए। आज यहाँ जंगल है, किन्तु शताब्दियों पूर्व यहाँ खेत थे। मैंने कहा—मालूम होता है, पहिले यहाँ आज से अधिक आदमी बसते थे। शर्मा जी का कहना था—नहीं, पहिले जंगल काटकर लोग दो-तीन साल खेती करके दूसरी जगह चले जाते थे। मैं सहमत नहीं था—पहिले तो दो-तीन साल की खेती के लिए इतने परिश्रम से बड़े-छोटे पत्थरों की दृढ़ दीवारें क्यों जोड़ी जातीं, जो शताब्दियों बाद आज भी खड़ी हैं? दूसरे, कोठी कोई प्राचीन सम्भ्रान्ता नगरी थी, जिसके मील-आध मील पर जंगल फूँक अस्थायी खेत नहीं बनाए जा सकते। यह तो खैर इतिहास की बहस ठहरी, किन्तु आज भी लक्षण मालूम होता है। कुछ वर्षों बाद यहाँ जंगल नहीं, फिर खेत भी नहीं, मेवों के उद्यान लग जाएँगे। यह स्थान सात हजार फुट पर है, जो मीठे मेवों के लिए अत्युपयुक्त हैं। रास्ते में हमें आगे खेत भी मिले, बाग भी मिले। वृक्ष सुनहली चूलियों से लदे हुए थे। नीचे के वृक्षों की चूलियाँ छतों पर सुखाई जा रही थीं। घर, बाग, खेत, वनखंड सब बीच-बीच में बदलते जाते थे। कोठी देवी का

वननिवास आया। लकड़ी-पत्थर का तिरछी छत वाला घर था, जिसमें देवी कभी-कभी आकर विराजमान होती हैं। यह देवरक्षित वनखंड है। राजरक्षित वनखंड में तो आँख बचाकर लोग कुल्हाड़ा भी चला लेते हैं, क्योंकि जंगल विभाग हर जगह कहाँ वनपाल रख सकता है? हमने सैर करते समय एक दिन देखा—एक आदमी बहुत पतले-कच्चे देवदारु पर कुल्हाड़ा चला रहा है। हमें देखते ही वह दुबक गया। उसे क्या परवाह कि बीस साल बाद यह कई गुना अधिक और दृढ़ लकड़ी देगा। उसे झोंपड़ी बनाने के लिए पतली लकड़ी चाहिए, जो साथ ही घर से नातिदूर होना चाहिए। बस वह कुल्हाड़ा चला रहा था। सामाजिक दायित्व जाए चूल्हे भाड़ में? समाज के प्रति दायत्वहीनता का उपदेश हम क्यों इन अशिक्षित किन्नरों को दें, जब कि हमारे शिक्षित करोड़पति सेठ कपड़े, अनाज से कन्ट्रोल हटते ही समाज के गले पर निष्ठुरतापूर्वक छूरा चलाने लगे।

हाँ, तो देवरक्षित वनखंड सचमुच पूर्णतया सुरक्षित था। किसकी शामत आई थी कि देवी चंडिका के द्वारा रक्षित वन पर कुल्हाड़ा चलाए? यहाँ कितने ही वान के भी वृक्ष थे। 1910 ई. में जमुनोत्तरी और केदारनाथ के रास्ते में वान को मैंने देखा था, तब से हिमालय की सभी यात्राओं में हिमपातीय स्थलों पर वृक्ष को देखता था, किन्तु यह नहीं मालूम था कि यह अंग्रेजी का ओक है। शर्मा जी ने श्वेत और भूरे दोनों का परिचय कराया, पत्ते के निम्न तल के रंग के अंतर से यह नामभेद है। यूरोप का ओक विशाल वृक्ष होता है; हमारे हिमालय का वान न उतना बड़ा होता है, न इसकी लकड़ी उतनी अच्छी होती है। ईसाई धर्म के प्रचार से पहिले पवित्र ओक यूरोप की एक विशेष चीज थी। उसके पुरातन देवता इसी के नीचे रहा करते थे। हिमालय-वासी अपने देवों में प्राचीन यूरोप से एक अंगुल भी पीछे नहीं हैं, किन्तु उनके देवता वान को पसन्द नहीं करते। वह तो दुनिया में अद्वितीय सुन्दर हिमाचलीय देवदारु को ही अपना आवास बनाते हैं। लेकिन इसका यह अर्थ नहीं कि वान के प्रति हिमाचलियों का प्रेमभाव नहीं है। भाव बहुत है। वान के पत्ते किनारों पर काँटे लिए गंगा की तटभूमि की भाँति कटे होते हैं। यह जाड़ों में भी हरे तथा अपनी टहनियों पर दृढ़तापूर्वक खड़े रहते हैं। हिमपातीय जगहों में पशुओं का आहार जाड़ों में एक बड़ी समस्या होती है, जबकि चारों ओर भूमि हिमाच्छादित हो जाती है। वैसे देवदारु, कैल, न्योजा के पत्ते वान से भी अधिक सदाहरित रहते हैं, किन्तु यह पशुओं के लिए अखाद्य हैं। और वान, उच्चभूमिक हिमालय का कल्पवृक्ष है। हर साल हजारों पशुओं के प्राण यही बचाता है। यहाँ के गृहस्थ वान का नाम बड़े सम्मान से लेते हैं। मैंने शर्मा जी के सहगामी से पूछा—पत्तों में किनारे पर काँटे हैं, पशु उन्हें कैसे खाते हैं? उत्तर मिला—बड़ी खुशी से। उनके लिए हरा पत्ता हलवा है, सूखे को नहीं खा सकते। हम लोग पेटभर पत्ते नहीं दे पाते, अंदाज करके देते हैं, जिसमें बर्फ पिघलने के समय तक पत्ते चल जाएँ।

कोठी पहुँचते-पहुँचते चूली के वृक्ष फलों से खाली थे, अब वह छतों पर पड़े सूख रहे थे। आखिर हम कोठी गाँव में पहुँच गए। मुझे यह भी खयाल नहीं था कि कोठी इतना प्राचीन इतना ऐतिहासिक महत्व का स्थान होगा। पानी की कूल पारकर आगे बढ़े। बाईं ओर एक मन्दिर दिखाई दिया। शर्मा जी के सहगामी वनपाल ने कहा—यह भैरव का मन्दिर है और वह है नीचे देवी का मन्दिर। मैंने हल्के दिल से कहा—चलो भैरव से ही निबट लें। मन्दिर बाहर से भी उपेक्षित था और भीतर तो और भी। बाहरी बरांडे से दो पोरिसा नीचे पत्थर बिछे आँगन के बीच एक चार-पाँच हाथ गहरा नातिलघु पाषाण बद्ध कुंड था। बरांडे से भीतर मन्दिर में घुसिये, तो एक परिक्रमा-सी थी, जिसके भीतर छोटी-सी कोठरी-गर्भमन्दिर था। वहाँ दशभुज तथा दो हाथ लम्बी भैरव जी की मूर्ति थी। गर्भगृह के बाहर का प्राय: तीन हाथ चौड़ा, छह हाथ लम्बा अँधेरा-सा स्थान सराय का काम दे रहा था! सर्वसाधारण यात्री यहाँ टिकने की हिम्मत नहीं कर सकते। यहाँ आकर टिकते हैं, भूल-भटककर यहाँ पहुँचे हमारे नीचे के सन्तजन। दो धूनियाँ कुछ ही समय पूर्व वहाँ जली थीं, जिनकी लकड़ी और कोयला अब भी वहाँ मौजूद थे। सन्तजन धूनी लगाकर यहाँ बैठ जाते और फिर चिलम पर चिलम गाँजा या कंकड़ "लेना हो शंकर, गाँजा ना कंकड़" "कैलास के राजा दम लगावे तो आजा" कहते चलने लगता। मैं गाँजा-कंकड़ का विरोध नहीं करता, घुमक्कड़ों के लिए कभी-कभी वह आवश्यक हो पड़ता है, किन्तु यहाँ धूनी देखकर मेरा मन जरूर सिहर गया, क्योंकि इनके दो हाथ पर ही भीतर चार लकड़ी और 17 पत्थर की मूर्तियाँ हैं, जो दसवीं सदी के आसपास की हैं। सारे किन्नर में इतनी प्राचीन मूर्तियाँ मैंने नहीं देखीं और साथ ही शताब्दियों के बौद्ध गण में यह हैं हर-गौरी, सरस्वती आदि ब्राह्मणधर्मी मूर्तियाँ। गंगोत्री के रास्ते में भैरवघाटी से नीचे जांगला पुल के पास की एक अच्छी धर्मशाला धूनी और चिलम पर न्योछावर हो गई। वही वला यहाँ पाली जा रही है। यदि कभी आग लग गई, तो इस बहुमूल्य पुरातत्व-सामग्री से किन्नर और भारत वंचित हो जाएगा। घुमक्कड़ साधुओं के लिए भी कोई स्थान होना चाहिए, यहाँ की सर्दी में नीचे से आए संत पेड़ के नीचे धूनी नहीं रमा सकते। देवी काफी धनी है, उसे चाहिए अपने भक्तों के लिए एक घर खाली करा दे, या नया बनवा दे, ताकि इन प्राचीन मूर्तियों की रक्षा हो सके। यदि यह न हो, तो इन उपेक्षित मूर्तियों का स्थान यहाँ नहीं, हिमाचल संग्रहालय है।

हाँ, यह मूर्तियाँ सर्वथा उपेक्षित हैं। किन्नर क्या, सारे पहाड़ी लोग घोर यथार्थवादी हैं, आखिर "सुर नर मुनि की येही रीती। स्वारथ लाय करें सब प्रीती।" वह उसी देवता की मान-पूजा कर सकते हैं, जो उनके दु:ख-सुख में सीधे हस्तावलंब दें; सिर्फ विश्वास से नहीं, देवता को स्वयं मुँह या संकेत से रास्ता बतलाना होगा। भैरव जी और उनके बीस साथी, जो यहाँ इस तंग कोठरी में सहस्राब्दी से बन्द हैं, वह न मुँह से बोल सकते हैं, न संकेत से ही, फिर कनौरों के लिए क्यों न तीन कौड़ी के

महँगे हों। वैसे कभी-कभी कोई धूप दे भी जाता है और नीचे के संत—जो कभी ही कभी यहाँ पहुँचते हैं—जब आते हैं, तो भैरव और उनके साथियों का भाग्य खुल जाता है। किन्तु इस समय सबसे जरूरी प्रश्न है, इस मन्दिर का सराय बनाना कब बन्द होगा, कब इन काष्ठ पाषाण मूर्तियों के सिर पर कच्चे धागे से लटकती आग की तलवार को हटाया जाएगा?

चोरवत्ती हम साथ नहीं लाए थे और भैरव जी के गर्भगृह में अँधेरा था। खैर, न्योजे के हीर की लकड़ी लोग काफी जमा करके रखते हैं, जो मोमबत्ती से भी तेज जलती है। यद्यपि धुआँ अधिक देती है, तो भी वह सुगन्धित होती है। सिर बचा कर हम भीतर घुसे। सामने नाना प्रहरणधारी दशभुज "भैरव" जी महाराज थे। मुझे इनके भैरव होने में सन्देह है, यद्यपि इसके लिए यहाँ के सारे लोग और पंगी ब्रह्मचारी भी गंगा-तुलसी उठाने के लिए तैयार हैं। भैरव के साथ कुत्ता तो जरूर होना चाहिए। नेगी संतोखदास के कथनानुसार पहिले कुत्ता था। मुँह कुछ बिगड़ा-सा है, लेकिन उसके लिए मनुष्य को दोषी नहीं ठहराया जा सकता, क्योंकि यहाँ तक मुस्लिम जेहादी कभी नहीं पहुँचे। शायद काल ने ऐसा किया, शायद कभी छोटी-मोटी अग्नि-परीक्षा हुई, जिसमें भैरव जी खरे उतरे। मुख कुछ विद्रूप बनाया भी गया है, नीचे का शरीर अच्छा है। पैरों के आभूषणों से स्त्रीमूर्ति होने का सन्देह होता है, लेकिन स्तन नदारद। मूर्ति के ऊपर मकरतोरण है, जो चूने से पुता देखने में पत्थर-सा मालूम होता है, किन्तु है काष्ठ का। शायद यह मूर्ति के साथ का नहीं है। किन्तु इसे अत्यार्वाचीन भी नहीं कहा जा सकता। अर्वाचीन काल में ऐसे मकरतोरण के बनाने का रिवाज नहीं था। इस पर उत्कीर्ण सज्जा अतिसुन्दर न होने पर भी उस काल के मूर्तिशिल्प को प्रकट कर रही थी, जबकि वह अभी ह्रासोन्मुख नहीं हो पाई थी। भैरव की दस भुजाओं में दाहिनी ओर वरद हस्त, खड्ग, शूल, बाईं ओर धनुष, शूल आदि थे।

भैरव जी की बाईं ओर पीछे की दीवारों से सटाकर बीस मूर्तियाँ रखी हैं। सभी चूना-पुती, देखने में बिलकुल पत्थर की-सी। सोच रहा था फोटो लेने की। मैं इतना स्वार्थी नहीं हूँ कि अपने ही दर्शन का पुण्य लूट सन्तुष्ट हो जाऊँ। मेरी तीर्थयात्रा ऐसी होती है, जिसमें दूसरे भी दरस-परस कर सकें। ऐसी जगहों पर बहुत आज्ञा-स्वीकृति लेने के भी फेर में नहीं रहना चाहिए। यदि उठ सके तो बाहर ले चलो और झट गोली दाग दो। छाया कैमरे में आ जाए, कोई देखे कोई न देखे, फिर पीछे देखा जाएगा। हिलाने-डुलाने पर मालूम हुआ—दो वीणापाणि (सरस्वती) तथा दो दूसरी काष्ठ-मूर्तियाँ हैं। शर्मा जी ने भी सहायता की, फिर वनपाल भी आगे बढ़ा। चारों मूर्तियाँ बरांडे में आईं। बाहर दीपक की चौकी पर दीवार के सहारे खड़ी करके मैंने फोटो ले लिए। ठीक उतरा या नहीं, यह तो देवता ही बतला सकते हैं। वामांके समासीन पार्वती सहित शिव की मूर्ति पत्थर की थी और उसे हिलाने में नीचे कुछ प्लास्तर टूटता, इसलिए उसे और दूसरी पाषाण-मूर्तियों को मैंने छोड़ दिया।

आखिर आगे आने वाले समानधर्मियों के लिए भी तो कुछ रहना चहिए। पिछली दीवार की मूर्तियों में अधिक खंडित हैं। जान पड़ता है, इस गर्भमन्दिर में हर एक चीज पर सफेद पुचारा फेरना धर्म समझा जाता है। फर्श, मकरतोरण, दीवार और दीवार के पास की मूर्तियाँ सब पर बार-बार पुचारा फेरा गया है। मूर्तियों पर तो वह अंगुल-अंगुल मोटा जम गया है। यदि उन्हें धुलाया जाए, तो शायद किसी पर कोई अक्षर भी दिखलाई पड़े। यदि तीन अक्षर मिल जाएँ, तो शताब्दी का निश्चय आसानी से हो सकता है। किन्तु देवता-काली के स्थान कनौर में अभी इतना साहस करना मैंने उचित नहीं समझा।

भैरव मन्दिर के बरांडे या जगमोहन से बिलकुल नीचे ही कुंड है। पानी थोड़ा-सा हटकर है, नहीं तो छलाँग मारी जा सकती थी। बरांडे के पास अंगूर की बेल चढ़ी हुई थी। अंगूर यहाँ का बेशरमा पौधा है, कितना ही दुत्कारो, बस चार बूँद जूठे-मीठे पानी पर जम खड़ा होता है, वैसे ही जैसे बिहार में अषाढ़-सावन में आम की गुठलियाँ। शर्मा जी की मोरी में दो हाथ की द्राक्षाबेलि खड़ी थी। मैंने पूछा—यहाँ भी अंगूर लगा रहे हैं? उन्हें मेरे प्रश्न पर आश्चर्य हुआ, क्योंकि सामने होते भी कभी उनका उस पर ध्यान नहीं गया था। देखा सचमुच अंगूर है। सचमुच अंगूर यहाँ का बेशरमा पौधा है। घरों और गाँवों के खंडहरों में भी कितनी ही बार अंगूर की यह निर्लज्जता देखी जाती है—बस कभी-कभी दो बूँद पानी मिल जाना चाहिए, जो दुर्लभ तो है, किन्तु क्वेटा के बराबर नहीं।

कुंड पांडवों का बनवाया हुआ है। उसमें लगे अनेक विशाल पत्थर ही इसे सिद्ध करते हैं कि ये भीम छोड़ दूसरे के बूते के नहीं हैं। पांडवों के अज्ञातवास के सारे बारह वर्ष सिर्फ कनौर में बीते थे, इसीलिए तो यह द्रौपदियों की खान है। पंगी ब्रह्मचारी की खोजों के अनुसार यूला, कोठी, काश्मीर (किश्मीर), रारङ्, लब्रङ्, कनम्, कामरू, रिब्बा, मोरङ्, ठंगी, वारङ् सभी पांडव के अज्ञातवास की जगहें हैं। दूसरे गवेषक का कहना है, मोरङ् में तो उन्होंने सतलुज की धारा बदलनी चाही, किन्तु समय ने साथ नहीं दिया। समय यदि साथ देता, तो आज सतलुज का रुख पाकिस्तान की ओर नहीं, गंगा-सागर की ओर होता। कुंड में मछलियाँ बहुत हैं; कोठी की देवी की इन पर जितनी निगाह रहती है, उतनी भैरव पर नहीं। कहते हैं, यह मछलियाँ न घटती न बढ़ती, उतनी की उतनी ही बनी रहती हैं। देखा न देवी का चमत्कार! चर्चा चल पड़ी, तो एक सज्जन ने कहा—सारी मछलियाँ मादा हैं, नर कोई नहीं है। सवाल हुआ—यह कैसे? बतलाया—पहिले एक कोली था, वह समय-समय पर समन्दर (सतलुज) से मछली पकड़कर कुंड में डाल दिया करता था, उसको ही विद्या मालूम थी। अर्थात ऋषियों की साइंस-सम्बन्धी दूसरी भारी-भारी खोजों की भाँति वह विद्या भी कोली की बेवकूफी के कारण भारत से चली गई। मैंने उनसे कहा—तब तो नई मछलियाँ डालने पर दो-चार वर्ष में कुंड

मछलियों से ही भर जाएगा। पुण्यसागर का कहना था—"कुंड को हर साल साफ कर दिया जाता है और पेंदी में भी मिट्टी-बालू नहीं रहने पाती, फिर कूल से ताजा पानी डाल दिया जाता है। मछलियाँ उस समय पकड़कर बर्तन में रख ली जाती हैं। शायद बालू-मिट्टी के अभाव से अंडे बेकार हो जाते हैं।" सभी मनीषियों का इस बारे में घोर मतभेद है, सच्चाई क्या है, इसे तो कुछ ही हाथ नीचे बैठी "गाता सा'ब" ही जानें।

फोटो लेते-लेते ही आधा गाँव जमा हो गया था। अब हम कुंड से देवी के मन्दिर की ओर चले, जो दूर नहीं था। फाटक के बाहर एक काफी लम्बा-चौड़ा चौकोर खुला आँगन, जिसके बीच में एक छोटा-सा चारों ओर खुला काष्ठमंडप था। आँगन के एक कोने पर फाटक से दूर की ओर पत्थर का एक शिखदार चौकोर गुटका-मन्दिर था। मन्दिर में लकड़ी की दर्वजिया जड़ी थी। पूछने पर मालूम हुआ, भीतर सीतला माई विराज रही हैं, घुट के मरने के लिए बैठी हैं; उनकी बुद्धि पर तरह आ रहा था। हाँ, मन्दिर के पास बाहर दो शिवलिंग बिलख रहे थे। एक तो अर्घासहित कम-से-कम खड़ा तो था, दूसरा अर्घाविहीन जान पड़ता था, देवी के मन्दिर की ओर सष्टांग दंडवत् करते कुछ माँग रहा था। यहाँ ऐसे जड़ देवताओं को कौन फूल-अच्छत देने के लिए तैयार है—बेलपत्र तो काशी से पार्सल मँगाकर ही चढ़ाया जा सकता है, क्योंकि यहाँ के देवदारों के साथ उनकी निभ नहीं सकती। अब पंगी ब्रह्मचारी परमानन्द चैतन्य भी हमारे साथ हो लिए थे और अपनी गवेषणाओं और तजुर्बों से हमें लाभान्वित कर रहे थे।

जान पड़ता है, बेल और पीपल तक ही ब्राह्मणों के धर्म की पहुँच है। देवदारों तक पहुँचने में उसके पंख कट जाते हैं, समुद्र का जल लगते ही वह गल जाता है, यह तो श्रीप्रकाश जी के विलायत से लौटने पर काशी के दिग्गज महोपाध्यायों की व्यवस्था से ही सिद्ध हो गया था। यहाँ चंडिका देवी की पूजा के लिए ब्राह्मण होंगे, इसकी आशा ही नहीं हो सकती थी। फिर उनके ज्ञान से लाभ उठाने का अवसर कहाँ से मिल सकता था? किन्तु उसकी कुछ कमी पंगी ब्रह्मचारी पूरा कर रहे थे। वैसे ब्राह्मण कुल में पैदा होने का दावा तो शर्मा और सांकृत्यायन भी कर सकते थे, किन्तु शर्मा श्वेत शालिग्राम के पुजारी और अपने राम उनसे भी बढ़कर सर्वभक्षी। हम अब फाटक के भीतर घुसे। बहुत छोटा-सा आँगन, यह कायङ् (नृत्यचक्र) के लिए पर्याप्त स्थान नहीं हो सकता था। कायङ् का स्थान बाहर का बड़ा आँगन था, जहाँ चार चक्र में हजार नर-नारी थिरक सकते थे। फाटक के भीतर दाहिनी ओर चंडिका का मन्दिर और बाईं ओर चंडिका का कोष्ठागार है। फोटो लेते-लिवाते पुजारी भी आ पहुँचा। वह एक अधेड़ कनेत और साथ ही साथ देवी का ग्रोक्ष (देववाहन) भी था। यह सुनकर मुझे बड़ी प्रसन्नता हुई—चलो देवी की खटोली उठाने की आवश्यकता न होगी, ग्रोक्ष के मुँह से देवी स्वयं बोल

देगी। मन्दिर की छत पर छत के अतिरिक्त टीन का छत्र-सा लगा था। "मन्दिर कब बना" पूछने पर कितने लोग तो राजा रूदरसिंह का नाम ले रहे थे, लेकिन पंगी ब्रह्मचारी ने दृढ़तापूर्वक कहा—पांडवों ने बनाया। ब्रह्मचारी को सबेरे ही सबेरे माई का प्रसाद—मालूम नहीं अंगूरी या बेमी का—मिल गया था और उनका मुँह लाल हो रहा था। किन्तु ब्रह्मचारी पुराना अखाड़िया ठहरा, उस पर पाँच-दस चषक का कोई प्रभाव नहीं पड़ता। तो मन्दिर पांडवों ने बनाया, अर्थात कम से कम पाँच हजार वर्ष पुराना है, इसकी आधी लकड़ी आधी पत्थर की दीवारें, देवदार की कड़ियाँ और किवाड़ सारे ही पांडवों के बनाए हैं।

अब तक पुजारी ने द्वार खोल दिया था। दाईं ओर चंडिका का विमान था और बाईं ओर काली का। यहाँ की सर्वेसर्वा चंडिका ही हैं, कालिका तो ऐसा ही मुसाहिबी कर रही हैं। चंडिका के बड़े मुँह में कई चेहरे लगे हैं, जिनमें सामने वाला सोने का है। कह नहीं सकते—शुद्ध सोने के पतरे का है, या ताँबे पर मुलम्मा किया हुआ। चंडिका से मैंने मन ही मन कहा—"भई! नत्थ तेरी गजब ढा रही है। ब्रह्मचारी से पूछना जरूरी नहीं समझा, नहीं तो कह देते नत्थ को द्रौपदी ने अपने हाथों देवी को पहनाया। पांडवों के अज्ञात प्रवास के प्रताप से कन्नौर में द्रौपदियों की कमी नहीं। यहाँ तो द्रोपदी सम्प्रदाय घर-घर माना जाता है। देवी के विमान में देवी मुंड से नीचे चाँदी के पत्तरी की एक मूर्ति लगी थी—यही चीनी ठाकरस् दसराम की पुत्री है।

देवी के दर्शन हुए, कालिका के भी। अब ढब्ला के भविष्य कथन का निर्णय कराना था। देवी कोई पाँच वर्ष की बच्ची नहीं थी कि बिना उसकी स्वीकृति के उसे किसी ऐरे गैरे-नत्थू खैरे से बाँध दिया जाए। मैंने अपने जान होशियारी की, किन्तु देवी ने एक न चलने दी। मैंने सोचा—यदि ग्रोक्ष के मुँह से पूछें, तो क्या जाने ग्रोक्ष समझ जाए और ना कर दे, यदि विमानारूढ़ मुंड से पूछें, तो भुर्ज के लचीले लट्ठे लचका खाकर न जाने मुंड को "हाँ" की ओर लटका दें या "नहीं" की ओर। इसलिए पहिले चिट्ठी डालनी चाहिए। यदि "नहीं" निकल जाए, तो फिर भी एक मौका और पूछने का रह जाएगा। ग्रोक्ष के हाथ में लिखकर दो चिट्ठियाँ डलवाईं। जूए का पता तो था ही, निकला "ब्याह नहीं करना"। अब क्या करें? देवी तो जान पड़ता है, अपनी स्वतंत्रता को किसी शर्त और किसी दाम पर बेचने के लिए तैयार नहीं। मैंने दूसरी चिट्ठी भी ले ली और ब्रह्मचारी को अलग ले जाकर दूसरी चिट्ठी दिखलाते हुए कहा—लो, देवी ब्याह के लिए राजी है, किन्तु अब विमान उत्थापन या ग्रोक्ष द्वारा एक बार और निश्चय कर लेना चाहिए। अभी तक लोगों को पता नहीं था कि देवी से चिट्ठी में क्या पूछा गया था। समझते होंगे, यह पंडित दूसरों की भाँति दुःख-सुख की बातें पूछेगा। उन्हें क्या मालूम, यदि वैसा करना होता, तो आज पंडित का सिंहासन सारी त्रिमूर्ति, समूचे देवी-देवताओं के सिर पर न होता और तैंतीस कोटि देवता अल्ला-यहोवा-ईश्वर के साथ उसके सामने "त्राहि-त्राहि"

की गुहार नहीं करते। लेकिन जब उन्हें ब्याह की बात मालूम हुई, तो सब की ओर ग्रोक्ष+पुजारी का मत्था और ठनका। देवता बुलाने की बात कहने पर ग्रोक्ष ने कहा—बिना देवी की आज्ञा के वह नहीं हो सकता। आज्ञा लेने के लिए विमान उठाने वाले आदमी वहाँ नहीं थे—विमान को जैसी-तैसी जोड़ी नहीं उठा सकती। पड़ गया मामला खटाई में। मैंने तहसील के पेंशनर मुहर्रिर (लिपिक) सत्तर साल की आयु में भी तीन-तीन प्रौढ़ाओं के पति धर्मानन्द से इसके बारे में कहा—वह देवी के कारदार हैं। धर्मानन्द हाथ जोड़ने लगे—क्षमा कीजिए। आप को तो कुछ नहीं होगा, हम बाल-बच्चेदार आदमी हैं। मैंने भी सोचा—मुझे क्या पड़ी है, मैंने तो सोचा बुशहर में राजा का अंत हुआ, देवताओं का अंत भी बहुत दूर नहीं दिखलाई पड़ता, बेचारी देवी चिरकुमारी है, उसने दुनिया का खट्टा-मीठा खुलकर देखा नहीं। एक तकिये पर दो सिर हो जाएँ, तो क्या जाने इसका कुछ काम बन जाए। लेकिन "विनाशकाले विपरीत बुद्धि" को कौन रोक सकता है?

✶

कोठी में बीते तीन-चार घंटे बहुत कार्यव्यासक्ति के थे। लौटते समय मस्तिष्क में तूफान उठने लगा, और वह क्षणिक तूफान नहीं था। देवी से मुझे कुछ लेना-देना नहीं था, सवाल था भैरव जी और उनके साथियों का। यह यहाँ कहाँ से आए? किसने इन्हें बनाया? इस घोर स्वार्थी देवपूजक देश में यह परमार्थी अचल देवमंडली कहाँ से आ फंसी? सचमुच यहाँ मिट्टी-पत्थर-धातु-काष्ट के पूर्ण शरीर वाले देवताओं की कोई माँग नहीं। सौदा वहीं जाता है, जहाँ उसकी माँग होती है। यहाँ तो वे ही देवता चल सकते हैं, जो "गंगाछवों" (विमान) पर बैठे नाच सकें, जिसमें उनके अगल-बगल लटकने और ऊपर-नीचे ऊलने के संकेत से बातचीत की जाए। पुण्यसागर ने कहा—पहलवान जैसे आदमियों ने लट्ठों को रोक कर रखा, किन्तु विमान हिले बिना नहीं रहा। तिपाई से भूत बुलाने वाले भी ऐसा ही करते हैं—यह सोचते हुए मैं बोला—जरा लचकदार लट्ठा हटा कर देवदार या लोहे के कड़े लट्ठे लगा दो, तब देवी- देवता ऊलें तो जाँनू। स्वयं ऊलना ही है, तो क्या जरूरत है दो जनों के कन्धे पर ऊलने की, धरती पर बैठे ही बैठे क्यों नहीं ऊलते? खैर, हटाइए इन बच्चों की-सी बातों को, सवाल तो है, यह मूर्तियाँ यहाँ कैसे आईं? ब्राह्मण धर्म की मूर्तियाँ हैं, खाँटी ब्राह्मण धर्म की, और यह है बौद्ध देश, म्लेच्छ देश।

मूल किन्नर जाति पर प्रथम खसों का, फिर भोटों का प्रभाव पड़ा। उनके घनिष्ठ सम्पर्क से बड़े पैमाने पर रक्त-सम्मिश्रण हुआ। वह एक-दूसरे के विचारों और भाषाओं से प्रभावित हुए। आज किन्नर-भाषा में प्राय: 36 से 60 प्रतिशत मूल किरात भाषा के शब्द 25 से 52 प्रतिशत हिन्दी-आर्य शब्द और 14 प्रतिशत तिब्बती

शब्द मिलते हैं। हिन्दी आर्य से सम्बन्ध तीन सहस्राब्दियों का है, किन्तु तिब्बत से घनिष्ठता छह शताब्दियों (सातवीं से तेरहवीं) तक ही थी। इसी समय 14 सैकड़ा तिब्बती शब्द आ पहुँचे। ये शब्द साधारण नहीं हैं। सारी कनौरी गिनती तिब्बती है। "हैं", "नहीं" के शब्द भी तिब्बती भाषा के हैं, जो बतलाते हैं कि भोट का अन्त: प्रवेश कितनी दूर तक हुआ था।

कोठी की मूर्तियों का समय क्या हो सकता है? मूर्तियाँ जिन देवताओं की हैं और मूर्तिकला जिस प्रकार की है, उसे देखते हुए इन्हें गुप्त काल में नहीं ले जा सकते। सातवीं से दसवीं सदी तक की तीन सदियाँ ही हैं, जबकि कनौर पर भोट का जबर्दस्त प्रभाव पड़ा, उसी का परिणाम है कनौरी भाषा के 14 सैकड़ा भोटिया शब्द। मूर्तियों के बनवाने वाले स्वामी दो-चार गाँव के क्षुद्र ठाकरस् नहीं हो सकते। उस समय कोठी समृद्ध नगरी या छोटी-मोटी राजधानी रही होगी, जहाँ ब्राह्मण धर्म इतना शक्तिशाली था कि उसने भोट साम्राज्य और संस्कृति के समुद्र में एक सुदृढ़ दुर्ग बनाया। युक्तियुक्त यही बात मालूम होती है कि यह मूर्तियाँ तब बनाई गईं, जब तिब्बती प्रभाव अभी यहाँ आया नहीं था, या आकर निर्बल हो गया था। पहिली अवस्था में वह काल ईसा की सातवीं सदी का पूर्वार्ध हो सकता है, अर्थात वाण और हर्ष का काल या मौखरिवंश का समय; दूसरी अवस्था में वह दसवीं सदी हो सकता है, जब स्रोङ्‌चन् द्वारा स्थापित साम्राज्य (617-902 ई.) ध्वस्त होने लगा और अभी उसके वंशज क्यिद्-दे-ओमा-गोन् (983 ई.) ने पश्चिमी तिब्बत में एक अलग राज्य स्थापित नहीं कर लिया था। भोट साम्राज्य के ध्वंस के बाद यहाँ कोई ब्राह्मणधर्मी शासक वंश आ पहुँचा। उस समय किन्नर के सबसे समीप का पड़ोसी राज्य था कन्नौज का गुर्जर-प्रतिहार वंश, जिसके सिंहासन पर दसवीं सदी के प्रथम तीन चरणों में भोज (द्वितीय), प्रथम महि (विनायक) पाल (914-45), द्वितीय महेन्द्रपाल (945-48 ई.), देवपाल (948-53), विनायकपाल द्वितीय (953 - 54), महिपाल द्वितीय (954-55), वत्सरास द्वितीय (955-60), विजयपाल (960-1018 ई.) बैठे थे। प्रथम महिपाल प्रबल प्रतिहार शासक था। हो सकता है, उसने अपने उत्तरी पड़ोसी साम्राज्य की निर्बलता से लाभ उठाया हो। इसमें तो सन्देह ही नहीं कि आज की भाँति उस समय के भी किन्नर अपनी भेड़-बकरियों को सर्दियों में देहरादून के जिले में ले जाते थे और उनके द्वारा हिमाचल के इस अंचल की कोई बात कन्नौज से छिपी नहीं थी।

संक्षेप में हम कह सकते हैं कि मूर्तियों का समय तो कन्नौज के गौखरियों (छठी सदी)-हर्ष (सातवीं सदी पूर्वार्ध) का समय हो सकता है, अथवा प्रतिहारवंशी प्रथम महिपाल-विजयपाल का समय। यह बात भी ध्यान रखने की है कि कोठी से दस मील पर चस्पा की घाटी से एक ही डाँडा पार करके हम भागीरथी की उपत्यका में पहुँच जाते हैं, जहाँ उत्तरकाशी (वारहाट) में मौखरि-हर्षकालीन (लिपि

के अनुसार) अभिलेख अष्टधातु के एक विशाल त्रिशूल (शक्ति) की जड़ में खुदा हुआ है और वही पश्चिमी भोट राजवंशी शासक नागराज (ग्यारहवीं सदी के पूर्वार्ध) द्वारा बनवाई पीतल की सुन्दर और बड़ी बुद्ध प्रतिमा भी मौजूद है। यह शक्ति उस समय का प्रतिनिधित्व करती है, जब अभी पश्चिमी हिमालय और पश्चिमी तिब्बत में भी भोट का साम्राज्यीय और जातीय विस्तार नहीं हुआ था। तो मूर्ति होगी उस समय की जब स्रोङ्चन्-वंशज क्यिद-दे-ओमा-गोन् (983) ने फिर अपने वंश के लिए पश्चिमी तिब्बत और पश्चिमी हिमाचल के भी कितने ही भाग का शासक बना दिया था। राजनीतिक परिस्थिति पर ध्यान रखते हुए हम कोठी की मूर्तियों को दसवीं सदी की मान सकते हैं, यह सम्भावना अधिक है, यदि हम केवल मूर्ति-कौशल पर विचार करते हैं। अन्तिम निर्णय तो किसी अभिलेख के मिलने पर ही किया जा सकता है, जिसका मिलना असम्भव नहीं है।

तिब्बती प्रभुत्व के दोनों काल (640 - 902 ई. और 983-1300 ई.) में किन्नर पर ब्राह्मण-प्रभाव की प्रबलता की सम्भावना क्यों नहीं हो सकती, यह प्रश्न उठ सकता है। सम्भावना बिलकुल नहीं, यह तो नहीं कहा जा सकता, किन्तु एक ही समय ब्राह्मण-प्रभुत्व और भोट-प्रभुत्व दोनों प्रबल रूप से नहीं रह सकते थे। हम देखते हैं, किन्नर-भाषा अतएव जाति पर तिब्बती गिनती और 14 प्रतिशत शब्दों के रूप में भोट का प्रबल प्रभाव पड़ा है, जो उसी समय हो सकता है, जबकि ब्राह्मण प्रभुत्व उतना प्रबल न रहा हो। कोठी का शासक ब्राह्मणधर्मी अभोटवंशी भोट-राज्य का सामन्त भी हो सकता है, क्योंकि भोट-राजा पक्के बौद्ध होते भी दूसरे धर्मों के ध्वंसक न थे। किन्तु फिर वही प्रश्न होता है—ब्राह्मण-प्रभाव के सबल रहते समय भोट भाषा का इतना गहरा प्रभाव किन्नर भाषा पर कैसे पड़ा?

कोठी की मूर्तियों ने भारी ऐतिहासिक समस्या खड़ी कर दी, इसमें सन्देह नहीं, जिसकी हल्की कुंजी भी वहीं से मिलेगी, जबकि यहाँ लोग विद्या और धन दोनों से समृद्ध हो जाएँगे और उन्हें स्वयं भी अपने वास्तविक इतिहास की जिज्ञासा के प्रति प्रेम होगा। यह तो निर्विवाद है कि कोठी, जिसको किन्नर भाषा में कोष्ठ (प्रासादपुर) कहते हैं, प्राचीन हिमाचल के महत्वपूर्ण नगरों में थी। उस समय यहाँ की बस्ती और जनसंख्या भी अधिक रही होगी। इसी ओर आज जंगल में दूर तक फैले प्राचीन खेतों की दीवारें भी संकेत करती हैं। हाल के आँकड़ों और पुरानी कथाओं से सिद्ध है कि शोवा (जिसके बीच में कोठी है) शिम्बू (लाल-अंगूरी मदिरा) का केन्द्र रहता आया है। यहाँ की देशज काली छोटी द्राक्षा आज भी खाने में अधिक मीठी और स्वादिष्ट होती है। पाटलिपुत्र के प्रथम प्रभुत्व (मौर्यवंश) के समय तो कापिशायनी (काबुली) द्राक्षी मदिरा भी अपने घर की थी, किन्तु कान्यकुब्ज के प्रभुत्व काल में नजदीक में सबसे सुवर्ण और स्वादिष्ट भी द्राक्षी मदिरा शोवा की ही थी। इसमें किसे सन्देह हो सकता है कि किन्नर अजपाल उस समय जाड़ों में

कालसी या हरिद्वार जाते वक्त अपनी बकरियों पर उदुंवरवर्णा सुरा के चर्मकुतुप भी ले जाते थे, जिसकी कान्यकुब्ज के राजप्रासादों और सामन्तप्रासादों में खासी माँग थी। अंग्रेजी शासन-काल में यहाँ आने वाले अंग्रेज शासकों को बराबर शिम्बू भेंट की जाती थी और कितनों ने उसकी प्रशंसा भी करी, किन्तु वह नहीं चाहते थे कि शिम्बू विलायत से आने वाली अंगूरी शराब का जरा भी स्थान ले।

कोठी और शोवा के दिन कभी बहुत अच्छे थे। उस समय चिनी का क्या स्थान रहा होगा? चिनी है तो दो ही मील पर कोठी से, किन्तु है वह बहुत ठंडा स्थान। अपनी जैसी ऊँचाई के कनौर के दूसरे सभी स्थानों से चिनी अतिशीतल है, जिसका कारण है उसका खुली जगह में होना और सामने सनातन हिमाच्छादित कैलास शिखर-श्रेणी से टकराकर हवा का आना। जाड़ों की सर्दी से बचने ही के लिए स्कूल को किले के स्थान से हटाकर कल्पा की ओर ले जाने का निश्चय किया गया है। अब तो सारे सरकारी दफ्तरों को कोठी लाया जाने वाला है और मोटर-सड़क भी पहुँचना चाहती है। आशा है, नई जगह में स्कूल बनाते समय इस बात का ध्यान रखा जाएगा कि कल्पा में विमानावतरण की आवश्यकता होगी और उसे समतल बड़े खेतों में वहीं बनाया जा सकेगा। स्कूल अपेक्षाकृत असमतल भूमि में भी तितल-द्वितल-एकतल के जोड़ से काफी लम्बा चौड़ा बनाया जा सकता है। चिनी अधिक सर्द है। वहाँ के निवासी भी चिनी के जाड़े को पसन्द नहीं करते, तो भी चिनी प्राचीन काल से ही सैनिक महत्व का स्थान रही होगी। उसका किला—जिसका नाम ही अब रह गया है—एक स्वाभाविक पहाड़ी टीले पर अवस्थित था, जिसकी चारों ओर ढलाँव और सिर्फ उत्तर की ओर लगाव था। वहाँ बहुत बड़ा किला नहीं बनाया जा सकता था, तो भी उस समय के लिए वह एक अच्छा उपयुक्त दुर्ग था। शायद इस दुर्ग का निर्माण स्रोङ्‌चन् वंश के काल में हुआ, जिसके कुछ सम्राट माता की ओर से चीनी थे। वह चीन के अधीन नहीं थे, तो भी चीन से तिब्बत और महाचीन से मुख्य चीन का परिचय देना, जान पड़ता है, भारत की काफी पुरानी परम्परा है—ब्राह्मण तांत्रिक भोट के तंत्राचार को "चीनाचार" कहा करते थे। इस प्रकार भोट राजकीय दुर्ग को "चीन दुर्ग" कहा जाने लगा। यहीं भोटिया शासक भी रहता था, इसलिए भोटिया लोग उसे "ग्यल्स (राजधानी) चीने" कहने लगे। चीनी, चिनी या चिने नामकरण का यही कारण मालूम होता है।

भोट साम्राज्य के एक दुर्गस्थान होने से चिनी का महत्व कितना ही बड़ा हो और अपेक्षाकृत अधिक सर्द मुल्क के रहने वाले भोट सैनिक शासक वहाँ की सर्दी से भले ही असंतुष्ट न रहे हों, किन्तु यह आशा नहीं की जा सकती कि कोठी उस काल में भी उपेक्षित रही होगी। कोठी गर्म स्थल में है, किन्तु उसकी गर्मी की लोग शिकायत नहीं करते, जैसी कि उससे भी नीचे सतलुज के तटभाग (नेवल) की करते हैं। अभोट शासनकाल के शासक अवश्य कोठी को ही पसन्द करते रहे होंगे, जैसे

कि आज के लोग करते हैं। उस समय "कोष्ठङ्", प्रासाद या कोठे अधिक रहे होंगे, इसलिए शायद अनेक किन्नर गाँवों की भाँति "पे" लगाकर इसे "कोष्ठपे" बना दिया गया। कोठी यह पहाड़ी भाषा-भाषियों का नामकरण है। ऐसा प्रायः प्रत्येक किन्नर ग्राम के नाम के साथ किया गया है, जिसमें अंग्रेजों ने अपने उच्चारण और दूषित लिपि को डालकर उसे और चौपट कर दिया। नये भारत को अंग्रेजों के नामकरण को तो हरगिज न स्वीकार करना होगा, साथ ही यह भी विचार करना होगा कि नामकरण का अधिकार स्थानीय निवासियों को है, या बाट के बटोहियों को। यदि स्थानीय निवासियों के नामकरण के उचित अधिकार को स्वीकार किया गया, तो कोठी को लिखना होगा "कोष्ठङ्पे" सुङ्गा को "ग्रोस्नम्" कामरू को "मोने" मोरङ् को "स्गिनम्"...। देहरादून का भारतीय माप-कार्यालय कब तक अंग्रेजों की परम्परा को अपने भूचित्रों में ढोता रहेगा? क्या हम राष्ट्रलिपि नागरी में अंग्रेजी के भ्रष्ट उच्चारण को उतार कर उसे स्थायित्व दें? ऑक्सफोर्ड-केम्ब्रिज-लन्दन के चेलों को उसका आग्रह जरूर रहेगा, किन्तु नवीन भारत का निर्माण उनके बूते से परे की बात है। नवीन भारत से आशा करनी चाहिए कि हमारे सारे भूचित्रों के सारे नाम स्थानीय उच्चारण के अनुसार होंगे, हमारे भूगोल में भी इसी नियम का पालन होगा और अंग्रेजी भ्रष्ट उच्चारण का शिकार हो रूसियों की भाँति कालीकाता से हुए कलकत्ता या कलकुत्ता बनाने की भूल न करनी होगी।

देवी का मेला

किन्नर देश में अब के साल बकरियों की महामारी आई। बीमारी मई मास से ही आरम्भ हुई। अजपथ के यात्रियों के लिए बकरी जीविका का साधन होने से उसका नाश भारी आघात है। बीमारी कैसे होती है, इसका पता तो विशेषज्ञ ही लगा सकते हैं। लेकिन यहाँ विशेषज्ञ क्या साधारण प्राणि-डॉक्टर भी नहीं है। क्या जब आदमियों का ही डॉक्टर सालों से नहीं है, तो पशुओं के डॉक्टर की बात क्या करनी? लोगों के सबसे बड़ा सहारा देवता हैं। ऐसे ही समय देवताओं की पाँचों अँगुली घी में हुआ करती हैं। क्षति का अंदाजा इसी से लगाया जा सकता है कि पंगी गाँव के सौ घरों के पास दस हजार के करीब बकरियाँ हैं, जिनमें से 250 बकरियाँ कुछ ही सप्ताह के भीतर मर गईं। जब बीमारी शोवा इलाके में पहुँची, तो लोग कोठी की चंडिका की शरण में गए। चंडिका ने कहा, मुझे काश्मीर[1] में ले चलकर खूब पूजा चढ़ाओ, मैं महामारी को भगा दूँगी। चंडिका ने प्रत्येक घर से एक-एक बकरा माँगा। अच्छे बकरे का दाम आजकल चालीस-पचास रुपया है। लेकिन जब महामारी इस तरह बकरों की बलि ले रही है, तो एक देवी को ही दे दिया, तो क्या क्षति? ऊपर से चंडिका ने बड़ी उदारता दिखलाई, कहा—बकरे को मार कर मुट्ठी भर माँस दे बाकी सब अपने घर ले जाओ। मेले और पर्व की बात तो आगे आवेगी, पहिले मेले के पहिले की बातें सुनिए।

यह मेला सदा लगने वाला मेला नहीं है। वह तो अभी कुछ दिनों बाद लगेगा। चंडिका के उस मेले में और भी कितने ही देवता आया करते हैं। आजकल चिनी के देवता नरेनस् (नारायण) और चंडिका का बिगाड़ हो गया है। यह बिगाड़ पिछले साल हुआ। उसी वार्षिक मेले की बात है। चिनी नरेनस् का भाई रोगी नरेनस् अपने किसी काम के बहाने पहिले ही देवी के यहाँ कोठी में पहुँचा। कई रातें भी देवी के साथ काटीं। देवी उत्सव के लिए चिनी आई, तो वह भी साथ-साथ चिनी पहुँचा।

---

1. चीनी के दो मील पर एक जगह है।

किले पर स्कूल के आँगन में देवता जमा हुए। पहिले नाच हुआ, इसमें भी रोगी नरेनस् देवी से सटे-सटे रहा। चिनी नरेनस् को जलन तो हुई, किन्तु उसने उस समय अपने को रोका। नाच के बाद तीनों देवताओं के बैठने का समय हुआ। प्रथा के अनुसार देवी की बगल में चिनी नरेनस् का स्थान होता है, किन्तु रोगी नरेनस् ने वह स्थान ग्रहण किया। देवी इस अन्याय को देखती रही। उसने इसके लिए डाँटा नहीं। चिनी नरेनस् अब भी खून का घूँट पीकर रह गया।

चिनी नरेनस् को कुछ काम के बारे में बात करनी थी। रीति के अनुसार दो देवताओं की बात के समय और देवताओं को हट जाना चाहिए। रोगी नरेनस् हट तो गया, किन्तु अभी बात समाप्त नहीं हुई थी कि बीच में ही वह दोनों देवताओं के भीतर घुस आया। शायद वह समझ रहा था, चिनी देवता स्थान छीनना चाहता है। उसने सोचा, देवी की बगल में बैठने का हक चिनी नरेनस् को सदा के लिए नहीं मिला है। देवी की मर्जी है, चाहे जिसे अपने पास बैठने दे। देवता कितनी बेवकूफी कर रहे थे। जरा-सी बात के लिए झगड़ने की क्या बात है? हो सकता है, देवी का मन चिनी नरेनस् को बगल में नाचने-बैठने से उकता गया हो। कोई दोनों के आजन्म सम्बन्ध की बात भी नहीं थी। किन्नर के सभी देवी-देवता स्थायी सम्बन्ध के विरोधी हैं। हो सकता है, चिनी नरेनस् दशाब्दियों या शताब्दियों से देवी के पास बैठने का आनन्द लेता हो, किन्तु देवशास्त्र में उससे कोई स्थायी अधिकार नहीं होता—देवता केवल मुक्त प्रेम के पक्षपाती होते हैं। मान लीजिए, बड़ा नरेनस् अधिकार रखता हो, किन्तु क्या भाभी में छोटे भाई का हक नहीं होता, विशेषकर कनौर में, जहाँ बहुपति-विवाह धर्मानुमोदित प्रथा है। "देवताओं में यह प्रथा नहीं चलती" यह तर्क रहने दीजिए। यह देवता मानव के आरम्भ काल के प्राणी हैं, जब अभी कोई व्यवस्था तैयार नहीं हुई थी। दोनों नरेनस् का देवी के साथ जो सम्बन्ध है, क्या उसमें आजकल का सुन्द-उपसुन्द-न्याय घट सकता है? छोटे नरेनस् की गुस्ताखी यदि मानें कि उसने बड़े भाई के स्थान को अनुचित तौर से दखल किया तो क्षमा कीजिए, आपकी देवी भी दूध की धुली नहीं रह गई है, किस तरह उसने भाइयों के कलह को रोका था? चिनी नरेनस् का देवी के मेले के बॉयकाट तक उतर आना और अपने भक्तों को पाँच रुपया जुर्माना की धमकी देने का अर्थ ही है कि वह छोटे भाई पर ही नाराज नहीं हुआ, बल्कि देवी पर भी उसके पक्षपातपूर्ण व्यवहार के कारण रुष्ट हो गया है। साल भर हो गए, अभी सुलह का कोई डौल दिखलाई नहीं पड़ता।

पाठकों को जिज्ञासा होगी कि देवताओं में इतनी कहा-सुनी कैसे हो जाती है। बात ठीक है, इतनी शीघ्रता से सारी बात हो जाना देवता के सिरश्चालन से नहीं हो सकता। ऐसे समय देवता अपने ग्रोक्ष (देववाहन) पर आकर उनके मुँह से बोलते हैं और इस तरह सारा वार्तालाप चुटकी बजाते हो जाता है।

प्रियभारत जी गायक और कवि हैं, यह पहिले कह आए हैं, आज (6 अगस्त) वह सबेरे के टहलने में शामिल हो गए थे और आत्मा-परमात्मा के खंडन की बातों को इतनी दिलचस्पी से सुन रहे थे, मानो सभी बातें उनके अन्तस्थल में धँसती जा रही है। अन्त में उन्होंने साङ्ला के बड़े देवता "वारोवीर" की बात सुनाई। वह लड़कों को परीक्षा में पास कराता है, युद्ध में जीत कराता है। बीमारी अच्छा नहीं कर सकता, हाँ नाराज होने पर बीमार जरूर करा सकता है। प्रियभारत जी सङ्ला में तीन साल अध्यापक रह चुके हैं, इसलिए वारोवीर के बारे में में जो बातें उन्होंने मालूम कीं, वह सुनी-सुनाई नहीं, वैयक्तिक अनुभव पर निर्भर हैं। मैंने अपने स्वभाव के अनुसार वारोवीर को दो-तीन खरी-खोटी सुनाई, तो प्रियभारत का चेहरा खिल उठा। उन्होंने कौशल के साथ घुमा-फिरा कर वारोवीर की परीक्षा के लिए कहा। वारोवीर साङ्ला गाँव से पहिले पुल को भी पार करने से पहिले ही जंगल में एक विशाल देवदार वृक्ष पर रहता है। यद्यपि वह काफी बड़ा देवता है, किन्तु उसका चेहरों से सजा मुंड और नचौआ विमान नहीं है। मुझे मालूम हुआ, देवता गाँव से बाहर किसी वृक्ष पर रहता है, इसलिए यदि मैं उसकी परीक्षा लेने के लिए गुस्ताखी भी करूँ, तो कोई देखने वाला नहीं रहेगा। देवता से भी अधिक खतरनाक उनके दास होते हैं, इसलिए उनसे सावधानी रखने की बड़ी आवश्यकता होती है। जंगल में भक्त नहीं होंगे, यह निश्चय जानकर मैंने प्रियव्रत से कहा—मैं तुम्हारे वारोवीर को सुनाकर पाँच बार अपने डंडे और जूते को जमीन पर पटक कर कहूँगा—यह पाँच-पाँच तेरे सिर पर; यदि जरा भी शक्ति हो, तो आ मेरे साथ भुगत ले। मैं तीन दिन साङ्ला में रहूँगा। प्रियभारत को बहुत प्रसन्न होते देखकर मैंने कहा—मैं वारोवीर से यह भी कह दूँगा कि सारी बात प्रियभारत ने बतलाई और उन्हीं के ललकारने पर मैं तेरी चाँद को अपने डंडे से गंजी कर रहा हूँ। यह सुनते ही प्रियभारत के चेहरे का रंग बदल गया। कहने लगे—मैं आपसे विनती करता हूँ, मेरा नाम न कहिएगा, वह देवता बड़ा जालिम है।

प्रियभारत को और बातों में चाहे कितना ही मतभेद रहा हो, किन्तु इसमें वह भी सहमत थे कि देवी ने बकरी को मारकर घर ले जाने के लिए कहा, यह ठीक नहीं किया। मैंने कहा—बल्कि देवी को कहना चाहिए था—जो अपने बकरे का बोटी भर माँस खायेगा, उसे मैं खा जाऊँगी। फिर सभी सौ से ऊपर बलि चढ़ने वाले बकरे प्रसाद रूप में बँट जाते, खबर सुनकर लोगों की भीड़ भी खूब जमा होती और गरीबों के पल्ले भी कुछ-कुछ पड़ जाता।

★

मैं तो समझता था, देवी की विशेष पूजा मेरे जाने के बाद शुरू होगी, लेकिन जब

मालूम हुआ कि वह 7 अगस्त को होने वाली है, तो मुझे बड़ी प्रसन्नता और उतावलापन भी हुआ। सुना—देवी 11 बजे काश्मीर पहुँच जाएगी। मैं पुण्यसागर के साथ 12 बजे वहाँ पहुँच गया। अभी पूजा-स्थान में किसी का पता नहीं था। काश्मीर चीनी से दो-ढाई मील पर सड़क से नीचे की ओर आगे बढ़ी एक पहाड़ी टेकरी पर है, जिस पर किसी समय चीनी के ठाकर का एक छोटा-सा दुर्ग था। दुर्ग कब का नहीं ध्वस्त हो गया? पिछली शताब्दी के अन्त में किसी अंग्रेज ने वहाँ एक छोटा-सा बँगला बनाया था, उसकी भी अब दीवारें ही रह गई हैं। देवी के लिए एक छोटी मढ़ी और खुला आँगन है। हम वहाँ खड़े होकर नीचे कोठी की ओर देखने लगे—शायद दूर कहीं चंडिका की सवारी आ रही हो, लेकिन न कहीं सवारी का पता था, न बाजे और नरसिंहे का। पास में नीचे काश्मीर गाँव के आधे दर्जन परिवारों में अवश्य कुछ अधिक तत्परता दिखाई दे रही थी। शाम के लिए तरुणियाँ और प्रौढ़ाएँ तैयारी कर रही थीं। उन्हें कायङ् (नृत्य-मंडली) में सम्मिलित होना था। कायङ् और मेला हो, फिर भी कोई वयस्क व्यक्ति घर में रहना चाहे, यह किन्नर देश में कहाँ सम्भव है? कितनी ही छतों पर कपड़े सूख रहे थे। आज नया अच्छा दोडू और चदरिया से बंठिनें सजने वाली थीं। सारा आभूषण सन्दूक से शरीर पर आ जाने वाला था। किन्नर में चोरी की आदत अभी कम है, लेकिन चोर को ताले पड़े घरों में से आभूषण और अच्छे वस्त्र तो नहीं मिल सकते। काश्मीर की टेकरी के नीचे एक और पहाड़ दीवार-सा खड़ा है; बाकी ओर कहीं कुछ खेत और वृक्ष हैं। एकाध जगह धुआँ भी उठता दिखलाई पड़ा, जिसे देखकर हमें विश्वास हो गया कि मेला होगा जरूर। घंटे भर के भीतर पाँच-सात बलि-पशु भी आ पहुँचे। बकरियों की महामारी हटाने के लिए पूजा हो रही थी, फिर भेड़ें क्यों बलि चढ़ने के लिए आ रही थीं?

दो घंटे पूरी प्रतीक्षा करने के बाद नीचे दूर बाजे की आवाज सुनाई दी। देवी कोठी से रवाना हो चुकी थी, इसमें सन्देह नहीं। कुछ समय और बीतने पर देवी का गंगाछवो (विमान) आता दिखलाई पड़ा। आगे-आगे नगाड़ा, रोशनचौकी, भेरी और नरसिंहा बज रहे थे, फिर देवी के कारदार, तब देवी और पीछे से दर्शक मंडली। काश्मीर गाँव के पास पहुँचने पर नर-नारियों ने देवी सा'ब का अभिनन्दन किया। फिर सवारी कठिन मार्ग से दुर्ग पर आई। विमान के लचीले दंडे देवी को उछाल रहे थे और जब-तब बैंगनी रंग से रँगे देवी के चमर के केश खड़े हो जाते थे। अन्त में देवी अपने स्थान पर पहुँचीं।

किन्नर के देवताओं का कोई भी काम उनसे बिना पूछे नहीं होता। देवी अब भी अपने दोनों वाहनों के कन्धों पर रहना चाहती हैं या नीचे उतरना चाहती हैं, आँगन में बैठना चाहती हैं या मढ़ी के भीतर आदि-आदि सभी बातें देवी से पूछी गईं। देवी ने पहिले आँगन में थोड़ा टहलने का विचार प्रकट किया। टहलने के बाद बाहर

बैठीं। मुझे भी इस वक्त फोटो लेने का मौका मिला, लेकिन देव ने बराबर बाधा डाली, जिसमें कि मैं उसकी मनमोहनी नथ का फोटो न उतार सकूँ। देवी ने मुझे तत्पर देखकर यह भी कहा—"पंडित मेरी परीक्षा लेने आया है।" देवी इस बात में भूलकर रही थी। पंडित देवताओं का परीक्षक होने से बहुत ऊपर उठ गया है।

एक घंटा और बीता। तब तक लोग और बलि के पशु भी आकर जमा हो गए। देवी कुछ क्रोधी और कड़े मिजाज की जरूर हैं, किन्तु वह इन्साफ भी पसन्द करती हैं। सौ से ऊपर बकरी वालों पर उसने एक पशु लगाया था और सौ से कम वालों पर कई घर मिलकर एक पशु। कुल सौ से अधिक पशु आए थे। साढ़े तीन बजे जब बलिदान शुरू हुआ, तो स्त्रियाँ बहुत कम दीख पड़ती थीं। समस्या भी पशुओं को काटेगा कौन? कोई स्वेच्छापूर्वक अपनी सेवाओं को अर्पित नहीं कर रहा था। देवी ने हुकुम दिया कि प्रत्येक गाँव से एक-एक वधिक लिए जाएँ। जबर्दस्ती भरती थी। तीनों बधिकों के गले में देवी का प्रसाद हरे रेशम की रूमाल बांधी गई। उन्होंने लम्बे डंडे का खाँडा हाथों में सँभाला। बलि का आरम्भ कैलास वाली दिशा से हुआ। पहिले पाँच बकरे कैलासवासी महादेव को दिये गए। देवी के स्वभाव से लोग परिचित हैं, इसलिए कोई उसे फुसलाने की कोशिश नहीं करता। सभी बलि-पशु तगड़े थे। बलिकर्म में तीन आदमियों की आवश्यकता थी। एक सींग में रस्सी बाँधकर अपनी ओर खींचता था, दूसरा आदमी पिछले दोनों पैरों को उठाए रखता, जिसमें पशु अपनी जगह से हिल न सके, फिर तीसरा आदमी साधकर खंडे को गर्दन पर छप से मारता। प्राय: एक ही प्रहार में गर्दन सिर से अलग जा गिरती थी। सारे शरीर का संचालक सिर जहाँ तुरन्त निर्जीव पड़ जाता, वहाँ धड़ कई मिनटों तक छटपटाता रहता। छटपटाना क्या पीड़ा का घोतक था? मैं समझता हूँ, वहाँ छटपटाने की पीड़ा से कोई सम्बन्ध नहीं था, क्योंकि पीड़ा अनुभव करने वाला सिर अलग गिरकर निश्चिंत बैठा था। आँगन की चारों सीमाओं में चार स्थानों पर प्रदक्षिणाक्रमेण बलि दी जाने लगी। माता सा'ब घूम-घूमकर, झूम-झूमकर एक स्थान से दूसरे स्थान पर जातीं और छप-छपकर पाँच-छह पशु काट दिये जाते। दर्शकों के चेहरों पर बड़ी प्रसन्नता थी, किसी के मुख पर ग्लानि का चिह्न नहीं था। मैं भागना चाहता था, किन्तु लेखक-धर्म बाध्य कर रहा था कि कम-से-कम एक बलि महोत्सव को तो आद्योपान्त देख लूँ। छोटे-छोटे लड़के लेट कर विमान वाहकों के नीचे से तमाशा देख रहे थे। गिरते धड़ों से निकलते खून के फौवारे से कपड़े रँगे जा रहे थे, जूते तो रक्तकर्दम में सन ही गए थे। पहिली बार चारों जगहों पर बलिदान हो जाने के बाद, फिर उन्हें उसी स्थान पर दुहराया जाने लगा, देखकर चित्त खिन्न होता था। तड़पती लोथों के ऊपर चार-चार, छह-छह जीवित पशु बलि की प्रतीक्षा में खड़े थे? मारना था, मारते; किन्तु इस तरह की क्रूरता की क्या आवश्यकता? लेकिन वहाँ समझावें किसको? बलि में जहाँ गर्दनें

काटी जा रही थीं, वहाँ साथ ही दो टोटीदार बर्तनों से सुरा और गुड़ के रस की धार भी बराबर बध्य स्थान पर डाली जा रही थी। इस धार का रिवाज काशी से किन्नर देश तक लगातार चला आया है।

एक घंटे में बलिकर्म समाप्त हुआ। देवी मढ़ी के भीतर पधारीं। लोग अपने-अपने धड़ों और सिरों को सँभालने लगे। हुकुम मिलते ही आँगन पशुओं से खाली हो गया, किन्तु खून की कीचड़ अब भी वहाँ मौजूद थी। लोगों में से कुछ तो अपनी बलियों को पीठ पर लाद अपने घरों की ओर ले चले और कुछ वहीं पकाने की तैयारी करने लगे। पास में बहती कुल्या में उन्हें धोया जाने लगा और घंटे भर से अधिक तक उसका शुद्ध स्फटिक-सदृश जल रक्त हो गया।

पाँच बजे देवी से पूछने पर उसने रात को भी यहीं रहने का निश्चय प्रकट किया। इसी समय आँगन में कायङ् आरम्भ हुआ। अब स्त्रियाँ काफी आ चुकी थीं। थोड़ी देर मैंने किन्नर-नृत्य को देखा, किन्तु कुछ तो घंटा भर पहिले समाप्त हुए भीषण कांड से चित्त खिन्न था और दूसरे किन्नर-नृत्य कोई नृत्य नहीं मालूम होता। वहाँ स्त्री-पुरुषों के पैर भले ही एकसाथ उठते हों, किन्तु न उसमें कोई श्रम है, न सजीविता। भीषण कांड देखकर लौटते समय रास्ते में देखा, तरुण-तरुणियाँ झुंड के झुंड काश्मीर की ओर जा रही हैं। आज रात भर नृत्य और पान चलने वाला था।

चिनी से प्रस्थान

9 अगस्त (1948) को प्रस्थान करने का निश्चय बहुत पहले से कर लिया था। सवारी की जरूरत नहीं थी और भारवाहकों के लिए चार दिन पहिले पूरन भगत से कह दिया गया था। किसको पता था कि इतने पर भी विघ्न-बाधा आन उपस्थित होगी। दस बजे तक प्रतीक्षा करने के बाद जब कोई भारवाहक आता दिखलाई नहीं पड़ा, तो चिन्ता होने लगी। नीचे तहसील में जाकर पूछने पर मालूम हुआ कि भारवाहकों के प्रबन्धक हलमंदी को कोई सूचना नहीं दी गई। बारी थी रोगी वालों की। प्रस्थान स्थगित करना सम्भव नहीं था, क्योंकि रास्ते में तीन जगह भारवाहकों को समय पर आने के लिए सूचना दे दी गई थी। वहाँ के भारवाहकों को सिर्फ सतलुज-तट तक पाँच-एक मील जाना था। हलमंदी ने विश्वास दिलाया कि भारवाहक ठीक करके सामान पहुँचवा देगा। पुण्यसागर को हमने सामान के साथ जाने के लिए छोड़ दिया। एक बार फिर मैं स्कूल के अध्यापकों के साथ टकरस् के किले पर गया। मैंने उस दिन खोदाई करके एक हाथ भर मोटी कोयले और राख की तह निकाली थी। देखा—उसे दूर तक खोद कर पत्थरों को निकाल लिया गया है। सुरक्षित पुरातत्व-स्मारक तो है नहीं, फिर लोग खोद कर अपने काम की चीजें निकालें नहीं तो क्या करें! हाँ, हमें एक लोहे का वाणफल मिला। वाणविद्या का युद्ध इन पहाड़ों पर बहुत पीछे तक लड़ा जाता रहा।

दोपहर के समय मैं कोठी की ओर चला। वहाँ के कुंड की मूर्ति को देखना चाहता था। मास्टर रामजीदास और मास्टर नारायणसिंह भी साथ थे। रविवार के कारण स्कूल आज बन्द था। आधे मील उतरने पर एक कटोरे-सी जगह मिली, जहाँ पुरानी दीवारों के चिह्न मौजूद थे। कहते हैं, यहाँ ठाकुर शिकार खेलने के लिए आया करता था। यह शिकारगाह नहीं, ठाकुर का एक निवास-स्थान रहा होगा। सीधे कोठरी पहुँचे।

'पांडव-निर्मित' कुंड के पश्चिमी तट से काम था। हम सीधे उसके पश्चिमी तट पर पहुँचे, जहाँ दो मकरमुख जल-प्रणालियों से पानी गिरता रहता है। उत्तरी

प्रणाली के पास दो फुट लम्बी एक पत्थर की मूर्ति खड़ी मिली, जिसे देखते ही आँखें चमक उठीं। मूर्ति छाया में है और फोटो-फोकस करने के लिए और पीछे हटने पर पांडव-कुंड में डुबकी लगाने का डर था, जो अगस्त होने पर भी बर्फ जैसे जल में प्रियकर नहीं हो सकता था। फोटो उतर आया, लेकिन मूर्ति का सौन्दर्य उसमें नहीं उतर पाया। मूर्ति का ताल-मान सातगुना के करीब है। अर्थात शरीर के अवयवों का सन्तुलन स्वाभाविक है। इतनी सुन्दर पाषाणमूर्ति नचन्तू देवताओं के देश में कहाँ से आई!

मैंने मूर्ति को ध्यान से देखना आरम्भ किया। मूर्ति खंडित है, लेकिन धर्मान्धता के हाथों नहीं। सम्भव है—मकान गिर गया, या काष्ठ-मंडप में आग लग गई, जिससे मूर्ति की यह अवस्था हुई। किसकी मूर्ति है? इसे सहसा कहना कठिन था। कुछ और बारीकी से देखने पर मालूम हुआ कि मूर्ति के चार हाथ थे, जिनमें तीन टूट चुके हैं। चौथे हाथ में खंडित ढाल जैसी कोई चीज मालूम होती है। यह बाईं ओर का उपरला हाथ है। मूर्ति की बगल में नीचे की ओर दोनों तरफ छह-छह पार्षद, जिनमें स्त्री-मूर्तियाँ भी हैं। दाहिनी ओर पाँचवें पार्षद मूर्ति के नीचे नन्दी की मूर्ति है जो सिर के लुप्त होने पर भी अपने ककुद से पहचानी जा सकती है। हाँ, तो यह चतुर्भुज शिव की मूर्ति है। सिर के पास बाईं ओर गणेश महाराज भी विराजमान हो अपने पिताजी के पक्ष में साक्ष्य दे रहे थे। सिर की बाईं बगल की अर्धासना मूर्ति शायद कार्तिकेय की थी, किन्तु उसके लिए मैं शपथ नहीं उठा सकता। मूर्ति के सिर पर जटामुकुट है, जो शिवजी महाराज के पक्ष में गवाही दे रहा था। सिर के पीछे फुल्ल-अष्टदल कमलाकार प्रभामंडल था। प्रभामंडल के सिर पर उड्डीयमान किन्नरयुगल हाथ में माला लिए हुए थे, जिनके पास पंक्ति से दूसरे छह मालाधर खड़े थे। मैं मूर्ति के ध्यान में मग्न नीचे बगल में पड़े पत्थर को यों ही हटाने लगा। वहाँ एक और छोटा-सा पत्थर मिला। देखा, तो उसमें हाथ में माला लिए उड्डीयमान किन्नर-मिथुन और कमलाकार प्रभामंडल का अंश स्पष्ट दिखाई पड़ रहा है।

मास्टर रामजीदास और मास्टर नारायणसिंह के अतिरिक्त कोठी के अन्य गण्यमान्य सज्जन भी वहाँ एकत्रित हो गए थे। उनके चेहरों को देखने से मालूम होता था कि पंच पांडवों द्वारा स्थापित पांडव-कुंड की इस मूर्ति के बारे में वह पंडित जी की राय जानना चाहते हैं? मैंने भी अपनी मौन समाधि को भंग करना आवश्यक समझा और कहना शुरू किया—आप लोग भी देवताओं से बात किया करते हैं, लेकिन आपके देवता बहुत-सी झूठी-सच्ची बातें करते हैं। मैं आपके गाँव में मौजूद इस देवता से वार्तालाप करता रहा। यह और कोई देवता नहीं, साक्षात् शिवजी महाराज हैं।

हजार वर्ष से कुछ ही साल कम हुआ जब राज्यक्रान्ति के कारण एक राजा कन्नौज से भाग कर यहाँ कोठी में आया। उसके साथ लोग-बाग भी थे। उसने

अपने लिए यहाँ महल बनवाया, जो देवी के मन्दिर के पास ही था। उसी ने यह कुंड बनवाया और कुंड के ऊपर एक सुन्दर मन्दिर भी। मन्दिर के भीतर दो भव्य मूर्तियाँ शिव और पार्वती की स्थापित थीं। शिव की मूर्ति यही है और पार्वती की मूर्ति के ऊपरी भाग का छोटा-सा खंड बच रहा है। राजा के समय मन्दिर में अच्छी तरह पूजा-पाठ होता था। राजा का खर्च बहुत अधिक था, जिसका बोझा उठाना लोगों के लिए मुश्किल हो रहा था। उधर भोट में नया राज्य स्थापित हो गया था, उसने यहाँ के लोगों को भड़काया, सहायता भी दी। राजा के घर में आग लगा दी गई। वह प्राण लेकर भागा। शिव-पार्वती का मन्दिर भी उस आग से नहीं बच पाया। शिवजी अपने तीन हाथों को गँवाकर इस तरह पड़े हुए हैं और पार्वतीजी का कहीं पता नहीं।

कुंड से एक बार फिर हम भैरव मन्दिर में गए। भैरव की दस भुजाओं में दाहिनी ओर वरद हस्त, खड्ग, कुन्त, शूल आदि हैं और बाईं ओर धनुष आदि। यहाँ की मोटी मिट्टी की तह वाले फर्श के भीतर न जाने कौन-कौन-सी चीजें पड़ी हैं। हमने एक जगह अँगुली से जरा-सी मिट्टी हटाकर अर्घासहित पीतल के शिवलिंग को साँस लेने लायक किया। फिर देवी के बाहरी आँगन में पत्थर के छोटे से मन्दिर के पास गए। यहाँ के हाथ-हाथ भर के दो पाषाणलिंगों में एक अर्घासहित है और इसी लिंग पर लकुलीश शैव-सम्प्रदाय का ऊर्ध्व-शिश्न उत्कीर्ण है। यह और भी इस बात का प्रमाण है कि इन चीजों का सम्बन्ध गुर्जर-प्रतिहार वंश से है। गुर्जर-प्रतिहार काल में लकुलीश सम्प्रदाय बहुत प्रबल था।

फिर देवी के मन्दिर में पहुँचे। पता लगा, देवी के भंडार में कोई सतयुग का उत्कीर्ण काष्ठफलक है। लोगों के बहुत दौड़ लगाने पर प्रबन्धक महाशय ने दिखलाना स्वीकार किया। और वह सतयुग की चीज क्या थी? किसी हस्तलिखित भोटिया पोथी के ऊपर बाँधने की लकड़ी की एक पटिया! पुस्तक अष्टसहस्रिका प्रज्ञापारमिता की थी। अखरोट की लकड़ी पर बेलबूटे और मूर्तियाँ बहुत बारीकी से उत्कीर्ण की गई हैं। भीतरी भाग में अब भी कहीं-कहीं सुनहला रंग है, जिससे मालूम होता है कि पहले पट्टी की सारी मूर्तियों पर सोना फिरा हुआ था। जान पड़ता है, किसी ने इसे देखकर समझा कि सारी पट्टी नहीं, तो उनका आधा अवश्य सोने का है और इसलिए तिब्बत के किसी मठ या घर से यह पट्टी उड़ाई गई और एक कोना तोड़कर देखा भी गया।

मैंने देखा कि आज देवी के ग्रोक्ष का कहीं पता नहीं। कल काश्मीर में देवी की रक्तलीला को देखकर मैं कुछ जला-भुना बैठा था और देवी को खरी-खरी बातें सुनाना चाहता था। आधी कोटी उमड़ आई थी। मैं कनौर से आत्मीयता अनुभव करता हूँ। कोई आश्चर्य नहीं, यदि वह भी मेरे बारे में विशेष भाव रखते हों। मैंने एक छोटा-सा व्याख्यान देवी के लिए झाड़ डाला—मैं आप लोगों से यह नहीं कहता कि जैसे अपने राजा पदमसिंह के वंश को राज से हटा दिया, वैसे देवी को भी विदा कर

दें। लेकिन देवी को अब समझ-बूझकर काम करना चाहिए। देवी को सब लोग बहुत होशियार बतलाते हैं, किन्तु कल जो इसने काम किया, वह बिलकुल होशियारी का काम नहीं था। भीड़-भड़क्का और बाजे-गाजे के साथ एक जगह बकरे काटे जा रहे हैं, दूसरी तीसरी और चौथी जगह काटे जा रहे हैं। कटे बकरों के ऊपर जिन्दे बकरे खड़े किये जा रहे हैं। और देवी कूद-कूदकर कटवा रही है। बाहरी दुनिया के लोग देखेंगे, तो क्या कहेंगे? यही कहेंगे ना, कि हिन्दुस्तान के लोग जंगली हैं। देवी भारत की नाक कटवाना चाहती है। भारत की नाक कटेगी, तो कनौर की नाक कटेगी; कनौर की नाक कटेगी, तो भारत की नाक कटेगी।

श्रोताओं में से कई बोल उठे—नहीं पंडितजी, अब ऐसा नहीं होगा। मैंने कहा—ऐसा ही न होने के लिए तो मैं देवी से कह रहा हूँ। क्या मैं जानता नहीं, ग्रोक्ष यहाँ से इसीलिए खिसक गया कि देवी से बातचीत न हो सके। लेकिन देवी के कान में रूई थोड़े ही पड़ी है। मैं तो देवी ही को सुना रहा हूँ और आप लोगों को भी कह रहा हूँ। अब हमारा देश अंग्रेजों का गुलाम नहीं है। देश की इज्जत की रक्षा करना एक-एक आदमी का कर्तव्य है। जिस तरह कल देवी ने खून से खिलवाड़ खेला, जिसके कि मैंने कई फोटो लिए, उसी को ले जाकर विदेशी हमारे देश को जंगली साबित करेंगे। जिसके मारे हमारे देश को जंगली बनना पड़े, ऐसी देवी को लेकर हमें क्या करना? तव तो हम कहेंगे कि इस देवी को भी वहीं जाने दो जहाँ रामपुर का राजा गया।

दो-एक मुखिया बोल उठे—नहीं पंडित जी, अब ऐसा नहीं होगा।

मैं यह नहीं कहता कि देवी माँस न खाये, शराब न पिये। शराब तो मैं नहीं पीता, किन्तु माँस खुद खाता हूँ। किन्तु इसका यह अर्थ तो नहीं कि मैं बाजा बजाते नाच-नाचकर खून का फाग खेलूँ। देवी अपने भक्तों को हुकुम दे सकती है कि कहीं आड़ की जगह में ले जाकर भेड़-बकरी को मारें और मांस में घी-मसाला डालकर देवी को खूब पेट भर खिलावें।

मैं अपना व्याख्यान समाप्त ही करने जा रहा था कि कोई पूछ बैठा—बीस वर्ष से अधिक के लोगों का पटवारी लोग नाम क्यों लिख रहे हैं?

मैंने हँसते हुए कहा—कनौर लोग इतने होशियार होते हैं और आप लोग इतना भी नहीं समझते? पाकिस्तान में लड़ाई लगी हुई है।

—लड़ाई पर जाने के लिए—किसी ने कहा।

—आपने यही समझा होगा न? खैर, समझते होंगे बीस-पच्चीस की कनौरियाँ भी कन्धे पर बन्दूक धर के लड़ने जाएँगी। लेकिन सत्तर वर्ष के दादा-दादियों का नाम क्यों लिखा जा रहा है?

इसी से तो सन्देह होता है।

इस पर मुझे उन्हें समझाना पड़ा कि राजा-रानी का राज्य गया। अब हमारे देश

में पंचायती राज स्थापित हो रहा है। आपकी राय से पंच चुने जाएँगे, इसीलिए यह नाम लिखा जा रहा है।

कोठी में काफी देर हो गई। चिनी के मास्टरद्वय चिनी की तरफ गए और मैं नीचे की तरफ चला।

*

यात्री को ठोंक-पीटकर वैद्यराज बनना पड़ता है। मैं नया ही नया डायबेटिस के रोग में दीक्षित हुआ हूँ, जिसके लिए कुछ दवाइयाँ साथ में ले चलनी ज़रूरी हैं। उस दिन "डॉक्टर" ठाकुर सिंह ने एक मरणोन्मुख रोगी की बात कही, तो मुझे स्मरण आया कि मेरे पास दो शीशियाँ पेन्सिलिन की हैं। यह भी मालूम हुआ कि व्याधि वातरोग की है। न मैं विधान के अनुसार पेन्सिलिन का इन्जेक्शन दे सकता था, न ठाकुर सिंह। उधर रोगी बाबू श्यामाचरण छह दिनों से बेहोश मौत की घड़ियाँ गिन रहे थे। कम्पाउंडर ठाकुर सिंह इन्जेक्शन देना तो जानते थे, किन्तु उन्होंने पेन्सिलिन का नाम पहले-पहल मुझसे ही सुना। मैंने ढंग बतलाकर उन्हें एक शीशी दी। तीन-तीन घंटे बाद पर सुई देते तीसरी सुई देने के समय श्यामाचरण ने आँख खोली और कहा—क्यों मेरे शरीर में सुई चुबो रहे हो। अब इन्जेक्शन दिये छह दिन हो गए थे। श्यामाचरण अति निर्बल थे, किन्तु जीवित थे। मैंने ठाकुर सिंह को दूसरी शीशी भी इन्जेक्शन देने के लिए दे दी। दाम पूछने पर मैंने कहा—पुण्य। श्यामाचरण और उनके घर वालों का आग्रह था कि मैं उनके यहाँ होता जाऊँ। थोड़ा-सा रास्ते से हटना जरूर था, लेकिन रास्ता उतराई का था। उनके बहनोई मुझे लिवाने के लिए आए थे। रास्ते में थोड़ी बूँदाबाँदी भी हुई। थोड़ी देर में हम ख्वांगी गाँव में पहुँच गए। रोगी को देखा, बहुत निर्बल। घर वाले समझते होंगे, दवाई का काम है ताकत भी दे। मैंने उनसे कहा—बकरी का दूध, अंडे की सफेदी, अब तो पूरा अंडा भी, अंगूर का रस और चूजे का सूप मात्रा के अनुसार देते जाओ, तभी शरीर में शक्ति आएगी। पेन्सिलिन का काम था बैरी व्याधि को रोक देना, लेकिन शक्ति के लिए शक्तिप्रद आहार की आवश्यकता है।

ख्वांगी से मैं सतलुज के झूले की ओर चला। अभी भी उतराई बहुत थी। इधर मक्के की खेती अच्छी होती है। खेतों के आगे जाने पर बान (ओक) का जंगल आया। जाड़ों में बान के पत्ते ही पशुओं का सबसे बड़ा सहारा है। इसलिए खेतों की तरह वृक्षों के लिए भी झगड़ा हो सकता है यदि ठीक तरह से उनकी व्यवस्था न की जाए। कुछ दूर और चलकर सड़क आ गई और मैंने साथ आने वाले सज्जनों को लौटा दिया।

सतलुज पार करने के लिए झूला है। इसे आप लक्ष्मण झूला न समझिए। एक

मोटा-सा लोहे का तार नदी के दोनों कूलों पर दबाकर ताना हुआ है। तार के ऊपर लोहे की एक गड़ारी है, जिस पर बड़े तराजू का एक पल्ला जैसा टँगा है। पल्ले पर आदमी बैठ जाता है। पल्ले के सिर पर एक लम्बी रस्सी बँधी है, जो नदी के आर-पार पहुँचती है। दोनों किनारों पर दो आदमी बराबर रहते हैं, उनका काम है रस्सी से खींचकर यात्री को आर-पार करना। मैं भी पल्ले पर जाकर बैठा और जरा देर में हहास करके बहती शतद्रु की धारा के ऊपर अधर में टंग गया। नई बात होती, तो शायद मुझे डर लगता, किन्तु मैं ऐसी स्थिति से वर्षों पहले गुजर चुका था?

पार पहुँचने पर पूरन भगतजी अंगूर की टोकरी लिए हुए मिले। पता लगा, पुण्यसागर सामान लिवाये बहुत पहले जा चुके हैं। अभी हम पौने छह हजार फुट की ऊँचाई पर थे, लेकिन एकाएक साढ़े तीन हजार फुट उतरकर आए थे, इससे गर्मी बहुत मालूम होती थी। पुराणों में देवताओं को बहुत बेपरवाही से जब नहीं तब धरती पर उतार लिया जाता है और खयाल नहीं किया जाता कि जब मील, दो-मील नीचे उतरने में यह हालत होती है, तो योजनों उतरने पर उनकी कैसी दुर्दशा होती होगी?

अब हमारा रास्ता नदी तट से होते ऊपर की ओर था। रास्ते में तङ्गलिङ् के खेत आए। तङ्गलिङ् कभी एक अच्छा-खासा गाँव था, जहाँ एक ठाकर रहा करता था। कामरू के ठाकर ने इसे ध्वस्त किया। जान पड़ता है, उसी समय गाँव भी ध्वस्त हो गया। तङ्गलिङ् के खेत अब पोआरी वालों के हाथ में हैं। इनमें दो फसलें मजे से होती हैं, जल्दी वाली तीन फसल हो सकती हैं। घंटे भर में हम शोङ् ठङ् पहुँच गए।

शोङ् ठङ् कोई गाँव नहीं है। गाँव वारङ् दो-तीन मील ऊपर है। शोङ् में जंगल-विभाग का डाक-बँगला है। बँगले के बहुत नजदीक ही सतलुज बहती है। नदी पार पहाड़ विकराल दीवार की तरह खड़ा है, जिसमें शंखवर्ण विशाल शेषनाग विराजमान हैं। शायद किसी समय गरुड़ महाराज ने झपट्टा मारा, जिससे फण कुछ कुचल-सी गई, अन्यथा वह हजारों हाथ लम्बे शेषनाग हैं, इसमें कोई संदेह नहीं। मुश्किल यह है कि शेष भगवान की पूजा नदी के इस पार से ही की जा सकती है, उस पार जाने की न सतलुज आज्ञा दे सकती है और न विशाल पार्वत्य प्राकार। मैं सोच रहा था, ऐसे प्रत्यक्ष शेष भगवान के भक्त जरूर होने चाहिए। पता लगा, डाक बंगले के चौकीदार का सिर दर्द करने लगता है, अगर एक दिन भी पूजा करने में भूल कर दे।

हाँ, संयोग कहिए, महीनों पहले मैंने 8 अगस्त को शोङ्-ठङ् में ठहरने का जब निश्चय किया था, तब इसका खयाल भी नहीं आया था कि सहायक वन रक्षक ढिलन महोदय भी उसी दिन शोङ्ठङ् में रहेंगे। पाँच हजार सात सौ फुट की ऊँचाई पर शोङ्ठङ् का डाक-बँगला बहुत अच्छी जगह है। तरकारी की क्यारियाँ और फलों के लिए बाग बहुत अधिक नहीं, तो कम भी नहीं हैं। बँगला छोटा है,

जिसमें दो कमरे हैं। आदमी गुजारा करना चाहें, तो एक कमरे में चार आदमी भी कर सकते हैं, अन्यथा चार में एक का भी गुजारा नहीं हो सकता। ढिलन महाशय ने मेरे लिए एक कमरा दे दिया। मुझे संकोच जरूर हुआ, किन्तु तीन-तीन जगह भारवाहकों के तैयार रखने का प्रबन्ध किया जा चुका था और आगे साङ्ला में भी खबर दे चुका था, इसलिए प्रोग्राम में परिवर्तन करना बहुत से आदमियों को कष्ट में डालना था। खैर, एक रात की बात थी।

जंगल-विभाग के दो व्यक्तियों के अधिक संपर्क में आने का अब के बार मुझे मौका मिला—एक चिनी के रेंजर श्री देवदत्त शर्मा और दूसरे विभागीय वन अधिकारी ढिलन महाशय। दोनों अपने काम में मुस्तैद और मेहनती मालूम हुए। मैं जब शोङ्-ठङ् में पहुँचा, तो ढिलन महाशय जंगल देखने गए थे और सूर्यास्त के बाद लौटे। वह अपने साथ विशेष प्रकार के स्फटिक के दाने लाए जो कहीं यहीं आस-पास में होता है। उनका भी कहना था कि खनिज पदार्थों के बारे में यहाँ गम्भीरता से कोई अनुसंधान नहीं हुआ और फलों का स्थानीय जलवायु के अनुकूल उत्पादन करने की ओर वैज्ञानिक ढंग का उपयोग जैसा चाहिए, वैसा नहीं किया गया।

हम कुछ दिन डूबने से ही पहुँच गए थे और चढ़ाई की यात्रा न होने से थके भी न थे। बँगले से टहलने जहाँ खेतों की ओर चले। खेत में वारङ् की किन्नरियाँ निकाई कर रही थीं। हमें पास आया देख उन्होंने अपनी खुरपियाँ सामने फेंक दीं जिसका अर्थ है—पान के लिए आप कुछ पैसा दीजिए। वहाँ तीन या चार तरुण बन्तिनें थीं। मैंने एक रुपया सामने रखते हुए कहा—किन्तु तुम्हें एक "गितङ्" गाना होगा। किन्नरियों को गाने में कब संकोच होने लगा? उन्होंने अपने मधुर कंठ से 'चुनीलाल डागड' का गीत गाया। वारङ् नंबरदार के भाई से बात चल पड़ी कोठी को देवी के प्रेम की। कोठी की देवी ने किस तरह रोगी के नेरनस् को लेकर चिनी के नेरनस् को नाराज किया और ब्याह करने से इनकार कर दिया। यह कहने पर, नंबरदार के भाई ने कहा—'देवी की यह पुरानी आदत है, कब वह किसी के बन्धन में रहना चाहेंगी? उस समय ब्रेलिंगी के केसरनन्द का दादा माथस् (प्रबन्धक) था। कोठी की देवी उस पर मुग्ध थी और रोज काला दाडू पहनकर रात को माथस् के घर जाया करती थी। माथस् की पत्नी ने कई दिन देखा। एक दिन वह झगड़ पड़ी। माथस् गाली देने लगा—"तुम दोनों राँड़े मेरा जान खाना चाहती हो"। किन्नर के देवी-देवताओं में वह सभी निर्बलताएँ पाई जाती हैं, जो मनुष्यों में होती हैं।

मैं वारङ् के नीचे शोङ्-ठङ् में ठहरा था, क्या हो सकता था कि मुझे रघुवर न याद आता? रघुवर का जन्म स्थान यही वारङ् था। स्कूल में पाँच-छह श्रेणी तक पढ़कर यह तिब्बत भाग गया और वहाँ दस-बारह साल तक तिब्बती भाषा में न्यायशास्त्र पढ़ता रहा। पहली बार तिब्बत में जाने पर टशील्हुन्पों विहार में मेरा रघुवर से परिचय हुआ। उसके बाद की तीन यात्राओं में बराबर उससे भेंट होती

रही और वह हमारे काम में बड़ी सहायता करता था।

वह पुस्तक पढ़ने ही में कुशल नहीं था, बल्कि बहुत अच्छा व्यावहारिक ज्ञान रखता था। मेरे साथ-साथ रहते कुछ आदर्शवादी और बुद्धिवादी भी हो गया। वह बड़ी उमंगे लेकर कनौर लौटा। लेकिन मठ के चिरनियंत्रित जीवन से मुक्त होते ही एक बार बहाव में बह गया और कुछ समय तक तो मदिरा और मदिरेक्षणा का एकान्त सेवन ही उसका कार्य रह गया। यह ढंग ज्यादा दिन नहीं चलता, किन्तु सम्हलने से पहले ही उसके दिन पूरे हो गए और रघुवर तरुणाई में अपनी योग्यता से कनौर को लाभ पहुँचाए बिना चल बसा। आज कनौर को रघुवर की आवश्यकता थी। उसने प्राचीन पोथियों को पढ़ा था, किन्तु उसका दिमाग आज की समस्याओं को समझने में सक्षम था। किन्नर के निवास में मुझे न जाने कितनी बार रघुवर याद आया। उसका हँसमुख चेहरा और जिन्दादिली बार-बार आँखों के समाने प्रतिबिम्बित हो उठती।

साङ्ला में

जलपान के बाद पौने आठ बजे पुण्यसागर और मैं शोङ्-ठङ् से रवाना हुए। हम प्रयाग के रास्ते में थे, किन्तु हमें सीधे नहीं जाना था। चलते-चलाते, पढ़ते-पढ़ाते खयाल आया, वस्पा उपत्यका को भी देख लेना चाहिए। वस्पा नदी सतलुज की शाखा है, किन्तु काफी बड़ी है। इसके ऊपरी भाग और गंगा भागीरथी के बीच में केवल एक पर्वत श्रेणी है, जिसे पार कर आदमी हरशिल या सुखीचट्टी में पहुँच सकता है। मुझे इस पर्वत श्रेणी को पारकर भागीरथी के किनारे जाने की इच्छा नहीं थी, मैं देखना चाहता था, साङ्ला के पास वस्पा की विस्तृत उपत्यका और रामपुर की ऐतिहासिक राजधानी कामरू को। आशा थी, कामरू से कुछ ऐतिहासिक सामग्री प्राप्त होगी।

हमारा रास्ता अधिक चढ़ाई उतराई का नहीं था। थोड़ी दूर आगे जाने पर सतलुज पर नदी तट हरियाली से ढँका दिखलाई पड़ा। पुण्यसागर ने कहा—यह है रोगी के अंगूरों की बेलें। मैं लकड़ी के ठाठ पर चढ़ाई उन बेलों को बड़े गौर से देखने लगा। मैं उनके छोटे काले अंगूरों को कई दिनों से खाता रहा, वह सुस्वादु, सुमधुर और सुगन्धी हैं। इसके साथ मैं यह भी जानता था कि ये अंगूर कहीं बाहर से लाकर नहीं लगाए गए, यह किन्नर के परम स्वदेशी अंगूर हैं। फिर मैं सोचने लगा—आसपास के गाँवों से ये रोगी के अंगूर इतने मीठे क्यों होते हैं? अंगूरों की भूमि छह हजार फुट से नीचे होने के कारण काफी गरम है। यहाँ सूरज के उगने के थोड़ी ही देर बाद धूप आ जाती है और बहुत अधिक समय तक रहती है। हवा भी यहाँ उतनी तीव्र नहीं होती। यह बातें हैं जो मानसूनहीन आसपास की शुष्क भूमि से इस भूमि में विशेष हैं, जिसके कारण रोगी का अंगूर इतना मीठा होता है। इन अंगूरों से मीठे अंगूर चाहे दूसरी जगहों में पैदा न किये जाएँ, किन्तु वैज्ञानिक प्रयोग से वहाँ के लिए नई तरह के मीठे अंगूर बनाए जा सकते हैं। ढिलन महाशय बतला रहे थे कि पहिले-पहिल क्वेटा का सत्रह सैकड़ा चीनी वाला मीठा अंगूर मान्टगोमरी में लाया गया, तो खट्टा हो गया, पीछे तजुर्बे से एक नये प्रकार का अंगूर तैयार किया

गया, जिसमें पचीस सैकड़ा चीनी थी। रोगी की जमीन या उसकी जैसी जमीन का भी अभी पूरी तौर से उपयोग नहीं किया गया है। किन्तु वह तो तभी होगा, जब कि यहाँ से फलों की निकासी के लिए यातायात का प्रबन्ध होगा।

ढाई घंटा या सात मील से अधिक चलने के बाद हम सतलुज छोड़ वस्पा की ओर मुड़े। थोड़ी दूर आगे एक पुल पार हो बाएँ तट से ऊपर चढ़ने लगे। साङ्ला यहाँ से 11 मील है। भारवाहक हमसे भी पहिले चले थे, किन्तु अब हम उनके साथ हो लिए थे। सपिनी के नम्बरदार नेगी अमीरचन्द रास्ते में मिल गए। आदमियों की बदली अब तीन मील आगे ब्रूये में होने वाली थी। नम्बरदार ने फूलों की माला पहनाई। वह बड़े प्रेम से घर की बनी एक बोतल शराब लाए थे। उन्हें यह जानकर बहुत खेद हुआ कि मदिरा मेरे लिए अभिशापित है। अंगूर, सेब हमारे पास काफी थे। ब्रूये के मेट ने दूध भी तैयार कर रक्खा था, क्योंकि तहसील का चपरासी दो दिन पहिले से ही आया हुआ था।

सपिनी को कनौर भाषा में रोपङ् कहते हैं। सपिनी के देवता नागस् की प्रशंसा पहिले थोड़ी-सी सुन चुका था, किन्तु वह दूसरे गाँव वालों की सुनी-सुनाई बात थी और उसमें नागस् की महिमा की हेठी करने की कोशिश की गई थी। नेगी अमीरचन्द अपने नागस् के गुण को जानते हैं। वह तीन ही दिन पहिले की बात कह रहे थे जब कि नागस् ने एक जादू करने वाले को पकड़ा दिया था और दीवार में से खोपड़ी भी निकलवा दी थी। मैंने कहा—मकान के भीतर सपिनी नागस् के जल जाने की बात क्या है?

नम्बरदार ने बतलाया—यह चार पुश्त पहिले की बात है। हमारे नाग का राज ब्रूये से रमनी तक है। सतलुज के इस पार इधर का इलाका उसी का होता है। लेकिन चगाँव महेसू ने उसे जबर्दस्ती दखल कर लिया है। उस साल नागस् अपने राज्य में पूजा लेने चला, लोग उसका हर गाँव में स्वागत करते थे। रमनी का देवता जब्लू नरेस् उसकी पेशवाई में था। वह अपने दलबल सहित जानी गाँव में पहुँचा। रात को वहीं गन्द्राप् देवता के मन्दिर में विश्राम करना था। नागस् ने मन्दिर में जाने से इनकार किया, किन्तु उसकी बात न मानकर उसे उसी मन्दिर में ठहराया गया। रात को आग लग गई। मन्दिर तो अधिकतर लकड़ी के होते ही हैं, मन्दिर के साथ देवता भी जल गए।

नम्बरदार ने बात समाप्त करते हुए कहा—इससे देवताओं का क्या बिगड़ता है, वे तो अमर हैं। केवल चेहरा, लकड़ी का ढाँचा, कपड़ा-लत्ता जल गया। चगाँव के महेसू ने हमारे देवता का मजाक करते हुए कहा था—"वह देखो, मच्छर आ रहा है।" इस पर नागस् ने ऐसा पत्थर गिराया कि चगाँव महेसू का मुँह बिगड़ गया। सपिनी नागस् का सम्मान अपने राज्य (सपिनी) ब्रूये, किल्वा, पनङ्, जानी और रमनी तक ही सीमित नहीं है, बल्कि किन्नर के अन्तिम गाँव रोपा तक में इसकी आवभगत होती है। कुछ ही साल पहिले शोवा (चिनी इलाका) में देवता लोग

कोशिश करके हार गए, किन्तु वर्षा नहीं हुई, तब सपिनी नागस् ने बीड़ा उठाया और वर्षा कराके छोड़ा।

मैंने कहा—तब सपिनी नागस् कोई साधारण नाग नहीं है।

—हाँ पंडितजी, एक बार एक नीचे के साधू-महात्मा आए थे, उन्होंने भी यही कहा था कि यह तो आपरूप शेषनाग हैं।

✶

ब्रूये से नये भारवाहकों पर सामान आगे भेजा। हमने कुछ देर पेट-पूजा की, थोड़ा सामान यहाँ के जंगल विभाग की कुटिया में भी रखवा दिया, फिर साङ्ला के लिए रवाना हुए। नम्बरदार अमीरचन्द ने घोड़ा अच्छा दिया था, लेकिन मैंने उस पर केवल दो फर्लाङ्ग सवारी की। यद्यपि रास्ता काफी चढ़ाई का था, किन्तु मैं अब उससे डरने वाला नहीं था। इधर चिनी की अपेक्षा वर्षा अधिक होती है, हरियाली भी अधिक देवदारु जातीय वृक्षों के जंगल तो बहुत हैं ही। सतलुज के संगम से तेरह मील ऊपर साङ्ला (8500 फुट) वसा है, अर्थात इतनी दूरी में। वस्पा प्रायः तीन हजार फुट ऊँची उठी है, यह तो बसा की धार देखने से भी साफ मालूम होता था। अगस्त वर्षा का महीना है, यह यहाँ याद आया, जब रास्ते में हमें भागना पड़ा। वैसे दो गाँव बीच में हैं, किन्तु वे हमारे रास्ते पर नहीं थे। वस्पा की चौड़ी उपत्यका तो हमें तभी दिखलाई पड़ी, जब एक वाही को पार कर सामने कामरू दुर्ग और साङ्ला गाँव दीख पड़े।

पौने पाँच बजे हम डाक बँगले में पहुँच गए। बँगला पहिले है, गाँव नदी पार है। यह जंगल विभाग का विशाल बँगला चिनी के बँगले की तरह बना है और ऐसा प्रबन्ध किया गया है कि तीन-चार साहब आराम से ठहर सकें। तकलीफ यहाँ तथा कुछ दूसरे जंगल विभाग के बँगलों में यही है कि वहाँ पाखाने का कोई प्रबन्ध नहीं। बड़े साहब लोग अपना भंगी अपने साथ लाया करते थे, किन्तु वही आशा हर एक यात्री से नहीं हो सकती। हाँ, हर एक यात्री के लिए ये बँगले हैं भी नहीं। ये आलीशान बँगले अंग्रेज प्रभुओं के सैर-शिकार के लिए बनाए गए थे। साङ्ला रोहू मछली के लिए प्रसिद्ध है—शिकार का मौसम अक्टूबर से शुरू होता है। साहब बहादुर लोग गए, अब तो इन बँगलों को खाली होने के समय दूसरे भारतीय यात्रियों के लिए खोल देना चाहिए। भंगी के प्रबन्ध करने की आवश्यकता नहीं। चिनी के ब्रूस्की बँगले में बहुत कम खर्च और सफाई के साथ पाखाने का इन्तिजाम किया गया, वैसा ही यहाँ भी हो सकता है।

✶

साङ्ला 227 घरों का एक बहुत बड़ा गाँव है। मैं यहाँ बँगले में ठहरकर रोहू का शिकार करने नहीं आया था। मेरे आने की खबर पहिले ही से मालूम थी, किन्तु न शाम को ही कोई मिलने आया, न सबेरे आठ बजे तक ही किसी के दर्शन हुए। बेमुरौवत कहने से क्या लाभ, मुझे अपने काम से काम था। सबेरे आठ बजे चपरासी को लेकर चल थोड़ी-सी उतराई, एक लकड़ी का पुल, फिर थोड़ी-सी चढ़ाई, आगे साङ्ला गाँव था। गली-कूचे, नाले-नालियाँ सभी को लोगों ने पाखाना बना दिया था। ऊपर से बरसात का दिन। खैरियत यही थी कि हम दिन में चल रहे थे। इतनी गन्दगी न जंगी में थी, न स्पू में; बौद्ध और ब्राह्मण सभ्यता का अन्तर! ब्राह्मण पाखाने को महानिषिद्ध समझते हैं ना!! यह गन्दगी का रोग भारत के सिर्फ इसी एक गाँव में नहीं है, यह असह्य है और इसका उपाय करना होगा। उपाय है—घर-घर में संडास वाला लकड़ी का पाखाना। गाँव में छोटे-बड़े वेरिङ् नागस नाम के दो देवता हैं। बड़ा देवता पहिले यहाँ से दो दिन के रास्ते पर पर्वत-पृष्ठ पर अवस्थित एक बड़े सरोवर में रहता था, जहाँ से वह अपने आप उड़कर यहाँ चला आया। दोनों देवताओं के अलग-अलग ग्रोक्ष (देववाहन) हैं। देवता, कम से कम बड़ा देवता, बहुत धनी है, यह तो उसके नए बनते आलीशान मन्दिर से ही मालूम हो रहा था। मन्दिर में लकड़ी का काम बारीकी से हो रहा था। साङ्ला के 227 घरों में 63 कोली, 4 लोहार और तीन बढ़ई के हैं, लेकिन देवता के फल-फलाहार, बल-बलिदान और दूसरी चीजें बहुत कम ही अछूत समझे जाने वाले 70 परिवारों को मिलता है और मर-मर के पत्थर लकड़ी ढोने में सबसे अधिक उन्हीं को जोता जाता है। अभी यहाँ की बड़ी जाति वाले समझते हैं कि मन्दिर और उसकी सम्पत्ति पर उन्हीं का अक्षुण्ण अधिकार रहेगा। लेकिन, मुझे तो कामरू से विशेष मतलब था।

कामरू—साङ्ला से कामरू एक ही मील है और जमीन ऊँची-नीची होने पर भी रास्ता बराबर है। कामरू को किन्नर भाषा में मोने कहते हैं। आधे रास्ते में ही मोने-रौला मिला। पहिले वह अपनी गुफा में ले गया। गाँव से बाहर एक बड़े पत्थर के नीचे की गुफा कुछ मिट्टी खोदकर दीवार खड़ी करके कुटिया के रूप में परिणत कर दी गई है। मोने-रौला का यहीं चूल्हा-चौका भी है, यहीं पोथी-पत्रा भी, यहीं सत्संग और रामानुजी संदेश का प्रचार भी होता है।

वहाँ से हम गाँव की ओर चले। रास्ते में बाढ़ की भीषण लीला के चिह्न देखे। कुछ ही दिनों पहिले ऊपर कहीं हिमबन्ध या मेघ टूट पड़ा और वहाँ से विकराल दानव नीचे की ओर बड़े-बड़े पत्थरों को लुढ़काते चला। गाँव की छोटी धारा के किनारे लगी पनचक्कियों को कहाँ से कहाँ वह ले गया। घरों को तो नुकसान नहीं हुआ, क्योंकि हिमाचल के लोग शताब्दियों के अनुभव से सुरक्षित जगहों पर ही मकान खड़ा करते हैं, किन्तु खेतों की मेड़ों को तोड़कर और उनमें बालू पाट कर उसने बुरी तौर से हानि पहुँचाई। बाढ़ रात में आई, नहीं तो प्राण हानि भी होती।

आगे तथा गाँव के समीप पानी के कुंड आए, जो अच्छे पत्थरों से बँधे हुए थे, इसलिए इनके बसाने वाले पांडवों को छोड़ दूसरा कौन हो सकता था। हम गाँव के भीतर बदरीनाथ के आँगन में पहुँचे। सारा गाँव वहाँ पहिले से ही एकत्रित था, किन्तु केवल पंडित राहुल के स्वागत के लिए नहीं, किन्नर के और गाँवों की तरह कामरू भी वानर सेना से परास्त था। कोई चारा न देखकर आज लोग बदरीनाथ के दरबार में जमा हुए थे। मुझे कामरू छोड़ने पर यह बात मालूम हुई, नहीं तो मैं उन्हें वानर-यज्ञ की विधि बतलाता। कोई देवी-देवता कनौर को वानरों से नहीं बचा सकता, चाहे वानर-यज्ञ करो या कनौर छोड़कर भाग जाओ। वहाँ कुछ शिक्षित लोग भी थे, लज्जा आई या न जाने क्या, उन्होंने उस प्रोग्राम को स्थगित कर दिया और सभा स्वागतकारिणी में परिणत हो गई।

बैठक का स्थान मन्दिर का सभामंडप रक्खा गया, लेकिन मन्दिर की देहली के भीतर कोई बिना कमर में कमरबन्द बाँधे नहीं जा सकता। मैंने अपने पैन्ट की चमड़े की पेटी दिखलाकर कहा—यह है कमरबन्द। लेकिन उतने से देवता मानने वाले नहीं थे। मेरे कोट के ऊपर एक ऊनी कमरबन्द बाँधा गया, फिर मैं सभामंडप के भीतर गया। मन्दिर के भीतर नाचने वाले दो विमान थे, जिनमें एक बदरीनाथ का था, दूसरा कल्याण सिंह का। कल्याण सिंह राजा पदमसिंह से 10 पीढ़ी पहिले गद्दी पर बैठे थे और उन्हें विष देकर मार डाला गया था। शायद उनका और भी महत्व रहा हो, अर्थात वह कामरू के प्रथम राजाओं में से रहे हों, जिससे कि उन्हें देवपद मिला। यहाँ के मन्दिरो में और होता ही क्या है, सिवाय इस डोली-खटोली जैसे विमान के।

बैठ जाने पर मन्दिर के अधिकारियों का परिचय दिया जाने लगा—नेगी श्यामसुन्दरदास (मास्टर बिहारीदास के भाई) और नेगी बुजुकसेन तो मन्दिर के दो माथस् (महता) या प्रबन्धक हैं। तीन ग्रोक्ष, जिनके मुँह से बदरीनाथ बात करते हैं, यह हैं पुरनजीत (अवसर प्राप्त), पालूराम और सुन्दरसेन। पुजारेस् (पुजारी) हैं जवानदास। कारदार—गंगाराम और गोकरनदास। कैतस (कायस्थ) हरिमनदास। दूसरे कारदार हैं—नेगी बदरीबर, श्यामसुख, देवलाल और किशनगोपाल। फाल्गुन में बदरीनाथ का एक विशेष महोत्सव होता है, जिसके लिए दो विशेष कारदार बनाए जाते हैं। उन्हें "चोखेस्" (शुद्ध) कहते हैं। चोखेस् (चोखा) लोगों की वेशभूषा विचित्र होती है। उनके पैरों में तिब्बत का बकरी का जूता, सिरमौर (नाहन) का चूड़ीदार पायजामा, शरीर पर सफेद ऊन का गढ़वाली चोगा, सिर पर दिल्ली की छज्जेदार पगड़ी और साथ ही वह सूत का जनेऊ भी पहनते हैं—यहाँ जनेऊ पहनने का रिवाज नहीं है। पूछने पर यह भी पता लगा कि गद्दी पर बैठने के समय राजा धोती पहिना करता था, पाजामा नहीं। चोखे लोग तीन दिन तक किसी से अपना शरीर नहीं छुआते, फिर कैलास (झूठे कैलास) से आती गं-गारङ् धार में स्नान कर गाँव की ओर

आते हैं। आधी दूर से लोग बाजा गाजा और बड़े समारोह के साथ उनकी अगवानी करते हैं। फिर चोखे लोग कामरू दुर्ग में जाकर वहाँ से आठ थानापतियों (आठ मूर्तियों) को उठाते हैं। यह मूर्तियाँ दूसरे समय नहीं देखी जा सकतीं। यह धातु की मूर्तियाँ हैं, जिनमें से सात हाथ भर से कुछ कम ऊँची हैं और आठवीं आठ अंगुल की है। परम्परा यह भी बतलाती है कि कभी वह पश्चिमी तिब्बत के थोलि विहार में थीं, जहाँ से जोत पार करके छितकुल के रास्ते यहाँ पहुँचीं। मूर्तियों का देखना तो मेरे लिए सम्भव नहीं था, लेकिन जान पड़ता है, यह आठों थानापती या इनमें से अधिकांश बौद्ध मूर्तियाँ हैं। यह भी सुनने में आता है कि इनमें से कितनों के ऊपर अभिलेख हैं। मूर्तियाँ ऐतिहासिक महत्व की हैं, इसमें सन्देह नहीं।

मोने और साङ्ला के सामने विस्तृत उपत्यका है, जिसका मुँह मोने से जरा नीचे जाकर सँकरा हो जाता है। यह स्पष्ट ही है कि अति पुरातन युग में यहाँ एक विशाल झील या ग्लेशियर रहा होगा। फिर पहाड़ तोड़कर अवरुद्ध जल ने अपना मार्ग बनाया। लेकिन यह मनुष्य के अस्तित्व में आने के समय की बात नहीं। मोने वाले कहते रहे कि पहिले यहाँ बहुत भारी सरोवर था, लोग अपनी छत पर से बाल्टी डालकर पानी निकाल लिया करते थे। तब चाँद, सूर्य ने अपना तेज दिखा सरोवर के पानी को सुखा दिया।

बदरीनाथ के मोने पहुँचने के बारे में बतला रहे थे कि तीन भाई द्वारका से चले। जेठा बदरीकाश्रम में पहुँचा और वहाँ से शिव-पार्वती को कैलास में खदेड़ कर वहीं तपस्या करने लगा। उसका नाम तपी था। मंझला अनपूरना टेहरी का राजा बना। छोटा राजपूरना (या देवपूरना) आकर यहाँ बैठा।

किन्नर भाषा में वस्पा नदी को वस्पा-गारङ् कहते हैं। पहिले मोने में एक ठाकर था और साङ्ला में मुखोविश्नान नामक ठाकर रहता था। मोने का ठाकर या उसके वंश का नाम पादन था जिसका अर्थ "पाषाण-पर" है। सपनी और ब्रूये के बीच बारी ठकरस् था और चोलिङ्, तङ्लिङ् में भी अलग-अलग ठाकर थे। चिनी का एमरच ठाकर बहुत तगड़ा था। मोने के ठाकर ने अपनी दिग्विजय का आरम्भ साङ्ला से किया और वीरता से नहीं, धोखे से उसका सर्वनाश किया। मोने कामरू के कुन्थङ् परिवार की लड़की मुखोविश्नान की स्त्री थी। उसको अपनी राय में मिलाया गया, सलाह हुई कि दिन में जब भोजनोपरांत ठाकर सो जाए, उस समय वह आकर काली झंडी दिखला दे—सफेद झंडी जागने का चिह्न थी। काली झंडी दिखलाई गई और मोने ठाकर अपने दुश्मन पर चढ़ दौड़ा। साङ्ला की पराजय हुई।

बदरीनाथ मनुष्य भी हैं, देवता भी हैं। उनके मंझले भाई ने ही टेहरी गढ़वाल का राज्य स्थापित नहीं किया, बल्कि मोने बदरीनाथ ने भी पायूदन को हटाकर यहाँ अपनी गद्दी स्थापित की। मोने में आज भी मौजूद किला उन्हीं का बनवाया हुआ है। देवताओं की कथा बड़ी मनोरंजक होती है, लेकिन इतिहास में उसे ले बैठने

पर कभी-कभी बड़ी गड़बड़ी होती है। हो सकता है, कामरू के प्रथम विजेता ही को बदरीनाथ का सांकेतिक नाम दे दिया गया हो। मोने के किले को बनाने में, कहते हैं, सभी विजित ठाकरों के किलों की लकड़ी और पत्थर का उपयोग किया गया—पत्थर को विशेष तौर से वारङ् से लाया बतलाया जाता है। जान पड़ता है, एमरच (चिनी ठाकर) को हराने में बड़ी कठिनाई का सामना करना पड़ा था। उससे लड़ने के लिए यमुना की शाखा-नदी टौंस के तटवर्ती फतेह पर्वत से बहुत से परिवार मँगाये गए थे। उन्हें जोतने के लिए ब्यारङ हलोटी का खेत, रहने के लिए सेरिया कोठी और पशुचारण के लिए चापरा कंडा दिया गया था। इन्हीं की सहायता से एमरच को खतम किया गया। परम्परा बतलाती है कि वाणासुर को खतम करके बदरीनाथ ने सराहन के परदुमसिंह को दिया। आगे छानबेवीं पीढ़ी में छतरसिंह हुए, जो राजधानी को यहाँ से हटाकर सराहन या शोणितपुर ले गए।

बदरीनाथ का दरबार समाप्त कर ऊपर किले पर गए। इसे किन्नर भाषा में मोनेप्रा या मोने-गोरङ् कहते हैं। भूतल पर यह 24 हाथ लम्बा और 24 हाथ चौड़ा है। नीचे वहाँ तक ठोस है, जहाँ कि सीढ़ी लगती है। ऊपर पाँच तल्ले हैं। प्रथम तल पर पाँच घर हैं—गोदाम, स्नान-कोष्ठक, पानीघर, रसोई और कोठा। जब सारे किले का घेरा 96 हाथ है, तो कोठरियाँ कितनी छोटी होंगी, यह स्वयं अनुमान किया जा सकता है। दूसरे तल के तीन कमरों में सबसे छोटा खाली, फिर एक बड़ा पूजागृह है और तीसरा वह कमरा है, जहाँ आठों थानापतियों के बीच में राजगद्दी रक्खी है। तीसरे तल पर पाँच कमरे हैं, जिनमें एक कभी नहीं खोला जाता, दूसरे में सैकड़ों भेड़-बकरियाँ काटी जाती हैं, जबकि हर तीसरे वर्ष सराहन से भीमा-काली यहाँ पधारती हैं। (पधरावनी बड़े खर्च की चीज है। हिमाचल सरकार ने खरच कम कर दिया है, अब भीमा-काली का पधारना संदिग्ध है)। तीसरे कमरे में बलिपशु का प्रोक्षण किया जाता है। चौथे में भीमा-काली बैठती हैं। पाँचवें कमरे में राजा का सामान—हथियार, कवच, बारूद, सीसा आदि रखा हुआ है। चौथे तल के कमरों में सबसे बड़ा दरबार-हाल, दूसरा रनिवास, तीसरा स्नान-कोष्ठक, चौथा बड़ा रसोईघर, फिर एक पानी घर भी। पाँचवाँ तल सबसे अन्तिम और सबसे ऊपर है, जहाँ एक छोटी-सी कोठरी है, जिसमें बटकुला देवता निवास करता है।

इसी किले के भीतर राजा के रहने, खाने, काम करने का सारा प्रबंध था। उस समय वह कितने थोड़े से काम चला लेते थे। इच्छा तो जरूर भीतर जाकर देखने की थी, किन्तु लोगों को बुद्धू बनाकर रखने के लिए राजाओं के बनाए नियम मूढ़ विश्वास का रूप धारण कर चुके हैं। राजतंत्र से संबद्ध इन मूढ़ विश्वासों को सुरक्षित रखना दूसरे समय हिमाचल प्रदेश के लिए खतरे की बात होती, किन्तु अब किसमें हिम्मत है कि प्रजा के शासन को हटा फिर राजा को लाकर गद्दी पर बैठाए। यह मैं कहूँगा कि बुशहर के कितने ही पुराने राजदरबारी अब भी यही समझते हैं कि

बालिग होने पर टीका साहब (युवराज) अपने बाप-दादों की गद्दी सम्हालेंगे। किले में बाहर के आदमी के जाने का तो सवाल ही नहीं उठता, वहाँ के लोग भी जब भीतर जाते हैं, तो कमर में कमरबन्द के अतिरिक्त उन्हें सिर पर शमलानुमा काली टोपी लगानी पड़ती है। किले के बाहर एक छोटा-सा हाता है, फिर कोठार-भंडार की कितनी ही कोठरियाँ।

मुझे किले के भीतर के कागज पत्रों के देखने की बड़ी इच्छा थी। पुराने समय में लिखा-पढ़ी भोजपत्र पर हुआ करती थी और अक्षर टाँकरा (अर्थात गुप्तलिपि से सीधी निकली एकलिपि) जान पड़ता है। पुराने कागज पत्र को सम्हालकर नहीं रक्खा गया, साठ-सत्तर साल के पहिले के लेख सुरक्षित नहीं हैं। उस समय मुझे विश्वास था कि सराहन में पुराने कागज-पत्र बहुत मिलेंगे, इसलिए मैंने ज्यादा जोर भी नहीं दिया।

यहाँ मैं मोने-गोरङ् के कुछ कागजों की बात करता हूँ।

हर तीसरे साल मोने के बदरीनाथ गढ़वाली बदरीनाथ से भेंट करने के लिए जाया करते थे। जब तक नीचे के साधु-महात्माओं, सेठ-सेठानियों ने धावा नहीं बोल दिया, तब तक गढ़वाल वाले बदरीनाथ और मोने के बदरीनाथ में उतना ही अन्तर था, जितना बड़े भाई और छोटे भाई में। हर तीसरे साल बाजे-गाजे के साथ मोने बदरीनाथ बड़े बदरीनाथ के पास पहुँचते। वहाँ एक सिंहासन पर बैठकर उनकी पूजा की जाती। सम्वत् 1932 (सन् 1875 ई.) में इसी के बारे में बुशहर के राजा शमशेर सिंह ने निम्न चिट्ठी लिखी थी—

"सोसती स्त्री महा स्त्री बद्रीस, परचारजा राओल परसोतमजी स्त्री महास्त्री परमबटारक स्त्री महाराजधिराज स्त्री महराजे स्त्री समसेर सिंघे पएलगणा पहुँचे। इहाँ के समाचर बले हैं। ताह के बले चाहिए। उप्रंत इह से हमारे गदी का देवता को सन रूपी बदरीनाथ जी मारफत नेगी रोणवद्र व चोबदार हीरामन के साथ बद्रीजी को बेजे गए, सो देवते जी का संगार पहेनाकर संगसन उप्र बटला के पुजा मानता हच्छी तरा करणा, बद उसके मारफत नेगी रोणवद्र की देवता जी को वेज देणा, आइंदे सुब (।) पत्र लिखते रहेण। सं. '1938 हड गते 27 सुब' खत की नकल हे राजासहेब की तरफ से बद्री छेन के ओलजी को।

यहाँ के बदरीनाथ की गढ़वाली बदरीनाथ के पास ले जाने का हुकुम देते हुए राजा शमशेर सिंह ने लिखा था—

"स्त्री महास्त्री परमबटारक श्री महाराजदिरज स्त्री महाराज स्त्री समसेर सिंघे देवने बचने (।) कमरू देवते बद्रीनाथजी के करदारन नेगी रोणबद्र से ही अच रामरम बचने बोल्या उम्रन्त जो की बद्रीनाथ जी अब के बद्री जाने का हुकुम फरमावते होगा (।) सो देवतेजी की मरजी-हुकुम माफक देवताजी बद्री क्षेत्र में बेसक ले जाण (।) व मूजब रकम के बद्री क्षेत्र में पुजाकर देणी और सरकारी तरफ से देवतेजी का रकम

खरच अज तक मिला करती, सो अववी रखम-व्जब देवते की खरच सरकार से मिल जाएगी (।) तुमने रखमवमुजब (।) खरच लगा देणी (।) तुमको सरकार से मुजरे मिलेंगे (।) सं. 1932 रोह 31 लिख्या हुकुम परमण (।) शुभ"

कामरू के बदरीनाथ राजा शमशेर सिंह की चिट्ठी में "क्रसन" (कृष्ण) रूपी कहे गए हैं। लेकिन उन्हीं के पास अपने सं. 1926 (सन् 1869 ई.) के पत्र में बदरीनाथ के रावल पुरुषोत्तम शर्मा ने कामरू वदरीनाथ को बौद्ध रूपी लिखा है। पत्र की मूल प्रति यहाँ सुरक्षित है। उसका कुछ अंश निम्न प्रकार है—"स्वस्ति श्रीमद्बरीनाथाराधनसमादित समस्त सद्वस्तुविलासेषु शौर्यौ दार्यगाम्मीर्यसौजन्याद्यनेकगुणगणग्रमेषु दयादाक्षिण्यमाधुर्ययुतक्षात्रमंड-लमुकुटलसत्पादारविन्देषु दानशौंड श्रीमन्महाराजधिराज परमभट्टारक श्री श्री श्री श्री श्रीसमसेरसिंहवर्मकल्पद्रुम कल्पेषुइतस्वस्ति (श्रीकृष्ण) चरण परिचर्यापरायणान्तः करणरावलोपनामपुरुषोत्त-शर्मविहिताशिवां राशयः समुल्लसंतुतराम (।) तत्रभवतो प्रतिशमीहामहे (।) प्रवृत्तिस्तु भाषया (।) आगे द्वापरांते जो बौद्धरूप श्री बदरी नाथ द्वारका से इहाँ आय के पूजा-भोग के अर्थ तहाँ राजगद्दी में प्राप्त हो रहा है, यात्रार्थ वह मूर्ति तपसिल..."

दोनों पत्रों को देखने से पता लगता है कि सम्वत् 1926 श्रावण सुदी 2 चन्द्रवासर तक कामरू के बदरीनाथ जहाँ बौद्ध रूपी (बुद्ध-रूप) थे, वहाँ सं. 1932 में वह कृष्ण रूपी बन गए और फिर तो सं. 1959 (सन् 1902 ई.) भाद्रवदि 10 को रावल के पास पत्र लिखते हुए शमशेर कहते हैं—"विस्तार समझा जो लेखा कि यहाँ से हमारे गद्दी का देवता कृष्णरूपि बदरीनाथ तहाँ भेजा सो (बदरीनाथ) जी के सिंहासन के ऊपर बैठाय के पूजा-मानता अच्छी तरह करना (बदरीनाथ) जी के सिंहासन बैठाय के यथाविधिपूर्वक 5 रोज तक पूजा..."

कामरू में मिले हस्तलेखों के देखने से यह भी लगता है कि सितम्बर 1975 तक अभी बुशहर के राजा यह निश्चय नहीं कर पाये थे कि उन्हें रघुवंशी बनना है या चन्द्रवंशी। एक कागज में लिखा मिला—

नाम रहीस	लकब	मुकामसकूनत
समसेर	राजा	रामपुरस्त्रहण

दूसरे पत्र में लिखा है—

नाम	जात	उम्र	खासनाम	खानदानी
संसेरसिंह	छत्री	37	सिंघ	रगुवंसी

कामरू में राजा उगरसिंह से पहले का कोई कागज मुझे नहीं मिला। सम्भव है भोजपत्रों को ढूँढ़ा जाए, तो उसमें भी पुराने लेख मिलें। उगरसिंह ने सन् 1721 ई. में पहाड़ी भाषा में अपने कारदारों को धर्मादे के रुपये को ठीक से खरच करने के बारे में लिखा था—

"सं 78 ओं की स्त्री महत्री परमभट्टारक श्री महाराजाधिराज श्री महाराजे श्री उगर सिंघे देवत वंचनी (।) नेगी कावतीन राणाथे समदारी मोहोर छाप लिख दी (।) तिस मघे एह जे भीजी बरसे परनओती बरतदेहे परनओती दे खरच रकम मधे हलचल हो दी थी (।) इदीरे वसते कवरेतरेन एते के गल वजे एह धरम रकम है (।) इदी मझ हलचल न होए (।) इसते त्री जी बरसे फकपाए थेरे से के रूप 100 परनओती जो देणी रूप 100 वीजादसमीरे खरच रे उवा मझ थे देणी (।) इदी पर हलचल नहीं करणी (।) यह रूप 200 त्री जी वरसे परनओती जो कवरू देवकरन प्रन्ते बीस्ट सागरदास व हरसंतदास व नरपतदास वा धनीराम दयाराम पलदन भगत खजंची वाजू केवर वलकिसन पलसर गोल (।) हजूर दे हुकम प्रमाण लिख्या (।) सं 78 पोह प्र (विष्टे) 23 लिख्या कायथ अवल।"

राजा उगरसिंह की मोहर के बीच में "श्री बद्रीनाथ जी सदा सहाय" और बाहर की परिधि पर उसी को तीन बार दुहराया गया है। एक मोहर पर "बद्रीनाथ जी सहाय" फिर बाहर की ओर "मुहर छाप रियासत विसाहर सं 1851" लिखा है। इस मुहर के बीच वाले वृत्त में केवल "श्री" लिखा है। यह और पहिली मोहर भी नागरी अक्षरों में है।

कामरू किले के अधिकारी मेरी सहायता करने के लिए तैयार थे, किन्तु कुछ राजवंशिक नियमों के संकट थे, जिन्होंने धर्मसंकट का रूप ले लिया था। मैं किले के भीतर जा नहीं सकता था और दूसरे उसके भीतर की चीजों के ऐतिहासिक महत्व को जानते नहीं थे। मैं उनसे पूछकर जिस कागज को लाने के लिए कहता, उसे ले आते। यह अंकुश से पानी पिलाना था। वहाँ कई ऐतिहासिक महत्व की वस्तुएँ हैं, इसमें मुझे सन्देह नहीं। वह वस्तुएँ तथा बारूद भी एक ही जगह रक्खी हुई हैं। हिमाचल सरकार द्वारा कामरू दुर्ग रक्षित स्मारक घोषित किया जाना चाहिए और सबसे पहिला काम होना चाहिए बारूद को यहाँ से हटाकर दूर रखना। प्रजातंत्र की भावना, जिसमें लोगों में प्रबल हो, इसके लिए किले में अब भी जो सामन्ती नियमों का बोलबाला है, उसे हटाना चाहिए और इस विषय में स्थानीय आभिजात्य वर्ग के विरोध पर ध्यान नहीं देना चाहिए।

वस्पा-उपत्यका विशेषकर कामरू और साङ्ला में बौद्ध धर्म का प्रभाव कम है और ब्राह्मण-धर्म ओज पर है—जात-पाँत और छुआछूत के फेर में पड़ने को मैं पतन कहता हूँ। लेकिन अभी भी ब्राह्मण धर्म बहुत भीतर तक घुस नहीं सका है। सारे कनौर में ब्राह्मण कहीं भी मिलते नहीं। जान पड़ता है, कामरू के चन्द्रवंशी-सूर्यवंशी होने की लालसा ने ब्राह्मण धर्म को यहाँ प्रवेश कराया। नाचने वाले बदरीनाथ के पास से तो किसी ऐतिहासिक सामग्री प्राप्त होने की आशा नहीं थी। किले के बाद यदि कहीं और कुछ मिल सकता था, तो वह बौद्ध-मन्दिर था। देखते-दाखते दो बज गए थे। मोने-रौला ने भोजन तैयार करने के लिए कह रक्खा

था। हम नीचे उतर कर बदरीनाथ के भंडार में भोजन करने गए और फिर पास ही में अवस्थित बुद्ध-मन्दिर में पहुँचे।

बुद्ध मन्दिर में मूर्तियों का क्या पूछना? आधा घर पीतल और दूसरी मूर्तियों से भरा था। किन्तु मेरी आँख तो दौड़ रही थी पुरानी मूर्तियों की खोज में। आखिर एक 22 इंच लम्बी चतुर्भुज अवलोकितेश्वर की मूर्ति वहाँ एक तरफ खड़ी दीख पड़ी। मूर्ति-शरीर का अधिक भाग कपड़े से ढँका था, किन्तु आँखों पर सदा उज्ज्वल रहने वाला चाँदी का पानी देखते ही मैं उधर लपका। यह कला छह-सात सौ बरस पहिले लुप्त हो गई, फिर सदा अम्लान रौप्यचक्षु का न भारत में पता लगता, न तिब्बत में। मैंने मूर्ति के कपड़े उतरवाये। अतिसुन्दर संतुलित मूर्ति थी। बाईं ओर के दोनों हाथों में से उपरले में पुस्तक, निचले में कमल, दाहिनी ओर के उपरले में अक्षमाला और निचला वरदहस्त। मूर्ति खड़ी, किन्तु त्रिभंगी है। मैंने फोटो लिया, किन्तु अँधेरे घर में प्रकाश काफी नहीं था और मेरे पास कैमरे में अधिक समय देने के लिए साधन नहीं था। मैं फोटो नहीं पा सका। मूर्ति देखने से ही मुझे निश्चय हो गया कि वह बाहरवीं-तेरहवीं सदी से इधर की नहीं हो सकती। मूर्ति के पादपीठ में तीन पाँतियों का पुराने चतुरस्त्र भोटाक्षर में लेख खुदा हुआ था।

"लन्-बित्-ब्यि-य-ब-दस्-फ्यग्-लेन-मजद्। स्मोन् ब्लोन् छे क्लु म्गोन् म्छेद-युं-स्त्रस-क्यिस् योन्-बदग्-वग्यिस् छे-दस-प स्मोन्-ब्लोन-छे-शेस-बूचन-ग्यिस्-व्सोद्-नस-सु-रिगस-गसुम-ग्यिस्कु-ब-शेड्सु बसोल-बस। छे ऽदस-ल-दङ् मर-यस्-पति-सेंस-चन-थंद-चद्, स्त्रब-प-प्यद-बर-ग्युरद् चिग्।"

इससे पता लगता है कि मोने (कामरू के किसी महामात्य नागनाथ और उसके परिवार ने मोने के महामात्य ज्ञानी के पुण्यार्थ इस "त्रिजातिक" मूर्ति का निर्माण कराया। "त्रिजातिक" या "त्रिजातिकनाथ" महायान बौद्ध धर्म के तीन बड़े बोधिसत्वों—अवलोकितेश्वर, मंजुश्री और वज्रपाणि के लिए आता है। इसका अर्थ हुआ कि इस मूर्ति के साथ ऐसी ही दो और मूर्तियाँ बनाई गई थीं। मालूम नहीं, वह कहीं दूसरी जगह मौजूद हैं या नष्ट हो गईं। यह मूर्ति कला और इतिहास दोनों की दृष्टि से महत्वपूर्ण है। उतनी प्राचीन तथा कलापूर्ण तो नहीं, किन्तु अक्षरोत्कीर्ण एक तीन इंच (केवल मूर्ति) की बोन्-धर्म की मूर्ति भी वहीं है, जिस पर लिखा है—"ग्र्यल-व-ऽवर-र-व-न-मखड़िर्दो-र्जे-ल-न-मो"। नम्खादोर्जे नाम के किसी धर्मगुरु की यह मूर्ति है।

मूर्तियों के बाद मैंने पुस्तकों की ओर ध्यान दिया, नेगी शाम सुन्दरदास के घर से आई "सुवर्ण प्रभास-सूत्र" (भोटभाषा) की हस्तलिखित प्रति को उठाकर देखा। इसकी आरम्भिक पुष्पिका में दायक का नाम और परिचय लिखा था, जिससे मालूम हुआ कि राजा "बिर्-दिर् सिंग" के समय सरकारी अधिकारी, असि, असोल, ओस्मोल, रोङ्मोल आदि ने इस पुस्तक को मोने में लिखवाया था। बिर्-दिर् सिंग

वस्तुतः राजा केहरसिंह के उत्तराधिकारी विद्या या विजयसिंह[1] का ही बिगड़ा नाम है। विजयसिंह 17वीं सदी के उत्तरार्ध में मौजूद थे। नेगी शाम सुन्दरदास (आयु 53 वर्ष) अपने पिता कमलानन्द, पितामह किसनदास और प्रपितामह श्यामदास तक ही को जानते हैं, किन्तु उन्हें यह मालूम है कि उनके वंश में ओस्मोल् नामक पूर्वज हुए थे, जो राजा के बुतुङ्रु (समिति-सदस्य) थे।

कामरू के दूसरे परिवार चकुम् के श्रीकुंडारामजी के पास एक स्वर्ण-लिखित "अष्टसाहस्रिका प्रज्ञापारमिता" को भोट-पोथी है, जिसे मुझे अगले दिन डाकबंगले में देखने का मौका मिला। यह शायद आज तक कनौर में देखी हस्तलिखित पोथियों में सबसे पुरानी है। इसकी पुष्पिका के देखने से पता लगता है कि इसे सराहन के भूपाल राजा सइपल के समय छितकुल में छ-न[2] परिवार ने लिखवाया। पुस्तक में जोड़-ख-पा का भी नाम आया है, जिसका अर्थ है कि पोथी 14वीं सदी से पीछे लिखी गई। सइपल का संस्कृति भूमिश्री अथवा पृथिवी श्री होता है। इस नाम का

---

1. भोटिया लेख निम्न प्रकार है—"गु-गे-शङ्-शुङ् दम् छोस दर् ग्नस दिर्। द्पग् मेद्-ब्सोद्-नम्स्-ल्हुन्-ग्रुब-मि-यि-बदग। मङ्-पोस्-बस्कुर्-वडि-ग्दंर् ग्युद्-ब्ल-न-मेद्। रिन-छेन् ब्जङ्-पो-शब्स्-क्यिस्-बुचग्स्-पऽग्निस्। युल-ल-द्गे-बचु-ऽ-जम्स्-पोऽिद्प्यङ्स-युल-मो-न ऽदिर-नम्स्-सऽि-व्दग्-पो-बि-र्दिर्-सिं-गि-मदऽऽोंग्-न। योन्-गि-बदग-पो-अ-सिदङ्। अ-सोल-दङ्। अस-मोलू-दङ्। रोङ्-मोल-दङ्। र-मोन्-दङ्। खु-दु-दङ्। दल्-ल्दन्-योनि-ग्यि-बदग्-मो-को-फुल्-दङ्। गनस्-सडि-म्छोग्-ग्युर-र्जङ्-मो-दङ् स-पोन-नि-दङ् स-रो-जि-दङ्। जे पुर-दग्-नो-क्यि-दङ्, कोन-तङ्-दङ्-अ-र्जि-दङ्-वि-रोम्-दङ्-धो-ऽदऽ-र-दङ्। धु-रु-दङ्। दगे-स्लोङ-दङ्। गनल-ऽव्योर-दङ्। दे-र्नमस-छोस-पियर-स्तोङ-ङ-ङोम्-मछर-छे।"
2. स्तोन-पो-छोस-सुङ्स-र्दोर्जे-वदन-गि-व्यङ्। ख-व-चन-ल्जोङ्स्-दम्-छोस्-दर-वडिग्नस्। ति-से-मछोद्-र्तेन् दग्र-चोमू-शुग्स्-पग्निस्। म वङ् ग्यु-मछो-दडोस् ग्रुव्-नुस्-क्यि-र्जिङ्। क्ये-लेग्स्-रिन्-छेन-ब्जङ् पोऽ शव्स्-क्यि-व्चग्स्-पडि-गनस्। ब्लो-सङ्ग्रग्स्-पडिव्स्तन्-प-दर्-वडिगन्स्। छु-छेन-ङ्-ल-ऽवव्-ग्लङ्-पों-ख-ऽवव्-ग्रम्। छ-यि-ग्यङ्-र-शुङ्-व्शङ्-ल्हऽ-ल्जिस्। ख्युङ्-र्जोङ्स्-स्पृ-थो-रिन्-छेन्-हुन्-पोडिङोस्। गङ्-सम्-ल्हुन्-ग्रुव्-सुस्-मथोङ्-स्मोन्-गन्स्। सो-र-र-न। ग्तम्-सऽ-व्दग्-पो-ग्र्यल्-पो-सडिपल्-ग्यिम्-दङ् ङोग्-न। क्य-लेग्स्-युल्-ल्-द्गे-व्चु-ऽर्जम्-पडिछिद्-दकुल-ऽदिर। मि-रिग्स् खुस्-चुन्-छ-नऽ-र्युद्। ददन-पोन्-ग्यि-वदग्-पो-र्जो-दगु-दङ्-। रिग्-पऽ-ग्न्स्-ल्ड्-प-ल-खस्-पस्रिस-पछिग्-ग्युर्-सि-चन-दङ्। ल्ह-फ्रुग्-ब्शो-नु-ऽद्र-र्वाऽद् ग्रो मोनू-दङ्। ग्र्य गर् प्-सङ् ऽद्र-वडि-अ-लो दङ्। पस्-ल-मे र्तोग-ऽवर-व-ऽद्र-

कोई राजा सराहन वंश में पिछली 15 पीढ़ियों में नहीं हुआ है!

कामरू में रामपुर के राजाओं की एक वंशावली मिली, जिसे मैं यहाँ उद्धृत करता हूँ। प्रथम पूर्वज प्रदुमनसिंघ से यहाँ यदुवंशी कृष्णपत्र अभिप्रेत हैं। सभी नामों के साथ 'सिंघ" या 'सींघ" लिखा हुआ है—

1. प्रदूमनसिंघ
2. छुवलसींघ
3. सेर
4. कमल
5. गुलाब
6. वरदेव
7. मेहरूप
8. हरि
9. सरजीत
10. जगबीर
11 रघु
12. गोपाल
13. हरिचरन
14. माक्रमान
15. मुदई
16. भूप
17. उमेद
18. हरकरपाल
19. करपाल
20. हरदेव
21. सलाब
22. बीमा
23. बगल
24. पुरवा
25. मेहर
26. सबला
27. हामी
28. जवार
29. गवरदान
30. जगवीर
31. सुरजन
32. मदन
33. गोबिन्द
34. प्रीतम
35. गुरदारी
36. किसन
37. विसन
38. रगुनाथ
39. देवी
40. चरन
41. पदेस्त्री
42. मलबहादर
43. गोपी
44. गुरबदल
45. जगत
46. अम्रित
47. दलबदर
48. नेइल
49. हरिपद
50. फतेह
51. अमर
52. महावद्र
53. सलार
54. जगबे
55. जोगदेयाल
56. दलब
57. मदोर
58. दलीप
59. जगतंब
60. गुमान
61. परमोद
62. महीपर
63. सरब
64. सलेही
65. गोरकोकल
66. परदेवर
67. वारपल
68. चरमेद
69. दरजोद
70. दरकोरी
71. प्रीतम
72. सागर

वडि-कल-क्रे दङ्। स्त्रस-पोडि-छोग-ग्युर्-ओ-र्जन-दङ्। व्रस्थिन्-पऽ-बदग्-मो-पो-ति-दङ्। ग्नऽ-मडि; छोग-ग्युर्-से-मोर-दङ्। स्पु चङ्-दङ्-कोन चोग्- छे-रिङ्-दङ्। मिऽरि-दङ्-हो-पो-व्सङ् मो-क्यिद्-द-स-वि-दङ् - हुर्र्ज-द-गु-नि-ग् मिस्-क्यू-दोन्-दु-फुगस्-ग्र्य-स्तोङ्-ब्शेङ्..." दूसरे पृष्ठ पर कुछ खराब अक्षरों में राजा उगरसेन के समय पुस्तक की बिक्री के बारे में लिखते हुए कहा है "... र्यल् पोऽ-फल्-खल्-ञिस्-थे-शि-शुङ् खङ् योऽ।...छोस-ण्र्य-स्तो-व-पियस् स्कुलु-खुन्-न-के-ऽदस्-र-नस्-स्त्रोस्- यिन्-नि-ल्ड-ल-चु-ग्ञिस् स्तोङ्-युल्-ल-र्य-चु-ऽर्जोम-ग्र्यल्-छेन्-पो-मो-न्ये-रु-ग्यल्पो अ-बुर-मिङ् स्व्यन-ऽवस्-दग्-पो-ऽजन्-ग्यो-नोर्-इस्-अ-प-मिङ्-पु-च-मिङ् ऽजु-दस्-द-रम्-स-अस्-यङ्खु-गु-मिङ्-नि-ख-कुर-ऽदस"। भाषा बहुत अशुद्ध है।

73. रन
74. धीर जमेहर
75. मंगल
76. गोरसी
77. लखी
78. परभूजन
79. दुमन
80. दनकरीत
81. दलदीन
82. परदेउ
83. मारी
84. अमलर
85. दहारी
86. बसाथ
87. करम
88. प्रेम
89. दस्त
90. चरन
91. बीरवेसी
92. केसरी
93. परजीत
94. धरम
95. कमल
96. छतर
97. अमर
98. करल
99. तपनाथ
100. सग्रम
101. सुरज
102. दरमोरत
103. चारमल
104. जबाला
105. ग्वसदल
106. अमृत
107. सार
108. करिसन
109. हरि
110. जबर
111. भूप
112. कल्यान
113. केहरी[3]
114. विज्या 'विजयी'
115. उदय
116. रामसिंह
117. रुद्र
118. उग्र[4] [मृ. 1881 ई.]
119. महेंद्र[5] [मृ. 1850 ई.]
120. समसेर[6] [मृ. 1914 ई.]
121. पदम [मृ. 1947 ई.]

इस वंशावली पर कुछ कहने से पूर्व रामपुर में प्राप्त दूसरी वंशावली से भी कुछ दे देना आवश्यक है। इस वंशावली में प्रदुमन से पदमसिंह तक 130 पीढ़ियाँ गिनाई गई हैं, जिनमें पहले की 84 पीढ़ियाँ निम्न प्रकार हैं—

1. प्रदुमन
2. अनुरुध
3. जमल
4. नाहर
5. कमाल
6. जगत
7. बुरिद
8. सुरत
9. नरजे
10. सरजीत
11. जुगेन्द्र
12. रघु
13. गोपाल
14. हरिचरन
15. बदामा
16. बुधिपती
17. भवनी
18. रनबादल
19. पद्म
20. गुरबान
21. नरदेव
22. सूरज
23. भीम
24. सुरमंगल

---

3. 1611 (1554 ई.) में रामपुर बसाया, 1556 ई. में तिब्बत से संधि की, 1559 में दिल्ली दरबार (अकबर) में गया।
4. जन्म-संवत् 1793 (1736 ई.), मृत्यु 10 आषाढ़ (सौर) संवत् 1768 (1811 ई.)।
5. जन्म 16 कार्तिक 1865, मृ0 19 माघ 1906 (1850 ई.), महेन्द्रसिंह के सौतेले भाई मियाँ फतेदसिंह थे जिनके जनगीत प्रसिद्ध हैं।
6. जन्म 26 आश्विन 1895, मृत्यु 20 श्रावण 1972 (4 अगस्त, 1984 ई.)

25. सुरमा	40. देवी	55. जोगेन्द्रपाल	70. धेनुगज
26. मेहर	41. चरन	56. दलपति	71. प्रीतम
27. जमाल	42. परमेश्वर	57. बुद्धवान	72. सार
28. गजपति	43. दलबादल	58. दलीप	73. रतन
29. जवाहर	44. गजराव	59. जगपति	74. धजभोर
30. गवरधन	45. गरबादल	60. तान	75. मंगल
31. जगबरत	46. जगत	61. नरमोह	76. सुरसेन
32. सुरग्यान	47. अनिरुद्ध	62. मनीहर	77. भभी
33. मदन	48. बलबदुर	63. नरदेव	78. हरिभजन
34. गरजन	49. भगवान	64. नरसिंह	79. धनभरत
35. जबीव	50. हरि	65. गुरुभगत	80. भरत
36. गिरधारी	51. अमर	66. मरधन	81. हलसेन
37. किशन	52. मदबहार	67. नरदल	82. नरदेव
38. कृष्ण (विसन)	53. रणमार	68. देव	83. सार
39. रघुनाथ	54. जगपति	69. दरजोधन	84. अमर

और पीछे की ग्यारह पीढ़ियाँ निम्न प्रकार हैं—

120. छत्रसिंह	123. विजयसिंह	126. रुद्रसिंह	129. शमशेरसिंह
121. कल्याणसिंह	124. उदयसिंह	127. उग्रसिंह	130. पदमसिंह
122. केहरीसिंह	125. रामसिंह	128. महेंन्द्रसिंह	131. वीरभद्रसिंह

नीचे की पीढ़ियाँ दोनों वंशावलियों की ठीक मालूम होती हैं। पहिली वंशावली के गुलाब (5), मुदइ (15), उमेद (17), मेहर (25), हामी (27), जवाहर (28), मलबहादुर (42), दलबदर (47), फतेह (51), सलार (53), गुमान (60) और दूसरी वंशावली के कमाल (5), सुरत (8), रनबादल (= दलबहादुर, 18), हर (26), जमाल (27), जवाहर (92), दलबादल (= दलबहादुर, 43), बलबदुर (48) जैसे अरबी-फारसी-मंगोल नाम बतला रहे हैं कि जाल बनाने वाला अधिक चतुर नहीं था। भला कलियुगादि में गुलाब, मुद्दई, उमेद जैसे नाम कैसे रखे जा सकते थे? पहिली वंशावली में दहारी (85) नाम देकर तो चोर अपना हल्का-सा परिचय भी दे गया है। "दहारी" और "सुखारी" जैसे नाम भोजपुरी-मैथिली-मगही क्षेत्र में ही पाए जाते हैं, जहाँ दहार (बाढ़) में पैदा होने वाले का दहारी नाम पड़ता है। अवधी-क्षेत्र में सुखारी दूसरे ही अर्थ में प्रयुक्त होता था, जैसा कि गोस्वामी जी ने कहा—"जासु राज प्रिय प्रजा सुखारी।"

हम कामरू दुर्ग के एक लिखितम (1875 ई.) में राजा शमशेरसिंह को रघुवंशी लिखा देख चुके हैं और यह वंशावली इस वंश को चन्द्रवंशी बतलाती है। 1875 ई. के बाद यह वंश परिवर्तन!! क्या रावीवाले ब्राह्मणों की बात ठीक मानी जाए कि दक्षिणदेश कंचननगर से दो भाई दशरथ आए। पदुमन का भाग्य जग गया, वह राजा बना और दशरथ की सन्तान रावी में बसकर पुरोहित बनी। हो सकता है, यह कामरू वंश के पहिले की बात हो। कामरू के नीचे नदी के किनारे बहुत-सी समतल भूमि है। विमानावतरण भूमि वहाँ बहुत आसानी से बनाई जा सकती है—बड़े-बड़े खेत अधिकतर सरकारी हैं। कामरू और साङ्‌ला के विस्तृत खेतों को देखकर मैंने समझा कि यहाँ भी दो फसल जरूर होती होगी। किन्तु नीचे के खेतों में दो फसल होती ही नहीं, क्योंकि उनकी बर्फ बहुत देर में पिघलती है। हाँ, गाँव के पास के ऊपर वाले खेतों में क्वार में गेहूँ बो दिया जाए, तो बर्फ में दब जाने पर भी गरमी में फसल जल्दी तैयार हो जाती है और उसी खेत में एक फसल और पैदा की जा सकती है। यद्यपि सप्ताह-पूर्व आई भीषण बाढ़ ने लोगों को बहुत भयभीत किया, किन्तु रात में आने से उससे प्राणहानि नहीं हुई और खेतों की भी क्षति अपेक्षाकृत कम हुई। कामरू के खेत बहुत ऊपर पहाड़ी कंडे (पर्वतपृष्ठ) तक हैं।

कामरू छोड़ते तक शाम भी नजदीक आ गई। हमारे गाँव से बाहर होते ही बाजा बजा, अर्थात लोगों ने बदरीनाथ को वानर-उपद्रव-शान्ति के बारे में आज्ञा लेने के लिए मन्दिर से बाहर निकाला।

लौटते समय साङ्‌ला में मुखोविश्नान ठाकुर के गढ़ पर भी गए, किन्तु वहाँ भूमि के ऊपर उसका कोई चिह्न विद्यमान नहीं है। एक पहाड़ी टीले पर अनाज रखने के लिए लोगों ने कुछ बखारें खड़ी कर ली हैं, किसी ने एक छोटा-सा बाग भी घेर लिया है।

हम सीधे बँगले पर चले आए।

साङ्‌ला में मैंने पहिले तीन दिन रहने का विचार किया था, किन्तु अब कोई काम नहीं रह गया था। 12 अगस्त को प्रस्थान करना है, यह चपरासी को मालूम था, किन्तु 10 की शाम को जो वह लुप्त हुआ, तो फिर पता नहीं लगा। दायित्व-हीनता की तो उसने हद कर दी। ब्र्ये से लाए घोड़े का जिम्मा उसने लिया था, अब उसका सम्हालना भी हमारे ऊपर पड़ा।

11 अगस्त को फिर हम साङ्‌ला की गन्दी गलियों में घुसे। पंगी ब्रह्मचारी कल ही कैलास-परिक्रमा से लौट आए थे। हम दोनों साथ ही गाँव में गए। गाँव में दो बातों की धूम मची हुई थी। टेहरी के ब्राह्मण जोतिसी आए थे और लोग साल भर की बाकी लगी जन्म कुंडलियों को धड़ाधड़ बनवा रहे थे।

एक दूसरी बात की धूम नहीं घबराहट सी थी, वह थी बन्दूकों का लिखवाना। मैं समझता हूँ, इस सीमान्त इलाके में बन्दूकों के रखने में किसी तरह का नियंत्रण

करना बहुत अविचारपूर्ण बात होगी। पाँच-छह साल पहिले पश्चिमी तिब्बत में लूट-मार मचाने वाले किर्गिज-कजाकों की कनौर में घुसने की हिम्मत इसीलिए नहीं हुई कि किन्नर लोग आग्नेय अस्त्रों को खुले तौर से रख सकते थे। मैंने पुलिस की ओर से निकाले विज्ञापन भी आगे देखे, जिनमें हथियारों को थाने में जमा करने की बात लिखी थी। बात चलने पर मेहता साहब ने बतलाया कि हम कनौर में हथियार रखने पर पाबन्दी नहीं लगाना चाहते। फिर ऐसी गैर-जिम्मेवारी की सूचना क्यों निकाली गई? नीचे के अफसर गैर-जिम्मेवारी दिखलाया करते हैं। हिमाचल सरकार ने हिन्दी को राजभाषा घोषित कर दिया है। श्री मेहता जी जैसे हिन्दी-प्रेमी चाहते हैं कि हिन्दी में काम किया जाए, लेकिन एक छोटे अधिकारी ने अपने अधिकार क्षेत्र में हुकुम निकाल दिया कि उनके पास सारी लिखा-पढ़ी अंग्रेजी में की जाए। जो आदमी एक बैठकी में छह-छह घंटे ब्रिज (ताश) खेलता हो और साथ खेलने के लिए घर में बीवी मौजूद हो, उसे हिन्दी लिखना-पढ़ना सीखने की कब फुरसत हो सकती है? वह तो ऐसी आज्ञा निकालेगा ही! मेरी समझ में सीमान्त में हथियार के सम्बन्ध में भ्रम पैदा करना अच्छा नहीं। पड़ोसी तिब्बत में हथियारबन्द डाकू स्वच्छन्द विचर रहे हैं। यदि उन्हें जरा भी किन्नरों की निर्बलता का पता लगा, तो किन्नर के सीमान्ती गाँव भी उनके क्रीड़ा क्षेत्र बन जाएँगे। किन्नर में हथियार रखने की ही छूट नहीं होनी चाहिए, बल्कि सरकार को इस बात का प्रबन्ध करना चाहिए कि सीमान्त के पास वाली उपत्यका के दो-दो, तीन-तीन गाँवों में दस-पन्द्रह नई बन्दूकों से कम हथियार न रहें। आरम्भ ही में हथियार के बारे में जनता में गलतफहमी फैला देना ठीक नहीं।

ब्रह्मचारी के साथ हम गोल-मन्दिर में देवी की मूर्ति देखने गए। यह पीतल की मामूली मूर्ति है, जो शायद किसी बौद्ध-मन्दिर में कभी हाथ जोड़े बैठी थी। नाक में नथ संभ्रान्त होने का चिह्न है, लेकिन यह चिह्न वस्पा-उपत्यका में बहुत पीछे आया होगा। फिर हम देव-मन्दिर के पास बुद्ध मन्दिर में गए। वहाँ अपने प्रधान शिष्यों सारिपुत्र और मौद्गल्यायन के साथ शाक्यमुनि की मिट्टी की मूर्ति है। मूर्तियों से निराश होकर मैं पोथियों पर पड़ा। यहाँ अष्टसाहस्रिका प्रज्ञापारमिता की एक पुरानी हस्तलिखित प्रति है। यह तीन खंडों में थी, जिनमें से दूसरे और तीसरे खंड यहाँ मौजूद हैं और पहिला खंड लुप्त हो चुका है। पोथी सचित्र थी, शायद प्रथम खंड में और अधिक चित्र रहे। ऐसे सुन्दर चित्रों वाली पोथी को भला कौन छोड़ता? क्या रोहू के शिकार करने वाले किसी साहब बहादुर ने उसका शिकार तो नहीं कर लिया? अथवा किसी ने चित्रों को काट कर चार-पाँच सौ बरस पुरानी इस पोथी की होली कर डाली? हमें अपने ऐतिहासिक महत्व की वस्तुओं की रक्षा में और भी सावधानी करनी होगी। मन्दिर के पुजारी बड़े उदारहृदय हैं। उन्होंने तिब्बत के गरुड़पुराण "वर-दोस्-थोस-ग्रोल्" को जहाँ रक्खा था, वहाँ साथ ही

"नासिकेतोपाख्यान" और "गरुड़पुराण" को भी नहीं भूले थे। भोटिया गरुड़पुराण की पुष्पिका के लेख से मालूम[7] होता है कि इसे राजा शमशेर सिंह के समय वजीर रनबहादुर ने लिखवाया था। निजी घरों में ढूँढ़ने पर कामरू और साङ्ला में और भी कुछ पुरानी मूर्तियाँ और पोथियाँ देखी जा सकती हैं।

साङ्ला ब्राह्मण-धर्म का भक्त है, बौद्ध धर्म यहाँ म्रियमाण-सा है। देवताओं में शाक्यमुनि या और भी बौद्ध मूर्तियाँ बेरीनागस् जैसे-देवताओं की सरबर नहीं कर सकतीं। जात-पाँत, छुआछूत में ब्राह्मण विश्वविजयी हैं। आजकल स्कूल के मास्टर लोग हिन्दी में कृष्णलीला कर रहे थे। बेचारों ने नीचे की कृष्ण-लीला को देखा नहीं, केवल अपने मन से पढ़-पढ़ा कर वह कुछ गीत और कुछ अभिनय करते हैं। लीला (या नाटक कहिए) हिन्दी में हो रही थी, मैं देखने नहीं जा सका। पार के बँगले से रात को गन्दी गलियों में होकर आना था। लेकिन अभिनय की बात सुनकर मुझे बड़ी प्रसन्नता हुई। कभी किन्नर के बड़े ग्रामों में नये ढंग के अपने यशस्वी रंगमंच होंगे, जो जनता के सांस्कृतिक तल को ऊँचा करेंगे।

बँगले के पास ही स्कूल है, जिसमें चार कक्षाएँ है। यह स्कूल भी मोने-रौला की तपस्या का फल है। स्कूल में 83 लड़के पढ़ते हैं और वह तीन मील (बटसेरी और चन्सू) तक से चलकर आते हैं। हिमाचल में शिक्षा-प्रचार तभी जल्दी हो सकता है, यदि हर चालीस घर वाले गाँव में एक प्रारम्भिक स्कूल खोल दिया जाए।

---

7. "ख्रिमस ञिस्-ल्दन्-पर्-छोस्-र्यल्-रां-सेर-सिङ्। मिङ-वङ् फ्युग्-छेन्-पो-दे-ल-बस्तोङ्। छोस्-ग्र्यल्-देई-छव-सिंङ्-ब्यस्-ग्युर्-चिग्।...ल्ह-मि-कुन-ग्यिस्-म्ङन्-दु-द्गऽ-व-स्नङ्-वङ-बुक-ब्लोन-नि-रोन-भ-धार-खोङ्-ल-स्तोङ्..."

सराहन को

12 अगस्त को हमने साङ्ला से प्रस्थान किया। चपरासी का अब भी पता नहीं था। आज 14 मील जाकर किल्बा में रहना था, लेकिन भारवाहक ब्रूये में बदले जाते। हम एक दिन पहिले जा रहे थे, इसलिए ब्रूये में भारवाहकों के तैयार मिलने की आशा नहीं हो सकती थी। अतएव 14 मील के वास्ते प्रत्येक को तीन-तीन रुपये देकर भारवाहक यहाँ से सीधे किल्बा के लिए किये। पंगी ब्रह्मचारी ब्रूये तक साथ चले, फिर सपनी में कुछ दिन विहार करने चले गए। मैंने जब कहा कि सपनी नम्बरदार एक बोतल बत्ती जलने लायक शराब लेकर आया था, तो ब्रह्मचारी बोल उठे—"क्यों नहीं ले लिया, मेरे लिए"? लेकिन मुझे क्या मालूम था कि साङ्ला में ब्रह्मचारी से मुलाकात हो जाएगी। सचमुच ही, यदि मालूम हुआ होता कि मेरे घुमक्कड़ दोस्त मिलने वाले हैं, तो बोतल रख छोड़ने में मुझे कोई उजुर न होता।

अब हम वस्पा नदी के किनारे-किनारे नीचे की ओर जा रहे थे, पैर तेजी से उठें, तो इसमें क्या आश्चर्य? ब्रूये में रक्खे सामान को लेने में कुछ देर थी। पुण्यसागर को छोड़कर मैं आगे बढ़ा। वस्पा की यह उपत्यका साङ्ला और आगे तक बड़ी रमणीक है, हरशिल और गंगोत्तरी के दृश्य यहाँ और ऊँचे स्तर पर याद आ रहे थे। शोङ्ठङ् जाने पाले पुल को छोड़ते मैं सतलुज उपत्यका में आ गया। अब भी साढ़े पाँच हजार फुट से ऊँचे पर थे, लेकिन गर्मी मालूम हो रही थी और आखिर के कुछ मील की चढ़ाई में वह असह्य भी हो उठी थी। साढ़े आठ बजे मैंने प्रस्थान किया था और दो बजे किल्बा पहुँच गया।

यहाँ जंगल-विभाग का बँगला है, जो कुछ ही साल पहिले नया बनाया गया था। बँगला भीतर-बाहर चारों ओर से बहुत सुन्दर और साफ है, चौकीदार भी मुस्तैद। सफेद अंगूर पककर खतम हो चुके थे और काले अधपके थे। पकने पर भी क्या रोगी के अंगूरों का मुकाबिला करते? हाँ, आड़ू आकार में भी और स्वाद में भी बहुत अच्छे थे। भूख लगी थी, पता नहीं था, पुण्यसागर कब तक आएँगे। लेकिन चौकीदार के "फलानि भूमिरुदकं वाक् चतुर्थी" ने काम बना दिया। बँगला गाँव से

ऊपर और जंगल-विभाग का अस्पताल उससे कुछ हटकर नीचे है। डॉक्टर और कम्पाउंडर दोनों छुट्टी पर थे, मुझे उनसे कोई काम भी नहीं था। गाँव में देवता के अतिरिक्त एक बुद्ध मन्दिर भी है। पुजारी ने बतलाया कि बुद्ध मन्दिर नया है, वहाँ कोई पुरानी चीज नहीं है। "चुन्नीलाल डागडर" गीत की नायिका जङ्मोपोती किल्बा में ही रहती है और अभी तरुणी है। लेकिन मैं गीत के बारे में अपनी खोज को और बढ़ाने को तैयार न था। मैं गीत की कवयित्री की तरह जङ्मोपोती को नहीं डॉक्टर को, अथवा दोनों को नहीं तरुणाई को दोषी समझता हूँ। साङ्ला और चिनी के बाद किल्वा में ही स्कूल है, जिसके साथ डाकखाना भी है। इधर के रेंजर का केन्द्र भी यहीं है। इस प्रकार किल्बा काफी महत्वपूर्ण स्थान है। फल यहाँ भी सभी तरह के होते हैं, किन्तु अर्धमानसून क्षेत्र में होने से खास प्रकार के फल विकसित करने पर ही यहाँ मीठे अंगूर तथा दूसरे मीठे फल पैदा किये जा सकेंगे।

दो-ढाई घंटे बाद पुण्यसागर भी आ पहुँचे।

अगले दिन (13 अगस्त) हमें पाँच ही मील जाना था, नहीं तो 14 अगस्त के प्रोग्राम में गड़बड़ी होती। सबेरे प्रातराश के बाद हमने प्रस्थान किया और 12 बजे छोल्टू पहुँचे। यह चिनी तहसील का सबसे नीचे का बँगला समुद्रतट से 5750 फुट और सतलुज की धारा से सौ डेढ़ सौ फुट ऊपर है। इधर के जंगलात के डाकबँगलों में सबसे बड़ा मेवा बाग यहीं है, खास करके अंगूर की लताएँ तो बहुत दूर तक फैली हुई हैं। नये प्रकार के फलों के विकास की तो नहीं कोशिश की गई, किन्तु हर तरह के सर्द मुल्क के फलों के लगाने का तजुर्बा यहाँ बहुत किया गया। अंगूर की फसल खतम हो चुकी थी। सेब की फसल भी टूट चुकी थी, किन्तु फल-बखार से निकालकर माली ने खाने के लिए दिये। सेब अच्छे थे, आड़ू यहाँ के और भी मीठे, बहुत बड़े और खूब लाल रंग के अभी भी दरख्तों पर लगे थे। छोल्टू के खरबूजे और सर्दे को भी खाया, दोनों बहुत मीठे थे। नाशपातियाँ भी बहुत मीठी थीं, अर्थात क्वेटा के मेवों का यहाँ मुकाबिला किया जा सकता है यदि थोड़ा साइन्स और अनुसंधान का भी आश्रय लिया जाए।

छोल्टू में रहने का निश्चय इसीलिए करना पड़ा कि मैंने सड़क-इन्स्पेक्टर बाबू लक्ष्मीनन्द को 14 अगस्त को मिलने का समय दिया था। ऐसे तो उधर चिनी में भी कुछ देर से वर्षा अधिक होने लगी थी, किन्तु वस्पा- उपत्यका में तो युक्तप्रान्त की वर्षा याद आ रही थी। यहाँ भी पहुँचने के बाद वर्षा होने लगी।

छोल्टू का विशाल बाग क्रीड़ोद्यान-सा मालूम होता है, विशेषकर एक छोर पर सतलुज की घर-घर ध्वनि और दूसरी ओर उत्तुंग सरल-देवदारुओं के कारण। यद्यपि मैं स्वभावत: माँसाहारी हूँ, किन्तु फल, मट्ठा और सलाद जैसे हरे सागों से मुझे अत्यन्त प्रेम है। यहाँ सलाद भी थी, किन्तु बिना सिरके या खटाई के सलाद कैसी? मैंने अपने भोजन का अधिक भाग फलों को बनाया।

यहाँ पर मुझे पाँचवें घुमक्कड़ वैष्णव साधु मिले। घुमक्कड़ भी देवताओं की तरह एक-दूसरे की ईर्ष्या में मरे जाते हैं। हाँ, यह बात अधिकतर साधु घुमक्कड़ों में पाई जाती है, क्योंकि वह साथ-साथ अपनी जीविका के लिए दूसरों को और अपने को भी भ्रम में डालने के लिए बहुत से ढोंग-पाखंड करते रहते हैं। उच्च श्रेणी के घुमक्कड़ में कभी अपने घुमक्कड़-भाई के प्रति ईर्ष्या नहीं हो सकती। हमारे घुमक्कड़ सीताराम बनारस के शीतलदास (अस्सी) के अखाड़े के शिष्य और सहसराम के रहने वाले थे। भारत की प्रदक्षिणा कर चुके थे और 25 साल से अब हिमालय में विचर रहे थे। काश्मीर में भी वर्षों रहे और इधर के पहाड़ों को तो घर ही बना लिया है। हाँ, कुल्लू में उन्होंने कभी पैर नहीं रखा, क्योंकि तरुणाई में ही किसी ने कह दिया था, "जो जाए कुल्लू, हो जाए उल्लू"। पंगी ब्रह्मचारी को भी जानते थे और मोने-रौला को भी। मोने-रौला को "मांसाद" कहकर उसे मेरी नजर में गिराना चाहते थे। वह नहीं जानते थे कि यदि रौला सचमुच ही माँस खा रहा हो, तो मैं उसे बधाई दूँगा। रौला की घुमक्कड़ी और स्कूल बनाने की धुन, दो श्रेष्ठ गुण क्या उसे बड़ा नहीं बनाते? सीताराम से उनकी यात्रा का वर्णन सुना। अभी कुछ महीने भाबा में रहे थे, अब किल्बा का इरादा था। मैंने उन्हें अपने साथ भोजन करने के लिए निमन्त्रित किया और बड़ी रात तक उनकी बातें सुनता रहा। पिछले ढाई हजार वर्षों में लाखों साहसी-यात्रियों को हमारे देश ने पैदा किया, उनके लिए न समुद्र अलंघ्य रहे, न गगनचुम्बी पर्वत-श्रेणियाँ। लेकिन इन यात्रियों ने अपने अनुभव और ज्ञान को अपने देशभाइयों के सामने रखने की कोशिश नहीं की। वह आजीवन विचरते रहे और रेत के पदचिह्न की तरह घूमते ही घूमते कहीं विलीन हो गए। हमारे सीताराम उन्हीं लाखों साहसी-यात्रियों में हैं, किन्तु अब हमें दूसरी तरह के यात्रियों की आवश्यकता है, जो मूक नहीं, वाचाल हों।

भारवाहकों को यहाँ से दो ही मील आगे सतलुज पार टापरी तक जाना था, किन्तु वह सबेरे आ जाएँगे, इसकी मुझे आशा न थी। सामान सम्हालने के लिए पुण्यसागर थे ही, मैं सबेरे ही हाथ में डंडा लिए चल पड़ा। सतलुज पर एक अच्छा लोहे का झूला बना है। झूला पार कर टापरी जा मैंने तिब्बत-हिन्दुस्तान सड़क पकड़ी। तीन महीने पहिले जब मैं इधर से गया था, तो पर्वत-शरीर सूखा-सा दिखलाई पड़ता था, किन्तु अब सब जगह हरियाली ही हरियाली थी। आगे नदी पार देवदारु के सिलीपरों को सतलुज में गिराने के लिए आए मजदूर मिले। जंगल-विभाग और सड़क-विभाग को भी किन्नर लोगों से यह बराबर शिकायत रही है कि वह उनके काम में हाथ नहीं बटाते। 6 घंटा काम करने के लिए डेढ़ रुपया रोज मजूरी मिलने पर वे स्वेच्छा अवकाश ले लिया करते हैं। जंगल-विभाग के एक बड़े अंग्रेज अफसर ने तो एक बार यह भी सुझाव रक्खा था कि इनकी भेड़-बकरियों पर भारी टैक्स लगा दिया जाए, जिसमें उनकी संख्या कम हो जाए और लोग जंगल-विभाग की मजूरी करने

के लिए बाध्य हों। साहब बहादुर को मजूरी अधिक करने की जगह यह ढंग अच्छा लगा। यह जरूर ठीक नहीं है कि किन्नर के अल्पधान्य में सम्मिलित होने के लिए हजारों दूसरे मुँह आ जाएँ। यद्यपि ठेकेदारों को आज्ञा दी गई है कि वह बाहर से अनाज मँगाकर अपने श्रमिकों को खिलाएँ, किन्तु मँगाने की तरद्दुद से बचने के लिए वह कितना ही अनाज स्थानीय लोगों से अधिक दाम देकर खरीद लेते हैं। किन्नर लोगों को काष्ठ-छेदन के काम पर तभी लगाया जा सकता है जब कि वेतन ड्योढ़ा-दूना किया जाए और खड्डों से जगह-जगह बिजली पैदा कर बिजली के आरे काम में लाए जाएँ।

जंगल-विभाग के गोदाम के पास हमने आदमियों की बहुत-सी टोलियाँ देखीं। यह नीचे बिलासपुर-रियासत से लकड़ी काटने के लिए आए थे। मैं चढ़ाई चढ़कर डाकबँगले में पहुँचा। 7 मील की मंजिल मार ली थी, सोचा था—आज यहीं विश्राम होगा; लेकिन बाबू लक्ष्मीनन्द छुट्टी पर घर जाने वाले थे, दस दिन की छुट्टी में एक दिन यहीं बीत जाए, यह ठीक नहीं था। मैंने भी बेगारू के आते ही आगे चलने की स्वीकृति दे दी। नचार तक तीन मील की चढ़ाई थी, फिर तो पौंडा पहुँचने में कोई कठिनाई नहीं थी।

छाछ और फल मिला, फिर किसी ने थोड़े ही समय पहिले पास में घटी एक दुर्घटना का वर्णन किया। किसी तरुण कुमारी को दिन-दहाड़े कुछ लोग जबर्दस्ती ले जा रहे थे, तरुणी चिल्ला रही थी। पाठकों को यह बड़ी भयानक बात मालूम होती होगी, किन्तु मनु बाबा ने राक्षस विवाह को वैध विवाहों में गिना है। अर्जुन जब जबर्दस्ती रथ पर बैठाकर सुभद्रा को ले चले, तो बलराम का नथुना फूलने लगा, किन्तु कृष्ण ने मुस्करा कर बड़े भैया को शान्त कर दिया। यहाँ के लिए कुमारी पण्य वस्तु है, पण्य को चाहे बलात् उठाइए या सलाह से, धनी को अपना पैसा मिलना चाहिए, फिर कोई परवाह नहीं। अभी कुमारी को जो लोग पकड़ कर ले गए, वह मूल्य चुकाने में हीला-हवाला नहीं करेंगे। जहाँ तक पिता-माता के अधिकार का सवाल है, बात स्पष्ट है आप कहेंगे, लड़की का भी कोई अधिकार है? लेकिन भारत के सभ्य कहे जाने वाले खंड में भी कितने माता-पिता लड़की के अधिकार को मानते हैं। पुण्यसागर कह रहे थे कि राजा पदमसिंह ने कन्या-अपहरण के लिए बहुत कड़ा दंड निश्चित कर दिया था, जिसके कारण वह रुक गया था। इसका यह अर्थ हुआ कि राजा के राज्य के हट जाने पर अब अपहारकों ने अपने को परम स्वतन्त्र समझ लिया है। मनु बाबा चाहे राक्षस विवाह का विधान करें, लेकिन हमें तो इसे जड़मूल से लोप कर देना चाहिए और सारी कन्यापहारक मंडली को दस-दस साल के लिए बड़े घर में चक्की पीसने के लिए भेज देना चाहिए, साथ ही उनकी संपत्ति का काफी भाग अर्थ दंड में ले लेना चाहिए और ऐसे ब्याह को अवैध कर देना चाहिए।

भारवाहकों की प्रतीक्षा ही में थे कि इसी समय चिनी तहसीलदार बाबू मंगतराम भी आ गए। मैंने अपने तीन महीने की यात्रा में सहायता करने के लिए उन्हें बहुत-बहुत धन्यवाद दिया।

यद्यपि कायदे के अनुसार भारवाहकों को नचार तक पहुँचाना था, किन्तु उन्हें यहाँ तक के लिए ही कहा गया था, इसलिए वे आगे चलने में आनाकानी करने लगे। कुछ और मजूरी और रात्रि - भोजन देने पर वे चलने के लिए तैयार हो गए। बरसात ने सड़क कहीं-कहीं तोड़ दी थी, किन्तु बुरी तौर से नहीं। बाबू लक्ष्मीनन्द की घोड़ी सवारी के लिए मिली थी। घोड़ी वही थी, किन्तु अब बहुत मोटी हो गई थी। वह खटखट चढ़ती गई और हम डेढ़ घंटे में नचार पहुँच गए। चिनी छोड़ने के बाद की डाक यहाँ पड़ी हुई थी। डाक ली, पंगी बाबू ने सेब और पेय से सत्कार किया और वहाँ से चलकर हम आज ही सात बजे पौंडा डाकबंगले पर पहुँच गए। पंगी बाबू ने सहायता न की होती, तो भारवाहक न मिलने से आज नचार ही में रह जाना पड़ता। वाङ्तू के बाद अब हम मानसून -क्षेत्र में थे और इस साल तो वर्षा में मेघ देवता अधिक उदारता दिखला रहे थे, लेकिन आज उन्होंने हमसे छेड़छाड़ नहीं की।

✶

सराहन में—पौंडा से सराहन दो पड़ाव है, अर्थात बेगारुओं को एक जगह बदलना पड़ता। हमने बाबू लक्ष्मीनन्द से कहा कि दो आना की जगह चार आना प्रतिमील मजूरी दीजिए और भारवाहकों को यहाँ से सीधे सराहन चलने के लिए ठीक कीजिए। कुलियों को पहिले भेज दिया, किन्तु प्रातराश तैयार करने में पाचकगण ने काफी देर कर दी, इसलिए हम साढ़े नौ बजे से पहिले नहीं चल सके। मील भर पर ही शोल्डिङ् मिला। जाते समय यहाँ एक खम्बा तरुण ने चाय पिलाई थी। घरों के अगवाड़े-पिछवाड़े गोबर-मिट्टी-मिश्रित एक फुट मोटी कीचड़ थी। चढ़ाई में सवारी नहीं की, अधिकतर पैदल ही चलते 1 बजे चौरा पहुँच गए। पौंडा से 22 साल पहिले सड़क तरंडा होकर ऊपर-ऊपर जाती थी, किन्तु पीछे नीचे से दूसरा समीपतम का मार्ग निकाल दिया गया। अब तरंडा कौन जाएगा? चौरा में डेढ़ घंटा विश्राम हुआ। चौकीदार साहब ने कुछ मीठी नाशपातियाँ भी लाकर दीं—हाँ चौकीदार साहब ही कहना चाहिए, क्योंकि इधर के डाकबँगलों में चौकीदार का काम गाँव के नंबरदार या धनी प्रभावशाली आदमी को ही दिया गया है—निस्संदेह यह समुद्र में वर्षा है, धनी को और धनी बनाने और गरीबों को और गरीब रखने का उपाय।

चौरा से चलकर शाम से बहुत पहिले हम सराहन पहुँच गए। आज किन्नर -सीमा (मन्योटीधार) को पार करते ही वर्षा जोर की होने लगी। सराहन के डाकबँगले में ठहरे, यद्यपि आज्ञापत्र न होने से वहाँ ठहरने का हमारा अधिकार नहीं था।

आज 15 अगस्त, सन् 1948 ई. था। भारत को अंग्रेजों से मुक्त हुए 365 दिन पूरे हो चुके। स्वतन्त्रता कितनी मधुर वस्तु है और साथ ही कितनी मूल्यवान भी। इसके मूल्य को वे ही समझ सकते हैं, जो परतंत्र देश के वासी रहते स्वतंत्र देशों में घूम चुके हैं। फिर हमारे देश की परतंत्रता केवल अंग्रेजी राज्य की कालरात्रि के साथ ही नहीं शुरू हुई। वह तब से आरम्भ हुई, जब से हमारा देश विदेशियों का अखाड़ा बन गया। मैं अपने देश की त्रुटियों, राजनीतिक भूलों को जानता हूँ, किन्तु जब मैं 15 अगस्त, 1947 ई. को आरम्भ होने वाले नये युग को देखता हूँ, तो सब को भूल जाता हूँ। ढोंगी, नृशंस, पल्ले दर्जे के स्वार्थी ब्रिटिश शासकों के प्रति मेरे हृदय में तभी से अपार घृणा प्रविष्ट हुई, जबकि मुझे राजनीतिक सुध-बुध आई। अदृश्य डंडे के मारे अंग्रेज भारत छोड़कर भागे, राजी-खुशी से या दयाभाव से बिलकुल नहीं। जिस तरह भागती सेना त्यक्त स्थान को ध्वस्त करके जाती है, वही बात अंग्रेजों ने यहाँ की। वह देश के दो भाग करने से ही सन्तुष्ट नहीं हुए, बल्कि रियासतों को भी ऐसा बढ़ावा दे गए कि भारत और छिन्न-छिन्न हो जाए। वह आशा नहीं रखते थे कि सभी मुकुटधारी अपने राज्य के स्वतंत्र प्रभु होंगे, किन्तु वह यह विश्वास जरूर रखते थे कि पाँच-सात बड़ी रियासतें स्वतंत्र ट्रान्सजॉर्डन बनेंगी। बेविन-मंडली तिलमिला रही थी, जब सरदार पटेल इन पाँच सौ मुकुटधारियों को समझा-बुझाकर प्रजा का डर दिखलाकर भारत संघ में शामिल कर रहे थे। अंग्रेज टोरियों को ही नहीं, अंग्रेज "समाजवादियों" को पूरा भरोसा था कि निजाम उनके काम आएगा और ब्रिटिश राजमुकुट में गोलकुंडा का कोहनूर ही नहीं, आसफ जाही शासन की बागडोर भी संबद्ध रहेगी। उन्होंने समझा था, गांधी के चेले नेहरू और पटेल सिर्फ अहिंसात्मक सत्याग्रह तक ही जाएँगे। वह सोच रहे थे, यदि भारत-संघ गांधी के पथ से भ्रष्ट होने लगेगा, तो राष्टसंघ में ले जाकर हिन्द की फजीहत करेंगे। लेकिन पाँच ही दिनों में प्रचंड आँधी की तरह टूटकर भारतीय सेना ने बेविन-चौकड़ी के सभी मंसूबों को व्यर्थ कर दिया। इन पाँच दिनों में भारत के हृदय पर तनी पिस्तौल ही हमने नहीं छीन ली, बल्कि सारे ब्रिटिश शासक भी नंगे हो गए। कडगन ने जल्दी-जल्दी हैदराबाद की शिकायत को बिना विशेष पूछताछ किये राष्ट्रसंघ संसद की आरम्भिक बैठक में रख दिया। "समाजवादी" बेविन ने भारत को सैनिकवादी (आक्रमणकारी) घोषित किया। अर्जन्तीना के फासिस्त प्रतिनिधि ने भारत को फासिस्त इताली और हैदराबाद को अबीसीनिया उद्घोषित किया। इन पाँच दिनों में ब्रिटिश रेडियो और वहाँ के पत्रों ने भारत के विरुद्ध खुलकर विषवमन किया। उन्होंने इस बात की भी परवाह नहीं की कि अगले महीने ब्रिटिश साम्राज्य-परिषद् होने जा रही है, कहीं भारत का सम्बन्ध इंग्लैंड से बिगड़ न जाए। बेविन, कडगन और ब्रिटेन के रेडियो-प्रचारक बच्चे नहीं हैं। उन्होंने भारत के सौहार्द को थोथी चीज और निजाम की तानाशाही को अधिक मूल्यवान समझा, तभी अपना पैंतरा

बदला। वह ट्रान्सजॉर्डन की तरह भारत के उदर में अपना एक अड्डा बनाना चाहते थे, लेकिन बेचारे हताश हुए। निजाम ने अकिंचन हो पाकिस्तान भागकर शरणार्थी बनना पसन्द नहीं किया और हथियार डाल दिया। क्या अब भी ब्रिटिश-मुकुट से हमें कोई सम्बन्ध रखना चाहिए? क्या अब भी ब्रिटिश साम्राज्य के भीतर रहने की बात करना परले दर्जे की निर्लज्जता नहीं कही जाएगी? मुझे पूरा विश्वास है, नये विधान में हमारा देश अपने को स्वतंत्र प्रजातंत्र घोषित करेगा।

15 अगस्त हमारे इतिहास का सदा स्मरणीय दिन रहेगा। उस दिन अपनी सफलताओं पर मेरा विचार दौड़ रहा था। साल भर में हमने अपने देश को अधिक संगठित, अधिक बलवान बनाया इसमें सन्देह नहीं। और मतभेद चाहे कितना ही हो, किन्तु मैं यह मानता हूँ कि भीतरी फूट और अंग्रेजों की कुटिल चाल को विफल करना और देश को साल भर में इतना संगठित और सबल बनाना कांग्रेस नेतृत्व का ही काम था। यदि देश की बागडोर किसी एक या अनेक दूसरे दलों के हाथ में होती, तो कहीं सूर्य वंश के झंडे के नीचे भ्रातृ-संहार होता, कहीं जाटस्तान के युद्धघोष होते, कहीं सिक्खस्तान के। फिर पेशवाशाही और हिन्दूशाही का स्वप्न देखने वाले बहती गंगा में हाथ धोने से बाज न आते। देश रक्षा के काम में कांग्रेस नेतृत्व सफल हुआ, किन्तु वही बात देश के नव-निर्माण के बारे में नहीं कही जा सकती?

फिर मेरा ध्यान गया लद्दाख की ओर, जहाँ सिन्धु उपत्यका, नुब्रा-उपत्यका और जांस्कर-उपत्यका में पाकिस्तानी धर्मान्ध अल्पसंख्यक निरीह बौद्धों पर जुल्म के ही पहाड़ ढा रहे हैं। लाहुल यहाँ से दो ही पहाड़ों के पार है और उससे दो दिन में एक ही पहाड़ पार करने पर आदमी जांस्कर पहुँच जाता है। जांस्कर के सैकड़ों बौद्ध गृहस्थों और भिक्षुओं को इन आततायियों ने तलवार के घाट उतारा। नुब्रा और लामायुरू में भी उन्होंने ऐसा ही किया। मालूम नहीं, 11वीं सदी की सुन्दरतम भारतीय चित्रकला की निधियों अल्वी और सुम्रा के विहारों की इन्होंने क्या गति बनाई। मरे आदमियों के स्थान की पूर्ति नवजात शिशु कर सकते हैं, किन्तु नष्ट होने पर इन कलानिधियों की पूर्ति क्या कभी हो सकेगी? 11वीं शताब्दी की भारतीय चित्रकला के लिए ये दोनों विहार अजन्ता थे।

फिर मैं कुल्लू-लाहुल-लद्दाख के रास्ते पर विचार करने लगा। आज लद्दाख की रक्षा के लिए हम सैनिक सहायता इसी रास्ते से भेज सकते हैं। यह रास्ता पठानकोट, योगेन्द्रनगर, कुल्लू-लाहुल होते जाता है। यदि पाकिस्तान ने युद्ध शुरू कर दिया, तो पठानकोट खतरे में हो जाएगा और फिर केन्द्रीय भारत से काश्मीर, लद्दाख का ही संबन्ध विच्छिन्न नहीं हो जाएगा, बल्कि कुल्लू-उपत्यका भी कट जाएगी। इसके लिए जरूरी था कि एक दूसरी सड़क भी तैयार की जाती। ऐसी सड़क आसानी से बनाई जा सकती है। शिमला से नारकंडा तक मोटर की सड़क बनी हुई है। उधर कुल्लू की मोटर सड़क भी बीस-पच्चीस मील तक बाजार में आती है।

नारकंडा से साठ - बासठ मील की सड़क निकालकर कुल्लू की सड़क से मिलाया जा सकता है। यह मोटर सड़क सबसे छोटी और अत्यन्त सुरक्षित होगी। वर्तमान सड़क पर भी छोटी आस्टीन गाड़ी एक बार जा चुकी है। सैनिक महत्व के खयाल से अधिक खर्च होने पर भी इस सड़क का बनाया जाना अत्यावश्यक है। साथ ही यह सड़क व्यवहारत: बहुत लाभदायक सिद्ध होगी। इसके निकलने पर कुल्लू के फलों की निकासी में ही आसानी नहीं हो जाएगी, बल्कि सतलुज पार के अनी और उसके पास के इलाके में फलों का एक दूसरा कुल्लू तैयार हो जाएगा। लोग समझ नहीं रहे हैं, जांस्कर के बौद्धों का कतल-आम लाहुल के लिए खतरे की घंटी है।

हाँ, तो मैं 15 अगस्त को अपने देश की सफलताओं और त्रुटियों पर विचार कर रहा था। आज सारे देश में स्वतन्त्रता दिवस की धूम होगी, किन्तु यहाँ पहाड़ में एकदम सुनसान है। इन लोगों का इसमें दोष क्या है? यदि पिछले साल भर में पहिले से कोई विशेष परिवर्तन लोगों ने देखा होता, तो वे जरूर उत्सव मनाते। पहाड़ के लोगों से बढ़कर उत्सव-प्रेमी मिलने मुश्किल हैं।

✶

सराहन में मैं एक-दो दिन ठहरना चाहता था। मुझे बहुत आशा थी कि यहाँ भीमाकाली के मन्दिर से बहुत-सी ऐतिहासिक सामग्री और लिखितम प्राप्त होंगे। बाबू लक्ष्मीनन्द के साथ रहने से डाकबँगले में जगह तो मिल गई, किन्तु एस. डी. ओ. भी 16 को आने वाले थे, उनके स्वागत-सत्कार की तैयारी करने के लिए नायब तहसीलदार रामपुर से आए हुए थे। डाकबँगले में दो ही कमरे हैं, एक कमरा आने वाले मेहमान के लिए अवश्य पर्याप्त नहीं था। पति-पत्नी, दो बच्चे और एकाध सम्बन्धी भला एक कमरे में कैसे आ सकते थे? तहसीलदार ने मुझे ही कमरा खाली करने के लिए कहना चाहा, किन्तु दूसरों ने इसके लिए राय नहीं दी। मुझसे कहते, तो मैं जरूर दूसरी जगह चला जाता। सरकारी नौकरों और कारपरदाजों में उसी तरह की हड़बड़ी मची हुई थी, जैसे राजा साहब के आने पर होता रहा होगा।

कामरू में ही बाढ़ ने भीषण रूप धारण नहीं किया था, बल्कि पिछले सप्ताह सराहन में भी जलप्रलय आ गया था। बाजार की सड़क पर खड्ड का पानी बहने लगा था और कितनी ही दूकानों में पानी भर गया था।

अगले दिन मैं सीधे भीमाकाली के मन्दिर की तरफ गया। बाहरी फाटक पर संवत् 1871 छोटा संवत् 35, जेठ प्रविष्टे 30 का लेख है। फाटक के भीतर आँगन में गए। आँगन में गोबर बिखरा ही होना चाहिए, क्योंकि गाँव की गायों को यहाँ बुलाकर सदावर्त दी जाती है। वस्तुत: बिसाहर की स्वाभिमानी यही भीमाकाली थी, राजा तो उनका कायथ भर था। भीमाकाली के खजाने में बहुत धन बताया जाता

है, किन्तु राजा की आज्ञा से ही उसे खोला जा सकता है। राजा पदमसिंह के मरने (1947) पर खजाने पर लगी मुहर, अब नये राजा साहब जब गद्दी पर बैठेंगे, तभी उसे तोड़कर खजाना खोलने की लोग आशा रखते हैं। शायद इन लोगों को अभी विश्वास नहीं कि गद्दी सदा के लिए खतम हो गई है। भीमाकाली बहुत धनी है। उसके लिए रामपुर और चिनी तहसीलों में मालगुजारी पर चार आना प्रति रुपया लोगों से वसूल किया जाता है। नहीं मालूम अब भी चार आना रुपया वसूल किया जाएगा या नहीं। नेहरू जी हमारी सरकार को धर्म के बारे में तटस्थ कहते हैं। फिर हिमाचल-सरकार कैसे खेत वालों से जबर्दस्ती मालगुजारी के साथ रुपये पर चार आना वसूल करेगी? रोहड़् तहसील रुपया नहीं, अस्सी मन बहुत बढ़िया चावल प्रतिवर्ष देवी के लिए देता है। (यावल) कमराली, क्याव और बंदा देवी के जागीरी गाँव हैं। देवी की नगद आय प्रतिवर्ष 25000) और व्यय 16000) बतलाया गया। हर तीसरे वर्ष विशेष उत्सव होता है, जिसके लिए छह आना रुपया और वसूल किया जाता है।

हम भीतरी फाटक से एक आँगन में गए। जब महल नहीं बने थे, तब राजा और उनका रनिवास यहीं रहा करता था। राजा साहब के स्थानापन्न एस. डी. ओ. साहब को यदि यहाँ ठहराया जाता, तो जरूर उनका दम घुटने लगता। एक और फाटक पार करने पर हम देवी के मन्दिर के सामने पहुँचे। देवी के मन्दिर के भीतर तो बिसाहर रियासत में भी नोगड़ी खड्ड से ऊपर-ऊपर के ही लोग जा सकते हैं, फिर मेरे भीतर जाने की बात क्या हो सकती थी? बाहर वालों के दर्शन के लिए बाहर के द्वार पर सिंहवाहिनी अष्टभुजा देवी की मूर्ति है। पुजारी ने बतलाया कि भीतर भी इसी तरह की अष्टधातु की मूर्ति है; हाँ, वह तीन हाथ लम्बी है। मन्दिर कामरू के किले का ही बड़ा संस्करण समझिए, इसमें पाँच तल हैं। प्रथम तल पर पाँच कोठरियाँ हैं, जिनमें से एक में रुपया रखा हुआ है। बाकी कभी-कभी हवन और बलिपशु काटने के काम आती हैं। दूसरे तल की चार कोठरियों में से नये मन्दिर के पास वाली कोठरी में स्वयं देवी रहती हैं और बाकी तीन में बर्तन भंडार, पाठस्थान और शिम्बू (लाल मदिरा) रक्खे जाते हैं। तीसरे तल पर भी चार कोठरियाँ हैं जिनमें क्रमश: बालिका भगवती (सिंहवाहिनी नहीं), खजाना (राजा की मोहर से बन्द), पानी और एक खुला स्थान है। चौथे तल के बड़े कमरे में माँस पकता है, दूसरे में छोटा रसोईघर है और तीसरा खाली है। पाँचवाँ तल छत के नीचे खाली है।

देवी के अधिकारियों में सर्वोपरि सपनी-निवासी नेगी विद्यानंद पाँच साल से विस्ट पद पर काम कर रहे हैं। पहिले वे राज के पुलिस विभाग में थे। देवी के विस्ट को 35) रुपया मासिक मिलता है जब कि 45) मासिक पर भी कनौर में मजूर काम करने के लिए नहीं मिलते। इनसे पहिले शोव के बरकतदास बीस साल तक विस्ट पद पर रहे। 1815 में अंग्रेजों ने भी देखा था कि राजा के दरबार में

किन्नरों का ही प्रभुत्व है। देवी के दरबार के बारे में तो यह बात और भी स्पष्ट है, आखिर राजवंश भी तो कनौर से आया था। विस्ट को राजा नियुक्त करता है। विस्ट के नीचे दो कायथ हैं जिन्हें 25) मासिक मिलता है और आटा यहाँ बारह आना सेर है। एक डंटीदार (भंडारी) है, जिसे 25) महीने मिलता है। 11) मासिक पाने वाले दो शिकारू हैं, जिनका काम शिकार करना नहीं, बल्कि बकरा-बकरी खरीद कर लाना है। बकरे आजकल चालीस-चालीस, पचास-पचास पर बिक रहे हैं। देवी को प्रतिमास 15, दशहरे में 60 और चैत नवरात्र में 36 बलि-पशुओं की नियमपूर्वक आवश्यकता होती है। इसके ऊपर से शुङ्रामेश् और दूसरे देवता बाहरी प्रदक्षिणा में बकरे, सुअर और मुर्गे की बलि चढ़ाते हैं। दूसरे कर्मचारियों में दो प्रोलिया (दरबान) 7) मासिक और भोजन पर दो कटेक (भीतरी द्वारपाल) 7) और भोजन, दो देवफन्यार (माली) 10) और भोजन, एक जलेहरू (कहार) 5) और भोजन, एक शिरकोट बोटिया (श्रीकोट रसोइया) 1।।) और भोजन, दो गुर (पुजारी) रावी के ब्राह्मण 3) और भोजन, एक बोज्गी (भोजक) जो पदमसिंह द्वारा स्थापित रघुनाथ जी के मन्दिर में पूजा करता है। यह निरामिषाहारी रहता है और 3) मासिक तथा भोजन पाता है। एक प्रोत (पुरोहित) जिसका काम है—फूल लाना और मन्दिर के भूषण की रक्षा करना। एक रसिया (बासन-पानी का काम करने वाला) 5) और भोजन पाता है। 3) और भोजन पर एक माथी मन्दिर के भीतर झाड़ने- बहारने का काम करता है। एक खड़ेहरी कोलिन केवल भोजन पर मन्दिर से बाहर झाड़-बहारू करती है। एक खसदार देवी का साईस 16) मासिक पाता है। एक ग्रोक्ष (देववाहन) और एक सहायक ग्रोक्ष तीन-तीन रुपया पाते हैं, जब देवी उनके सिर पर आती हैं। उन्हें काम करना पड़ता है, तो उन्हें मन्दिर से भोजन भी मिलता है। बाजा बजाने वाले तुरी सिर्फ भोजन पर ढेरों रहते थे, किन्तु अब सिर्फ एक ही रह गया है। सरकार ने खर्च जो कम कर दिया है। पुराना मन्दिर अच्छी हालत में है, किन्तु उसी तरह का एक नया मन्दिर भी बनकर तैयार हो गया है। इसे पदमसिंह ने अक्षय कीर्ति प्राप्त करने के लिए हाल ही में बनवाया। बाहरी खंड के पास चौथे खंड में नरसिंह जी का शिखरदार पाषाण-मन्दिर है। नरसिंह जी रामपुर चले गए, अब उनकी जगह बदरीनाथ जी विराजमान हैं। इनकी सेवा-पूजा के लिए भोजन और 3) मासिक पर पुजारी, कुचई (माली ब्राह्मण) और बोटिया तीन जने रहते हैं। बदरीनाथ की पीतल की मूर्ति कपड़े से ढँकी थी। मुझे सन्देह हुआ, मैंने कपड़ा हटवाया, तो वह बुद्धरूपी बदरीनाथ निकले। मन्दिर देख-सुनकर मैं विस्ट साहब के कार्यालय में गया, किन्तु वहाँ दस-बीस साल की बहियों के अतिरिक्त कोई कागज नहीं था। मैंने पूछा—मन्दिर का पुराना कागज-पत्र दिखलाइए।

विस्ट ने प्रकृत स्वर में कहा—वह तो जल गया।

—जल गया! मन्दिर में तो आग नहीं लगी, फिर जला कैसे?

—सरदार साहब चैत में जला गए।

—सरदार साहब जला गए! आप क्या कह रहे हैं?

—हाँ जला गए, जलाने के समय मैं भी था और तहसीलदार देवकीनंद भी।

सच कहूँ, मेरे कानों को विश्वास नहीं हुआ और आज भी विश्वास करने का मन नहीं चाहता। पुराने ऐतिहासिक महत्व के कागजों को कोई शिक्षित उत्तरदायी कर्मचारी कैसे जलाने का साहस करेगा? मेहताजी को भी जलाने की बात का विश्वास नहीं होता, किन्तु कागज गए कहाँ? और सराहन में जिससे भी मेरी बात हुई, उसने कागजों के जलाए जाने की बात कही। दिन भर कागज जलते रहे। गोरखों ने 140 वर्ष पहिले रामपुर में राज के कागजों से होली खेली थी और अब यह दूसरी क्रूर होली खेली गई। यदि किसी ने जलाया है, तो उसने देश और संस्कृति पर प्रहार करके अक्षय अपराध किया है और उसे कठोरतम दंड मिलना चाहिए।

लौटकर भोजन करने के बाद सड़क से नीचे समीप ही अवस्थित रावी ब्राह्मण गाँव में गया। यहाँ चौबीस भरद्वाज, सोलह वाशिष्ठ और बीस कौशलगोत्री आदि-गौड़ ब्राह्मण बसते हैं। किसी समय यहाँ पाँच सौ घर ब्राह्मण थे और गाँव नीचे दूर तक बसा हुआ था, किन्तु अब घटते-घटते साठ रह गए। आज भी आठ-दस घर नि:सन्तान मरने से खाली पड़े हैं। एक पचास से अधिक वर्ष के संस्कृतज्ञ ब्राह्मण (विष्णु) मिले। उन्होंने बनारस जाकर संस्कृत में मध्यमा तक पढ़ा था। आदमी कुछ स्पष्टवादी से मालूम होते थे, या कहिए धाई से ढेड़ नहीं छिपा करता। वे स्वीकार कर रहे थे कि हमारे यहाँ सपिंड नहीं, सगोत्र विवाह भी होता है। भारद्वाज लोग अपने को दक्षिण देश के काञ्चन (काँची) नगर से आए परदुमन के भाई दशरथ की सन्तान कहते हैं। मैंने पूछा—तो वह परदुमन कृष्ण के पुत्र नहीं थे। फिर तो राजाचन्द्रवंशी नहीं हो सकते।

—हाँ, नहीं थे, यह तो पटियाला के राजा ने यहाँ के राजा को एक बार पढ़ा दिया कि आप चन्द्रवंशी हैं।

एक पुरानी परम्परा यह भी है, रावी के भारद्वाजी ब्राह्मण और रामपुर के राजवंश दो सगे भाइयों की सन्तानें हैं। मैं उसी मन्दिर के बरामदे में जाकर बैठा था, जहाँ सतयुग की पोथी सैकड़ों वेष्ठनों में लिपटी कलियुग के अन्त तक के लिए बाँधकर रक्खी गई है। पोथी के बारे में पूछने पर उक्त पंडित जी ने बतलाया—"वह कागज पर लिखी है और फलित ज्योतिष तथा तंत्र-मंत्र की पुस्तक है।" यदि तालपत्र या भोजपत्र पर होती, तो मुझे जरूर न देखने का अफसोस होता। कागज तेरहवीं सदी और बाद में भारत में प्रचलित हुआ, यद्यपि कागज बनाने की छाल यहाँ के एक वृक्ष में लाखों वर्षों से मौजूद थी और अब इस छाल को रोपा की तरफ ले जाकर लोग तिब्बत वालों के लिए कागज बनाते हैं। रावी में बड़े विद्वान की आवश्यकता तो शायद कभी नहीं हुई होगी, किन्तु पुरोहिती उनकी जीविका थी, इसलिए विद्या

का अभाव कभी नहीं रहा होगा, मैंने कुछ हस्तलिखित पुस्तकें देखनी चाहीं। यद्यपि मध्याह्न का समय था और लोग इधर-उधर चले गए थे, तब भी कई शिक्षित व्यक्ति मेरे पास आ गए थे, वह मेरी जिज्ञासा की पूर्ति के लिए तैयार थे। उन्होंने बतलाया कि पोथियों के फटी-पुरानी हो जाने पर हम लोग उन्हें सतलुज में बहा दिया करते हैं, इसीलिए कम पोथियाँ रह गई हैं। तो भी उन्होंने दो सौ साल तक की पुरानी पोथियाँ दिखलाईं, जिनमें से एक भागवत एकादशस्कन्ध (दशमस्कन्ध नहीं) का दोहा-चौपाई में भाषान्तर था, जिसे संवत् 1692 (तुलसी-निर्वाण के बारह साल बाद) में सन्तदास के शिष्य चतुरदास ने रचा। डेढ़-दो सौ साल की एक और पोथी देखी, जो पहाड़ी तथा हिन्दी मिली-जुली भाषा में गीता पर लिखी गई है।

लौट कर डाकबँगले आए। एस. डी. ओ. साहब आ गए थे और विश्राम कर रहे थे। मैं भी अपने कमरे में विश्राम करने चला गया। तीन-चार बजे बाहर निकला, एस. डी. ओ. श्री प्रेमराज अपनी पत्नी के साथ बरांडे में ताश खेल रहे थे। उनके खेल में एक सेकेन्ड के लिए भी विघ्न डालना मेरे लिए अनुचित था, किन्तु मैं शिष्टाचार-प्रदर्शन के लिए मरा जा रहा था। मैंने पास जाकर नमस्ते किया। उनके रुख को देखकर मैंने इस बात के लिए भी खैरियत मनाई कि उन्होंने घुड़क कर इस अनुचित दखल के लिए मुझे फटकारा नहीं। उन्होंने मुँह फेरकर देखा भी नहीं कि कौन नमस्ते कर रहा है और वह अपने खेल में संलग्न रहे।

मैंने अपने को अपमानित बिलकुल अनुभव नहीं किया, हाँ लौट कर अपने कमरे में चला आया—श्री प्रेमराज जी ने मुझे पहिले देखा नहीं, किन्तु वह मुझे उसी तरह भली प्रकार जानते हैं, जैसे रामपुर के सारे राजकर्मचारी। यदि जानते भी न हों, तो भी शिक्षा और संस्कृति की माँग है शिष्टाचार-प्रदर्शन करने की। कारण ढूँढ़ते-ढूँढ़ते मुझे शिमला तक आने के बाद ही असली बात का पता लगा। श्री प्रेमराज बी.ए. में राजामात्य का स्वच्छ श्वेत रुधिर है। वह चम्बा महाराज के महामंत्री दीवानबहादुर श्री माधवराम के पौत्र, दीवानजादा राय साहब अमुक के सुपुत्र हैं और साथ ही काश्मीर के हाल के दीवान तथा आजकल पूर्वी पंजाब के हाईकोर्ट के जज श्री मेहरचन्द महाजन के दामाद हैं। स्वयं चम्बा में मजिस्ट्रेट थे, अब बुशहर के कर्ता-धर्ता हैं। भला ऐसे आदमी को बिना आज्ञा पाये "नमस्ते" कहना क्या गुस्ताखी नहीं थी? मैंने दिल में अपने अपराध को स्वीकार किया और दिल में ही स्वीकार कर सकता था, क्योंकि क्षमा-याचना के लिए जाना दूसरी गुस्ताखी होती।

अब मुझे मालूम हुआ कि क्यों उन्होंने चिनी तहसील में हुकुम भेजा था कि उनके पास सारी लिखा-पढ़ी अंग्रेजी में करनी चाहिए। हिमाचल सरकार ने यदि हिन्दी को राजभाषा घोषित किया था, तो झख मारा था।

सराहन से कोटगढ़

17 अगस्त को प्रोग्राम से एक दिन पहिले मैं रामपुर की ओर चला। तीन दिन कम पूरे तीन महीने पुण्यसागर मेरे साथ रहे। उनके कारण मैं सब तरफ से निश्चिन्त हो गया था। खाना-पीना, हिसाब-किताब सब उनके जिम्मे था और वह पूरा ध्यान रखते थे मेरे स्वास्थ्य तथा शरीर का। वह केवल मिडिल पास प्रारम्भिक स्कूल के अध्यापक ही नहीं हैं, बल्कि उनमें धर्म और आदर्श का अच्छा सम्मिश्रण है। संयुक्त विवाह की उनके यहाँ प्रथा है और विवाह-विच्छेद भी चलता है। पहिले घुमक्कड़ी, पीछे सधुआई देखकर पत्नी चली गई, छोटे भाई ने अलग ब्याह करके संपत्ति बाँट देने के लिए कहा। पुण्यसागर ने कहा "बाँटने की क्या आवश्यकता है, तुम्हीं सब कुछ सँभालो" और उन्होंने घर छोड़ दिया। माता जीवित हैं, इसलिए उनसे मिलने जाना चाहते थे, नहीं तो कुछ और आगे तक मेरे साथ आते। आज एक सीधे-सादे, सहृदय, निःस्वार्थ मित्र का साथ छूट रहा था।

नौ बजे मैं सराहन से चला, कुछ दूर तक पुण्यसागर भी साथ-साथ आए। रास्ते की अदला-बदली और देरी से मैंने यहाँ से सीधे रामपुर (21 मील) के लिए पाँच-पाँच रुपये के तीन भारवाहक कर लिए थे। रास्ता कहीं-कहीं टूटा था, किन्तु बुरी तरह नहीं। मंगलाङ्-खंड तक उतराई रही जिसे पिछली बार चढ़ने में छठी का दूध याद आ गया था। फिर चढ़ाई शुरू हुई, लेकिन अब ऐसी चढ़ाई से मैं भय नहीं खाता था। आगे मँझोली गाँव आया। रामपुर की ओर से दो-तीन गूजर आ रहे थे। उनकी भैंसें ऊपर कहीं कंडे पर चरने गई थीं। करुण स्वर में कह रहे थे—"पिछले साल झगड़ा हुआ था। यहाँ के लोग कहने लगे, 'तुम पाकिस्तान चले जाओ, नहीं तो तुम्हें मार डालेंगे।' हमने कहा, 'पाकिस्तान को तो हम जानते नहीं, मारना हो, मार डालो', अब कंडे की चराई के लिए धमकाते हैं। बाबू फिर तो झगड़ा नहीं होगा?"

मैंने उन्हें सान्त्वना दी और कहा—हमारी सरकार अपने देश में हिन्दू-मुसलमान का झगड़ा बर्दाश्त नहीं करेगी। तुम लोगों का कहीं घर है, या सदा घूमते ही रहते हो?

—घर है, जाड़ों में नदी के पास के गाँव में अपनी झोपड़ियों में रहते हैं।

—तो तुम लोगों को अपने गाँव के पटवारी के पास जा मतदाताओं में अपना नाम लिखवा लेना चाहिए। राजा-रानी का राज गया। अब प्रजा का राज है। तुम्हें पंच चुनना होगा।

उनमें दो पुरुष और एक जवान लड़की थी। सभी के शरीर स्वस्थ, रंग साफ़, नाक नुकीली और कद ऊँचा था। मैं सोच रहा था—यह हैं गूजर, उन्हीं शक घुमन्तुओं की सन्तान, जो इक्कीस सौ वर्ष पहिले भाग कर भारत आए। इनके सरदारों ने भारत पर सदियों राज किया। कितने ही घुमन्तू जाट-गूजर राजपूत के रूप में नीचे बस गए और कुछ आज भी अपने पूर्वजों की तरह पशुओं को लेकर घुमन्तू जीवन बिता रहें है। भारत में आकर इन्होंने भारतीय धर्म स्वीकार किया और पीछे कुछ सुभीता देखकर इस्लाम को मान लिया। आज वह सुभीता कुभीता हो गया। पहिले पहाड़ों में जनसंख्या कम थी, तब कंडों (पहाड़ के ऊपरी भागों) को कोई पूछता नहीं था। आदमी बढ़े, धरती एक अंगुल भी न बढ़ी। अब पहाड़ी लोग कंडों पर गूजरों को देखना नहीं चाहते। इसके लिए अच्छा बहाना है हिन्दू-मुसलमान का बिलगाव। गूजरों की समस्या आर्थिक समस्या है।

रास्ते में एक जगह भारवाहकों की प्रतीक्षा करनी पड़ी, फिर साथ के पाथेय को खाकर मैं पाँच बजे रामपुर पहुँच गया। जाते समय गर्मी का महीना था, अब वर्षा अपने यौवन पर थी, जिसने चारों तरफ की हरीतिमा को अपने पूर्ण यौवन पर ला दिया था।

डाकबँगला और अतिथिभवन दोनों ही नगर के बाहर दोनों तरफ काफी दूर पर हैं। मैं रामपुर में एकान्त वास करने नहीं आया था, बल्कि कुछ काम करना चाहता था। पंडित दौलतराम से इस विषय में पहिले ही बात हो चुकी थी। उन्होंने बिलकुल शहर के भीतर रेंजर क्वार्टर में ठहरने का प्रबन्ध किया था। पता लगते ही श्री विद्याधर आयुर्वेदालंकार भी आ गए और हम आवास में प्रतिष्ठित हो गए। अखबार और चिट्ठियाँ ढेर की ढेर थीं। कुछ देर शिष्टाचार की बात हुई, भोजन हुआ और मित्र लोग चले गए, फिर लालटेन को सिरहाने रखकर पारायण शुरू किया; किन्तु क्या रात भर में वह खतम होने वाला था? एक बजे मैंने लालटेन को बुझाकर सोना चाहा, शरीर को ढाँककर मैं हजारों मच्छरों से बच सकता था, लेकिन रामपुर गरम जगह है। चादर से ढाँकते ही शरीर पसीने-पसीने होने लगा। फिर नीचे से सहस्रमुख अलग से छेदने लगे। मैंने चोरबत्ती उठाकर देखा—खटमल अक्षौहिणी चारों ओर से आक्रमण कर रही थी। अब सोना असंभव था, मैंने लालटेन फिर जलाई और प्रात: काल तक अखंड पाठ चलता रहा। बीच में मन यह भी कह रहा था—और रहने की क्या आवश्यकता, कल ही चल दो। बातचीत से पता लग गया था कि रामपुर से काम की सामग्री अधिक मिलने की आशा नहीं।

अगले दिन (18 अगस्त) जब मैंने पंडित दौलतराम जी को अपना निश्चय

सुनाया, वे हँस पड़े—अर्थात आप इतने कायर हैं। हाँ, मैं यह स्वीकार करता हूँ, मैंने खटमल, मच्छर, पिस्सू इस त्रिमूर्ति के सामने अपने को सदा कायर सिद्ध किया, लेकिन पंडित दौलतराम मेरी कायरता पर नहीं हँसे थे। उन्होंने कहा कि स्कूल में आजकल छुट्टी है, वहाँ खटमल का नाम नहीं और हवा तथा रोशनी के कारण मच्छर भी कम हैं, मसहरी हमारे पास है। जलपान समाप्त करते-करते हमारा सामान भी नई जगह जाने लगा। पहिले तो जाकर मैं तीन घंटे सब कुछ छोड़कर सो गया। फिर श्री विद्याधर जी के साथ बाजार में निकला। खुदरंग और मोटी पशमीने की दो चादरें यहाँ से पहिले मँगा चुका था, अब एक सफेद चादर लेना चाहता था। रामपुर इधर पशमीना बुनने का केन्द्र बन गया है। चादरें बारीक बनती हैं, लेकिन काश्मीर की सफाई और सुन्दरता कहाँ? हमने पचासों चादरें देखीं, लेकिन कोई ठीक नहीं पड़ी। अगले दिन विद्याधर जी ने कुछ और चादरें दिखलाईं, लेकिन मैंने बेमन से एक अच्छी चादर 85) में ले ली।

सराहन में निराश होने के बाद रामपुर से मैं ज्यादा आशा नहीं रखता था। दो-तीन छपी पुस्तकें मिलीं, जिनमें से एक डॉक्टर फॉन डेर स्लीन की पुस्तक 'हिमालय में चार मास का चक्कर' पढ़ी। इसमें स्थानों के उच्चांश कई हजार बढ़ा-चढ़ाकर लिखे गए हैं। मेरे लिए ज्ञातव्य बात नहीं मिली। स्लीन भूगर्भशास्त्री थे, साथ ही अपनी डच जाति के अनुरूप ही साम्राज्यवादी रंग में खूब गाढ़े रँगे हुए थे। फिर भारत और भारतीयों के बारे में उनकी राय जानने की विशेष आवश्यकता नहीं। उन्होंने हिमालय को अल्प-अतलस्-काकेश का समवयस्क बतलाया है; यूरेसिया महाद्वीप दक्षिण-पूर्व दिशा की ओर सरकने लगा, जिसमें रुकावट पड़ने पर हिमालय समुद्र के पेट के भीतर से उसी तरह ऊपर उभड़ा, जैसे यूरोप और अफ्रीका के महा-भूखंडों के संघट्टन से पीरेन् अतलस्, अल्प आदि। आज भी उत्तरीय भूभाग का संसरण धरती के भीतर ही भीतर दाब रहा है, जिसके कारण हिमालय क्षेत्र में अधिक भूकंप आते हैं।

स्लीन को भी कनौर की पशुबलि देखकर बहुत क्षोभ था और उसने अपने दृष्टिकोण से लिखा था "इस कांड को देखते ही तुम्हें मालूम होने लगेगा कि इन अर्धसभ्यों पर धार्मिक पागलपन का भूत सवार हुआ है। और यह याद रखिए कि एकाध ही दशाब्दी पहिले की बात है, जब यही छुरा इसी ढंग से मानुष-पुत्रों पर पड़ता था।...साठ से सत्तर धड़ धरती पर पड़े छटपटा रहे थे। रक्त की गंध आदमी को बेहोश कर रही थी।"

स्लीन 1925 ई. में इधर आया था, अर्थात पिछली बार मेरे आने से एक साल पहिले। उसका यह कहना गलत है कि उससे दस-बीस साल पहिले कनौर में मनुष्य-बलि होती थी। सराहन में पिछली शताब्दी के आरम्भ तक मनुष्य-बलि जरूर हुआ करती थी।

रामपुर में और कुछ बातें मालूम हुईं, जिनमें राज्य के सम्बन्ध में निम्न बातें

उल्लेखनीय हैं—

1803—15 तक बुशहर पर गोरखों का अधिकार रहा। राजा (उगरसिंह) भागकर चगाँव चला गया। गोरखा वाङ्तू से आगे अपना अधिकार नहीं जमा सके।

1 नवम्बर, 1814 ई. को अंग्रेजों ने लखनऊ में गोरखों के विरुद्ध युद्ध घोषित किया, जिसका अन्त 2 दिसम्बर, 1815 ई. को सुगौली की सन्धि के साथ हुआ। राजा महेन्दर सिंह घेघे वाले आठ-दस बरस के लड़के थे, जब कि फ्रेजर 1815 में सराहन पहुँचा था। राजा महेन्दर सिंह के मरने पर 1850 में उनके पुत्र शमशेर सिंह लड़के ही थे, जब गद्दी पर बैठे। महेन्दर सिंह के बड़े भाई मियाँ फतेह सिंह (जन्म 1837 ई., मृत्यु 1876 ई.) ने 1859 में विद्रोह किया था।

1865 ई. में मोरावियन पादरी ई. पीजल स्पू में गए और 18 वर्ष काम करने के बाद 1883 में मरे। फिर पादरी स्क्रीन वहाँ काम करने लगे और 1897 में उन्होंने 25 आदमियों को ईसाई बनाया। 1850 में चर्च मिशन ने चिनी में काम शुरू करना चाहा था, किन्तु अन्त में मोरावियन पादरी ब्रूस्की मिशन स्थापित करने में सफल हुए।

राजा शमशेर सिंह दुर्बल मस्तिष्क के आदमी थे। इनके उत्तराधिकारी टीका रघुनाथ सिंह ने 1887-98 ई. में अपने मृत्यु तक राज्य कार्य सँभाला और उन्होंने ही 1887-90 राज्य का परिमाप कराया। उससे पहिले पोआरी वजीर रनबहादुर की बहुत चलती थी। टीका रघुनाथ से उसका झगड़ा हो गया और अन्त में रनबहादुर को कैथू "शिमला" के जेल में निस्सन्तान मरना पड़ा। राज के खानदानी वजीर पोआरी, शोबा और कुलह वंश के हुआ करते थे। शोबा वजीर का घर अकपा में था।

पंजाब सरकार की ओर से छपे मुख्य कुलों के वंशवृक्ष और वंशावली में रामपुर का वंशवृक्ष (पृष्ठ 237) आगे दिया गया है—

जेम्स बेली फ्रेजर ने 1815 की अपनी यात्रा का वर्णन पुस्तक 'हिमालय पर्वत में'[1] सुन्दर ही नहीं, बहुत ज्ञानवर्धक किया है। यह उन पुस्तकों में है, जिन्होंने 19वीं सदी के आरम्भ और कुछ पहिले के भारत का बहुत ही व्यापक चित्रण किया है। फ्रेजर जैसे कितने लेखकों ने तो उस समय की वेशभूषा का रेखाचित्र भी खींचा था। बेली ने निरथ के पास न्यारियों को बालू धोकर सोना निकालते देखा। उसने वजीर टीकमदास से पाषाण-शतघ्नी का वर्णन सुनकर लिखा—"बिलकुल ठीक रोमकों के कतापुल्त (पाषाणपातिका) की भाँति होती है, जो मन, दो मन के पत्थरों को फेंकती है। इसके लिए रस्सा बहुत मोटा होता है और सौ-सौ आदमी मिलकर एक बड़े वृक्ष के सहारे फेकते हैं।" फ्रेजर ने लिखा है कि "राजा उगरसिंह के मरने पर 22 व्यक्ति सती हुए, जिनमें 3 रानियाँ, 12 अन्त:पुरिकाएँ, 2 वजीर और 9 चोबदार थे। वह लिखता है कि बुशहर की स्त्रियाँ अधिक सुन्दर होती हैं, इसलिए बाजार में यहाँ की दासियों की बड़ी माँग है। यहाँ जो आठ-दस तथा बीस-पच्चीस

1. The Hind Mountain (Lomabon, 1820)

रुपयों मं खरीदी जाती हैं, वह पहाड़ से नीचे जाकर डेढ़ सौ, दो सौ में बिकती हैं।" अर्थात 1815 ई. में नीचे और यहाँ दासप्रथा खूब धर्मानुमोदित थी। वह भारतीय दास स्वामियों की प्रशंसा करते हुए लिखता है, "हिन्दुस्तान-निवासी क्रूर स्वामी नहीं हैं, बल्कि इनके दास बहुत आनन्द के साथ रहते हैं। बहुधा वे अपने स्वामियों से इतने हिलमिल जाते हैं कि उन्हें छोड़ना नहीं चाहते।"

1. उदयसिंह
2. रामसिंह
3. रुदरसिंह
4. उगरसिंह (मृ. 1811)
    - 5. महेंदरसिंह (मृ. 1840)
        - 6. शमशेर सिंह (मृ. 1814)
            - रघुनाथ सिंह (मृ. 1897)
                - वीरेन्द्रसिंह (मृ. 1897)
            - 7. पद्मसिंह (ज. 1873, मृ. 1947)
                - 8. वीरभद्र (ज. 24-6-1934)
                - देवींदर (मृ. 1922)
                - जगजीत (ज. 1904)
                - रनवीर (मृ.1921)
                    - हरदेव
    - फतेहसिंह (ज. 1835, मृ. 1876 ई.)

कनौर लोगों की फ्रेजर बड़ी प्रशंसा करते हुए कहता है, "कनौर निवासी उससे बिलकुल भिन्न भाषा बोलते हैं, जो हिमगिरि के दक्षिण पार्श्व में बोली जाती है, क़िन्तु साथ ही यह भी कहा जाता है कि वह चीन-भूमिक भोटियों की भाषा से भी भिन्न है। कनौरों के ऊपर तातार (मंगोल) मुखमुद्रा की बहुत गहरी छाप है। वह खुले दिल के तथा स्वभाव-बर्ताव में स्पष्टवादी होते हैं।...वह वीर हैं, परिश्रम और स्वतंत्रता- प्रेमी होते हैं। वह निष्कपट, नम्र, अतिथिसेवी, ईमानदार और विश्वासपात्र होते हैं। इसलिए यह कोई आश्चर्य की बात नहीं है कि राजा इन पर इतना विश्वास करता है और राजशक्ति इतनी अधिक इनके हाथों में है। राज के बहुत से मुख्य परिवार और सरकार के प्रधान-प्रधान पदाधिकारी कनौर वंश के हैं। राजा के वैयक्तिक परिचारक उसी प्रदेश के हैं और सैनिक विशेष करके वहाँ ही से भरती किये जाते हैं।"

✶

20 अगस्त तक के लिए मैं यहाँ ठहर गया। आजकल शहर की बाजार में चहल-पहल कम थी। स्कूल की लम्बी छुट्टी है। एस. डी. ओ. साहब दौरे पर गए हैं। बरसात के समय लोग बहुत कम दूर-दूर जाते हैं। यह तो मैं ही था, जो इस समय भी यात्रा कर रहा था।

20 अगस्त को पंडित सत्यदेव और मास्टर अनुलाल से भेंट हुई। मास्टर अनुलाल को सात साल की सजा दी गई थी और यहाँ के पुराने अधिकारी, जो अब भी शासन-यंत्र सम्हाले हुए थे, बहुत निश्चिन्त थे। लेकिन, वह यह नहीं समझ पाते कि प्रजा के राज में आँखों में धूल झोंककर प्रजासेवकों को आँखों का काँटा समझकर दूर फेंका नहीं जा सकता। मैं इस राय से सहमत था कि रियासती मशीन को उन्हीं जाकड़ी पुर्जों से चलाया जा रहा है, नौकरशाही की रफ्तार बदतर हो गई है और हर काम में वह दीर्घसूत्रता प्रदर्शित करती है। अपनी जान बचाने के लिए बहानों की उसके पास कमी नहीं है। हिमाचल-सरकार स्थापित हो गई है, किन्तु प्रजा-प्रतिनिधियों का उसके साथ सहयोग नहीं है। प्रजा-प्रतिनिधियों के हाथ में शासन की बागडोर देने में कठिनाई अवश्य है, क्योंकि रियासतों में जन-निर्वाचित कोई भी संस्था नहीं थी। सरकार प्रजामंडल के कुछ पुराने नेताओं को परामर्शदाता बनाना चाहती है, लेकिन सड़े और बदनाम पुराने रियासती नौकरों की आज भी सारी काली करतूतों का पुचारा वह अपने मुँह पर पुतवाने के लिए तैयार नहीं। वस्तुत: केन्द्रीय सरकार को चाहिए था कि दूसरी जगहों की तरह यहाँ भी अस्थायी मंत्रिमंडल बना देती। जन-निर्वाचित राजकीय संस्था कोई भले ही न हो, किन्तु प्रजामंडल ने कई रियासतों में काफी संघर्ष किया। उसके तपे-तपाये नेताओं में ऐसे लोग मौजूद हैं जो शासन के दायित्व को सम्हाल सकते हैं। उन्होंने जनता के संघर्ष का नेतृत्व किया, इसलिए यह कहना ठीक नहीं होगा कि जनता उनके साथ नहीं है। मैं यह बात सिर्फ बुशहर को लेकर नहीं कह रहा हूँ।

सारे हिमाचल प्रदेश में नौकरशाही अयोग्यता से जो प्रतिक्रिया हो रही है, यह किसी भी सरकार के लिए अच्छी नहीं। अढ़ाल का कुंड टूट गया है, जहाँ से कि गाँव के लोगों को पीने का पानी मिला करता था। लिखा-पढ़ी होते कितने ही महीने हो गए, किन्तु कोई लाभ नहीं। लोग कहते हैं—इससे भला तो राजा ही का राज था। सामने दो रुपया नजर रख के अरज लगाते और तुरन्त ओवर्सियर भेजकर कुंड की मरम्मत करा दी जाती। ऐसे कितने ही उदाहरण मौजूद हैं, जिनमें अयोग्य मैट्रिक पास पुराने रियासती नौकर प्रथम श्रेणी के मजिस्ट्रेट बना दिये गए और बहुत ही लायक तथा ईमानदार व्यक्ति नीचे डाल दिये गए। अभी हिमाचल सरकार चार महीने की है, उसके संगठन और कार्यपरायण होने के लिए इतना समय पर्याप्त नहीं, यह ठीक है, किन्तु जिन ईंटों से यह इमारत खड़ी की जा रही है, वह बहुत दूषित और निर्बल है।

स्कूल में मुझे खटमलों और मच्छरों से संघर्ष नहीं करना पड़ा। अधिक समय लोगों से बातचीत करने में बीता। रियासत के पुस्तकालय से एक ही दो काम की पुस्तकें मिल सकीं। ऐतिहासिक सामग्री के लिए सभी सराहन की ओर इशारा कर रहे थे। मुझे यह जानकर प्रसन्नता हुई कि राजा को पेन्शन मिल गई और रानी गर्मियाँ बिताने सराहन चली गई हैं। विधवा राजबहू (लाड़ी साहबा) को 1000) मासिक पेन्शन मिली थी। उन्होंने उजुर किया कि इतने में उनका खर्च नहीं चल सकता। सरकार ने उस पर विचार किया और देखा कि एक अकेले व्यक्ति के लिए हजार रुपया अधिक होते हैं, इसलिए हजार का 800) कर दिया। सराहन में मैंने सुना कि किसी वकील साहब को नया आवेदन-पत्र तैयार करने के लिए कहा गया है। आवेदन-पत्र तैयार करने में वकील साहब तो घाटे में नहीं रहेंगे, लेकिन सरकार फिर सोचने के लिए मजबूर होगी—क्या जाने नौ हजार छ सौ रुपया वार्षिक खर्च एक विधवा पुजारिन पर उसे अधिक मालूम हो। सामन्तशाही ठाट अब नहीं चलेगा, इस बात का बेचारी को पता नहीं और नाहक वकीलों में रुपया बाँट रही है। छोटी रानी ने भी इसी तरह कई हजार रुपया दरबारी चापलूसों में बाँटे कि पेन्शन का आधा रुपया उसके लड़के को मिले, किन्तु बुशहर के लिए कैसे खास नियम बनाया जा सकता है?

*

21 अगस्त को मैंने रामपुर से प्रस्थान किया। भेरा खड्ड तक उतराई थी। वहाँ तक तो सवारी बेकार थी। किन्तु आगे छह मील ठाणेदार की कड़ी चढ़ाई के लिए घोड़ा अच्छा समझा और सामान के दो खच्चरों के साथ घोड़े का इन्तजाम भी कर लिया गया। नौ बजे चलते समय नौगड़ी के लाला खुशीराम भी साथ हो गए। मन्योटी किन्नर की सीमा है और नौगढ़ी-खड्ड सराहन-देवी के मन्दिर में प्रविष्ट होने वालों की सीमा है। लेकिन, नौगढ़ी की तरफ मेरा ध्यान इस सीमा के कारण आकृष्ट नहीं हुआ। लाला खुशीराम ने अपनी सूझ और परिश्रम से यहाँ एक ऐसा नमूना खड़ा कर दिया है, जो इस बात का प्रमाण है कि कैसे कम पैसे में भी हिमालय का औद्योगीकरण किया जा सकता है। आज जहाँ कई एकड़ों में बाग और खेत लहलहा रहे हैं तथा एक कारखाना चल रहा है, पन्द्रह साल पहिले वहाँ कुछ भी नहीं था। लाला खुशीराम के पिता जंगलों का ठेका लिया करते थे, किन्तु मरते समय पुत्रों को आर्थिक कठिनाइयों में छोड़ गए। खुशीराम ने मामूली हिन्दी-उर्दू के सिवा अधिक पढ़ा भी नहीं था, लेकिन वे मनस्वी तथा परिश्रमी जीव थे। राजा से जमीन ली। पत्थर तोड़ते, बटोरते उनके हाथों में छाले पड़ गए। वहाँ कुछ खेत तैयार किया, पास के खड्ड से जल ले आए। उनकी उड़ान मामूली पनचक्कियों तक

सीमित नहीं रही, उन्होंने कूल को और ऊँची तथा बड़ी करके जल के परिमाण और पतन-शक्ति को बढ़ाया। साथ ही उनके दिमाग में योजना भी बढ़ती गई। आज इस जल-शक्ति से दो आटे की चक्कियाँ चल रही हैं, तेल पेरने, चावल कूटने-फटकने की मशीनें भी काम कर रही हैं, काष्ठ चीरने की मशीनें अलग लग गई हैं। साथ में 110 वोल्ट का डिनामो बिजली तैयार कर रहा है, किन्तु बिजली का उपयोग चिराग बालने और रेडियो की कुछ बैटरियाँ भरने के सिवा और नहीं। दोनों चक्कियाँ रोज 35) मन आटा पीस देती हैं। कोल्हू सरसों के दो और चूली होने पर चार कनस्टर तेल पेर देता है। चावल-कूटनी प्रतिदिन 40 मन चावल कूट देती है। यह सारा काम अल्प-वित्त-साधन होते हुए भी लाला सुखीराम ने किया। आज उनकी जायदाद चालीस-पचास हजार की है, जो सब की सब उत्पादन में लगी हुई है। अभी भी उनका दिमाग थका नहीं है। कह रहे थे, जंगल के ठेके में फँस गया; यह खयाल करके कि इकट्ठा कुछ रुपये मिल जाएँगे और कारखाने को और आगे बढ़ाऊँगा, किन्तु पिछले साल की गड़बड़ी में चिरे-चिराये बल्ले 'नदी में डाले नहीं जा सके, रुपया कहाँ से निकलता! मैंने पूछा—यदि पचास हजार रुपये आपको मिल जाएँ, तो आप अपने कारखाने में क्या-क्या चीजें बढ़ाएँगे?

—मैं तीन हजार रुपये लगाकर कूल के पानी को तिगुना कर दूँगा। दस हजार रुपये में दो सौ बीस वोल्ट का डिनामो और पाँच हजार में दो सौ बीस वोल्ट की मोटर लगा दूँगा, जिसमें मशीनें पनचक्की से नहीं, बिजली से चलें। आठ हजार में ऊन धोने, धुनने, रँगने और पूनी करने की मशीन और पाँच हजार में ऊन कताई की मशीन आ जाएगी।

उनकी रँगाई और पूनी का प्रबन्ध यदि हो जाए और लोग तकली की जगह चर्खे से उसका सूत कातने लगें, तो पहाड़ के लोग मालामाल हो जाएँ। खुशीराम जी ने यह भी बतलाया कि सभी मशीनें भारत की बनी मिल सकती हैं, वह विदेशी मशीनों की तरह दीर्घजीवी नहीं होतीं, किन्तु साथ ही उनका दाम कम होता है।

भले ही उतनी दीर्घजीवी नहीं, किन्तु स्वदेशी मशीनें हमें डॉलर और पौंड की परतंत्रता से तो बचा सकती हैं। लाला खुशीराम ने एक सफल उद्योग ही स्थापित नहीं कर लिया, बल्कि इस बात को भी सिद्ध कर दिया कि हिमालय के हर एक खड्ड पर थोड़ी पूँजी और स्वदेशी मशीनों द्वारा बिजली चालित कारखाने स्थापित किये जा सकते हैं। यह बिजली रोपवे द्वारा पहाड़ के दुर्गम स्थानों में यातायात को सुगम और सस्ता बना सकती है। मुझे आशा है, हिमाचल सरकार आर्थिक सहायता दे लाला खुशीराम को अपनी योजना सफल बनाने में हाथ बटायेगी और साथ ही नेगी सन्तोषदास जैसे हिमाचल के कितने ही मनस्वियों को नौगढ़ी की तीर्थयात्रा करके वहाँ से सीखने का मौका देगी। सिर्फ आर्थिक सहायता से ही काम नहीं चलेगा, सरकार को बिजली और यंत्र-विद्या की शिक्षा का भी शीघ्र प्रबन्ध करना होगा।

मैंने कारखाने में जाकर कूल से गिरते पानी को देखा। दोनों पनचक्कियों के लिए अलग जलपातनिकाएँ थीं। पानी की कमी के कारण चक्कियाँ और मशीनें एक साथ नहीं चलाई जा सकतीं। कूल का सारा पानी एक बड़ी जलपातनिका द्वारा एक बड़े चक्के पर डाला जा रहा था। चक्के का सिर्फ धुरा लोहे का था, बाकी भाग को लकड़ी से यहाँ के बढ़इयों ने बनाया था। धुरे के दूसरे सिरे पर घुमाऊ पेटी वाला चक्का था। सभी चीजें सीधी-सादी थीं, किन्तु देश के लिए कितनी लाभ-दायक?

खुशीराम जी उत्साही जीव हैं। उन्होंने छूतछात उठाने के बारे में आजकल चल रहे आन्दोलन पर कुछ टिप्पणी करते हुए राजनीति की तरफ भी पग बढ़ाना चाहा। मैंने समझाया—आप अपने इस कारखाने द्वारा सिर्फ अपनी ही भलाई नहीं, बल्कि देश की भलाई कर रहे हैं। आप देश का एक उपयोगी दिशा में पथ-प्रदर्शन कर रहे हैं। इसी काम में आगे बढ़ें। राजनीतिक अखाड़ेबाजी आपके काम को खराब कर देगी। उन्होंने मेरी बात को बहुत पसन्द किया।

कारखाने को देखकर पंगी ब्रह्मचारी का दिया लंबा डंडा हाथ में लिए मैं आगे बढ़ा और नौगढ़ी से चार मील (रामपुर से 8 मील) पर अवस्थित दत्तनगर में बूँदे पड़ते-पड़ते पहुँचा। हरियाली के विचार से तो पहाड़ों में वर्षा अच्छी है, किन्तु गाँवों में एक ओर कीचड़ की सड़ाँध उछलती है और दूसरी ओर घरों में लाख-लाख मक्खियों का झुंड एक-एक जगह बैठा मिलता है। दत्तनगर की दूकानों में तो आधा अधिकार मक्खियों का था। दत्तनगर कुछ ऐतिहासिक स्थान-सा मालूम होता है, किन्तु ऐतिहासिकता के चिह्न देवी के मन्दिर में अस्त-व्यस्त लगे कुछ उत्कीर्ण पत्थर भर हैं। सम्भव है, धरती के नीचे कुछ और भी चीजें छिपी हों।

दीवार वर्षा के झोकों का मुकाबिला करते चार मील और चलके मैं निरथ पहुँचा। निरथ के सूर्यमन्दिर को देखना अत्यावश्यक था। इसे आठवीं शताब्दी का बतलाया जाता है, जिस पर सन्देह करने की बहुत गुंजाइश नहीं है। चार घर भारद्वाज ब्राह्मण सूर्यभगवान की पूजा करते हैं और आदि गौण होते हुए भी माँसाहारी हैं। मन्दिर बहुत बड़ा नहीं है, किन्तु सुन्दर है। गुप्तकालीन शिखदार मन्दिरों के आकार का है और सारा पत्थर का बना हुआ है। आसपास की भूमि से मन्दिर का तल बहुत नीचे है, यह भी उसकी प्राचीनता का द्योतक है। पुजारी से फाटक खुलवाकर आँगन में गया। पहिले मेरी दृष्टि अक्षयवट के नीचे गई। अक्षयवट वह मेरा रक्खा नाम है। पुजारी जी ने इतना ही कहा कि हमारी कितनी ही पीढ़ियाँ इस वटवृक्ष को इसी रूप से देखती चली गईं, यह न बढ़ता है, न घटता है। बढ़ेगा कैसे? वह एक चट्टान पर उगा है, जहाँ खाद-जल के लिए बराबर चान्द्रायण चलता रहता है।

अक्षयवट के नीचे पुरानी खंडित मूर्तियाँ थीं, जिन्होंने मेरे ध्यान को अपनी ओर आकर्षित किया। खंडित तो सभी मूर्तियाँ थीं, किन्तु अधिकतर घिसी भी थीं। इनमें वह मूर्तियाँ भी थीं, जो कभी मन्दिर में स्थापित की गई थीं। इनमें एक ओर लम्बोदर

भगवान विद्यमान थे। उनके पास की द्विभुजमूर्ति तो और भी सुन्दर थी, फिर एक ओर दो बूटधारी सूर्य भी थे, जिनके दोनों हाथों में दो सूर्यमुखी के फूल थे। पुजारी जी सूर्य के बूट पर विश्वास करने के लिए तैयार न थे, यद्यपि आँखों से उसे देख रहे थे। हिन्दू जूता पहिने अपने घर में (घर के गर्भ में) नहीं जा सकता, फिर सूर्य भगवान क्यों ऐसा अतिचार करते हैं? लेकिन उनको क्या मालूम कि बूटधारी सूर्य मूलतः शक-देवता थे, यहाँ आकर उन्हें उसी प्रकार ठोंक-पीटकर हिन्दू देवता बना दिया गया, जैसे लाखों शकों को हिन्दू।

मन्दिर के भीतर जगमोहन में दाखिल हुए। अधोवस्त्र (पैन्ट, पाजामा) पहनकर भीतर जाना निषिद्ध है, किन्तु धोती तो बिस्तरे में बँधी थी। खैर, भीतर चले ही गए। यहाँ भी कुछ टूटी-फूटी मूर्तियाँ देहली के पास खड़ी की गई थीं; उनमें सूर्य भी थे। गर्भ-मन्दिर में पुजारी के सिवा कोई नहीं जा सकता। वहाँ की खड़ी मूर्ति हमें उतनी अच्छी भी नहीं लगी। जान पड़ता है, एक से अधिक बार यहाँ मूर्तिध्वंसक आए और खंडित मूर्तियों को हटाकर दूसरी भद्दी और भद्दीतर मूर्तियाँ बनवाकर स्थापित की गईं। मंडप के भीतर विष्णु और हरगौरी की भी मूर्तियाँ थीं और बहुत छोटी भी नहीं थीं। तो क्या सूर्य-मन्दिर के अतिरिक्त यहाँ छोटे-मोटे कुछ और भी मन्दिर थे? आँगन में दूसरी जगह की खंडित मूर्तियाँ इस बात को और पुष्ट कर रही थीं। सूर्य भगवान फलाहारी हैं, किन्तु बगल के छोटे मन्दिर की देवी का बलि के बिना काम नहीं चलता। हम मन्दिर को आठवीं सदी ही का मान लेते हैं। उस समय जान पड़ता है, निरथ एक विशिष्ट स्थान था। क्या यहाँ कोई पहाड़ी राजा की राजधानी थी या प्रतिहार-साम्राज्य की छत्रपी थी? नीचे जाने का रास्ता शिमला से तो नहीं रहा होगा, फिर तो सतलुज के साथ-साथ जाना होता होगा। आठवीं सदी में भोट साम्राज्य बहुत प्रबल था, क्या वह सराहन के आस-पास तक आके रुक गया था? मन्दिर और निरथ का इतिहास तो लुप्त हो गया या यहीं भूमि में निहित है। खशों और शकों से सूर्यपूजा जोड़ी जा सकती है, लेकिन इस मन्दिर को शक काल में नहीं ले जाया जा सकता। आज मन्दिर, पुजारी और गाँव-बस्ती सभी श्रीहीन हैं।

मन्दिर का दर्शन करने के लिए पुजारी जी को एक रुपया दक्षिणा दी। दूसरे पंडे लड़के ने आकर पूछा—आपने सब के लिए दक्षिणा दी ना? मैंने कहा—नहीं, मैंने सिर्फ पुजारी को दिया। निरथ में राज की धर्मशाला और सड़क-विभाग का डाकबँगला दोनों हैं। मैंने सराहन के बाद डाकबंगले में न जाना तय कर लिया था और साथ के पाथेय को जाकर धर्मशाला में खाया। चलते समय देखा, एक आदमी जाल बुन रहा था। पूछने पर उसने यही बतलाया कि सतलुज में मछलियाँ मारी जाती हैं, बल्कि सेर-दो सेर मछली उसके पास मौजूद भी थी। मछली साथ लिवाये मेहमानी में जाना मैंने पसन्द नहीं किया, यदि भुनी या तली होती, तो जरूर कुछ ले लिया होता। साईस ने सिगरेट के लिए पैसा माँगा। चौदह-पन्द्रह बरस का

लड़का था, मुँह से फक-फक धुआँ फेंकते चलने का उसें शौक क्यों न होता। मैंने उसे और खच्चर वाले को भी पैसा देकर जल्दी आने के लिए कह रास्ता लिया।

दो-तीन मील जाने पर भेड़ा-खड्ड मिली। यहीं उतराई खतम हुई। यही पुराने बुशहर राज्य की सीमा है, लेकिन इसका यह अर्थ नहीं कि सतलुज के मैदान में उतरने तक इस पार सारा हिमाचल-प्रदेश है। अंग्रेजों ने बीच-बीच में दो-दो, चार-चार गाँवों के द्वीप पंजाब सरकार के हाथ में रक्खे थे। भारत सरकार ने यह सोचने का कष्ट जो अब भी बदस्तूर साबिक मौजूद हैं। नहीं उठाया कि इन द्वीपों के कारण शासन में कितनी कठिनाई पड़ती है। लालचंद स्टोक कह रहे थे—ठाणेदार के इलाके के रास्ते में खून हो गया। एक आदमी कई साल पलटन में नौकरी करने के बाद कमाई लिए घर जा रहा था, स्थानीय कुछ लोगों ने पैसे के लिए उसकी हत्या कर दी। पुलिस को अकर्मण्य देखकर वह शिमला में सुपरिंटेंडेंट से मिले। कहने पर सुपरिंटेंडेंट ने कुछ करने में अनिच्छा प्रकट की—वह हमारे पंजाब में नहीं है। लालचन्द ने जोर देकर कहा—कोटगढ़ और ठाणेदार पंजाब में हैं। यदि इन के बारे में आप कोई कार्रवाई नहीं करेंगे, तो स्थानीय बदमाशों का मन बढ़ जाएगा। लेकिन 26 अगस्त तक तो पुलिस चादर तान कर सोई हुई थी। दूसरे प्रान्त में द्वीप बनाने का ऐसा ही फल होता है। भारत सरकार का यह कर्तव्य था कि हिमाचल प्रदेश को बनाते समय इन द्वीपों को खतम कर देती।

मैंने भेड़ा-खड्ड को पुल से पार किया। यहाँ से छह मील ठाणेदार तक चढ़ाई है। आदमी को साढ़े चार हजार फीट ऊपर उठना पड़ता है। पहिले पुल पर फिर थोड़ा ऊपर चढ़कर काफी देर प्रतीक्षा करनी पड़ी, तब कहीं साईस घोड़ा लेकर आया। यात्रा में ऐसी असुविधाओं पर गरम हो जाने को मैं बुद्धिमानी नहीं समझता। मैं घोड़े पर सवार हुआ और चढ़ाई चढ़ने लगा। मेघ देवता ने भी बरसने की ठान ली थी। मैं अपने बिस्तर-बन्द पर कंबल रखना चाहता था, किन्तु खच्चर वाले ने पाल डालने की बात कहकर वैसा करने नहीं दिया। और अब वह बक्स तथा बिस्तरे को खुली वर्षा में भिगोते ला रहा था। सवारी का घोड़ा लँगड़ा, किन्तु मजबूत था और उसने चढ़ाई में कहीं कायरता नहीं दिखलाई। पहाड़ों की हरियाली के बारे में क्या पूछना? हाँ, अतिवर्षा से कहीं-कहीं खेत ढह गए थे, कितनी ही जगह हमें घने कुहरे में चलना पड़ा, जिसमें दस कदम आगे देखना मुश्किल था। जब कुहरा छँटा, तो दूर तक पर्वत के लहलहाते खेत दिखलाई पड़े। सतलुज नीचे बहुत दूर थी, जिसके उस पार कुल्लू की पर्वत श्रेणियाँ थीं।

सात बज गया था, जब हम ठाणेदार पहुँचे। मैंने ठाणेदार में न ठहरकर डॉक्टर भगवान सिंह के पास कोटगढ़ जाने का निश्चय किया। ठाणेदार में डाकबँगले में ठहरना पड़ता और अगले दिन फिर सामान ढोने का प्रबन्ध करना पड़ता। मोटर की सड़क तक पहुँचने पर पथ-फलक भी बतला रहा था कि कोटगढ़ यहाँ से ढाई मील

है। सूर्यास्त हो चला था। रास्ता यदि जरा भी भूलते, तो अँधेरे में भटकते रहने का डर था, किन्तु मैंने चलना ही निश्चय किया। खच्चर वाले रास्ता ढूँढ़ लेंगे, इसलिए उनकी परवाह न कर मैं कदम तेज बढ़ाने लगा, किन्तु कितना ही कदम बढ़ाया, अँधेरा होने से पहिले कोटगढ़ नहीं पहुँच सका।

डॉक्टर भगवानसिंह घर ही पर थे और वहाँ मेरी प्रतीक्षा दो दिन पहिले से ही हो रही थी। खच्चर भी आ पहुँचे। अब मैं घर आ गया था—डॉक्टर भगवान सिंह और उनकी पत्नी लाजदेवी के आतिथ्य के कारण भी और साथ ही यह खयाल करके कि अब यात्रा का स्वरूप भी बदल गया है। अभी तक हम ऐसे स्थान में थे, जहाँ पैसा किसी काम को समय पर और अल्पतम असुविधा के साथ कराने में सहायता नहीं दे सकता था, किन्तु यहाँ ठाणेदार में मोटर की सड़क है। वर्षा ने कुछ दिनों से मोटर के आवागमन को बन्द कर दिया था; किन्तु चिरस्थायी रूप से नहीं। यहाँ से खच्चर और आदमी भी मिल जाते हैं। कठिनाइयाँ यहाँ भी हो सकती हैं, किन्तु वह नीचे के शहरों की तरह ही, जिनके कि हम चिरभ्यस्त हैं।

यात्रा का अंत

शिमला जाना कब होगा, इसका अभी निश्चय नहीं था। मोटरबस तो शिमला से अठारह मील ठच्योग तक ही आकर रुक जाती थी। हाँ, जीप यहाँ तक आ जाती थी, किन्तु रास्ता टूटने से वह भी अब बन्द थी। कोटगढ़ और ठाणेदार सेबों की खान हैं। यह सेबों की फसल का समय था, लेकिन वर्षा ने सड़क खराब करके सेबों के भेजने में बड़ी रुकावट पैदा कर दी थी। बाग वाले बहुत परेशान थे। खच्चरों पर ढोने में पैसा भी अधिक लगता था और समय भी। मुझे अपने लिए चिन्ता नहीं थी। अब ठौर पर पहुँच गया था, जब चाहूँ यहाँ से आगे जाने का इन्तिजाम हो सकता था। डॉक्टर भगवान सिंह तो डॉक्टर ठहरे ही, उनकी पत्नी भी चिकित्सिका हैं। मुझे यह जानकर बहुत सन्तोष हुआ कि दो दिन की परीक्षा में चीनी नहीं निकली, अर्थात मैंने भी डायबेटिस को दबोच लिया, तो भी डॉक्टर साहब ने सावधान किया कि पहाड़ में रोग दब जाता है, मैदान में दबा रहे, तब है असली दबोचना।

कोटगढ़ ईसाई धर्मप्रचार का केन्द्र प्राय: एक सदी तक रहा है। यहाँ मिशन के बहुत से बँगले और बगीचे हैं। किन्तु मिशन अंग्रेजी राज्य के सहारे फल-फूल रहा था—दर्जनों साहब, साहिबिनें यहाँ की तापहीन हवा में रहकर धर्मप्रचार कर रही थीं। किसी-किसी बहाने सरकार भी सहायता देती और बिलायत से भी पैसा आता था। भारत की स्वतंत्रता के बाद दुनिया ही उलट गई। अभी साल ही बीता है, किन्तु मिशन का बगल वाला घर ढंड-मंड होने लगा। क्या यहाँ के मिशन की भी वही हालत होगी, जो स्पू, चिनी और केलङ् के मिशनों की हुई? सभी बँगलों और ठाट-बाट के कायम रखने के लिए पैसों की जरूरत है। बगीचे उतने पैसे नहीं दे सकते, लेकिन अभी मिशन कुछ बँगलों को बेच-बेचकर भी जीवन रक्षा कर सकता है। अब मिशन के कर्णधार भारतीय हैं। वह चादर के अनुसार पैर को पसार सकते हैं। स्कूल में मिशन ने अवनति नहीं की। स्वतंत्र भारत ही में मिडिल स्कूल से वह हाईस्कूल बनाया गया। पादरी धनसिंह की मैंने बड़ी प्रशंसा सुनी, जिससे आशा है, मिशन सम्हल जाएगा। हमारे देश में सभी धर्मों को विविध क्षेत्र में सेवा

का अधिकार है। मुझे यह पसन्द नहीं कि कहीं भी वे स्मृति शेष रह जाएँ। अंग्रेजों के रहते ईसाई संस्थाओं ने अदूरदर्शिता से काम भले ही लिया हो, किन्तु ईसाई धर्म दुर्राष्ट्रीयता का पोषक नहीं है।

प्राय: चालीस बरस पहिले सत्यानन्द स्टोक ईसाई धर्म का प्रचार करने के लिए यहीं कोटगढ़ में आए थे, किन्तु भारत के साधुओं और सिद्धों के जीवन ने उन्हें अपनी ओर आकृष्ट किया और सात बरस के लिए वह एक गुफा में बैठ गए। कोटगढ़ से ठाणेदार जाते समय बड़ी खड्ड में सड़क से नीचे अब भी वह गुफा मौजूद है। फिर गुफावास छोड़ कर स्टोक ने एक पहाड़ी तरुणी से ब्याह कर लिया और अन्त में तो ईसाई धर्म छोड़ सत्यानन्द स्टोक बन वह उपनिषद् के भक्त बन गए। जब मैं उनकी सौ वर्ष पहिले हरशिल (गंगोत्तरी) में आकर बसे विल्सन साहेब से तुलना करता हूँ, तो स्टोक की बुद्धिमानी की दाद देनी पड़ती है। हरशिल वाले साहेब ने वहाँ के लोगों का बड़ा उपकार किया। उसी ने वहाँ पहिले-पहल आलू का प्रचार किया, गंगा द्वारा नीचे लकड़ी बहाई। उसने भी स्टोक की तरह एक पहाड़ी स्त्री से ब्याह किया। उसने लकड़ी की मोटी दीवारों का इतना ठोस मकान बनाया कि आज भी वह बड़ी अच्छी हालत में है। ब्याह करते, घर बनाते उसने सोचा होगा कि उसकी सन्तान हरशिल-निवासी बन जाएगी। लेकिन उसकी सन्तान भारतीय नहीं एंग्लो-इंडियन बनी और कहाँ चली गई, इसका पता नहीं। यदि उसने भी अपनी सन्तान को भारतीय बनाया होता, तो अवस्था दूसरी होती। हाँ, इसमें सन्देह नहीं, इसके लिए उस समय परिस्थिति अनुकूल नहीं थी। स्टोक ने अपनी सन्तान को शुद्ध भारतीय बनाया और स्वयं भी भीतर-बाहर दोनों से वे भारतीय रहे।

मैंने सत्यानन्द स्टोक को 1921 ई. की बरसात में बम्बई में देखा था। असहयोग का वह यौवन-काल था, सारे भारत में राजनीतिक व्याख्यानों की धूम थी। स्टोक असहयोगी थे और शुद्ध खादी के धोती-कुर्ते में चौपाटी की सभा में व्याख्यान दे रहे थे—"हिमालय से कन्याकुमारी तक बस हिमशुभ्र खादी ही खादी हो जाए।" मैं भी असहयोग में भाग लेने कुर्ग से बिहार के रास्ते में था। असहयोगी स्टोक प्रथम विश्वयुद्ध में सैनिक भरती कराने में उसी तरह तत्परता दिखला रहे थे, जैसे गाँधी जी। किन्तु युद्ध-समाप्ति के बाद जो नीति अंग्रेजों ने अपनाई, उससे उन्हें घोर असन्तोष हो गया। जिस असन्तोष को उन्होंने सिर्फ अपने असहयोग द्वारा ही नहीं प्रकट किया, बल्कि युद्ध के उपलक्ष्य में जो विजय-शिखर स्थापित किया था, उसे तोड़कर उन्होंने उसी स्थान पर हिन्दू पूजा-मन्दिर बनाया। मन्दिर में लकड़ी में खुदे जगह-जगह उपनिषद् और गीता के संस्कृत वचन हैं। लालचन्द बतला रहे थे कि इनमें से बहुत से वाक्यों को पिताजी ने स्वयं अपने हाथों से खोदा था।

कोटगढ़ के लिए तो सत्यानन्द स्टोक बहुत कुछ थे। यह आए थे यहाँ के लोगों को ईसाई बनाने और बन गए स्वयं हिन्दू। किन्तु उन्होंने कोटगढ़ को एक दूसरी

ही चीज बना दिया, जिससे वहाँ के सभी नर-नारी उन्हें आज भी प्रातः स्मरणीय पितातुल्य समझते हैं। आज कोटगढ़ का इलाका उत्कृष्ट जाति के सेबों का बाग बन गया है, इसका आरम्भ स्टोक ने किया था। आज कोटगढ़ के लोगों का जीवन-तल इन्हीं सेबों की बदौलत ऊँचा हो गया है। स्टोक ने अपनी ओर से हाईस्कूल खोलकर लोगों में शिक्षा का प्रसार किया। इलाके में उसका व्यापक प्रभाव दिखलाई पड़ता है। स्टोक बड़े उदार और दयालु स्वभाव के थे। कोटगढ़ के लोगों की भलाई का ध्यान उनको अपने जीवन के अन्तिम समय (1946 ई.) तक रहा। गरीब किसान ऋण लेकर अपनी जमीन बनियों को बेच देते। यह उन्हें बिना सूद ऋण देते और कहते थे—अपनी जमीन बेचो मत, यह आगे चलकर बहुत मूल्यवान होगी। स्टोक ने अपने बगीचे में बयालीस प्रकार के अच्छी से अच्छी जाति के सेब लगाए थे, जिनकी पौध को उन्होंने अपनी जन्म-भूमि अमेरिका से ही नहीं, दुनिया के दूसरे देशों से भी मँगवाया था, लेकिन सिर्फ अपने लाभ के लिए नहीं। कोटगढ़ में सेबों के प्रचार में उन्होंने अपने को सफल और उत्साही मिशनरी सिद्ध किया। उन्होंने यह भी सिखलाया कि अपने सेबों का सच्चा श्रेणी-बन्धन करके ग्राहकों में अपनी साख बढ़ाना बहुत लाभदायक वस्तु है। उनकी समधिन तहसीलदार अमीचन्द की पत्नी अपने बाग के सेबों को पैंतालीस हजार पर उठाकर भी श्रेणी-विभाजन का काम ठेकेदार के हाथ में नहीं छोड़ना चाहतीं। वह स्वयं बागों में जाकर फलों का श्रेणी-विभाजन करती हैं। स्टोक ने सबसे पहिले जबर्दस्त आन्दोलन करके वहाँ से बेगार-प्रथा को दूर कराया था। जनता के हित की कौन-सी बात थी, जिसमें स्टोक आगे-आगे नहीं थे। फिर क्यों नहीं कोटगढ़ के लोग स्टोक के निधन को अपनी वैयक्तिक क्षति समझते?

स्टोक के तीन पुत्र और तीन पुत्रियाँ हैं। दोनों बड़े पुत्र कोटगढ़ के एक बड़े गणमान्य व्यक्ति रायसाहेब देवीदास के दामाद हैं। सबसे छोटे लालचन्द का ब्याह स्वयं तहसीलदार रायसाहेब अमीचन्द की लड़की से हुआ है। लड़कियाँ भी अच्छे घरों में ब्याही हैं। स्टोक परिवार एक सुशिक्षित सुसंस्कृत हिन्दू परिवार है, जो अपने पिता के यशः शरीर को चिरंजीवी करना अपना कर्तव्य समझता है।

*

सड़कें खराब हो गई हैं। मेघदेवता रात-दिन बरसने से थकते नहीं, फिर जल्दी शिमला पहुँचने की क्या आशा हो सकती थी? मैं तो और भी दिन रहने की आशा रखता था, लेकिन 26 अगस्त तक ही रह सका।

डॉक्टर भगवान सिंह का परिचय 1937 ई. में केलङ् (लाहुल) में हुआ था। वह एक भक्त बौद्ध हैं, अपने नाम के साथ बौध (बौद्ध) लगाते हैं। वह जन्म से

नहीं, सत्संग से बौद्ध हुए। उनकी पत्नी लाजदेवी माता-पिता की ओर से बौद्ध थीं और जाति से भी तिब्बती। मेरे लिए साल के सात-आठ महीने हिमालय में बिताना स्वास्थ्य और कार्य दोनों दृष्टि से अनिवार्य हो गया है। वैरी डायबेटिस की रामबाण औषधि हिमालय ही मालूम होती है। मेरे हिमाचल के मित्रों ने कई जगह कुटीर बनाने का निमंत्रण दे रक्खा है। ठाकुर गोविन्द सिंह बापी, टूटूपाली और अपने गाँव ककोह में निमंत्रित कर रहे हैं, जो 9 और 7 हजार फुट उँचे हैं। मैं 5 से 7 हजार फुट तक ऊँचाई को पसन्द करता हूँ, इससे ऊपर फल खट्टे हो जाते हैं, बर्फ जल्दी पड़ जाती है। साथ ही मैं मोटर की सड़क से बहुत दूर नहीं जाना चाहता जिसमें आवश्यकता पड़ने पर नीचे आने में कठिनाई न हो। चन्द्रकान्त जी अपने यहाँ कुल्लू में आने के लिए जोर दे रहे हैं। डॉक्टर भगवानसिंह ने नारकंडा से 25 मील पर अवस्थित अनी से थोड़ा ऊपर एक पाँच, साढ़े पाँच हजार फुट की जगह के लिए निमंत्रण दिया है। ऊँचाई यहाँ बिलकुल ठीक है, पास में देवदारुओं का जंगल है और पानी भी बहुत है। कोटगढ़ के आसपास भी बना-बनाया घर मिल सकता है, किन्तु वहाँ मई-जून में पानी का कष्ट होता है। डॉक्टर साहब 4-5 एकड़ जमीन खरीद चुके हैं, जिसमें से मेरे लिए अपेक्षित एक एकड़ देने को तैयार हैं और अपने मकान के साथ मेरे कुटीर को भी बनवा देने को तैयार हैं। इसके साथ-साथ चिकित्सक और चिकित्सका के प्रतिवेशी होने का भी सुलाभ। देखें अन्न-जल किधर ले जाता है। अगली गर्मियों में तो मैं अनी का विचार कर रहा हूँ, यह नारकंडा से 25 मील पर है, जिसमें चढ़ाई-उतराई आधी-आधी है।

डॉक्टर साहब को मैंने अगस्त भर रहने के लिए लिखा था। दो-एक और सहकारियों के भी नीचे से आने की आशा थी, इसलिए मैंने एक मकान ठीक कर देने के लिए कहा था और तहसीलदारनी महाशया (श्रीमती सुभद्रा देवी अमीचन्द) ने बहुत कृपा करके अपने यहाँ स्थान देना स्वीकार कर लिया था। किन्तु जिस "शासन-शब्दकोश" के लिए मैं पहिले आना चाहता था, उसका काम तैयार न था। मैं 23 अगस्त को तहसीलदारनी महाशया के घर मध्याह्न भोजन के लिए गया और उन्हें बहुत-बहुत धन्यवाद दिया। तहसीलदारनी काम में बहुत चुस्त हैं। उनके लड़के प्रकाशचन्द्र कृषि के एम. एस-सी. हैं और उद्यान विद्या के भी पंडित, वैसे तहसीलदारनी भी मजूरी देने में कंजूसी नहीं करतीं, किन्तु पुत्र तो लाल-लाल बातें करता था। (अफसोस 1955 ई. में यह तरुण न रहा)।

24 अगस्त को भी वर्षा ने अपने रंग को ढीला नहीं किया। ठच्योग से आगे इधर मोटर या मोटरबस के आने की कोई आशा न थी। सर्वगमा जीप किसी वक्त भी ठाणेदार पहुँच सकती थी, परन्तु आकाशवृत्ति का भरोसा क्या? रेलवे की बाहरी एजेंसी ठाणेदार में है। उसके कार्यकर्ता श्री रमेश चन्द्र जी भी नहीं कह सकते थे कि जीप कब आएगी। अन्त में मैंने यही निश्चय किया कि जैसे ही वर्षा-बूँदी कम हो,

असबाव खच्चर पर लदवा यहाँ से नारकंडा चल देना चाहिए। आगे देखी जाएगी।

डॉक्टर भगवान सिंह के साथ पहाड़ी स्वास्थ्य समस्या पर एक दिन विचार हो रहा था। उन्होंने बतलाया कि रतिज यहाँ की भयंकर समस्या है। उनके अनुमान के अनुसार कुल्लू में 7%, लाहुल में 25%, बाघी में 7%, निर्मेंड में 7%, कोटखाई में 7%, कोटगढ़ में 25% लोग इस रोग से पीड़ित हैं। इसे धन की आवश्यकता होगी। कोट खाई में वह बतला रहे थे, एक दर्जन घर मूत्र कृक्ष के कारण निस्सन्तान हो गए।

25 अगस्त को धूप निकल आई। मन जाने के लिए उकताने लगा, किन्तु जीप की आशा ने दिलासा देकर रोक दिया। 26 अगस्त का दिन दुर्दिन नहीं रहा। घूमते-घूमते ठाणेदार चले गए। श्री रमेशचन्द्र जी की बात से अभी भी जीप का कोई ठौर-ठिकाना नहीं था। फिर उनके साथ स्टोक भवन में गए। सेब तोड़ने का मौसम हो, फिर उद्यानपति घर में कब मिल सकता है? खबर गई तो लालचन्द जी चले आए। उनसे कितनी देर तक पहाड़ के जीवन के बारे में बातचीत होती रही। अपने पिता के बारे में बतला रहे थे—पढ़ाई में मेरा मन नहीं लगा और मैं कालेज छोड़कर चला आया। पिता ने जरा भी असन्तोष नहीं प्रकट किया और मेरे हाथ में दो हजार रुपये देकर कहा—जाओ सारा भारत घूम आओ। मैं दो साल तक घूमता रहा। पहाड़ी जनगीत की बात चली, तो उन्होंने बतलाया—यहाँ एक रामायण का गीत है, जो रात-रात भर गाया जाता है। इसकी कथा में कितनी ही विचित्रताएँ हैं, जिनमें एक है सीताजी के बनाए बड़े का लंका में पहुँचना। मुझे उस वक्त अपना डिक्टोफोन प्राप्त करने का प्रयास याद आया। यह मशीन साढ़े पन्द्रह सौ रुपये में मिल रही है। वह आपके भाषण या गाने को तार पर रिकॉर्ड कर लेती है और फिर उसी पर लगाकर आप ग्रामोफोन की तरह उसे सुन सकते हैं (तार को सलेट की तरह साफ किया जा सकता है, और फिर नये रिकॉर्ड किये जा सकते हैं) चीज बड़े काम की है। उस पर मैं अपनी पुस्तक भी बोलकर लिखवा सकता हूँ, जिसे पीछे धीमी गति करके टाइप कर लिया जा सकता है, उस पर जन-गीतों और जन-पवाड़ों को भी उतारा जा सकता है, दाम भी बहुत नहीं है, लेकिन वह सिर्फ ए. सी. बिजली से चलती है। उसमें न डी. सी. बिजली काम देती है, न बैटरी। यदि बैटरी काम देती तो फिर क्या कहना? मेरे लिखने पर डॉक्टर बासुदेव शरण अग्रवाल ने और पूछताछ करके लिखा कि साढ़े आठ सौ रुपये और खर्च किये जाएँ, तो 230 बोल्ट ए. सी. जेनरेटर और ट्रान्सफार्मर भी लिया जा सकता है। उत्साह मन्द पड़ गया, क्योंकि यह दोनों मशीनें एक-एक मन की हैं। उनको चलाने के लिए पेट्रोल चाहिए, जो आजकल बड़ी दुर्लभ चीज है। फिर साथ ही लेखक के साथ बिजली-मिस्त्री भी बनना होगा या किसी को रखना पड़ेगा। तो डिक्टोफोन के लिए तब तक प्रतीक्षा करनी पड़ेगी, जब तक कि बैटरी को चलाने वाला डिक्टोफोन तैयार नहीं हो जाता।

लालचन्द जी ने मन्दिर दिखलाया। कोटगढ़ के उद्यानपति चमगादड़ों के मारे

परेशान हैं। अँधेरा होते ही हजारों की संख्या में वे कहीं से उड़कर चले आते हैं, और खाने से भी अधिक सेबों कों बरबाद करते हैं। पचासों हजार का नुकसान हो रहा है। लालचन्द की बन्दूक दो-चार को गिराती है, लेकिन उससे क्या बनने वाला है? उन्होंने उद्यानपति-संघ के सामने प्रस्ताव रक्खा, कि दस-बारह मील दूर चमगादड़ों के दिन के बसेरे में पहुँचकर उनका संहार करना चाहिए। स्टोक-परिवार ने इसके लिए तीन-चार हजार रुपया भी देने को कहा, लेकिन दूसरे लोग पैसा खर्च करने को तैयार नहीं—बकरे की माँ कितने दिनों तक खैर मनाएगी? जिस तरह किन्नरों को वानर-यज्ञ करना आवश्यक हो गया है, उसी तरह कोटगढ़ वालों के लिए चमगादड़-यज्ञ करना आवश्यक है।

उसी दिन मैंने तै कर लिया—यदि आज जीप नहीं आई तो कल खच्चर पर सामान लादकर नारकंडा चल दूँगा।

*

27 अगस्त को खच्चर पर सामान रखवाकर मैं पैदल ही नारकंडे को चल पड़ा। 11 मील के रास्ते में ढाई मील चढ़ाई का था। एक जगह सड़क टूट गई थी, तो भी जीप का रास्ता बना लिया गया था। नारकंडा पहुँचने से चार-मील पहले बाघी जाने वाली मोटर-सड़क देखी। यह 12 मील सड़क इसी साल ताजी ताजी बनाई गई है, जो आशा है कुछ दिनों में आगे खदराला पहुँच जाएगी, फिर कुछ सालों बाद रोहड़ू होते टौंस के किनारे चलकर एक डाँड़ा पार हो सइया में आ देहरादून-चकराता मोटर सड़क में मिल जाएगी। इसी सड़क पर कुटीर बनाने के लिए ठाकुर गोविन्द सिंह ने निमंत्रण दे रक्खा है।

पौने चार घन्टा चलने के बाद दोपहर को मैं नारकंडा पहुँच गया। नारकंडा वस्तुतः नागकंडा का अपभ्रंश है। कंडा पर्वतपृष्ठ को कहते हैं। नाग देवता की मढ़ी अब भी मोटर के अड्डे के पास मौजूद है, यद्यपि पास की देवी ने नाग की महिमा को घटा दिया है। नारकंडा 9160 फुट अर्थात प्रायः चिनी के बराबर ऊँचा है। जाते समय यह स्थान जितना सर्द मालूम हुआ था, अब उतना नहीं था। हिमालय के सभी डाकबँगलों को नारकंडे के डाकबँगला जैसा होना चाहिए। यहाँ कोई भी पथिक 3) प्रतिदिन किराया देकर ठहर सकता है। भोजन की वस्तुओं का भी मूल्य नियत है, और रसोइया मौजूद रहता है।

यदि आशा होती, तो मैं दो-चार दिन भी मोटर के लिए ठहर सकता था, लेकिन कोई आशा भरोसा नहीं था। आगे के लिए मैंने तो तय किया है, बरफ पिघलते ही अप्रैल के आरम्भ में नीचे से इधर आ जाऊँ और अक्टूबर के अन्त में लौटा करूँ। अनी यहाँ से 24 मील है, जिसमें सतलुज के किनारे लूरी तक 13 मील उतराई ही

उतराई है—वहाँ तक आज भी जीप जा सकती है। फिर दो मील नदी के किनारे नीचे जाकर पुल पार हो 9 मील चढ़ाई चढ़कर अनी आती है। अनी से साठ-बासठ मील आगे बनजार में मोटर-सड़क मिल जाती है। नारकंडे में बैठे-बैठे मेरा ध्यान अनी पर गया, फिर शिमला-कुल्लू सड़क पर भी।

आज कृष्ण जन्माष्टमी थी। लोग बड़ी देर तक गाना-बजाना करते रहे। मैं भी निश्चिंत हो गया था, क्योंकि किसी बीमार को शिमला से लेकर एक रिक्शा रामपुर गया था और अब खाली लौट रहा था। मैंने उसी को ठच्योग तक के लिए 18) में कर लिया। वैसे होता तो 21 मील के लिए 18) कौन लेता? लेकिन रास्ता उतराई का था और छूछे जाने से 18) पैदा कर लेना बुरा नहीं था। यद्यपि रिक्शा सामान और सवारी दोनों के लिए किया था, लेकिन सवारी करने की इच्छा न थी।

✶

चार उबले अंडे और सेब पॉकेट में रखकर 28 अगस्त को मैं सबेरे ही सात बजे चल पड़ा। 22 मील में साढ़े सत्रह मील अगियाबैताल की तरह चलता ही गया। सड़क कहीं बुरी नहीं थी, लेकिन मोटर वालों का काम जब ठच्योग से ही बन जाता है, तो वे आगे क्यों जाएँ? उनकी बला से सेब के बगीचे और आलू के खेत वाले रोते रहें। मैंने सुना था—दो बजे ठच्योग से मोटर चलती है—आखिरी साढ़े चार मील मैं रिक्शे पर बैठ गया। वहाँ से कई मील पहले सड़क पर कई जगह कोलतार के पीपे पड़े हुए थे, जिनमें से बहुत-सा अलकतरा बहकर बरबाद हो रहा था। सड़क की मरम्मत करके उस पर डालने के लिए पीपे लाए गए थे, लेकिन काम खटाई में पड़ गया। सड़क की मालिक पंजाब सरकार यह निश्चय नहीं कर पा रही है कि अभी सड़क को एकतरफा यातायात के लिए रखकर मरम्मत कर दी जाए अथवा उसे दूनी चौड़ी करके दोतरफा यातायात-लायक बना दिया जाए? नौकरशाही की "जय जय" कैसे मनाई जाएगी, यदि सड़क दो-चार जगह धसक कर नीचे नहीं गिरी। दस-बीस हजार का और खर्चा न पड़ा और पाँच-दस हजार का अलकतरा भी नष्ट न हुआ! सरकारों को कुछ मत कहिए, काम के मारे उन्हें साँस लेने की फुरसत नहीं। और बहुत से काम हो रहे हैं इसी तरह। पुराने नौकरशाह अंग्रेजी के कोड़े के डर से कुछ काम भी करते थे, किन्तु अब तो "परम स्वतंत्र न सिर पर कोई"; क्योंकि मन्त्रियों को अँगुली पर नचाने की विद्या यह अच्छी तरह जान गए हैं।

मैं सामान सहित दो बजे से पहिले ठच्योग पहुँच गया। कैलास कम्पनी की मोटर-बस सवारी के लिए आई थी, लेकिन लादा जा रहा था आलू। मिलने वाला था आलू का चार रुपये मन, और आदमी का डेढ़ रुपया, फिर वह क्यों सवारी ले जाना पसन्द करती। दस-बारह सवारी बैठा ली और भीतर तथा छत पर जितने आ

सके, उतने आलू के बोरे लाद लिए, फिर ड्राइवर साहब ने हुकुम दिया कि अब जगह नहीं है। अन्धेर नगरी में कौन पूछता है? मैं ताकता ही रह गया और बस चली गई। बँगले के चौकीदार-साहेब का भी कहीं पता नहीं था, नहीं तो सामान वहाँ रखाकर निश्चिन्त बैठता। अब मैं छह बजे की बस की प्रतीक्षा करने लगा।

बस काफी देर करके आई और धड़ाधड़ आलू के बोरे लादे जाने लगे। 30 मन लादने का अर्थ था 120 रुपया। सवारी से इतना कहाँ मिल सकता था? मुझे डर लगने लगा कि कहीं इस समय भी छूट न जाना पड़े। खैर, मैं उन भाग्यवानों में से था, जिन्हें आलू के साथ बस में बैठने की जगह मिल गई। कई यात्री अब भी छूट गए। यह भी कैलास- कम्पनी की मोटर-बस थी। आदमी की जगह आलू लादना अवैध था, दुर्लभ पेट्रोल लोगों की सुविधा के लिए इन मोटर-बनियों को दिया जाता था, और उसका था यह सदुपयोग!! आलू के किराये में ड्राइवर को भी कुछ मिला होगा, लेकिन 25 मन के सौ रुपयों में पाँच से अधिक नहीं, बाकी रुपये शिमला पहुँचने से पहिले ही रास्ते में सेठ साहब के हाथ में उसने दे दिया। इस पाप और अत्याचार को रोकने के लिए वहाँ कौन था? पुलिस को भी कुछ मिलता होगा, तभी तो ठच्योग में अपने सामने यह सब होते देख आँख मूँदे बैठी थी। भ्रष्टाचार हटाने का सारे देश में हो-हल्ला मचा हुआ है, किन्तु वह इतना सहल रोग नहीं। औषधि कठोर हैं, नहीं तो रोग असाध्य नहीं है। सौ-पचास मोटी तोंद वालों को कालेबाजारी और भ्रष्टाचारी के अपराध में नगरों के चौरस्ते पर फाँसी पर लटका दीजिए और सर्वस्वहरण कर लीजिए, फिर देखिए किसकी हिम्मत होती है? यदि भारत को भयंकर आर्थिक संकट और राजनीतिक असंतोष से बचाना है, तो "नान्यः पन्थ विद्यतेऽननाय"।

9 बजे बस शिमला पहुँची और कुछ मिनटों बाद मैं फरग्रोव में नायर-परिवार में था।

✶

चिट्ठियों से पता लगा कि 5 सितम्बर को सम्मेलन कार्य समिति की बैठक है, जिसमें 3 को चलकर ही मैं उपस्थित हो सकता था। पाँच दिन मेरे पास थे, अब इन्हें चाहे शिमला में बिताऊँ या दिल्ली में? मैंने दिल्ली के प्रोग्राम को स्थगित कर दिया। प्रोफेसर लाजपतराय नायर, उनकी पत्नी और बहिन सबने मेरे स्वास्थ्य में सुधार होने की बात कही। मुझे भी मालूम हो रहा था, किन्तु यह था हिमालय और नित्य प्रति कम से कम पाँच मील टहलने का वरदान। शिमला में एक काम था, मेहताजी से मिलकर कनौर के सम्बन्ध में बातचीत करना और प्राग्बौद्धकालीन समाधियों के कांस्य पात्र तथा मद्य-कुतुप को संग्रहालय के लिए भेंट करना। यह

काम अगले ही दिन हो गया। मेहताजी का आग्रह रहा, कि मैं चम्बा जाऊँ, जिससे आठ मील पर खजियार स्थान पाँच हजार फुट से ऊँचा और बहुत रमणीय है। उनका यह भी कहना था कि चम्बा चित्रकला तथा पुरातत्व दोनों की दृष्टि से बहुत ही महत्वपूर्ण स्थान है—"किधर ले जाऊँ दिल, दोनों जहाँ में सख्त मुश्किल है।"

6 सितम्बर को शिमला से प्रस्थान किया। पहाड़ी रेल से कार कालिका जल्दी पहुँचाती है, यह सोचकर कार से ही चला। शिमला से अव्वल तो कार ही लेट चली, फिर हमारे भद्र सहयात्रियों ने सोलोन के रेस्तोराँ में घंटे भर लगा दिये। गाड़ी की रोशनी भी जैसी ही तैसी थी। मेरे दाँत में दर्द अलग हो रहा था और गाड़ी के खड्ड में गिरने का हर वक्त डर था अलग। जैसे-तैसे आठ बजे कालिका पहुँचे। कलकत्ता मेल तैयार था और हमारी बर्थ रिजर्व थी। सामान रखवाकर लेट गए। अब तो सीधे प्रयाग चल कर उतरना था, लेकिन गर्मी की बात न पूछिए।

किन्नर देश पर एक ऐतिहासिक दृष्टि[1]

यह किन्नर देश है। किन्नर के लिए किंपुरुष शब्द भी संस्कृत में प्रयुक्त होता है, अतः इसी का नाम किंपुरुष देश या किंपुरुष वर्ष भी है। किन्नर या किंपुरुष देवताओं की एक योनि मानी जाती थी, किन्तु उससे हमें इतिहास के जानने में कोई सहायता नहीं मिलती। यदि किन्नर का शब्दार्थ "बुरा आदमी" ले लें, तो अपने शत्रु के लिए ऐसे शब्दों का प्रयोग आज भी हुआ करता है। किन्हीं ने अपने शत्रुओं को यह नाम दिया होगा, यह तो जरूर मालूम होता है, और ऐसा नाम आर्यों की भाषा में होने से यह अपराध आर्यों का ही हो सकता है, तो क्या किन्नर आर्यों से भिन्न थे? हाँ, भिन्न जरूर मालूम होते हैं। किन्नर देशियों को आजकल आस-पास वाले कनौरा कहते हैं। पहिले कनौर या किन्नर का क्षेत्र बहुत विस्तृत था। काश्मीर से पूर्व नेपाल तक प्रायः सारा ही पश्चिमी हिमालय तो निश्चित ही किन्नर जाति का निवास था। चन्द्रभागा (चनाब) नदी के तट पर आज भी कनौरी-भाषा बोली जाती है, सुत्तपिटक के 'विमानवत्थु' (ईसापूर्व द्वितीय-तृतीय सदी) में लिखा है "चन्द्रभागानदी तीरे अहोसिं किन्नर तदा" जिससे स्पष्ट है कि पर्वतीय भाग के चनाव के तट पर उस समय भी किन्नर रहा करते थे। इसी तरह उत्तरकाशी (टेहरी) के पास के धरासू आदि "सू" शब्दान्त गाँव बतलाते हैं कि वहाँ किन्नरी भाषा बोली जाती थी—किन्नरी भाषा में "शू" या "सू" शब्द देवता के लिए आता है।

अस्तु, जैसे भी हो आधुनिक "कन्नौर" शब्द किन्नर का ही अपभ्रंश है, और किसी समय किंपुरुष वर्ष प्रायः सारे हिमालय का नाम रहा होगा, यद्यपि आज वह संकुचित हो बुशहर-रियासत (अब महासू जिला) की एक तहसील चिनी तथा कुछ नीचे उतरकर उससे लगे हुए 20-25 गाँव के लिए व्यवहृत होता है।

भाषातत्व की दृष्टि से विश्लेषण करने पर कनौरी भाषा में (जिसका सर्वाधिक प्रचलित रूप हम् स्कद् है और बोलियाँ हैं—थोशङ्, पो-स्कद, शुम्-छो-स्कद्

1. विशेष के लिए देखिए "हिमाचल प्रदेश"।

शुन्नम्-स्कद्, उस्कद्, न्यम्स्कद्) तीन भाषाओं के तत्व मिले हुए हैं—तिब्बती (भोट भाषा), संस्कृत और इन दोनों से भिन्न एक तीसरी किरात भाषा, जिसे हम "शू भाषा" कह लेते हैं। मानव समाज की अतिपरिचित वस्तुओं के नामों में इन तीनों भाषाओं का भाग कितना है, इसे अभी ठीक से नहीं कहा जा सकता, क्योंकि किन्नर का अभी पूर्ण शब्दकोश तैयार नहीं हुआ है। यहाँ हम कनौरी-भाषा (हम् स्कद्) के शब्दों की कुछ बानगी देते हैं।

(1) सबसे पहिले भोट भाषा के शब्दों को लीजिये : में (आग), शिङ् (काष्ठ), सेमूचन (प्राणी), चङ्क (भेड़िया), शा (मांस), क्रा (केश), मिक् (आँख), मिक्पू (भौं), कद् या स्कद् (भाषा), निश् (दो), शुम् (तीन), ङ: (पाँच), टुग (छ), किम् (घर), लान् (उत्तर), शीमिक् (मृत्यु), तोमिक् (मारना), तामिक (देखना, दिखाई देना), जल्मिक (भेंट करना), फ़म्मिक (हराना), शोमिक् (मारना), तुङ्-मिक (पीना पिलाना)

(2) और संस्कृत के तत्सम-तद्भव शब्द हैं, (इनका प्रयोग करते समय अंत में बहुधा इङ् या अड़-जोड़ दिया जाता है)—मटिङ् (मिट्टी), दुवङ्—(धुआँ), अञ्यारङ्—(अंधार), सोर्गङ्—(स्वर्ग, आकाश), रतिङ् (रात), रितङ् (ऋतु), भारङ् (भार), खेरङ् (क्षीर), दुवारङ् (द्वार), मजङ् (मध्य), कुखिङ् (कुक्षि)। कभी-कभी संस्कृत शब्दों के अन्त में अस् भी हो जाता है, जैसे- चोरस् (चोर), परमेशरस् (परमेश्वर), जेपालस् (अजपाल)। संस्कृत के शब्द कनौरी भाषा में काफी मिलते हैं और सभी तरह के—काठो (काष्ठ), कोहर (कुहरा), बिजुल (बिजली), रिखा (रीछ), खउ (खाद्य), छोप (सूप, मांस रस), रँडोलस् (रँडुवा), बोगवान् (भगवान), पुजा (पूजा), बोदी (बहुत), बया (भैया)। संस्कृत धातुओं में निक्, मिक् लगाकर प्रयोग किया जाता है—लोन्निक् (लाना), भगेन्निक् (भागना), हटेमिक (हटाना), विचारेमिक् (विचारना), भ्यङ्ङ्मक् (भय करना), पुजा लन्निक्र (पूजा करना), पकयामिक (पकाना), फेस्यामिक (फेंकना), पोलटेन्निक् (पलटना), जोड़ेमिक् (जोड़ना), लटक्यामिक् (लटकाना), भूज्यामिक (भूंजना), वसन्निक् (बसना), बजमिक् (बजाना), छरयामिक् (छोड़ देना), रङ्यमिक् (रंगना), सज्यामिक् (सजाना), लजाशेमिक् (लजाना), सुँचन्निक् (सोचना), कटयामि (काटना), गोल्यामिक् (गलाना)।

(3) "शू" (किरात) भाषा वस्तुतः कनौरी भाषा का मूल अंश है। अब कुछ उसके शब्दों को लीजि—एशू (देवता), ओम् (पथ), रङ् (गिरि), ती (पानी), शुप् (फेन), पोम् (हिम), ठङ् (बर्फ), ठो (अँगार), राँक (ताप), लान् (वायु), जू (बादल), युनेक् (सूर्य), लाइ (दिन), गोलू (मास), रूद (सींग), कुइ (कुत्ता), फो (हिरन), होम (भालू), ऐरङ् (आखेट), खस् (भेड़ी), दमस् (बैल), रो (तख्ता), पोलाच (रुधिर), वस् (मधु), टालङ्-(चमड़ा), शोक् (कंठ), ताकुसू (नाक), गार्

(दाँत), बङ् (चरण), लिंड् (हृदय), रिङ्स् (बहिन), छङ् (पुत्र), चिमेत् (बेटी) छंद (जामाता), तेम (पुत्र वधू), रु (ससुर), तेते (दादा), कोतेते (परदादा), कोणस् (मित्र), जङ्ग (सोना), ठोग (सफेद), सै (दस), रा (सौ), लोन्निक् (बहुत), कुस्क्या (बहुत ज्यादा), केन् (तुम), कोमो (भीतर), रेनम् (बसन्त), य्वा (नीचे), ईमिक (प्रश्न करना), रोमिक (बोलना), हचेमिक् (होना), स्कुन्निक् (उबालना), छुन्निक् (बाँधना), रन्निक् (देना), रेन्निक (बेचना), यून्निक् (चलना, चूर्ण करना), लन्निक (करना), कन्निक (बुलाना), बुन्निक (आना), द्वन्निक (निकलना, प्रकट होना), लोन्निकू (कहना), ग्वान्निक (खोदना, काटना), कसू मिक् (मिलाना), लन्निक (बनाना, पकाना), उन्निक् (लेना, माँगना), तोशेमिक् (बैठना), बन्निक (परिहास करना हँसना), छिवमिक (चूसना), पन्त्रिक (उबालना, पोछना) हुन्निंकू (सीखना), नारमिक् (गिनना), तेन्मिक् (सीना), (सक्युबमिक्) लादना (उठाना)।

कनौर लोगों के प्रागैतिहासिक परिचय के लिए अभी तक उनकी भाषा ही एक मात्र सहायक है, आगे चलकर संभव है, उस समय की भौतिक सामग्री भी प्राप्त हो जाए। किन्नर जाति का सबसे पुराना स्तर है किरात! आर्यों से पहले खशों के साथ समागम हुआ मालूम होता है। आर्य ताम्रयुग में भारत में पहुँच चुके थे। उस समय चंद्रभागा से बहुत पश्चिम तक किन्नर रहते और उसी समय खश पशुपालों से उनका संपर्क हुआ हो। आगे चलकर तो यह संपर्क तथा प्रभाव इतना बढ़ा कि आज अधिकांश किन्नरों (कनेतो) ने अपनी भाषा को सर्वथा छोड़ दिया। जैसे हिमाचल के निम्न भाग के किन्नर आर्यों के बाहुल्य और प्रभाव के कारण आर्य भाषा-भाषी बन गए, वैसे ही उत्तरी छोर के किन्नर पीछे भोट-देशियों के प्रभाव में आकर भोट भाषा-भाषी हो गए।

भोटवासियों के संपर्क में कब आए? आज की आबादी की भाषा और मुखाकृति को देखकर यह समझना गलत होगा कि मानसरोवर प्रांत, लद्दाख और कनौर के सीमांत भाग (हङ्रङ्) में पहिले भोटवासी रहा करते थे। वस्तुतः भोट-जाति का पश्चिम में विस्तार ईसा की सातवीं सदी में होने लगा, जबकि भोट-सम्राट स्रोङ्चन् गेम्बो (630-50 ई.) ने सारे तिब्बत, सारे हिमालय और गिलगित्, चीनी तुर्किस्तान से ह्वाङ्हो तट तक फैले भोट साम्राज्य की स्थापना की। इसी समय चीनी तुर्किस्तान की भाँति किन्नर-देश में भी भोट सैनिक और शासक पर्याप्त संख्या में आकर रहने लगे, कितने ही भोट मेषपाल भी उत्तरी चरागाहों में पशुचारण करने लगे। भोट-साम्राज्य स्थापक स्रोङ्चन्-गेम्बो ही तिब्बत में बौद्धधर्म का स्थापक तथा तिब्बती साहित्य का भी आरंभक था। उससे पहिले आधुनिक किन्नर-देश में बौद्ध धर्म पहुँच चुका था, यह संदिग्ध मालूम होता है। अशोक के समय बौद्ध धर्म प्रचारक दूर-दूर तक पहुँचे थे, तो भी वह यहाँ के जैसे पिछड़े लोगों में पहुँचे, इसका प्रमाण नहीं मिलता। हाँ, अशोक के राज्य से इनका सम्पर्क जरूर रहा होगा।

देहरादून जिले में चकराता की सड़क पर पहाड़ से नीचे उतरते ही कालसी का पुराना, किन्तु अब ध्वस्तप्राय नगर पड़ता है। इसी के नीचे यमुना तट पर अब भी वह शिला है, जिस पर अशोक के अभिलेख खुदे हैं। अशोक के और अभिलेखों की भाँति यह शिलालेख भी ऐसे स्थान पर खुदवाया गया था, जहाँ अधिक जनसमागम होता था। कालसी (खलतिका) उस समय मध्यदेश के साथ हिमालय के व्यापार का एक प्रधान केन्द्र था, इसमें संदेह नहीं। यहीं हिमवन्त की समूरीखाल (कादली मृग), पशम तथा कोमल ऊन के दुस्स, कस्तूरी तथा दूसरी बहुमूल्य वस्तुएँ आकर बिकती थीं। पाली वाङ्मय में उल्लिखित (अजपथ, बकरी का रास्ता) यहीं से आरंभ होता था। आज भी जाड़ों में काफी संख्या में कनौरे अपनी भेड़-बकरियों को लेकर कालसी पहुँचते हैं; यद्यपि व्यापार की मंडियाँ रामपुर (बुशहर), शिमला और कुल्लू में खुल जाने से अब कालसी का वह महत्व नहीं रहा और वह प्राचीन नगरी सिसक-सिसक कर मर रही है।

उपरोक्त कथन से यह निश्चित है कि ईसापूर्व तीसरी सदी में कनौर लोगों का अशोक के साम्राज्य के साथ संपर्क था। बौद्ध-धर्म से संपर्क स्थापित करने के लिए उनमें संस्कृति का स्तर ऊँचा होना चाहिए था, जिसका पता उस समय नहीं मालूम होता। इसका प्रमाण कनौर की प्रत्येक पुरानी बस्ती में पाई जाने वाली वह मृतक समाधियाँ हैं, जिन्हें यहाँ के लोग भ्रम से "खछे-रोखम्ङ" (मुसलमान-कब्र) कहते हैं, इसीलिए कि आधुनिक कनौरे सिवाय आपत्काल के अपने मुर्दों को जलाते हैं। मकान के लिए नींव खोदते, खेत बनाते या सड़क निकालते समय जब कोई पत्थर के टुकड़ों से चुनी, पटिया से ढँकी मृतक-समाधि निकल आती है, तो उसे वह मुसलमान की कब्र कह उठते हैं। उन्हें यह नहीं मालूम कि मुसलमानी कब्रों में बर्तनों में भोजन और मदिरा नहीं रखी जाती और न ही इन प्रदेश में मुसलमानों का कभी निवास रहा। वह यह भी नहीं समझ सकते कि कभी उन्हीं के पूर्वज अपने मृतकों को जलाते नहीं गाड़ते थे, और मृतात्माएँ कब्र में आकर भूखी न रह जाएँ, इसके लिए प्राचीन मिस्रियों की भाँति कब्र में खाद्य और पेय सामग्री रखते थे।

जहाँ तक मुझे स्मरण है, किन्नर की इन मृतक-समाधियों की ओर विद्वानों का ध्यान आकृष्ट नहीं हुआ, यद्यपि लद्दाख की मृतक समाधियों का उल्लेख हुआ है, और यह भी माना गया है, कि पहिले लद्दाख में मंगोलायित जाति नहीं रहती थी। जून 1948 में ऊपरी कनौर के लिप्पा (लितिङ्) गाँव में मैं ठहरा था। वहाँ के ज्योतिषी लामा ने किसी गुम्बा (मठ) की नींव डालते समय हड्डी निकलने की बात कही। फिर जब मैंने पूछा, तो सीधा सादा उत्तर मिला इधर "खछे-रोम्खङ्" वहुधा निकल आती है। खछे (मुसलमान)-कब्र यहाँ नहीं हो सकती, सोचकर मैंने पूछा—'हड्डी के साथ बर्तन भी रहते हैं।' उत्तर मिला—"बर्तन मिलना अनिवार्य है।" यह भी पता लगा कि बर्तन बहुधा मिट्टी के होते हैं, जिन्हें लोग फेंक देते हैं,

या लड़के खेलकर फोड़ डालते हैं। और पूछताछ करने पर एक आदमी के खेत में कुछ साल पहिले कब्र निकलने का पता लगा। उसे बुलाकर कुदाल ले हम लोग उसके बोये खेत की ओर चल पड़े। वह बारबार कह रहा था कि कब्र को हमने खोदकर फेंक दिया। उसके खेत में कुदाल चलाने की नौबत नहीं आई, उसके पड़ोसी पंजीराम के खेत में भी कब्र निकलने का पता लगा। आठ साल पहिले किसी पुजारी की असावधानी से आधा गाँव जल गया—यहाँ के मकानों का अधिक भाग लकड़ी का होता है। पंजीराम ने अपना घर गाँव के बीच में अवस्थित अपने खेत में बनाना आरंभ किया। नींव खोदते समय कुदाल पत्थर के पटिये से टकराई। पटिया हटाने पर पातालपुरी की ओर जाने का द्वार मिला, जिसके नीचे उतरने की पत्थर की खुड्डियाँ थीं। पंजीराम ने हाथ-दो हाथ खोदकर छोड़ दिया। लोगों ने छिपे खजाने की बात बतलाकर उत्साहित किया। गाँव के जेलदार बंसीलाल भी पहुँच गए, और कुदालें चलीं। चार-पाँच हाथ नीचे जाने पर जगह कुछ चौड़ी थी, जिसमें मुर्दे की हड्डियाँ और चीजें मिलीं। पंजीराम ने चीजों के मिलने से मुझसे इनकार किया, किन्तु जेलदार के कथनानुसार उसमें बर्तन आदि निकले थे। हाँ, खजाना नहीं मिला। पंजीराम अब उस स्थान पर अपना घर खड़ा कर चुके थे। मैं उसे भीतर से देखने का आग्रह कर रहा था। पंजीराम ने कहा—अभी एक मास पहिले इसी खेत में ऊपरी दीवार (मेड़) के पास एक "खछे रोम्खङ्" निकली थी।

पंजीराम की जान में जान आई, जब मैंने कहा—चलो इसी को खोदो। कब्र खेत के ऊपरी सिरे पर दीवार (मेड़) की जड़ में थी, जिसके ऊपर से पानी की नाली बहती थी और बरसों से पानी उसके भीतर पहुँच चुका था। खुदवाने पर तीन हाथ लम्बी डेढ़ हाथ चौड़ी हाथ भर ऊँची पाषाण खंडों से चिनी कब्र मिली। पंजीराम की पहिली कुदाल ने ढाँकने की एक पटिया को ही वहाँ रहने दिया था, उसे हटवाया गया। हड्डियाँ अस्त-व्यस्त फेंकी हुई थीं। और पानी लगने से खुसखुसाकर टूट रही थीं। खोपड़ी आधी (लम्बाई में) थी, जिसकी लम्बाई का आधा घेरा 18 इंच और चौड़ाई का आधा घेरा 6 इंच था। देखने से स्पष्ट मालूम होता था, आदमी दीर्घकपाल था। हाथ-पैर की हड्डियाँ बतला रही थीं कि आदमी लंबे कद का था और उसे कब्र में पैरों को मोड़कर ही रखा जा सका होगा। खोपड़ी में ऊपरी दाँतों की आधी पंक्ति मौजूद थी, जिसमें तीन दाढ़े (तीसरी खोखली), फिर दो दाँत, एक कुकुरदंत फिर एक टूटे दाँत की जगह और तब दो सामने के दाँत—जड़ में कुछ आगे को बढ़े थे। आदमी की आयु 35-40 साल की रही होगी। हड्डियाँ इतनी खुसखुसी थीं और इतनी टूटती थीं, कि उन्हें दिल्ली पहुँचने का प्रबन्ध नहीं किया जा सकता था। यद्यपि मेरी बड़ी इच्छा थी कि एक सम्पूर्ण कंकाल हाथ लगे, किन्तु यहाँ कब्रें स्वेच्छा से खोद कर नहीं निकाली जा सकतीं। गाँव के वैद्य ने आँचल फैलाकर हड्डियों को माँग लिया। उन्होंने उन्हें जला-घोटकर दवा तैयार की होगी,

और उसे कितने ही बीमारों के पेट में उतारा होगा।

इस कब्र से निम्न ऐतिहासिक बातों का पता लगा—(1) लिप्पा के पुराने निवासी आजकल के अपने वंशजों की भाँति गोलकपाल या मध्यकपाल न हो, दीर्घकपाल थे—वैसे ही जैसे लद्दाख के पुराने निवासी; (2) वह मुर्दों को जलाते नहीं, गाड़ते थे, (3) कब्र में मुर्दों का सिर पश्चिम की ओर होता था; (4) मुर्दों के साथ खाद्य और पेय रखते थे; (5) संभवतः लोग लम्बे कद के थे। कब्र खोदते समय पंजीराम को मालूम हुआ कि मैं कब्र से निकली चीज का अच्छा दाम भी दूँगा, इसलिए उन्होंने घर से लाकर एक काँसे का कटोरा और एक मिट्टी का टोंटीदार मद्यकुतुप दे दिया। उनका कहना था, कि दोनों चीजें इसी कब्र में सिर के पास दाहिनी ओर रखी हुई थीं। लेकिन उनकी बात संदिग्ध है। हो नहीं सकता कि बड़ी कब्र के मुर्दों के पास कोई बर्तन न रहा हो। जेलदार ने भी दूसरे दिन चीजों के निकलने पर जोर दिया और जब पंजीराम को बुलाया, तो उन्हें आने की हिम्मत न हुई। ऐसा कटोरा और मिट्टी का मद्यकुतुप आजकल इस इलाके में नहीं बनते। दोनों के कारीगर अपनी कला में दक्ष थे। कटोरा साढ़े सात इंच व्यास का पूर्ण अर्धगोल है, जिसकी पेंदी की धात बहुत जगह उड़ गई है। कुतुप में अँगूठा जाने लायक मुँह और एक पतली सुन्दर टोंटी लगी है।

समाधि के काल के बारे में कुछ बातें कही जा सकती हैं—(1) उस समय यहाँ दीर्घकपाल आदमियों की बस्ती थी, जिनका तिब्बती गोलकपाल लोगों से संपर्क नहीं हुआ था; (2) अभी बौद्ध धर्म के कर्म के सिद्धान्त का परिचय नहीं हुआ था, इसलिए मृतक के खाद्य और पेय का प्रबन्ध करना पड़ता था—अर्थात यह समाधियाँ उस समय की हैं, जबकि भोट (तिब्बती) लोगों का पश्चिम में विस्तार नहीं हुआ था, या राज्य विस्तार होने पर भी अभी उसका व्यापक प्रभाव नहीं पड़ा था। भोट-इतिहास से हमें मालूम है कि ईसा की सातवीं सदी के मध्य में भोट राज्य का विस्तार इस प्रदेश में हुआ था, व्यापक प्रभाव के लिए कम से कम एक सदी और होनी चाहिए। इस प्रकार ऐसी कब्रें आठवीं सदी से पीछे की नहीं हो सकतीं।

यह कहने से यह भी मालूम हुआ कि कनौर की भाषा में तिब्बती शब्द और लोगों में तिब्बती-रक्त भी सातवीं सदी के मध्य से सम्मिलित होने लगा। आर्यों की भाषा संस्कृत और रक्त का भी प्रभाव उनके प्रथम संपर्क के समय ताम्रयुग अथवा ईसा पूर्व द्वितीय सहस्राब्दी में आरम्भ हुआ, जो आगे बढ़ता ही गया और आज तो किन्नरों का ऐसा बहुत थोड़ा ही भाग रह गया, जिसने अपनी आदिम भाषा (किरात) के कुछ अंश को सुरक्षित रखा है। प्राचीन किन्नरों का भारत की अन्य प्राचीन जातियों और विशेषकर प्रागार्य सिंधुजाति से क्या सम्बन्ध था, इस पर कल्पना दौड़ाने का इस छोटे से लेख में अवसर नहीं है।

★

किन्नर जाति और देश के इतिहास को हम निम्न भागों में बाँट सकते हैं—

(1) प्रागार्य। या प्राग् खश आदिम (किन्नर) काल	ताम्रयुग
(2) आर्य या प्राग्भोट काल	ईसवी सातवीं सदी तक
(3) भोटकाल	ईसवी तेरहवीं सदी तक
(4) ठाकरशाही	पंद्रहवीं सदी के अंत तक
(5) कामरू (रामपुर)-राजवंश	फरवरी, 1948 ई. तक

प्रथम काल की भौतिक सामग्री अभी हमें प्राप्त नहीं है, उसके बारे में भाषा के आधार पर ही कुछ कल्पना कर सकते हैं, जैसा कि हमने ऊपर किया भी और सजातीय भाषाओं के तुलनात्मक अध्ययन से कुछ और कह सकते हैं। प्राग् भोटकाल की सामग्री से हमें अधिक बातों का पता लग सकता है, यदि इन "खछे-रोम्खङो" की सावधानी से खोदाई और जाँच-पड़ताल की जाए। इनका पता मुझे लिप्पा से नीचे (जंगी, रारङ् अक्पा) ही में नहीं, बल्कि ऊपर कनम्, स्पू होते भोट सीमा पर अवस्थित भारत के अंतिम गाँव नम्या तक मिला है। स्पू से एक मिट्टी का बर्तन भी हस्तगत हुआ। कनम् में कुछ साल पहिले तिब्बत-हिन्दुस्तान सड़क को नई जगह से निकालते समय कई कब्रें निकलीं, जिनके मिट्टी के बर्तनों और हड्डियों को "खछे-रोम्खङ्" समझकर फेंक दिया गया। आश्चर्य यह है कि इस सड़क की देखरेख भारतीय इन्जीनियर और ओवरसियर कर रहे थे, जो अनपढ़ नहीं थे। किन्तु, पठित होने का अर्थ संस्कृत होना नहीं है। स्वतन्त्र हिमाचल-प्रदेश और उसके योग्य चीफ-कमिश्नर श्री एन. सी. मेहता को देखना होगा कि अब से ऐसी बहुमूल्य ऐतिहासिक सामग्री नष्ट न होने पाए।

मृतक समाधियों की उपलब्ध सामग्री (काँसे का कटोरा और मिट्टी का मद्यकुतुप) से पता लगता है कि प्राक् भोटकाल में किन्नर लोगों का सांस्कृतिक तल आज से निम्न नहीं था, यद्यपि अभी उनके धार्मिक विश्वास अधिक प्रारंभिक थे।

भोटकाल (7वीं-13वीं सदी)—भोट साम्राज्य स्थापक स्रोङ्-चन्-गेम्बो (630-50 ई.) का वंश 908 ई. तक शक्तिशाली रहा। अंतिम सम्राट ओद्-स्रुङ्स (काश्यप 908- 65) के समय वह छिन्न-भिन्न होने लगा और अंत में अवस्था यहाँ तक पहुँच गई कि ओद्-स्रुङ्स के पुत्र दपल्-खोर्-व-चन (983 ई.) को राजधानी ल्हासा छोड़ पश्चिम की ओर भागना पड़ा। उसने पश्चिमी तिब्बत (मानसरोवर प्रान्त या ङरीकोर्सुम्) को अपने अधिकार में किया। बाल्तिस्तान, लद्दाख, लाहुल ही नहीं वर्तमान कनौर और उत्तरकाशी (टेहरी) से नीचे तक गढ़वाल के कितने ही भाग पर भी उसका अधिकार था। किन्तु उसके पुत्र ने राज्य को अपने तीन पुत्रों में बाँट दिया, जिसमें ल्दे-चुग्-गोनू को शङ्-शुङ् (गूगे) मिला। इसी के राज्य में कनौर, ऊपरी टेहरी और ऊपरी बदरीनाथ भी था। इसके पौत्र नागराज ने उत्तरकाशी (बारहाट में)

एक और बौद्ध विहार बनाया था, जिसकी सुन्दर और अपेक्षाकृत विशाल बुद्ध-प्रतिमा आज भी वहाँ दत्तात्रेय के नाम से पूजी जाती है। प्रतिमा के नीचे भोट-भाषा के लेख में दानपति नागराज का स्पष्ट उल्लेख है। दपल् खोर्-व-चन् (983) की तेरहवीं पीढ़ी अर्थात तेरहवीं सदी के मध्य में ग्रग्स-प-दे गूगे का राजा था, उसके उत्तराधिकारी जिन्दरमल, अजितमल, कलनमल, परतपमल (1320 ई.?) के नाम बतलाते हैं कि उन पर भारतीय प्रभाव बहुत पड़ चुका था और इसमें कनौर वालों का विशेष हाथ रहा होगा, इसमें संदेह नहीं, क्योंकि गूगे की जनता में सबसे अधिक संख्या उनकी थी, और सांस्कृतिक-तल भी उनका आज की भाँति उनसे ऊँचा था।

दसवीं सदी के बाद भोट-जाति का नेतृत्व-विशेषकर सांस्कृतिक और धार्मिक क्षेत्र में—गूगे ने किया। गूगे के राजा खोर्-ल्दे (भिक्षुनाम येथेओद) ने सतलुज तट पर थोलिङ् का महाविहार बनाया, जिसे गढ़वाली लोग आदिबदरी कहते हैं। इसमें आश्चर्य करना नहीं होगा, यदि खोज से पता लगे कि हमारे बदरीनाथ मूलतः एक बौद्धतीर्थ और देवालय था। खोर्ल्दे ने बौद्ध-प्रचारक बनाने के लिए 21 भोट तरुणों को काश्मीर संस्कृत पढ़ने के लिए भेजा, किन्तु उनमें दो ही जीवित लौट सके जिनमें एक था, महाभाषान्तरकार रिन्-छेन्-जङ्-पो (रत्नभद्र 958-1055 ई.) इस ऐसे सैकड़ों संस्कृत ग्रंथों का भोट-भाषा में अनुवाद करके सुरक्षित कर दिया, जिनमें अधिकांश संस्कृत में सर्वदा के लिए हो चुके हैं। रिन्-छेन्-जङ्पो के बनवाये कई मन्दिर कनौर स्पिती और लद्दाख में हैं। कनौर में कनम्, रिब्बा और स्पू में अब भी उसके बनाए मन्दिरों का परिचय कराया जाता है, यद्यपि स्पू की बुद्ध-प्रतिमा को छोड़कर किसी का उस समय का होना संभव नहीं है। थोलिङ्-संस्थापक येशे-ओके प्रयत्न का ही फल था जो उसके मरने के बाद 1042 ई. में भारतीय पंडित दीपंकर श्रीज्ञान थोलिङ् पहुँचे। यद्यपि वह कनौर (खुनू) में नहीं गए, किन्तु इसमें सन्देह नहीं कि ग्यारहवीं सदी की धार्मिक और साहित्यिक हलचल का कनौर पर पूरा प्रभाव पड़ा।

ऊपर के वर्णन से ज्ञात होगा कि भोट प्रभावान्वित कनौर का इतिहास साम्राज्यीय और गूगे दो भागों से विभक्त है। सातवीं से दसवीं सदी तक भोट साम्राज्य में रहने से कनौर पर ल्हासा का प्रभुत्व रहा। यद्यपि उस समय भोट भाषा, भोट रक्त के साथ बौद्ध धर्म से परिचित होने का उसे मौका मिला, किन्तु था वह विदेशी शासन और शोषण का समय। चीनी तुर्किस्तान की मरुभूमि में प्राप्त भोटिया हस्तलेखों के उदाहरण से हम जान सकते हैं कि इन तीन सदियों में कनौर में भी भोटराज की जगह-जगह सैनिक छावनियाँ रही होंगी, मुख्य-मुख्य स्थानों पर उनके शासक रहते होंगे। सारे कनौर के शासक का निवास-स्थान चिनी ही रहा होगा, भोटिया लोग इसलिये तो इसे राजधानी चिनी (ग्यल्-स्चिने) कहते हैं। वैसे बस्पा उपत्यका का साङ्ला गाँव भी इसका दावा कर सकता है, किन्तु वह विस्तृत सतलुज उपत्यका का शासन केन्द्र नहीं हो सकता था। कनौर और भोट का इतना रक्त और भाषा

सम्मिश्रण इन्हीं तीन सदियों में हुआ। बल्कि भाषा सम्मिश्रण कहना ही पर्याप्त नहीं होगा, इन तीन सदियों में तो मानसरोवर, लद्दाख, बाल्तिस्तान और स्पिती की पुरानी भाषा लुप्त हो गई और उसका स्थान भोट भाषा ने लिया। यही बात मध्य एशिया में हम तुर्कों को करते देखते हैं। इनके दूर के सम्बन्धी भोटियों की भाँति हूण वंशज तुर्क भी छठी सदी में मध्य एशिया पर अधिकार करते हैं, और चार-पाँच सदियों के बाद अपनी भाषा और अपनी जाति का वहाँ पूरा प्रभुत्व छोड़ते हैं।

इस काल में कनौरे लोग पहिले और आज की भाँति कृषि और वाणिज्य पर गुजारा करते थे। यहाँ के आर्थिक ढाँचे में कोई परिवर्तन नहीं हुआ। 1921 में मिस्टर एच् एम् ग्लोवर ने "सतलुज उपत्यका जंगल सर्वे" के विवरण में लिखा है—"कनौर की आबादी बहुत कम है, और निवासियों के लिए खेती अपर्याप्त है। ऊपरी कनौर में सिंचाई की नहरों के बिना खेती सम्भव नहीं है। हाल में, 1912-1913 ई. में सिंचाई की बड़ी योजना दोषपूर्ण इंजीनियरी के कारण असफल रही। कनौर में धूप वाले पर्वतगात्र पर, जहाँ पर वृक्ष और वन दुर्बल अवस्था में हैं, खेतों की सीढ़ियाँ मिलती हैं। जान पड़ता है, कुछ शताब्दियों पहिले किसी सफल तिब्बती आक्रमण में—जिसका वर्णन तिब्बती इतिहास में और स्मरण स्थानीय परम्परा में मिलता है—सिंचाई की प्रधान नहरें नष्ट कर दी गईं, जो फिर कभी नहीं बनाई जा सकीं।"

सफल तिब्बती आक्रमण सातवीं सदी का ही था, किन्तु वह क्षणिक लूट के लिए नहीं, बल्कि स्थायी प्रभुत्व जमाने के लिए था। हो नहीं सकता, कि जो शासन मध्य एशिया की मरुभूमि के नगरों के जीवन को नहरों द्वारा कायम रख सका, वह कनौर की नहरों को ध्वस्त करता। देश की समृद्धि पर ही तो उसका अपना लाभ भी निर्भर करता था?

सामाजिक, सांस्कृतिक और धार्मिक जीवन में इस समय जो परिवर्तन हुआ उसका प्रभाव आज भी कनौर में वर्तमान है। वह है, मुर्दा गाड़ने की जगह जलाने की प्रथा। तिब्बती रूप के बौद्ध धर्म के स्वीकार के साथ बहुपति विवाह (सभी भाइयों की एक पत्नी) की प्रथा को हम तिब्बत की देन नहीं कह सकते। जीवनोपयोगी सामग्री की कृच्छता में खाने वाले मुखों की संख्या सीमित रखने के लिए हिमालय ही नहीं, लंका के पर्वतों में भी लोगों ने बहुपतिता को स्वीकार किया था। अर्धघुमन्तू भोटिया सैनिक और शासकों ने खुलकर किन्नरियों के साथ वैध और अवैध यौन सम्बन्ध स्थापित किये जिसका परिणाम भाषा और रक्त-सम्मिश्रण के रूप में अब भी देखा जाता है।

दसवीं शताब्दी के आरम्भ में भोट-साम्राज्य लड़खड़ाने लगा, उसके दूर-दूर के भाग स्वतन्त्र होने लगे। इस समय हिमालय के सीमान्त पर उसका पड़ोसी कन्नौज का गुर्जर प्रतिहार साम्राज्य था। वह अपने पड़ोसी की निर्बलता से लाभ उठाए बिना कैसे रहता? दसवीं सदी के मध्य में किसी समय किन्नर देश पर प्रतिहारों का

आधिपत्य हो गया। कहा नहीं जा सकता, शासन सीधे कन्नौज द्वारा नियुक्त अधिकारी करता था या कोई किन्नर सामंत। कोठी में आज भी इस काल की सरस्वती, हरगौरी आदि ब्राह्मण-देवताओं की मूर्तियाँ मौजूद हैं। कोठी देवी के कायथ (लेखक) नेगी ठाकुरसिंह वहाँ की पुरानी परम्परा सुना रहे थे, जिसके अनुसार नीचे से भागकर आया कोई राजा कोठी में महल बनवाकर रहता रहा। एक दिन जब वह रानी सहित बाहर टहलने या उद्यान में चौपड़ खेलने में लगा था, तो देवी ने उसके महल में आग लगा दी और राजा को किन्नर-देश छोड़कर भागना पड़ा। इस परम्परा की व्याख्या यही हो सकती है कि महमूद गजनवी के बनारस तक के आक्रमण से जर्जरित होकर जब प्रतिहार-साम्राज्य ध्वस्त हुआ, तो स्वयं कन्नौज का राजा या उसका कोई राजकुमार भागकर किन्नर देश में शरणार्थी हुआ। कन्नौज के बिगड़े राजवंशिक का खर्च छोटा-सा किन्नर देश कहाँ तक वहन करता? लोगों ने विद्रोह किया और ग्यारहवीं सदी के प्रथमपाद में भगोड़े राजा को किन्नर से भागना पड़ा। इसी राजा ने कोठी में आज भी मौजूद पाषाणकुंड के साथ एक सुन्दर शिवमन्दिर बनवाया। हो सकता है मन्दिर काष्ठ का रहा हो और जल जाने से उसका अवशेष नहीं मिलता। लेकिन मन्दिर में स्थापित दो फुट की चतुर्भुजी शिवमूर्ति आज भी कुंड पर मौजूद है। इस असाधारण सुन्दर मूर्ति के साथ उतनी ही बड़ी एक दूसरी मूर्ति भी थी, जिसके प्रभामंडल का एक खंड मालाधारी किन्नर मिथुन के साथ यहाँ रक्खा हुआ है। बहुत सम्भव है, वह मूर्ति गौरी की थी। कोठी की इस अद्भुत शिवमूर्ति और दूसरी इक्कीस काष्ठपाषाणमयी ब्राह्मणधर्मी मूर्तियों की व्याख्या केवल इसी तरह की जा सकती है कि प्रथम भोट-साम्राज्य के पतन (दसवीं सदी) और पश्चिमी तिब्बत के भोट-राजवंश के शक्तिशाली होने के बीच किन्नर-देश पर गुर्जर प्रतिहारों का अधिकार हो गया। पश्चिमी तिब्बत के राजवंश का भी हाथ शरणार्थी प्रतिहार राजा के विरुद्ध हुआ होगा। एक प्रतिहार राजकुमार इसी समय भागकर सिंहल गया था और वहाँ कुछ समय उसे राज्य करने का मौका भी मिल गया था। कुल्लू के राजवंश को पालवंश की शाखा बतलाया जाता है। परम्परा कहती है कि मुसलमानों के आक्रमण से परास्त हो 11वीं सदी के तृतीय पाद में कोई राजकुमार मायापुरी (हरिद्वार) और गढ़वाल के रास्ते कुल्लू पहुँचा। मैं समझता हूँ, इस भगोड़े राजकुमार या राजा का सम्बन्ध पालवंश से जोड़ना गलत है। 11वीं सदी में पालवंश पर कोई संकट नहीं आया था। जान पड़ता है, राजा के नाम के साथ पाल शब्द आने से यह भ्रम हुआ। गुर्जर प्रतिहारों में कई पाल नाम वाले राजा हुए हैं। महीपाल तो दूसरा विक्रम था। ईसा की 11वीं सदी के तृतीय पाद में कुल्लू जाने से सन्देह होता है कि कहीं वही कोठी से भगाया राजा कुल्लू तो नहीं पहुँचा।

अस्तु, किन्नर-इतिहास में गुर्जर प्रतिहार शासन का भी स्थान है।

दसवीं सदी के चतुर्थपाद में स्रोङ्‌चन् वंश के ही एक राजकुमार ने पश्चिमी

तिब्बत में नये राज्य की स्थापना की। आगे चलकर इस वंश ने किन्नर और बारहाट (उत्तरकाशी) तक भारत की ओर अपना पैर बढ़ाया। यह भोट प्रभुता का द्वितीय युग है। राज्य पीछे लद्दाख, गूगे और पुरंग तीन भागों में बँट गया, यह हम पहिले कह चुके हैं।

भोट-प्रभुता के द्वितीय काल (गूगे काल 10वीं से 13वीं सदी) में कनौर दूर के शासकों की शोषित जनता नहीं रह गया। यद्यपि नया वंश ल्हासा के सम्राट वंश की ही शाखा थी, किन्तु अब वह कनौर की सीमा पर आकर बस गया था और उसके लिए अपेक्षाकृत अधिक संस्कृत किन्नर-जाति की सहायता आवश्यक थी। इस समय शासन मध्य भोट से लाए शासकों और सैनिकों के बल पर नहीं चल रहा था, बल्कि उसका प्रधान आधार था राजवंश के सम्बन्धी (साले, बहनोई, दामाद) के रूप में कनौरी भद्रवर्ग—जोवो या ठाकरम् (ठाकुर)। इस काल में विशेषकर ग्यारहवीं सदी में संस्कृत ग्रंथों के भोट भाषा में अनुवाद तथा धार्मिक सुधार का केन्द्र भी गूगे रहा। आशा रखनी चाहिए कि इस काल में भी कनौर की आर्थिक समृद्धि में बाधा नहीं पड़ी होगी। पहाड़ों में जहाँ-तहाँ दूर तक फैले परित्यक्त खेत उस समय आबाद रहे होंगे। कन्नौज के गुर्जर-प्रतिहारों की भाँति उनके उत्तराधिकारी गहड़वारे भी अपने उत्तरी पड़ोसियों के दुर्गम स्थानों पर चढ़ाई करने की कोशिश नहीं करते रहे होंगे, और उनके व्यापार के लाभ, सौगातों तथा भेंटों से ही सन्तोष कर लेते होंगे और "भोट्टंता पिट्टंत चले" की नौबत कम आती होगी।

बारहवीं सदी के अंत में गूगे के शासन में पश्चिमी हिमाचल (कुमायूँ से कुल्लू) के उत्तरी भाग में बसने वाली वह सारी (किरात) जातियाँ थीं, जिनके चेहरे पर तिब्बत (मंगोलीय) मुख-मुद्रा और भाषा पर पूर्ण या अपूर्ण तिब्बती प्रभाव है।

गूगे के अन्तिम राजाओं के परतापमल जैसे नाम बतलाते हैं, कि कम से कम राजवंश में भारतीयता का बोलबाला था, संभव है उनकी रानियाँ पहाड़ी राणाओं के घरों से आती हों। इसका परिणाम यदि ब्राह्मणों का प्रभुत्व बढ़ाने के रूप में न हुआ हो, तो भी जात-पाँत का, छुआछूत का प्रवेश तो जरूर हुआ होगा। कनौर में बाढ़ी (बढ़ई+लोहार+सोनार+कसेरा) और कोली (चमार+कोरी) को अछूत समझा जाता है। इस काल में उपरोक्त पेशे इन्हीं लोगों के हाथ में थे, यह कहना मुश्किल है, क्योंकि यह लोग कनौरों में 5 या 10 सैकड़े की कम संख्या में रहते भी अपनी हिंदीवंशों की भाषा बोलते हैं, जो आजकल की राजस्थानी और आस-पास की दूसरी भाषाओं के नजदीक है। इसलिए अपभ्रंशकाल (8वीं से 13वीं सदी में) इनका पहाड़ में जाना मुश्किल-सा मालूम होता है।

ठाकरशाही (14वीं-15वीं सदी)—बारहवीं सदी के अन्त के साथ उत्तरी भारत के बौद्ध-केन्द्रों नालंदा, विक्रमशिला, उडंतपुरी का अंत होता है। अंतिम भारतीय बौद्ध संघ-राज शक्यश्री-भद्र (1127-1225) शरणार्थी के तौर पर 1203 ई. में

मध्य भोट में गए और वहाँ दस साल रहकर 1213 ई. में अपनी जन्मभूमि काश्मीर चले गए। काश्मीर जाने का रास्ता गूगे, कनौर और कुल्लू से ही रहा होगा, किन्तु इस यात्रा का कोई विवरण देखने में नहीं आया, जिससे कि कनौर की अवस्था का विशेष परिचय प्राप्त हो सके। गूगे राजवंश की शक्ति अवश्य उस समय क्षीण होने लगी थी, और तेरहवीं सदी के अंत तक पहुँचते-पहुँचते राजवंश का प्रभुत्व थोलिंङ् के आस-पास के कुछ गाँवों तक सीमित रह गया। ब्रिटिश शासन के उठ जाने पर अगस्त 1948 में शिमला के पास ठिच्योग के एक गाँव के राणा ने जब अपने को स्वतंत्र घोषित करने की धृष्टता की, तो गूगे राजवंश के निर्बल होने पर उसके शासक और सामन्त, जिनमें कितने ही राजा के सगे-सम्बन्धी होने से काफी प्रभावशाली थे, क्यों न अपने को स्वतंत्र घोषित करते? गूगे राजवंश का उच्छेद नहीं, निर्बल होना, मैंने कहा, वंश का उच्छेद तो अब भी नहीं हुआ है और थोलिङ् के पास आज भी एक दो गाँव का "राजा" बनकर वह मौजूद है।

इस प्रकार चौदहवीं सदी के आरम्भ में गूगे के राज्य में हर दो-दो चार-चार गाँव के स्वतंत्र राजा बन गए, जिन्हें कनौरी भाषा में ठाकरस् कहते हैं। ठाकर, ठाकुर, और ठाकरस् एक ही शब्द है। यह मूलतः किस भाषा का शब्द है, यह कहना मुश्किल है। यद्यपि उसका प्रयोग काठियावाड़, बंगाल से लेकर सारे भारत में कहीं सामन्तों, कहीं राजपूतों, कहीं ब्राह्मणों और कहीं हजामों के लिए होता है, पुरी के जगन्नाथ को भी ठाकुरजी कहा जाता है; किन्तु इससे इसका सम्बन्ध संस्कृत से नहीं जोड़ा जा सकता। मुझे तो सन्देह होता है, इसकी उत्पत्ति हिमालय के इसी कोने में हुई। मूलतः यह तिब्बती शब्द ठक्कर (श्वेत रक्त) से निकला मालूम होता है, जो राज-रक्त का पर्याय है। किन्तु इस व्याख्या में एक दिक्कत है, ठक्-कर् इस अर्थ में तिब्बती साहित्य में कहीं देखने को नहीं मिलता। जो भी हो, सोलहवीं सदी के आस-पास कामरू (रामपुर) राजवंश द्वारा ध्वस्त होने के पहिले सारा कनौर सात ठाकरस् में विभक्त था, जिसके अधिकृत क्षेत्र को "सात खुंद" भी कहा जाता था। सातों खुंदों के अपने-अपने ठाकरस् और अपने-अपने राजदेवता थे, जैसे—

	नाम	*स्थान*	*देवता*
1.	दोशो खूँद	गौरा और नीचे	बसारू
2.	पन्द्रह-बीस-खूँद	गान्मी	लाछी
3.	अठारह-बीस खूँद	सुरा	मेशू (मेशुर)
4.	वङ्पो-खूँद	भाबा	मेशू
5.	पग्रामं (राजग्राम)	खूँद ठोलङ् (चगाँव)	मेशू
6.	छुवङ् खूँद	चिनी (छुवङ)	चंडिका (कोठी)
7.	टुक्पा-खूँद	कामरू (मोने)	बदरीनाथ

आज भी कोठी की चंडिका तथा दूसरे कनौरी देवता लोगों को धमकाते हैं—हमने सातों खूँदों और अठारह गढ़ों को नष्ट कर दिया। तुम्हारी भी वही दशा करेंगे, यदि बात नहीं मानोगे। अठारह गढ़ रामपुर से नीचे शिमला के पहाड़ी अठारह राजाओं के गिने जाते थे।

सातो खूँदों में पहिली को छोड़ बाकी कनौरी भाषा-क्षेत्र में पड़ती हैं, इनमें अंतिम चार ही वर्तमान चिनी तहसील के अन्तर्गत अथवा मुख्य कनौर के अंग हैं। ठीक-ठीक सीमा निर्धारित करने पर नीचे (सतलुज उपत्यका में) मनोटी-धार (चौरा से 3 मील नीचे) और रूपी नाला (रूपी से 4 मील नीचे) से लेकर ऊपर भावा खड्ड (नदी) और वस्पा नदी के उद्गमों एवं श्यासो- खड्ड तक कनौर-देश है। आजकल भाषा और संस्कृति का कोई विचार कर दो कनौर-भाषा-भाषी खूँदों को पहाड़ी भाषा-भाषी-हिन्दी रामपुर की तहसील से जोड़ रखा गया है, जिसमें केवल शासन के सुभीते का ही ध्यान रखा गया है।

संभव है, अपने यौवन काल में गूगे का राज्य दोशो-खूँद (रामपुर वाले इलाके तक) रहा हो, ग्यारहवीं सदी में वहाँ कनौरी भाषा बोली जाती हो। गूगे-राज्य के छिन्न-भिन्न होने पर सातों खूँदों में सात ठाकरस् कायम हो गए, जिनमें राजधानी (ग्यलस्) चिनी का खूँद (छुवङ्) सबसे विस्तृत होने से पीछे कई और ठाकरसों में बँट गया, इसका प्रमाण हमें लिप्पा (लितिङ्), लब्रङ्, मोरङ्, (स्गिनम्) तङ्, लिङ् और चोलि में स्पष्ट मिलता है। इनके अतिरिक्त सुङ्नम् में भी ठाकुर रहा होगा। ठाकरों के वंशजों का अब पता नहीं लगता, सिर्फ स्पिलों (लवङ् के नीचे) में एक ठाकुर वंश का बतलाया जाता है।

यह ठाकरशाही कनौर के ह्रास का काल है। देश सात खूँदों ही नहीं और भी कितनी ठकरैतियों में विभक्त हो गया। हर ठाकुर दूसरे ठाकुर पर आक्रमण और लूट करना अपना हक समझता था, ऊपर से समय-समय पर उत्तरी और पूर्वी पड़ोसी भोट-भाषा-भाषी भी लूटमार करने से बाज नहीं आते थे। अभी बारूद के हथियारों का समय नहीं था। ठाकरों ने बड़े गाँवों में छोटे-छोटे गढ़ बना रक्खे थे, जिनमें से कुछ आज भी लब्रङ्, मोरङ् और कामरू के गढ़ों के रूप में वर्तमान हैं। यह गढ़ 30-40 हाथ लम्बे, कुछ कम चौड़े पाँच-छह-सात मंजिले काष्ठ और पाषाण खंडों के ऊँचे मकान होते थे, जो ऐसी जगह बनाए जाते थे जहाँ आक्रमणकारियों के लिए चढ़ना आसान न हो। शत्रु का आक्रमण होने पर लोग इन गढ़ों में पनाह लेते और वहीं से शत्रुओं पर तीरों और पत्थरों की वर्षा करते थे। अपने प्राणों की रक्षा वह इस प्रकार भले ही कर सकते हों, किन्तु असफल, अतएव क्रुद्ध शत्रु से वह अपनी नहरों और खेतों की रक्षा नहीं कर सकते थे। ठाकरशाही का दूसरा अर्थ था घोर अशांति, धन-प्राण की अरक्षा, जिसका ही फल है, आज के जगह-जगह परित्यक्त खेत, ग्रामों और विहारों के ध्वंस। तिब्बत में भी चौदहवीं, पन्द्रहवीं और

सोलहवीं सदियाँ ठाकरशाही की थीं, जिसका अंत मंगोल-सेना द्वारा भोट विजय और उसे पाँचवें दलाई लामा के हाथ में समर्पण के साथ 1642 ई. में हुआ। कनौर में इसका अंत एक सदी या कुछ अधिक पहिले हुआ।

कामरू (रामपुर राजकाल 1948 ई. तक)—बस्पा-उपत्यका में था टुक्पा खुंद को हम स्मरण कर चुके हैं। बस्पा सतलुज की शाखा नदी है, और आठ साढ़े आठ हजार फुट ऊपर अवस्थित इसकी उपत्यका बहुत ही चौरस विस्तृत और सारे कनौर में अत्यधिक उर्वर मानी जाती है। यहीं कामरू और साङ्ला के एक दूसरे के अति समीप दो महाग्राम हैं। कामरू को कनौरी और तिब्बती भाषा में मोने भी कहा जाता है। सारे बस्पा निवासी कनौरी भाषा बोलते हैं। यह उपत्यका कृषि के लिए ही अति उपयोगी नहीं है, बल्कि बस्पा उद्गम वाले डाँडे को पार कर आसानी से तिब्बत पहुँचा जा सकता है, जो पशम और ऊन के व्यापार के लिए बहुत सुभीते की चीज है। बस्पा उपत्यका के दक्षिण में रोहडू (तहसील) में पहाड़ी हिन्दी भाषियों की घनी आबादी है, जहाँ से होते अशोक के समय की भाँति आज भी कनौर अजपाल कालसी पहुँचते हैं। इस प्रकार बस्पा निवासियों को कृषि और तिब्बत से व्यापार का ही अधिक सुभीता नहीं था, बल्कि वह भारतीय मैदान से भी सम्बन्ध रखते थे। ऐसी अवस्था में यहाँ के ठाकरस् की शक्ति का बढ़ना स्वाभाविक था। बस्पा या टुक्पा खुंद के ठाकरस् की राजधानी कामरू (मोने) थी। उसने जहाँ कृषि और व्यापार की अनुकूलता से अपनी शक्ति को दृढ़ किया, वहाँ भारत में नवागत बारूद के हथियारों से भी लाभ उठाया। शायद उसकी उपत्यका में कहीं सीसे की खान मौजूद थी। इस शक्ति के साथ वह आस-पास के ठाकरसों पर चढ़ दौड़ा। यह सोलहवीं सदी का मध्य रहा होगा। एक-एक करके कनौर के सारे ठाकरस् ध्वस्त हुए। विजेता ने शत्रु वंश को जीवित रखना पसन्द नहीं किया। उस समय की चिनी से नीचे सतलुज पार तलिङ् में ठाकरस् था, जो पहिले कामरू का निशान बना, फिर मोरङ् और आगे तक का सतलुज का ऊपरी बायाँ तट ले उसने नीचे की ओर मुँह किया होगा।

कामरू के एक या अनेक विजेताओं ने किस तरह अपनी विजयी यात्रा पूरी की और अन्त में 3800 वर्ग मील का राज्य स्थापित किया, इसका वर्णन हमारे पास तक नहीं पहुँचा। हाँ, उनके द्वारा ध्वस्त ठाकरसों के गढ़ और कुछ जनश्रुतियाँ अवश्य हमारे पास तक पहुँची हैं। चिनी से नीचे की ओर जाने पर उरनी के नीचे चोलिङ् के खँडहर अब भी सतलुज के दाहिने तट पर मौजूद हैं। इसका ध्वंस कामरू के ठाकर ने किया। इसी तरह चिनी ठाकरस् का भी संहार हुआ। ठाकरस् जितना आपस में लड़ने-भिड़ने में बहादुर थे, उतना ही मिलकर शत्रु से मुकाबिला न करने से निर्बल भी थे। कहते हैं, कामरू के इशारे पर प्रजा ने स्वयं चिनी के ठाकर के महल में आग लगा दी। आग लगाकर चिनी का गढ़ जलाया गया, यह सच्ची बात

है। 1910-11 ई. में जब गढ़ के एक भाग को स्कूल बनाने के लिए बराबर किया जा रहा था, तो वहाँ कोयला, जले पत्थर निकले थे। किन्तु यह विश्वास करना मुश्किल है कि कामरू के ठाकर का बिना लड़े ही चिनी पर अधिकार मिल गया होगा। फिर अन्तिम ठाकर के हाथ में चिनी के अतिरिक्त दो मील काश्मीर का भी छोटा गढ़ था, वह वहाँ भी लड़ा होगा। चिनी ठाकरस का नामलेवा न रह गया। उस समय के निवासियों के सिर्फ दो खानदान (खटियान और रुवाँ) के बच रहने से जान पड़ता है, लड़ाई बहुत क्रूर हुई। गढ़ की जगह के अतिरिक्त आज कोई पुरानी चीज चिनी में दिखाई नहीं पड़ती। (राङ्) बाई (पाषाणवापी) का जलस्रोत पुराना है। श्यानङ् (श्मशान) में शायद उस समय भी मुर्दे जलाए जाते थे। इसी के पास परित्यक्त खेतों की दीवारें बतलाती हैं कि किसी समय कृषि और अधिक होती थी। बस्पा-उपत्यका को छोड़ चिनी के बराबर कृषि-उपयोगी ढालुआँ भूमि सारे कनौर में कहीं नहीं है, और आज भी बहुत से ध्वस्त खेत हिमाचल सरकार की विशाल नहर योजना की प्रतीक्षा कर रहे हैं।

श्यानङ् के दो फर्लाङ् ऊपर किसी समय तलरवेरङ्-नागस् का चश्मा था, जिससे बहुत सा पानी निकलता था। नागस् (नाग) किसी कारण नाराज हो उड़कर सतलुज पार चला गया और आज वारङ् गाँव को पानी दे रहा है। काश्मीर से नेपाल तक ऐसे कितने ही उड़े नागों तथा सूखे चश्मों की कथाएँ प्रसिद्ध हैं, किन्तु यह हिमाचल सरकार के हाथ में है कि कनौर में नहर निकालकर कितने ही नागों को फिर से लाकर बसा दे।

किन्नर की सारी ठाकुराइयों को ध्वस्त कर एक राज्य के रूप में परिणत करने वाला वह कामरू का ठाकुर कौन था? कामरू की परम्परा बतलाती है कि वहाँ के किसी शासक ने फतेहपर्वत (टौंस पहाड़ी) से बहुत से सैनिक बुलाकर कामरू में बसाये और उनकी मदद से उसने चिनी के प्रचंड ठाकर एमरस् को ध्वस्त किया। पीछे कामरू ठाकर के वंशज बुशहर के राजा अपनी किन्नर-जातीयता को छिपाने के लिए बहुत उत्सुक थे। इसलिए उनकी ओर से इस बात की पूरी कोशिश की गई कि उनके वंश का सम्बन्ध किन्नरों के साथ न जोड़ा जाए। बुशहर राजा की वंशावली बहुत लम्बी-चौड़ी है, जो कृष्ण के पुत्र प्रद्युम्न से आरम्भ होकर राजा पदमसिंह (1914-47) तक 121 पीढ़ियों में समाप्त होती है। यह वंशावली कितनी झूठी है, जिसे हम अन्यत्र बतला चुके हैं। प्रद्युम्न के पुत्र का नाम छुबल एक हस्तलेख में बतलाया गया है। दूसरे हस्तलेख में राजाओं की संख्या और भी अधिक है। उसमें प्रद्युमन सिंह के पुत्र अनिरुध सिंह के पुत्र का नाम जमाल सिंह बतलाया गया है। छुबल् एक ऐतिहासिक पुरुष मालूम होता है, जिसका ही बिगड़ा रूप जलम है। छुबल् वस्तुतः भोटिया शब्द छोबल का विकृत रूप है। शरानङ् (सराहन) के राजा छोबल के राज्य-काल की सोने के अक्षरों में लिखी अष्ठ-साहस्त्रिका प्रज्ञापारमिता

(भोटभाषा) छितकुल से लाकर आज भी कामरू में रक्खी हुई है। हो सकता है, यही कामरू का सर्वकिन्नर विजेता शासक हो, और इसी ने अपनी राजधानी कामरू से सराहन में बदली हो।

राजधानी क्यों बदली?

इतने ठाकरों का राज्य छीनकर कामरू का ठाकर अधिकार रखता था, कि वह अब ठाकरस् नाम छोड़कर राजा बन जाए। कामरू राजा ने कनौर-विजय के बाद उत्तर के आक्रमणकारियों का पीछा करते श्याशो-खड्ड और सुङ्नम की जोत से आगे के भोट-भाषाभाषी इलाके हङ्र्ङ को भी जीत लिया, वह कार्य सोलहवीं सदी में ही सम्पादित हो गया। तब तक पश्चिम और दक्षिण में काफी राज्य वितार हो गया था। कामरू ठाकरस् को राजा कहलाने भर से ही संतोष नहीं हुआ। आखिर उसका शासन कनौर-भिन्न दूसरी जातियों पर भी था जो सच्चे क्षत्रिय को ही बड़ा मानने के लिए तैयार थीं। अब कामरू राजा को सच्चा क्षत्रिय बनने की धुन सवार हुई। इस कठिनाई का हल करना ब्राह्मणों के हाथ में था, लेकिन वह जानते थे कि जब तक राजधानी कनौर-भाषा-भाषी बस्पा-उपत्यका के कामरू गाँव में रहेगी, जब तक राजवंश कनौरी भाषा बोलता रहेगा, तब तक हमारा जोर नहीं लगेगा। राजधानी उठाकर पहाड़ी भाषा-भाषी सराहन में लाई गई। सराहन की वाणासुर की राजधानी शोणितपुर बनाया गया, और कामरू ठाकर वंश का वंशवृक्ष सूर्यवंश-चन्द्रवंश से जोड़ दिया गया। सराहन से हटते हुए राजधानी पीछे रामपुर में आई, क्योंकि वहाँ बर्फ और आँधी का डर न था। रामपुर राजवंश ने किन्नरी भाषा और रक्त से इनकार कर दिया। उसने अपनी रोटी-बेटी राजपूत राजाओं से ही रखी। अब कौन कह सकता है कि रामपुर बुशहर के राजा साहेब चन्द्रवंशावतंस नहीं हैं। इतना होने पर भी राजा की पुरानी राजधानी कामरू है। कामरू की गद्दी पर बिना बैठे वह पक्का राजा नहीं हो सकता। अंतिम राजा पदमसिंह को 1914 में रामपुर में और 1915 में कामरू में गद्दी पर बैठना पड़ा।

रामपुर राजवंश में राजा केहर सिंह भी एक शक्तिशाली राजा था। इसी ने सम्वत 1611 सन् (1554) में रामपुर को बसाया और दो साल बाद विजेता के तौर पर तिब्बत के साथ सन्धि की। इस संधिपत्र का ब्योरा इस प्रकार पाया जाता है—

गूगे के राजा गजोयो के समय लद्दाख के राजा ने ङरिकोरसुम् (पश्चिमी तिब्बत) ले लिया। ङरीमर्‌युल् से नीचे का प्रदेश लद्दाख और बुशहर के संयुक्त अधिकार में रहा। उसी समय भोट-सेनापति गल्दन-छेवङ् ने सोचा, यदि मैं ङरी पर सैनिक अभियान करूँ, तो ङरीमर्‌युल् को जीत सकता हूँ। इसीलिए गल्दन् छेवङ्ङरी की ओर गया। इसी समय बुशहर के राजा केहर सिंह ने पड़ोस के इक्कीस राजाओं और अठारह ठाकुरों को तिब्बत पर अभियान के लिए निमन्त्रित किया, लेकिन कोई नहीं आया। तब राजा केहर सिंह ने मानसरोवर-तीर्थ में स्नान करने के बहाने

अभियान का स्वयं आरम्भ किया। उत्तरी गूगे में पूलिङ्-थाङ् पर उनकी सेनापति गल्दन् छेवङ् से मुलाकात हुई। फिर मित्रतापूर्ण सम्बन्ध के सुवर्णपथ को प्रशस्त करने के लिए भोट-राजा की ओर से गल्दन् छेवङ् और बुशहर के राजा केहर सिंह ने महामुनि बुद्ध की शपथ ले निम्न प्रकार की सन्धि की :

"हमारा पारस्परिक मैत्रीपूर्ण सम्बन्ध तब तक उभयपक्ष द्वारा अपरित्यक्त और अपरित्यज्य रहेगा, जब तक कि भूकेन्द्रवर्ती कैलास, देवताओं का अनन्त निवास हिमविहीन नहीं होगा, मानसरोवर का जल नहीं सूखेगा, काला कौआ सफेद नहीं हो जाएगा और लोक में प्रलय नहीं आ जाएगी। दोनों राजाओं की प्रजा की भलाई और राज्यों की अक्षुण्णता कायम रखने के लिए दूत भेजना तय हुआ और बुशहर प्रति तीसरे वर्ष ङ्री के चार प्रान्तों—चपरङ्, स्पुरङ्, क्षावा और रूदोक् तथा राजधानी गर्तोक् में एक दूत भेजा करेगा। दोनों राजाओं की प्रजा भी हर तरह के शुल्कों और करों से पूर्णतया मुक्त हो, जहाँ चाहे वहाँ व्यापार कर सकेंगी। दोनों राजाओं के बीच बहुत सम्बन्ध रक्खा जाएगा।"

"फिर सेनापति गल्दन्-छेव और बुशहर के राजा केहर सिंह की संयुक्त सेनाएँ एक जगह एकत्रित हुईं और उन्होंने लद्दाख-विजय के लिए प्रयाण किया। तिब्बती सेनापति गल्दन्-छेवङ् और बुशहर सेनापति छोदास् ने लद्दाख में संगे गौमीन् में छावनी डाली। मैदानी प्रदेश के हथियारबन्द पठान और (ङरी) कोरसुम के लोग लेह-लद्दाख में जमा हुए। गल्दन्-छेवङ् को इस बात में सन्देह होने लगा कि मैं युद्ध जीत सकूँगा और ङरीमर्युल से आगे के प्रदेश पर अधिकार प्राप्त कर सकूँगा। तब उसने सफेद खता (रेशमी वस्त्रखंड) एक घोड़े के कन्धे और पूँछ में बाँध के प्रार्थना की कि यदि मुझे विजय मिलने वाली है, तो घोड़ा शत्रु सेना के भीतर होता लौट आए, अन्यथा कहीं आधे रास्ते से ही चला आए। सेनापति गल्दन्-छेवङ् को बहुत चिन्ता हुई, जब देखा कि घोड़ा निश्चित रास्ते पर गए बिना लौट आया। बुशहर के मंत्री तथा चोपोन् वङ्-दोन्डुप ने सलाह करके मैदानी लोगों को पाँच तोला सोने-चाँदी का घूस दिया। वह साथ छोड़कर अपने घर की ओर रवाना हुए। लद्दाख की राजधानी तिब्बत और बुशहर के हाथ आई, सेनापति गल्दन् छेवङ् को बहुत प्रसन्नता हुई। लद्दाख की राजधानी लूट ली गई और तिब्बत तथा बुशहर ने सभी चीजों को ले लिया। थोड़े समय बाद गल्दन् छेवङ् मर गया। उसके सहायक पल्जङ् ने सेनापति को ध्यान पूजा में बैठा कहकर अधिकार अपने हाथ में ले लिया।"

कामरू वंश ने ठाकरशाही समाप्त कर सारे कनौर और बाहर भी एक बड़ा राज्य स्थापित किया। राज्य में शांति और व्यवस्था स्थापित होना लोगों के कम लाभ का काम नहीं था। शासन-प्रणाली वही पुरानी थी, जिसमें गुण-दोष दोनों रहते भी वह कम खर्चीली-प्रणाली थी। शासन और न्याय चलाने के लिए गाँव-गाँव में एक "मुखिया", एक "चारस", एक "हलमंदी" और एक "टोक्न्या" रहा करते।

हलमंदी और टोक्न्या कोली (अछूत) जाति के होते थे। इनके अतिरिक्त गाँव की पंचायत में 2, 3 "भलेमानुस" भी होते थे। कर जमा करना, झगड़ों का फैसला करना इन्हीं का काम था। साल-दो साल में एक बार राजधानी से दारोगा, आता जो बड़े मुकदमों का फैसला करता, बंदियों के रखने के लिए एक कुएँ जैसा जेल कामरू में था, जिसमें बंदी को उतारकर समय-समय पर रोटी-पानी रस्सी से लटका दिया जाता। यह शासन, न्याय और दंड व्यवस्था पहिले शासन के समय से चली आई थी, इसमें संदेह नहीं।

राज्य को गोरखों ने 1803-15 में छीन लिया था, जबकि गोरखा-राज्य काँगड़ा तक फैल गया था। गोरखों को हराने के बाद अंग्रेजों ने बुशहर राज्य को फिर राजा महेन्दर सिंह के हाथ में दे दिया। तब से राज्य अंग्रेजों की छत्रछाया में रहा। उन्नीसवीं सदी के आरम्भ में तिब्बत एक अज्ञात, रहस्यपूर्ण देश था। वह स्वयं चीन के अधीन था, जिसकी शक्ति का अभी पूरा पता नहीं लग पाया था, ऊपर से उसके उस पार कहीं अंग्रेजों के प्रतिद्वन्द्वी रूसियों का राज्य था; इसलिए बुशहर राज्य की उत्तरी सीमा पर अंग्रेज खास तौर से ध्यान रखते थे। उन्होंने इसीलिए "तिब्बत-हिन्दुस्तान सड़क" बनाई, रियासत के प्रबन्धक भी कभी-कभी अंग्रेज हुए और बुशहर का विशाल जंगल तो 1864 ई. में जो अंग्रेजों ने ठीके में लिया, तो उनके रहते तक यह फिर नहीं छूट सका, और अब भी हिमाचल प्रदेश के बन जाने पर भी यहाँ के जंगल तथा "तिब्बत-हिन्दुस्तान सड़क" का प्रबन्ध पूर्वी पंजाब सरकार के हाथ में है।

रामपुर राजवंश के समय किन्नर लोगों को इतना ही लाभ हुआ, कि किसी नये ठाकुरों और बाहरी डाकुओं की लूट से वह बच गए, लेकिन साथ ही राज और उसके नौकरों की लूट-खसोट कम न थी। ठाकरशाही जमाने की ध्वस्त नहरें फिर आबाद नहीं हो सकीं। बड़ी-बड़ी तनख्वाह वाले अंग्रेज वनाधिकारी जगह-जगह बने भव्य बँगलों में विहरते रहे, किन्तु उन्होंने जंगल की आमदनी बढ़ाने के अतिरिक्त यदि किसी और तरफ ध्यान दिया तो यही कि कनौरी की भेड़-बकरियों पर कड़ा टैक्स लगाया जाए, जिसमें उनकी संख्या कम हो और कनौरे जंगल विभाग की मजूरी करने के लिए मजबूर हों। राज और अंग्रेजी जंगल विभाग से अधिक सेवा का काम, बल्कि मोरावियन पादरियों ने अपनी परिमित शक्ति के अनुसार करना चाहा। 1865 ई. में उन्होंने तिब्बत की सीमा से दस मील इधर स्पू ग्राम को अपना केन्द्र बनाया और तबसे 1918 तक ग्रामवासियों को मसीह का संदेश ही नहीं दिया, बल्कि उनकी अवस्था को बेहतर बनाने की कोशिश की। आधे दर्जन से अधिक जर्मन तथा दूसरे यूरोपीय पादरी यहाँ के लोगों की सेवा करते वहीं मर गए। आज भी उनकी उपेक्षित कब्रों के पत्थर वहाँ मौजूद हैं। उन्होंने बच्चों के लिए स्कूल खोला, औरतों को मोजा-बनियान तथा अच्छे ऊनी कपड़े बुनने का ढंग सिखलाया, दर्जनों मर्दों को बढ़ई का काम सिखलाया। यद्यपि आज उनके बनाए ईसाइयों में से एक

भी नहीं हैं, किन्तु उनके स्कूल में पढ़े आदमी मौजूद हैं, मोजा-बनियान आज भी स्पू में अच्छी बुनी जाती हैं और दर्जनों बढ़ई के काम में चतुर आदमी, पादरी का गुनगान करते हैं। स्पू से कुछ समय बाद चिनी में भी मोरावियन पादरियों ने अपना केन्द्र खोला। यहाँ पर भी उन्होंने शिक्षा प्रसार करने का ध्यान किया। कनौर में जो आज सेब, अंगूर, नाशपाती, आलूचा, बादाम, खूबानी आदि फलों का इतना प्रचार हुआ है, इसमें मोरावियन मिशनरियों का काफी हाथ था।

राज की ओर से सुधार यही हुआ कि मालगुजारी बढ़ाने के लिए 1889 ई. में राज की बाकायदा सर्वे की गई। 1895 में पुरानी पंचायतों और उनके सस्ते न्याय की जगह चिनी में तहसील और पुलिस बैठा दी गई। शिक्षा पर लाज-शरम के मारे कभी थोड़ा-सा पैसा खर्च करने का कष्ट उठाया गया। हाँ, देवताओं की जागीर और पूजा-उत्सव में जरा भी कसर नहीं रखी गई, न ब्राह्मणों और लामाओं को ही लोगों को उल्लू बनाने में सहायता और प्रोत्साहन देने में पीछे रहा गया। इस बात का पूरा प्रबन्ध रखा गया कि कनौर से अज्ञान की काली रात हटने न पाए। इसमें वह सफल हुए, आज कनौर हिमाचल का सबसे पिछड़ा इलाका है।

लेकिन फरवरी, 1948 के बाद, हिमाचल प्रदेश के बन जाने के बाद भी क्या कनौर वैसा ही पिछड़ा रखा जाएगा? अभी तो यहाँ के लोगों को कुछ नहीं मालूम कि उनके राजनीतिक जीवन में कोई बड़ी घटना घटी है। यहाँ हिमाचल के इस सुदूर कोने में गाँव-गाँव और घर-घर में हमें विद्या का प्रदीप जलाना होगा, मेवों और खनिज पदार्थों से उत्पादन तथा ऊनी वस्त्र व्यवसाय के विस्तार से लोगों के हाथ में धन पहुँचाना होगा।

किन्नर-गीत

दुनिया के लिए अल्पपरिचित दूर देश का नाम सुनने पर पहले वह स्वप्नलोक-सा मालूम होता है। फिर एकाएक वहाँ पहुँच जाने पर कुछ विस्मय, कुछ अज्ञात आकर्षण, कुछ विचित्र नवीनता -सी मालूम होती है। वहाँ कुछ महीनों रह जाने पर उसके वर्तमान और अतीत को नजदीक से यथाविधि अध्ययन करने पर उसकी रहस्यमयता जाती रहती है, आत्मीयता आ जाती है। मेरा मन भी किन्नर के बारे में इन सारी परिस्थितियों से किसी समय गुजरा। किन्नर का अतीत मेरे लिए अच्छे मनोरंजन की वस्तु है, किन्तु मैं उसके भविष्य—युगों बाद कल से शुरू होने वाले भविष्य—के साथ अधिक आत्मीयता अनुभव करता हूँ

आदमी किन्नर-सम्बन्धी भावुक, वैज्ञानिक कल्पनाओं और गवेषणाओं में ही लीन नहीं रह सकता, जबकि उसके आसपास मेवों के उद्यान लहलहा रहे हों। उनमें छोटे-से-छोटे सेब वृक्ष भी फलों से इतने लदे हों कि थून्ही लगाने पर भी शाखाओं की रक्षा संदिग्ध मालूम होती हो। सेब भी ऐसे जो आपके सामने ही छोटी-छोटी हरी बतिया से बढ़ते गंदे लाल रंग के हो एक दिन एकाएक ऐसे चमकीले रक्त वर्ण में परिणत हो जाते हों कि उन्हें देखकर ईरानी कवि सुन्दरियों के कपोल को “सेबसुर्ख” की उपमा देने के लिए मजबूर हों। नाशपाती—यहाँ नाशपाती नहीं उसी की श्रेष्ठ जाति नाखें होती हैं—आपके पड़ोस में हो, जो पिछले साल फल भार से अपनी एक शाखा नहीं एक अंग को गँवा चुकी हो, और पूछने पर मालूम हो कि यह अमृतातिशायी फल सितम्बर में पकेगा, तो आपका मन कैसा करेगा, यदि आपको अगस्त के आरम्भ ही में स्थान छोड़ना पड़े। मैं 20 मई को चिनी पहुँचा। तब तक सेबों पर फूलों की बहार खतम हो चुकी थी और छोटे-छोटे दाने लगे थे। मेरे सामने ही वे बचपन से तरुणाई की ओर अग्रसर होने लगे। मैंने चूली की तो बचपन से ही चटनी शुरू कर दी—“जोई राम सोई राम”। फिर पहिला फल जो खाने को मिला, वह चूलियों (इधर की खूबानियों) का था। लेकिन सोच रहा था, क्या सेब-अंगूर को बिना चखे ही किन्नर छोड़ना पड़ेगा। पहिले तो डौल कुछ ऐसा ही

मालूम हुआ था, किन्तु अन्त में प्रस्थान को जुलाई के आरम्भ से अगस्त में स्थगित करना पड़ा। जुलाई के उत्तरार्ध में सेब आया—पिछले साल का रखा सेब तो बहुत बार खा चुका था। यह शर्माजी के रेंजर क्वार्टर का सेब था, जो चिनी में सबसे पहिले पकता है। खट्टा तो था, किन्तु ताजा था। सुन रखा था, उसमें विटामिन 'सी' बहुत है। उसके बाद तो आलूचा भी आने लगा और अन्त में उससे मन ऊब गया। डर था, कहीं नई द्राक्षा बिना चखे ही यहाँ से निकलना न पड़े। देवता कभी-कभी मेरी कड़वी-मीठी बातों से कितने ही पाठकों की भाँति बिदकते भी हैं, किन्तु अन्त में स्निग्धता प्रदर्शन किये बिना नहीं रहते। इस प्रकार उन्होंने 25 जुलाई को खबर भी भेजकर दिलासा दी—नीचे नेवल (नदी तट) में अंगूर पकने लगा है। लेकिन मैं भी भारी यथार्थवादी हूँ, मैं देवताओं के दिलासे से सन्तुष्ट नहीं हो सकता। अन्त में 27 जुलाई को पके अंगूरों का गुच्छा देखने को नहीं, खाने के लिए आया। उसके बाद से तो रोज ही कभी अल्पहरित और कभी काले अंगूर आ रहे हैं। अल्पहरित पहिले आए, खट्टे और अमनोज्ञगंधी होने पर भी अच्छे थे, किन्तु जब किन्नर के अपने काले मधुर अंगूर आने लगे, तो घर से कई हरितगुच्छों को हटाना पड़ा। अभी यह पहिले पकने वाले अंगूर हैं, असली अंगूरों के लिए महीना भर और ठहरने की जरूरत है। खैर, पेट भरना नहीं परिचय असल चीज है, खासकर लेखक के लिए! साक्षात् परिचय पर ही उसकी लेखनी इत्मीनान और फुरती के साथ चल सकती है।

अभी (2 अगस्त) चीनी में पाँच दिन और रहना है और किन्नर में तो पूरे डेढ़ सप्ताह, इतने में और भी परिचय प्राप्त हो सकता है।

✶

किन्नर-कंठ की प्रशंसा में जब हमारे सतयुग तक के मनीषियों ने "नेति नेति" कहा है, तो उसके बारे में मेरी अनेक बार पुनरुक्ति, आशा है, यदि भूषण नहीं, तो दूषण भी नहीं समझी जाएगी। किन्नर-कंठ मधुर हैं, किन्नर गीत मधुर हैं, साथ ही वह अत्यन्त सरल और अकृत्रिम हैं। उसमें कोई उस्तादी कलाबाजी नहीं है। संगीत और कविता दोनों से मेरा सम्बन्ध बहुत अच्छा नहीं रहा है, मालूम नहीं किसका दोष है। संगीत सम्राट और कवि पुंगव आदेश करते हैं—रसगुल्ले का पारखी हलवाई होता है और मैं कहता हूँ खाने वाला। मुझे नहीं मालूम छन्द (वोट) मेरे पक्ष में अधिक है या दूसरे पक्ष में। पक्के संगीत के बारे में मेरा मतभेद हो सकता है, किन्तु जनसंगीत अधिकतर मुझे प्रिय लगते हैं। जनसंगीत में पहाड़ी संगीत मुझे बहुत मधुर मालूम होता है, और उसमें भी प्रथम स्थान मैं किन्नर संगीत को देता हूँ।

बसंतश्री अबोध-पक्षियों को मुखरित कर देती है। जान पड़ता है प्राकृतिक सुषमा, मधुर संगीत तथा मधुर कंठ का कोई नैसर्गिक सम्बन्ध है; तभी तो पहाड़िनें

कोकिलकंठी होती हैं; और किन्नर कंठ की इतनी महिमा गाई गई है। हिमाचल की नारियाँ कोई भी काम बिना गीत के कर नहीं सकतीं। हृदय सिहराने वाली पहाड़ी जगह में खड़ी घास काट रही हैं और उनकी गीत-ध्वनि नदी के कल-कल के साथ मिश्रित हो रही है। हरे खेतों में निराई कर रही हैं, और मधुर कंठ दिगन्त को मुखरित कर रहा है। किन्नर में तो संगीत नारी का स्वाँस बन गया है। 22 जुलाई को हम टहलने जा रहे थे। बँगले से दो मील से कुछ आगे देवदारु वनस्थली में पहुँचे। एकाएक कहीं से मधुर ध्वनि आने लगी 'ना-न-न-न-न-न-न-न-न-ना-इ। ना-न-न-न-न-न-न-न-नो-ो-ो-ऽ।' पुण्यसागर के कथनानुसार गीत था।—

जङ् मोपोती बोली, "सखि हे सखी। चलो बिहरने कंडे[1], खेत रक्षा करें।..."
कृष्ण भगती बोली, "बिहरने तो कहती हो, कलेवा क्या ले चलें?"
"कलेवा तो ले चलें रोपड़ का भुना गेहूँ...
किल्वा फाफड़ का आटा।
टोकरों के काले उड़द की दाल।..."

मैं गीत की भाषा नहीं समझता था, किन्तु सुन्दर सङ्गीत के लिए भाषा समझने की उतनी आवश्यकता भी नहीं है, यद्यपि इसका यह अर्थ नहीं कि नैसर्गिक सौन्दर्य आभूषण के मूल्य को और नहीं बढ़ाता। हम सुनते हुए आगे बढ़ते गए। स्वर मधुर था, साथ ही ठोस भी, यद्यपि उसका अर्थ यह नहीं कि वह कर्कश था। धीरे-धीरे स्वर दूर होता गया और प्रतिध्वनि अब भी कानों में गूँज रही थी। आध मील जाकर लौटे, तो देखा अब भी वह तरुण कंठ उसी तरह गीतमग्न है। मैंने गायिका को देखने की कोशिश पहिले व्यर्थ ही की थी, किन्तु अब की ऊँचाई की ओर सड़क के छोर पर और जाने पर प्राय: पाँच सौ फीट के ऊपर शिलातल पर कोई तरुण बंठिन (सुन्दरी) उसी तरह संगीत में लीन थी, जैसे वाण की महाश्वेता आच्छोद सरोवर के तट पर। यहाँ पशु-पक्षी संगीत के आनन्द में विभोर हो निश्चेष्ट अचेतन से नहीं बन गए थे...मैं नहीं समझता, हम दोनों के अतिरिक्त भी वहाँ कोई...मैं श्रोता था। यहाँ बंठिन के हाथ में वीणा नहीं थी और न वह शुभ्र सुन्दर वेश ही, जो उस दिन महाश्वेता ने धारण किया था। वीणा का काम उसका शरीर दे रहा था—कभी वह दोङ् को हिलाती कभी चादर को, कभी फिर अपने पैरों को, फिर दोनों हाथों को और वस्त्र—बहुत मलिन ऊनी चादर (दोङू) कन्धे पर सुई से बँधी। काफी दूर, और सो भी सीधे सिर के ऊपर जैसे स्थान पर, इसलिए मैं नहीं कह सकता कि वह रूपहीना थी या नहीं, किन्तु आयु में षोडशी नहीं तो विंशिका से अधिक नहीं थी। थोड़ी ही देर में किसी देहवासी ने उपद्रव किया और वह संगीत छोड़ दोड़

1. पर्वत का ऊपरी भाग।

के ऊपर दोनों कन्धों को ढाँकने वाली चदरिया उतारकर उसे देखने लगी। हम भी वहाँ से विदा हो गए।

जहाँ संगीत इतना प्रिय हो, वहाँ गीत की अधिक माँग होना भी आवश्यक है। गीत किन्नर में बहुत बनते हैं, किन्तु अधिकांश की आयु दस-पन्द्रह साल से अधिक नहीं होती। जनगीतों के कवियों का नाम तो दुनिया में सभी जगह प्राय: अज्ञात रहता है; इसलिए यहाँ भी वही बात हो, तो कोई आश्चर्य नहीं। किन्नर-गीतों के देखने से पता लगेगा कि यहाँ के जनकवि का मस्तिष्क काफी विकसित है। छंद बहुत सरल हैं और वह प्राय: गायत्री छंद की भाँति तीन पाद के होते हैं। छंद भी वैदिक छंदों की भाँति ही अक्षर-छंद हैं, जहाँ गायक को ह्रस्व-दीर्घप्लुत करने की पूरी स्वतंत्रता है। गीत में अन्तिम पद को दुहराते अगले छंद के प्रथम पाद से जोड़ने का वही ढंग दिखाई पड़ता है, जो भोजपुरी आदि के कितने ही जनगीतों में पाया जाता है। गीतों में नये भावों के व्यंजक शब्द भी प्रयुक्त होते हैं, जैसे "भाव" (व्हाव) शब्द ही, जो प्रेम, चाह और भावुकता के लिए प्रयुक्त होता है। संगीत सार्वजनीन वस्तु है। इसका यह अर्थ नहीं कि यहाँ संगीत का व्यवसाय करने वाले व्यक्ति हैं ही नहीं। मैं कोठी की बढ़इन—हिरपोती का जिक्र कर चुका हूँ। उसकी दो बुआएँ, जिनमें खइछो अभी भी जिन्दा हैं, प्रसिद्ध गायिकाएँ ही नहीं विख्यात जनकवयित्रियाँ भी थीं। मुझे खेद है, उनकी अच्छी कविताएँ हिरपोती को याद न थीं। लेकिन जैसा कि ऊपर कहा, यहाँ के जन-गीत चिरस्थायी नहीं होते। "मियाँ सा'ब" और "गुरकुम्पोती" के गीत तीन पीढ़ी पुराने हैं और कुछ वृद्धों को ही याद हैं।

किन्नर के जिन ग्यारह गीतों को मैं यहाँ दे रहा हूँ, उन्हें आजकल के प्रचलित गीतों में सर्वश्रेष्ठ नहीं कहा जा सकता। सर्वश्रेष्ठ ग्यारह गीतों के लिए कम से कम दो सौ सर्वप्रिय अच्छे-अच्छे गीतों के संग्रह करने की आवश्यकता थी, जिसके लिए मेरे पास समय कहाँ था? इन जनगीतों में प्रेम का स्थान अधिक होना स्वाभाविक है। किन्तु यहाँ संगृहीत गीतों में "रूपसिंह" (10) और "चुन्नी लाल डागडर" (11) को ही प्रेमगीत कह सकते हैं। "गुरुकम्पोती" (2) और "मियाँ सा'ब" (1) एकान्तेन प्रेम गीत नहीं हैं। "उतमबीर नेगी" (3), "सूरज मोनी" (8) और "व्यासमोनी" (9) किन्नर-जीवन के विभिन्न पहलुओं की झाँकी देते हैं। "युम्दासी" (6) और "सागर सेन" (5) पारिवारिक-सामाजिक जीवन के चित्रण के साथ करुण भावों को व्यक्त करते हैं। "पोतिष्टङ" (4) में कोई कला नहीं है, जहाँ तक भाषा का सम्बन्ध है, किन्तु संगीत का माधुर्य तो कंठ पर निर्भर है। हाँ, इससे यह अवश्य मालूम होगा कि किन्नर के देवता अब भी कितनी बातों में मानवों से भेद नहीं रखते। "बेलीराम बाबू" (7) अनियंत्रित कामुकता निदर्शन है, जिसमें यौन सम्बन्ध के कठोर प्रतिबंध वाले समाज से आए व्यक्ति को ऐसे देश में अनाचार की सुलभता को बतलाया गया है, जहाँ यौन-स्वातंत्र्य स्वाभाविक रूप में पाया जाता है।

जनगीत माधुर्य में उत्तम संगीत होते हैं और रस-परिपाक में सुन्दर काव्य। मानव-जीवन का जितना वास्तविक चित्रण जनगीतों में होता है, उतना और जगह मिलना कठिन है और यथार्थवाद तो उनकी अपनी विशेषता है। इसीलिए प्रत्येक जनगीत अपने पीछे जीवन-इतिहास रखते हैं।

किन्नर जनगीत इतने अल्पायु क्यों होते हैं? गायकों का यहाँ कोई विशेष वर्ग नहीं है, जवानी ढलने से पहिले जैसे प्रत्येक किन्नरी नर्तकी है वैसे ही वह गायिका भी है। इसीलिए वही गीत गाया जा सकता है, जो इन नारियों के हृदय को अपनी ओर आकृष्ट कर सकते हैं। जिस गीत ने एक बार उनके हृदय को आकृष्ट कर लिया, वह कुछ ही महीनों में मन्योटी-धार से हङ्रङ् के डाँडे तक नदी तटों, जङ्गलों, खेतों और पहाड़ी डाँडों को मुखरित करने लगेगा। यहाँ किसी गीत को संरक्षण प्राप्ति या कला की दुहाई देकर प्रचारित नहीं किया जा सकता। यही बातें सभी जनगीतों के बारे में कही जा सकती हैं।

मैंने गीतों के कवियों और उनमें वर्णित घटनाओं की सच्चाई आदि के जानने के लिए थोड़ा-बहुत प्रयत्न किया। "चुन्नी लाल डागडर" का गीत किल्वा से सम्बन्ध रखता है। शर्माजी का नौकर वहीं का रहने वाला है। एक दिन उससे पूछा—क्या जङ्मोपोती अब भी है।

—हाँ, अभी उमर नहीं ढली है, दो बच्चों की माँ है।

—क्या वह इस गीत को सुनकर नाराज नहीं होती?

—पहिले नाराज होती थी, लेकिन किसका-किसका मुँह रोके? उसने बतलाया। जङ्मोपोती तरुण-कुमारी थी। डॉक्टर की उसके भाई से दोस्ती थी। आते-जाते उसके साथ डॉक्टर का प्रेम हो गया। गीत की कवयित्री ने जङ्मोपोती के प्रति न्याय नहीं किया है। गीत से मालूम होता है, डॉक्टर सच्चा प्रेमी था, जङ्मोपोती ने ही विश्वासघात किया। किन्तु यह कभी विश्वास करने की बात नहीं कि एक नगर (सरगोधा, पंजाब) का शिक्षित अपने व्यवसाय में दक्ष डॉक्टर तरुण एक अशिक्षिता ग्रामीण साधारण तरुणी के साथ जीवन बिताना स्वीकार करता। यदि जङ्मोपोती को यह विश्वास होता, तो वह कभी उसे नहीं छोड़ती। यह भी स्मरण रहना चाहिए कि जिन देशों में स्त्री-पुरुषों के सम्बन्ध में पूरी स्वतन्त्रता बरती जाती है, वहाँ कुमारियाँ निर्बाध प्रेम का अधिकार रखती हैं। इसे आप किन्नर ही नहीं, तिब्बत, अम्दो, मंगोलिया और जापान तक में पाएँगे। हाँ, ब्याह के बाद वह स्वच्छंदता सह्य नहीं मानी जाती। जङ्मोपोती कुमारी थी, उसे स्वच्छंदता के उपयोग का पूरा अधिकार था, साथ ही अपने रास्ते को बदलने का भी, जबकि उसने देखा, उसका प्रेमी एक क्षण के लिए ही प्रेम का उपासक रहना चाहता है।

जङ्मोपोती को अपने प्रेम का गीत पसन्द नहीं, किन्तु "उत्तमवीर" की प्रेमिका "यालू जोमो" (वनफूल भिक्षुणी) सेरयङ् 60 साल से ऊपर की वृद्धा अब भी

जीवित है। उसका गीत जब यहाँ चिनी के वनों में इतना प्रचलित है, तो कनम् और सुङ्नम् में कितना होगा, इसे कहने की आवश्यकता नहीं। मैंने उसके भाई जेलदार तोब्ग्याराम के पुत्र से पूछा—सेरयङ् को तुम जानते हो?

—सेरयङ्! मेरी बुआ है—उसने बड़े इत्मीनान के साथ उत्तर दिया।—सेरयङ् अपना गीत सुनकर खुश होती है?

—हाँ, खुश होती है।

वहाँ, नाखुश होने की कोई बात नहीं है। सेरयङ् भिक्षुणी बनी थी, पीछे ब्याह कर लिया, इसे बौद्ध देशों में कहीं बुरा नहीं समझा जाता। चाहे उत्तमवीर की बुआ ने पचासों रस्सियों में बंटी चोटी वाली बहू की जगह सिरमुंडी "जोमो" को देखकर भले ताना मारा हो। सेरयङ् के लिए यह गीत प्रेम की एक मधुर स्मृति का भी उद्बोधक है, इसलिए भी वह उसे प्रेम से सुनती होगी।

"मियाँ सा'ब" गीत में जनजीवन के एक दूसरे पहलू का चित्रण किया गया है। मियाँ साहब फतेहसिंह राजा के ज्येष्ठ पुत्र होने पर भी साधारण स्त्री के पुत्र होने के कारण गद्दी से वंचित हुए। पीछे भाई राजा शमशेरसिंह से आज्ञा ले सुदूर हङ्रङ् में जा राज्य से विद्रोह किया; किन्तु इस पहलू ने जन-मन को अपनी ओर नहीं खींचा। उसका ध्यान अधिकतर उत्पीड़न की ओर गया। राजा शमशेरसिंह भी कनौर आते, तो उसी तरह मेट- मुखियों को 50 असबाब पर 60 बेगारू तैयार रखने पड़ते, उसी तरह घी-चावल-बकरा जमा करना पड़ता। एक तरह इस गीत में सामन्ती उत्पीड़न का अप्रत्यक्ष रूपेण विरोध है।

किन्नर के जो पुराने गीत अब भी प्राप्य हैं, उन्हें संगृहीत किया जाना चाहिए। जइछो की भाँति अभी भी कितनी ही वृद्धाएँ मिलेंगी, जिनसे बहुत पुराने गीत मिल सकेंगे। यदि 44 वर्ष की आयु वाली स्त्रियों से अस्सी साल पुराने गीत मिल सकते हैं, तो जइछो से सवा सौ वर्ष तक के गीत भी मिल सकते हैं। फिर ब्याह उत्सव आदि के भी गीत हैं, जो और भी पुराने काल तक जाएँगे। किन्नर पाठकों की वर्तमान पीढ़ी का यह कर्तव्य है कि वह इन गीतों को सर्वदा के लिए लुप्त होने से बचाएँ।

किन्नर-भाषा का थोड़ा-सा नमूना पुस्तक के अन्त में दिया गया है। किन्नर इतिहास पर भी सिंहावलोकन करते समय उसका जिक्र आया है, किन्नर भाषा प्रारम्भिक शिक्षा का माध्यम बनकर बहुत जल्दी सारे किन्नर से निरक्षरता दूर कर सकती है, किन्तु अभी तो यह बात अरण्यरोदन सी ही मालूम होगी। तो भी इसमें तो किसी को आपत्ति नहीं हो सकती कि किन्नर भाषा के शब्दों का सर्वांगपूर्ण संग्रह किया जाए। किसी समय प्रायः सारा हिमालय प्राचीन किन्नर भाषा (किरात) बोलता था, किन्तु धीरे-धीरे उसका क्षेत्र संकुचित होते-होते बहुत कम रह गया।[2]

---

2. किरात भाषाएँ हैं—लाहुली, मलाणी, कनौरी, मारछानी, राजी, मगर, गुरंग, सुनवा कर, नेवार, तमंग, दाई, लिंबू, याखा, लेपचा नागा।

यहाँ भी भाषा के बहुत से शब्द लुप्त हो गए हैं, जिनका स्थान हिन्दी और भोटिया शब्दों ने लिया है। संज्ञा और धातु ही नहीं विभक्तियाँ और सहायक क्रियाएँ तक हिन्दी या भोटिया की आ पहुँची हैं—"है" के लिए किन्नर में प्रयुक्त होने वाला शब्द "दुग्" भोटिया है; और "गया" के लिए हिन्दी का "ग्योश्" जिसमें "श" विदेशी शब्द के साथ जुड़ने वाला अनुबन्ध मात्र है, "ग्या" वही "गयो" है। जैसा कि मैं पहले कह चुका हूँ, किन्नर शब्द-कोश में प्रायः 25 से 52 सैकड़ा हिन्दी 14 सैकड़ा भोटिया और 36 से 59 सैकड़ा तक शुद्ध (किरात) भाषा के शब्द हैं। वस्तुतः इन दोनों भाषाओं ने किन्नर भाषा-प्रदेश के बहुत से भागों को पहिले ही ले लिया। शायद किन्नर-भाषा का यह छोटा द्वीप बचा भी इसीलिए, क्योंकि उसने सीमास्थ देश का रूप ले लिया। जब किसी भाषा का अधिकांश शब्दकोश ही नहीं बल्कि विभक्तियों तक का भी स्थान दूसरी भाषा लेने लगती है, तो समझ लीजिए अब वह अन्तिम घड़ियाँ गिन रही है। अब शायद ही कोई किन्नर पुरुष मिले, जो कामचलाऊ हिन्दी न जानता हो, स्त्रियों में अभी काफी ऐसी हैं, जो हिन्दी से परिचित नहीं हैं। किन्नर-भाषा को चाहे कुछ शताब्दियों भर न भी खतरा हो, किन्तु उसके शब्दकोश को खतरा जरूर है। अभी ही पचासों हिन्दी के धातु आ चुके हैं, जिनके किन्नर पर्याय लुप्त हो चुके हैं। इसलिए किन्नर-भाषा के शब्दों के वृहत् संग्रह की अत्यन्त आवश्यकता है और इसमें जितनी ही जल्दी हो, उतनी ही कम हानि की संभावना है। मैंने मास्टर रामजीदास को इसकी प्रेरणा तो दी है, वह हिन्दी ही नहीं भोट-भाषा भी जानते हैं। संस्कृत के लिए मैंने भी सहायता देने को कहा है। देखें उन्हें अपने "छम्" (जप-ध्यान) में इसके लिए फुर्सत होती है, या नहीं। आगे तो इस पुनीत कार्य के लिए कितने ही तरुण मिलेंगे, किन्तु उनके कार्य क्षेत्र में अवतीर्ण होते समय तक किन्नर भाषा और भी सैकड़ों शब्दों को खो बैठेगी, जिनमें कितने ही शायद कुन्जी के शब्द हों।

किन्नर-भाषा की रक्षा का काम एक और व्यक्ति कर सकते थे, किन्तु वह प्राचीनता इतने गह्वर खोह में डूबे हुए हैं, जिससे उन्हें पता नहीं लग पाता कि भारत में भारी परिवर्तन हो चुका है और कुछ ही सालों में और भी घोर परिवर्तन होना चाहता है। वह है नेगीलामा तेन्जिन् ग्यल्छन, तिब्बती-भाषा के प्रकांड विद्वान। प्रकांड विद्वान कहने मात्र से उनकी योग्यता का परिचय नहीं मिलेगा, मैं तिब्बत से ही जानता हूँ, भोट राजधानी ल्हासा में वहाँ के बड़े-बड़े राजपुरुष पढ़ने के लिए अपने लड़कों को उनके पास आग्रह के साथ भेजा करते थे। वहाँ उनका बहुत सम्मान था, किन्तु सबको लात मारकर वह काशी की कुछ गर्मियों में मृत्यु-मुख में रहकर तीन साल से अपनी जन्मभूमि में आकर लोगों में ज्ञान-धर्म का प्रचार कर रहे हैं। दूर-दूर से लोग उनका उपदेश सुनने आते हैं, जो किन्नर-भाषा में होते हैं। उन्हीं उपदेशों को किन्नर-भाषा में लिखकर छपा दें (जिसके हजार बारह सौ ग्राहक

आसानी से मिल सकते हैं) इससे जहाँ उनके विचारों का प्रचार होगा, वहाँ किन्नर भाषा भी लिपिबद्ध हो जाएगी। अभी तक पंडित टीकाराम द्वारा संगृहित कुछ गीत (बंगाल एशिया सभा के जर्नल में प्रकाशित), एक इंजील तथा कुछ और पृष्ठ ही किन्नर भाषा में छप पाए हैं।

इन गीतों को मैंने उनके निर्माण-काल के अनुसार रखा है। काल में भी कुछ वर्षों का अन्तर हो सकता है।

(1) मियाँ सा'ब

कवि— अज्ञात

गीतकाल— 1859 ई. (?)

गायिका— { विद्याचरनी आयु—20 वर्ष; जात—कनेत, ग्राम—चिनी
कमलानंद आयु—55 वर्ष; जात—कनेत, ग्राम—चिनी }

लेखक— { भगत सिंह
पुण्य सागर } ता. 6-6-48

विवरण—मियाँ साहेब फतेह सिंह बुशहर के अन्तिम राजा पदम सिंह (मृत्यु 1947 ई.) के पितामह महेन्द्र सिंह (मृ. 1914) के बड़े भाई थे। राजकन्या के पुत्र न होने से गद्दी से वंचित रहे और पीछे हङ्रङ् में जा राज्य से बगावत करके लोगों को इतना तंग किया कि हङ्रङ् वालों ने पकड़ लिया। फतेह सिंह राजकन्या के पुत्र न होने से गद्दी से वंचित रहे, किन्तु उनके भतीजे राजा शमशेर सिंह के योग्य पुत्र टीका रघुनाथ सिंह की मृत्यु के बाद पदम सिंह ही पुत्र रह गए थे, और वह राजकन्या के पुत्र न थे। शमशेर सिंह ने टेहरी के राजकुमार को गोद लिया, किन्तु अंग्रेजों को वह पसंद नहीं आया, उन्होंने पदम सिंह को ही गद्दी पर बिठाया।

खुना रामपुरो, कुमो दरबारु कुमो,
कुमो दरबारु, तुकुथदेन् महाराज,
गिलमुदेन् शुम्गोर,

नीचे रामपुर के बीच दरबार बीच।
बीच दरबार के, तख्त ऊपर महाराज।
गिलम् पर दरबारी।

मियाँ सावुस् लोतोश, "कोन्सस् या कोन्सस्"
"ई ओरज् लन्तोक शिरङ् लन्तोया?"

मियाँ साहेब बोले "छोटक! हे छोटक!
एक अर्ज करता हूँ, स्वीकार करोगे?"

दे लोन्निग् बेरङ् महाराजुस् लोतोश्। यह कहने पर महाराज बोले—

"किन् ठ दुया ओरजी, गली ठू मरोन्चिक्।"
"हेद ओरजी मानी, ग कनोरिङ् वीतोक्।
कनोरिङ् मुलुक् ख्यामा, नुली मशूरियू मुलुक।"

"तुम्हारी क्या है अर्जी, मैं क्यों न सुनूँगा?"
"और अर्जी (कोई) नहीं, मैं कनौर जाऊँगा
कनौर मुल्क देखूँगा, वह मशहूर मुल्क

देव-कालियु अस्थान, कैलासू ता दरशन।"
महाराज लोलितोश्, "की कनोरिङ् था देइ।

देवता काली का स्थान, औ कैलास का दर्शन।"
महाराज बोले,—"तुम कनौर न जाओ।
प्रजा को तकलीफ दोगे।"

पोरजाउ तकलिफ रन्तिइ।"
प्रेग्नइ मश्कोतिश, जी मियाँ साबा।
"बीतो की चल्मा ओलिया पालारइँ।

बिलकुल नहीं माना, मियाँ साहबजीने।
"जाना चाहे तो गरीबों को पालना।
बड़ों को नोचना।"

भल्पा चूलारइँ।"
बुलबुली सङ्ता, हुन् बीमिक् नीयो। पह फटते-फटते, तभी चल दिये।
"अङ् चलिया हम् तोन्, चलो चलन्दोरा।"
ढाई नीजा असबाव, शुम् नीजा बूगार।

"मेरे चलिया[3] कहाँ हो, चलो चलौवा।"
ढाई-बीस असबाब, तीन-बीस बेगार।

दो रिङ्ग्रिङ् बुन्ना, बङ्तू ना जङ्तू।
राजा जङ्-छम्देन् फोयनामङ् महाराजूँ,

बाँसे ऊपर ऊपर आ, बङ्तू-जङ्तू में।
राजा के पुलपर, फोकट नाम राजा का,
बनाया (उसे) अंग्रेज ने।

बन्याशित् अङ्रेजू
मियाँ साबिस् लोतोश "मेट-मुखिया हम तोन?
बोरो बाथ करा, चवलस् कोनिक बाखोरा।

3. नौकर-चाकर।

मियाँ साहेब बोले "मेट-मुखिया[4] कहाँ हो?
रसद बात लाओ, चावल, गेहूँ, बकरा।

एक राती बेशी, शुपारी ता छीलो।
बुलबुली सङ्ता, हुन बीमिक नियो।

एक रात बैठे, और सोपारी छीले।
पह फटते फटते, तभी चल दिये।

"अङ् चलिया हम् तोनू, चलो चलन्दोरा।"
ढाई नीजा असबाब, शुभ नीजा बूगार।

"मेरे चलिया! कहाँ हो, चलो चलौवा।
ढाई बीस असबाब, तीन-बीस बेगार।

दो रिङ्-रिङ् बुन्ना, डोकीचु देन् कम्बा!
मियाँ साबिस् लोतोश् "ग (ली) कम्बा बीतोक्

वहाँ से ऊपर-ऊपर आ, चट्टान ऊपर कम्बा
मियाँ साहेब बोले "मैं कम्बा जाऊँगा।

दुरिगायू, दर्शन, द्रोरोमा द्रोरोमा, सन्ताङो[5]।
द्रोरोमा, सन्ताङो, कम्बा दुरिगा याशो।"
मियाँ साबिस् रन्योश्, ङरुयोशू, ङरुप्या नजराना।
मियाँ साबिस् लोतोश "मेट-मुखिया हम् तोन्?

दुर्गा का दर्शन, द्रारोमा देवल अँगने।
द्रारोमा देवल-अँगने, कम्बा-दुर्गा नाचती।"
मियाँ साहब ने दिया, पाँच रुपया नजराना।
मियाँ साहेब बोले "मेट-मुखिया कहाँ हो?
हमारा डेरा कहाँ है?"

अङ्डेरी हम् तोन्?"
मेट-मुखिया लोतोश् "जी लो जी महाराजा!
किनू डेरो कैलितोक्, डोम्बरी देवराङ्।"
"मियाँ साबिस लोतोश्" ग माविक देवराङे।

मेट-मुखिया बोले "जी जी महाराजा!
आपका डेरा देंगे, देवता के देवालय में।"
मियाँ साहेब बोले, "मैं न जाऊँ देवालय।"
तंज्यान् की हवेली चाहिए।

---

4. गाँव के दो अधिकारी।
5. देवालय के पास की समतल भूमि, जो नाच के अखाड़े का काम देती है।

तन्ज्यान् कोठाल् ग्यातोक्।
डेरो ता चुम् ग्योश् तन्ज्यानू कोठालो।
तन्ज्यनु पेरङ् सीम्पोरू मोजरी बिग्योश।

डेरा तो लग गया, तन्ज्यानकी हवेलो में।
तन्ज्यान्-परिवार सबेरे मोजरा को गया।

सोम् मोजरो बेरङ्, जीमियाँ साबू।
गुश्कीची वादो मियाँ साबिस् लोतोश्

"सबेरे मोजरावेला मियाँ साहेबजी।"
मुस्काते हँसते मियाँ साहब बोले।

"तन्ज्यानू नेगानी, तन्ज्यानू नेगानी।"
किन्ना ता चेइतोइँ, मुरतू बन्ठिन् हम्बियोश्"?

"तन्ज्यान् की नेगानी, तन्ज्यान् की नेगानी।[6]
तुम सब तो हो, मुरतू सुन्दरी कहाँ गई?"

दो लोन्ना बेरङ्, नेगानी ता लोतोश्
'वोरे ता वीग्यांशु कंड़े जमी पोरी।'

यह कहने पर, नेगानी तो बोली।
'ननद तो गई, कन्डे खेत राखने'।

दे लोन्मू बेरङ्, मुरतू बन्छिन् पोच्या।
मुरतू वन्टिन् पोच्या सोम् मुजरो वीग्योश्।
मियाँ साविस् लोतोश् "या मुरतू वन्ठिन्!"

यह कहने के समय, मुरतू सुन्दरी आ पहुँची।
मुरतू सुन्दरी पहुँची, भोरे मोजरा को गई।
मियाँ साहेब बोले "हे मुरतू सुन्दरी!

कशो ओमचू बातङ्, मोरजात हले दुया?
मोरजात् हले बीशेइँ, दो गली मानेमा।

हमारा प्रथम वचन, मर्याद क्या रखोगी?"
"मर्यादा क्या भूलूँगी, सो नहीं जानती।
मेरी अँगुली मुन्दरी।"

अङ् प्राचू मुन्दी।
'मुरँतू बन्ठिन् लोतोश्," "आम्च् बातङ् तामा।
अङ्गूत पोल्याशिम् बीतो," मियाँ साविस् लोतोश्।

---

6. नेगी की स्त्री।

मुरतू सुन्दरी बोली "प्रथम वचन रखूँ तो।
मुझे लज्जा आती," मियाँ साहेब बोले।

"हुन् बीमिक् नीयो, बुलबुली सङ्ता।"
दे लोन्मू बेरङ्, मुरतू बन्ठिन् लोतोश्।
"जी मिगाँ साबू की ता मुलुक मालिक।

"अभी चलना है, पह फटते फटते।"
यह कहने पर मुरतू सुन्दरी बोली।
"मियाँ साहेब जी आप तो मुल्क के मालिक।
मै तो खशिया की बेटी।"

गता खोशियाउ चीगे।"
दे लोन्मू बेरङ् मियाँ साबुस् लोतोश्।

यह कहने की बेला, मियाँ साहेब बोले।
"सो अज्ञात मुझे नहीं।"

"दो मनेशिश् अङ् मइ।"
मियाँ साबिस् लोतोश् "कम्बा ओरस् हम तोन्?

मियाँ साहेब बोले "कम्बा का बढ़ई कहाँ है?
पालकी बना दे।"

पोलगी बुनारा
दे लोन्मू बेरङ्, मुरतू बन्ठिनन् लोतोश्।
"अङ् पोलगी माशर, ग खोशिया चीमे।

"यह (बात) कहने पर मुरतू सुन्दरी बोली।
मुझे पालकी ना शोभती, मैं खशिया[7] की बेटी।

ग पोलगी माग्याक् ग ताबा ग्यातोक्।
चलो चलन्दोरा, बुलबुली सङरङ्।

मैं पालकी ना चाहूँ, मुझे घोड़ा चाहिये।
चलो (फिर) चलौआ, पह फटते सबेरे।

हुन् बीभिक ह्मचे, चलो चालन्द्रा।
ढाई नीजा असबाब, शुम् नीज बूगार।

अब चलने को हुए, चलो चलौआ।
ढाई-बीस असबाब तीन-बीस बेगार।

7. पश्चिमी हिमालय में बसने वाले कनेतों का दूसरा नाम खशिया (खश) भी है। खश (कश) नाम काश्मीर और काश्गर (कशगिरि) में है।

दो रिङ् रिङ् बुन्ना, बाटीचु उरने।
मियाँ साव फतेसिंह, उरा बङ्लो कूमो।

वहाँ से ऊपर-ऊपर आए कटोरी सी उरनी में।
मियाँ साहेब फतेसिंह, उडनी बँगले में।

मिया साब लोतोश् "मेट-मुखिया हत् तोशू?"
मेट-मुखिया लोन्ना, उरा चारसु छाङा।

मियाँ साहेब बोले "मेट-मुखिया कहाँ हैं?"
मेट-मुखिया कहिये, उडनी चारस् का पूत।

नामङ् ता लोन्ना, बिसिबर बैयर।
बोरो बात कारोश चौलश्-कोनिकङ् बोखोरा।

नाम तो कहिये, विश्वंभर मैया।
रसद-पानी लाया, चावल, गेहूँ, बकरा।

एक राती बेशो, उरा बङलायू।
बुलबुली सङिरङ् हुन बीमिक नीयो।

एक रात बैठे उड़नी बँगला में।
पह फटते प्रात:, तभी चल दिये।

दो रिङ्-रिङ् बुन्ना, मातोशोवाल्यङ्।
रोशमालेयु चीने, तंबुवा चूक्योश्।

बाँसे ऊपर-ऊपर आ, मातो शोवाल्यङ्[8]।
रोशमाले[9] चीनी, तंबू लगवाया।
पाषाण वापी के पास।

रावायू ओमस्को।
"रोशमालेयु चीनेयु मेट-मुखिया हात तोश्?"
मेट-मुखिया लोन्ना, सुवारसु छाङा।

"रोशमाले चीनी का मेट-मुखिया कहाँ है?"
मेट-मुखिया कहिये, सुवारस का पूत।
सुखदास भैया।

सुखदास वयारा
शुम् दियारो वैसो, भोलिया चुल्यायोश्।

---

8. चिनी के पास के इलाके का नाम, जो रोगी से पंगीखड्ड तक है और सदा से अंगूर का केन्द्र रहा।
9. अन्य गाँवों की भाँति यह चिनी का विशेषण है।

तीन दिवस बैठे बड़ों को नोचा।
गरीबों को पाला।

ओलिया पल्यायोश्।
तोंवुवा चुग् चुग्, वुनातो तोंवूवा।
राकइ चाटे डारी, दो नी तंबुला कुमो।
मुरतू बंठिन पसम पनिम् मा नेग्यो।

तंबू लगा के, बनात का तंबू।
नीले सूत की डोरी, वहाँ तंबू भीतर।
मुरतू सुन्दरी मुरतू, पसम कातना न जानै।

बुलबुली सङ् रङ् हुन् वीमिक आए।
वाटी-वेगार चल्यो, चालेन चालेयोश्।

पह फटते प्रातः, तभी चलते हुए।
बेठ-बेगार चले, चला चलौवा।
हङ्-रङ् के भीतर।

हङ्-रङ् कुमो।
हर्-रङ् कुमो, गुरमेल वेशायोश।
गुरमेल बेशायोश् डाईगोल कुमो।

हङ्-रङ् के भीतर गुरमहल बनवाया।
गुरुमहल बनवाया, ढाई मास भीतर।

दुम्-साचे लन्योश्, हङ् रङ् न्यामा।
हुन् हला लन्ते, बोसेन् मा हन्शो।
हङो डोमस् लोतोश्, "मजत् किना केरई।"

किया पंचायत, हङ्-रङ् मोटों ने।
"अब क्या करिये, बस नहीं सकते?"
हंगो का कोली बोला "मदद तुम करो।
पकड़ना तो मैं करूँगा।"

चुम्मिक् गस् चुम्तोक्।
जब्नाचे चुम्ग्योश, हिलन् चे ब्यङ् ग्योश्।
"अङ् दुश्मन बीदा, अङ् किम्-शू हम् तोइँ?

झपट के पकड़ा काँपा डरा (मियाँ)।
"मेरा दुश्मन आया, मेरे गृहदेव कहाँ हो?

अङ् किम्-शू हम् तोइ, मामइ दुरिगा।
मामइ दुरिगा, लंगुरा वीरा।

मेरे गृहदेव कहाँ हो, माता दुर्गा।

माता दुर्गा लड़का बीर (हे)!
चमत्कार दिखलाओ।"

चोरम् जङ् राइं।"
जङ् ली जङ् ग्योश पोलाच रोदङ्।
पोलाच रोदङ् रनु शोरू जङु सोरप्।

दिखाया तो दिखाया, रक्त की वर्षा,
रक्त की वर्षा, लोहे के ओले सोने के सर्प।

मियाँ साबस् लोतोश्, "धीरो हङ् रङ् न्यम्छङ्,
देखियो तमासो हुआ आङ्न्यूपी कानू।"
दो शोङ् शोङ् कायांशु, शास्यो देशङ् चो।

मियां साहेब बोले "ठहरो हङ्-रङ् भोट्टो!
देखना तमाशा, अब तो मेरी, पीछे तुम्हारी।"
वहाँ से नीचे नीचे लाये श्यासो गाँव में।

शास्यो विश्ट लोतोश् "ने लनशिम् मा श्को।

श्यासो-मंत्री बोला "ऐसा करना नहीं ठीक।
यह भी मुल्क के देव[10]।"

नो ली मुलुकु देवङ्।
सिक्या खोल्यायो विश्टइनरदासस्।
दो शोङ् शोङ् बुन्ना धारेउ देन् पाङ्।

बंधन खुलवाया, मंत्री इंद्रदास ने।
वांसे नीचे-नीचे आए धार पर पंगी में।

एकराती बेशो, दो शोङ् शोङ् बिन्ना।

एक रात बैठे, वहाँ से नीचे आए।

खोनाचु उरने।
युचा ला डेना, बरन् साबुसत्री।
संत्रीस् लोतोश् "ने लन्निग् मइके।"

नीचे से ऊपर (आई) बर्न साहब की पुलिस;
पुलिस ने कहा "यह करना नहीं।"

टिप्पणी—मियाँ साहेब को पुलिस पकड़कर नीचे ले गई, किन्तु फतेह सिंह शरीर से बेकार हो चुके थे। हङ्-रङ् वाले अपने ऊपर किये गए अत्याचारों से क्रुद्ध हो उन्हें ताजे चमड़े में बाँधकर लाए थे, जिससे जकड़े उनके हाथ-पैर फिर ठीक नहीं हुए। फतेह सिंह को छोड़ दिया गया, किन्तु वह अधिक दिन जीवित नहीं

10. राजा।

रहे। मुरतू सुंदरी बहुत दिनों तक अपने मायके में जीवित रही। मियाँ साहेब के बारे में पहाड़ी भाषा में भी गीत बनी थी, जिसके कुछ पद हैं—

मियाँ साहबी पालगी चाली, बीमा कालिओ खाँडो।
मियाँ चालो फतिया सिंगा, लोगी गरची खादो॥

मियाँ साहेब की पालकी चली, साथे भीगा कालिका खाँड़ा।
मियाँ चला फतेहसिंह, लोगों की खर्ची (जीविका) खाने॥

थड़े पाँचे काँडडूदी जलाँ आगियो घेंटो।
ते ना जाणोगो देवी मसाइया! मियाँ राजियो बेटो॥

थड़े के पीछे कंडे में जलती आग की ज्वाला।
तू नहीं जानता देवी मसोई! कि मियाँ राजा का बेटा।

पारबाती घाडणे लाये देवियारे डंबा।
छेबीये थालटू घाले, नोबीये जगा॥
खाई गरचीं देवी मसोई, दल मल उई।
खाई गरची हुतडूई; रोटी लैना उई॥

पार से निकालने लगी देवी की संदूकें।
छह-बीस (120) थालियाँ निकालीं, नौ-बीस कटोरे॥
देवी मसोई की खर्ची खाई, खूब मौज हुई!
हुतडू की खरची खाई, एक रोटी भी न हुई।

(2) गुरकम्पोती

कवि—अज्ञात गीत-काल 1870 ई. (1)
गायिका—हिरपोती, आयु—44 वर्ष, जात—बढ़ई, गाँव—कोठी
लेखक—पुण्यसागर ता. 30-7-48

विवरण—गुरकम्पोती वारंगी निवासी वजीर गुरदास की बहिन थी, जिसका ब्याह चिनी के चिनचारसू वंश के देवाराम से हुआ था। उसे पुत्र हुआ, किन्तु देवाराम ने उसे अपना पुत्र नहीं स्वीकार किया। राजा शमशेर सिंह (मृत्यु 1914 ई.) उस पर मुग्ध हुए और पालकी पर चढ़ा उसे अपने अंत:पुर में ले गए।

दो गोल्यो दङ् शोङ्, खोनेउ रम्पुरो।
कुमो दरबारो, तोगतु देन् माराज।

वहाँ से वहाँ, रामपुर उपत्यका
बीच दरबार के, तखत पर महाराज।
गिलम पर दरबारी।

गेलमुदेन् शुम् गोर।
माराजस् लोतोश् "गुरदास वजीर हम् तोइँ?

महाराज बोले "गुरुदास वजीर कहाँ हो?
हमारे संमुख आओ।

अङ् ओम्पे जारइँ।
दे लोन्नुबेरङ् गुरदास वजीर। यह कहने पर, गुरदास वजीर।
निश्[11] गुद्-हथ् जोरच्यो "ठ रिङ् तोइँ माराज।"
"रिङ् मिग् ठ रिङ् तोग् किन् रिङ् जे ते दुइँ?"

दोनों कर-हाथ जोड़ के "क्या कहते महाराज?"
"कहना क्या कहूँ, तुम्हारी कितनी बहिन हैं?"

"जी (ले) जी माराज! अङ् रिङ्जे मा दुग्।"
"रिङ्ज मादुग् रिङो, अङ् पोय् रङ् सोत्यइँ।"

"जी-जी महाराज! मेरी बहिन नहीं है।"
बहिन नहीं कहते, (तो) मेरा पैर छूओ।"

पोयूरङ् मा सोत्याक्, अङ् शुम्ले रिङ्ज।

पैर ना छूऊँगा, मेरी तीन बहिने।

जेश्मसे रिङ् जे मरखोन्यो[12] जाङे। जेठी बहिन मरखोनी जंगी में।
जाङे विश्पोन् गोरे, मजङ् से रिङ् जे,
अकूपा-विश्टु गोरे, कोन्स से रिङ्जे,

जंगी बिश्पोन् (वंश) के घरे, मझली बहिन,
अकूपा के विश्टुको[13] घरे, कनिष्ठा भगिनी,

आनेनु मय्टे, चिनेचारस् छङ् रङ्,
चिनचारसु देवाराम "अङ् छङ् मारिङो।"

अपने मैके में, चिनचारस् के पुत्र के साथ,
चिनचारस् देवाराम बोला "मेरा पुत्र नहीं।"

बन्ठिन् गुरकम्पोती शोङ् दरबारोजब् क्योश्।
खोनउ रम्पुरो, कुमो दरबारो।

सुन्दरी गुरकम्पोती नीचे दरबार गई।
रामपुर उपत्यका, बीच दरबार के,

11. गुद कनौरी में हाथ को कहते हैं।
12. कनौर के गाँव के अपने स्थायी विशेषण होते हैं, यह जंगी का विशेषण है।
13. मंत्री, इस घर में कभी कोई मन्त्री बना होगा।

तोखतुदेन् माराज, गुरकम्पोतिस् लोतोश्:
'जे देव जे माराज्! ई ओर् जी लन्तोक्।"
हेद् ठ दु ओर् जी, "चिनचारस् देवरास्

तख्त पर महाराज, ग़ुरकम्पोतो बोली
"जयदेव जय महाराज! एक अर्जी करूँगी।"
दूसरी क्या अर्जी, "चिनचारिस् देवाराम,
'मेरा पुत्र नहीं' बोलता।"

'अङ् छङ् मा' रिङो।"
माराजस् लेतोश्, 'रूबङ-जोर्मङ् ख्याते।'
रुवङ् ख्यामा, चिनचारसु रूवङ्।

महाराज बोले 'रूप-रंग देखें।"
रूप-रङ्ग देखा तो, चिनचारस का रूप (था)।

माराजस् लोतोश् "ग कनोरिङ् बूतक्।

महाराज बोले "मैं कनौर जाऊँगा।
कनौर के तमाशा को।

कनारिङ्-तमासो।
दो रिङ्ग्रिङ् वीना, रोशमालेउ चीने।
माराजस् लोतोश् "गुरदास वजीरऽ!

बाँसे ऊपर आए, रोशमाले चीनी में।
महाराज बोले "गुरुदास वजीर!
चलो सैर चलें।

पइँ सेली बीते।
माजा कोश्टिङ्पे, मामायु दरशण।

कोठी के बीच, माता का दर्शन।
देवी चंडिका का।"

देविउ चंडिके।"
दो शोङ् शोङ् बीमा, थुस्को वेरासो।

वाँसे नीचे नीचे आ के ऊपर भैरव का,
भैरव जी का दर्शन।

जी बेरो दरशण।
दो शोङ् शोङ् बीमा, कुमो देवराङ्।

वाँसे नीचे-नीचे आए, देवल के बीच
देवता विमान में देवी चंडिका।

गंगा छम्बोदेन देवियो चंडि के।
मारज शम्शेर सिङ्स, मिलाकात् लग्योश।
दो नेस्-नेस् वूमा, जाखोल्यो ग्वारिङ्।

महाराज शम्शेर सिंह ने मुलाकात की।
उससे परे परे आ के झाड़ी वाली[14] वारंगी।
मंत्री के घर पर, मंत्री-परिवार मिला।

विश्टू गोरिङ् देन् विश्टू पेरङ् ता।
"किना तो चेइ तोई, गुरकम्पोती हम् तोशू?"
"गुरकम्पोती तोशा, कल्पा सेरिङ्ङ,
कल्पा-सेरिङ् ङो, ग्यम्डस्[15] तीशे दो।"

"तुम सब तो हो, गुरकम्पोती कहाँ है?"
"गुरकम्पोती है, कल्पा के खेत में,
कल्पा के खेतों में, ओग्ला को पानी देती।"

माराज चल् ग्योश् कल्पा सेरिङ्ङो।
गुरकम्पोतीयू, जमनाचे चुम्योश्।

महाराज चले गए, कल्पा के खेतों में।
गुरकम्पोती को झट से जा पकड़ा।

हिलनाचे व्यङ्ग् ग्योश।
"ठ वातङ् रिङ् तोइँ?"

(वह) काँपी और डर गई।
"बात क्या कहती हो?"
हुनता बूमिग् हाचे।"

"ग चिनचारस् छङ् रङ् उमासरन नेगी।"
माराजस् लोतोश् "वाहा लगेदा,

"मेरा चिनचारस् पुत्र से उमाशरण नेगी!"
महाराज बोले "भाव[16] (तुझसे) लग गया।
अब तो जाना होगा।"

हुनता बूमिग् हाचे।"
"जोरमङ् ता कोरमङ् अमा रङ् बापू।

14. वारंगी गाँव का स्थायी विशेषण।
15. एक प्रकार का फाफड़।
16. भाव = प्रेम, चाह।

तकदिर लिख्या शिद्, अङ् (भालो) माई।"
ओम चू बेरङ् शोङ्, चिनचारस् देवाराम।

"जन्म और कर्म तो, माता और पिता।
तकदीर लिखा है, मेरे (अच्छा) लाही।"
पहिले समय तो चिनचारसू देवाराम
बोला (था) "मेरा पुत्र नहीं।"

"अङ् छङ् मा रिङो।"
जादोबेरङ् सोङ्माराजु पलगीउ।
बुलबुली सरङ् हुन् बीग् हाचे।

इस समय तो महाराज की पालकी पर।
पह फटते प्रात: अब जाना हो रहा।

(3) उत्तमवीर नेगी

कवि-अज्ञात गीतकाल—1908 (?) ई.
गायिका—विद्याचरनी, आयु—20 वर्ष, जाति —राजपूत, ग्राम—चिनी
लेखक—रतन चंद (सुङ्नम) ता. 6-6-48

विवरण—उत्तमवीर नेगी कनम् के रहने वाले समृद्ध परिवार के आदमी थे। उनके घर का नाम "गेलोङ्" था, शायद उनके पूर्वज गेलोङ् (भिक्षु) से गृहस्थ हुए थे। उत्तमवीर की पत्नी अब (जुलाई 1948) भी जीवित (60 वर्ष की आयु) हैं, किन्तु गीत का नायक कई साल पहिले मर गया। सेरयङ् की बहिन जीछो अपने भाई सुङ्नम् निवासी जेलदार तोब्ग्याराम के घर में भिक्षुणी है। उत्तमवीर की दो पुत्रियाँ हुईं—बुटित् ल्हामो (दीवानसेन की पत्नी) और हिरकोली। हिरकोली का पति अगरराम घर-दामाद बन कर गेलोङ् वंश को जीवित रखे है। गीत में कुछ कनम् की बोली के (उद्धरण चिह्न वाले) शब्द भी हैं।

दो गोलयो दङ् शोङ्, जङ्चो थङ्कनम्।
जङ् चो थङ् कनम्, गेलोङ् गोरिङ् देन।

वहाँ से वहाँ जा कनम् सोने का मैदान।
कनम् सोने का मैदान, गेलो घर में।
गेलोङ् का पूत, उत्तमवीर नेगी।

गेलोङ्गो छङ्गा, उत्तमवीर नेगी।
उत्तमवीर लोतोश् "अङ् जोमो नाने!
तोरोगस् तङ् पखोली, हुन मोरछङ् हाचिशे।

उत्तमवीर बोला "मेरी भिक्षुणी बुआ!
अब तक अबूझ था, अब सयाना हुआ।

पोरमी मायेच हाले, पोरमी थोग्याम बीतोक्।
छेरेब वीयुरतो केरिङ्, नीजा ढाई-नीजा।

बहू बिना कैसे चले, बहू खोजने जाऊँगा।
थोड़ा द्रव्य दे, बीस ढाई-बीस।

जोमो नानेस लोमोश "बंजा उत्तमवीरा!
छेमा छेरेब, छेमा छेरेबू छेरेब्?

भिक्षुणी बुआ बोली "भांजे उत्तमवीर।
क्यों थोड़ा-थोड़ा, क्यों थोड़ा-थोड़ा?
सन्दूक लेजा, पैसे का क्या घाटा?

सन्दूकी ठुबायारिङ्, पेसा छ गाटा?
ओम्चो गिलटू पैसा, तू सयालखू रुङ्-रग्।
सयालखू रुङ् रग्, चुली-रेमा बराबर।

पुराना गिलट का पैसा, वह दस लाख कंकड़ का ढेरा
दस लाख कंकड़ का ढेर, चुली[17] गुठली के बराबर

नरनर ली हजार, पक्-पक् ली हजार।
दे लोन्ना बेरङ् उत्तमवीरस् लोतोश।

गिन-गिन के हजार, नाम-नाप के हजार।
यह कहने पर उत्तमवीर बोला।

"बैठू छोपेलो हाम्तोन्, तोन् ठ बैठू?
"तबा" चाबीस बीरा, कोरती खोनाचा।

बैठू[18] छोपेल! कहाँ है, कहाँ चाकर
घोड़ा लाने जा, कोरती के मैदान से।

डाई-नीजा ताबा, बीन्या न्याकारा,
शुम् बोशङ्ङ्कुरू, काचुग् मताई गोन्मा।
तिङ् डो से ताबा, बङ्खोनो थोरिङ्।"

ढाई बीस घाड़े (वहाँ) से बीनकर ला।
तीन साला बछेड़ा, बछेड़ी बिन ब्यायी घोड़ी।
सुन्दर चाल का घोड़ा, पाँव के ऊपर लच्छन।

पलबोरो बेरङ् ताबा पोंच्याग्यो।
योरुङ् खातङ् चो, तबा (ता) तङ्-तङ्।

पलभर के समय में, घोड़ा आ पहुँचा।
नीचे द्वार पर घोड़े को देख के।

17. खोटी खूबानी।
18. चाकर।

उत्तमवीर खुशी हाचि ग्योश् खुशी हाचियोश्।
तावा पन्होन पहन्यो, चीलडी रङ् अरगा।
माश्यो रङ् माटन, यापचेनू रोनो।

उत्तमवीर खुश हो गया, खुश हो गया।
घोड़े को पहनाव पिन्हाया, घंटी और घुँघरू।
आस्तरण और जीनथोश, लोहे की रिकाब।
औ पीतल का घुँघरूँ।

दङ् पीपलू अरगा।
उत्तमवीर नेगी, तावा "थोरिङ्" शोकसिस्।
उत्तमवीर ताँबा, गोङ् युला मा पक्सी।

उत्तमवीर नेगी, घोड़ा ऊपर सवार हुआ।
उत्तमवीर का घोड़ा गोङ् युल के योगा।

उत्तमवीर अरगा, शुम-छोओ रोन्यातो।
दोरिङ् रिङ् बीमा, थङ् लिङ् गोङ्ग्युलो।

उत्तमवीर का घुँघरू, शुम्छो[19] में गूँजा।
वाँसे ऊपर ऊपर जा, थङ् लिङ्[20] में गोङ्युल के।

मारबोरिस गोरे मारबोरिस न्योट जाई।
नामङ् ठ दू गयोश्, नामङ् ठ दू ग्योश्?

मारबोरिस के घरे, मारबोरिस की दो जाई।
नाम क्या था, नाम क्या था?

नामङ् तालोन्ना, जीछोरङ् सेर् यङ्।
बन्ठिन् ता जीछो, चालाक ता सेरयङ्।

नाम तो कहिये, जीछो और सेरयङ्।
सुंदरी तो जीछो, चालाक तो सेरयङ्।
जीछो मायके की कन्या।

जीछो माइटङ् छेछाचङ्।
"अङ्भावों मा बदा, सेर्यङ् यालू जोमो।"
चालाकी ता ग्याशो, गोर-बनु मा पक्सी।

"मेरे भाव में नहीं जची, सेरयङ् यालू[21] भिक्षुणी"
चालाक तो चाहिए, घर बन के योगा।

---

19. शुम्छो = लब्रङ्, कनम्, स्पीलो के गाँव।
20. सुङ्नम् गाँव।
21. गुलाब का फूल।

चालक पोरमी फीमा, गोर-बन चाल्यातो।
उत्तमवीरस लोताश्, "पन्ठङ् बङ् पेरङ्।

"चालाक बहू ले जाएँ, घर बन चलायेगी।"
उत्तमवीर बोला, "घर भर के लोगों।

कितान् ता तोच्, सेरयङ् लोन्निक् हम् तोश्?"
सेरयङ् ता लोन्ना, थङ् गोन्पो कुमो।
लामा चेईनो बागे, जीमो चेइनू दूरे।

तुम तो हो, सेरयङ् नामक कहाँ है?"
"सेरयङ् तो कहिये, ऊपर मठ के भीतर।
लामा सबसे कहिये पीछे, भिक्षुणी सबसे आगे।
प्रथापोथी[22] पढ़ती।"

युम् पोती स्तीलो।"
गुद् चुम् चुम् कातोश्, बाहरे गोन्पागू।
उत्तमवीरस् लोतोश् "सेरयङ् यालू जोमो।

हाथ पकड़े लाया, बाहर में मठ के।
उत्तमवीर बोला, सेरयङ् यालू भिक्षुणी।
बहिन हे बहिन!

रिङ् जे या रिङ् जे!
मोरजात हाले दूया, काशो ओमीचू बातङ्।"
सेरयङ् जोमो लोतोश् फाने गोनू की मा जइँ।

विचार (तुम्हारा) कैसा? हमारी पहिली बात।"
सेरयङ् भिक्षुणी बोली "पहिल सबेरे नहीं आए।

हुनाग यालू जोमो, 'छोसो' बरछोत् बूतीक।
छोसो बरछोत् बन्ना, बरछोतू सिल्सिल् शेते।"

अब में यालू भिक्षुणी,[23] धर्म में बाधा आएगी।"
"धर्म में बाधा होगी; निवारक पाठ कराएँगे।
विहार में भोज देंगे।"

डसङ् मचा फुल्तो
उतमवीर नेगी सेर्यङ् लिकशिस् बीग्योश।

22. प्रज्ञापारिमता की पोथी।
23. भिक्षुणी व्रत में।

अनेनु गोरे जोमो नाने लोतोश्।
"बन्जा उत्तमवीर! जोमो पोरमी ठ कइँ?"

उत्तमबीर नेगी सेरयङ् को साथ ले गया।
अपने घर (जाने पर) भिक्षुणी बुआ बोली।
"भाँजे उत्तमवीर! भिक्षुणी बहू क्यों लाये?"

(4) पोतिष्ठङ्

कवियित्री—बनाछो और खइछो भगिनीद्वय, खइछो आयु—70 साल गायिक—हिरपोती, आयु—44 वर्ष, जात—बढ़ई, गाँव—कोठी लेखक—पुण्यसागर (गीतकाल—1920) ता0 30-7-48

विवरण—कोठी (कोष्टिङ्पे थे) किन्नर का पुरातन केन्द्र है, जहाँ की देवी चंडिका सारे किन्नर में प्रसिद्ध है। चंडिका को पार्वती दुर्गा से मिलाने का प्रयत्न न कीजिए, यह पहाड़ की देवी है, जिसका अपना पृथक् वृक्षवंश है। यहाँ पूजा होम के समय का वर्णन है।

दो गोल्यो दङ् शोङ् माजो कोष्टिङ्पे।
देवियो चंडिके, शुम् बोर्शङ् बाहेर।

वहाँ से वहाँ, कोठी के माझे।
देवी चंडिका, तीसरे वर्ष बाहर (आई)।
ऊपर भैरव के (आगे)।

थुस्को बैरासो।
चंडिकेस् लोतोश "अङ् कम्दार हम् तोइँ।
दे लोन्नु बेरङ्, निश् गुद-हथ जोर्‌यो।
'ठरिङ्-तोइँ मामइ, मामइ चंडिके?'
रिङ्मु ठरिङ् तोक, पोतिष्टङ् लन्मिग। अङ् ओम्पे जारइँ।"
चंडिका बोली "मेरे कामदार[24] कहाँ हो? मेरे सम्मुख जाओ।
यह कहने पर (कामदार ने) दोनों कर हाथ जोड़ा।
"क्या कहती हो माता, माता चंडिका?"
कहना क्या कहूँ, प्रतिष्ठा करनी (है)।
भांजे बुलाओ।

बन्जस् अरियाते।

24. कारबारी।

बन्जस् अरियाते रोगे नारेनस्।
रङ् चिने बन्जस् बिश्नू नारेनस्।

भाँजे बुलाओ रोगी के नारायण को।
और चिनी के भांजे विष्णुनारायण को।

[25]शीशेरिङ् डंबर, रङ्[26] मरकारिङ्।
रोगशू नारेनस्, कनारो थोम्यारइँ।

शिशेरिङ् देवता और रमरकारिङ् को बुलाओ।
रोगी-देवता नारायण भूतों को थाम्है।

चिने नरेनस कैलस थोम्पारइँ।
शेशरिङ् डंबर रङ् कूमो थोम्पारइँ।
मरकारिङ् डंबर डेबोरङ् थोम्पारइँ।

चीनी का नारायण, कैलास को थाम्है।
शेशरिङ् देवता, पर्वत बीच थाम्है।
मरकारिङ् देवता देवलोक थाम्है।

कालिका देवी बहेरी थोम्यारइँ।
न्योटङ् ब्रामने होम्बुकार लानो।"
देवी चंडिके आनेनु जकु देन् तोशिस्।

कालिका देवी भैरव को थाम्है।
ब्राह्मण युगल होम कार्य करें।"
देवी चंडिका अपने यज्ञ में बैठी।

होम्बुकार लाने रङ् शेशोरिङ् डंबर बीक्योश।
चंडिके रोशायोश्, शीरङो में बारो।
बायङ् देन् हिले दो, दम् बिन्निक मादु।"

होमा कार्य करते समय शेशोरिङ् देव आया।
चंडिका रोष में आई, चेहरे से आग बली।
बाहें हिल गईं। भला होने को नहीं,
विघ्न हो गया।

विगनी ता बीयी।

---

25. पंगी का देवता।
26. ख्वारिंग का देवता।

(5) सागरसेन

कवि—अज्ञात गीतकाल—1928 (?)

गायिका—रामदेवी, आयु—19 वर्ष, जात—कनैत, ग्राम—चिनी लेखक—रतन चंद विद्यार्थी छठी श्रेणी (सुङ्नम) ता. 6-6-48

विवरण—सागरसेन सुङरा का रहने वाला था, जो चिनी तहसील के बाहर के कनौर में पड़ता है। जंगल में पेड़ ढुलाई-चिराई का काम हो रहा था, उसी में लकड़ी के स्लीपर के आ गिरने से मर गया। गीत जहाँ-तहाँ अपूर्ण है।

दो गोलेङ् दङ्, शोङ्, राठोली ग्रोस्नम्।
कोदारङ् डानेउ नुस्की, लोदङ् दमयस् गोरे।

वहाँ से वहाँ रठोली सुरा।
कोदारङ् वाही से परे, लोदङ् दम्यस घरे।

पांजीतोइ या मातोइ, मातो मा बसुक्यङ्
अनेनु शुम् पांजी, नामङ् ठ दु गयोश्?

पूत है या नहीं, की बात नहीं।
उसके तीन पूता, नाम (उनका) क्या था?

अचो साउ नामङ् सागरसेन पिजारी।
वेते साउ नामङ् बुदराम बैयर।

जेठ का नाम, सागरसेन पुजारी।
बिचले का नाम, बुदराम भैयार।

बइचे साउ नामङ् मोनसुखदास बैयार।
दो शुम् लिउ पांजी हातु लोतु लो बन्जस्?
हातु लो मा लोन, छल्टूचो बन्जस्।

छोटे का नाम था, मनसुखदास भैयार।
ये तीनों पूत (थे), किनके भांजे।
(और) किसी के नहीं, छल्टू के भांजे।

सागरसेन गुरबई हात् दू गयोश?
गुरबई ता लोश्मा, स्पूलिङ् बिश्ट छाङा।

सागरसेन का मीत, कौन था?
मीत तो कहिए, बदरीसेन नेगी।

नामङ् ता लोन्ना, बोदरीसेन नेगी।
सागरसेन पिजारिउ पोंरमी, नलचे फनसु जाई।
रुग्पी लमटू बन्जी, शिवदयाली बन्ठिन्।

नाम तो कहिये, बदरीसेन नेगी।

सागरसेन पुजारी की बहू, नचार फनशू की जाई।
रूपी लमटू की भांजी, शिवदयाली बन्ठिन्।

बोदरीसेनस् लोतोश गुरबई या गुरबई।
पइँ सेली बीते, ते-ग्रोस्न नस्को।

बोदरीसेन बोला "मीत हे मीत!
चलो सैर चले, बड़े सुङ्रा के पार।

ते-ग्रोस्नम् नीचोलु, कोनीच छुकशिम्।
काशङ् कोनीच साथे थारू रोब्शन्मू।

बड़े सुङरा अपने मीत से मिलने।
हमारे मीत के साथे बाघ मारने।"

दे लान्मिउ वेरङ्, सागरसेनस् लोतोश्।
"नाने या नाने! ग कामङ् बीतोक।
नल्चे जंगलू कुमो, ढुलान चिरानु कामङ्।"

यह कहने पर, सागरसेन बोला।
"बुआ हे बुआ! मैं काम से जाता हूँ।
नचार के जंगल भीतर ढोने-चीरने का काम।"

नाने ता लोतोश "बन्जा सागरसेन!
की कामङ् था बीं, ढुलान कामङ् दम् मइ।
गेली गिराइ बीतोक्, शिम् बीतो।

बुआ तो बोली "भांजे सागरसेन!
तुम काम पर न जाओ ढोने का काम अच्छा नहीं।
सिल्ली गिर के आएगी, मृत्यु तेरी लाएगी।

पैसा चुठ गाटा; पैसा गाटा मइ ना।"
"बाशुरी पाटी शेतोक्, लदख चूलु बाशुरी।
पीतलु पाटी संसारु, मुलु पाटी शेतोक।"

पैसे का क्या घाटा पैसा घाटा नहीं है।"
बाँसुरी में पट्टी लगाऊँगा, लद्दाखी खूबानी की बाँसुरी।
पीतल पट्टी लोगों की, रूप की पट्टी लगाऊँगा।"

शीमिक् बीग्याशी, सागरसेनु शोमिक।
माऊस तङ् जुम्बिक् कोखङ्मा ग्याशो।
शिवदयाली बन्ठिन्, का तो शीरङ् चाले।
सरशिम् सागरसेना, अनेनू इपटो रिङ्जे।

मौत आ गई, सागरसेन की मौत।
बिन फूले मुझाने से कोख ना जाए।

शिवदयाली सुन्दरी! तुम बैठना चाहती।
सागरसेन चल बसा, उसकी एकली बहिन।

नामङ् तो लोन्ना, कुंडा ता बन्ठिनी।
कुंडा बन्छिन ठुलठुलिउ करावो।

नाम उसका कहिये, कुंडा सुन्दरी।
कुंडा सुन्दरी छलछल (आँसू) रोती।

ठुल्ठुली करावो, बाशुरी ख्वाउ करावा।
बाशुरी ख्याउ आनेनू युङ्गजू बाशुरी।
"अङ् युङ्चे बाशुरी चाँदी पाटी शेशे।

छल-छल् (आसुओं) रोती, बाँसुरी देखि रोती।
बाँसुरी देखि, अपने भाई की बाँसुरी।
"मेरे भाई की बाँसुरी, चाँदी पट्टी लगाई
किसी को न मिलती।"

हतरङ् मा रुकशिश।

(6) युम्दासी (प्रज्ञादासी)

कवि—अज्ञात गीतकाल—1932-33 ई.
गायिका—विद्याचरणी, आयु—20 साल, जात—कनेत, गाँव—चिनी
लेखक—भगतसिंह 2-6-48

अनोचो देना शोवङ् अनोचो देना ठ मा लोन्ना।
अनोच के ऊपर शोवङ्, अनोच के ऊपर क्या नहीं कहें।
चबूतरे के ऊपर शोवङ्।

ठंटीचु देना शोवङ्।
ठंटीचु देना शोवङ् माथसु गोरिङ् देन।
पोरमी हमचा दूगयोश?
चबूतरे के ऊपर (सा) शोवङ् (गाँव), महता के घरे,
पत्नी कहाँ की थी?

पोरमी ता लोन्ना याना देशङ्, छेचा, हातु लो जाई?
पत्नी तो कहिये, जानी गाँव की कन्या। किसकी (थी) जाई?

हातु लोन् मालोन्, होमङ्टों जाई।
होमङ् टो जाई, नामङ् ठ दू गयोश्?
नामङ्ता लोन्ना, बन्ठिन् कमला देवी
किसी की नहीं, होमङ्टो की जाई।

होमङ्टो की जाई, नाम क्या था?
नाम तो कहिये, सुन्दरी कमला देवी।

बन्ठिन कमला देवीयु, ठ कुखिङ् दू गयोश?
ठ कुखिङ् दू गयोश आनेनू इपटो पाजी।
आनेनु इपटो पाजी, नामङ् ठ दू गयोश?

सुन्दरी कमला देवी के, क्या कोख में था।
क्या कोख में था अपना अकेला पूत।
अपना अकेला पूत, नाम क्या था?

नामङ् ता लोन्ना, रतनसींग नेगी।
रतनसींग नेगियु, पोरमी हाम्च दू गयोश?

नाम तो कहिये, रतनसिंह नेगी।
रतनसिंह नेगी की पत्नी कहाँ की थी।

पोरमी तो लोन्ना ब्रू यो छोचाचेन्।
ब्रू यो छेचाचेन्, हातू लो जाई?

पत्नी तो कहिये, ब्रू ये की कन्या।
ब्रू ये की कन्या किसकी (थी) जाई।

हातूलो मानी, मेबानो जाई।
मेबानो जाई, हातूलो बन्जिक।

किसी की नहीं मेबान की जाई।
मेबान की जाई, किसकी भांजी?

हातू तो मालोन् साङ्ला रेपालटू बन्जिक।
साङ्ला रेपाल्टू बनजिक्, नामङ् ठ दू गयोश?

(और) किसी की नहीं, साङ्ला रेपल्टू की भांजी।
साङ्ला रेपल्टू भांजो, नाम क्या था?

नामङ् तो लोन्ना, बन्ठिन युम्दासी।
बन्ठिन् युम्दासीयु, ठ कुखिङ् दू गयोश?
कुखिङ् यूने जर जर सुनियारु कुखिङ्।

नाम तो कहिए, सुन्दरी प्रज्ञादासी।
सुन्दरी प्रज्ञादासी की, क्या कोख में था?
कोख में सूर्य उदय, सोने की कोख (थी)

आनेनू न्योटङ् पान्जीयु नामङ् ठ दू गयोश्?
नामङ्ता लोन्ना विद्योचंद रङ् रामपाल।

उसके पूतों की जोड़ी, नाम (उनका) क्या था।
नाम तो कहिए विद्याचंद औ रामपाल।

✶

युमे आमास् लोतोश "नम्शा युम्दासी।
नम्शा युम्दासी! पालेस् बीम् ग्यातो।

सासूजी बोलीं "बहू प्रज्ञादासी!
बहू प्रज्ञादासी! चरवाही जाना चाहिए।
नोरङ् पर चरवाही।

नोरङ् देन् पालेस्।
नोरङ् देने पालस्, ब्रीमे यागानु पालेस्।
ब्रीमे यागानु पालेस् बोतरङ् मर चापरिइँ।"

नोरङ् पर चरवाही, चकरी-चमर चराना।
चमरी चमर चराना, मट्ठा माखन लाना।"

युम्दासिस लोतोश अङ्युमे अमा!

प्रज्ञादासी बोली "(हे) मेरी सासूजी!
तुम्हें जवाब देती हूँ।

किनो जवाब के तोक्।
किनो जवाब केतोक्, ग पालेस् माबुकि।

तुम्हें जवाब देती हूँ, मैं चरवाही ना जाऊँ।

अङ् डेयङ् दम् माय, पन्जे सुङो शेते।
विद्याचंद रङ् रामपाल", दे लोन्ना बेरङ्।
कमला पोतीस् लोतोश् नो ठ वातङ् रिङ् तोइँ।"

मेरी देह अच्छी नहीं, पूतों को भेज दें।
विद्याचंद और रामपाल" यह कहने पर।
कमलावती बोली "यह क्या बात बोलती?"

नमशा युम्दासी! किन् बीम सिव्ज्यातो।
हाले माबिुक रिङ्तोइँ गोर छङ् ले पालेस्।
गोरछङ् ले पालस्, हातो सिन ज्यातो।

बहू प्रज्ञादासी: तुझे जाना होगा।
क्यों 'नहीं जाऊँगी" कहती, सासरे चरवाही
सासरे चरवाही, किसको नहीं जाना पड़ता?
तुझे जाना होगा?

किनो सिन् ज्यातो।
बन्ठिन् युम्दासी बीगयोश नो रङ्देन पालेस्।
नो रङ् देन पालेस्, ढाई गोली पालेस्।
ढाई गोला दोम्या, खोरग्यु माजन् सरसर।

सुन्दरी प्रज्ञादासी गई, नोरङ् पर चरवाही।
नोरङ् पर चरवाही, ढाई मास चरवाही।
ढाई मास पीछे, उदास असुखी पड़ी।
डंडे के ऊपर निकली।

डा नियु देन द्वाक्यो।
डानियु देन द्वा द्वा "हाह भगवान ठाकुर!"

डंडे के ऊपर निकली "हा भगवान ठाकुर!"
सास कुटनी ने कर दिया।

"युमे कुटोनी लानाशित्।"
कोट था छङ् बल, आ खा क्योदु।
ढाई गोलो दोम्या, उख्याङ् बदारिङ्गो।

कोट का गेठि में सिर दर्द दे रहा।
ढाई मास पीछे "फुलाईच[27] आई" बोले।

शालङ् योवा चप् ग्योश।
उख्याङ् ठंटीचु देन् जये बन्ठिन् हात् तोश्?

पशुगण नीचे उतरे।
फुलाईच के चौतरे पर, सबसे सुन्दरी कौन थी?
सबसे शौकीन कौन थी?

जये शोकिन् हात् तोश?
जये बन्ठिन् लोन्ना, बन्ठिन् युम्दासी।
बड़ी शोकियू छोटियु मल्डोगङ्।

सबसे सुन्दरी कहिए, प्रज्ञादासी।
सबसे सुन्दरी की छोटी आयु मृत्युलोक में।

युम्दासी बलदेन् शुम् डालङ् गुलबास्।
सम् बेला चोम्बे, निम् लाई बरङ् रिप्राचीं नल्ग्यो।

प्रज्ञादासी के सीस पर, तीन गुच्छा (था)
प्रातः बेला कली, सायंबेला एकदम मुरझा गई।

ठ बीछल हाचे, हेद् बीछल मानी।
युम्दासी आने नी बीछल् पीङ् पोरयातोश्
डेयङ् पीरङ् पोडेदाश, मासोके च पीरङ्।

क्या कारण हुआ? और (कोई) कारण नहीं।
प्रज्ञादासी अपने कारण, व्याधि में पड़ी।

---

27. एक महोत्सव।

देह में व्याधि पड़ी, असह्य व्याधि।
मन में असह्य अफसोस।

मनाङो मासोक्याच अपसोस।
युम्‌दासिस् लोतोश "भावोचो प्रेमी!
सच्‌वयो डुब्याशे, डंबर तोल्याम् बीरइँ।
रतनसिंह बूी ग्योश्, छिल् छिल् गङ् जेर गश।

प्रज्ञादासी बोली (हे मेरे) प्रेम के पती!
सच ही मरूँगी, देव उठाने जाओ।"
रतनसिंह गया, चमचम प्रकट हुआ।

गंगाछवो देन डम्बर तोल्या ग्योश।
देवता विमान में[28] देवता उठाया।
डंबर तोल्याइश शोवङ् नरेनस्।

देवता उठाया, शोवङ् का नारायण।

डोम्बोरस् लोतोश्, 'जु माजो लाये ठूल्यो'।
"ठूल्यो जान्यो चुत् कन् पनश ग यानीख।"
"रतनसिंहिंस लोतोशू" पद्‌शो हाहस रिङ्‌ग्‌योश।
देवता बोला "इस मध्याह्न में"।

"क्यों तूने उठवाया; तृण पूला मैं नहीं।"
रतनसिंह बोला "तृण पूला किसने कहा?"

की सोथिङो डम्बर अर्जीचुङिस।
अरजी चु तङिस, अरजी मोन्या रइँ।
"पोरमी पीरङ् पोरयाश् दोशङ् खोरया केरिङ्।"

आप शक्तिमान देव, अरज करने के लिए
अरज करने के लिए (उठाया), अरज स्वीकारो।
"पत्नी व्याधी पड़ी, दोष-कारण (बता) देना।"

दोशङ् खोरयाम् बस् क्यङ् चमनङ् मा तोल्याश्।
डोम्बरिस् लोतोश् "अतङ्‌क्षित् मादुक।

दोष कारण बताना दूर, मूड़ नहीं उट्ठा।
देवता बोला "मुझे (भला) नहीं दीखता।

नो रङ् देन् यूने, रेन्निगो त्यारी।

उस पर्वत पर सूर्य, डूबने को तैयार।
हटा नहीं सकता।"

---

28. डोली जैसी देवता की सवारी (विमान)।

होटच्याशिम् माश्के।"
रतनसिंह बींग्योश पुजिरो कुमों।
युमदासिस् लोतोश "डम्बरस् ठ रिङ्श?"

रतनसिंह गया चार दीवारी के भीतर।
प्रज्ञादासी बोली "देवता क्या बोला?"

रतनसिंह नेगिस् लोतोश् ठ रिङ्म् बस् क्यङ्।
चमनङ् हि मा हिंल्याश पोरमी या पोरमी!

रतनसिंह नेगी बोला "कुछ कहना तो दूर।
मूँड भी नहीं हिलाया, पत्नी हे पत्नी!
तेरा रहना मुश्किल।"

कित् हाचिमिङ् मुशकल।"
युम्दासीयु मिगो, ठुलठुली मिस्ती।

प्रज्ञादासी की आँख में, छल-छल अँसुआ।
छल-छल रो पड़ी।

ठुल् ठुल् कराब् ग्योश्।
युम्दासिस् लोतोश अवोचो प्रैमी।
हेत् लोशिश् दयलो, अङ्थुमो पाँजी।

प्रज्ञादासी बोली "(हे मेरे) प्रेम के पती।
और बात रहे, मेरी गोद के बच्चे,
किसके हाथ में?

हातो लो गुदो।
भावोची प्रेमी! अङ् सुत्चेत् ना।
हास् पोरमी था फीरइँ।

प्रेम के पती! मेरा विचार करो तो।
दूसरी पत्नी ना लाना।

हास् पोरमी फीमा, पञ्चियू गाटा देतो।
फितो की चल्मा, अङ् बइचेची फीरइँ।
बईचें निसवबाग, पन्जे शाङ्यातो।

दूसरी पत्नी लाओगे तो बच्चों को कष्ट होगा।
यदि लाना ही चाहो, तो मेरी बहिनिया लाना।
बहिनिया निसवबाग, बच्चों का पालेगी।"

शम्शम् तुरङ्स् युम्दासी डुब्याश्।
छिल्छिल् जरग्योश शुप्याज देस्का।

गोधूली बेला प्रज्ञादासी डूब गई।
उषाकाल प्रकटे देवपक्षी जैसे।

रालो आठङ् चप् ग्यो शुरिशङ् फुक्यायो।

(नदी) तट के घाटे उतार पद्मकाठे फूँक दिया।

(7) बेलीराम बाबू

कवि—अज्ञात गीतकाल—1936-37 ई.
गायिका—सुखदेवी, आयु—19 वर्ष, जात—कनैत, ग्राम—चिनी
लेखक—भगतसिंह ता. 2-6-48

योचा डेनोई देग्यू बाबू, नामङ् ठ दू गयोश्?
नामङ्ता लौन्ना, बेलीराम बाबू।

नीचे से ऊपर एक (आया) बड़ा बाबू, नाम (उसका) क्या था?
नाम तो कहिए, बेलीराम बाबू।

दो डेन् डेन् बन्ना, रेशमालो चीने,

वहाँ से ऊपर ऊपर आए, रेशम सी चीनी में।
रेशम सी चीनी, कैसी जगह है?

रेशमालो चीने, ठ जागा दूगयोश्?
छुनेस् क्यु जागा, सरानङ् दरबार देसकी।

कैसी (सुंदर) जगह, सराहन दरबार जैसी।

रिङ्कोचङ् ख्यामा, सोमोने कैलास।
कैलास-परबतीयू, शुम्जन डालङ्योश।
लोकोचङ् ख्यामा, ठ जागा दूग्योश?

ऊपर की ओर देखें, सामने कैलास।
शिव-पार्वती को तीन बार प्रणाम है।
उरली तरफ देखें, कौन जगह है?
यह नगर का स्थान।

न छावनियु मुलको।
दो लो लो बिन्ना, रग-बड़ियू देन् शोङ्।
रग बड़ियू देन् शीङ् युगणे पानी तुङ् तुङ्।

उससे उरे उरे आए तो पाथर बापी ऊपरे।
पाथर बापी ऊपरे ठंडा पानी पीकर,
नहीं तृप्त हो पीना।

मा ग्रिक्शे ऐ तुङ्मिक्।

दो नेस् नेस् बीमा शीलसु, कोजङ् बङ्लो।

वहाँ से परे-परे जा, शीतल पंगी बँगला।

बेलीराम बाबू, गुरवई हात् दूग्योश।

बेलीराम बाबू का मीत कौन था?

गुरबई ता लोन्ना, ख्वङ् केजायू छाड़ा।

मीत तो कहिये, ख्वागी के केजाका पूत।

नामङ्ता लोन्ना, होरू बैयारा। नाम तो कहिये, होरू भैयारा।

बेलीरामस् लोतोश् गुरबई या गुरबई। बेलीराम बोले मीत हे मीत!

राक तुङ् मिक् चल्शे, केजागू छाङा होरू।

सुरा पीना चाहते, केजा का पूत होरू।

किगोटीयू मायी, अङरेज रङ गुरबाई। तुम घटिया नहीं साहेब के मीत।

गुरबाई रङ् दरम् बाई। मीत और धरम भाई।

कुन्नीगु बीरइँ जाखोर्खयो ग्यारिङ।

बुलाने वाले होके जाओ, झाड़ी वाली वारंगी।

सीमच्यान् के घरे।

सीमच्यानो गोरे।

सीमच्यानू जाई, नोरपुरी बन्ठिन्।

होरू बैयारूस् बीग्योश, जाखोरच्यो ग्यारिङ्।

होरू बैयारूस् लोतोश् "रिङ्जे या रिङ्जे!

सीमच्यान् की जाई, नरपुरी सुन्दरी।

होरू भैया गया, झाड़ी वाली ग्वारंगी।

होरू भैया बोला "बहिन रे बहिन।

कुन्नीगुमी शोचेश, बेलीराम बाबू।

बीते पइँ क जङ् कोजङ् बङ्ला।"

नरपुरी बन्ठिन् तुरेरङ् ग्यारिङ्।

शुपा कोजङ् बङ्लो।

बुलाने को भेजा, बेलीराम बाबू।

चलो चलें पंगी, पंगी के बँगले।"

नरपुरी सुन्दरी शाम होते ग्वारंगी,

रात पंगली बँगले ।

दो नेस नेस् बीमा, शीलसु कोजङ् बङलो।

बेलीरामस् लोतोश् "कोनीच या कोनीच!"

बाँसे परे-परे जा, शीतल पंगी बँगला।

बेलीराम बोला "प्यारी हे प्यारी!"

भावोचो पोरमी, चारपाई तोशिइँ।
भावोचो पोरमी, भावो ठ दुइया?

चाहकी नारी, चारपाई पर बैठो।
चाहकी नारी! चाह क्या है?

"जा मिगू भावो दुइया, लान्चिग्यू भावो दुइया?"
नोरपुरीस् लोतोश्, "लान् चिग्यू भावो मा दुग्।
जा मिक् ता ग्यातोक्, रोपङ् जीदु चपटी।

"भोजन की चाह है, पहिरन की चाह है?"
नरपुरी बोली "पहिरन की चाह नहीं है।
भोजन तो चाहिए, रोपङ् गेहूँ की चपाती।
काले उड़द की दाल।

रो-माशू पोयथङ्।"
नरपुरी बन्ठिन्, ठ पेटीये दू योश।

नरपुरी सुन्दरी, कैसी पेटू थी (वह)।
बारह चपाती खा गई।

सो-निस् चपटी जा ग्योश्।
शुपा कोजङ् बङ्लो, सङेरङ् छोजुरङ्,

रात को पंगी बँगले, सबेरे छोजुपर्वत,
खेत की रखवाली।

जीमीचु पोरी।
नोरपुरी बन्ठिन् ठ लोबी बूदा?
हेद् लोबा मानी, रोपङ् जोद् चपटी।
रो-माशु पैथङ्, चोंपरङ् मार् अरपारे।

नरपुरी सुन्दरी को कितना लोभ हो गया।
और लोभतो नहीं, रोपङ् गेहूँ की चपाती।
काले उड़द की दाल, मक्खन से सराबोर।

(8) सूरजमनी

कवि—सूरजमनी गीतकाल—1936 ई.

गायिका— { विद्याचरनी आयु—20 साल जात—कैनत, ग्राम—चिनी
जोमो बागपती आयु—35 साल जात—कैनत, ग्राम—चिनी

लेखक—भगतसिंह (विद्यार्थी) और पुण्यसागर ता. 1-6-48

बल्-खोनङ् स्गिनिम्, ख्यल्टूचा गोरिङो देन्, ख्यल्टूचो गोरिङो देन्।

पर्गने के सिरे मोरङ्, ख्यल्टू के घरे, ख्यल्टू के घरे।

ख्यल्टूचो गोरिङो देन्, ख्यल्टू इपटो जाई।
ख्यल्टू इपटो जाई नामङ् ठ दूगयोश्?
नामङ्ता लेन्ना, बन्ठिन् सूरजमनी।

ख्यल्टू के घरे, ख्यल्टू की एकलो जाई।
ख्यल्टू की एकली जाई, (उसका) नाम क्या था?
नाम तो कहिये, सुन्दरी सूर्यमणि।

सूरजमनीयु सुनचो, स्थानाजीत दोर् बीनो की।
वारिङ् का तोग्ङो युन्तोक्, बारिङो पस्राङो तोशक्।

सूर्यमणि (का) मन था, सेना जीत को ब्याहना।
बाहर के ओसारे चलूँगी, बाहरली ओर बैठूंगी।

स्यानाजीतो सुन चो सूरजमनी फीतोक्।
सूरजमनी फीसत्, शोमिक मा बच्ग्यो।

सेनाजीत विचार था, सूर्यमणि को लाऊँगा।
सूर्यमणि के ब्याह तक, मृत्यु नहीं रुकी।

सेनाजीतु शोमिक्, मा-उस् तङ् जुम्मिक्।
मा-उस् तङ् जम्मिक् बस् क्यङ् मा जोर् मेन्निक् दम् दूँ।

सेनाजीत का मरना, बिन फूले मुर्झाना।
बिन फूले मुर्झाने से तो, न जनमना अच्छा।

स्यानाजीतु डब्यानो बेरङ् सूरजमनी इल्मोप्यार लन्योश्।
सूरजमोनिस् लोतोश्, "बापू या बापू!"

सेनाजीत के डूबने पर, सूर्यमणि को विद्या का प्रेम हुआ।
सूर्यमणि बोली, "बापू हे बापू!"

अङ् प्रयो लोशदु अङ् प्रयो मा बीक।
ग कागली हुशोक्, ग सकूलो बीतक्।

मेरे ब्याह की कहते, मैं ब्याह न जाऊँ।
मैं पोथी सीखूँगी, मैं स्कूल जाऊँगी।

चिनो सकूलो कुमो, इलम पका लोशदु।
तेग्यो छावनी चिने, सकूलो मस्टर हात् तोश्?

चिनी के स्कूल में, पक्का इलम (है) बोलते।
बड़े नगर चिनी, स्कूल के मास्टर कौन हैं?

हातो (लो) मा लोन्, चीने ठुयानो छाङा।
ठुयानो छाङा, नामङ् ठ दूगयोश?

(और) कोई नहीं कहो, चीनी ठुक्यान का पूत।

ठुर्क्यान का पूत, नाम क्या था?

नामङ्ता लोन्ना, जी भूपसिंह मास्टर।
दोगोल्यो न्युमची, तेले डेखरा चन् हरीलाल मास्टर।

नाम तो कहिए, भूपसिंहजी मास्टर।
उनके बाद तेलंगी के पुरुष हरीलाल मास्टर।

दोगोल्यो न्युम्ची वारङ् माथसू छाङा।
नामङ्ता लोन्ना, सोहनलाल मास्टर।

उनके बाद वारङ् के महता पूत?
नाम तो कहिए, सोहनलाल मास्टर ।

दोगोल्यो न्युम्ची, बाबू नरायनसिंह मास्टर।
ठ होशियार ताक्योश, निश नुकरी चाल्यो।

उनके बाद बाबू नारायण सिंह मास्टर।
कितने होशियार हैं, दो नौकरी चलाते।

इद् ता डाखाने बाबू, अ इद्ता सकूलो मास्टर।
बापुस् ता लोतोश "अङ् चीने सूरज!

एक तो डाकखाने बाबू, औ एक स्कूल के मास्टर।
बाप बोला "मेरी बेटी सूरज!

ठ चीने वीम् ग्याच् रिदङ् सकूला बीरइँ।"
रिदङ् सकूलो कुमो, मास्टर हात् लोकिश?

क्या चीनी जाने की जरूरत, रिब्बा स्कूले जइयो।
रिब्बा के स्कूल में मास्टर कौन है?

मास्टर ता लोन्ना गंबीरचंद मास्टर।
सूरजमनी लोतोश् "गुरूजी! परनाम।

मास्टर तो कहिए, गंभीरचंद मास्टर ।
सूर्यमणि बोली "गुरुजी प्रणाम।"

ग सकूलो बितोक्, ग कागली हू शोक्
रोक्अखरङ् शेस्तोक्, ग नुकरी लान्तोक्
मास्टरानी हाचोकू, कन्या पाठशाला खोल्यो तोक्।

मैं स्कूल में आऊँगी, मैं कागज सीखूँगी।
काले अक्षर चीन्हूँगी, मैं नौकरी करूँगी।
मास्टरानी होऊँगी, कन्या पाठशाला खोलूँगी।
हिन्दी प्रचार करूँगी।

हिन्दीयू परचार लान्तोक्।
सूरजमोनी ठ होशियारी, स्कूलो छाङानू ओस्ताद।

बन्ठिन् सूरजमोनी बन्युङ्ज का बागे छेचाका दूरे।

सूर्यमणि कितनी होशियार, स्कूल के बच्चों की उस्ताद।

सुन्दरी सूर्यमणि पुरुषों के पीछे स्त्रियों के आगे।

कलङ्क कोलम्, गुदो कताबरङ्।

कान में कलम और हाथ में किताब।

सूर्यमनीयू को नीच, बीनोलो जाई।
इलमो तेग सूरजमोनी, बन्ठिन् ता विदापोती।
दो न्योटङ् कोनिच रिगेन् सेरकिम् सन्तङ्।
शुम् कलङो कायङ; शुम् कलङो कायङ।

सूर्यमणि की सखी, बीनो की जाई।
विद्या में बड़ी सूर्यमणि, सुन्दरी तो विद्यावती।
वह दोनों सखियाँ, उपरले सेरकिम् नृत्यांगन में।
तेहरा नृत्य-चक्र, तेहरा नृत्य-चक्र।

नो कायङ् माजाङ् जहे दूरे हातोश्?
दूरे ता ताशा ख्यल्टू छाङा जवाला जीत।

उस नृत्य-चक्र मध्ये, सबसे आगे कौन बैठा?
आगे तो बैठा, ख्यल्टू-पूत ज्वालाजीत।

सी-परीनु देन् शोङ्, शुम् दम् मीयु छाङा।
कायङ् अन्ताज लानो, जहे बन्ठिन् हाद् तोश्?

सिंह पौरि ऊपर, तीन भले मानुस के पूत।
नृत्य-चक्र में ढूँढ़ते, सबसे सुन्दरी कौन है?

बन्ठिन् तो तोशा, बन्ठिन् विदापोती।

सुन्दरी तो थी, सुन्दरी विद्यावती।
गहनों में बड़ी सूर्यमणि।

टानाङ् तेग सूरजमोनी।
सूरजमनीङ् गुदो, प्राचो जङो मुन्दी।
विदा पोतीङ् गुदी, जोड़ी चंदीयु ठागुमा।
परताप बाबुस् लोतोश् 'न्योटङ् पलबर आरम् लानीच।

सूर्यमणि के हाथ की, अँगुली में सोने की मुँदरी।
विद्यावती के हाथ में, जोड़ा चाँदी का कंकड़।
प्रताप बाबू बोला "दोनों पलभर आराम करो।
नृत्य-चक्र होता सदा ही।"

कायङ् नीतो सोदाई।"
सूरमोनिस लोतोश् "ग आरम् मा लानिक्।

सूर्यमणि बोली "मैं आराम ना करूँगी।

आरम् नीतो सोदाई, कायङ् नीतो ई जीबू।"

आराम होता सदा ही, नृत्य-चक्र होता एक बार।"

✶

दो-न्योटङ् रिङ्जे, द्धन लोशिश् द्धा तोश्।
पवबर आरग लान्योश्, थ ङ् को ठंटोयू देन्।
परतप बाबुस् लोतोश "जु नासपती अई।"

वह दोनों बहिनें निकलने की तो निकल बैठीं।
पलभर आराम करने, ऊपर के चौतरे पर।
प्रताप बाबू बोले "नाशपाती लो।

सूरजमोनिस् लोतोश् युङ्जे या युङ्जे।
ग नास पती मा ग्याक, ग नासपती मार याक।
नासपाती ग्यामा, अङ् युङ्जू बगी च ओ।"

सूर्यमणि बोली भाई हे भाई!
मुझे नाशपाती ना चाहिए, नाशपाती ना चाहिए।
नाशपाती चाहिए तो, मेरे भैया के बाग में है।

बन्ठिन सूरजमोनी, पकाई मनसूबी।

सुन्दरी सूर्यमणि, पक्के मंसूबे की।
फुसलाबा ना माना।

धीजेन् मा श्कोचोश्।
हुनागु बेरङ् गुरु द्धर् परायो।
रग्चन्टो गोरे, छाङा गवीरचन्द मास्टर।

इसी समय (अपने) गुरु को परन्या।
रगचन् टो घर के पूत गंभीरचंद्र मास्टर।

(9) व्यासमोनी

कवि—व्यासमोनी गीतकाल 1937-38 ई.
गायिका—विद्याचरणी, आयु—20 वर्ष, जात—कनैत, गाँव—चिनी
लेखक—भगत सिंह ता. 2-6-48

शीलस् पुन्नम् थब्क्यानु गोरिङ् देन्।
अनेनु गुयलव पंजी, नामङ् ठ दू गयोश।

शीतल पूर्वणी, थबक्या के घरे।

स्वयं गुयलब का पुत्र, नाम उसका क्या था?

नामङ् ता लोन्ना नाराक-सैराकु छेचा।
नाराक सैराक ठ मालोगू खोनाचु तेले।

नाम तो कहिए, नारक-सैराक का पुरुष।
नारक-सैराक[29] क्यों नहीं बोली, मैदान की तेलंगी।

हतु लो जाई, हतु लो मालोन।
थेर गजगुजाई, नामङ् ठ दूगयोश्

किसकी जाई? (और) किसकी नहीं।
थेरगज की जाई, नाम क्या था?

नामङ् ता लोन्ना, व्यासमोनी बन्ठिन।
व्यासमोनोस् लोतोश् "युङ्जे या युङ्जे!

नाम तो कहिए, व्यासमणि सुन्दरी।
व्यासमणि बोली "भाई हे भाई!

य्वक्च डोलङ् चोक्, थ्वरवासी जरी जारइँ।"
जरजरामिक् बस् क्यङ् कुकुलिकङ् नुग्योश्।
अम्मीर चन्दु लोतोश् "अङ् डोलचिम् म ग्या।

नीचे सिर नवाती हूँ, स्वीकार करना।"
स्वीकार तो दूर, बुलाकर ताना मारा।
अमीरचंद बोला "मुझे सिर नवाना नहीं चाहिए।
अपने पति को सिर नवा।

किन् प्रैमिचु डलङ् रइँ।
थप्क्यानु छङ् पुरोनीच डलङ् रइँ।
व्यासमोनिस् लोतोश् युजे या युजे!
नइ छोकङ् थाकेइँ, अङ् विशिद् मानी।

थपक्यान के पूत, पूरन को सिर नवा।"
व्यासमणि बोली "भाई हे भाई!
ऐसा ताना न दो, मैं (तो) गई नहीं

मुन्बोनु शोचिशिद् गोर्छङ्।
दो (ली) मा बिशिम् मश्को।

माँ बाप ने लगा दिया सासरे।
वह इनकार नहीं हो सकता।

29. चिनी के पास के गाँवों का इलाका।

माबिक् की चल्मा बोन्युङ् चु ईजत बियोदु।
तोशोगी चल्मा, अङु भाव मा बि।

नहीं जाने को विचारती, तो कुल की इज्जत जाती।
(सासरे) बैठने की सोचती, तो मेरा प्रेम नहीं है।

शीलस्सु पुन्नम् अभाव मा तु
थोरिङ् ख्यामो डोकङ् ओपङ् ख्यामो गंगा।

शीतल पूर्वणी, (किन्तु) मेरा (उससे) प्रेम नहीं।
ऊपर देखो पत्थर, नीचे देखो गंगा (सतलुज)।
वह दुश्मन गंगा।

नो दुश्मोन् गंगा।
मयटे होचोखू चल्मा, अङ् पीटकेच हत् माय।
अमा लोन्निक् स्याना, बापू सशिङ् दुर्गस्।

मायके रहना सोचती तो, मेरा सहारा कोई नहीं।
माई तो बुढ़िया, बापू सिधारे परलोक।

युङ्जे लोन्निङ् आगे रएसी कुमो।
बोरे लोन्निङ् हेद्मी, ख्वङ् को अङ् जाई, गंगा सोरोनी बन्ठिन्।

भैया तो (गए) परराज्य-बीच।
भाभी तो परजन, ख्वगी कोञ्ङ् की जाई, गङ्गासरनी सुन्दरी।

दम् चल्मा बोरे कोचङ् चल्मा हेदु मी।
फोय मुशूरिङ् "व्यासमोनी बन्ठिन् दम् दुग्यो।

अच्छा सोचे तो भाभी, बुरा सोचे तो परजन।
फोकट में मशहूर—व्यासमणि सुन्दरी अच्छी थी।

शवनङ् चुलियु थुट्के, कतङ् रेगु काजे।
मय् तोशिङ् पुन्नम् मय् को बियु ईमान।
हुनागु बेरङ् शीङ् को शुमपोतनु नम्शा।

सावन में चूली का छिल्का, कातिक में बेमी की भूसी।
नहीं बैठूँ पूर्वणी, नहीं (तो) जाए ईमान।
अबकी बेरा तो काश्मीर के पोत की बहुआ।

(10) रूपसिंङ् ठाणेदार

कवि—अज्ञात
गायिका—विद्याचरनी, आयु—20 वर्ष, ज़ात–कनैत, ग्राम—चिनी
लेखक—पुण्यसागर ता. 5-8-48

विवरण—नेगी रूप सिंह चिनी में थानेदार होकर कितने समय तक रहे थे। उन्हीं की प्रेम कथा इस गीत में वर्णित है।

दङ् गोल्यो दङ् शोङ् रुशमालो चिने।
ठ जगा दूगयोश्? जागा ला देमो।

ततः ततः रुश्माले चीनी।
कैसी जगह है? जगह तो सुन्दर।

जागा ले देमो, पानी ले ठंडा।
ठ जगा दूगयोश्, गोमा शिम्ले छावनी।

जगह तो सुन्दर, पानी भी ठंडा।
कैसी जगह? शिमला नगर जैसी।
गोमा अँङ्रेजू मापकस्, सरन हवा चल्ले दो, डेयङ् सङ्पो वङ् रे।
जगह अंग्रेजों जैसी, सनसन हवा चलती, देह को स्वस्थ करती।

यूठङ् माराजू तासील, थोरिङ् अङ्रेज् बङ्ला।

नीचे महाराज की तहसील, ऊपर अंग्रेज का बँगला।

नामीशे नाजक, सेब नास्पाती।
जेन् खोरोश् बारमासी फूले।

नाना भाँति के सेब नाशपाती।
अत्यन्त अच्छे बारहमासी फूल।

जेन् खोरोश् बारमासी फूले, लाचिमिगी चल् शे।

अत्यन्त अच्छे बारहमासी फूल, लगाने को (मन) चाहे।

रिंगेन सीसमहलो, अफसर हात् तोश्?
अफसरता लोन्ना, कुले बोना-युङ्जा।

शीशे के घर में अफसर कौन था?
अफसर तो कहिए, कूले का पुरुष।
[30]कूले के वजीर का बेटा।

कूलेयु वजीरू बेटा।
मन् बन् ताशित् नामङ्, जी नेगी रूप सिंङ्।
बय्यारू ताशित् नामङ्, जी हिरदयाल सिंङ्।

माँ-बाप ने रखा नाम, नेगी रूपसिंह जी।
भाई बन्दों ने रखा नाम, हरदयाल सिंहजी।
थानेदार हरदयाल सिंह।

ठाणेदार हिरदयाल सिङ्।

---

30. गाँव का नाम।

ठाणेदार हिरदयाल सिंङ् गुरबई, नामङ् ठ दू गयोश?
गुरबई ता लोन्ना सुगेसरपारू बन् युङ्जे।

थानेदार हरदयाल सिंह के मीतों का नाम क्या था?
मीत तो कहिए[31], सुगेसरपार का पुरुष।

हातो लो छाङ्? पर्शेट्क् छाङ।
नामङ् ठ दूगयोश्? कानुगो फकीरचंद।
दो गाल्यो न्युमची थङ् कनम् बन्-युङ्जे।
कनम् छुद्पोओ छाङ, मन् बन् ताशित् नामङ्,

किसका पूत? पर्शेट्कूका[32] पूत।
नाम क्या था? कानूनगो फकीरचंद।
उसके बाद मैदान (जैसे) कनम् का पुरुष।
कनम् के छुक्पोका[33] पूत, मा-बाप ने रखा नाम।
सोनम् छेतन् नेगी।

सोनम् छेतन् नेगी।
बैयारू ताशित् जी काहनसिंङ् मास्टर।
दो गोल्यो न्युम्ची, यू-टुक्पा बोन-युङ्ज।

भाई बंदों ने रखा, काहन सिंह मास्टर।
उसके बाद, निचले[34] टुक्पा का पुरुष।

शोवङ् माथासु छाङ, नामङ् बोगवानसिंङ् नेगी।
दो शुम्ल्यो गुरबई, मोल्डू बोटङ् चू यूठङ्।
बातङू रौवा लन्नो, बीते माँ बीते यूठङ् नेपालू[34]।

शोवङ्[35] महता का पूत, नाम भगवान सिंह नेगी।
ये तीनों मीत सफेदे के वृक्ष के नीचे।
(इस) बात की सलाह करते, "नीचे ख्वांगी जाएँ या नहीं।

साये बहादुरे, होमङ्-जोग् लोशोदू!
दे लोन्ना बरेङ् कानसिङ् लोतोश्!

---

31. गाँव का नाम।
32. खानदान का नाम।
33. वस्पा उपत्यका।
34. ख्वांगी का।
35. दूसरा नाम।

दस भादो[36], होम-यज्ञ कह रहे हैं।
यह कहने पर काहन सिंह बोले।

गुबरई या गुरबई किशी बीमा वीरच्।
अङ् फुरसदु मादू, नोकरीरङ् बातङ्।
मीत हे मीत तुम्हें जाना है जाओ
मुझे फुर्सत नहीं नौकरी की बात है
माराजस् दम् मा लन्चिश्, इलम गल्ती बीतो।

महाराजा अच्छा नहीं करेंगे, पढ़ाई खराब होगी।
नौकरी से खारेज कर देंगे।

नौकरी खारिज लन् चिश्।
दे लोन्ना बेरङ्, वोगवानसिङ् लोतोश्!
गुरबइ या गुरबई, दो मा नेशित अङ् मइ।

यह कहने पर भगवान सिंह बोले!
मीत हे मीत! यह हमें अज्ञात नहीं है।

बैयारू हरामी, कोनीच बेमानी।
मा बीते चल्मा न्योटङ् कोनीचू दरम।
बीमें लोशिश बीग्योश्, दो शुम्ल्यो गुरबई

भाई लोग हरामी हैं, मीत बेईमान है।
नहीं चलना सोचें तो मीतो का धरम है।"
जाना कहके गए वे तीनों मीत।

यूठङ् नेपालू, सीप्रोलू देन् शोङ्।
कोयङ् बाबू निश् गुत्-हत् जोड्याआ!
नीचे ख्वांगी में, सिंहपौर के ऊपर।

कोयङ् के बाबू ने दोनों कर हाथ जोड़ के (कहा)।
आ गए मीत?

पोंछ्च्यायाँ गुरबाई?
पइँ किमों बीते, तमाकू तुङ्मू।
दो नेसू नेस् बीमा, कोंयङ् गोरे।

आओ चलें घर तम्बाकू पीएँ।
ततः ततः जाके कोयङ् के घर में।
बैठक के भीतर बैठ।

36. सौर भाद्रपद (सितम्बर)।

कुमो बङ्‌लू तोशिश्।
दारूपोतिश्, "पोंछ्च्यायाँ कोनीच,
बाटीचू शराब तुङ्‌ङी।

दारुपोती ने कहा "आ गए मीत।
कटोरी में शराब पीजिए।

जी रूपसिंङ्, कोनिच लम्याचू जाई, बन्ठिन् स्याम्पोती।

रूपसिंहजी की प्रेमिका, लम्पा की जाई, सुंदरी श्यामावती।

कानसिंङ् कोनिच बन्ठिन् दारुपोती।
बोगवानसिङ् कोनिच, बन्ठिन् देवामोनी।
स्याम्पोतिस लोतोश् "कोनीच या कोनीच!

काहनसिंह की प्रेमिका सुन्दरी दारुपोती!
भगवानसिंह की प्रेमिका सुन्दरी देवमणि।
श्यामावती बोली "सखी हे सखी!

पइँ सोबत बीते, द्रमा सन्तं डोम्बरू दर्शन।
डोम्बरू दर्शन, शुभ डम्बर जोम् जोम्।"
दो नेस्-नेस् बीमा सिप्रोलु देन् शोङ्।

आओ सभी चलें, दूब वाले अखाड़े में।
देवता का दर्शन, तीन देवता एकत्रित।"
ततः ततः जाके, सिंहपौर (फाटक) के ऊपर।
भीतर को देखा।

कुमोकौ ख्यायो।
कुमोकौ ख्वामा, शुम्लेउ ठाकुरे।
धूरे कौ ख्यामा, स्क्योदङ् देस् स्प्रोशिश्।

भीतर देखा, तीन जने देवता।
आगे को देखा, बनालपक्षी-सी सजी।
देवी चंडिका।

देबिउ चंडिके।
दोगाल्यो दङ्सी मरकारिङ् डोम्बर।
दो गाल्यो दङ्सी अनेन् कालीयु देवी।

उसके बाद फिर मरकारिङ् देवता।

स्याम्पोती ठटियुदेन् तोशिश्।
निश् गुतहत् जोडाइचा अर्ती शेदो।

उसके बाद फिर स्वयं कालीदेवी।
श्यामावती चबूतरे पर बैठी।

दोनों कर हाथ जोड़े आरती गाने लगी।
आरती गाते (देख)।

अर्ती शेदे रङ्।
जी रूपसिङ् ठाणेदार हैरान हाश्।
रूपसिंङ् बीग्योश् स्यम्पोतियुदङ् कायङ्।
स्यम्पोतिस लोतोश् "युङ् जे या युङ्-जे!

रूपसिंह थानेदार हैरान हो गया।
रूपसिंह गए श्यामावती की नृत्य मंडलिका में।
श्यामावती बोली "भाई हे भाई!

अङ् कायङ् ठ पइँ, ग हौलासू चामे।
अङ् ओरङ् छाटेस्, की बजीरु बेटा।

हमारी मंडलिका में क्यों आए, मैं छोटे की बेटी।
मेरा आँचल छोटा, तुम वजीर के बेटा।
तुम्हारा [37]दामन लम्बा।

किन् पालो लामस्।
देलोन्ना बेरङ्, रूपसिंगिस् लोतोश्।
"रिङ्जे या रिङ्जे! दो मानेशित् अङ् मइ।

यह कहने पर रूपसिंह बोले।
"बहिन हे बहिन! सो नहीं अज्ञात मुझे
दिल लग गया है।"

देल् लागेन् शुङ्-शुङ्।"
रूपसिंङ् लोतोश् "कोनीच या कोनिच!

रूपसिंह बोले "मीत हे मीत!
अब जाना है।

हुन् बीमिक् हाचे।
जु हाला लन्ते, बेन्नङ् बोदेदा?"
स्याम्पोतिस् लोतोश् "कोनीच या कोनीच!

अब क्या करें, प्रेम बढ़ गया?"
श्यामावती बोली "मीत हे मीत!

वेन्नङ् वोदेन्ना, स्तेन्फ़तच हाल्यशे।"
रूपसिङ् स्तेन्फ़च मोखमोलू चोली।
कस्तूरीचो साबुन, रङ्फूलेन् तेलङ्।

---

37. आँचल और दामन खानदान चका संकेत है।

प्रेम बढ़ा तो, भेंट प्रेषण करेंगे"।
रूपसिंह की भेंट मखमल की चोली।
कस्तूरी का साबुन और फुलेल का तेल।

श्याम्पोंतिस् शेतोश्, शुलरी रङ् जोयुग्।
खफङ् मेबारी रताकुच्न दूमङ् द्वादा।

श्यामावती ने भेजा चिलगोजा और गेहूँ भुना।
मुँह में आग जलाते, नाक से धुआँ देने वाला।

बन्छिन् श्याम्पोती रै द्यारू दोम्या।
बेमार पोरच्यातोश् डेयडुमा-सुकेच्च बेमार,

सुन्दरी श्यामावती आठ दिन पीछे।
बीमार पड़ी देह में असह्य पीड़ा।
मन में असह्य शोक।
कुक्षि में अत्यन्त पीड़ा करती।

मोनङ् म-सुकेच्च अपसोस।
कुखिङ् जा शङ् रन् ग्यो।
शिम्शिम् गङ् तुरगस्, स्याम्पोती टूब्याश्।

सूर्यास्त होते-होते श्यामावती अस्त हुई।

शुम् धारू दोम्या श्यम्सरन् बाबू।
चीठी लिख्यायो "स्याम्पोती डूब्याश्।"

तीन दिवस पीछे श्यामसरण बाबू ने।
चिट्ठी लिखा "श्यामावती अस्त हो गई।"

दो चीठी शेतो रूपसिं गूदो।
बच्चो कागली, 'स्याम्पोती डूब्याश्।"
थसे रङ् जी रूपसिङ् ठाणेदार हेरान हाचेशू।

उस चिट्ठी को मैं भेजा रूपसिंह के पास।
कागज में पढ़ा "श्यामावती अस्त हो गई।"
सुनकर रूपसिंह जी थानेदार शोकाकुल हो गए।
पन्द्रह दिवस तक शोक।

सोङा द्यारी शोपङ्।
कानसिङ् लोतोश् "गुरबई या गुरबई।
अफ्सोस था लन्नी।

काहनसिंह बोले "मीत हे मीत।
अफसोस मत करो!

कोनीच हौल्सू चामेत्, की वजीरू बेटा।
दे लोन्नू बेरङ् रूपसिंगिस् लोतोश,

प्रेमिका छोटे की बेटी थी, तुम वजीर के बेटा।
यह कहने पर रूपसिंह बोले,

दो मा-नेशित् अङ् मई,
हतली खोशियाउ छाङा।

"सो अविदित मुझे नहीं है,
हम (दोनों) खशियों की सन्तान।"

(11) चुन्नीलाल डॉक्टर

कवयित्री—गंगासरनी (जीवित), ग्राम - खवांगी, गीतकाल—1940 गायिका—विद्याचरनी, आयु—20 साल, जात—कनैत[38], ग्राम—चिनी, लेखक—भगतसिंह (चिनी स्कूल) और पुण्यसागर तारीख 1-6-48।

घटना—डॉक्टर चुन्नीलाल, सरगोधा (पंजाब) निवासी 1940-1944 ई. के करीब चार साल जंगल विभाग की ओर से किल्बा अस्पताल में डॉक्टर रहे, उसी समय की यह प्रेम-कथा है।

बाट्यो किलिंबा थोरिङ् हसपतालों।

कटोरी जैसे किल्बा के ऊपर अस्पताल।
डॉक्टर बाबू कौन थे?

डागडर बाबू हत् तौश्?
बाटि चुशाया किलिम्बा, ओपङ् अङरेजू हस्पतालो।
ओपङ् अङ्रेजू हस्पताली, डागडर बाबू हात् तोश्?

कटोरी जैसे किल्वा के नीचे अंग्रेजी अस्पताल।
नीचे अंग्रेजी अस्पताल, डॉक्टर बाबू कौन थे?

डागडर बाबू लोन्ना, हात् द-मीचो छाङो।
हात दा-मीचो छाङा, देसो सेठो छाङा।

डॉक्टर कहिए, किसी, भले आदमी के पूत।
किसी भले आदमी के पूत, देश के सेठ के पूत।

देसो सेठो छाङा, नामङ् छदा दूगयोश्?
नामङ् ता लोन्ना, चुन्नीलाल डागडर।

देश के सेठ के पूत, नाम (उनका) क्या था?
नाम तो कहिए, चुन्नीलाल डॉक्टर।

---

38. हिमाचल के कनेतों का दूसरा नाम।

चुन्नीलाल डागडरा, गुरबाई हात् दूगयोश?
गुरबाई ता लोन्ना, रोङ् जेलदारो छाङा।

चुन्नीलाल डॉक्टर के, मीत कौन थे?
मीत तो कहिए, रोङ् जेलदार के पूत।

रोङ् जेलदारो छाङा, नामङ् वादा दूगयोश?
नामङ् ता लोन्ना, कम्पोटा जेहरसिंह।

रोङ् जेलदार के पूत, नाम क्या था?
नाम तो कहिये, कम्पौंडर जाहर सिंह।

दो न्योटङ् गुरबाईचो, बेन्नङ् (लिया) बोदी।
नुकरी च (लिया) ईफङ्, किल्बा हस्पतालो।

उन दोनों मीतों में, प्रेम था बहुत।
नौकरी करते एक साथ, किल्बा अस्पताल में।

चुन्नीलाल डागडरू, कोनीच हता दूगयोश?

चुन्नीलाल डॉक्टर की प्रेमिका कौन थी?

कोनीच ता लोन्ना, फयूलो छेचाचो।
फयूलो छेचाचो, हातू (लो) जाई।

प्रेमिका तो कहिए, स्वदेश की तरुणी।
स्वदेश की तरुणी, किसी की (थी) जाई।

हात् (लो) मानी, थङ् गोरो जाई।
थङ् गोरो जाइयू, नामङ् छदा दूगयोश?
नामङ् ता लोन्ना, बन्ठिन् जङ् मोपती।

(और) किसी की नहीं, थङ्गर की जाई।
थङ्गर की जाई, नाम (उसका) क्या था?
नाम तो कहिये, सुन्दरी भद्रावती।

बन्ठिनू जङ् मोपतिस् लोतोश "डागडरा बाइसाई।
डागडरा बाइसाई, ओखी-सोखी बातङ्।

सुन्दरी भद्रावती बोली "हे डॉक्टर मीत!
हे डॉक्टर मीत! दुख-सुख की बात में।

ओखी-सोखी बातङ्, बाइसाइयू मोरजात तारइँ।"
दे लोशिमिगू बेरङ् परनाम लोशिश् ब्रोल शिगयोश्।

दुख-सुख की बात में मिताई की मर्यादा (रखना)।"
यह कहकर प्रणाम बोल विदा हुई।

बन्ठिनू जङ् मोपतीउ, कोनेच हात् दू गयोश?

सुंदरी भद्रावती की सखी कौन थी?

कोनेच ता लोन्ना यङ्वाङो जाई।
यङ्वाङो जाई; नामङ् ठ दू गयोश?
नामङ् ता लोन्ना, बन्छिन् किशन भगती।
जङमोपोतिस् लोतोश "कोनिच या कोनिच!

सखी तो कहिए, यङ्वङ् की जाई।
यङ्वङ् की जाई, नाम (उसका) क्या था?
नाम तो कहिए, सुंदरी कृष्ण भक्ती
भद्रावती बोली, "सखी हे सखी!

पोइँकंडे बीते, जमीयू पोरी लान्ते।
जमीयू पोरी मा लन्मा, दो मन् रिङ्ज मा नर्श।

चलो कंडे बिहरने खेत रक्षा करें।
खेत रक्षा न करे, वह नारी ना समझी जाए।
वह खोटी समझी जाए।"

दो खाटिये नाशा।"
किशन भगती लोतोश "बीते ता रिङ्तोइँ, शिल्पुग ठ फीते?"

कृष्णभक्ति बोली "बिहरने तो कहती, कलेवा क्या ले चलें?"

शिल-पुग ता फीते, रोपङ्-जादू पुग।"
"शिल-पुग् ता फीते, फुल-गस् ठ फीते?"
"फुल् गस् ता फीते, किल्वा ओल्गो तीसङ्।"

कलेवा तो ले चलें, खेत का गेहूँ भुना।"
"कलेवा तो लेवें, भोजन-वस्त्र क्या ले चलें?"
"भोजन-वस्त्र ले चलें, किल्वा फाफड आंटा।
टोकरों के काले उड़द की दाल।"

ठोकरो रोमशु पैथङ्।"
दो न्योटङ कोनीच बीम् लोशिश् बीगयोश्।
कांडेयो फयुल लो, जमीयो पोरी लानो।
जमीयो पोरी लानो, टागू ती शेदो, ब्रासो चो शालो।

वह दोनों सखियाँ, यह कह के चली गईं।
गाँव के कंडे की खेत की रक्षा करतीं।
खेत की रक्षा करती जौ में पानी देतीं, फाफड् निरातीं।

बन्ठिन् जङ्मोपोती, खोर्यु माजन् सरसर।
शुम् द्यारो कुमो, जङ्मोपोती पीरङ्।

सुन्दरी भद्रावती, रोगी असुखी पड़ गई।
तीन दिनों के बीच, भद्रावती को व्याधी।

पीरङ् पोरच्यातोश् बल् जशङ् पीरङ्।
बल् जशङ् पीरङ्, डेयो मा सोकेच पीरङ्।

व्याधि आपड़ी, सिर दर्द की व्याधी।
सिर दर्द की व्याधी, देहे असह्य पीड़ा
मन में असह्य शोक।

मोनाडो मा सोकेच अफसोस।
चिठी कुमो चेयोश्, चुनीलालु गुदो।
चुनीलालो गुदो, वन्चो कागली।

चिट्ठी लिख भेजा, चुन्नीलाल के पास।
चुन्नीलाल के पास, कागज को बाँचा ।

बन्चो कागली, व्योरा ठ दुगयोश?
व्योरा ता लोन्ना, कोनीच पीरङ् पोरयोश्।

कागज को बाँचा, व्योर (वहाँ) क्या था?
व्योरा तो कहिए, प्रेमिका बीमार पड़ी।

चुनीलाल डागडर, कोनीच पीरङ् थस् थस्।
कोनीच पीरङ् थासे रङ्, स्तिङ् शूलङ् लन्ग्यो।

चुन्नीलाल डॉक्टर को, प्रेमिका की बीमारी सुन के।
प्रेमिका की पीड़ा सुन के, हृदय-शूल लग गया।
रातों-रात कंडे दौड़ गए।

रातों-रात कंडे दवाग्योश्।

✶

गुदो ललटिन रङ्, कंडे शेन्नङ्चु।
बहरेङ् पोश शम्पु दे, टिन्यङ्च कुगो ख्यायोश्।
बेहरङ् इशारा रनग्योश्, शङ् पोट इस ठीसो।

हाथे लालटेन ले कंडे की मंडई को।
बाहर घास पर से, झरोखे भीतर झाँका।
बाहर से संकेत करते, कंकड़ियाँ फेंकी।

जङ्मोपोती कोनीचु, इशारा थसेरङ् पीरङ् घटयाग्योश।
जङ्मोपोतिस लोतोश; "कोनीच या कोनीच।

भद्रावती की पीड़ा संकेत सुन घट गई।
भद्रावती बोली "प्यारे हे प्यारे!

ठ इशारा लन्ताइँ, कुमो ठ मा बिइँ?
कुमो जाई कोनीच! खेरपोशी देन तोशी।"

क्यों संकेत करते, भीतर क्यों न आते?
भीतर आओ प्यारे। आसन बैठो।"

चुन्नीलाल बिग्योश् जड़मोयोतियु पोशुदेन।
चुन्नीलालस् लोतोश् 'कोनीच या कोनीच, डेयङ् पीरङ् हाल तोश?

चुन्नीलाल गए, भद्रावती के आसन ऊपर।
चुन्नीलाल बोले "प्यारी हे प्यारी! देहे पीड़ा कैसी है?"

जङ्मोपोतिश लोतोश "ज पीरङ् गन्डु
जु पीरङ् गन्डु, सचक्यु डुवेशे।"

भद्रावती बोली "यह व्याधी बुरी व्याधी।
यह व्याधी बुरी व्याधी, सच मरूँगी।"

चुन्नीलालस् लोतोश् "कोनीच या कोनीच!
होने कादर था जाइँ, ठिद् भठिद लान्ते।

चुन्नीलाल बोले, "प्यारी हे प्यारी!
ऐसी कातर न हो, कुछ न कुछ करेंगे
दवा इलाज करेंगे।

शेल् मानू इलाज लान्ते।
शेल मानू इलज लान्ते, पाइँ हस्पतालो बीते।
हस्पतालो बीमुँ तागत दुइँ आ मा दुइँ

दवा इलाज करने, चलो अस्पताल चलें।
अस्पताल चलने की ताकत है या नहीं?"

जङ्मोपोतिस् लोतोश् "कोनीच या कोनीच!
अङ् ता मादुग तागोद, हस्पतालो बीमु।
चुन्नीलालसू लोतोश "कित् तागत् मा निमा डंडी टुयाते॥"

भद्रावती बोली "प्यारे हे प्यारे!
मुझे नहीं ताकत, अस्पताल जाने की।"
चुन्नीलाल बोले "तुम्हें ताकत नहीं तो डंडी बनवाते हैं॥"

टुयाम् टुथायोश् पलबरू माजाङो।
रायमिचु डंडी।

बनाकर तैयार किया पल भर के बीच,
आठ आदमियों की डंडी।

दो शो शोङ् बी मा, कागे गोरङ् देन्।

वहाँ से नीचे नीचे गए, कागेगढ़ के ऊपर।

चुन्नीलालसू लोतोश "दसपाँचु बैयार!
पलबर आराम लानिच, पल्बर गस् उठायतोक्।"
दो शोङ शोबी मा, कातो थोरिङ्ग बँगलो।

चुन्नीलाल बोले "दस-पाँच भैया!
पलभर आराम करो, पलभर में उठाना।"
वहाँ से नीचे-नीचे जा, लाए बंगले पर।

थोरिङ् अस्पतालो कुमो कुमाराउ, चारपाई देन्।
चुन्नीलाल लोतोश् "कम्पोटर जेरसिंह!

बँगले पर कमरे के भीतर चारपाई के ऊपर।
चुन्नीलाल बोले "कम्पाउंडर जहर सिंह।

नीचलु कोनीच पोचाश, इलाज दम् लानी।
इलाज दम् लानी, कलथानङ् शुम् जब।

अपनी प्यारी पहुँच गई, इलाज अच्छा करना।
इलाज अच्छा करना, सबेरे तीन बार।
दिन को सात बार!

द्यारकि चु स्तिस् जब।"
जङ्मोपोतीस् लोतोश् "कोनीच या डागडर!
जो पीरङ् होटच्यामा, जु छे गोरी बस् क्यङ्

भद्रावती बोली "प्यारे हे डॉक्टर!
यह रोग हट जाए तो इस जन्म की बात क्या
परलोक में सत् रखूँगी।"

छिमा चु ईमान तातोक्
हुनागु बेरङ् जङ्मोपोती इमान मा ताता।
छिसाचु इमान बस्क्यङ् जुछेओ मा रख्यायोश।

इसी समय भद्रावती ने सत् नहीं रखा।
परलोक में सत की बात क्या, अभी नहीं दिखाया।

हुनागु बेरङ् कोठिस्यानो नम्शा।
जोङ् मोपोतिस् लोतोश् "अङ् भाव मा बिु।

इसी समय कोठिस्या की बहू (बन गई)।
भद्रावती ने कहा "मेरा प्रेम नहीं होता।

नो देशी कोचा अभावो मा बिु।"
चुन्नीलालो लोतोश "गंगाजीतु गुरबई!

अङ्‌सुन्चन् मा, मुनरिङ्‌जु दन्दे था लन्नाइँ, ईमान हथेरङ् बमान।
इस देशी कोच[39] में मेरा भाव नहीं है"

चुन्नीलाल बोले "गंगा जीत मीत!
मैंने सोचा कि नारी पर विश्वास न करो, सत् होके असती।

हेद् लोशिश् दयले, इमान मायच रंडिऊ।
अङ् च देउ काउथङ्, अङ् सोनी वितरी।

और तो छोड़ो, सत नहीं रंडी के पास।
मेरी चाँदी की कंघी, मेरा सोने का कंठा!

दुनियाँ ता बेइमान, कि (ली) बेमान हाले!
ओमचु बेरङ् शोङ् टी गोलिस प्रानु बेन्नङ्।

दुनिया तो बेईमान, तू बेईमान कैसे!
पहिली बेरा कैसे गले प्राणसा प्रेम।

हुनागु बेरङ् शोङ् पुरइ बेईमानी।"
जङ्मोपतियु कनुउ जडू गुँगरू।

अबकी बेरा तो पूरी ही बेईमान।
भद्रावती के कान में सोने का कुन्डल।

मियन् चेय लोतोश्, दो (ली) पीतल गुँगरू।
मि मा खुशिश बतङ् जङ् गुँगरू थग् छोत्।

लोग तो बोलते, वह पीतल का कुन्डल।
लोग अप्रसन्न हो बात (करते), कुंडल तो अवश्य सोने का।

चुन्नीलाल हिम्मत देन, जङ्मो विवग बेरङ् ख्यायो,
शबदङ् न्वादो चुन्नीलालु लोतोश्।
"हेद् लोशश् दयलो अङ् प्राचो मुँदरी।"

चुन्नीलाल ने हिबाब से, भद्रा को जाते समय देखा।
(मुँह से) शब्द निकालते, चुन्नीलाल बोले—
"दूसरी बात छोड़ो मेरी अँगुली की अँगूठी।"

---

39. देशी = मैदानी, कोचा = कनौर भिन्न लोगों के लिए अपमान पूर्ण नाम।

किन्नर-भाषा

अन्यत्र लिखा जा चुका है कि किन्नर भाषा में तीन तत्व पाए जाते हैं—मूल (किरात) भाषा, हिन्द-योरपीय (संस्कृत पारिवारिक) भाषा, भोट (तिब्बतीय) भाषा। हम यहाँ उसका कुछ तत्व-विश्लेषण करना चाहते हैं[1]—

1. शब्द सूची

(1) पृथ्वी वर्ग—

1. पृथ्वी—मटिङ्	हि
मिट्टी—शो	भो
बालू—वाल्यङ्	हि
कंकड़—शङ्	कि
पत्थर—रग	"
खेत—रिम	"
क्यारी—डोब्यङ्ग्	हि
चबूतरा—ठंटी	कि
उपत्यका—नालङ्	हि
10 अधित्यका—पावङ्	हि
पर्वत—रङ्	कि
शिखर—बल	"
सानु—रङ् येठङ्	हि
डाँड़ा—तीरङ्	हि
चश्मा—नागस्	हि
गुफा—अग	कि
गुफा—डबरङ	हि
टीला—डनी	कि
रस—रोस	हि
स्वाद—जमङ्	कि
डला—डेला	हि
भूकम्प—वन चुलिङ्	कि

(2) जलवर्ग—

20 जल—ती	कि
भाप—वन	"
नदी—गारङ्	"
नदी—समुद्रङ्	हि
नाली—कुलङ्	"
नहर—कुलङ्	"
धारा—दारङ्	"
वृक्ष—वोटङ्	कि

1. संकेतों का अर्थ है, कि = शू (किरात) भाषा भो = भोट भाषा, हि = हिन्दी, संस्कृत तथा दूसरी भाषा में।

कूप—कुवङ् ”
सर—सोरङ् ”
30 जलपात—छतगङ् कि
बर्फ—ठनङ् ”
हिम—प्वम् ”
ओला—शोरू भो
बादल—जू कि
छाल—वोद् ”
60 हीरा—सग ”

(3) अग्निवर्ग—

अग्नि—मे भो
अंगार—मे-ठो कि
भस्म—वोस्पा हि
40 चिनगारी—क्यङ कि
अँगीठी—ग्यठुरू ”
चूल्हा—मे-लिङ भो-कि
चिमनी—दुसरङ ”
भौर—पपिल्स ”
चकमक—मेरक ”
बारूद—दारु हि
धुआँ—दुवङ ”

(4) वायु-आकाश-वर्ग—

वायु—लान कि
आँधी—लीलान ”
50 आकाश—सोरगङ हि
नर्क—नोरोक ”

(5) वनस्पति-वर्ग—

वन—वोन्यङ् ”
वत्थू—टका कि
फाफड़—ब्रस भो
मडुआ—कोद्रो हि
कंगुनी—शग कि
80 आलू—हालू हि

लता—लानिङ् कि
पौधा—सोलिच ”
झाड़ी—जरबरङ् ”
लकड़ी—शिङ भो
पत्ता—पतरङ् हि
शृंगाल—शालस् ”
रीछ—होम कि
बारन—शालस् ”
हरिण—खो कि
कस्तूरा—रोच ”
90 नर—स्क्यो ”
मादा—मन ”
चमगादड़—तुर्प्यात्व ”
देवदारु—क्यलमङ कि
न्योजा—रोबोटङ कि-हि
कैल—लिम् कि
पदुम—शुर ”
भुर्ज—पद वाटङ् हि-कि
खूबानी—खमानी, चुल हि
अंगूर—दाखङ ”
अखरोट—का कि
नासपाती—नसपोती हि
70 बादाम—बदम हि
बीरी—श्वन कि
सफेदा—क्रमल ”
गुलाब—यालू ”
प्याज—प्यास हि
लहसुन—लोस्नङ् ”
हाथी—हथी हि
खच्चर—कोचर कि
कुत्ता—कुई ”
बिल्ली—पिशी ”
चूहा—क्युच ”

कद्दू—कोदू ”
शलगम्—शोशमङ् कि

(6) पशु वर्ग—

पशु—सेमचन भो
भेड़िया—चङकू भो
जोंक—तिशम कि

(8) पक्षि वर्ग—

पक्षी—प्या भो
मोर मोरेस हि
चकोर—तिक कि
गौरेया—किम-प्याच भो
चील—दङ्शुरस कि
बाज—पाजी हि
बैल—दमस् कि
याक—यग भो
याकगाय—ब्रीमे ”
गाय—खलङ कि
बकरी—बाखोंर ”
बकरा—आज हि
भेड़—खस कि
100 भेड़ा—कर कि
गर्दहा—फ़ोच ”
घोड़ा—रङ् ”
घोड़ी—गोन्मा ”

(9) कीट वर्ग—

कीट—होङ् कि
पिस्सू—श्पग ”
खटमल—सुट ”
जूँ—रिग् ”
चीलर—रिग् ”
130 झिल्ली—वुतुकच् ”
घुन—प्याचं ”
कनखजूरा—कनासोल
जाछस— हि-कि

(7) जलचर वर्ग—

मछली—मछस हि
110 मेंडक—तिपलोक्च कि
भौंरा—बौरस हि
डंस—छतिक कि
मक्खी—यङ् ”
मधुमक्खी—बस्यङ् ”
मच्छर—गुजरे ”

(10) सरीसृप वर्ग—

140 सर्प—सपस हि
बिच्छू—सोकोक कि
साँडा—छमर ”

(11) धातु वर्ग—

सोना—जङ् भो
चाँदी—मल कि
ताँबा—त्रोमङ् कि
जस्ता—सोत हि
गिद्ध—गोल्डेस कि
उल्लू—कुक कि
120 कबूतर—र-प्या भो
पंडुक—कोञा कि
तीतर—तितरस हि
मुर्गा—कुकरी ”
कठफोरा—शी-ठोङ् ”

(12) देव वर्ग—

देव—शू, डंबर कि
भूत—शुना रकशस हि-कि
भूतनी—सावनिक कि
पिशाच—बोनशिरस हि-कि
राक्षस—रकशश हि
देवालय—देवरङ्, सन्तङ ”
मूर्ति—कुँडा भो
विमान—रोथङ हि
मौसा—बपुच हि-कि

पतंग—शूप्याच भो-कि
तितली—शूप्याच "
चौरा—चोरङ् हि
160 रथ—रोथङ "

(13) मनुष्य वर्ग—

मनुष्य—मी भो
पुरुष—डेखरस् कि
छाङ् मी भो
स्त्री—छेचस कि
बूढ़ा—बूरुजा "
बूढ़ी—यङ्जे भो
तरुण—डेखराच कि
तरुणी—छेचाच "
बालक—छङ् भो
बालिका—छेचाच कि
170 शिशु—थितलकच "
राँगा—कोली हि
लोहा—रोन कि
पीतल—पीतल हि
150 काँसा—कासङ् हि
माता—अमा भो
पिता—बबा हि
बेटा—छङ् भो
बेटी—चमेद "
पोता—स्पाच कि
पोती—छचाच, स्पाच "
नाती—स्पाच "
180 भाँजा—बंजा हि
भाँजी—वंजिक, बनुच "
मामा—मोमा "
मामी—नाने कि
हाथ—गुद "
हथेली—इस्तलङ् हि
पैर—वङ् कि

मौसी—अमनिच भो
बुआ—नाने कि
फूफा—ममा "
बहिन—दाओचा, रिङ्चे "
बहनोई—शक्पौ हि
190 भाई—अते, क्या (छोटा) कि-हि
भाभी—बोरे हि
दामाद—छद कि
बहू—नमशा भो
दुलहा—खतुच कि
दुलहन—खतिच "
चचा—वपुच "
चची—अमनिच "
सासु—युमे भो
ससुर—रू कि
200 भतीजा—अत्योछङ् "
नाना—तेते "
नानी—ममापो, आई "
पत्नी—नार हि
पति—दाच कि
दाद—तेते कि
दादी—अपी, अई "
परदादा—कोतेते हि
परदादी—कोअपि "
नौकर—नुकुर, चाकोर "
नौकरानी—छुन्पा भो
शरीर—डेयङ् हि
210 जीभ—ले भो
धरन—जलदारङ् हि
चारपाई—माजा "
बिछौना—पोश कि
240 तकिया—कुम "
ओढ़ना—फोका शेमिक गस "
कंबल—दोरी "

जाँघ—लुम्	"	लोई—चदर	हि
मुँह—खकङ्	भो	पट्टू—चदरपट्टी पोरिन	"
गाल—पिङ्	कि	नगर—सोर	"
नाक—स्तुकुच	"	सड़क—सोलोक	"
ओठ—तुनङ्	हि	रथ—रोत्	"
कान—कनङ्	"	गाड़ी—गडी	"
220 बाल—क्र	भो	250 डंडी—टंडी	"
आँख—मिक	"	**(15) कृषि वर्ग—**	
भौं—मिक्स्पू	"	कृषि—जमीमोरी	"
अँगुली—प्रच	कि	खेत—रिम्	कि
शिर—बल	"	मेड़—दोरिङ	"
(14) ग्राम वर्ग—		जोतना—हालङ् लन्निक	हि
गाँव—देशङ	हि	बोना—पुशमिक	कि
घर—किम्	भो	निराना—अरलन्निक	"
कमरा—पन्ठङ्	हि	काटना—लाम्मिक	हि
कोठरी—पन्ठङ्च	"	दावना—मांडोलन्निक	"
मोसना—बरिमक	कि	नाप—पग बनिङ्	कि
260 ओसाना—लीमिक	"	तेल—तेलङ	"
बाँधना—छुन्निक	हि	गुड—गुडङ्	"
भीत—बितिङ्	हि	चीनी—खंड	"
द्वार—द्वारङ्	"	तमाखू—तमाखू	"
खिड़की—टिनङ्	कि	मसाला—बोशार	"
गवाक्ष—"	"	हल्दी—पीग बोशार	"
छत—मलथङ्	भो	सींचना—तीशन्निक	कि
फर्श—फोर	कि	क्यारी—डोव्यङ्	हि
आँगन—खतङ्	हि	290 छटाँक—छटाँक	"
केवाड़—पितङ्	कि	सोलोक =छ छटाँक	
हल—स्तल	कि	ब्रे=दो सोलोक,	
कुदाल—गोलिङ	"	कोतट्=3 या 4 सोलोक्	
हँसिया—जेथङ	हि	टमेट—4 ब्रे	
कुल्हाड़ी—लस्त	कि	(17) शिल्पि वर्ग—	
कुल्हाड़ी—"	"	बढ़ई—ओरचस्	कि
गँड़ासा—लेमा	"	बसूला—बासिङ्	हि
270 डलिया—छटोच	"	रुखानी—न्यागू	कि

टोकरी—" कि
हलवाहा—हालस हि
चरवाहा—पालस "
सईस—खसदार "

(16) वाणिज्य वर्ग—

वाणिज्य—छोङ भ
दूकान—दूकान हि
दूकानदार—दूकानदार हि
सौदा—सौदा "
तराजू—त्राजू "
बटखरा—बटे "
चिमटी—चिमट "
310 ठठरा—डायेङ् "
हजाम—नाई "
अस्तुरा—खुरङ्च "
कैंची—कत् "
दर्जी—सूँई "
सूई—क्यब् भो
चपरासी—चपरासी हि
मुहर्रिर—केतस् "
दूत—फोञ भो
पञ्चायत—पञ्चात् हि
मिर्च—पिपली हि
सेर—सेर "
मोची—मोची "
चमड़ा—टलङ्च कि
जूता—श्पङ भो
जूती—श्पङ्च "
320 जाल—स्तरवोत् कि

(18) आयुध वर्ग—

हथियार—योजङ् हि
तलवार—त्राल् "
छुरा—खुर् "
छुरी—खुर्च "
रंदा—रंदो हि
आरा—अरी "
300 बर्मी—बारेमा "
खराद—छुकोर भो
लोहार—डोमङ् कि
हथौड़ा—थोङ्च "
हथौड़ी—" "
घन—गोनङ् हि
संडासी—सोनेशङ् "
भाथी—सखुल कि
सोनार—सोनारस् हि
डंडा—बेर्शा कि
सोंटा—छुङमा भो
लाठी—जल् कि
गोफन—स्कोल्डा कि

(19) राज वर्ग—

राजा—राजा हि
रानी—रानी "
मुखिया—गोबा भो
कायथ—कयतस, केतस् हि
चौकीदार—चोकदार "
340 सिपाही—सोपाई "
मधु—बस कि
पान—तुङ् मिक भो
शराब—रक हि
370 कच्ची शराब शुदुङ् भो
मेट—चारस् हि

(20) अन्नपान वर्ग—

भोजन—खऊ हि
रोटी—रोटे हि
सत्तू—युद् कि
आटा—चीसङ् कि
350 गेहूँ—जोद् "
जौ—टग भो

भाला—बोर्छो हि
तीर—मो कि
धनुष—गुम कि
बाणफल—मोबल हि
बंदूक—तुपुक "
330 तोप—तोप "
पूड़ी—पोले हि
साग—स्कन् कि
360 तरकारी—बाजी हि
मांस—शा भो
सूप—न्योरा कि
चावल—रल् हि ?
चटनी—चटनी हि
अचार—अचार "
तेमन—छोबश "
प्याला—नङच कि
घड़ा—गगरी (पीतल) हि
"—पाठू (मिट्टी) कि
सुराही—होरिच् (मिट्टी) "
चमच—ख्योट "
कलछी—करछी हि
चीमटा—चीमट "
तुम्बा—तोमङ् "

(23) यात्रा वर्ग—

दूध—खेरङ् हि
दही—दायेङ "
छाछ—बोत हि ?
मक्खन—चोपरङ् मार भो
घी—स्विवशच्चमार "

(21) वस्त्र वर्ग—

परिधान—गस कि
कुर्ता—कुर्ता हि
चोली—चोली "
अँगरखा—छुबा भो
मटर—ज्यर कि
कलाय—बड़ी मटर हि
नंगा जी—औय् टग् कि
चीला—होत् "
लपसी—थुक्पा, फटिङ् "
हलवा—पोरसाद् हि
पायजामा—सुथन हि
साड़ी—दोडी कि
चादर—छल्ली "
मोजा—वङ्-सब "
दस्ताना—गु-सब "
टोपी—ठेपङ् कि
पगड़ी—पाग हि

(22) पात्र वर्ग—

बर्तन—वनिङ् कि
लोटा—लोटरी हि
390 थाली—नङ कि
कटोरा—बटिच्च हि
किराया—कराया "
सड़क—सोलोक "

(24) सर्वनाम वर्ग—

वह—दो कि
वे—दोगा, दोगो (स्त्री) "
तू—क "
तुम—कि "
410 आप—कि "
मैं—ग, हम्, कशा "
400 पथिक—मुसाफिर हि
पथ—बोम् कि
पंथशाला—सराइ हि
कुली—कुली हि
अपने—माउँ, वह-अनु कि
सब—चोइ, और-ऐ-हवै कि
आधा—अदङ्, पूरी-पूरी हि

330 कमरबन्द—गछङ्	कि	415 कुल—चोइ, थोड़ा गटो, छेरप्	कि

2. विभक्तियाँ

कर्ता, कर्म, करण, सम्प्रदान, अपादान, सम्बन्ध और अधिकरण इन सातों विभक्तियों में शब्दों के रूप निम्न प्रकार चलते हैं।

हदो (वह) के रूप

हदोताई (उसके लिए)

	एकवचन	बहुवचन
1. कर्ता	हदो (वह)	हदोगो (वे)
2. कर्म	हदोपङ् (उसको)	हदोगोनू (उनको)
3. करण	हदोस् (उसके द्वारा)	हदोगोनस् (उनके द्वारा)
4. सम्प्रदान	हदोताई (उसके लिए)	हदोगोनताई (उनके लिए)
5. अपादान	हदोदोक्स (उससे)	हदोगोक्स (उनसे)
6. सम्बन्ध	हदोम्यू (उसका)	हदोगोनू (उनका)
7. अधिकरण	हदोदन (उस पर)	हदोगोनू दन् (उन पर)

तू (का) के रूप		**ग (मैं) के रूप**	
1. का (तू)	किनो (तुम आप)	1. ग (मैं)	निङ् (हम)
2. कानू	किनू	2. आड़ू	निङानू
3. कस	कन्	3. गस	निङोस
4. कानू	कन्	4. अङताईं	निङानुताईं
5. कनदोक्स	कनूनूदोक्स	5. आङदोक्स	निङोदोक्स
6. कन	कनानू	6. आङ	निङोनू
7. कनदन	किनूनूदन	7. अङदन	निङोनूदन

इन तीनों सर्वनामों में ग का भोट भाषा से सम्बन्ध जान पड़ता है, बाकी दोनों किरात भाषा के हैं।

**शब्दों के रूप के लिए अज (बकरी)	मी (मनुष्य)**

एक वचन	बहुवचन	एक वचन	बहुवचन
1. अज	मुलुक अज	1. मी	कुस (बदी) मी
2. अजू	अजानू	2. मीयू	मीनू
3. अजुस्	अजानुस्	3. मीस	मीनुस
4. अजतादूँ	अजानूताइँ	4. मीयूताइँ	मीनू ताइँ
5. अजुदोक्स	अजानू दोक्स	5. मीयुदोक्स	मीनू दोक्स

6. अजू	अजानू दोक्स	6. मीयू	मीनू
7 अजूदेन(दन)	अजानुदेन	7. मीयूदेन	मीनूदेन

3. किन्नर धातुएँ

कटैमिक (हि)—काटना
कुलमिक (कि)—मारना-पीटना
खाऊ (हि)—खाना
खाऊरन्निक (हि + कि)—खिलाना
खाऊलन्निक (हि + कि)—पकाना
ख्यामिक (कि)—देखना
गनम् (हि)—सूँघना
चरान् लन्निक (हि)—चीरना
चल्यामिक (हि)—चलाना
चुम्मिक (हि)—पकड़ना
चुरामिक (कि)—दूहना
चुरमिक (हि)—चुराना
चूलन्निक (कि)—खाँसना
चेमिक (कि)—लिखना
छरामिक (हि)—छोड़ना
छिक्यामिक (हि)—छींकना
जोगमिक (कि)—खरीदना
तुङ्मिक (भो)—पीना
तैरन्निक (हि)—तैरना
तोरोमिक (कि)—रहना, बैठना
थुक्यामिक (हि)—थूकना
थोमिक (कि)—उठाना
दौरसोमिक (हि)—दौड़ना
फुक्रारमिक (हि)—फूँकना
फेंक्यामिक (हि)—फेंकना
बी-मिक (कि)—जाना
यगमिक (कि)—सोना
यन् चीमिक (कि)—जागना
युन्मिक (कि)—चलना
रनिम्शोन्निक (कि)—दिलाना
रन्निक (कि)—देना
रुनचिमिक (कि)—सुनना
रेन्निक (कि)—बेंचना
लनिम्शोन्निक (कि)—कराना
लन्निक (कि)—करना
लुटामिक (हि)—लूटना
लेम्मिक (कि)—चाटना
वसन्निक (हि)—वसना
समजन्निक (हि)—समझना
सरशीमिक (भो)—उठना
सैली बीमिक (हि + कि)—घूमना
स्तेलमिक (कि)—बाँचना, पढ़ना
हुद्मिक (कि)—पढ़ाना
होशिमिक (कि)—पढ़ाना

4. क्रिया रूप

किन्नर-भाषा के क्रिया-रूप वर्तमान, भविष्य, भूत और आज्ञा में निम्न प्रकार होते हैं—

प्रथम पुरुष

लन्निक (करना) धातु वर्तमान

एकवचन बहुवचन

प्रथम पुरुष	लानो दू (करता है)	लानोदुच (करते हैं)
मध्यम पुरुष	"	"
उत्तम पुरुष	"	"

भविष्य काल

प्रथम पुरुष	हदो लन्तो (वह करेगा)	हदोगोलन्तोश (करेंगे)
मध्यम पुरुष	का लन्तोन	किनो लन्तोन
उत्तम पुरुष	ग लन्तोक	निङा लन्तिच

भूतकाल

लनशिद् (क्रिया) सभी पुरुषों और वचनों के लिए

आज्ञा (विधि)

सभी पुरुषों के लिए एक वचन में लनी (कर) और बहुवचन में खनिच (करो) है।

किन्नर-भाषा में वार्तालाप

यह रास्ता कहाँ जाता है?	जु आमे हम बियोदु!
सड़क कहाँ है?	सोलोक हम् दु?
तुम कहाँ जाते हो?	कि हम् बियोतोइँ?
मैं चिनी जाता हूँ।	ग चिने बियोतोक।
यह रास्ता ठीक है?	जु ओम् निया?
दूकान कहाँ है?	दूकान हम् दु?
दूकानदार कौन है?	ब्हत् तोश?
डाक कब आएगी?	डाक लेरङ् बुतिोक?
हमको दूध चाहिए?	अङ् खरेङ् ग्यमिक तो?
यहाँ आटा मिलैगा?	ज्वा चीमङ् पोरच्यातोंबा?
यहाँ मजूर मिलैगा?	ज्वा कुली।
अंडे का दाम क्या है?	लीट् मोलङ् तेता?
दूध का दाम क्या हैं?	खेरङ् मोलङ् तेता?
एक सेर का दाम?	ई सेस मोलङ्?
यहाँ कोई फल मिलेगा?	उशोपाशो पोरच्या तोबा?
यहाँ से गाँव कितनी दूर है?	जिङ्च देशङ् तेता बर्कं दु।
मेरे पास आओ।	अङ् नङ् जाइँ?
तुम्हारा नाम क्या है?	किन् नामङ् ठित?
तुम्हारा घर कहाँ है?	किन किम हम?
तुम्हारे गाँव में दूकान है?	किन देशङ् दूकान तोचा?
तुम्हारे गाँव में दूध मिलेगा?	किन देशङ् खेरङ् पोरच्यातोक।
फल मिलेगा।	श-उशो पोरच्यातोक।

वहाँ क्या है?	दङ् ठदु?
वहाँ पानी है?	दङ् ती तोचर?
वहाँ चश्मा है?	दङ् नागस ती तोचा?
यहाँ स्कूल है?	अङ् स्कूल दु?
कब तक गाँव आएगा?	देशठो देरङ् पिशोन!
सबेरे चलेंगे।	सोम बिते।
शाम को वहाँ पहुँचेंगे।	शुया दङ् बुते।
धूप बहुत है।	जाँक दु।
आज बादल है।	तोरो जु जु दु।
अभी चलो।	हुनइँ पइँ।
अभी नहीं चलेंगे।	हुल मा बीते।
मुझे भूख लगी है।	अङ् ओन बुसिदु।
तुम्हें प्यास लगी है।	किती स्करो तो याँ?
उसे नींद लगी है।	दो निदरङ् तङो दू।
यहाँ से जाओ।	जस बुइँ।
उसके पास जाओ।	दोदङ् बुइँ।
यहाँ आओ।	जङ् जाइँ।
यहाँ न आओ।	जङ् थ जाइँ।
कुर्सी पर बैठो।	खुरसीदङ् तोशिङ्।
चारपाई पर लेटो!	मजो देन ब्रिन दिशिइँ।
हम थक गए।	कस यल शे।
हम नहीं थके।	कसेङ् म यल शे।
चढ़ाई बहुत है।	वाली टङ् दु।
उतराई बहुत है।	वाली छुर दु।
रास्ते में खतरा है।	ओमो ब्यङ् दु।
रास्ता खतरे का है।	व्यङ् मिक ओम दु।
सीधी चढ़ाई है।	चोपट टङ् दू।
रास्ता सीधा है।	ओम सोल्डस दु।
रास्ता आसान है!	ओम सुकङ् दु।
रास्ते में पानी है।	ओमो ती दु।
रास्ते में जंगल है।	ओमो जंगल दु।
रास्ता खराब है।	ओमो कोच दु।
आज पानी बरसैगा।	तोरो ग्लया तो।
कल धूप होगी।	नसोम युने द्धा तो।

कल हम रोगी में रहेंगे।	नसोम निङा होगे तोशेचा।
देवता कब उठेगा?	शूतेरङ् तोल्यातो।
देवता का उत्सव है।	शूजतरङ्।
देवता क्या बोलता है?	शू ठे रिङोतोशू?
यह देवी अच्छी नहीं है।	जु शू दम मदु।
देवता का माली कौन है।	शु ग्रोक्व हत दु?
देवता से सवाल पूछना है।	शु ईमिक तो।
तुम्हारा धर्म क्या है।	कि ठ मोन्या च?
तुम बौद्ध हो?	कि छोस्पा तोइँ।
हम बौद्ध हैं।	निङ् छोस्पा तोच।
हम धर्म नहीं मानते।	निङ् दोरम म मन्याच।
तुम भूत मानते हो?	कि शुना मन्याच।
हम छुआछूत नहीं मानते।	निङा थन् शिमिक म मन्याच।
माँस पकाओ।	शा पइँ।
रोटी बनाओ।	रोटे लनी।
चावल पकाओ।	रल पइँ।
चाय उबालो।	चा स्कोइँ।
साग भाजी बनाओ।	बाजी लनी।
सरसों का साग बनाओ।	शेरशो स्कम् लनी।
फाफड़े का चीला बनाओ।	वोरतो होदा लनी।
मीठा चीला बनाओ।	थीग होदा लनी।
चूली की लपसी बनाओ।	चुल फटिङ् लनी।
यहाँ कुछ नहीं मिलता।	ज्व ठची मापोरेच।
यहाँ सब कुछ मिलता।	जङ् चोई पोरच्यातो।